„UM KEINEN PREIS MÖCHTEN WIR JEDOCH FRANKFURT MIT BERLIN VERTAUSCHEN.“

Leopold Sonnemann an Johannes Miquel 1879

Schriften des *historischen museums frankfurt*
herausgegeben von Jan Gerchow

Band 29

FRANKFURTS DEMOKRATISCHE MODERNE UND LEOPOLD SONNEMANN

Jude • Verleger • Politiker • Mäzen

herausgegeben von Anna Schnädelbach,
Michael Lenarz und Jürgen Steen

historisches museum frankfurt
Societäts-Verlag

GELEITWORTE

Leopold Sonnemann gründete 1856 die Frankfurter Zeitung. Seit 1860 besteht die Frankfurter Societäts-Druckerei GmbH – in Kurzform Frankfurter Societät, die als Druck- und Medienunternehmen erfolgreich in Frankfurt und darüber hinaus arbeitet. Aus Anlass des 100. Todestages unseres Gründers ist es für uns als Frankfurter Traditionsunternehmen deshalb Freude und Verpflichtung zugleich, die Ausstellung „Frankfurts demokratische Moderne und Leopold Sonnemann. Jude, Verleger, Politiker, Mäzen" und das vorliegende Begleitbuch zu ermöglichen.

Das *historische museum frankfurt* und das Jüdische Museum Frankfurt präsentieren mit diesen Projekten einen Mann, dessen Werk als Zeitungsverleger anerkannt und präsent ist. So wird er in der Literatur als „Nestor der Frankfurter Presse" bezeichnet. Leopold Sonnemanns umfassendes Wirken für die Stadt Frankfurt und die demokratische Kultur Deutschlands ist jedoch weitgehend in Vergessenheit geraten. Sonnemann als Politiker, Mäzen, besonders aber als demokratischen Geist wieder ins Bewusstsein Frankfurts zu bringen, ist ein Ziel, dessen Erreichen wir als Unternehmen maßgeblich unterstützen. Die Stadt Frankfurt als Lebenswelt und als demokratisches Gemeinwesen zu gestalten, war Sonnemann immer ein besonderes Anliegen. So äußerte er an seinem 70. Geburtstag 1901: „Aber alles, was ich gethan, geschah in treuer Hingebung an die mir von Jugend auf liebgewordene Stadt Frankfurt, zu deren Gedeihen und Blüthe ich bis zum letzten Athemzuge alle Kräfte gern einsetzen werde." Wie Ausstellung und Begleitpublikation zeigen, hat diese „Hingebung" Früchte getragen, die bis heute Bedeutung und Gestalt Frankfurts prägen und von der wir als Bürgerinnen und Bürger profitieren. Aber auch in seinem Unternehmen hat Leopold Sonnemann einen Ort gesehen, um demokratische Ideale zu verwirklichen. Die Frankfurter Zeitung arbeitete in einer kollegialen Redaktion ohne Chefredakteur, zudem hatte Sonnemann bereits zu seinen Lebzeiten für seine Angestellten eine umfassende soziale Versorgung sichergestellt, indem er Wohlfahrtseinrichtungen für Krankheitsfälle und Erholungsurlaub, eine Altersversicherungs- sowie eine Rentenkasse für Witwen und Waisen einrichtete. In seinem Testament verfügte Sonnemann, dass die Frankfurter Zeitung und sein Unternehmen „politisch freiheitlich, in sozialpolitischer Hinsicht jederzeit gerecht und reformfreundlich, immer zur Unterstützung der wirtschaftlich Schwachen bereit" sein möge. Wir als Unternehmen möchten in dieser Stadt im kritischen Geist unseres Gründers wirken. Das Projekt „Frankfurts demokratische Moderne und Leopold Sonnemann" bietet eine Plattform, von der aus es möglich wird, Fragen unternehmerischen und bürgerschaftlichen Engagements neu zu thematisieren und zu diskutieren. Wir danken allen Projektbeteiligten für ihre Arbeit und wünschen Ausstellung und Begleitbuch viele interessierte Besucher und Leser.

Hans Homrighausen und Burkhard Petzold
Geschäftsführer der Frankfurter Societäts-Druckerei GmbH

Die Alte Oper, der Palmengarten oder der Frankfurter Hof: Orte in Frankfurt, die jeder kennt. Kaum jemand weiß, dass es sie ohne Leopold Sonnemann nicht gäbe. Man kennt ihn allenfalls als Gründer der Frankfurter Zeitung, die heute in einer der erfolgreichsten Tageszeitungen Deutschlands weiterlebt. Dabei kämpfte er zeitlebens für eine umfassende Demokratisierung der Gesellschaft, die für ihn eng mit deren Modernisierung zusammen hing. Die Gründung seiner Zeitung 1856 war ein beispielhafter Schritt auf diesem Weg, ebenso wie die erste „Weltausstellung", die in Frankfurt stattfand: die „Internationale Elektrotechnische Ausstellung" von 1891. Sonnemanns Einsatz als demokratischer Politiker, als Verleger, als gesellschaftlicher und technologischer Modernisierer und als Mäzen prägte Frankfurts Entwicklung zur modernen Großstadt ganz maßgeblich. Ohne Leopold Sonnemann wäre Frankfurt in der Ära des ungleich bekannteren Oberbürgermeisters Franz Adickes (1890 – 1912) nicht der bis heute nachwirkende „Sprung in die Moderne" gelungen.

Denn das Spezifische der Frankfurter Moderne ist ihre politische und gesellschaftliche Dimension: Sie beschränkte sich eben nicht auf die technisch-industrielle Modernisierung oder auf neue ästhetische Stile. Der nationalstaatlichen Ausprägung der Moderne stand die international ausgerichtete Handelsstadt ohnehin skeptisch gegenüber. Vielmehr trug Sonnemann entscheidend dazu bei, in Frankfurt eine demokratische Moderne in der Tradition der Paulskirche zu realisieren und damit eine „Oase" in der „Wüste" des preußisch-deutschen Obrigkeitsstaates Bismarcks und Wilhelms II. zu schaffen. Diese demokratische Moderne setzte sich in Deutschland erst nach dem Zweiten Weltkrieg durch. Diesen Leopold Sonnemann gilt es in der aktuellen Diskussion um Demokratie und Bürgerbeteiligung wieder zu entdecken.

Leopold Sonnemann, der 1831 im fränkischen Höchberg geborene Sohn jüdischer Tuchhändler, starb am 30. Oktober 1909. Sein einhundertster Todestag ist der Anlass, mit einer großen Ausstellung und einem umfangreichen Begleitbuch die Erinnerung an ihn wieder zu beleben.

Das *historische museum* knüpft damit inhaltlich wie zeitlich an eine Ausstellung an, die Heinrich Hoffmann (1809 – 1894) gewidmet war, dem Frankfurter Arzt, Psychiatrie-Reformer und (unter vielem anderen) Autor des „Struwwelpeter". Auch er ist ein „vergessener" Frankfurter, der heute nur noch mit einem Bruchteil seines Lebenswerks bekannt ist, obwohl er für seine Stadt sehr viel bewegt und bewirkt hat, nicht zuletzt als ein großartiger „Netzwerker" und „Fundraiser". Beide Eigenschaften teilt er mit Leopold Sonnemann. Sonnemann war darin sogar noch ausdauernder und erfolgreicher – die Liste der durch seinen Einsatz als Politiker, Mäzen, Verleger oder Bürger angestoßenen und realisierten Projekte ist zu lang, um sie hier aufzuführen. Dieses Buch und die Ausstellung führen sie uns beeindruckend vor Augen.

Buch und Ausstellung sind in enger Kooperation mit dem Jüdischen Museum Frankfurt entstanden. Michael Lenarz hat sein profundes Wissen über das jüdische Frankfurt und jüdische Geschichte des 19. Jahrhunderts eingebracht; auf der Seite des *historischen museums* haben Dr. Anna Schnädelbach und Dr. Jürgen Steen beide Projekte konzipiert und organisiert. Ich danke den drei Kuratoren und allen weiteren Beteiligten herzlich für ihren großartigen Einsatz und die vielen neuen Erkenntnisse. Damit leisten die Kuratoren eine Neuinterpretation der Phase Frankfurter Geschichte, in der sich die Stadt in rasantem Tempo veränderte. Darüber hinaus wird die Figur Sonnemanns innerhalb der deutschen und der europäischen Geschichte ins rechte Licht gesetzt: Er glaubte an die Möglichkeit einer großen, Klassen übergreifenden, demokratischen Volkspartei, an den Rechts- und Sozialstaat und die parlamentarische Demokratie. Er war ein früher Europäer, der für das Selbstbestimmungsrecht der Völker gegen nationale Machtpolitik eintrat.

„Frankfurts demokratische Moderne" ist der Auftakt für eine Ausstellungs- und Veranstaltungsfolge, die das *historische museum frankfurt* gemeinsam mit dem Jüdischen Museum unter dem Titel „Frankfurt und die Moderne" plant. Die Ausstellung über „Die 68er" (2008) war dazu ein Test und Vorläufer. Wir haben vor, im *historischen museum* „Das Neue Frankfurt" anzuschließen: die Ära von Oberbürgermeister Ludwig Landmann und Stadtbaurat Ernst May (1924–1933). Hier wird es um den Einzug der ästhetischen Moderne in den Frankfurter Städtebau gehen und um die zugrunde liegenden gesellschaftspolitischen Debatten und Entwicklungen dieser Zeit. Frankfurt folgt im modernen Siedlungsbau dieser Zeit gleich hinter Berlin, und viele dieser Siedlungen stehen noch – auch das ist kaum bekannt. Ein weiteres Projekt, über das wir nachdenken, ist die Stadt der 1950er Jahre, die sich im Zeichen des Wiederaufbaus und der „Amerikanisierung" ähnlich rasant verwandelte wie das Frankfurt Leopold Sonnemanns.

Zu diesem Thema zeigt das Jüdische Museum von September 2009 bis Januar 2010 die Ausstellung „Die Frankfurter Schule und Frankfurt. Eine Rückkehr nach Deutschland", die die Bedeutung jüdischer Remigranten für die Demokratisierung Deutschlands nach dem Zusammenbruch des NS-Regimes erstmals thematisiert. Zur Ergänzung der Sonnemann-Ausstellung wird im Museum Judengasse unter dem Titel „Von Ludwig Börne zu Marcel Reich-Ranicki" in einer kleineren Präsentation der Bedeutung jüdischer Publizisten für die Pressegeschichte Frankfurts in den letzten 200 Jahren nachgegangen.

Das *historische museum frankfurt* dankt allen Partnern, Leihgebern und Förderern für ihre großzügige Unterstützung. Ohne sie wären dieses Buch und die Ausstellung nicht entstanden! Das gilt in ganz besonderer Weise für die Frankfurter Societät. Dr. Roland Gerschermann hat im Jahr 2007 den Vorschlag, eine Ausstellung über Leopold Sonnemann zu unterstützen, begeistert aufgenommen. Die Frankfurter Societät hat für das Projekt nicht nur eine außergewöhnlich großzügige materielle Unterstützung bereitgestellt, sondern auch das Firmenarchiv geöffnet. Ein Großteil der Leihgaben ebenso wie der neuen Quellenfunde stammt aus diesem Archiv. Dafür gebührt der Frankfurter Societät und ihren Geschäftsführern, aber auch allen Mitarbeiterinnen und Mitarbeitern, unser herzlicher Dank! Zwei Geschäftsbereiche der Societät waren für uns besonders wichtige Partner: Der Societäts-Verlag unter der Leitung von Dr. Jürgen Kron hat dieses Buch opulent ausgestattet und die gesamte Produktion in gewohnter Professionalität betreut. Und die Frankfurter Neue Presse ist der Medienpartner der Ausstellung geworden. Allen beteiligten Kolleginnen und Kollegen sagen wir unseren herzlichen Dank!

Zusätzlich haben mehrere Frankfurter Stiftungen die Ausstellung substantiell unterstützt: die Georg und Franziska Speyer'sche Hochschulstiftung (Prof. Dr. Salomon Korn und Günter Hampel), die Stiftung Polytechnische Gesellschaft (Dr. Roland Kaehlbrandt und Dr. Katharina Uhsadel) – Leopold Sonnemann war Mitglied der Polytechnischen Gesellschaft gewesen – sowie die Ernst Max von Grunelius-Stiftung (Dr. Günter Paul). Den verantwortlichen Stiftungsvorständen und Geschäftsführern sei hiermit unser großer Dank ausgedrückt!

Jan Gerchow, Direktor des *historischen museums frankfurt*
Raphael Gross, Direktor des Jüdischen Museums Frankfurt am Main

EINLEITUNG

Leopold Sonnemann, geboren 1831 in Höchberg bei Würzburg, gestorben 1909 in Frankfurt am Main, ist als Gründer der Frankfurter Zeitung, der großen demokratischen Zeitung des Kaiserreichs und der Weimarer Republik, und als bedeutender Verleger in Erinnerung geblieben. Er war Frankfurter Stadtverordneter und Reichstagsabgeordneter. Seine Stiftungen bereichern bis heute Frankfurter Bibliotheken und Museen. Die Frankfurter Geschichtsschreibung thematisiert ihn als bedeutenden Liberalen. Auch in der Geschichte der Arbeiterbewegung hat er als Mitbegründer des Frankfurter Arbeiterbildungsvereins einen Platz. Er wird als Vertreter der demokratischen Nationalstaatsidee und Gegner Bismarcks gewürdigt. In der Technikgeschichte ist sein Name bekannt, weil er die Frankfurter Internationale Elektrotechnische Ausstellung von 1891 anregte und ihr vorstand. Das erfolgreiche Experiment der Übertragung elektrischen Stroms über 175 km gilt als Initialzündung der Elektrifizierung und damit der technischen und kulturellen Moderne. Auch in der Geschichte des Bankenplatzes Frankfurt am Main oder der Industrie- und Handelskammer fällt sein Name. Im städtischen Parlament war er der Stratege, der die Errichtung der heutigen Alten Oper oder des ersten Frankfurter Kraftwerks in der Gutleutstraße durchsetzte. Die Entstehung des Palmengartens wie die Gründung des Städelvereins sind mit ihm verbunden. Ausstellungen in den 1990er Jahren erinnerten an den Freund Friedrich Stoltzes. Nicht zuletzt gehört Leopold Sonnemann zur jüdischen Geschichte der Stadt. Begraben ist er auf dem jüdischen Friedhof an der Rat-Beil-Straße. In Frankfurt am Main und in seinem Geburtsort Höchberg sind Straßen nach ihm benannt. An seinem Geburtshaus erinnert eine Tafel an den Gründer der Frankfurter Zeitung.

Leopold Sonnemann gehört offenbar nicht zu den Vergessenen. Schon ein erstes und unvollständiges Resümee der Geschichten, die an ihn erinnern, ist als Ausdruck einer Lebensleistung beeindruckend. Es kann zugleich irritieren, weil offenbar Widersprüchliches nebeneinander steht: Technik und Kunst, Unternehmer und Arbeiterbewegung, Presse und Politik. Was hält die Geschichten zusammen?

1880 sprach Leopold Sonnemann von Frankfurt am Main als „Oase in der Wüste". Die Metapher „Oase" meinte nichts anderes als die Stadt als Vorbild und Experimentierfeld einer gerechten, selbst bestimmten und sozial verantwortlichen lebensweltlichen Ordnung, „Wüste" die Gegenwelt, in der Sicht des entschiedenen Demokraten das Preußen Bismarcks. Die Frage nach Leopold Sonnemann und dem Zusammenhang der Geschichten, die an ihn erinnern, schließt die Berücksichtigung der Stadt ein, die ihn und seine Familie 1849 einbürgerte. Der Vater dachte an Auswanderung nach New York, der Sohn führte die Entscheidung für die „Freie Stadt" herbei. Sie verrät bereits die besondere Beziehung. Die Stadt, der Ort der Nationalversammlung 1848/49, hat den Jugendlichen für sein Leben geprägt. Er blieb der Tradition der „Freien Stadt" verpflichtet, die 1866 – von Preußen erobert und annektiert – zur Provinzstadt herabsank. Den Entwicklungssprung zur modernen Großstadt nach 1871 hat er maßgeblich mitgestaltet, und wenn ein Begriff für seine Rolle gesucht wird, so fällt als erstes der des „Mentors" ein.

Frankfurt am Main und Leopold Sonnemann stehen für ein enges und gegenseitiges Beziehungsgeflecht, das weder als Biografie noch als Geschichte der Stadt thematisiert werden kann. Die Beiträge dieses Buches sind Nahaufnahmen Leopold Sonnemanns als Jude, als Bankier und Finanzexperte, als Verleger, als Reichstagsabgeordneter und Frankfurter Stadtverordneter, als Stifter und Mäzen und als Demokrat. Die Nahaufnahmen setzen Akzente. Die Herausgeber haben diesen Weg gewählt, weil er am besten geeignet ist, Persönlichkeit, Leben und Lebensleistung Leopold Sonnemanns zu verdeutlichen. Die Beiträge „Der Jude" und „Der Demokrat" fragen nach den religiösen und politischen Prägungen. Die Beiträge „Der Bankier", „Der Verleger", „Der Abgeordnete" und „Der Stifter und Mäzen" thematisieren die persönlichen Leistungen im Kontext der Zeit und ihre historische Bedeutung. Es liegt auf der Hand, dass Prägungen und Leistungen nur künstlich und zu Gunsten der erzählenden Darstellung voneinander getrennt werden können. Umso größer ist der Dank der Herausgeber an Sabine Hock, Frank Berger und Andreas Hansert, dass sie über ihren Beitrag hinaus das Projekt und die nicht immer einfache Abstimmung der Beiträge durch die Herausgeber in jeder Hinsicht unterstützt haben.

Der Band bietet über 300 Abbildungen. Sie sind den Beiträgen zugeordnet oder folgen ihnen als kommentierte Bilderstrecke. Die Abbildungen sind hervorragend geeignet, Leopold Sonnemann und seine Zeit sprichwörtlich „sichtbar" werden zu lassen. Sie sind also mehr als nur Illustrationen. Auch die Stadt zur Zeit der Ankunft Leopold Sonnemanns und ihre Veränderung in seiner Lebens- und Wirkungszeit ist in den kommentierten Bildstrecken präsent.

Leopold Sonnemanns persönlicher Nachlass ist im Zweiten Weltkrieg im Frankfurter Stadtarchiv verbrannt. Das Archiv der Frankfurter Zeitung ist kurz vor dem Einmarsch der amerikanischen Truppen von einem nationalsozialistischen Funktionär, den die Partei 1943 zum Geschäftsführer der Frankfurter Societäts-Druckerei ernannt hatte, vernichtet worden. Motiv war die Vernichtung der Überlieferung einer „jüdischen“ Zeitung. Vieles ist, wie das Tagebuch, das Leopold Sonnemann 1847 bis 1849 schrieb, vernichtet, aber auszugsweise in Publikationen erhalten. Seine Enkel, die ihm als Verleger und Geschäftsführer folgten, zwang der nationalsozialistische Terror zur Emigration. Verdienst der Frankfurter Societät nach 1945 ist das Aufspüren von Dokumenten und Bildern aus Privatbesitz, die dem nationalsozialistischen Terror entgingen. Dazu zählen Dutzende Notizbücher und Notizkalender Leopold Sonnemanns aus den Jahren 1885 bis 1902, die sich erhalten haben und zum ersten Mal überhaupt ausgewertet werden konnten. Vieles ist bekannt und bestätigt unser Wissen aus Bibliotheken und Archiven, vieles ist neu und berührt Fragen wie zum Beispiel zu seinem Judentum. Vor allem belegen die Aufzeichnungen die schier unglaubliche Arbeitsleistung bis in das hohe Alter und machen den „Mentor“ zur Gewissheit.

Zur Gewissheit wird auch der rote Faden, der die Nahaufnahmen miteinander verknüpft, die Grundüberzeugung eines engen Zusammenhangs von Modernisierung und Demokratisierung. Reiche Belege gibt es für den persönlichen Stil Leopold Sonnemanns: Er vertraute auf das Argument, auf Rationalität und auf den Diskurs, Tugenden, die gemeinhin mit „demokratisch“ umschrieben werden.

Der abschließende Beitrag des Bandes zeigt auf, wie der nationalsozialistische Antisemitismus sich auf die Erinnerung an Leopold Sonnemann auswirkte. Nachhaltig zerstört wurde die Erinnerung an den „Mentor“ eines auf Demokratisierung verpflichteten Wegs in die Moderne. Legen wir als Maßstab die historische Würdigung dieser Leistung an, dann gehört Leopold Sonnemann fraglos zu den Vergessenen und das Vergessen ist ein bis heute übersehenes Erbe des Nationalsozialismus. Am Vergessen Anteil hat auch die Stadtgeschichte, die den Entwicklungssprung zur modernen Großstadt als Werk „großer“ Oberbürgermeister oder deutsche Geschichte als Werk „großer“ Männer versteht.

Das Modernisierung und Demokratisierung miteinander verschmelzende Modell hat in unserem Geschichtsbild keinen prominenten Platz. Zum unverrückbaren Frankfurter Geschichtsbild gehört, dass Frankfurt am Main erst 1866 mit der preußischen Annexion, also gewaltsam und gegen den Willen der Mehrheit der Bürger, Anschluss an die Moderne fand, eine Auffassung, die bereits zeitgenössisch bestand und der Leopold Sonnemann eindringlich zu widersprechen pflegte. Der Vergleich zwischen den „großen“ Männern, den Idealen, an die sie glaubten, und den Zielen ihres Handelns und Leopold Sonnemanns Idealen und Zielen offenbart das Problem, wenn wir von heute aus zurückschauen. Was Sonnemann im Reichstag zwischen 1871 und 1884 erfolglos einklagte, prägt heute unser Grundgesetz. Er gehörte zu den Rufern in der Wüste, die den sozialen Rechtsstaat einforderten. Er war ein Internationalist, der für eine europäische Friedensordnung votierte. Sonnemann brachte in Frankfurt am Main auf den Weg, was in Preußen ausgeschlossen war. Die konkreten Beispiele dafür, dass seinen Idealen und Zielen die Zukunft gehörte, sind in den Beiträgen nachzulesen, wobei zu berücksichtigen ist, dass er sich gegen den Versuch, ihn neben die angesprochenen „großen“ Männer zu stellen, vehement gewehrt hätte. Er selbst sah sich nie in der ersten Reihe, aus heutiger Sicht kann er als „Netzwerker“ bezeichnet werden. Auch das wirkt ausgesprochen modern.

Leopold Sonnemanns Modell von Modernisierung und Demokratisierung war konsensorientiert. Wirklicher Fortschritt war nur im Konsens möglich. Modernisierung durch den autoritären Staat, der die Industrialisierung förderte und die sozialen und wirtschaftlichen Verwerfungen ignorierte oder polizeistaatlich zu regeln suchte, widersprach dem Prinzip der Selbstbestimmung. Demokratisierung fördert Selbstbestimmung und schließt das Recht auf Bildung ein, auf Zugang zu Kunst und Kultur oder auf Selbstorganisation. Leopold Sonnemann glaubte im Unterschied zu vielen Zeitgenossen nicht an eine Evolution in dem Sinne, dass der Fortschritt als ein der Geschichte innewohnendes Gesetz gleichsam von selbst entstehe. Fortschritt war zu erarbeiten und die angesprochene Präsenz auf allen wichtigen Bühnen zeigt an, dass Leopold Sonnemann nichts Geringeres als sein Leben seiner Fortschrittsidee widmete.

Sein Modell der engen Verknüpfung von Modernisierung und Demokratisierung beeinflusste die Entwicklung Frankfurts zur modernen Großstadt und schuf die Grundlagen für die Stadt der Weimarer Republik, deren Oberbürgermeister in Frankfurt am Main das „Bollwerk der Republik“ sah. Das Bollwerk hielt nicht stand, weil die Demokraten fehlten. Allein das wäre Grund genug, an Sonnemann zu erinnern. Angesichts einer problematisch gewordenen Moderne am Ende des 20. Jahrhunderts stellt sich die Aktualität des Sonnemann'schen Modells neu. Grund genug, nicht nur an die Person Leopold Sonnemann zu erinnern, sondern sich auch mit dem „Mentor“, den Fragen nach dem Einklang zwischen Modell und Handeln und den zeitgenössischen Gründen des Scheiterns seines Modells zu beschäftigen.

Jürgen Steen, Anna Schnädelbach, Michael Lenarz

A 101 Die Büste entstand 1902, ein Jahr nach Leopold Sonnemanns 70. Geburtstag.

DER JUDE

Michael Lenarz

A 114 Die Familie Sonnemann zog kurz nach Leopolds Geburt in das Wohnhaus des Großvaters Koppel Löw Kopp. In einem Seitenflügel befand sich die israelitische Elementarschule, die auch die Sonnemann-Kinder besuchten. Beim Umzug der Familie nach Offenbach 1840 wurde das Haus verkauft.

A 115 Johanna und Leopold Sonnemann, hier etwa sieben und neun Jahre alt, studieren gemeinsam in einem dicken Folianten, ein Hinweis auf die hohe Wertschätzung der Bildung in den jüdischen Familien der Emanzipationszeit. Sie waren die einzigen Kinder von Therese und Meyer Sonnemann, die Geburt und Kindheit überlebten. In der väterlichen Firma M. S. Sonnemann werden die beiden ein gut aufeinander eingespieltes Team.

Höchberg

Leopold Sonnemann wurde am 29. Oktober 1831 im Dorf Höchberg bei Würzburg geboren. Sein Vater Meyer Sonnemann, 1801 in Bibergau (Kreis Kitzingen, Gemeinde Dettelbach) geboren,[1] war auf seiner Wanderschaft als Webergeselle bis nach Kopenhagen gelangt.[2] Nach seiner Rückkehr nach Unterfranken heiratete er 1828 in Würzburg die 1800 in Höchberg geborene Therese Kopp[3] und ließ sich zunächst als selbstständiger Weber in Rödelsee (Kreis Kitzingen) nieder. 1829 zog das Ehepaar dann nach Höchberg.[4] Die ersten Ehejahre waren überschattet vom frühen Tod der beiden ersten Kinder. Der erste Sohn, Seligmann, starb einjährig am 7. April 1830. Wenige Tage danach gebar Therese einen zweiten Sohn, der aber nicht lebensfähig war.[5] Erst das dritte Kind, Leopold, überlebte. Wie seine jüngere Schwester Johanna, geboren am 1. Mai 1833, kam er im Hause Nr. 88, Obere Dorfstraße, heute Sonnemannstraße 62, zur Welt.[6]

Kurz nach Johannas Geburt zog die Familie in das deutlich größere Haus von Thereses Vater Koppel Löw Kopp (Haus Nr. 101).[7] Dieser hatte sich 1788 in Höchberg niedergelassen, wo er einen Galanteriehandel betrieb, also mit Accessoires wie Tüchern, Seidenbändern, Fächern, Handschuhen und Schmucksachen handelte.[8] Seit 1822 verwitwet[9], hatte er sich zur Zeit von Sonnemanns Geburt bereits aus dem Geschäftsleben zurückgezogen und lebte von seinem Vermögen. Wohl mit Unterstützung des recht wohlhabenden Schwiegervaters konnte Meyer Sonnemann in dessen Haus eine Baumwollweberei einrichten. Um die Stoffe, die dort und von Heimarbeitern in der Umgebung in seinem Auftrag hergestellt wurden, zu verkaufen, mietete er in Würzburg einen kleinen Laden.[10] In einem Anbau des Kopp'schen Hauses befand sich die 1816 gegründete jüdische Elementarschule Höchbergs, die auch Sonnemann besuchte. Als Schüler soll er „äußerst lernbegierig und willig" gewesen sein.[11]

Der Gewerbebetrieb im neuen Haus florierte. Auch in der Gemeinde selbst hatte Meyer Sonnemann sich Ansehen erworben.[12] Der jungen Familie Sonnemann blieben aber auch Schicksalsschläge nicht erspart: Ein 1835 geborener weiterer Sohn Max starb bereits im vierten Lebensjahr.[13] Außerdem behinderte der Handelsneid der christlichen Würzburger Kaufleute zunehmend den sich abzeichnenden geschäftlichen Erfolg Meyer Sonnemanns. Die restriktiven bayerischen Gewerbegesetze und immer wieder auftretende judenfeindliche Ausschreitungen in Höchberg und anderen Orten rund um Würzburg bewogen Meyer Sonnemann dann endgültig dazu, Bayern zu verlassen.[14]

Offenbach

Die Familie Sonnemann wäre am liebsten nach Frankfurt am Main gezogen, weil dort Verwandte wohnten, Thereses Vettern aus der Familie Höchberg.[15] Eine Einwanderung nach Frankfurt war für fremde Juden zu dieser Zeit aber nahezu unmöglich. Demgegenüber lockte das benachbarte Offenbach, der wichtigste Handels- und Industriestandort des Großherzogtums Hessen-Darmstadt, mit völliger Gewerbe- und Niederlassungsfreiheit.[16] Nach dem Verkauf des Hauses in Höchberg zogen Meyer Sonnemann und seine Familie sowie sein Schwiegervater nach Offenbach, wo sie am 10. August 1840 eintrafen.[17]

Leopold Sonnemann besuchte die Offenbacher Realschule, wo er aufgrund der guten Höchberger Elementarbildung keine Schwierigkeiten hatte. Im Rückblick lobte er besonders den guten Offenbacher Unterricht in den modernen Fremdsprachen. Dass er nach dem Verlassen der Schule geläufig Französisch und Englisch sprach und schrieb, verdankte er nach eigenem Bekunden aber auch dem abendlichen Nachhilfeunterricht bei dem Offenbacher Rabbiner Dr. Salomon Formstecher (1808–1889).[18]

Da sein Vater ihn im Geschäft benötigte, musste Sonnemann die Schule vorzeitig verlassen. Er trat Ende 1845 kurz nach seinem 14. Geburtstag als Lehrling in die väterliche Firma M. S. Sonnemann ein. Meyer Sonnemann hatte die wirtschaftlichen Möglichkeiten in Offenbach überschätzt. Mit der industriellen Textilproduktion im Rheinland und in Sachsen konnte sein kleiner handwerklicher Manufakturbetrieb nicht mithalten, weshalb er die Eigenproduktion einstellte und sich auf den Textilzwischenhandel verlegte.[19] Nachdem aber auch Frankfurt 1836 dem Deutschen Zollverein beigetreten war, dem sich Hessen-Darmstadt schon 1828 angeschlossen hatte, verlor Offenbach als Handels- und Messeplatz an Bedeutung und wurde zur reinen Industriestadt.[20] Meyer Sonnemann war also gezwungen, sich mit der alteingesessenen Frankfurter Firma S. H. Strauß Söhne zusammenzutun und unter deren Namen sein Warenlager nach Frankfurt zu verlegen. Er und seine Mitarbeiter mussten nun täglich zwischen Offenbach und Frankfurt pendeln.[21] Der Übergang zum Textilzwischenhandel machte außerdem viele Reisen zu den Messen und zu den Produzenten erforderlich, so dass Meyer nicht auf die Mitarbeit seines Sohnes verzichten konnte.[22] Bald hatte sich im Sonnemann'schen Familienbetrieb eine klare Arbeitsteilung herausgebildet, bei der Meyer und Leopold zumeist auf Reisen waren, während Therese und Johanna mit den in Offenbach zurückgebliebenen Mitarbeitern das örtliche Geschäft und die Buchhaltung besorgten.[23]

Trotz der hohen Arbeitsbelastung durch die geschäftlichen Aufgaben rang Leopold Sonnemann noch den Morgen- und Nachtstunden ein ehrgeiziges autodidaktisches Weiterbildungsprogramm ab. Er las deutsche, französische und englische Klassiker, trieb hebräische, englische und französische Sprachstudien[24] und ging, sofern es die Geschäfte erlaubten, ein- bis zweimal in der Woche in Offenbach, manchmal auch in Frankfurt ins Theater.[25] Das von Mai 1847 bis Dezember 1848 geführte Tagebuch Leopold Sonnemanns und einige vorausgehende tagebuchartige Aufzeichnungen, die sein Enkel Heinrich Simon 1931 auszugsweise publizierte, geben genaueren Aufschluss über das Bildungsstreben, die persönliche Entwicklung und politische Haltung des Heranwachsenden.[26] Seine Lektüre beinhaltete zeitgenössische Autoren wie Victor Hugo, Alexandre Dumas, Eugène Sue, Alphonse de Lamartine, Karl Gutzkow, Ludwig Börne und Heinrich Heine, aber auch Autoren des 18. Jahrhunderts wie Voltaire und Rousseau und die deutschen Klassiker Goethe und Schiller, ferner die Geschichtswerke von Adolphe Thiers.[27] Von den Theaterstücken, die er besuchte, werden nur Werke von Shakespeare und Racine ausdrücklich genannt.[28]

Bei dieser Lektüre fällt die Dominanz gesellschafts- und religionskritischer Autoren sowie von Vertretern demokratischer und liberaler politischer Haltungen auf. Besonders mit der Geschichte der Französischen Revolution setzte er sich eingehend auseinander. Die vor allem von Dumas anschaulich geschilderten Gewalttaten der Jakobinerherrschaft entsetzten ihn und führten ihn dazu, eine Verbesserung gesellschaftlicher und politischer Missstände weniger von einem gewaltsamen Umsturz als von einem allmählichen Fortschritt zu erwarten, sollte dieser auch lange Zeit bis zur Erreichung der angestrebten idealen menschlichen Gesellschaft benötigen.[29] Am 13. Februar 1848 hielt er im Tagebuch seine Überzeugung fest, „daß das Geschlecht, in dem wir leben, noch nicht dasjenige ist, das das goldene Zeitalter wiederherstellen und die ewige Freiheit begründen wird".[30] Auch ganz pragmatische Überlegungen des Kaufmannssohns, die er wenig später selbst als bourgeoise Denkweise bezeichnete, sprachen gegen revolutionäre Veränderungen: „Wo sollen Geschäfte, Handel und Kredit hinkommen, die doch nur einzig und allein ihre Stütze in der Ruhe und dem Frieden der Staaten finden?"[31]

Auf die Pariser Februarrevolution von 1848 reagierte er zunächst mit jugendlicher Begeisterung. Am 29. Februar schwärmte er: „eine neue Welt ist uns aufgegangen, eine Welt des Lichts und der Freiheit".[32] Auch Vater Meyer Sonnemann hoffte auf politische Veränderungen und besuchte am 11. April 1848 eine Sitzung des Fünfziger-Ausschusses des Frankfurter Vorparlaments.[33] Aber schon Ende April kamen Leopold Sonnemann wieder Bedenken: „Macht es einen Unterschied, ob Republik, ob Monarchie, wenn alle beide

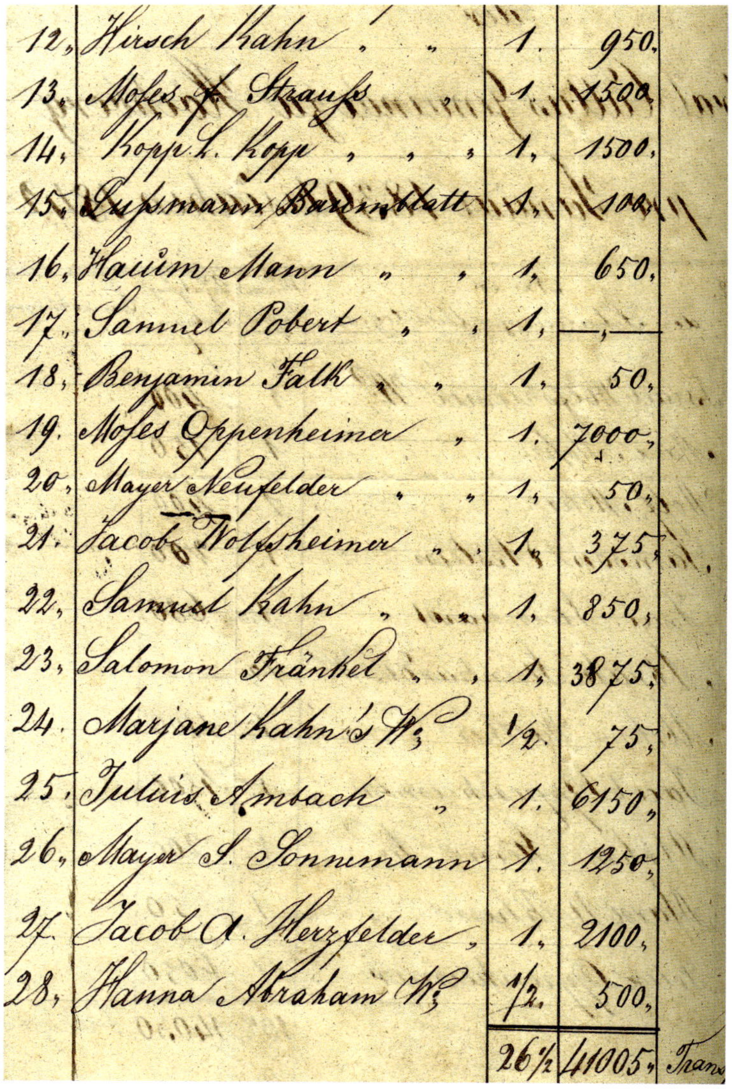

12,	Hirsch Kahn	1.	950,
13,	Moses H. Strauß	1.	1500
14,	Kopp L. Kopp	1,	1500,
15,	[illegible]	1	100
16,	Haium Mann	1,	650,
17,	Samuel Pobert	1,	—
18,	Benjamin Falk	1,	50,
19,	Moses Oppenheimer	1,	7000,
20,	Mayer Neufelder	1,	50,
21,	Jacob Wolfsheimer	1,	375
22,	Samuel Kahn	1,	850,
23,	Salomon Fränkel	1,	3875,
24,	Marjane Kahn's Ww.	½	75,
25,	Julius Ambach	1,	6150,
26,	Mayer S. Sonnemann	1,	1250,
27,	Jacob A. Herzfelder	1,	2100,
28,	Hanna Abraham Ww.	½	500,
		26½	41005,

A 116 Die Steuerveranlagung der israelitischen Kultusgemeinde Höchbergs für 1839 führt alle 41 steuerpflichtigen Gemeindemitglieder namentlich auf. Nach der Höhe des zu versteuernden Einkommens gestaffelt nahmen unter ihnen Koppel Löb Kopp und Meyer Sonnemann Rang 10 und 11 ein. Im gleichen Jahr war Meyer Sonnemann einer der Kultusvorstände der Gemeinde.

A 126 Dr. Salomon Formstecher (1808–1889) war seit 1832 Prediger und Religionslehrer, von 1842 bis zu seinem Tode Rabbiner in Offenbach. Er war einer der Wortführer und philosophischen Köpfe der jüdischen Reformbewegung. Die Stadt Offenbach ernannte ihn 1882 als ersten Juden zum Ehrenbürger.

Herrschaftsformen den Wucher begünstigen, den Vorteil des Reichen, die Missverhältnisse zwischen Kapital und Arbeit, wenn, mit einem Wort, alle beide wollen, dass das Geld weiterhin der Tyrann dieser Welt ist? […] unsere Generation ist nicht fähig, das große Glück einer vollkommenen Freiheit und einer Arbeit, die nicht aussichtslos ist, zu empfinden.“[34] Die Gewaltsamkeit des Arbeiteraufstands gegen die republikanische Regierung im Juni 1848 und dessen blutige Niederschlagung erschreckten, die mühsamen Verhandlungen der deutschen Nationalversammlung enttäuschten ihn.[35]

Das Tagebuch dieser Monate schildert ausführlich die politischen Ereignisse. Es spiegelt aber auch die immer stärker werdende Spannung zwischen den Geschäften der väterlichen Firma, die sich angesichts der politischen Unruhe immer schwieriger gestalteten, und seinen geistigen Interessen, die ihn von einer Tätigkeit als Schriftsteller träumen ließen[36], zwischen den Erfordernissen des Alltags und den Geboten der Religion, zwischen seinen strengen moralischen Prinzipien und den sinnlichen Wünschen des 17-jährigen. Verbunden mit seiner Verbitterung über die politische Entwicklung führten diese Spannungen ihn in eine Sackgasse: „das Leben fing mir in der letzten Zeit an, zum Ekel zu werden“, wie er später einem Freund gestand.[37] Er musste sich entscheiden. Die Einhaltung der jüdischen Ritualgesetze hatte er schon vorher nach und nach aufgegeben.[38] Jetzt verabschiedete er sich von seinen vielen hochfliegenden Plänen, seinen „turmhohen Luftschlössern“[39], und vor allem von der Politik als einer „Sache, die fast verloren ist.“[40] Nun, im Dezember 1848, wandte er sich entschlossen den Aufgaben zu, die ihm das Leben stellte. Er legte mit dem Tagebuch die unfruchtbare Beschäftigung mit sich selbst beiseite, konzentrierte sich auf das Geschäft und nahm Tanzstunden, die ihn wohl, wahrscheinlich verbunden mit ersten amourösen Abenteuern, von seiner stets beklagten „großen Schüchternheit“[41] kurierten und ihm mehr Sicherheit im gesellschaftlichen Umgang gaben.

Nach New York?

Enttäuscht vom endgültigen Scheitern der Revolution mit der Auflösung der Nationalversammlung im März 1849 und der Niederschlagung der Volkserhebungen in Dresden, Baden und der Pfalz dachten auch die Sonnemanns daran, wie viele andere Deutsche, Christen wie Juden, in die Vereinigten Staaten auszuwandern. Zur Vorbereitung errichteten sie im Oktober/November 1849 in New York, 66 Broad Street, ein Importhaus, das unter der Leitung des jungen Kaufmanns Felix Neufelder aus einer befreundeten Höchberger Familie stand. Die Firma M.S. Sonnemann in Offenbach sollte deutsche Waren einkaufen, die Firma Sonnemann & Neufelder diese in New York wieder verkaufen.[42] Dem stand die Neigung Felix Neufelders entgegen, nicht nur mit Textilien und Lederwaren zu handeln, sondern auf Rechnung der Sonnemanns auch französische Glas- und Galanteriewaren bei seinem Bruder Salomon Neufelder in Paris zu kaufen. Neufelder ließ sich zudem vom kalifornischen Goldrausch anstecken und schlug im Herbst 1850 vor, dorthin zu expandieren, was Meyer Sonnemann, der Neufelders Geschäftstätigkeit zunehmend misstrauisch gegenüberstand, verweigerte.[43] Therese Sonnemann war das amerikanische Unternehmen ohnehin von Anfang an suspekt gewesen.[44]

Das sich verschlechternde US-Geschäft brachte bald auch für die Firma M.S. Sonnemann Liquiditätsprobleme mit sich, da Neufelder offensichtlich mehr einkaufte, als er dann auch gewinnbringend absetzen konnte. Dies war umso misslicher, als das wieder im Aufschwung befindliche deutsche Geschäft ebenfalls viel Kapital benötig-

A 127 Als Textilzwischenhändler mussten die Sonnemanns zahlreiche Messen besuchen. Neben den regionalen Messen in Würzburg und Bamberg war die Messe in Leipzig mit ihrer eigenen Tuchhalle als Ort des überregionalen Austauschs besonders wichtig. Dort lernte Leopold Sonnemann auch seinen künftigen Schwager Julius Schüler kennen.

C 101 Leopold Sonnemann mietete 1849 zur Vorbereitung des Umzugs von Offenbach nach Frankfurt gleich eine Wohnung in der Fahrgasse als einer der Hauptverkehrsadern der Stadt. Sein Vater wollte sich zunächst mit einer Wohnung in der Bornheimer Straße, der ehemaligen Judengasse, zufrieden geben. Das Foto zeigt den südlichen Teil der Fahrgasse Richtung Main. Die Familie Sonnemann wohnte bis zum Tod der Eltern 1853 im Haus Fahrgasse 83, auf der westlichen Straßenseite zwischen Töngesgasse und Schnurgasse (heute Berliner Straße).

te. Im April 1851 kam Felix Neufelder zur Berichterstattung nach Europa.[45] Auf der Rückreise im Juni begleitete Sonnemann Neufelder nach Paris, um die dortigen Lieferanten kennen zu lernen. Nach der Rückkehr Neufelders in die USA ging die Konjunktur dort weiter bergab. Zur Besorgnis der Sonnemanns reagierte Felix Neufelder darauf mit Spekulationen in Rohstoffen wie Hopfen und Weizen, mit dem Export amerikanischer Waren nach Europa und mit der Durchführung von Inkassogeschäften.[46] Nur allmählich und indirekt gestand er ein, dass der Firma erhebliche Verluste entstanden waren. Die Sonnemanns trennten sich deshalb von Neufelder und zogen sich Ende 1852 aus dem US-Geschäft zurück. Die letzten Nachrichten aus dem Oktober 1853 betreffen eine Klage, die die Sonnemanns in den USA gegen Neufelder anstrengen wollten, der inzwischen Konkurs gemacht hatte.[47]

Das einzige positive Ergebnis des amerikanischen Abenteuers der Familie Sonnemann war eine Zeitung. M. Meyer, ein früherer Mitarbeiter Neufelders, hatte die geschäftliche Flaute zur Gründung der deutschsprachigen „New-Yorker Handels-Zeitung" genutzt, deren erste Ausgabe am 11. November 1851 erschien. Redaktion und Expedition befanden sich zusammen mit dem Kommissions- und Speditionsgeschäft Meyer & Co. im gleichen Haus wie die Firma Sonnemann & Neufelder. Die zweimal wöchentlich erscheinende Zeitung, die bis 1917 existierte, sollte mit Marktberichten, Kurs- und Schiffslisten deutsche Kaufleute über das Wirtschaftsgeschehen in den Vereinigten Staaten auf dem Laufenden halten. Zur Annahme von Abonnementsbestellungen in Deutschland gab M. Meyer außer einer Hamburger Adresse auch die Firma M. S. Sonnemann an. Da Meyer seit Anfang 1852 auch eine Ausgabe für die Vereinigten Staaten veröffentlichte, regte er bei den Sonnemanns im Dezember 1852 die Übersendung eines regelmäßigen Markt- und Börsenberichts aus Frankfurt an. Leider ist nicht bekannt, ob die Sonnemanns darauf eingingen. Leopold Sonnemanns publizistische Tätigkeit hätte dann schon drei Jahre vor der Gründung der Frankfurter Handelszeitung begonnen.[48]

C 103 Das Geschäftslokal der Firma M. S. Sonnemann befand sich in der Schnurgasse 36 gegenüber der Einmündung der Kruggasse. Das Foto zeigt die Schnurgasse, wie Leopold Sonnemann sie beim Verlassen des Geschäfts sah, wenn er über die angrenzenden Häuser Richtung Neue Kräme blickte.

C 106 Therese und Meyer Sonnemann wurden auf dem jüdischen Friedhof an der Rat-Beil-Straße beigesetzt. Der Doppelgrabstein trägt die Inschrift: „Hier ruhen in Gott Maier Sonnemann und Therese Sonnemann […] 53 Jahre alt. In einem Jahre gekommen, in einem Jahre geschieden, im Leben innig vereint, im Tode nicht getrennt, in Tugend hier verbunden, genießen sie dort zusammen ewige Seligkeit."

Frankfurt am Main

Das verlustbringende Engagement in Amerika aufzugeben, fiel den Sonnemanns umso leichter, als auch von einer Auswanderung dorthin schon lange nicht mehr die Rede war. Gleichzeitig mit der Vorbereitung der New Yorker Niederlassung hatte sich Meyer Sonnemann nämlich erneut bemüht, das Frankfurter Bürgerrecht zu erhalten. Zunächst wurden am 10. Dezember 1849 die Kinder Leopold und Johanna in den Frankfurter Bürgerverband aufgenommen, am 1. Februar 1850 wurde dann auch Vater Meyer Frankfurter Bürger.[49] Schon im Oktober 1849 hatte Leopold kurz entschlossen die Offenbacher Wohnung vermietet und eine Wohnung in der Frankfurter Fahrgasse angemietet.[50] Die durch den Wegfall der Wegezeiten von Offenbach nach Frankfurt und zurück gewonnenen Stunden nutzte er zum Klavierüben und zu Theaterbesuchen.[51] Noch immer lag das Schwergewicht der Firma M. S. Sonnemann auf dem Gebiet des Textilzwischenhandels. Seit 1848 traten aber Börsengeschäfte hinzu, was sich mit der Niederlassung in Frankfurt ständig steigerte.[52]

Mitten im Aufschwung der Firma sah sich Sonnemann, noch nicht 22-jährig, unversehens auf sich allein gestellt. Am 4. Mai 1853 starb seine Mutter Therese, wenige Monate später, am 3. August, auch sein Vater Meyer.[53] Leopold Sonnemann übernahm nun als alleiniger Inhaber die väterliche Firma unter dem neuen Namen M. S. Sonnemann Nachfolger. Er konnte zwar auf die bewährte Hilfe seiner Schwester Johanna und der anderen Mitarbeiter zählen, als Einzelner konnte er die Firma aber schon aufgrund der damit verbundenen Reisen nicht führen. Da traf es sich günstig, dass er im Mai 1853 noch vor dem Tod der Mutter auf der Leipziger Messe Julius Schüler aus Geseke in Westfalen kennen gelernt hatte. Der Vater des damals 26-jährigen Kaufmanns besaß dort ein Bank- und Warengeschäft und hatte von zwei Ehefrauen zahlreiche Kinder.[54] Im Frühsommer 1853 besuchte Leopold Sonnemann die Familie in Geseke. Wohl auf Drängen seines Vaters verlobte er sich kurz darauf mit Julius' Halbschwester Rosa, während Julius sich mit Johanna

C 108 Das Porträtfoto zeigt Rosa Schüler ungefähr zur Zeit ihrer ersten Begegnung mit Leopold Sonnemann 1853.

Sonnemann verlobte. Meyer Sonnemann hatte laut seinem Testament bereits vorgesehen, dass Julius Schüler nach Erlangung des Bürgerrechts der Freien Stadt Frankfurt in die Firma eintreten sollte. Nach Meyers plötzlichem Tod eilte zunächst ein anderer Sohn Moses Schülers Leopold in Frankfurt zu Hilfe. Leopolds Hochzeit mit Rosa Schüler fand am 3. Februar 1854 statt. Die ursprünglich geplante Doppelhochzeit scheiterte an einem Formfehler in den Heiratsdokumenten von Johanna und Julius, so dass diese erst im März 1854 in Frankfurt heiraten konnten.[55]

Kurz nach der Heirat von Leopold und Rosa trat Julius Schüler in die Firma M. S. Sonnemann Nachfolger ein. Aufgrund seiner Geseker Erfahrung im Bankwesen war es ihm und Sonnemann 1855 möglich, das zunehmend unrentablere Handelsgeschäft aufzugeben und sich auf das im vollen Aufschwung befindliche Bankgeschäft zu konzentrieren. Mit Hilfe von Julius' Brüdern errichteten sie unter Leopolds Leitung Filialen in Wien, Berlin, Brüssel und Paris.[56] Bald darauf zogen Sonnemanns Schwiegereltern nach Frankfurt. Moses Schüler starb dort 72-jährig am 18. November 1859 und wurde neben den Eltern Sonnemann beigesetzt.

Nach Moses Schülers Tod war der junge Familienvater Leopold Sonnemann – Rosa hatte ihm im Februar 1855 die einzige, nach seiner Mutter benannte Tochter Therese geboren – das unbestrittene Oberhaupt der Familien Sonnemann und Schüler. Die Familien waren zusätzlich dadurch verbunden, dass die nach dem frühen Tod ihrer Eltern im Hause Meyer Sonnemanns aufgewachsene Jeanette Kissing, Tochter einer Schwester Therese Sonnemanns, Aaron Schüler, einen Bruder von Julius und Rosa, heiratete.[57] Leopolds Rolle als Familienoberhaupt äußerte sich z. B. in Interventionen zugunsten der Töchter von Aaron und Jeanette Schüler, als diese Männer heiraten wollten, die ihrem Vater nicht genehm waren, Anna den nichtjüdischen Opernsänger Franz Lindner und Elisabeth, besser bekannt unter dem Namen Else Lasker-Schüler (1869–1945), den Arzt Berthold Lasker.[58] Wie die erhaltenen Kalender der Jahre 1897–1902 zeigen, hielt er regelmäßig Kontakt zu den Familienmitgliedern und griff weniger wohlhabenden Verwandten immer wieder finanziell unter die Arme.

Lösung vom traditionellen Judentum

Leopold Sonnemann entstammte einer noch ganz traditionell religiösen Familie. Eine besondere Rolle spielte seine Mutter, die er um 1900 als „herzensgute, liebenswürdige und charaktervolle Frau von streng religiöser Gesinnung" beschrieb.[59] Im Tagebuch des Jugendlichen von 1847/48 ist diese Prägung auf vielen Seiten ablesbar.[60] In seinem rigorosen Selbsterziehungsprogramm setzte er sich auch religiöse Ziele, z. B. jeden Tag regelmäßig morgens und abends zu beten.[61] Auch die Fasttage versuchte er streng einzuhalten.[62]

Zu Pessach 1847 führte sein religiöser Perfektionismus zu einem heftigen Zusammenstoß mit seinem Vater Meyer, der – wenn es die Geschäftslage unbedingt erforderte – auch einmal fünf gerade sein ließ. „Gestern, als ersten Tag der hinteren Ostertage, war er, was er gewöhnlich nie tat, in Frankfurt." Auch am nächsten Tag wollte er mit Leopold auf der gerade stattfindenden Frankfurter Messe Fabrikanten besuchen und zur Zeitersparnis die Liniendroschke nehmen. Leopold hatte Bedenken: „Ich empfand eine Scheu vor dem Fahren am Jomtof [Feiertag], denn noch nie hatte ich so etwas getan. Obwohl selbst meinen Grundsätzen nach der zweite Feiertag wenig Bedeutung für mich hat, so möchte ich ihn doch schon der Welt wegen, die mich bisher so ziemlich unter die Altgläubigen rechnete, nicht zum Werktag herabwürdigen; ebensowenig bin ich gesonnen, mich in Hinsicht der Religion immer nach meinem Vater zu richten, der doch wirklich alle Jahre zehnmal seine Meinungen und Ansichten verändert. Ich antwortete: Vater, ich will zu Fuße gehen, fahre Du". Der aufbrausende Vater beschimpft ihn wegen seines pubertären Aufbegehrens und schickt ihn nach Hause. Nach seiner Rückkehr hält er Leopold eine „tüchtige Strafpredigt über Religion, etc." Leopold nimmt sich den Vorfall zu Herzen und reflektiert: „Ich habe eingesehen, daß der Mensch im jetzigen Zeitalter seine Grundsätze und Meinungen in Hinsicht der Religion nicht in der Jugend für sein ganzes Leben festsetzen kann; sondern daß sich diese religiösen Prinzipien oft durch Gelegenheit, Umstände etc. umgestalten."[63]

Zur Aufrechterhaltung einer „altgläubigen" Frömmigkeit in der ländlichen Höchberger Tradition war allerdings gerade Offenbach nicht der rechte Platz. Der 1821 neu gewählte Gemeindevorstand hatte umgehend gottesdienstliche Reformen eingeleitet, die in der Synagogenordnung von 1832 ihren schriftlichen Niederschlag fanden.[64] Die Anhänger der Tradition protestierten, „daß der Israelit durch die Anordnungen des Vorstandes in seinen Gewissensangelegenheiten sich verletzt fühle, daß sein religiöses Leben beschränkt sei". Darauf reagierte der Gemeindevorstand 1843 mit einer ausführlichen Schrift, die sein Vorgehen rechtfertigte.[65]

Zu den Maßnahmen des Vorstands hatte es auch gehört, dem eher traditionell orientierten Offenbacher Oberrabbiner Gottlieb

Metz 1832 den jungen Prediger und Religionslehrer Dr. Salomon Formstecher zur Seite zu stellen, den wir bereits als Nachhilfelehrer Sonnemanns kennen gelernt haben.[66] Formstechers Hauptaufgabe bestand neben der Predigttätigkeit darin, „der israelitischen Jugend vom 11. bis zum vollendeten 13. Lebensjahre [...] den höheren Religionsunterricht zu ertheilen und dieselbe zum Schlusse dieses Unterrichtes am Wochenfeste [Schawuot] in der Synagoge zu confirmiren".[67] Deshalb ist davon auszugehen, dass auch Leopold Sonnemann von ihm die „Konfirmation" (Bar Mizwa) erhalten hat. Formstecher, der von 1842 bis zu seinem Tode 1889 in Offenbach als Rabbiner wirkte, war einer der Wortführer der Reformbewegung. Ein Jahr vor seiner Ernennung zum Rabbiner veröffentlichte er die philosophische Schrift „Die Religion des Geistes – eine wissenschaftliche Darstellung des Judentums nach seinem Charakter, Entwicklungsgange und Berufe in der Menschheit", die zu den bedeutendsten Werken der jüdischen Reformbewegung gezählt wird.[68]

Die Spannungen innerhalb der Offenbacher Gemeinde zwischen Reformern und Anhängern der Tradition spiegeln sich auch in Leopold Sonnemanns Tagebuch: „durch die gegenwärtig in allen Religionen herrschenden Spaltungen, Reformen etc. wird dem Einzelnen am Ende noch der ganze Glauben benommen".[69] Noch steht er also mehr auf Seiten der Tradition. Im Hochsommer 1847 bemerkt er aber bereits selbstkritisch: „in der Synagoge war ich nicht"[70] und beklagt, dass er das tägliche Gebet oft vernachlässigt[71]. Noch zwingt er sich krampfhaft zur Einhaltung der religiösen Vorschriften. Wohl am 22. Juli 1847 anlässlich des 9. Aw, des Trauertages im Gedenken an die Zerstörung des Jerusalemer Tempels im Jahre 70 christlicher Zeitrechnung, rühmt er sich dessen: „Gestern habe ich den ganzen Tag gefastet, und so gut gefastet, wie ich noch nie jemanden fasten gesehen." Er gelobt: „Wie oft auch meine Grundsätze über Religion sich noch ändern mögen, daß ich nie unterlassen werde, die zwei Hauptfasttage zu beobachten."[72]

Am 18. September (Schabbat Teschuwa) hält er der Tradition entsprechend Rückschau: „Von der Religion habe ich im vergangenen Jahre auch nicht viel gehalten, im Gegenteil, ich habe vieles weggeworfen! Früher habe ich aus hergebrachter Gewohnheit alles ganz buchstäblich genommen, im letzten Jahre habe ich fast gar nicht nach meinem elterlichen Glauben gelebt, das heißt, jedoch nur insofern, als es allein und ohne störende Zeugen geschehen konnte. Gott, dachte ich, darf alles sehen, was Du tust, es wird ihm so ziemlich einerlei sein, nämlich was unsere zeremoniellen Gebräuche betrifft."[73]

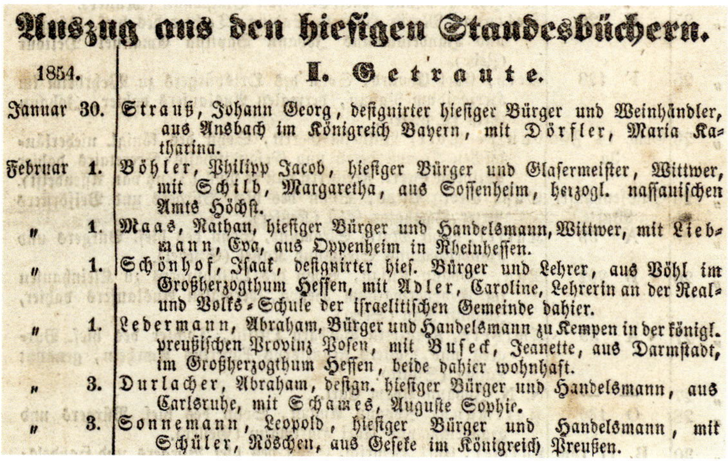

Auszug aus den hiesigen Standesbüchern.

1854.	I. Getraute.
Januar 30.	Strauß, Johann Georg, designirter hiesiger Bürger und Weinhändler, aus Ansbach im Königreich Bayern, mit Dörfler, Maria Katharina.
Februar 1.	Böhler, Philipp Jacob, hiesiger Bürger und Glasermeister, Wittwer, mit Schilb, Margaretha, aus Sossenheim, herzogl. nassauischen Amts Höchst.
" 1.	Maas, Nathan, hiesiger Bürger und Handelsmann, Wittwer, mit Liebmann, Eva, aus Oppenheim in Rheinhessen.
" 1.	Schönhof, Isaak, designirter hies. Bürger und Lehrer, aus Böhl im Großherzogthum Hessen, mit Adler, Caroline, Lehrerin an der Real- und Volks-Schule der israelitischen Gemeinde dahier.
" 1.	Ledermann, Abraham, Bürger und Handelsmann zu Kempen in der königl. preußischen Provinz Posen, mit Buseck, Jeanette, aus Darmstadt, im Großherzogthum Hessen, beide dahier wohnhaft.
" 3.	Durlacher, Abraham, design. hiesiger Bürger und Handelsmann, aus Carlsruhe, mit Schames, Auguste Sophie.
" 3.	Sonnemann, Leopold, hiesiger Bürger und Handelsmann, mit Schüler, Röschen, aus Geseke im Königreich Preußen.

C 112 Am 7. Februar 1854 wurde im Amtsblatt der Freien Stadt Frankfurt die Hochzeit zwischen Leopold Sonnemann und Rosa Schüler bekannt gegeben. Die Hochzeit fand in Kassel, etwa auf halbem Wege zwischen Geseke und Frankfurt, statt.

Anhand des Tagebuchs lässt sich mitverfolgen, wie Leopold Sonnemann der Religionspraxis gegenüber immer kritischer wird. Am 20. September, Jom Kippur, wahrscheinlich nach Sonnenuntergang, da am eigentlichen Feiertag Schreiben als Arbeit verboten ist, und am folgenden Tag notiert er: „Es war heute der große Versöhnungstag. Ich habe den ganzen Tag in der Synagoge mit Fasten und Beten zugebracht, bin aber dadurch, ich kann es mir nicht verhehlen, dem Himmel vielleicht keinen Schritt nähergerückt, und so auch der größte Teil, wenn nicht alle meiner Glaubensgenossen. [...] es fehlt bei unserem israelitischen Gottesdienste wahrlich an allem, in allem; keine Aufmerksamkeit, keine Ehrfurcht, keine Andacht. [...] Von dem allen ist in unserem Gottesdienste keine Spur zu finden; nur Klatscherei, Spötterei und üble Nachreden sind die Charakterzeichen dieser Gottesverehrung, die eher heidnisch als jüdisch zu nennen ist. Es ist doch sonderbar, daß eine so große Gemeinde wie die unsrige sich untereinander, und zusammen den guten Herrgott, auf eine so grobe Weise zu betrügen sucht. Eine Buße ohne Reue, die bloß in dem Hermurmeln hebräischer und darum der Majorität unverständlicher Gebetsformeln besteht, Gesänge, die sich eher für Bänkelsänger als für die Synagoge schicken, und dies alles fortzusetzen – zwölf Stunden lang!!"[74]

Dabei hatte schon die Offenbacher Synagogenordnung von 1832 vorgeschrieben, „daß nicht mehr, wie bisher, die erhabensten und erbaulichsten Gebete nach unpassenden und trivialen Melodien, sondern in würdevoller Declamation vorgetragen, und die dazu geeigneten Stellen durch [...] Choralgesang ausgezeichnet werden."[75] Wir müssen also annehmen, dass dem ungestümen jungen Sonnemann auch die relativ behutsamen Reformen des Offenbacher Gemeindevorstands, der so eine endgültige Spaltung der Gemeinde wie in Frankfurt vermeiden konnte, schon nicht mehr weit genug gingen.[76]

Es war nur folgerichtig, dass Leopold Sonnemann sich bald auch über andere religiöse Gebote hinwegsetzte. Mitte Dezember 1847 notierte er im Tagebuch: „Dieser Tage habe ich zum erstenmal gegen unsere Speisegesetze gesündigt, indem ich in einer chr[istlichen] Restauration einigemal zu Abend gespeist [...] Von dem Standpunkt der Religion aus betrachtet, mache ich mir auch wenig Gewissen hierüber, obwohl ich keinen triftigen Entschuldigungsgrund vorzubringen weiß [...] Doch der Bann ist nun einmal gebrochen, und zurückzutreten wäre lächerlich."[77]

Ganz im Sinne der Reformbewegung entwickelten sich Sonnemanns religiöse Überzeugungen nun zunehmend in Richtung eines ethischen Monotheismus, bei dem anstatt der Erfüllung äußerer Gesetzesvorschriften ethisches Verhalten im Vordergrund steht. Auch seine allmählich sich herausbildenden politischen Vorstellungen waren auf diese Weise religiös grundiert. Anfang 1848 vermerkte er: „die Menschheit besitzt noch nicht diesen Grad der Zivilisation, der den Unterschied der Stände ausgleicht, alle Religionen vereinigt, sich für ihre Nebenmenschen aufopfert; nein, noch ist er zu vorherrschend, dieser jämmerliche Partei- und Kastengeist, dieser Eigennutz. [...] Einstweilen sei die Tendenz Deines Wirkens, dürftigen Leidenden und Brotlosen, die nicht mit jener Ruhe wie Du dem Tage der Erlösung entgegensehen zu können, Beistand zu leisten und zu unterstützen, soweit es in Deinen Kräften steht.
Das ist es, was der Ewige, Dein Gott, von Dir fordert, Mensch, und behalte den Ausspruch: Niemand soll Anspruch auf das Ueberflüssige machen, solange nicht jeder das Nötige hat."[78]

Als Leopold Sonnemann am 11. Juni 1848 inmitten der revolutionären Ereignisse seine politischen Grundsätze niederschrieb, finden wir auch hier die Verbindung des jüdischen messianischen Denkens mit den politischen Forderungen von 1848: „1. Ich glaube

C 115 Sonnemanns Tochter Therese, hier etwa 18 Jahre alt, war seine engste Vertraute. Auch nach deren Heirat schrieben sie sich nahezu täglich Briefe und besuchten einander regelmäßig. Das Schachspiel war seit dem Mittelalter in jüdischen Familien populär, besonders bei den Frauen. Emanuel Lasker (1868–1941), Schachweltmeister von 1894 bis 1921, war der Bruder von Else Lasker-Schülers Ehemann Berthold.

C 116 Das Foto zeigt Leopold Sonnemann um 1870. Mit der Wahl in die Frankfurter Stadtverordnetenversammlung 1869 begann seine politische Karriere. Insgesamt war er 30 Jahre lang Stadtverordneter. 1871 gewann er in der Stichwahl gegen Baron Mayer Carl von Rothschild das Frankfurter Mandat im Reichstag, das er insgesamt zwölf Jahre lang innehatte.

an die Möglichkeit einer völligen Völkerfreiheit, an eine einstige irdische Glückseligkeit, die auch in allen Religionen und besonders in der jüdischen schon vor Jahrtausenden verkündigt ward und auch dem gesunden Menschenverstand gemäß einst eintreffen wird. 2. Ich glaube, daß diese Glückseligkeit des Menschengeschlechts nur durch die Einführung der Demokratie in Form der sozialen Republik mit dem System der Gemeinschaft einstens zu erreichen ist.“[79] Man könnte meinen, Sonnemann habe hier ins Politische gewendet, was Formstecher 1841 allgemeiner gehalten so formulierte: „Das Judenthum erhofft in seinem Prophetismus eine geistige Weltherrschaft durch eine Verehrung Gottes als Vater der Menschheit und durch das liebevolle Band einer Weltverbrüderung“.[80]

So lange seine fromme Mutter lebte, wird Leopold Sonnemann sich bemüht haben, sie nicht durch eine offene Ablehnung der Ritualgesetze zu verletzen. Auch nach ihrem Tod vermied er es, in der Öffentlichkeit gegen die religiösen Regeln zu verstoßen, vor allem außerhalb Frankfurts. Dies zeigt sein Glückwunschschreiben vom 18. März 1854 aus Würzburg an die Schwester Johanna und den Schwager Julius Schüler anlässlich deren Hochzeit. Es enthält die schärfste religionskritische Äußerung, die von Sonnemann aus dieser Zeit überliefert ist: „Ich meinerseits betrachte den Civilakt [der Trauung] als allein bindend und von Wichtigkeit und begrüßte Euch daher schon heute Morgen in meiner Depesche als Mann und Frau. Auf die religiöse Trauung die blos leere Förmlichkeit zur Beruhigung schwacher abhängiger Seelen [ist], woran leider die Welt noch voll und übervoll [ist], lege ich gar keinen Wert. Warum sollte ich also alles im Stiche lassen um bei der Form [eben der religiösen Trauung, die dann am 22. März im Sonnemann'schen Haus stattfand] zu erscheinen während Ihr das Wesen der Ehe abmachtet ohne mich nur leise anzufragen?“ Das Telegramm mit der Nachricht von der Ziviltrauung der beiden hatte ihn bei seiner Rückkehr von der Post erreicht. „Ich trug das Paket Gold welches ich entgegen meiner sonstigen Gewohnheit unterwegs nicht öffnete, da heute Schabbes ist und ich übrigens kein Messer bei mir hatte.“[81] Er wollte also in Würzburg, wo z. B. sein Onkel Lazarus Sonnemann und andere Verwandte wohnten, nicht dabei gesehen werden, dass er verbotenerweise an Schabbat mit Geld hantierte. Der Hinweis auf das fehlende Messer scheint anzudeuten, dass er sich dieses Widerspruchs zwischen innerer Überzeugung und äußerer Handlungsweise etwas schämte.

Auch die Familie Schüler war durchaus religiös, stand aber bereits der Reformbewegung nahe. Die beiden Ehefrauen Moses Schülers, Rosa und Nanette/Nettchen, waren Töchter des in Geseke wirkenden westfälischen Vizelandrabbiners Hirsch Cohen (1765–1832). Des-

Sonneborn C., Schirm-u.Stockfabrik(Inhaberin *Wwe Louise Sonneborn, gb. Flittner*), Weissadlerg. 20p.
— Heinrich, Kfm, Blücherplatz 93.
— Louise Marie Wilh., gb. Flittner, Wwe, Blücherplatz 93.
Sonnemann Leopold, Herausg. d. Frankf. Ztg. (s. *Frankf. Societäts-Druckerei*), Taunus-Anlage 5. **(F 30)** Bureau gr. Eschenheimerstrasse 37. Sprechst. von 3—5 Uhr. **(F 663)**
— Marie, gb. Ploch, Wwe, Scheidswaldstr. 7h1.
Sonnenberg Hermann, Kfm (s. *Sonnenberg & Bingo*), Baustr. 22p.
— Isaac, Metzger, Wollgraben 32.

C 122 Der Adressbucheintrag von 1894 bezeichnet Sonnemann als Zeitungsverleger und nennt neben seiner Wohnung in der Taunusanlage 5 auch seine Büroadresse im Gebäude der Frankfurter Zeitung, Große Eschenheimer Str. 37. In seiner Eigenschaft als Stadtverordneter hielt er dort täglich von 15 bis 17 Uhr Sprechstunden ab.

sen Reform des rituellen Frauenbades hatte den Zorn des orthodoxen Münsteraner Rabbiners Abraham Sutro (1784–1869) erregt.[82] Anders als das Testament Meyer Sonnemanns von 1853, das nur die beiden Kinder und andere Verwandte bedachte, enthält der Erbschaftsvertrag zwischen Moses und Nanette Schüler von 1855 allerdings auch eine fromme Stiftung zum Andenken an Moses Schüler nach dessen Tod.[83]

Der säkulare Jude

Auch wenn er sich nicht mehr an das Ritualgesetz gebunden fühlte, blieb Leopold Sonnemann bewusster Jude im Sinne des von den Propheten verkündeten „ethischen Monotheismus". Anders als viele Zeitgenossen, auch in der eigenen Verwandtschaft[84], wählte er nicht den bequemen Weg zur gesellschaftlichen Integration durch die Taufe, sondern blieb Mitglied der Israelitischen Gemeinde. Aktiv ist er dort nie hervorgetreten, ausgenommen als einer der ersten Unterzeichner einer Petition von 316 Gemeindemitgliedern an den Vorstand der Israelitischen Gemeinde, die 1865 die Schaffung einer neuen Gemeindeverfassung forderten, die die alte von 1839 ablösen sollte. Ziel der Petition war eine Demokratisierung der Gemeindeverfassung sowie eine Reform der Verwaltung und der Besteuerung, um so eine drohende Spaltung der Gemeinde zu verhindern.[85] Die Distanz zur Israelitischen Gemeinde drückte sich auch darin aus, dass der Gemeindevorstand sich zu Sonnemanns 70. Geburtstag auf einen schriftlichen Glückwunsch beschränkte.[86]

1871 setzte er als Reichstagsabgeordneter durch, dass alle Schüler des Philanthropins, der Realschule der Israelitischen Gemeinde Frankfurt, Berechtigungsscheine für den einjährigen Militärdienst erhalten konnten, die ihnen das Provinzialschulkollegium in Kassel mit der unzutreffenden Begründung verweigert hatte, durch die schulfreien Samstage und die jüdischen Feiertage ginge zu viel Unterrichtszeit verloren. Da sein Engagement vor allem dazu diente, eine Benachteiligung der zahlreichen christlichen Schüler des Philanthropins zu vermeiden, kann hier jedoch von einem speziellen Einsatz für jüdische Interessen nicht die Rede sein.[87]

Andererseits stimmte er 1877 in der Stadtverordnetenversammlung gegen die Einführung eines jüdischen Religionsunterrichts an öffentlichen Schulen. Wer jüdischen Religionsunterricht wolle, solle an eine jüdische Schule gehen. Die Verwendung öffentlicher Gelder für konfessionellen Unterricht lehnte er ab. Da es selbstverständlich war, dass christliche Kinder an den öffentlichen Schulen konfessionellen Religionsunterricht erhielten, bedeutete dies eine Benachteiligung der jüdischen Schüler und einen Widerspruch zum Prinzip der Gleichbehandlung aller Bekenntnisse. Sonnemann stellte hier die liberalen Forderungen nach einer vollständigen Trennung von Staat und Religion und nach einer Zurückdrängung des Einflusses der Religionsgemeinschaften in den Schulen klar über die berechtigten Interessen der jüdischen Gemeinschaft.[88]

Bei dezidiert jüdischen Organisationen, wie bei den zahlreichen jüdischen Stiftungen und Wohlfahrtseinrichtungen in Frankfurt, hat Leopold Sonnemann im Allgemeinen nicht mitgearbeitet. Ein derartiges Engagement überließ er seinem Freund Charles Hallgarten, der als reiner Privatmann nicht so im Rampenlicht der Öffentlichkeit stand wie er. Jüdisch-politischen, gar nationalen Bestrebungen stand er klar ablehnend gegenüber: Als prominente Vertreter des Deutsch-Israelitischen Gemeindebundes und des Centralvereins deutscher Staatsbürger jüdischen Glaubens anregten, entsprechend den jährlichen Katholikentagen „Judentage" abzuhalten[89], notierte er im Kalender unter dem 21. Oktober 1900: „Sitzung [der Redaktion] betr. Judentag. Erst deutsch, dann jüdisch." Klarer könnte man sein Selbstverständnis nicht ausdrücken.

Eine Ausnahme machte er nur bei Bildungseinrichtungen. So unterstützte er die Israelitische Präparandenschule in seinem Herkunftsort Höchberg. Sie war 1861 aus der privaten Talmud-Tora-Schule des Höchberger Rabbiners Lazarus Ottensoser (1798–1876) hervorgegangen und sollte Jugendliche im Alter von meist 14 bis 16 Jahren auf den Besuch der Israelitischen Lehrerbildungsanstalt in Würzburg oder eines anderen jüdischen Lehrerseminars vorbereiten.[90] Es störte Sonnemann dabei offensichtlich nicht, dass die Präparandenschule in ihrer streng orthodoxen Ausrichtung[91] genau jenes gesetzestreue jüdische Milieu verkörperte, von dem er sich so mühsam, aber gründlich abgelöst hatte. Anlässlich der Beerdigung Sonnemanns berichtete die „Allgemeine Zeitung des Judentums": Als man an der Präparandenschule „den Musikunterricht vor 20 Jahren einführte, schenkte er die hierzu benötigten Klaviere der Anstalt. Alljährlich ließ er seinen Beitrag dieser Anstalt überweisen und zeigte so ein Interesse für die Fortbildung der jungen Lehrerkandidaten und für die Entwicklung seines Geburtsortes."[92] Das Glückwunschschreiben der Israelitischen Volksschule in Frankfurt zu Sonnemanns 70. Geburtstag[93] könnte darauf hinweisen, dass auch diese Bildungseinrichtung von ihm unterstützt wurde.

Die Danksagung der Freiherrlich v. Rothschildschen Bibliothek aus gleichem Anlass an „einen ihrer opferwilligsten Gönner" wurde wohl bewusst zwischen die Grußworte des Freien Deutschen Hochstifts und der Freibibliothek und Lesehalle platziert. Sonnemann würdigte die Bibliothek in seiner Antwort an die „Vertreter der Bildungseinrichtungen" denn auch vor allem als für das Gemeinwesen notwendige Ergänzung der Stadtbibliothek. Die Bibliothek war von Hannah Louise von Rothschild (1850–1892) 1887 zu Ehren ihres verstorbenen Vaters Mayer Carl von Rothschild (1820–1886) gegründet und 1893 nach deren Tod in eine Stiftung umgewandelt worden. Ihr Sammelschwerpunkt lag in bewusster Abgrenzung von den Beständen der anderen Frankfurter Bibliotheken auf den Gebieten Kunst- und Musikwissenschaft, neuere Philologien und vergleichende Sprachwissenschaft.[94] Sonnemann überließ der Bibliothek regelmäßig alle bei der Frankfurter Zeitung eingegangenen Rezensionsexemplare von Publikationen, die in ihr Sammelgebiet fielen.[95]

In die gleiche Richtung der bevorzugten Förderung von Bildungseinrichtungen im weitesten Sinn weist Leopold Sonnemanns Beteiligung an der Gründung der Gesellschaft zur Erforschung jüdischer Kunstdenkmäler, die Charles Hallgarten auf Betreiben des

Direktors des Düsseldorfer Kunstgewerbemuseums, Heinrich Frauberger, 1897 initiiert hatte. Schon eine Woche vor der Gründungsversammlung am 28. November 1897, an der er nach einem Eintrag in seinem Kalender teilnahm, stiftete er dem Historischen Museum zusammen mit Charles Hallgarten und Georg Speyer eine große Levitenwaschschale, die heute eines der Prunkstücke des Jüdischen Museums Frankfurt darstellt.[96] Bei der Eintragung der Gesellschaft in das Vereinsregister 1901 war er Mitglied des Vorstands.[97]

Noch nicht hinreichend erforscht sind die Verbindungen Leopold Sonnemanns zur Alliance Israélite Universelle (AIU).[98] Diese erste und lange Zeit größte jüdische Weltorganisation war 1860 in Paris mit dem Ziel gegründet worden, für die Gleichberechtigung der Juden und anderer religiöser Minderheiten zu kämpfen. Ihr Frankfurter Interessenvertreter war Charles Hallgarten, der seit 1893 auch dem Zentralkomitee der Alliance angehörte.[99] Die Alliance finanzierte Hilfsmaßnahmen für die Opfer von Judenverfolgungen in Osteuropa und islamischen Ländern, versuchte die rechtliche Lage der dortigen Juden zu verbessern und durch die Gründung von Bildungseinrichtungen die Integration der jüdischen Jugend in ihren Heimatländern zu fördern. Ziel war die gleichzeitige Loyalität zum Judentum, zur jeweiligen Nation und zur Menschheit insgesamt.

Die Vorstellungen der Gründer der Alliance deckten sich weitgehend mit Sonnemanns politischen Grundsätzen von 1848. Unter Berufung auf die Prinzipien von 1789 verstanden sie die Alliance als jüdischen Weltbund für die Menschenrechte, der mithelfen sollte, den heilsgeschichtlichen Auftrag Israels zu erfüllen und durch die Verbreitung von Zivilisation und Fortschritt eine weltbürgerliche Friedenszeit herbeizuführen, wie sie das Judentum stets als messianische Zeit ersehnt hatte. Sie sollte, wie Adolphe Crémieux, der zweite Präsident der Alliance, es 1864 ausdrückte, „Brüder jeglichen Glaubens" zusammenführen „zur Vereinigung aller Bekenntnisse unter ein einziges Banner: Einigkeit und Fortschritt, dies ist die Losung der Menschheit".[100]

Für die Antisemiten aller Länder war die Alliance die ideale Bestätigung ihrer Wahnidee von der jüdischen Weltverschwörung. Unter dem Druck ihrer Verdächtigungen nahm die Alliance nach und nach ihren hohen Anspruch zurück und betonte ihren unpolitischen, allein karitativen Charakter.[101] Der Frankfurter Antisemit Emil Richter (1840–1889) warf Sonnemann schon 1881 seine Beziehungen zur Alliance vor. Er bezeichnete die Frankfurter Zeitung geradezu als „süddeutsches Hauptorgan der Alliance israélite".[102] Ob sich die Zeitung tatsächlich für die Belange der Alliance einsetzte oder ob der Vorwurf nur Richters genereller Neigung zu Verschwörungstheorien entsprang, wäre noch zu untersuchen.

Im Einsatz für die Menschenrechte und für verfolgte Minderheiten waren Sonnemann und seine Zeitung aber auf jeden Fall Verbündete der Alliance. So korrespondierte Sonnemann 1901/1902 wiederholt mit der Alliance.[103] Anlass war, dass Rumänien die auf der Berliner Balkankonferenz 1878 eingegangene Verpflichtung zur Einführung der Rechtsgleichheit seiner jüdischen Bürger nur zögernd einlöste. 1895 wurde dort sogar eine Antisemitische Allianz gegründet, die in den folgenden Jahren Ausschreitungen gegen Juden organisierte.[104] Sonnemann hatte schon im Sommer 1900 begonnen, sich für das Schicksal der rumänischen Juden zu interessieren.[105] Am 21. Juni 1901 vermerkte er sogar in seinem Kalender: „Bin zum Comité des Israélites roumains gewählt." Das Thema taucht in der Folge wiederholt in Sonnemanns Kalendern auf,[106] zumal die Berichte der Frankfurter Zeitung über die Lage der rumänischen Juden sie Angriffen der rumänischen Regierung aussetzten.[107]

Die auf das Wohl der gesamten Menschheit gerichteten Vorstellungen der Alliance Israélite Universelle gingen in hohem Maße auch mit freimaurerischen Ideen konform. Zu ihren Gründern zählten denn auch mehrere Pariser jüdische Freimaurer. Auch Sonnemann war Freimaurer. Seit 1855 gehörte er der Frankfurter Loge zur aufgehenden Morgenröte an.[108] Auch die Loge gratulierte Sonnemann zum 70. Geburtstag, der in seiner Antwort aber bedauerte, es habe „ihm an Zeit gefehlt, in den letzten fünfundzwanzig Jahren häufiger an den Arbeiten der Vereinigung theilzunehmen."[109] Gleichwohl hielt der Sprecher der Loge bei der Beisetzung Sonnemanns die eigentliche Rede am Grab. Er rief dem verstorbenen Logenbruder nach: „Ja, dein Wirken deckte sich mit den maurerischen Gedanken der Gerechtigkeit, der Veredlung der Menschen, des Triumphs der Freiheit über die Gewalt."[110]

Über Sonnemanns persönliche religiöse Haltung in der aktivsten Zeit seines politischen und publizistischen Wirkens fehlen uns die Quellen. Erst die erhaltenen Kalender und Notizbücher der Jahre 1888/89 und 1897–1902 geben uns hier wieder gewisse Einblicke. Alle Notizbücher tragen zu Beginn das Datum ihrer Erstbenutzung

C 120 Die Loge zur aufgehenden Morgenröte war 1808 von Mitgliedern der Israelitischen Gemeinde gegründet worden, da die bestehenden Frankfurter Logen keine jüdischen Mitglieder aufnahmen. Der Loge gehörten die angesehensten jüdischen Bürger der Stadt an. Sie bildete so einen Mittelpunkt des gesellschaftlichen Lebens der Frankfurter Juden.

C 132 Vier Tage nach seinem Tod am 30. Oktober 1909 wurde Sonnemann auf dem jüdischen Friedhof an der Rat-Beil-Straße unweit der Gräber seiner Eltern und Schwiegereltern beigesetzt. Später wurden auch seine Frau Rosa und ihr Bruder Max Schüler in diesem Familiengrab bestattet.

und den Vermerk „MG", der im Notizbuch vom 29. Oktober 1900 als „Mit Gott" ausgeschrieben wird. Während auch sehr assimilierte Juden sonst im Allgemeinen wenigstens an den hohen Feiertagen wie zu Neujahr oder am Versöhnungstag einen Gottesdienst besuchten, war dies bei Sonnemann nicht der Fall. Der Kalendereintrag vom 13. September 1899 „Abends vor Versöhnungstage zu Hause", dem ähnliche Einträge am 25. September 1898 und 2. Oktober 1900 entsprechen, lässt allerdings vermuten, dass er sich auch noch im Alter bemühte, wie er es sich 50 Jahre zuvor als Jugendlicher vorgenommen hatte, „mit sich selbst ab[zu]rechnen und mit dem Ewigen im Himmel ab[zu]schließen", nicht nur „jährlich ein Inventarium seiner körperlichen Güter", sondern „auch ein solches seiner geistigen Güter an[zu]fertigen".[111] Am 13. September 1901 vermerkte er im Kalender einen Neujahrsgruß an seine abwesende Ehefrau: „Schreibe Rosa wegen jüd. Neujahr."

Besonders ernst nahm Sonnemann das Gedenken an die verstorbenen Eltern, allerdings nicht wie die religiösen Juden im Rahmen eines Gottesdienstes, sondern für sich allein zuhause oder durch einen Besuch auf dem Friedhof. So notierte er am 3. August 1900: „Verbringe Todestag meines Vaters [in] stiller Zurückgezogenheit. Speise allein."[112] Am 4. Mai 1902 vermerkt er: „Auf dem Friedhof Gedächtnißtag meiner Mutter".[113] Ebenso gedachte er des Todestages seiner 1880 verstorbenen Schwester Johanna.[114]

Leopold Sonnemanns säkularisierte Religiosität verkörperte so in strenger Form die liberale Auffassung, Religion sei eine reine Privatangelegenheit. Von allen Organisationen des deutschen Judentums, ob religiös, gesellschaftlich, politisch oder sozial ausgerichtet, hielt er sich fern. Bei seiner Trauerfeier 1909 sprachen weder ein Rabbiner noch ein Vertreter der Israelitischen Gemeinde. Einziges religiöses Element waren die Gebete zu Beginn und am Ende der Feier.[115] Entsprechend distanziert fielen auch die Reaktionen der jüdischen Presse anlässlich seines Todes aus: Weder die zionistisch ausgerichteten Zeitungen „Die Welt" und „Jüdische Rundschau" noch der orthodoxe „Israelit" würdigten ihn einer Zeile, ebenso wenig die Zeitschrift des Centralvereins deutscher Staatsbürger jüdischen Glaubens, „Im Deutschen Reich". Das dem orthodoxen Zionismus nahe stehende „Frankfurter Israelitische Familienblatt" beschränkte sich auf neun dürre Zeilen. 47 Zeilen widmete das Blatt hingegen in der gleichen Spalte einem anderen verdienten Frankfurter Gemeindemitglied. Mit sogar anderthalb Seiten hatte es ein Jahr zuvor des Todes von Charles Hallgarten gedacht. Immerhin heißt es in diesem knappen Nachruf auf Sonnemann: „Mit diesem vielseitig begabten und universell gebildeten Manne ist eine Persönlichkeit dahingegangen, die in ihrem ausgeprägten Sinn für Gerechtigkeit und in ihrem eifervollen Streben für die Menschheit ein ausgesprochen jüdischer Typus war."[116] Die ausführlichste Schilderung der Trauerfeier enthielt die liberale „Allgemeine Zeitung des Judentums". Sie würdigte Sonnemann mit den Worten: „Am Grabe des bedeutenden Politikers [...] gedenken wir aller seiner Leistungen für die jüdische Gleichberechtigung in allen Ländern".[117]

C 515 Die Bildpostkarte zeigt die israelitische Präparandenschule in Höchberg, die auf den Eintritt in die Israelitische Lehrerbildungsanstalt in Würzburg vorbereitete. Leopold Sonnemann unterstützte die Einrichtung in seinem Geburtsort finanziell.

C 126 Leopold Sonnemanns 70. Geburtstag am 29. Oktober 1901 wurde mehrere Tage lang gefeiert. Den Abschluss bildete das Bankett der Frankfurter Societäts-Druckerei am 3. November in den Sälen der Loge „Carl", Mozartplatz 1. Fast dreihundert Druckereibeschäftigte nahmen daran teil. Die Reden ihrer Vertreter rühmten Sonnemanns Fürsorge für seine Mitarbeiter.

Zielscheibe der Antisemiten

Dass Leopold Sonnemann seine Religion nicht öffentlich praktizierte und bei jüdischen Organisationen nicht mitarbeitete, spielte für die Antisemiten in Frankfurt, die ab 1885 immer stärker in Erscheinung traten, keinerlei Rolle. Er hätte ebenso gut getauft sein können: Als Publizist und Politiker der einflussreichste Jude seiner Zeit in Frankfurt, war er zusammen mit den Rothschilds das wichtigste Feindbild ihrer Propaganda.

Die ersten mit antisemitischen Stereotypen arbeitenden Angriffe gegen Sonnemann kamen dabei nicht aus der politischen Rechten, sondern von Männern, die ihm politisch durchaus nahe standen, dann aber in Gegnerschaft zu ihm gerieten. Der Frankfurter Anwalt Johann Baptist von Schweitzer (1833–1875)[118] veröffentlichte 1863/64 den mehr als 1000 Seiten umfassenden Roman „Lucinde oder Capital und Arbeit. Ein social-politisches Zeitgemälde aus der Gegenwart in drei Bänden", den er Ferdinand Lassalle widmete. Er warf darin den Liberalen vor, „die Herrschaft des Capitals über die Massen des Volks noch unumschränkter und drückender zu machen."[119] Die negative Hauptperson des Romans ist der liberale Bankier Isaak Levy Hermann Itzinger, dessen Vorbild offensichtlich Sonnemann war. Itzinger besitzt nämlich zusammen mit dem ein „jiddisches" Deutsch sprechenden liberalen Bankier Aaron Hajum Bär eine liberale Zeitung, den „Volksvertreter", für den Itzinger persönlich liberale Leitartikel schreibt. Dass die Negativfiguren klar als Juden markiert sind, verdeutlicht die antisemitische Tendenz dieses Angriffs auf Sonnemann, der im Frankfurter Arbeiterbildungsverein 1862 gegen die von Schweitzer als damaligem Vereinsvorsitzenden betriebene Abspaltung einer eigenständigen Arbeiterpartei von der gesamten demokratischen Bewegung aufgetreten war.[120]

Von einem bereits recht hemmungslosen Antisemitismus geprägt ist das 1874 veröffentlichte Pamphlet „Ein offener Brief an Löb Kalph Sonnemann, den ehrwürdigen Reichstagsabgeordneten der Stadt Frankfurt a. M." Verfasser war der Württemberger Journalist Christian Gottlieb Abt (1820–1877), der wegen seiner Teilnahme an der Revolution 1848/49 hatte ins Schweizer Exil gehen müssen. 1865/66 gab er in Frankfurt „Die Kritik – Unparteiische Zeitung für verständige Leute" heraus, die er später in Stuttgart fortführte.[121] Abt warf Sonnemann vor, Lügen über ihn zu verbreiten: „Sie sind, um Ihr Verfahren in Ihrer Muttersprache kurz zu bezeichnen, darauf angewiesen, Kalches [üble Nachrede] zu machen. [...] Es ist dieß ihre Art, Löb! Und hängt mit Ihrer Abstammung zusammen, Kalph! [...] Sie sind der von der Frankf. Sonnemannszeitung an die Oberfläche getriebene und unter dem Landregen der Emissionen hoch aufgeschossene Börsenpilz, welcher, nachdem er [...] seinen Geldsack gefüllt hat, diesem Geldsack nun auch den Stempel der Anständigkeit aufdrücken will und deßhalb um eine Abgeordnetenstelle sich bewirbt, damit er zu Berlin den vornehmen Mann spielen und von sich reden machen kann." Abts Invektive hatte vor allem politische Hintergründe, zum einen Sonnemanns Eintreten im Reichstag 1873 für die gerade annektierten Elsass-Lothringer, denen eine diktatorisch auftretende preußische Verwaltung alles Französische austreiben wollte, und ferner seine Ablehnung des Kampfes Bismarcks gegen die katholische Kirche in Deutschland, die wegen ihrer Bindung an den Papst, dem so genannten „Ultramontanismus", von Abt bezichtigt wurde, „notorisch den Umsturz des Reiches an[zu]streben".[122] Er meinte allerdings: „Löb Kalph ist kein Franzose, ist kein Ultramontaner, ist kein Reichsfeind, ist auch kein Demokrat, denn in seiner Händlerseele [...] ist überhaupt gar keine Idee, ist als Standpunct nur das persönliche Interesse und Gelüste, der Thaler, der Coupon, die Actie mit politischer Geilheit gemischt." Abt resümiert, „daß der Löb Kalph, der sich, obgleich auf diesen Namen getauft, Leopold Sonnemann nennt, [...] ein pfiffiger Masematten- [üble Machenschaften] und Kalchesmacher ist, der wohl in die Börse gehört, aber nicht in die Presse und nicht in den Reichstag."

Mit der Verwendung erkennbar jüdischer Namen und jüdisch-deutscher Begriffe grenzen Schweitzer und Abt ihr Opfer Sonnemann aus der Mehrheitsgesellschaft aus und machen ihn zu einem Fremden anderer Muttersprache und anderer Abstammung. Die bis zur Mitte des 19. Jahrhunderts weitgehend vollständig vollzogene Anpassung der Vornamen an die in der Mehrheitsgesellschaft üblichen Namen wird als Tarnung der jüdischen Herkunft denunziert. Indem Abt Sonnemanns Vornamen Leopold durch den Namen Löb ersetzt, den er in voremanzipatorischer Zeit wohl tatsächlich nach seinem Großvater Löb Koppel getragen hätte, verweist er ihn symbolisch ins Ghetto zurück. Der fingierte Vatersname „Kalph" soll dabei wohl den wehrhaften Löwen zum wehrlosen Kalb mutieren lassen.[123]

Weniger grobschlächtig, aber mit gleicher Stoßrichtung beschrieb Otto Glagau (1834–1892)[124], ein im Zusammenhang mit dem

„Gründerkrach" 1873 zum Antisemiten gewandelter Liberaler, in seiner in Berlin herausgegebenen Halbmonatsschrift „Der Kulturkämpfer" 1880 Frankfurt als „Börsen- und Judenstadt". „Tonangebend sind an der Börse Juden und Judensprossen, und ebenso herrschen sie in socialer Hinsicht".[125] Nachdem er dargelegt hatte, dass das Frankfurter Finanzwesen in der Hand der Frankfurter Juden, vor allem der Rothschilds, sei und unter ihrer führenden Beteiligung schon im „Bankengründungsschwindel" der 1850er Jahre „Deutschland zu Gunsten der Judenschaft ausgebeutet wurde"[126], wandte er sich den Frankfurter Zeitungen zu. Sonnemann warf er „die intimen Beziehungen zwischen dem Zeitungsbesitzer und ‚Bankier' einerseits und der Börse und hohen Finanz andrerseits" vor. „Ohne Frage ist Löb Sonnemann der einflussreichste Mann in Frankfurt und eine der einflussreichsten Personen in Süddeutschland. Was Rothschild in materieller, ist Sonnemann in intellectueller Hinsicht; beide repräsentieren so recht die Bedeutung und Macht der heutigen Judenschaft."[127] „Die Redacteure des Blattes sind entweder Juden, oder Judensprossen, oder Judengenossen, und ebenso leitet die Expedition ein Jude [...] Sonnemann hat es verstanden, die ‚Frankfurter Zeitung' zu einem der ersten und verbreitetsten Blätter in Deutschland zu erheben."[128] Nachdem er auch die anderen Frankfurter Zeitungen Revue passieren ließ und nahezu überall den jüdischen Einfluss wahrzunehmen glaubte, resümierte Glagau: „Nach alledem läßt sich der Umfang des jüdischen Einflusses auf alle Verhältnisse der alten, schönen und ausgedehnten Stadt am Main ermessen, und doch ist Frankfurt nur der Stützpunkt für eine Macht, die von hier aus ganz Süddeutschland überspannt. Im communalen Leben und in der Unterwerfung der Gemeinde machen die Juden immer größere Fortschritte. Die Wahl Miquel's zum Oberbürgermeister ist das Werk Sonnemann's [...] Die Epoche der Verwaltung des abgetretenen Bürgermeisters [Mumm von Schwarzenstein] ist für Frankfurt auch die Abtretung des Gemeindebesitzes an die Juden. Das Theater wurde den Juden in die Hände gespielt; der unerhört kostspielige Neubau und die unerhörten Preise, welche für den Mittelstand unerschwinglich bleiben, sind wesentlich das Werk Sonnemann's."[129] Anders als Abt verzichtete Glagau, der der katholischen Zentrumspartei nahe stand, darauf, Sonnemann des „Ultramontanismus" zu bezichtigen. Im Gegenteil warf er den Juden eine Beteiligung am Kulturkampf gegen die katholische Kirche vor.[130]

Glagaus Thesen wurden von Emil Richter (1840–1889) in seinen unter dem Pseudonym „Germanicus" veröffentlichten Broschüren weiterverbreitet. Die Titel sprechen für sich: „Die Frankfurter Juden und die Aufsaugung des Volkswohlstandes" (1880) und „Der neueste Raub am deutschen Nationalwohlstand" (1881). Darin stellte er die Gründerkrise 1873 und den Zusammenbruch der in Frankfurt ansässigen Deutschen Handelsgesellschaft 1881 als Werk der Frankfurter jüdischen Bankiers dar, die sich dabei auf Kosten der kleinen, mehrheitlich christlichen Anteilseigner bereichert hätten. Sonnemann warf er vor, als Herausgeber der Frankfurter Zeitung und Politiker das Finanzwesen zu beeinflussen. Die Zeitung habe in der Gründerzeit mitgeholfen, unseriöse Wertpapiere zu platzieren, und in der Krise nicht rechtzeitig gewarnt, wenn Unternehmen jüdischer Finanzmanager ins Wanken gerieten.[131]

Nachdem die erste antisemitische Welle in Frankfurt in den 1880ern abgeebbt war, nahm sie nach 1890 einen erneuten Aufschwung. 1891 wurde in Frankfurt der antisemitische „Deutsche Verein" gegründet.[132] Eines seiner führenden Mitglieder war der Frankfurter Schneidermeister Johann Heinrich Hettler (1830–1913), der seinen Antisemitismus bereits rassistisch begründete.[133] Nachdem er 1896 vergeblich für die Stadtverordnetenversammlung kandidiert hatte, gelang ihm bei der Wahl 1900 durch die Unterstützung verschiedener mittelständischer Verbände als erstem Mitglied des Deutschen Vereins der Sprung in den Römer.[134] Zur Unterstützung seiner kommunalpolitischen Ziele publizierte er seit 1901 „Die Römerkatze" als „Organ für städtische Angelegenheiten". In der Ausgabe vom 25. November 1901 kommentierte er den „Geburtstagsrummel des Löb Sonnemann" einen Monat zuvor: „Sonnemanns Wirken mittelst seiner Judenzeitung war von Anfang der fünfziger Jahre bis 1866 derart, daß er durch seine Hetzereien uns ganz Preußen verfeindete. 1866 mußte das Frankfurt schwer büßen. [...] Kurz vor Ausbruch des Krieges von 1870 sagte Sonnemann in der Eisen'schen Wirtschaft in Beisein Schreiber dieses und drei andern Bürgern: ‚Er wisse nicht, obs besser sei, wenn die Franzosen siegten.' Es beweist dieser Ausspruch, daß Sonnemann nie ein Deutscher war, noch ist. Einen solchen Mann nun wählten die Frankfurter, welche 1870 so voll Jubel über die Siege des deutschen Heeres waren, das nächste Jahr in den ersten deutschen Reichstag als ihren Vertreter! Sonnemann stimmte in diesem Reichstag gegen die Annexion von Elsaß-Lothringen. Kurz, Sonnemann hat nie vaterländisch deutsch gewirkt und wühlt gegen die deutsche Einheit fort." Deshalb forderte er für die Stadtverordnetenwahl des Jahres 1902: „Fort mit Sonnemann und seinen Gesinnungsgenossen!" Tatsächlich schieden bei der Wahl von 1902 die beiden Kandidaten des Deutschen Vereins nach dem ersten Wahlgang aus.[135]

Die Stimmungslage in Frankfurt änderte sich aber bald zugunsten der Antisemiten. Bei der Wahl 1904 wurde neben Hettler noch ein anderes Mitglied des Deutschen Vereins in die Stadtverordnetenversammlung gewählt, der Hotelier Hermann Laas (1866–1936), von 1903 bis 1910 Vorsitzender des Deutschen Vereins. 1892 hatte er das an der Südseite des Hauptbahnhofs gelegene Hotel „Kölner Hof" übernommen, für das er seit 1895 mit Postkarten warb, auf denen er sein Haus als einziges „judenfreies Hotel" in „Neu-Jerusalem am fränkischen Jordan" bezeichnete. Hettler war bis 1906, Laas bis 1910 Stadtverordneter. Nach dem Ersten Weltkrieg, in dem Hermann Laas seine antisemitische Propaganda eingestellt hatte, war er von 1924 bis 1928 erneut Stadtverordneter, diesmal für die DNVP. 1931 trat er in die NSDAP ein.[136]

Im gleichen Jahr gedachte man in Frankfurt des 100. Geburtstags Leopold Sonnemanns und des 75jährigen Bestehens der Frankfurter Zeitung. Auch in der jüdischen Presse stand die Zeitung im Vordergrund. Sonnemann war hinter sein Lebenswerk zurückgetreten. Der orthodoxe „Israelit" schrieb am 5. November 1931: „In diesen Tagen des schweren politischen und wirtschaftlichen Ringens erinnert sich Deutschland seiner großen Führer in der Gründungszeit des Reiches. Zu ihnen gehörte unstreitig Leopold Sonnemann [...] Sein politisches Instrument war die von ihm gegründete ‚Frankfurter Zeitung' [...] Leopold Sonnemanns Begabung, Kraft und Ehrgeiz lagen auf Gebieten, die sich weitab von der jüdischen Welt befanden. Aber er war ein Vorkämpfer der Freiheit und des Rechtes, und das jüdische Recht war damals, als Sonnemann in der vordersten Reihe der Kämpfer stand, (wie übrigens auch heute) der Punkt, an dem sich die Geister nach rechts und links schieden. Was er an der Seite seiner Freunde von der alten Demokratie in Parlament und Presse errang, war auch für uns Juden mit errungen. [...] Die ‚Frankfurter Zeitung' hielt nach dem Tode Sonnemanns den ihr von diesem gewiesenen Kurs im Ganzen ein. Den innerlichen Dingen des Judentums fremd und fern, oft genug sogar mit einer Einstellung, die die Anhänger der Tradition verletzen musste, stand doch, und steht sie noch nach außen treu auf der Wacht für gleiches Recht für alle und eine höhere Moral im Geistigen wie im Politischen."

A 117
Leopold Sonnemanns Vater Meyer Sonnemann (1801–1853) war auf seiner Wanderschaft als Webergeselle bis nach Kopenhagen gekommen. Beim Baumwollfabrikanten I. Salmonsen auf dem Amager Markt 12 war er 1826 bis zum Werkführer aufgestiegen. Die Fabrik befand sich in dem niedrigen dreistöckigen Haus mit drei Fensterachsen und zwei Dachgauben etwas links der Bildmitte.

A 113
Seit Ende des 16. Jahrhunderts war Juden die Niederlassung in der fürstbischöflichen Residenzstadt Würzburg verboten. Infolgedessen entstanden in der Nähe Würzburgs zahlreiche jüdische Gemeinden, darunter auch im Dorf Höchberg. 1830 war jeder fünfte Bewohner Höchbergs jüdischen Glaubens. Nachdem er 1828 Therese Kopp aus Höchberg geheiratet hatte, zog Meyer Sonnemann 1829 von Rödelsee in den Wohnort seiner Gattin.

A 118
Die Synagoge in Höchberg wurde 1721 erbaut. Das um 1930 entstandene Foto zeigt den Schrein für die Tora-Rollen, dessen Tür durch den Tora-Vorhang verhüllt ist. Davor stehen der siebenarmige Leuchter, der an den großen Leuchter im Tempel erinnert, und das Pult für den Vorbeter.

A 128

Die Geschäftstätigkeit der Firmen M. S. Sonnemann und M. S. Sonnemann Nachfolger bestand fast fünfzehn Jahre lang darin, bei Textilproduzenten und auf Messen Stoffe aufzukaufen und an Kunden in ganz Deutschland weiterzuverkaufen. Meyer und Leopold Sonnemann mussten dazu zahlreiche Reisen machen. Besonders wichtig waren für sie neben der Messe in Frankfurt die Messen in Leipzig, Bamberg und Würzburg.

A 122
Die Frankfurter Straße in Offenbach um 1830: Meyer Sonnemann kaufte hier 1840 ein Haus gegenüber dem Paradeplatz (heute Aliceplatz).

A 124
Die Offenbacher Synagoge war etwa zeitgleich mit der Höchberger 1729 / 30 erbaut worden. 1832 wurde sie erweitert. Die Familie Sonnemann besuchte dort die Gottesdienste. Leopold wurde nach Vollendung des 13. Lebensjahrs als Bar Mizwa in die religiöse Gemeinschaft aufgenommen.

A 125
Das Foto zeigt die Offenbacher Synagoge nach dem Anbau einer Frauengalerie und Wochentagssynagoge im Jahre 1901 (rechts). Ansonsten sieht sie wohl ähnlich aus wie zur Offenbacher Zeit der Familie Sonnemann.

A 133
Am 22. Februar 1848 kam es in Paris zu Massendemonstrationen, die eine Reform des Zensuswahlrechts forderten. Nach heftigen Straßenkämpfen dankte König Louis Philippe ab und floh nach England. Am 25. Februar wurde die Republik ausgerufen. Erster Präsident wurde der Dichter Alphonse de Lamartine (1790–1869). Leopold Sonnemann las vermutlich dessen 1847 erschienene Geschichte der gemäßigten Revolutionäre 1791–1794.

A 134
Nach den Märzaufständen in Wien, Berlin, München und andernorts trat am 31. März 1848 in Frankfurt das deutsche Vorparlament zusammen. Am 18. Mai wurde die Verfassungsgebende Nationalversammlung in der Paulskirche eröffnet. Meyer Sonnemann verfolgte auf der Besuchergalerie die Debatten. Leopold schrieb im Juni 1848 in sein Tagebuch: „Einstweilen lebe hoch die Republik und nieder mit allen Fürsten und ihren Dienern!“

A 136
Nach dem Scheitern der Nationalversammlung dachten die Sonnemanns daran, wie viele andere nach Amerika auszuwandern. In der Nähe der New Yorker Börse (Bildmitte) gründeten sie die Filiale Sonnemann & Neufelder in der Broad Street 66, die aber ein geschäftlicher Misserfolg wurde.

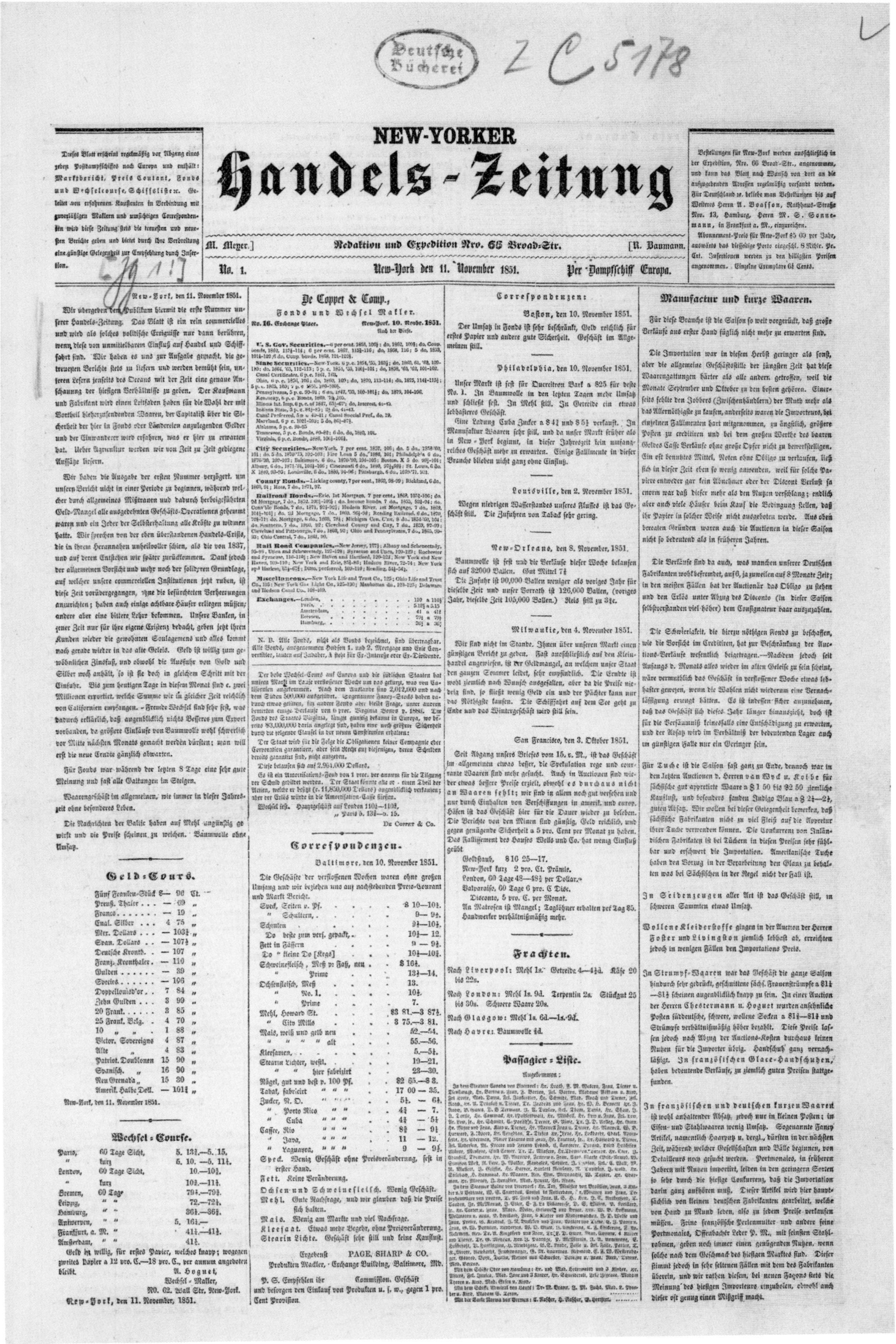

Dieses Blatt erscheint regelmäßig vor Abgang eines jeden Postdampfschiffes nach Europa und enthält: Marktbericht, Preis Courant, Fonds und Wechselcourse, Schiffslisten etc. Geleitet von erfahrenen Kaufleuten in Verbindung mit zuverlässigen Maklern und umsichtigen Correspondenten wird diese Zeitung stets die treuesten und neuesten Berichte geben und bietet durch ihre Verbreitung eine günstige Gelegenheit zur Empfehlung durch Insertion.

NEW-YORKER

Handels-Zeitung

Bestellungen für New-York werden ausschließlich in der Expedition, Nro. 66 Broad-Str., angenommen, und kann das Blatt nach Wunsch von dort an die aufzugebenden Adressen regelmäßig versandt werden. Für Deutschland etc. beliebe man Bestellungen bis auf Weiteres Herrn A. Boasson, Rathhaus-Straße Nro. 13, Hamburg, Herrn M. S. Sonnemann, in Frankfurt a. M., einzureichen. Abonnement-Preis für New-York $5 00 per Jahr, auswärts das diesseitige Porto eingeschl. 8 Rthlr. Pr. Crt. Insertionen werden zu den billigsten Preisen angenommen. Einzelne Exemplare 6¼ Cents.

M. Meyer.] Redaktion und Expedition Nro. 66 Broad-Str. [R. Baumann.

No. 1. New-York den 11. November 1851. Per Dampfschiff Europa.

New-York, den 11. November 1851.

Wir übergeben dem Publikum hiermit die erste Nummer unserer Handels-Zeitung. Das Blatt ist ein rein commercielles und wird als solches politische Ereignisse nur dann berühren, wenn diese von unmittelbarem Einfluß auf Handel und Schifffahrt sind. Wir haben es uns zur Aufgabe gemacht, die getreuesten Berichte stets zu liefern und werden bemüht sein, un-

De Coppet & Comp.,
Fonds und Wechsel Makler.
No. 16. Exchange Place. New-York. 10. Novbr. 1851.
Nach der Börse.

Correspondenzen:

Boston, den 10. November 1851.

Der Umsatz in Fonds ist sehr beschränkt, Geld reichlich für erstes Papier und andere gute Sicherheit. Geschäft im Allgemeinen still.

Philadelphia, den 10. November 1851.

Manufactur und kurze Waaren.

Für diese Branche ist die Saison so weit vorgerückt, daß große Verkäufe aus erster Hand füglich nicht mehr zu erwarten sind.

Die Importation war in diesem Herbst geringer als sonst, aber die allgemeine Geschäftsstille der jüngsten Zeit hat diese

Louisville, den 2. November 1851.

New-Orleans, den 8. November 1851.

Milwaukie, den 4. November 1851.

San Francisco, den 3. Oktober 1851.

Geld-Course.

Wechsel-Course.

Correspondenzen.

Baltimore, den 10. November 1851.

Frachten.

Passagier-Liste.

New-York, den 11. November 1851.

A 137
Einziges bleibendes Ergebnis des Amerika-Plans war eine Handelszeitung für deutsche Exporteure in die USA, die ein früherer Mitarbeiter von Sonnemann & Neufelder 1851 in New York gründete. Die Firma M. S. Sonnemann, nun schon in Frankfurt ansässig, übernahm den Vertrieb in Deutschland. Die Zeitung existierte bis 1917.

Herrn M. S. ... in Fr...

Bingen den 23t Febr. 1852

Nach einliegendem Muster wollen Sie mir gefl. per Eisenbahn bei Herrn David Baer 2 Stk. [illegible] zusenden, können Sie nicht dasselbe Muster besitzen 2 ähnliche Stücke mit äußerster Preisberechnung zuschicken.

Achtungsvoll

Theodor Dreidel

C 104
Theodor Dreidel aus Bingen bestellte bei M. S. Sonnemann in Frankfurt am 23. Februar 1852 Stoff nach beigefügtem Muster. Auch in Frankfurt waren die Sonnemanns noch überwiegend als Textilzwischenhändler tätig.

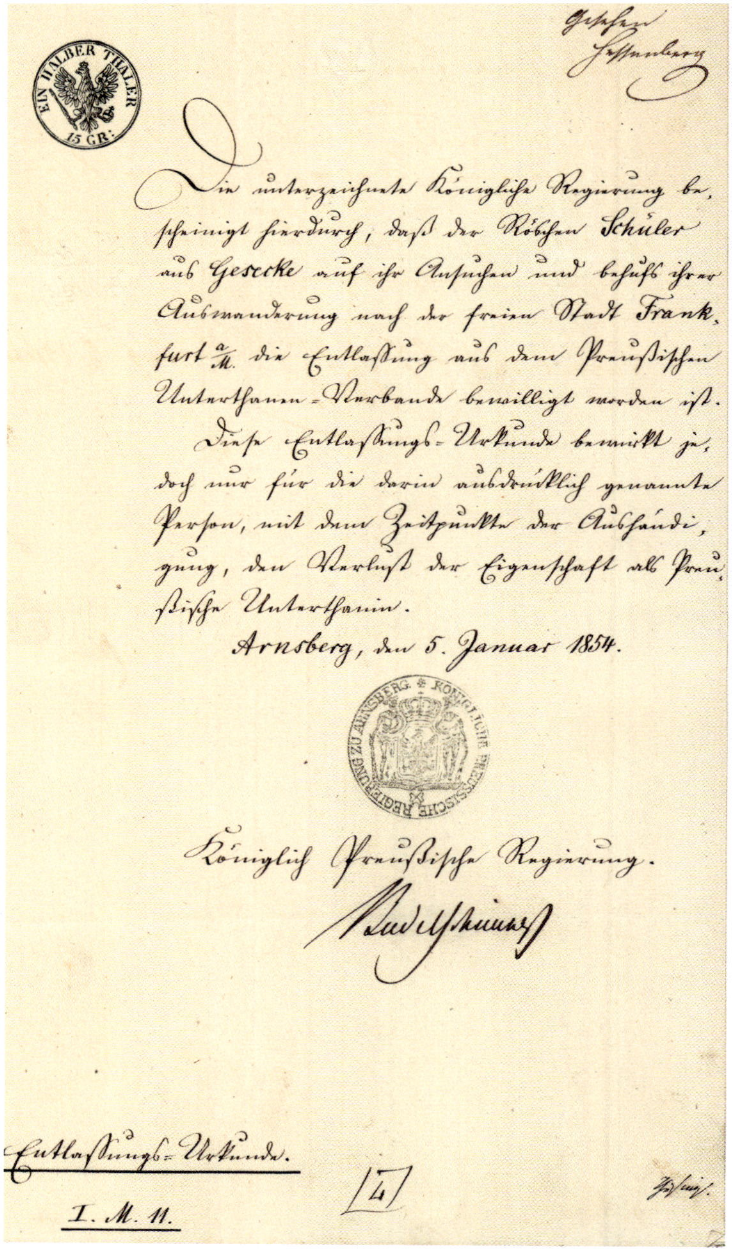
EIN HALBER THALER 15 GR.

Die unterzeichnete Königliche Regierung bescheinigt hierdurch, daß der Röschen Schüler aus Gesecke auf ihr Ansuchen und behufs ihrer Auswanderung nach der freien Stadt Frankfurt a/M. die Entlassung aus dem Preußischen Unterthanen-Verbande bewilligt worden ist.

Diese Entlassungs-Urkunde bewirkt ja, doch nur für die darin ausdrücklich genannte Person, mit dem Zeitpunkte der Aushändigung, den Verlust der Eigenschaft als Preußische Unterthanin.

Arnsberg, den 5. Januar 1854.

KÖNIGLICH PREUSSISCHE REGIERUNG ZU ARNSBERG

Königlich Preußische Regierung.

Entlassungs-Urkunde.

I. M. 11.

4

C 111
Da Leopold Sonnemann Bürger der Freien Stadt Frankfurt, Rosa Schüler aber Untertanin des Königs von Preußen war, musste sie mit diesem Dokument vor der Hochzeit aus der preußischen Staatsangehörigkeit entlassen werden, um mit der Hochzeit Frankfurter Bürgerin zu werden.

C 107
Im Mai 1853 hatte Leopold Sonnemann auf der Messe in Leipzig Julius Schüler aus Geseke in Westfalen kennen gelernt. 1854 heiratete er Julius' Halbschwester Rosa, während Julius Schüler Sonnemanns Schwester Johanna heiratete.

C 109
Das Doppelporträt von Rosa und Leopold Sonnemann entstand wahrscheinlich zu ihrer Hochzeit 1854. Die reich mit Pelz besetzte Kleidung der Brautleute weist Sonnemann als erfolgreichen jungen Kaufmann aus.

C 110
Leopold Sonnemanns Haar- und Barttracht erinnert an Robert Blum, ein Idol Sonnemanns. Der Führer der Linken in der Nationalversammlung war am 9. November 1848 in Wien standrechtlich erschossen worden.

C 114
Therese Sonnemann, 1855 geboren, war das einzige Kind von Leopold und Rosa Sonnemann. Sie heiratete den aus einer Königsberger jüdischen Bankiersfamilie stammenden, aber bereits getauften Zeitungsverleger Felix Simon (1849–1914).

C 119
Die Frankfurter Loge zur aufgehenden Morgenröte hatte ihr Haus in der Schützenstraße, neben dem Eckhaus zur Schönen Aussicht. Die Loge war 1808 von Mitgliedern der Israelitischen Gemeinde gegründet worden, da die bestehenden Frankfurter Logen keine Juden aufnahmen. Zu ihren frühen Mitgliedern gehörten Ludwig Börne und Gabriel Riesser, der in der Paulskirche für die Gleichberechtigung der deutschen Juden kämpfte. Seit 1855 gehörte auch Sonnemann dieser Loge an.

C 121
Die Speisekarte zum Bankett am 29. Oktober 1901 ist mit dem Portrait Leopold Sonnemanns in die Titelseite einer der Ausgaben der Frankfurter Zeitung vom Geburtstag des Gründers und Verlegers der zeitgenössisch bedeutendsten demokratischen deutschen Tageszeitung montiert.

C 124
Die Zeichnung von Leopold Sonnemanns Schwager Max Schüler zeigt den etwa 60-jährigen erfolgreichen Frankfurter Kommunalpolitiker. 1890 gehörte er zu den drei Oberbürgermeister-Kandidaten, die die Stadtverordnetenversammlung dem preußischen König vorschlug.

Festakt

der

Beglückwünschung des Herrn Leopold Sonnemann

zur Vollendung seines 70. Lebensjahres

am Dienstag, den 29. October 1901, Vormittags 10½ Uhr im Dr. Hoch'schen Konservatorium

Eschersheimer Landstraße 4.

Programm.

I. **Hymne:** „Die Himmel rühmen des Ewigen Ehre" . . . von L. van Beethoven.

(Vortrag des „Gesangvereins Gutenberg", Dirigent Herr Fritz Bafelt).

II. **Beglückwünschungen:**

1. Magistrat.
2. Stadtverordneten-Versammlung.
3. Handelskammer.
4. Elektrizitäts- und Bahn-Amt.
5. Schwimmbad-Kommission.
6. Stadtbibliothek.
7. Demokratische Fraktion der Stadtverordneten-Versammlung.
8. Ausschuß der Deutschen Volkspartei.
9. Schwäbische Volkspartei.
10. Verein der Deutschen Fortschrittspartei, Frankfurt a. M.
11. Demokratischer Verein, Frankfurt a. M.
12. Journalisten- und Schriftsteller-Verein.
13. Verein Deutscher Zeitungsverleger.
14. Neue Theater-Aktien-Gesellschaft.
15. Freies Deutsches Hochstift.
16. Rothschild-Bibliothek.
17. Freibibliothek und Lesehalle.
18. Arbeiter-Bildungs-Verein.
19. Palmengarten-Gesellschaft.
20. Gartenbau-Gesellschaft.
21. Centralstelle für Obstverwerthung.
22. Mitteldeutscher Kunstgewerbe-Verein.
23. Engerer Ausschuß der Polytechnischen Gesellschaft.
24. Historisches Museum.
25. Städelsches Kunstinstitut.
26. Städelscher Museumsverein.
27. Senckenbergische naturforschende Gesellschaft.
28. Physikalischer Verein.
29. Elektrotechnische Gesellschaft.
30. Bau- und Spar-Verein.
31. Loge zur aufgehenden Morgenröthe.
32. Export-Musterlager.
33. Frankfurter Club.

III. **Wanderers Nachtgebet** . . . . von C. M. v. Weber.

(Vortrag des „Gesangvereins Gutenberg".)

Anzug: Gehrock.

C 127
Friedrich Stoltzes Satirezeitschrift Frankfurter Latern veröffentlichte am 20. Februar 1861 eine Karikatur „Frankfurter Zeitungen“. Sonnemanns „Handelszeitung“ wird dort als Tuchhändlerin dargestellt. Ihre Hakennase charakterisiert sie als „Judenzeitung“. Sie blickt auf den „Volksfreund“, dargestellt als schwer bewaffneter Revolutionär. Gegen diese Zeitung hatte Sonnemann 1860 einen Verleumdungsprozess geführt.

C 125
Das Programm des offiziellen Festakts zum 70. Geburtstag nennt 33 „Beglückwünschungen“: Oberbürgermeister, Stadtverordnetenvorsteher, Handelskammer, städtische Ämter und Kommissionen, Parteien, Bibliotheken, Museen, Vereine, Gesellschaften, Vertreter kommunaler Aktiengesellschaften und die Loge. Die „Beglückwünschungen“ repräsentieren das Lebenswerk des Abgeordneten, des Verlegers, des Mäzens und des Demokraten, seine Arbeit an der Stadt und für die Demokratie.

C 129
Der Besitzer des Hotels „Kölner Hof" an der Südseite des Frankfurter Hauptbahnhofs, Hermann Laas (1866–1936), warb ab 1895 mit antisemitischen Postkarten für sein „judenfreies" Haus. Ab 1931 ist er Mitglied der NSDAP, die ihn 1933, nach Auflösung der Stadtverordnetenversammlung, als Ratsherr in den Römer entsenden wird.

C 130
In dieser Serie wandern die hakennasigen Israeliten, die den Vollbart und die Schläfenlocken der Ultraorthodoxen tragen, vom Sinai nach Deutschland aus, um sich dort das deutsche Volk zu unterwerfen.

C 131
Als Residenzstadt „Neu-Jerusalem am fränkischen Jordan" wählen sie Frankfurt am Main Die unterdrückten Deutschen brechen unter der Last des jüdischen Kapitalisten und seines Geldsacks fast zusammen.

FRANKFURT AM MAIN UM 1850

B 101
Der Plan der Freien Stadt aus dem Jahr 1841 hebt als neueste Errungenschaft die erste Eisenbahnstrecke hervor. Die Main-Taunus-Bahn ist 1840 eröffnet worden. Im gleichen Jahr hat die Stadt 55 269 Einwohner (die Zahl auf dem Plan ist falsch). Der Plan ist für Touristen gedacht. Die Stadt gehört zu den Pflichtorten touristischer Reisen durch Deutschland. Unter den Sehenswürdigkeiten ist auch die Synagoge genannt.

B 102
Frankfurt am Main um 1850 vom Mühlberg aus gesehen: Ein Zug der 1847 eröffneten Frankfurt-Offenbacher Eisenbahn fährt Richtung Offenbach. Für die Sonnemanns, die in Offenbach wohnten, verkürzte die Eisenbahn die Wegezeit zum Frankfurter Geschäft und zurück. Die Eisenbahn erreichte 40 km / h, zeitgenössisch eine „unfassbare“ Beschleunigung des Verkehrs.

B 104
Am 18. Oktober 1816 schworen Senat und Bürgerschaft den Eid auf die Verfassung der Freien Stadt. Frankfurt gehörte als eigener Staat zum Deutschen Bund. Er war 1815 auf dem Wiener Kongress als Nachfolger des 1806 aufgelösten „Heiligen Römischen Reiches deutscher Nation“ beschlossen worden.

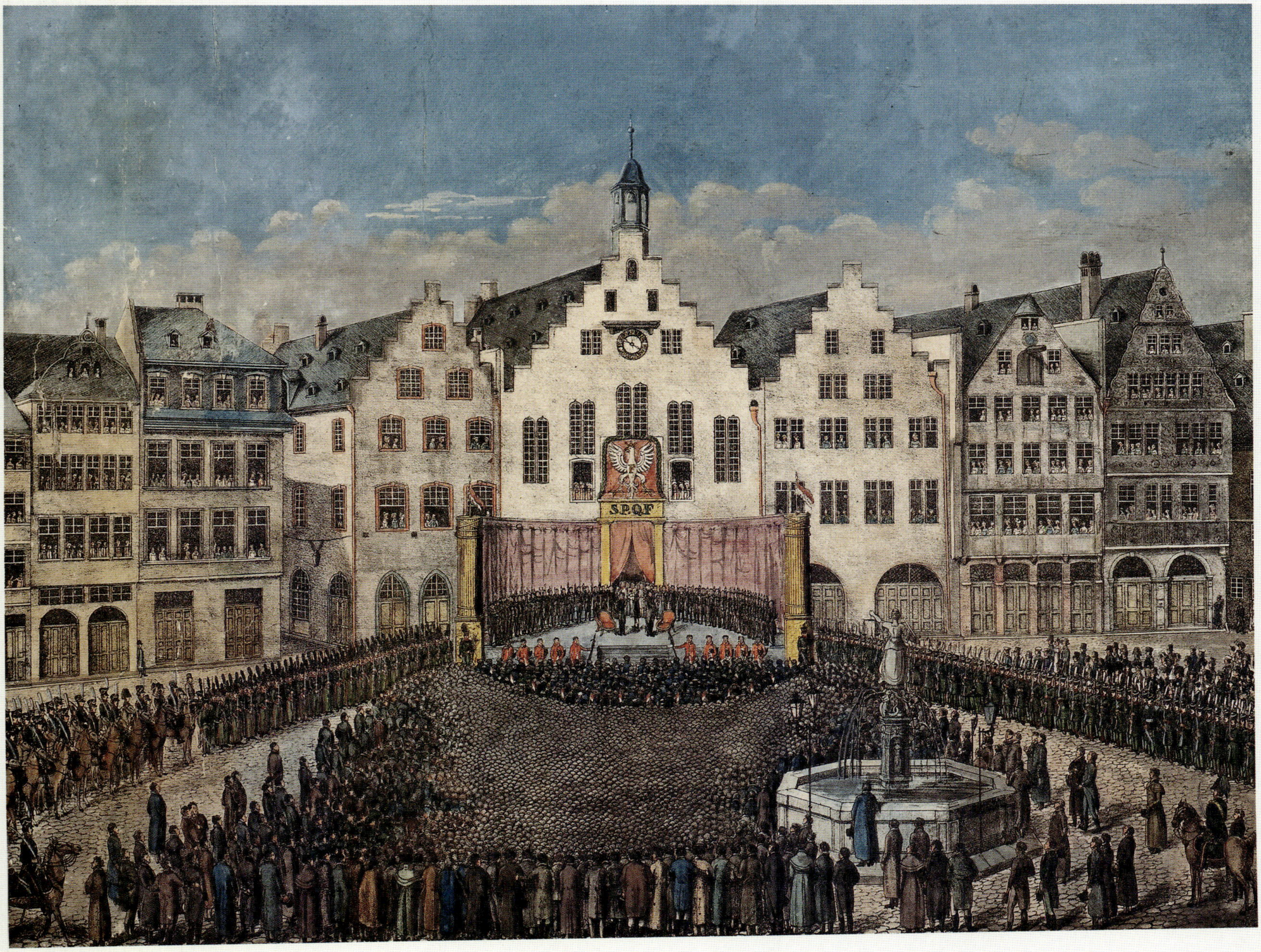
S.P.Q.F

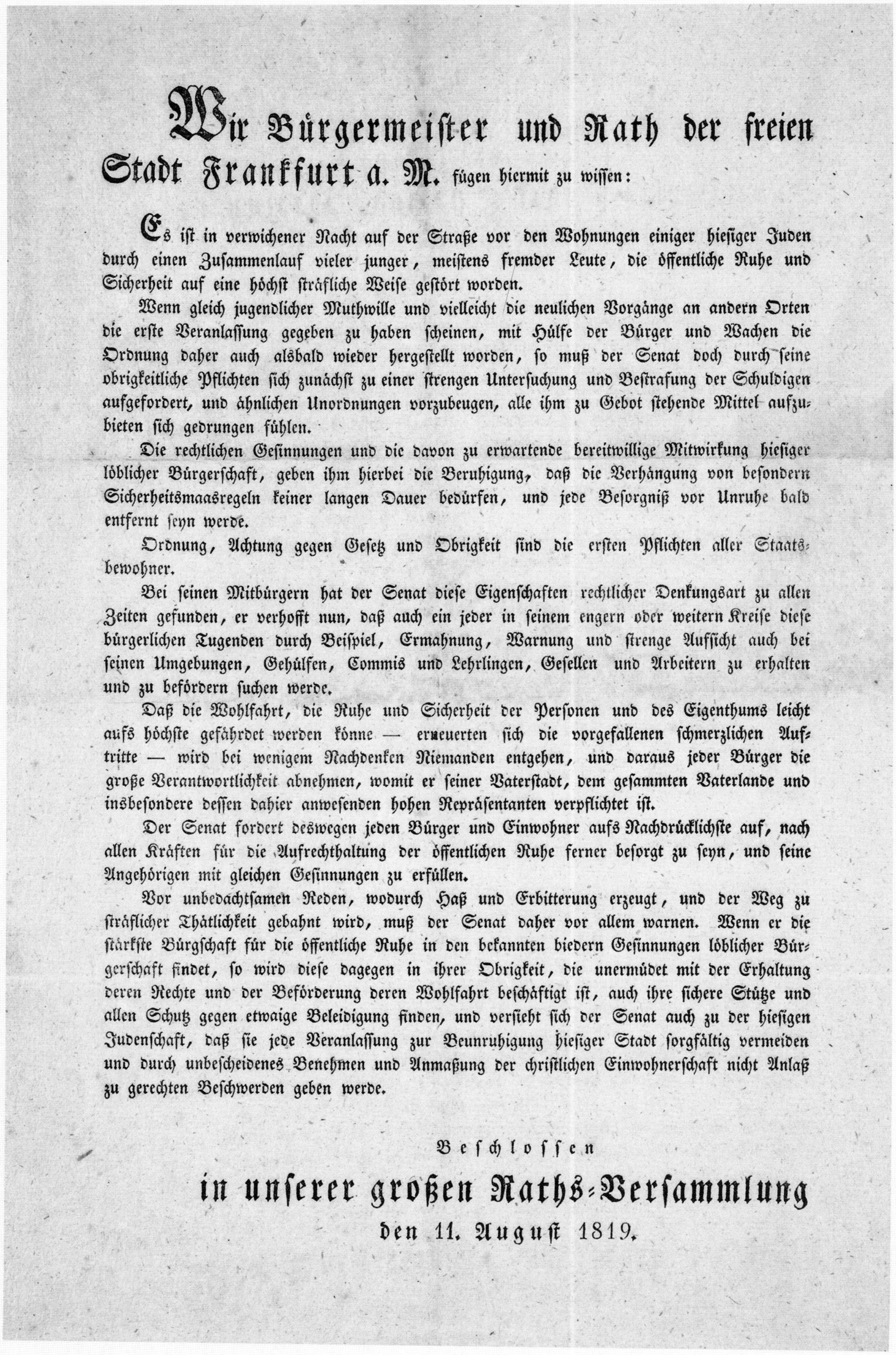

Wir Bürgermeister und Rath der freien Stadt Frankfurt a. M. fügen hiermit zu wissen:

Es ist in verwichener Nacht auf der Straße vor den Wohnungen einiger hiesiger Juden durch einen Zusammenlauf vieler junger, meistens fremder Leute, die öffentliche Ruhe und Sicherheit auf eine höchst sträfliche Weise gestört worden.

Wenn gleich jugendlicher Muthwille und vielleicht die neulichen Vorgänge an andern Orten die erste Veranlassung gegeben zu haben scheinen, mit Hülfe der Bürger und Wachen die Ordnung daher auch alsbald wieder hergestellt worden, so muß der Senat doch durch seine obrigkeitliche Pflichten sich zunächst zu einer strengen Untersuchung und Bestrafung der Schuldigen aufgefordert, und ähnlichen Unordnungen vorzubeugen, alle ihm zu Gebot stehende Mittel aufzubieten sich gedrungen fühlen.

Die rechtlichen Gesinnungen und die davon zu erwartende bereitwillige Mitwirkung hiesiger löblicher Bürgerschaft, geben ihm hierbei die Beruhigung, daß die Verhängung von besondern Sicherheitsmaasregeln keiner langen Dauer bedürfen, und jede Besorgniß vor Unruhe bald entfernt seyn werde.

Ordnung, Achtung gegen Gesetz und Obrigkeit sind die ersten Pflichten aller Staatsbewohner.

Bei seinen Mitbürgern hat der Senat diese Eigenschaften rechtlicher Denkungsart zu allen Zeiten gefunden, er verhofft nun, daß auch ein jeder in seinem engern oder weitern Kreise diese bürgerlichen Tugenden durch Beispiel, Ermahnung, Warnung und strenge Aufsicht auch bei seinen Umgebungen, Gehülfen, Commis und Lehrlingen, Gesellen und Arbeitern zu erhalten und zu befördern suchen werde.

Daß die Wohlfahrt, die Ruhe und Sicherheit der Personen und des Eigenthums leicht aufs höchste gefährdet werden könne — erneuerten sich die vorgefallenen schmerzlichen Auftritte — wird bei wenigem Nachdenken Niemanden entgehen, und daraus jeder Bürger die große Verantwortlichkeit abnehmen, womit er seiner Vaterstadt, dem gesammten Vaterlande und insbesondere dessen dahier anwesenden hohen Repräsentanten verpflichtet ist.

Der Senat fordert deswegen jeden Bürger und Einwohner aufs Nachdrücklichste auf, nach allen Kräften für die Aufrechthaltung der öffentlichen Ruhe ferner besorgt zu seyn, und seine Angehörigen mit gleichen Gesinnungen zu erfüllen.

Vor unbedachtsamen Reden, wodurch Haß und Erbitterung erzeugt, und der Weg zu sträflicher Thätlichkeit gebahnt wird, muß der Senat daher vor allem warnen. Wenn er die stärkste Bürgschaft für die öffentliche Ruhe in den bekannten biedern Gesinnungen löblicher Bürgerschaft findet, so wird diese dagegen in ihrer Obrigkeit, die unermüdet mit der Erhaltung deren Rechte und der Beförderung deren Wohlfahrt beschäftigt ist, auch ihre sichere Stütze und allen Schutz gegen etwaige Beleidigung finden, und versieht sich der Senat auch zu der hiesigen Judenschaft, daß sie jede Veranlassung zur Beunruhigung hiesiger Stadt sorgfältig vermeiden und durch unbescheidenes Benehmen und Anmaßung der christlichen Einwohnerschaft nicht Anlaß zu gerechten Beschwerden geben werde.

Beschlossen

in unserer großen Raths-Versammlung

den 11. August 1819.

B 109
Der Senat warnt 1819 vor antijüdischen Ausschreitungen. Die Verfassung von 1816 versagte den Frankfurter Juden die staatsbürgerliche Gleichstellung. Sie wurde bis 1864 Schritt für Schritt erkämpft.

B 107
Die Ständige Bürgerrepräsentation war aus der Verfassung der Reichsstadt übernommen und eine gewählte Vertretung der Kaufleute und Handwerker.

Plenar-Versammlung
der
ständigen Bürger-Repräsentation,
Donnerstag den 5" Maerz 1857
Morgens 9 1/2 Uhr
Acten liegen Mittwoch Vor
und Nachmittag auf.

B 105
Das jährlich erscheinende Frankfurter Staatshandbuch nennt die Mitglieder des Senats, der städtischen Ämter und der von den Bürgern gewählten Gremien. Es führt die wissenschaftliche Vereine, Gesellschaften oder Stiftungen auf bis hin zu den Vertretern der Stadt in auswärtigen Staaten. Die Verfassung der Freien Stadt hatte die traditionellen Vorrechte des adligen Patriziats beseitigt.

Einladungskarte
zur Sitzung
des
Gesetzgebenden Körpers
auf Montag den 22 April 1861
um 5 Uhr

B 108
Der Gesetzgebende Körper wurde mit der Verfassung der Freien Stadt neu eingeführt. Für die Kandidatur zum Wahlgremium der 75er, das die Mitglieder des Körpers bestimmte, hatte der gesellschaftliche Rang keine Bedeutung mehr. Seit 1853 konnten auch Juden gewählt werden. 1858 wird Leopold Sonnemann Mitglied des Wahlgremiums.

Zu den drei Hasen
TABLEAUX
KLING

B 113
Auf dem Palais Thurn und Taxis weht noch 1850 die schwarz-rot-goldene Nationalfahne: 1848 / 49 war das Palais Sitz der von der Nationalversammlung gewählten Reichsregierung. Bis dahin war es Sitz des Bundestags, der Vertretung der 39 Staaten des Deutschen Bundes, gewesen. Seit Mai 1851 tagt er wieder im Palais.

B 115
Zum Bildungsprogramm des jugendlichen Leopold Sonnemann gehören regelmäßige Theaterbesuche. Im Frankfurter Theater sieht er wohl 1847 Jean Racines (1639 –1699) Phädra, eine der großen Liebestragödien der französischen Klassik.

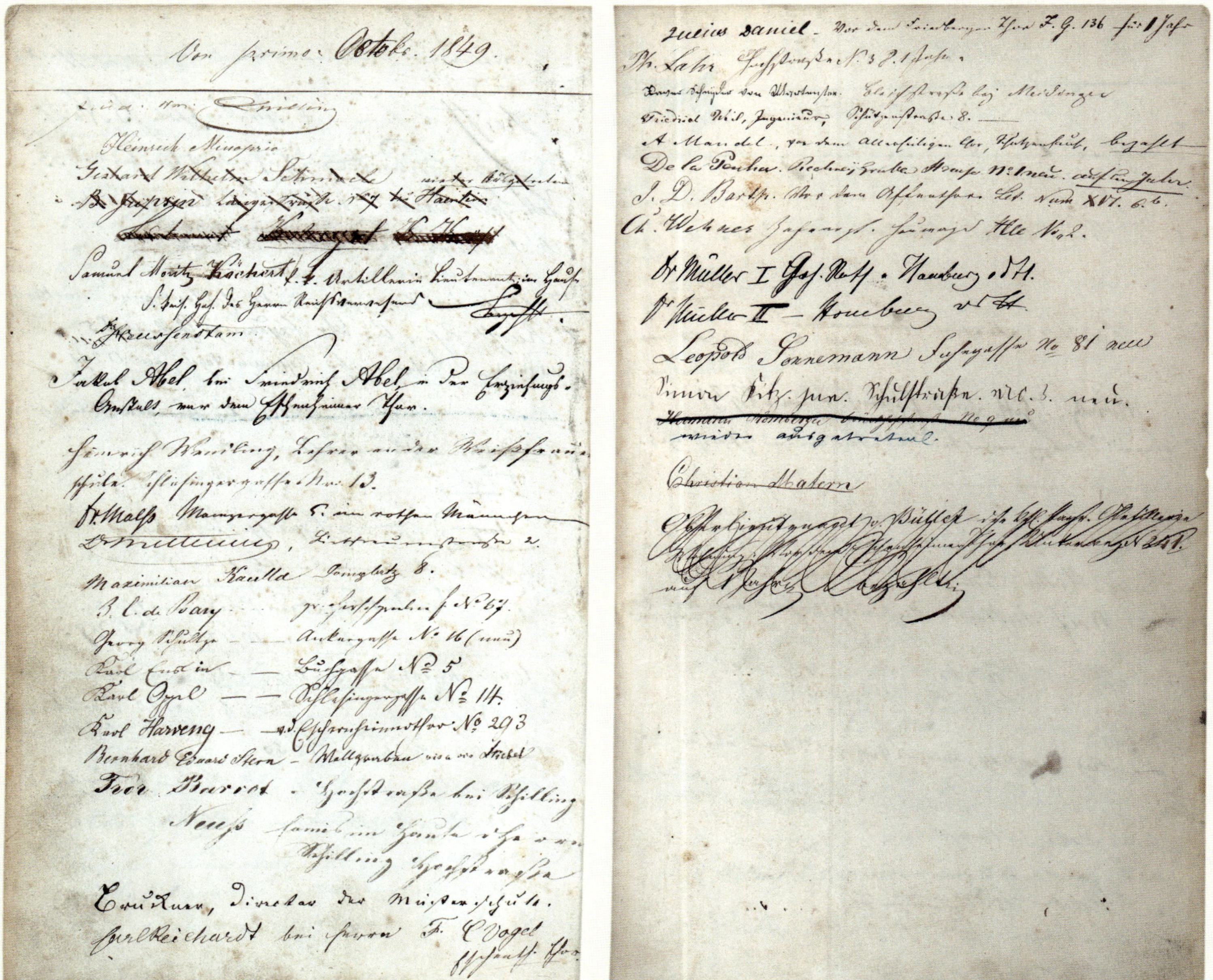

B 114
Nach Paris 1849 tagt im August 1850 in der Frankfurter Paulskirche der zweite große internationale Friedenskongress. Die für die Nationalversammlung 1848/49 aufgehängte Darstellung der Germania über dem Rednerpult ist noch nicht entfernt. Leopold Sonnemann wird der von Victor Hugo und Giuseppe Garibaldi 1867 gegründeten Friedens- und Freiheitsliga beitreten.

B 118
Im Oktober 1849, noch vor seiner Einbürgerung im Dezember, wird Leopold Sonnemann Mitglied des Physikalischen Vereins. Schwerpunkt der Vereinstätigkeit ist die wissenschaftliche Erforschung des Galvanismus, zeitgenössisch die Bezeichnung für den elektrischen Strom. Für den späteren Politiker wird die Elektrotechnik eine Schlüsseltechnologie des gesellschaftlichen und kulturellen Fortschritts.

DER BANKIER

Frank Berger

Nach dem Tode der Eltern 1853 führt Leopold Sonnemann das väterliche Geschäft als Eigentümer von M. S. Sonnemann Nachfolger, Manufakturwaren, Kommission und Spedition in der Schnurgasse weiter.[1] Der Zwischenhandel verlangt weiterhin wochenlange Reisen. Im Mai 1854 ist Leopold Sonnemann in Berlin und Leipzig, im Juni in Elberfeld (Wuppertal), Köln, Rheydt, Düsseldorf und Hamburg, im Juli in Frankfurt, dann reist er zur Herbstmesse nach Leipzig. 1855 reist er nach München, Berlin, Köln und Hamburg und zum zweiten Mal nach 1851 nach Paris. Im Februar wird die Tochter Therese geboren. In seinen verloren gegangenen Aufzeichnungen aus dem Jahr 1855, dem gleichen Jahr, in dem er sich entschließt, das Warengeschäft mit seiner wochenlangen Abwesenheit von Frankfurt am Main aufzugeben, findet sich die Notiz „Rückblick auf 1848".[2] Den Rückblick möglich macht das Tagebuch, das er seit 1847 geführt hatte und 1849 enttäuscht vom Scheitern der Nationalversammlung bei Seite legte.

Das Geschäft zieht in die Töngesgasse um, im Adressbuch 1855 steht nur „Firma" ohne Angabe des Geschäftsbereichs.[3] 1857 ist „Wechsel, Commission und Spedition" als neuer Geschäftsbereich notiert. Miteigentümer wird Julius Schüler, ein Bruder von Rosa Sonnemann. Rosa selbst ist als Prokuristin angestellt.[4] Weitere Brüder Rosas sind in Berlin und Wien für die Bank tätig. Geschäftsfreunde gibt es in Brüssel, intimere Beziehungen zu einer Pariser Firma.[5] Julius Schüler hat Erfahrungen im Kontokorrentverkehr. Wechsel und Wertpapiere gehörten schon für den noch jugendlichen Prokuristen von M. S. Sonnemann zum Alltagsgeschäft. Die Filiale in New York schickte amerikanische Wertpapiere und auf Amsterdam, London oder Paris ausgestellte Wechsel. Geschäftsgebiet der jungen Bank ist das Diskontgeschäft, der Ankauf von noch nicht fälligen Wechseln, mit dem der Bankier die Zinsen vom Tag der Diskontierung bis zum Fälligkeitstag und eine Provision erwirtschaftet. Ein weiterer Geschäftsbereich ist das Arbitragegeschäft, die Nutzung von Preis-, Kurs- oder Zinsdifferenzen an verschiedenen Handelsplätzen, indem am „billigen" Handelsplatz gekauft und am „teuren" verkauft wird.[6]

Nahezu alle neuen Frankfurter Bankhäuser des 19. Jahrhunderts gingen aus dem Speditionshandel hervor. Schon Meyer Sonnemann musste den Zwischenhandel mit Wechseln finanzieren. 1850 wurde er zu einer Geldstrafe verurteilt, weil er Wechsel nicht, wie im Frankfurter Handelsrecht vorgeschrieben, auf der städtischen Rechnei hatte stempeln lassen.[7] Er spekulierte zudem in Staatspapieren.[8] Der Übergang des Sonnemann'schen Geschäfts zur Bank fällt mit dem Boom der Gründung von Aktienbanken und Aktiengesellschaften nicht nur in Deutschland zusammen. Vor allem für den Ausbau des Eisenbahnnetzes wird die Aktiengesellschaft das wichtigste Mittel der Kapitalbeschaffung. Bei der ersten Zeichnung zum Erwerb von Eisenbahnaktien 1835 in Frankfurt am Main wird vom Kampf um die Aktien berichtet. Alle großen Frankfurter Eisenbahnstrecken, die bis in die 1850er Jahre entstehen, werden von Aktiengesellschaften wenigstens mitfinanziert.[9] Anfang der 1860er Jahre hat sich der Frachtverkehr zu über 80 Prozent auf die Schiene verlagert. Auch das bereitet dem traditionellen Zwischenhandel sein Ende. Banken beteiligen sich an der Gründung erster Großbanken. Leopold Sonnemann erwirbt Aktien der Frankfurter Bank, die 1854 als erste Frankfurter Großbank mit annähernd 500 Aktionären gegründet wird.[10]

Eisenbahnaktien schienen eine sichere Kapitalanlage.[11] Im ersten Geschäftsjahr 1840 beförderte die Main-Taunus-Bahn 658 564 Personen, die Einnahmen betrugen 352 083 Gulden und 32 Kreuzer.[12]

C 201 Bereits der jugendliche Prokurist hatte die Börse am Paulsplatz zu beobachten. Der 16-jährige Leopold schrieb dem Vater im Juli 1848 nach Würzburg, wo der zur Messe weilte: „In Staatspapieren ist jetzt wenig Geschäft. Oest(erreichische) wieder etwas gefallen; gestern 67 ½, Bad(ische) Lose 26 ½, Darmstädter fl. 50 Lose 64 ½. Zu diesem Kurse werde ich nun keine kaufen, ich habe auch Furcht, dass sie wieder fallen."

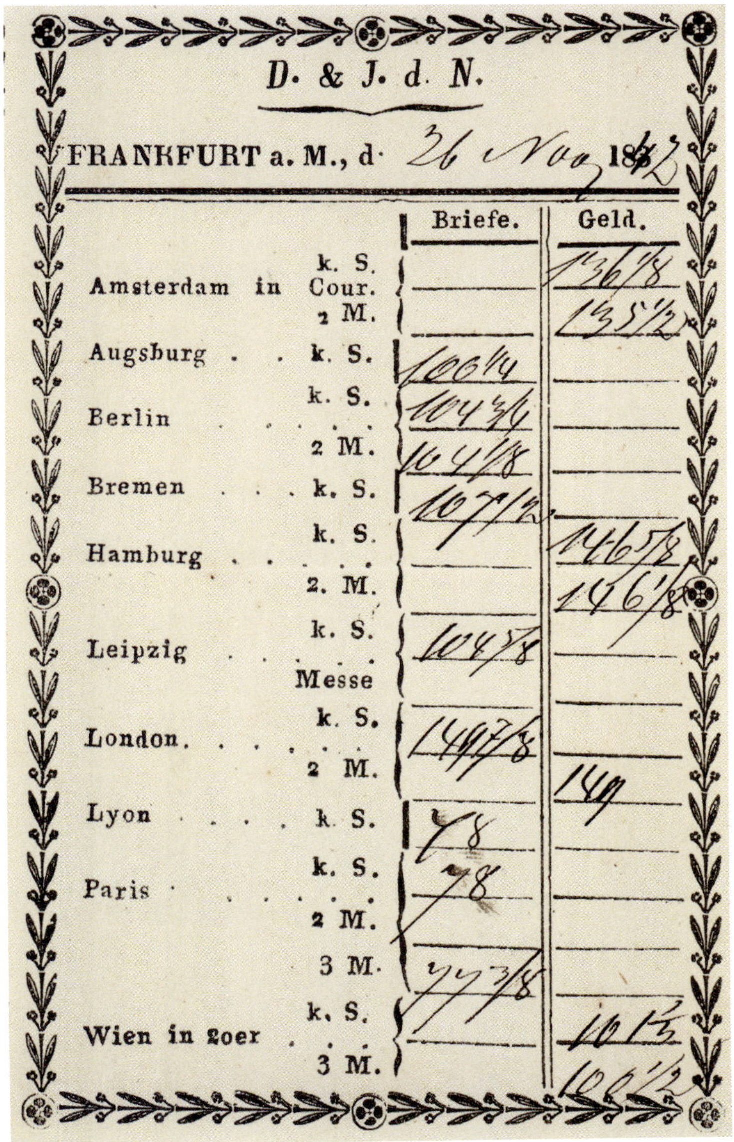

D. & J. d. N.

FRANKFURT a. M., d. 26 Nov 1842

		Briefe.	Geld.
Amsterdam in	k. S. Cour.		136/8
	2 M.		135½
Augsburg	k. S.	100¼	
Berlin	k. S.	104¾	
	2 M.	104⅛	
Bremen	k. S.	107½	
Hamburg	k. S.		146⅝
	2. M.		146⅛
Leipzig	k. S.	104⅝	
	Messe		
London	k. S.	149⅞	
	2 M.		149
Lyon	k. S.	78	
Paris	k. S.	78	
	2 M.		
	3 M.	77⅜	
Wien in 20er	k. S.		101½
	3 M.		100½

C 205 Kurszettel der Frankfurter Börse mit den Wechselkursen vom 26. November 1842

B 314, 2 Der Eiserne Steg wird 1868 eröffnet. Schon vor 1866 gab es die Forderung nach einer zweiten Mainbrücke. Da die Stadtverwaltung reserviert blieb, ergriffen „frankfurttypisch" Bürger die Initiative. Die geschätzte Bausumme von 120 000 Gulden wurde durch Aktien mit einem Wert von 100 Gulden und 5 Prozent Verzinsung aufgebracht. Nach Tilgung der Bausumme erhielt die Stadt die Brücke als Geschenk.

C 223 Die Frankfurter Bank durfte als erste Bank in Frankfurt am Main Banknoten als Papiergeld ausgeben, womit der Geldumlauf erleichtert werden sollte. Sie agierte faktisch wie eine Staatsbank.

Der kritische Aktionär

1853 hatte Meyer Sonnemann für 10 000 Lire (etwa 4 600 Gulden) Aktien der Lucca-Pistoia-Eisenbahn, einem Projekt in der Toskana, gezeichnet. Das emittierende Frankfurter Bankhaus B. H. Goldschmidt verschwieg den Käufern im Prospekt, der für die Zeichnung der Aktien warb, einen wichtigen Umstand. Als keine Zinsen mehr gezahlt werden, organisiert Leopold Sonnemann 1856 mit weiteren Aktionären ein öffentliches Aktionskomitee, das die Regresspflichtigkeit der verantwortlichen Bank erreicht. Ein Bruder von Rosa Sonnemann schreibt an Leopold, er habe in Köln gehört, dass Goldschmidt keine Wechsel diskontiere, die auf M. S. Sonnemann Nachfolger ausgestellt sind.[13] Im Bankgeschäft bedeutet eine solche Weigerung, dass der Aussteller des Wechsels zahlungsunfähig ist. Das Bankhaus rächt sich am Wortführer des Aktionskomitees in einer existenzbedrohenden Weise. Der Bankier Leopold Sonnemann erwirbt 1857 Aktien der Rhein-Nahe-Bahn, um als Aktionär einer Maßnahme des Verwaltungsrats, die die Dividende der Aktionäre bedroht, öffentlich widersprechen zu können. Der Bankier Sonnemann, der sich im Aktienrecht auskennt und unseriöse Geschäftspraktiken durchschaut, kauft Aktien, um Aktionäre zu schützen.

Während des Konflikts mit dem Bankhaus Goldschmidt 1856 hatte Leopold Sonnemann mehreren Frankfurter Zeitungen Artikel angeboten. Alle lehnten eine Veröffentlichung ab. Die Erfahrung, dass es offensichtlich nicht möglich war, unseriöse Geschäftspraktiken einer Bank öffentlich zu kritisieren, nahm Leopold Sonnemann nicht hin. Bernhard Rosenthal, auch einer der neuen Bankiers, schlägt ihm die Gründung einer Handelszeitung vor. Am 21. Juli 1856 erscheint der Frankfurter Geschäftsbericht.[14] Börsen- und Handelsnachrichten sowie die aktuellen Kurszettel von der Frankfurter und der Berliner Börse bieten Lesern und potentiellen Anlegern Orientierung und Aufklärung in der chaotischen Phase des emporwachsenden Aktienmarkts. Vergleichbare Formate waren bereits auf dem Markt. Die zeitweise größte Bedeutung in Frankfurt hatte das 1832 gegründete Börsenkursblatt von Abraham Sulzbach. Das Wechselmakler-Syndikat zu Frankfurt gab seit 1850 ein Oeffentliches Börsen-Coursblatt heraus.[15] Das erste täglich erscheinende Kursblatt war seit dem 1. Juni 1855 die Berliner Börsen Zeitung.[16] Der an jedem Börsentag erscheinende Frankfurter Geschäftsbericht entwickelte sich trotz der Konkurrenz rasant.

Der Frankfurter Geschäftsbericht erhielt zum 27. August 1856 ein zeitungsgemäßeres Layout und erschien unter dem neuen Namen Frankfurter Handelszeitung. In der „Einladung zum Abonnement" stand das Programm: „Ein Blatt, das vom hiesigen Platze aus täglich die Interessen der Bewohner der deutschen Bundesstaaten, insbesondere aber die der immer zahlreicher werdenden Classe der Actien-Besitzer unparteiisch und sorgsam vertritt, das zugleich die Interessen der Landwirthschaft, der Fabrikindustrie und des Handels in gründlicher Weise berücksichtigt und täglich ein getreues Bild der Frankfurter Börse auf dem raschesten Wege gibt ist ein schon länger gefühltes Bedürfniß. Die Frankfurter Handelszeitung hat sich diese Aufgabe gestellt. Sie wird die deutschen Actiengesellschaften besonders ins Auge fassen, den Fortgang ihrer Unternehmungen kritisch beleuchten und soweit als möglich die inneren und äußeren Ursachen würdigen, welche auf deren Werth Einfluß haben." Das Blatt werde „unmittelbar nach der Börse zur Presse gehen und stets die letzten Course bringen".[17] Die Zeitung verspricht eine „systematische Konjunkturbeobachtung", verlangt eine Reform des Aktienbankwesens, die größere Verantwortlichkeit der Direktionen gegenüber den Aktionären und die Veröffentlichung der Bilanzen.[18] Der demokratische Volksfreund für das mittlere Deutschland lobt Leopold Sonnemann, der es sich zur Aufgabe gemacht habe, auf die Mängel der neuen Kreditanstalten und Versicherungsgesellschaften aufmerksam zu machen, als „talentvoll".[19]

Der Millionär

Der Aufschwung an der Börse 1856 half der Entwicklung der Sonnemann'schen Bank. Der Zusammenbruch zahlungsunfähiger nordamerikanischer Banken, die teils betrügerisch in Eisenbahngesellschaften investiert hatten, löste im August 1857 die erste Weltwirtschaftskrise aus. In Deutschland war Hamburg am schwersten betroffen. Zehn große Handelshäuser gingen Bankrott, im Hafen lagerte Ware für 500 Millionen Mark ohne Käufer. Die Erlösung kam von der österreichischen Regierung in Wien, die einen Zug mit Silber in Bewegung setzte und Hamburg 15 Millionen Mark lieh. Frankfurt am Main war vergleichsweise wenig betroffen.[20] Die New Yorker Filiale war noch zu Lebzeiten Meyer Sonnemanns geschlossen worden.[21] Leopold Sonnemann war kein Spekulant. Seinen Schwägern teilte er gelegentlich mit, sie sollten das Spekulieren nicht übertreiben. Denkbar, dass die Weltwirtschaftskrise den Aufstieg der Handelszeitung förderte, weil in Krisenzeiten das Vertrauen auf seriöse Informationen unverzichtbar wird.

Ein Spitzelbericht, der am 10. Mai 1859 im Preußischen Innenministerium eintrifft, erwähnt Leopold Sonnemann als Mitbegründer eines Frankfurter „patriotischen Vereins".[22] Zum 1. September 1859 wird aus der Handelszeitung eine politische Zeitung, die Neue Frankfurter Zeitung. Handelszeitung bleibt sie im Blattinneren. Die Neue Frankfurter Zeitung soll ein „Kampfblatt" für die Demokratie werden. Vielleicht drei Jahre nach der Aufgabe des Zwischenhandels und der Gründung der Bank trifft der Bankier mit der Herausgabe der politischen Tageszeitung und dem Schritt in die Politik Entscheidungen, die ahnen lassen, dass er nicht ein Leben lang Bankier bleiben will. Unabhängig davon ist der Bankier bereits ein ungewöhnlicher Bankier, weil er Aktionärsinteressen vertritt. Anfang der 1860er Jahre planen Frankfurter Kaufleute eine Produktenbörse, die vornehmlich mit Getreide und Öl handeln soll. Der Bankexperte, der hinzu gebeten wird, ist Leopold Sonnemann.[23] 1862 gehört er zu den Mitbegründern der Frankfurter Gewerbekasse, einer genossenschaftlichen Organisation, die als Vorschusskasse Kredite an in Not geratene Gewerbetreibende vergeben will.[24] Der vorbereitende Ausschuss beauftragt Leopold Sonnemann mit einer Studienreise, auf der er in Frage kommende Vorbilder studiert. Zu dieser Studienreise muss er nicht gezwungen werden, im Gegenteil. Leopold Sonnemann interessiert sich für genossenschaftliche Selbsthilfemodelle, die den Widerspruch zwischen Kapital und Arbeit relativieren und vielleicht aufheben können. Bis 1865 gehört er dem Aufsichtsrat der Gewerbekasse an. Für das eigene Bankgeschäft sind solche Engagements uninteressant.

1861 ist er Aktionär der Bank für Handel und Verkehr in Darmstadt. 1873 besitzt Leopold Sonnemann 500 Aktien der deutschen Effecten- und Wechselbank und Anteilsscheine der Frankfurter Vereinskasse im Wert von 300 000 Gulden.[25] Er legte sein als Bankier erworbenes Vermögen wohl vor allem bei Großbanken und anderen Aktiengesellschaften, die sein Vertrauen haben, an. Mit der Gründung der Societätsdruckerei in der Großen Eschenheimer Straße zieht auch die Bank in das Haus von Druckerei und Zeitung. Geradezu Symbol des wirtschaftlichen Aufstiegs ist der Erwerb der Villa in der Taunusanlage als Wohnhaus. 1863 erfolgt der Umzug in den exklusiven Westen der Stadt. Dieser Zug von Osten, die erste Frankfurter Wohnung lag in der Fahrgasse in der östlichen Altstadt, in den Westen ist frankfurttypisch für Bürger, die ihr finanzielles Glück gemacht haben. Zeitlich fällt die Aufgabe des Bankgeschäfts mit der politischen Karriere zusammen. 1869 wird Sonnemann Stadtverordneter. Bei seiner Kandidatur für den Reichstag 1871 ist der Schritt vollzogen. Das genaue Datum der Aufgabe des Bankgeschäfts ist nicht bekannt.

Leopold Sonnemann stirbt 1909 als Millionär. Sein Vermögen wird auf 4 780 000, sein Jahreseinkommen auf etwa 310 000 Mark beziffert.[26] In der Veranlagung zur Einkommensteuer rangiert er auf Rang 149 und gehört mithin zu den 150 reichsten Frankfurtern. Die über drei Dutzend Notizbücher und Notizkalender Leopold Sonnemanns zwischen 1885 bis 1902 enthalten eine Fülle von finanziellen Angaben. Auch wenn zu berücksichtigen ist, dass Leopold Sonnemann häufig nur Namen und Summen eintrug, betreffen die Einträge vor allem Kosten für Kleidung und Hausrat, Reisekosten, Stiftungen und Spenden, die Unterstützung von Familienangehörigen, die Societätsdruckerei oder Gehälter von Redakteuren. Börsengeschäfte sind explizit nicht erwähnt. Die Einträge, die sich auf die Anlage seines Vermögens beziehen könnten, sind an den Fingern einer Hand abzählbar.

C 227 In der Taunusanlage Nr. 5 wohnte Leopold Sonnemann von 1863 bis zu seinem Tod 1909. Die klassizistische Villa wurde 1930 vom neuen Eigentümer, der Reichsbank, abgerissen und das Grundstück bebaut. Nach 1945 wurde dort der Gründungssitz der Bank deutscher Länder errichtet. Heute befindet sich dort eine Hauptverwaltung der Bundesbank.

Der Experte

Die Aufgabe eines Bankgeschäfts, weil das angesammelte Vermögen ausreichte, um sich nichtkommerziellen Zielen widmen zu können, war nicht ungewöhnlich. Albert von Reinach, der Nachbar in der Taunusanlage, verkaufte 1886 das väterliche Bankgeschäft und widmete sich fortan seinen vor allem geologisch-wissenschaftlichen Interessen.[27] Unter anderem hinterließ er das Standardwerk zur Geologie des Taunus. Dass Leopold Sonnemann Kaufmann geworden wäre, wenn ihm der Vater die freie Wahl gelassen hätte, ist nach seinem Tagebuch alles andere als sicher.

Die Zeitungsgründungen erfolgten nicht, weil er auf einen Broterwerb hoffen musste. Im Gegenteil: 1860 beträgt der Geschäftsverlust 5 535 Gulden, 1861 14 296, 1862 7 272, 1866 6 006 und 1875 27 282 Gulden.[28] Der wohlhabende Bankier und spätere Verleger kann sich die Defizite leisten. Das Defizit 1875 ist durch die „preßrechtlichen" Maßnahmen verursacht, denen die entschieden demokratische Frankfurter Zeitung ausgesetzt ist. Der als Bankier reich Gewordene kann sich eine demokratische Zeitung „leisten", weil er vom Geschäftserfolg der Zeitung unabhängig ist. Die Schule, durch die Leopold Sonnemann als Kaufmann und Bankier gegangen ist, machte ihn zum kritischen Finanz- und Wirtschaftsexperten.

Wie sein Eintreten für Aktionäre und die Gründung des Frankfurter Geschäftsberichts zeigten, ist er davon überzeugt, dass die Geschäfte kontrolliert und Schwindelprojekte unterbunden werden müssen.

Leopold Sonnemanns Tag wird durch die Tätigkeit als Verleger, als Stadtverordneter und Reichstagsabgeordneter, als Mitglied von Vereinen, deren Gründung er in einigen Fällen initiierte, durch mäzenatisches Engagement, durch die Tätigkeit in Verwaltungs- und Aufsichtsräten von Aktiengesellschaften und Stiftungen, als Vorsitzender der Deutschen Volkspartei und des Frankfurter Demokratischen Vereins mehr als ausgefüllt. Die zeitliche Parallele zwischen dem Entschluss, den Zwischenhandel aufzugeben und dem „Rückblick auf 1848" war nicht zufällig. Ebenso wenig zufällig überkreuzt sich die Aufgabe des Bankgeschäfts mit dem Engagement in Stadtverordnetenversammlung und Reichstag.

In fast allen bürgerschaftlicher Initiative entspringenden Aktiengesellschaften, die nach 1866 für die Realisierung kommunaler Projekte gegründet werden, ist der Experte dabei.[29] 1867 ist er Mitbegründer der Aktiengesellschaft zur Erbauung des heutigen Eisernen Stegs. Bei der Realisierung des Palmengartens ist er die treibende Kraft. Zur Finanzierung wird eine Aktiengesellschaft gegründet. 1872 ist Leopold Sonnemann Anreger, einer der Gründer und Vorstandsmitglied der Hotel AG, die die Errichtung des 1875 eröffneten Frankfurter Hofs finanziert. Er sitzt im Verwaltungsrat der Quellwasser AG, die die Trinkwasserversorgung der Stadt mit Quellwasser aus dem Vogelsberg sicherstellt. 1878 ist er Mitbegründer der Neuen Theater-Actien-Gesellschaft, da die Stadt sich weigert, die Betriebskosten für die heutige Alte Oper voll zu übernehmen. Das eigentliche Motiv der kommunalen Aktionäre ist nicht die Dividende, sondern das lebensweltliche Interesse an der neuen Brücke, einem öffentlichen Park, einem luxuriösen Gasthof und Hotel oder gutem Trinkwasser. Die Statuten der Gesellschaft zur Errichtung des Eisernen Stegs legen fest, dass die Brücke nach Amortisierung des eingesetzten Kapitals in den Besitz der Stadt übergehen soll.

Das Vertrauen in seine Seriosität und Kompetenz zeigt sich zu Beginn des Krieges mit Frankreich 1870 in aller Deutlichkeit. Die Nachfrage bricht ein, die Börsenkurse stürzen ab. Um kreditbedürftigen Kaufleuten zu helfen, gründen die Frankfurter Bank und ein „Komitee von Warenhändlern" am 25. Juli 1870 im Saal der Polytechnischen Gesellschaft den „Warenkreditverein". Fast 300 Teilnehmer bestimmen Leopold Sonnemann per Akklamation zum Vorsitzenden. Als Motto gibt er aus: „Einer für alle, alle für einen."[30] Als Jugendlicher hat er Dumas gelesen. In dessen Roman „Die drei Musketiere" versprechen sich die Helden mit diesem Motto unbedingte Solidarität. Leopold Sonnemanns Faible für die französische Kultur und seine politische Haltung sind bekannt und kein Hindernis für die einmütige Wahl. Jeder, der ihn kennt, kennt ihn als Gegner Bismarcks. Leopold Sonnemann soll im Juli 1870 angedeutet haben, er sei sich nicht sicher, ob nicht ein Sieg Frankreichs wünschenswert sei. Die Geschichte bietet zahllose Beispiele dafür, dass militärische Niederlagen innenpolitisch destabilisierend wirken und fortschrittlichen Kräften den Weg bahnen können.

Seit 1849 werden an der Frankfurter Börse zunächst amerikanische Anleihen gehandelt und dann in großem Umfang Eisenbahnbonds. Im amerikanischen Bürgerkrieg, der 1861 beginnt, unterstützt der Bankenplatz Frankfurt am Main die Nordstaaten.[31] Zwei der acht Kriegsanleihen der Nordstaaten finanziert fast ausschließlich Frankfurter Kapital: Die sechsprozentige Anleihe von 1863 über 514,7 Millionen Dollar und die von 1864 über 75 Millionen Dollar. Die Neue Frankfurter Zeitung wirbt für die Nordstaaten-Anleihen und schreibt gegen die „cotton loan" der Konföderierten

C 217 Die Aktie der Neuen Theater-Actien-Gesellschaft enthält den bemerkenswerten Aufdruck, dass die Übertragung der Aktie der Zustimmung des Aufsichtsrats bedarf. Das sollte gewährleisten, dass die Aktien im Besitz Frankfurter Bürger blieben. Nichts verdeutlicht präziser, dass die Aktiengesellschaften sich als Gesellschaften für die Entwicklung der Stadt verstanden.

C 218 Zu den ersten Projekten nach 1866, die auch zeigen sollen, dass die Bürger sich gegen die „Provinzstadt" wehren, gehört der Palmengarten. Für den Ankauf der Wintergärten des ehemaligen Herzogs von Nassau bringt eine neu gegründete Aktiengesellschaft in kürzester Zeit die kalkulierte Summe von 250 000 Gulden auf. Die Aktien werden überwiegend von Bürgern des Westends erworben.

C 219 Auch der Zoologische Garten, der vom Gelände des Palmengartens in das Ostend umzog, gehörte einer Aktiengesellschaft. Bürger ergriffen die Initiative und brachten Kapital auf, um wünschenswerte Maßnahmen zu realisieren. Leopold Sonnemann meinte eben dies, wenn er von der Aktiengesellschaft als „Vorschule der Assoziation" sprach.

C 211 Leopold Sonnemann gehörte zu den Mitbegründern des Frankfurter Turnvereins.

Staaten des Jahres 1863. Die Sympathien liegen bei den Gegnern der Sklaverei.

1871 berät der Reichstagsabgeordnete Leopold Sonnemann die Frankfurter Handelskammer bei der Abfassung einer Denkschrift an die Reichsregierung zur Einführung der Reichswährung. Gegen den Gesetzentwurf vom Oktober 1871 plädiert die Denkschrift für die Schaffung einer Goldmünze von internationalem Standard. Frankreich, Belgien, die Schweiz, Italien und Österreich haben bereits ein gemeinsames Geldsystem, mit dem der Frankfurter Handel seit langem zu rechnen gewohnt war. Der Gesetzentwurf sieht vor, dass 69 ¾ Goldmünzen zu 20 Mark auf das Pfund Feingold nun 68,66 Goldmünzen im Wert von 25 Franken entsprechen, was aus Frankfurter Sicht die Verrechnung des internationalen Warenhandels unnötig belastet. Sonnemann und die Handelskammer plädieren für ein international kompatibles Münzsystem. Sie haben keinen Erfolg. Der von Frankfurt bekämpfte Münzfuß für die neue Goldwährung wird eingeführt, eine geldpolitische Maßnahme, die gegen „offene Grenzen" und „freien Handel" gerichtet ist.[32] Leopold Sonnemann begrüßt nachdrücklich die Gründung der Reichsbank und die Übernahme der preußischen Bank.[33]

Erfahrungen und Kenntnisse des Bankiers bestimmen auch nach Aufgabe des Bankgeschäfts die Philosophie der Handelszeitung. Nicht von ungefähr wird die Prospekthaftung zu einem bestimmenden Thema seiner Zeitung.[34] Im Reichstag redet Leopold Sonnemann zur Novellierung des Aktienrechts. Für ihn ist die Aktiengesellschaft die „Vorschule der Assoziation". Er plädiert erfolglos für die Ausgabe von Namenaktien, die „Stimmenpacht" und „Strohmannswesen" bei Aktionärsversammlungen großer Aktiengesellschaften verhindern sollen.[35] Er setzt sich für Aktien mit einem niedrigen Nennwert ein, der Arbeitern den Erwerb von Aktien ihres Unternehmens erlaubt.[36] Die gesetzliche Festlegung der Mindeststückelung ist wegen des unterstellten gesellschaftspolitischen Effekts einer Stückelung in kleine Werte umstritten. Die Befürworter erwarten die „Rationalisierung" der Beziehungen zwischen „Arbeitgeber" und „Arbeitnehmer".[37] Die Gegner befürchten, dass mit der „Rationalisierung" der traditionelle und weithin noch vorherrschende Unternehmerpatriarch verschwindet, der nach eigenem Gutdünken Löhne und soziale Leistungen gewährt. Im Reichstag bleibt Leopold Sonnemanns erfolglos.

1877 übernimmt Ludwig Cohnstaedt die Redaktion der Handelszeitung. Er ist auf fragwürdige Papiere verschuldeter Staaten und Aktienfinanzierung spezialisiert. Er deckt 1900 einen der größten Bankenskandale des Kaiserreichs auf. Der auf Drängen der Frankfurter Zeitung für 1900 von der so genannten „Pommern-

C 228 Die Filiale der Reichsbank eröffnet 1876 in der Neuen Mainzer Straße. Ihre offizielle Bezeichnung als „Hauptbankstelle" mildert die Wunden, die die preußische Annexion 1866 dem Bankenplatz schlug.

bank" vorgelegte Jahresbericht operiert mit falschen Zahlen. Eine Revisionskommission stellt einen Fehlbetrag von 16 Millionen Mark fest. Die Aktien der Bank sind über Nacht wertlos. Der Skandal ist umso delikater, weil er in „allerhöchste Kreise" reicht. Die Bank wirbt als „Hofbank Ihrer Majestät der Kaiserin". Über sie lief die Finanzierung zahlreicher Kirchenbauten aus Spenden, die Kaiserin Auguste Victoria eingeworben hatte.

Der „Capitalist"

In der Handelsredaktion war Aktienbesitz streng untersagt. Jeder, der es wollte, wusste allerdings vom Aktienvermögen Leopold Sonnemanns. Manipulationsvorwürfe oder der Verdacht, die Zeitung diene der Bank, stehen gelegentlich in politisch „gegnerischen" Blättern und sollen das politisch demokratische Blatt treffen. Öffentliche Brisanz erhalten sie 1871 mit dem Entschluss Leopold Sonnemanns, für den Reichstag zu kandidieren. Im Reichstagswahlkampf 1871 fordert ein Flugblatt, das als Verantwortlichen einen „Alten Frankfurter" nennt: „Arbeiter wählt Sonnemann nicht, er ist ein Börsenspekulant und Capitalist." Behauptet wird, er hätte 1859 die Neue Frankfurter Zeitung für ein Börsenmanöver missbraucht. Der Angegriffene wehrt sich mit einer öffentlichen Erklärung. Der Vorwurf des Flugblatts nimmt eine Behauptung der Mainzeitung wieder auf, die Frankfurter Zeitung hätte ein von Leopold Sonnemann frei erfundenes Telegramm abgedruckt, das ein Börsengeschäft lukrativ gestalten sollte. Sonnemann hatte den verantwortlichen Redakteur auf Verleumdung verklagt, und dieser war zu einer Geldstrafe, ersatzweise Gefängnis, verurteilt worden.[38]

Im Fall von Franz Mehring, der bekannter geblieben ist, weil dieser später der SPD beitrat, klagte Leopold Sonnemann erfolgreich auf Verleumdung. Mehring veröffentlichte im Mai 1876 in der Staatsbürger-Zeitung einen Artikel, in dem er vorgab, Beweise zu besitzen, dass Leopold Sonnemann seine Zeitung für Börsengeschäfte instrumentalisiere. Franz Mehring war bis 1875 Berliner Korrespondent der Frankfurter Zeitung und berichtete über sozialpolitische Themen und Vorgänge in der Arbeiterbewegung.[39] Es kam zur Trennung, weil Leopold Sonnemann Mehrings Wunsch, als einziger Berliner Korrespondent für die Zeitung tätig zu sein, nicht erfüllen wollte. Das „belastende" Material stammte von Karl Volckhausen, von 1867 bis 1873 Chefredakteur der Frankfurter Zeitung. Volckhausen übergibt es nach Antritt einer neuen Chefredakteursstelle bei der Badischen Landeszeitung in Mannheim Franz Mehring, der Berliner Korrespondent der Landeszeitung werden soll. Mehring teilt der Frankfurter Zeitung den Besitz des Materials mit. Die Zeitung reagiert nicht und Mehring publiziert. Leopold Sonnemann bezeichnet ihn in einem Zeitungsartikel als „notorischen Verleumder". Mehring klagt auf Beleidigung. Das Urteil stellt fest, dass sowohl das „notorisch" wie der „Verleumder" juristisch gerechtfertigt seien. Die Staatsanwaltschaft, der das Leopold Sonnemann in jeder Hinsicht entlastende Urteil politisch nicht zusagt, legt Revision ein. An der Substanz des ersten Urteils ändert das nichts. Es wird nur um den bemerkenswerten Satz „Das Interesse des Kapitalisten gerät mit der unparteiischen Berichterstattung notwendig in Konflikt" erweitert. So weit zu sehen, klagte Leopold Sonnemann nur dann auf Verleumdung, wenn ihm persönlich ein Manipulationsvorwurf gemacht wurde. Auf Anfeindungen, die ihn rhetorisch unter Manipulationsverdacht stellten, ohne den konkreten Vorwurf zu erheben, reagiert er nicht.

Die Nürnberger Arbeiterchronik veröffentlicht im August 1888 einen Leitartikel, der Sonnemann als „geriebene[n] Börsianer" bezeichnet, die Zeitung als „Bourgeoisorgan" und ihre Leserschaft als „demokratisch im Sinne der beschnittenen und unbeschnittenen Börsenhebräer". Die antisemitischen Vorwürfe sollen die eigentliche Botschaft des Artikels stützen: Leopold Sonnemann wird als „Talmi-Demokrat" rhetorisch vernichtet. Garant einer „wahrhaft zielbewusste[n] Demokratie" ist die „deutsche Arbeiterbewegung".[40] Bei Licht besehen bekämpft der Artikel mit Leopold Sonnemann und der Deutschen Volkspartei diejenigen, die politisch den Sozialdemokraten am nächsten stehen. Der Staatsanwalt aus dem Mehringprozess und die Nürnberger Arbeiterchronik sind sich in einem Punkt einig: „Das Interesse des Kapitalisten gerät mit der unparteiischen Berichterstattung notwendig in Konflikt."

Leopold Sonnemann unterstützt August Bebel mit einem Darlehen, nachdem dieser im Leipziger Hochverratsprozess 1875 zu einer zweijährigen Haftstrafe verurteilt wurde. Bebel, der 1890 zum Vorsitzenden der SPD gewählt wird, besitzt einen größeren Handwerksbetrieb und das Darlehen hilft, den Betrieb zu erhalten. 1878 finanziert Leopold Sonnemann einen Pressefonds, der die verfolgte sozialdemokratische Presse unterstützen soll.[41] Die Sozialdemokraten August Bebel und Wilhelm Liebknecht unterschreiben den Aufruf mit. Im Notizkalender Leopold Sonnemanns ist am 7. Februar 1901 notiert: „A. Wolff besucht mich wegen Hypothek Gewerkschaftshaus". Das Frankfurter Gewerkschaftskartell errichtete in der Allerheiligenstraße das erste Gewerkschaftshaus, das als Betreuungsstelle, als Versammlungsort oder für die gewerkschaftliche Bildungsarbeit von wegweisender Bedeutung war und im August 1901 eingeweiht wurde.[42] Auch wenn er nur um Rat gefragt worden sein sollte, zeigt der Besuch, dass ihm vertraut wird. Denkbar ist allerdings auch, dass Leopold Sonnemann eine Hypothek finanzierte. Die gewerkschaftliche Selbstorganisation der Arbeiter sieht er als uneingeschränkt richtig an. 1871 war er Gast des Buchdruckertags in Frankfurt am Main. 1881 aus Anlass des Jubiläums der Frankfurter Zeitung stiftet Leopold Sonnemann 20 000 Mark für die Pensionskasse.[43] Zwei Tage nach dem Gewerkschafter im Februar 1901 besucht ihn Georg Speyer. Der Kontrast ist unüberbietbar. Georg Speyer (1835–1902) hat eine Million Mark für eine zukünftige Universität gestiftet.[44] Im Notizkalender Leopold Sonnemanns steht am 9. Februar 1901: „Besuch v G. Speyer, Stiftung 1 Million, Ich Verwaltung". Einen Tag zuvor hat der Magistrat die Zuwendung als Grundstock einer „Georg und Franziska Speyer'schen Studienstiftung" angenommen. Georg Speyer ist Mitbegründer und Mäzen der Aktienbaugesellschaft für kleine Wohnungen, die 1900 den „Nordendblock" erstellt hat, ein Vereinshaus mit Kindergarten, Krippe und einer Haushaltungsschule für Dienstboten.[45] In dem im März 1901, drei Wochen nach dem Besuch Georg Speyers, beginnenden Notizbuch Leopold Sonnemanns steht der undatierte Eintrag: „Georg Speyer 25.000", offensichtlich eine Spende an die Studienstiftung. Leopold Sonnemann wird Mitglied des Verwaltungsrates. Auf der konstituierenden Sitzung am 22. Mai wird beschlossen, dem Physikalischen Verein 4 000 Mark, dem ersten Verein, dem Leopold Sonnemann mit seiner Einbürgerung beitrat, zukommen zu lassen.

Im Notizbuch Leopold Sonnemanns ab Oktober 1888 findet sich der Eintrag: „Aluminium Sulzbach". Der Bankier Rudolph Sulzbach (1827–1904), der 1854 als Wechselmakler begann und 1856 zusammen mit seinem Bruder das Bankhaus Gebr. Sulzbach gründete, ist einer der maßgeblichen Bankengründer des Kaiserreichs.[46] In Meiningen gründete er 1856 die „Mitteldeutsche Kreditbank", die ihren Sitz 1886 nach Frankfurt verlegte und später Bestandteil der Commerzbank wurde, 1870 in Berlin die „Deutsche Bank". Zum Konsortium, das auf seine Initiative 1883 die Gründung der späteren AEG finanziert, gehört Leopold Sonnemann. Der gleiche Kreis finanziert 1888 die Gründung der „Aluminium-Industrie AG Neuhausen". Mit elektrolytischen Verfahren gelingt es, das Leichtmetall Aluminium kostengünstig in großen Mengen herzustellen.[47] Die AEG verwertet die Patente von Thomas A. Edison, dem amerikanischen Pionier der Elektrotechnik. Die Vergesellschaftung des elektrischen Stroms ist für Leopold Sonnemann eine erstrangige sozialpolitische und kulturelle Aufgabe. Selbst hier, wo es offensichtlich um Industriegründungen geht, setzt Leopold Sonnemann sein Vermögen nicht „wertfrei" in der bloßen Erwartung von Zinsen ein.

Georg Speyer und Rudolph Sulzbach starben als Bankiers. Leopold Sonnemann nicht. Der ehemalige Bankier ist nicht nur gefragt, wenn Stiftungszwecke, Statuten oder Geschäftsziele seriös zu formulieren und zu verwalten sind. 1886 plant die Deutsche Bank die Errichtung einer Filiale in Frankfurt am Main. Georg Siemens, der Berliner Direktor, fragt bei Leopold Sonnemann an, ob er ihm nicht jemanden für die Filiale als Prokuristen empfehlen könne. Leopold Sonnemann kann.[48] Wenn er empfiehlt, ist er sicher, dass die Empfehlung den Anforderungen entspricht. Sicher ist er, weil er die Anforderungen aus eigener Erfahrung kennt. Der als Prokurist Empfohlene wird später Direktor der Filiale. Gefragt wird Leopold Sonnemann, weil er kein Bankier mehr ist. In diesem Falle wäre ein Konkurrent gefragt worden.

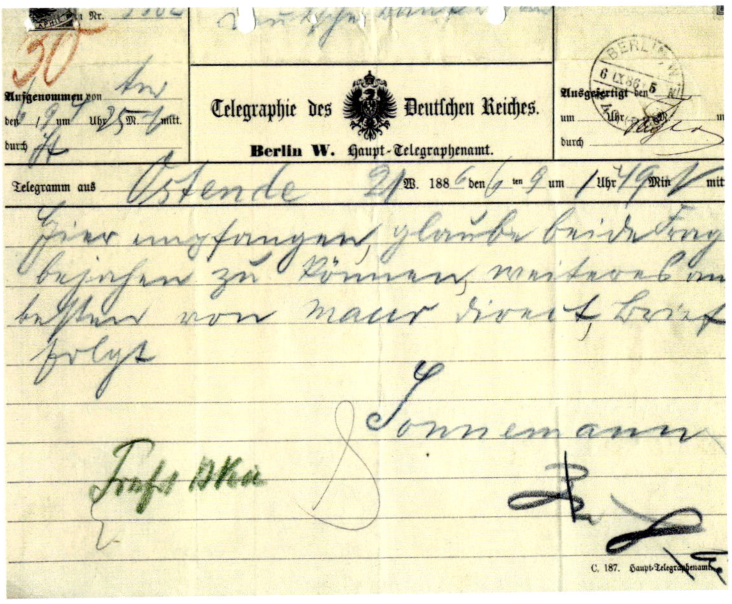
Telegraphie des Deutschen Reiches.
Berlin W. Haupt-Telegraphenamt.
Aufgenommen von ... den ... um ... Uhr ... Min. mitt. durch
Ausgefertigt den ... um ... Uhr ... durch
Telegramm aus Ostende 21 W. 1886 den 6 ten 9 um 1 Uhr 19 Min. V mit
Sonnemann
C. 187. Haupt-Telegraphenamt.

B 408 Im Telegramm Leopold Sonnemanns an Georg Siemens kündigt Sonnemann das Eintreffen des Briefes an, in dem er den Prokuristen für die Frankfurter Filiale der Deutschen Bank empfiehlt.

C 202
Im Inneren der alten Börse am Paulsplatz vollzieht sich in intimen Gesprächen das Börsengeschäft.

CAPITAL STOCK $2.000.000.

No. 272

1 SHARES.

OHIO & INDIANA RAIL ROAD COMPANY.

This Certifies, that N. G. Newton is entitled to One Shares of Fifty Dollars each in the Capital Stock of the Ohio & Indiana Rail Road Company, transferable only on the Books of the Company, by himself or his Attorney, on surrender of this Certificate.

Bucyrus, Ohio, December 2. 1852

Franklin Adams Treasurer.

W. Merriman President.

Rawdon, Wright, Hatch & Edson, New-York.

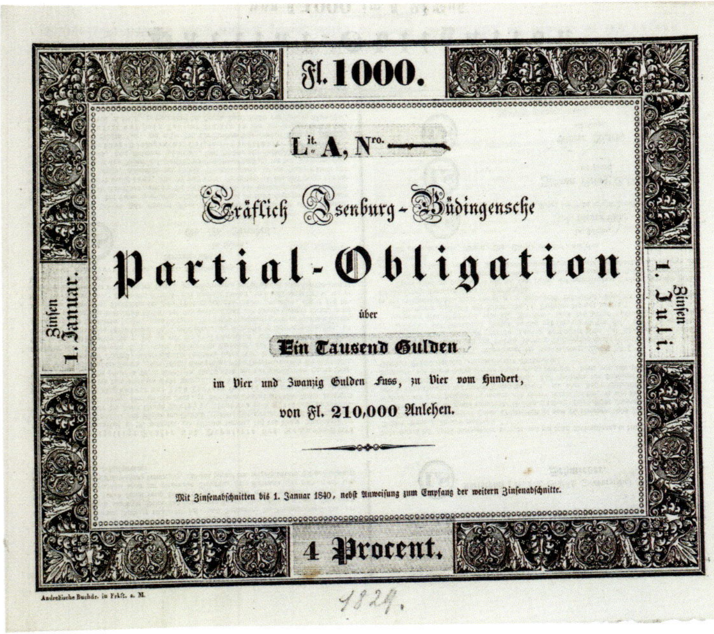
Fl. 1000.

Lit. A, Nro.

Gräflich Isenburg-Büdingensche

Partial-Obligation

über

Ein Tausend Gulden

im Vier und Zwanzig Gulden Fuss, zu Vier vom Hundert,

von Fl. 210,000 Anlehen.

Zinsen 1. Januar.

Zinsen 1. Juli.

Mit Zinsenabschnitten bis 1. Januar 1840, nebst Anweisung zum Empfang der weitern Zinsenabschnitte.

4 Procent.

Andreäische Buchh. in Frkft. a. M.

1824.

C 221

Die erste Aktiennotierung an der Frankfurter Börse datiert in das Jahr 1820. Nach 1849 wurden an der Frankfurter Börse zunächst amerikanische Anleihen gehandelt und dann in großem Umfang Eisenbahnbonds.

C 208

Die Einführung von Staatspapieren an der Börse war bereits 1778 durch das Bankhaus der Gebrüder Bethmann erfolgt.

B 304
Der 1876 eröffnete Frankfurter Hof, das modernste Hotel der Stadt, bot Luxus mit 350 Betten in 250 Zimmern, 20 Salons, einem großen Speisesaal für 800 Personen, Aufzüge, eine Dampfheizung und eine Telegramm-Annahmestelle.

B 241
Zum Palmengarten als großstädtischem Erholungsort gehört das Gesellschaftshaus mit seiner exzellenten Gastronomie. Der große Saal im Ambiente des Gartens wird zu einem begehrten Ort. Leopold Sonnemann feiert hier Geburtstage, seine Frankfurter Zeitung Jubiläen. Die Demokraten feiern Wahlsiege und geben Essen zu Ehren ihres Reichstagsabgeordneten.

Darlehens-Schuldschein N°

Das Rechnei- und Renten-Amt bekennt

von

die Summe von **Tausend Gulden** süddeutscher Währung, auf Grund erhaltener Ermächtigung des Senates, darlehensweise empfangen zu haben, und verspricht diesen Darlehensbetrag sammt **5** % Zinsen von heute an nach Ablauf von 12 Monaten a dato an den Darleiher oder dessen Ordre gegen Rückgabe dieses Schuldscheines zurückzubezahlen.

Frankfurt a/M. den 1866.

Rechnei- und Renten-Amt.

Pr fl. 1000.—

C. Naumann's Druckerei in Frankfurt a/M.

C 210
Schon im 16. Jahrhundert war die Reichsstadt gezwungen, sich zu verschulden. Auch die Freie Stadt nahm am „Markt" Geld auf.

C 209
Der Demokrat Nikolaus Hadermann gibt 1848 für die von ihm beabsichtigte Herausgabe einer Tageszeitung Aktien aus. Der Aktienerwerb unterstützt die Gründung einer demokratischen Zeitung. Die aus politischer Solidarität erworbene Aktie verspricht keine Dividende. Das „Volksblatt für Rhein und Main“ wird 1850 verboten.

№ 8.

Actie des Frankfurter Volksblatts.

Herausgegeben
von
N. Hadermann.

Herr Dr. juris Textor Sohn

zahlte auf diese verloosbare Actie, übereinkunftsmässig, fünf und zwanzig Gulden Vereins-Münze.

FRANKFURT a/M, am 20. November 1848.

In Auftrag des Actien-Vereins:

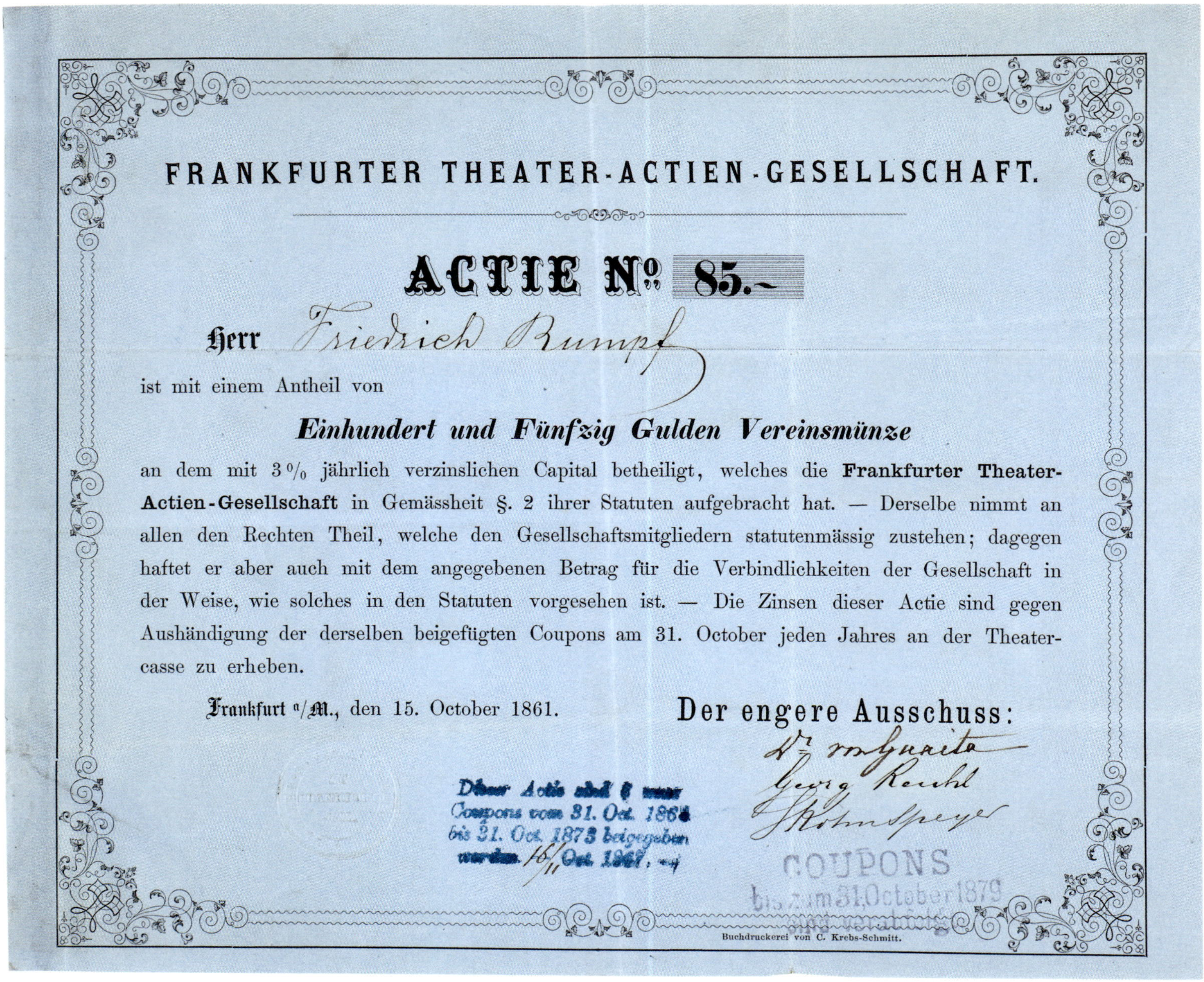

FRANKFURTER THEATER-ACTIEN-GESELLSCHAFT.

ACTIE No. 85.–

Herr *Friedrich Rumpf*

ist mit einem Antheil von

Einhundert und Fünfzig Gulden Vereinsmünze

an dem mit 3 % jährlich verzinslichen Capital betheiligt, welches die **Frankfurter Theater-Actien-Gesellschaft** in Gemässheit §. 2 ihrer Statuten aufgebracht hat. — Derselbe nimmt an allen den Rechten Theil, welche den Gesellschaftsmitgliedern statutenmässig zustehen; dagegen haftet er aber auch mit dem angegebenen Betrag für die Verbindlichkeiten der Gesellschaft in der Weise, wie solches in den Statuten vorgesehen ist. — Die Zinsen dieser Actie sind gegen Aushändigung der derselben beigefügten Coupons am 31. October jeden Jahres an der Theatercasse zu erheben.

Frankfurt a/M., den 15. October 1861.

Der engere Ausschuss:

Dr. von Guaita

Georg Reuhl

J. Kohnspeyer

Buchdruckerei von C. Krebs-Schmitt.

C 213
Vorläufer der Neuen Theater-Actien-Gesellschaft von 1878 war die 1792 gegründete Frankfurter Theater Gesellschaft. Im Aufdruck der Aktie wird auf die Haftung des Aktionärs bei Verlust des Geschäftskapitals hingewiesen.

C 220
Die Frankfurter Zeitung mit dem Kursbericht vom 31. Dezember 1866, Börsennachrichten und Depeschen. Unten rechts: Notizen zur Frankfurter Produktenbörse, an deren Gründung Leopold Sonnemann beteiligt war.

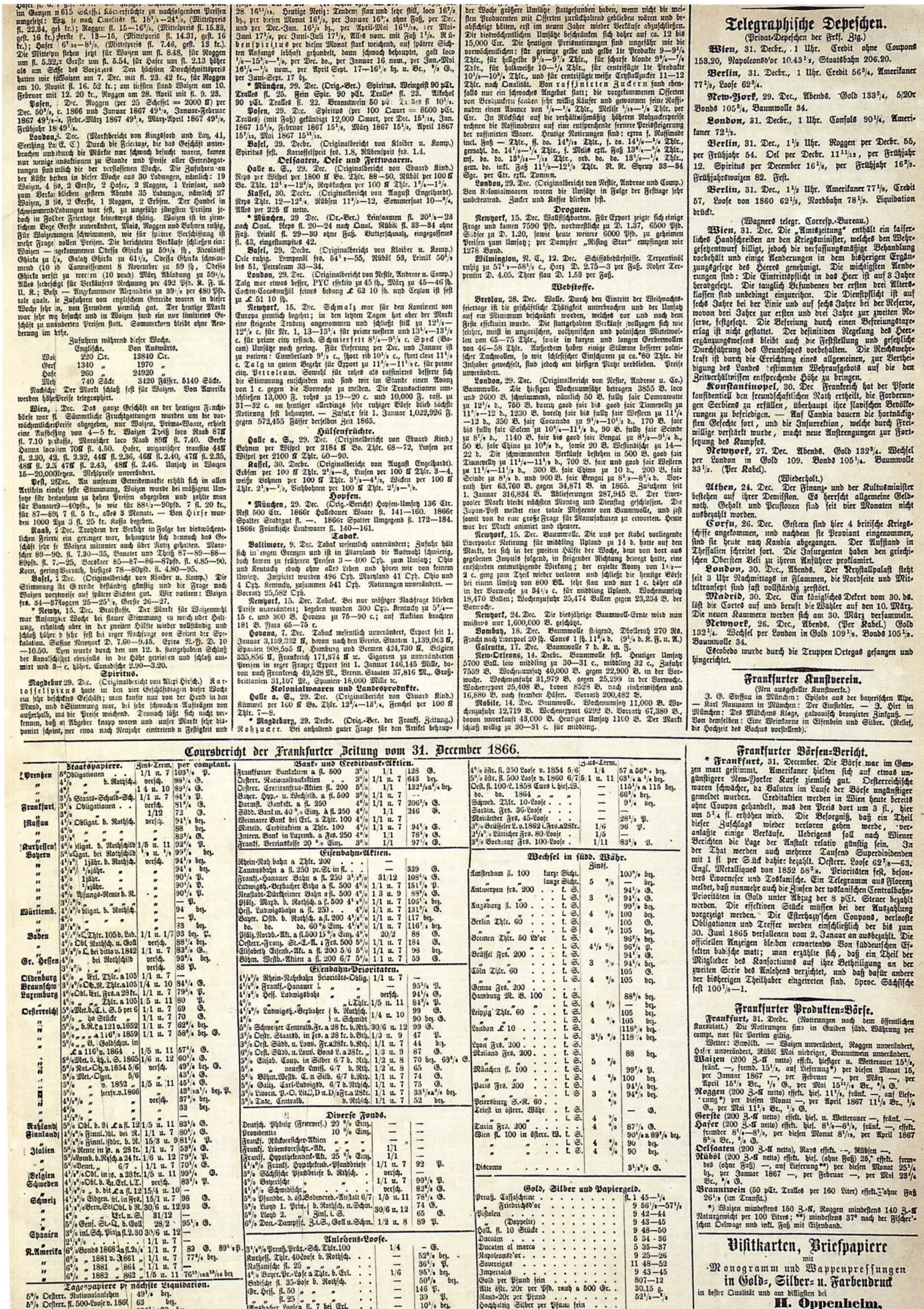

Coursbericht der Frankfurter Zeitung vom 31. December 1866.

Telegraphische Depeschen.

(Privat-Depeschen der Frkf. Ztg.)

Wien, 31. Decbr., 1 Uhr. Credit ohne Coupons 153.20, Napoleonsd'or 10.43 1/2, Staatsbahn 206.20.

Berlin, 31. Decbr., 1 Uhr. Credit 56 3/4, Amerikaner 77 1/8, Loose 62 3/4.

New-York, 29. Dec., Abends. Gold 133 3/4, 5/20r Bonds 105 3/4, Baumwolle 34.

London, 31. Decbr., 1 Uhr. Consols 90 1/4, Amerikaner 72 1/2.

Berlin, 31. Dec., 1 1/2 Uhr. Roggen per Decbr. 55, per Frühjahr 54. Oel per Decbr. 11 11/12, per Frühjahr 12. Spiritus per December 16 1/8, per Frühjahr 16 2/3. Frühjahrswaizen 82. Fest.

Berlin, 31. Dec., 1 1/2 Uhr. Amerikaner 77 1/8, Credit 57, Loose von 1860 62 1/2, Nordbahn 78 1/2. Liquidation drückt.

(Wagners telegr. Corresp.-Bureau.)

Wien, 31. Dec. Die „Amtszeitung" enthält ein kaiserliches Handschreiben an den Kriegsminister, welches den Wehrgesetzentwurf billigt, jedoch die verfassungsmäßige Behandlung vorbehält und einige Aenderungen in dem bisherigen Ergänzungsgesetze des Heeres genehmigt. Die wichtigsten Aenderungen sind: Die Eintrittspflicht in das Heer ist auf 3 Jahre herabgesetzt. Die tauglich Befundenen der ersten drei Altersklassen sind unbedingt einzureihen. Die Dienstpflicht ist auf sechs Jahre bei der Linie und auf sechs Jahre bei der Reserve, wovon drei Jahre zur ersten und drei Jahre zur zweiten Reserve, festgesetzt. Die Befreiung durch einen Befreiungstaxeerlag ist nicht gestattet. Der definitiven Regelung des Heerergänzungswesens bleibt auch die Feststellung und gesetzliche Durchführung des Grundsatzes vorbehalten. Die Reichswehrkraft ist durch die Errichtung eines allgemeinen, zur Vertheidigung des Landes bestimmten Wehraufgebots auf die den Zeitverhältnissen entsprechende Höhe zu bringen.

Konstantinopel, 30. Dec Frankreich hat der Pforte konfidentiell den freundschaftlichen Rath ertheilt, die Forderungen Serbiens zu erfüllen, überhaupt ihre slavischen Bevölkerungen zu befriedigen. — Auf Candia dauern die hartnäckigsten Gefechte fort, und die Insurrektion, welche durch Freiwillige verstärkt wurde, macht neue Anstrengungen zur Fortsetzung des Kampfes.

Newyork, 27. Dec. Abends. Gold 132 3/4. Wechsel per London in Gold 109. Bonds 105 1/4. Baumwolle 33 1/2. (Per Kabel).

(Wiederholt.)

Athen, 24. Dec. Der Finanz- und der Kultusminister bestehen auf ihrer Demission. Es herrscht allgemeine Geldnoth. Gehalt und Pensionen sind seit vier Monaten nicht ausbezahlt worden.

Corfu, 26. Dec. Gestern sind hier 4 britische Kriegsschiffe angekommen, und nachdem sie Proviant eingenommen, sind sie heute nach Kandia abgegangen. Der Aufstand in Thessalien schreitet fort. Die Insurgenten haben den griechischen Obersten Veli zu ihrem Anführer proklamirt.

London, 30. Dec., Abends. Der Krystallpalast steht seit 3 Uhr Nachmittags in Flammen, die Nordseite und Mitteltransept sind fast vollständig zerstört.

Madrid, 30. Dec. Ein königliches Dekret vom 30. ds. löst die Cortes auf und beruft die Wähler auf den 10. März. Die neuen Kammern werden sich am 30. März versammeln.

Newyork, 26. Dec., Abends. (Per Kabel.) Gold 132 1/4. Wechsel per London in Gold 109 1/8. Bonds 105 1/2. Baumwolle 34.

Escobedo wurde durch die Truppen Ortegas gefangen und hingerichtet.

Frankfurter Kunstverein.

(Neu ausgestellte Kunstwerke.)

J. G. Steffau in München: Episode aus der bayerischen Alpe. — Karl Naumann in München: Der Einsiedler. — J. Hirt in München: Des Mädchens Klage, galvanisch bronzirter Zinkguß. — Von demselben: Eine Weinkanne in Elfenbein und Silber. (Relief, die Hochzeit des Bachus vorstellend).

Frankfurter Börsen-Bericht.

* **Frankfurt,** 31. December. Die Börse war im Ganzen matt gestimmt. Amerikaner hielten sich auf etwas ungünstigere New-Yorker Kurse ziemlich gut. Oesterreichische waren schwächer, da Valuten im Laufe der Börse ungünstiger gemeldet wurden. Creditaktien werden in Wien heute bereits ohne Coupon gehandelt, was den Preis dort um 3 fl., hier um 5 1/4 fl. erhöhen wird. Die Besorgniß, daß ein Theil dieser Zuschlags wieder verloren gehen werde, veranlaßte einige Verkäufe. Uebrigens soll nach Wiener Berichten die Lage der Anstalt relativ günstig sein. In der That werden auch mehrere Tausend Superdividenden mit 1 fl per Stück dahier bezahlt. Oesterr. Loose 62 7/8—63. Engl. Metalliques von 1852 58 3/8. Prioritäten fest, besonders Livorneser und Toskanische. Ein Telegramm aus Florenz meldet, daß nunmehr auch die Zinsen der toskanischen Centralbahn-Prioritäten in Gold unter Abzug der 8 pCt. Steuer bezahlt werden. Die effektiven Stücke müssen bei der Auszahlung vorgezeigt werden. Die Esterhazy'schen Coupons, verlooste Obligationen und Treffer werden einschließlich der bis zum 30. Juni 1865 verfallenen vom 2. Januar an ausbezahlt. Die officiellen Anzeigen bleiben erwartend. Von süddeutschen Effekten badische matt; man erzählte sich, daß ein Theil der Mitglieder des Konsortiums auf ihre Betheiligung an der zweiten Serie des Anlehens verzichtet, und daß dafür andere der bisherigen Theilhaber eingetreten sind. 5proc. Sächsische fest 100 7/8—1.

Frankfurter Produkten-Börse.

Frankfurt, 31. Decbr. (Notirungen nach dem öffentlichen Kursblatt.) Die Notirungen sind in Gulden südd. Währung per compt. nur für Partien gültig.

Wetter: Bewölkt. — Waizen unverändert, Roggen unverändert, Hafer unverändert, Rüböl Mai niedriger, Branntwein unverändert.

Waizen (200 Z.-U netto) effekt. hiesiger u. Wetterauer 15 1/2, fränk. —, fremd. 15 1/2, auf Lieferung*) per diesen Monat 15, per Januar 1867 —, per Februar —, per März —, per April 15 2/3 Br., 1/2 G., per Mai 15 11/12 Br., 3/4 G.

Roggen (200 Z.-U netto) effekt. hies. 11 1/2, fränk. —, auf Lieferung*) per diesen Monat —, per April 1867 11 1/2 Br., 1/6 G., per Mai 11 1/2 Br., 1/3 G.

Gerste (200 Z.-U netto) effekt. hies. u. Wetterauer —, fränk. —.

Hafer (200 Z.-U netto) effekt. hies. 8 1/6—8 1/3, fränk. —, effekt. fremder 8 1/6—8 1/3, per diesen Monat 8 1/12, per April 1867 8 5/6 Br., 2/3 G.

Oelsaaten (200 Z.-U netto), Raps effekt. —, Rübsen —.

Rüböl (200 Z.-U netto) effekt. hies. (ohne Faß) 25, effekt. fremdes (ohne Faß) —, auf Lieferung**) per diesen Monat 25 1/4 bz., per Januar 1867 —, per Februar —, per Mai 23 3/4 Br., 5/8 G.

Branntwein (50 pCt. Tralles per 160 Liter) effekt. ohne Faß 26 1/2 (im Transit.)

*) Waizen mindestens 150 Z.-U, Roggen mindestens 140 Z.-U Naturgewicht per 100 Litres; **) mindestens 37° nach der Fischer'schen Oelwage und inkl. Faß mit Eisenband.

C 224
1875 erwirbt die Frankfurter Gewerbekasse das Eckgrundstück Kalbächer Gasse und Börsenstraße und erbaut dort erstmals ein eigenes Geschäftshaus. Hier befindet sich noch heute der Hauptsitz der in „Frankfurter Volksbank“ umbenannten Gewerbekasse.

C 225
Zum Schützenfest 1862 reiste eine Delegation deutscher Migranten aus den Vereinigten Staaten an. Die feierliche Übergabe des Sternenbanners an das Festkomitee symbolisierte zugleich die Unterstützung der Ziele des Schützenfestes durch die deutschstämmigen Migranten und die Vorbildhaftigkeit der amerikanischen Verfassung für deutsche Demokraten und Liberale.

PROSPECTUS.

5procentiges fundirtes Staats-Anlehen

der

Vereinigten Staaten von Nordamerika

im Betrage von 300 Millionen Dollars,

herausgegeben in Obligationen, deren Capital und Zinsen in den Vereinigten Staaten von Nord-Amerika zahlbar sind.

Das Capital ist al pari nach dem 1. Mai 1881 in Goldwährung der Vereinigten Staaten rückzahlbar; die Zinsen sind *vierteljährlich* in der nämlichen Währung zahlbar; Capital und Zinsen sind befreit von jedweder Abgabe, sei es unter der bundesstaatlichen oder einer einzelstaatlichen, oder gemeindlichen oder lokalen Behörde,

Kraft der am 14. Juli 1870 und 20. Januar 1872 erlassenen Congress-Acten.

Die Erträgnisse dieser Anlehens-Emission, wie auch irgend welche in dem Schatzamte der Vereinigten Staaten vorhandene Ueberschüsse, welche von Zeit zu Zeit verfügbar sein möchten, werden zur Einlösung und Annullirung von 5/20er Vereinigten Staaten-Obligationen verwendet, nach Vorschrift der obgedachten Congress-Acten.

Da 200 Millionen Dollars dieses Anlehens bereits im Umlaufe sich befinden, so ergänzt diese Emission von 300 Millionen Dollars das 5procentige fundirte Staatsanlehen von 500 Millionen Dollars, welches durch die Congress-Acte beschlossen ist, inhaltlich deren der Schatz-Secretär der Vereinigten Staaten alsdann nur noch 4½ % ige und 4 % ige Staats-Obligationen zur Verfügung hat.

Die Bankhäuser in London

Baring Brothers & Co., 8 Bishopsgate Street Within,
Jay Cooke, Mc. Culloch & Co., 41 Lombard Street,
J. S. Morgan & Co., 22 Old Broad Street,
Morton, Rose & Co., Bartholomew House,
N. M. Rothschild & Söhne, New Court, St. Swithins Lane,

sind bereit, in dem Bureau New Court, St. Swithins Lane Unterzeichnungen auf das obgedachte Anlehen von 300 Millionen Dollars 5%ige Obligationen entgegen zu nehmen, entweder zum Zwecke des Umtausches von dermalen im Umlaufe befindlichen 5|20er Bonds oder mittelst Baar-Einzahlung.

Anmeldungs-Formulare und weitere Auskünfte können in den Bureaux der obengenannten Firmen eingeholt werden.

Anmeldungen auf die Obligationen dieses Anlehens *zum Behufe des Umtausches von vorhandenen 5/20er Obligationen* sind mittelst des Fomulars, *Anlage A.* unter folgenden Bedingungen zu bewirken:

Besitzer von 5/20er Bonds mit Zinscoupons per Mai und November haben den per 1. Mai 1873 fälligen Coupon zurückzube halten, und werden in Umtausch Obligationen des 5%igen fundirten Anlehens vom nämlichen Nominalbetrage mit Zinsen von jenem Tage laufend erhalten.

Den Besitzern von 5/20er Bonds mit Zinscoupons per Januar und Juli werden die Zinsen zu 6% vom 1. Januar bis 1. Mai 1873 mit Lst. 2 — 10 pence für jede Obligation von 500 Dollars vergütet, und sie erhalten im Umtauch Obligationen des 5%igen fundirten Staats-Anlehens von dem nämlichen Nominalbetrage, mit Zinsenlauf vom gedachten 1. Mai 1873 an.

Der Anmeldung muss ein Depositum beigefügt sein, entweder in baaren 20 Lst. für jede angemeldete 1000 Dollars, oder in den mittelst dieses Anlehens zu convertirenden 5/20er Bonds, welche 10% des Belaufes des angemeldeten Betrages repräsentiren.

Das Baar-Depositum wird zurückgegeben, die eingelegten 5/20 Bonds werden zur Ergänzung bei dem Umtausche eingerechnet.

Anmeldungen *für die Zutheilung von Obligationen gegen Baarzahlungen* werden entgegengenommen unter den in dem beifolgenden Formulare B. angegebenen Bedingungen.

C 226
Werbeanzeigen in der Frankfurter Latern sind ungewöhnlich. Die Werbeanzeige für Nordamerika-Anleihen in der Frankfurter Latern im Februar 1873 lässt deshalb vermuten, dass politische Sympathie im Spiel war. Im Bürgerkrieg halfen Frankfurter Geld und politische Sympathie den Nordstaaten.

C 229
Im März 1879 wurde die neue Börse an der Schillerstraße eröffnet. Der Vergleich zum Bau von 1840 verdeutlicht das Anwachsen des Börsengeschäfts. Die Bausumme war durch Aktien mit einem Nennwert von 6 000 Talern aufgebracht worden, deren Zeichner das Anrecht auf einen Sitzplatz mit Schreibpult erhielten. Leopold Sonnemann hatte dafür keinen Bedarf.

FRANKFURT AM MAIN BIS 1871

B 201
1864 hat die Stadt etwa 70 000 Einwohner. Die Außenstadt jenseits des Anlagenrings mit West-, Nord- und Ostend ist im Entstehen. Frankfurt am Main ist seit zehn Jahren südwestdeutscher Eisenbahnknotenpunkt. Wie seit Jahrhunderten prägen Handel, Banken und Kleingewerbe die Stadt. Der Betrieb von 57 Dampfmaschinen belegt die Modernisierung des Gewerbes. Fabriken mit mehr als 100 Beschäftigten sind die Ausnahme.

B 203
Das Rathaus der Freien Stadt: Zwischen 1860 und 1864 gehört Leopold Sonnemann zum Wahlkolleg der 75er. Die Mitgliedschaft im Kolleg, das 45 der 85 Mitglieder des Gesetzgebenden Körpers wählt, ist der obligate erste Schritt zu einer politischen Karriere in der Freien Stadt.

B 202
Das Zentrum der Neustadt um Hauptwache und Rossmarkt zum Ende der Freien Stadt

B 204
Im März 1860 wurde an Stelle der 1711 errichteten Synagoge ein repräsentativer Neubau eingeweiht, der die Emanzipation der jüdischen Bevölkerung der Stadt spiegelte.

B 213
Im November 1859 feiert die Stadtgesellschaft den 100. Geburtstag Friedrich Schillers. Im Festzug führen die Zimmerleute ein unfertiges Schweizer Haus mit. Die Schweiz ist Vorbild, Schillers Wilhelm Tell das Schlüsseldrama für den engen Zusammenhang zwischen Nationwerdung und Befreiung von Knechtschaft und Unterdrückung. Friedrich Schiller ist der poetische Künder der Nation in Einheit und Freiheit.

B 214
Im Schillerfestzug führen die Maschinenbauer eine Dampfmaschine der Frankfurter Firma Johann Simon Fries Sohn in Betrieb mit. Im Festzug inszeniert sich die Stadtgesellschaft geradezu als „Bauvolk" der von Schiller poetisch antizipierten Welt, als undogmatische Reformgesellschaft jenseits des Dualismus von Traditionsverhaftung und wirtschaftsliberalem Fortschrittsdogma.

B 215
Die Abschlusskundgebung der Schillerfeier auf dem Römerberg: Auf dem Sockel des Justitiabrunnens steht der in Gips ausgefertigte Entwurf für das zukünftige Denkmal. Die Versammlung endet mit dem Rütlischwur aus Schillers Tell: „Wir wollen sein ein einzig Volk von Brüdern, in keiner Not uns trennen und Gefahr. Wir wollen frei sein, wie die Väter waren, eher den Tod, als in der Knechtschaft leben".

B 217
1862 wird das Schillerdenkmal auf dem nach Schiller neu benannten Platz neben der Hauptwache eingeweiht. Die Aufstellung an der Schnittstelle städtischer Straßen und Plätze im Zentrum der Neustadt unterstreicht die Schiller zugeschriebene Bedeutung. 1938 wird das Denkmal in den Anlagenring versetzt, wo es heute noch steht.

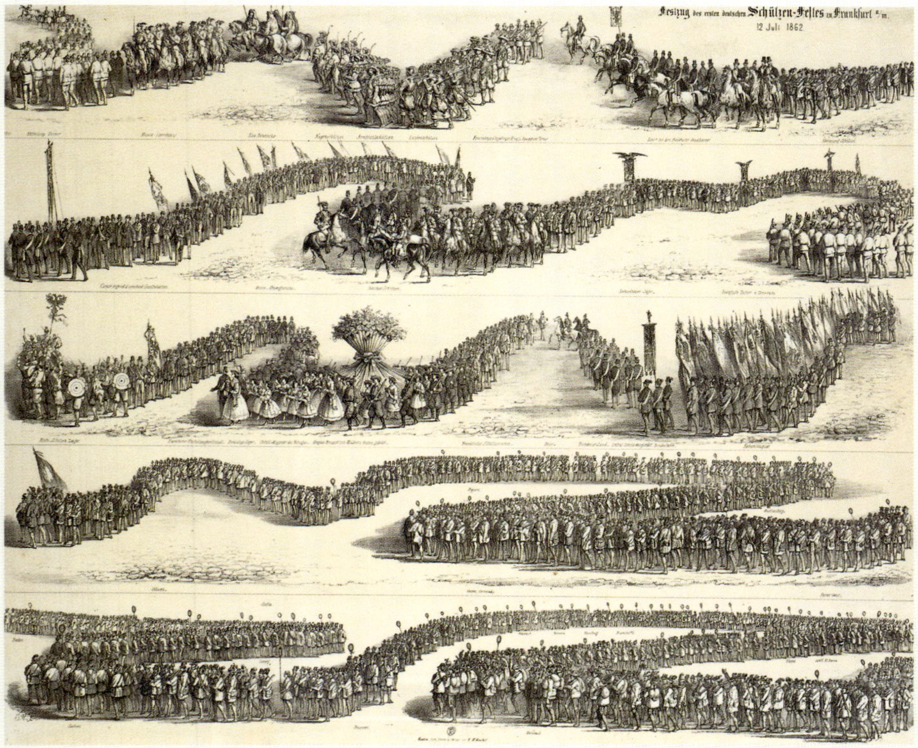

B 219
Festzug des Ersten Allgemeinen Schützenfestes zu Frankfurt am Main am 12. Juli 1862. Nach der Schillerfeier ist das Schützenfest das zweite große demokratische Nationalfest innerhalb von drei Jahren in Frankfurt.

B 222
Die für das Schützenfest errichtete Festhalle war neben den Fahnen der Schützen mit Nationalfahnen, einschließlich der „deutschen Trikolore“, die erst 1919 Nationalfahne werden sollte, und der Fahne der Freien Stadt geschmückt. Die Reden in der Festhalle spannten den Bogen von 1848 zu einem zukünftigen nationalen Parlament und einer Nation in Einheit und Freiheit.

B 223
Armbrust-, Luntenschützen und Schützen mit Tromblons im Festzug des Schützenfestes symbolisieren die bürgerliche Wehrgeschichte, bewaffnete Turner das „Volksheer" der Gegenwart. Leopold Sonnemann sieht in den Schützen den „bewaffneten Arm" des Volkes. Auf der Gründungsversammlung des Gesamtvereins fordert er die Mobilisierung für den Fall eines militärischen Konflikts, in dem die Nation auf dem Spiel steht.

B 228
Im August 1863 konferierten die Fürsten und Freien Städte des Deutschen Bundes im Palais Thurn und Taxis, um auf Einladung durch den österreichischen Kaiser dessen Reformvorstellungen zu beraten. Der König von Preußen reiste auf Rat Bismarcks nicht nach Frankfurt am Main. Der Krieg von 1866 kündigte sich an.

B 210
Philipp Reis beschäftigte sich im Frankfurter Physikalischen Verein mit der Übermittlung von Tönen durch elektrischen Strom. 1863 ließ er das von ihm selbst als „Telefon" bezeichnete wissenschaftliche Demonstrationsobjekt in einer kleinen Serie bauen.

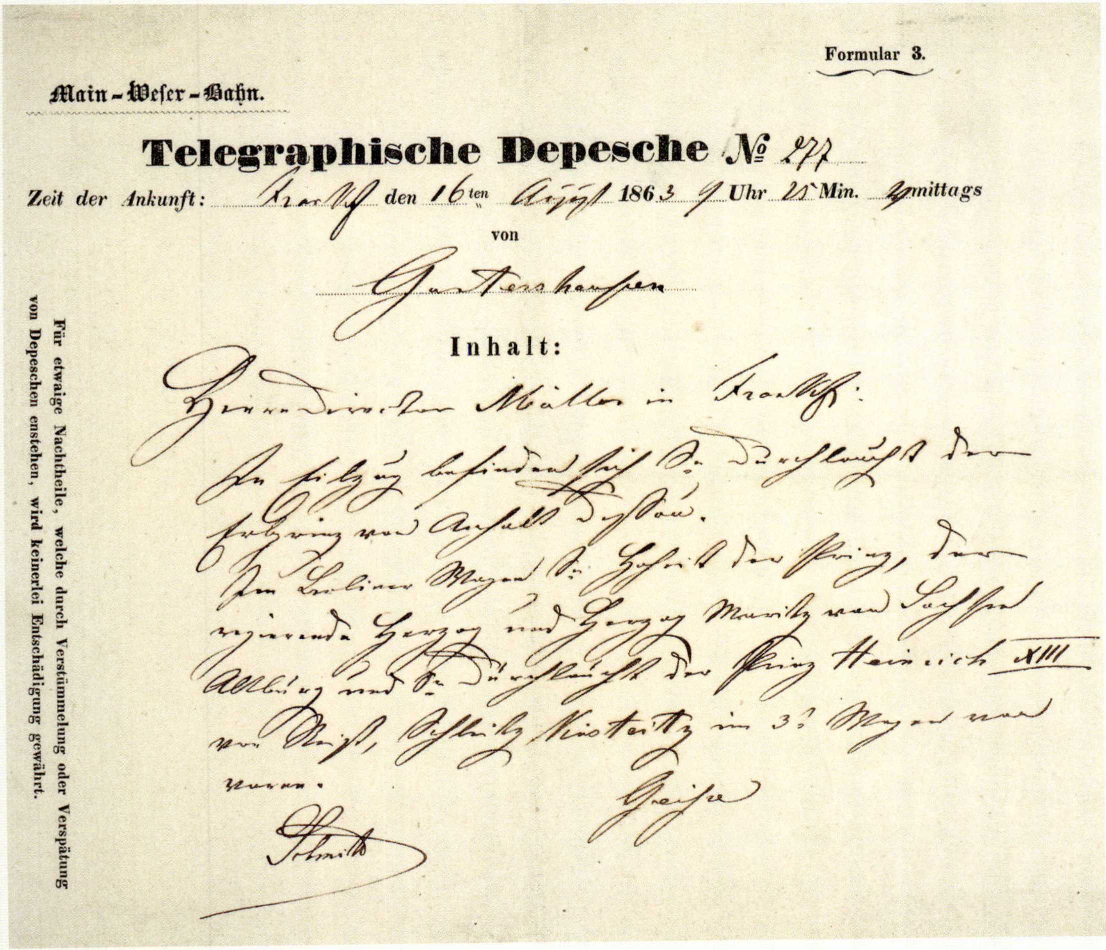

Formular 3.

Main-Weser-Bahn.

Telegraphische Depesche № 277

Zeit der Ankunft: Frankfurt den 16ten August 1863 9 Uhr 25 Min. Vormittags

von

Guntershausen

Inhalt:

[illegible]

Für etwaige Nachtheile, welche durch Verstümmelung oder Verspätung von Depeschen entstehen, wird keinerlei Entschädigung gewährt.

B 209
Die durch den Bahntelegrafen der Main-Weser-Bahn übermittelte Depesche kündigt die Ankunft mit der Bahn reisender fürstlicher Persönlichkeiten zum Fürstentag an. Der Eisenbahnknotenpunkt Frankfurt war auch ein Knotenpunkt der telegrafischen Nachrichtenübermittlung. Preußen und Bayern unterhielten Staatstelegrafen.

B 229
Zwei Wochen nach dem Fürstentag versammelten sich über 500 Abgeordnete vor allem aus süddeutschen Parlamenten zum Abgeordnetentag im Junghof. Er sprach sich gegen eine nationale Einigung unter Ausschluss Österreichs aus.

B 230
Aufruf „An das deutsche Volk!" in der Neuen Frankfurter Zeitung Leopold Sonnemanns vom 5. Juli 1866: Der Krieg zwischen Österreich und Preußen ist entbrannt. Die Nation will sowenig Preußen wie Österreich dienen, heißt es. Volksbewaffnung und Volksvertretung ist die Devise. „Das deutsche Volk allein kann noch das Vaterland retten."

An das deutsche Volk!

Der deutsche Bruderkrieg ist entbrannt. In die Zeit des rohen Faustrechts ist Deutschland zurückgeworfen. Dies schwerste Verbrechen an der Nation fällt jener Partei in Preußen zur Last, die ruchlos genug ist, den Bruch des preußischen Volksrechts und des schleswig-holsteinischen Landesrechts mit der Vergewaltigung von ganz Deutschland krönen zu wollen. In dem Augenblick, wo die staatliche Zukunft Schleswig-Holsteins endlich auf dem friedlichen Wege deutschen Rechtes und deutscher Ehre entschieden werden sollte, ist diese Partei zu dem Aeußersten geschritten, den ewigen Bund der deutschen Stämme zu sprengen und an die Stelle des öffentlichen Rechtes und des Willens der Gesammtheit das Machtgebot des Einzelnen zu setzen. In die deutschen Länder, Hannover, Kurhessen, Sachsen ist sie eingebrochen wie in Feindesland, und alle deutschen Staaten, die sich ihr nicht fügen, bedroht sie mit gleicher Gewalt. In Preußen selbst stachelt sie das Volk zum Haß gegen Deutschland und spricht ihm von erdichteten Gefahren, von Demüthigung, Erniedrigung, Zerstückelung, womit es von Deutschland bedroht sei.

Noch droht Preußen keine Gefahr der Erniedrigung, als die es in seinem Innern birgt. Der Sturz der Kriegspartei wäre für Preußen selbst der schönste Sieg. Die Gefahr der Zerstückelung ist gerade durch diese Partei über ganz Deutschland gebracht. Im Süden ist durch ihr Bündniß mit Italien deutsches Bundesland gefährdet. Im Westen hat sie die alte Gefahr heraufbeschworen, die jedesmal droht, wenn Deutschland uneins ist.

Die deutschen Stämme, welche die Berliner Gewaltspolitik gegen sich in Waffen gerufen hat, ziehen nicht gegen das Volk in Preußen, ziehen nicht für habsburgische Hauptpolitik ins Feld. Die Nation will so wenig Oesterreich wie Preußen dienen. Frei will sie sein, selbst Herr im eigenen Haus, Gegen ihren Willen verstrickt in das jetzige Unglück, darf und will sie nicht die Folgen desselben unthätig abwarten. Wie sie mit richtigem vaterländischen Gefühl die ihr angesonnene Neutralität im Bruderkriege von sich gewiesen hat, so ist es jetzt ihre Pflicht, mit voller Kraft und einmüthiger Entschlossenheit sich die Mitwirkung an der Entscheidung ihrer Geschicke zu sichern durch

allgemeine Volksbewaffnung und gemeinsame Volksvertretung

Auf diese beiden Forderungen ist sofort und aller Orten die Thätigkeit des deutschen Volks zu richten; eine allgemeine Agitation in öffentlichen Volksversammlungen muß schleunigst dafür organisirt werden. Das deutsche Volk allein kann noch das deutsche Vaterland retten.

Frankfurt a. M., den 1. Juli 1866.

Der Ausschuß der Frankfurter Volksversammlung vom 20. Mai

in dessen Namen

G. F. Kolb. Aug. Röckel.

B 232
Am 16. Juli 1866 besetzen preußische Truppen Frankfurt. Im Oktober 1865 stand in der dem Berliner Hof nahe stehenden Kreuzzeitung zu lesen: „Die unter den Augen und mit Genehmigung des Frankfurter Senats erscheinende ‚Neue Frankfurter Zeitung' führt eine Sprache gegen Preußen, gegen dessen Regierung und dessen König, wie sie nur unter entarteten Verbrechern vorzukommen pflegt."

B 233
Der kommandierende General der preußischen Mainarmee verkündet am 16. Juli 1866 die Übernahme der Regierungsgewalt. Die Stadt wird unter Kriegsrecht gestellt. Der Schützenverein fordert seine Mitglieder dringlich auf, die Waffen abzugeben. Am 8. Oktober wird das „Einverleibungspatent" des preußischen Königs verlesen. Frankfurt am Main ist nun eine preußische Provinzstadt.

Bekanntmachung.

Die Regierungsgewalt über das Herzogthum **Nassau**, die Stadt **Frankfurt** mit deren Gebiet, sowie über die von mir occupirten Landestheile des Königreiches **Bayern** und des Großherzogthums **Hessen** geht zur Zeit auf **mich** über.

Die in den genannten Ländern fungirenden Verwaltungsbehörden verbleiben vorläufig in ihrer Stellung, haben aber fortan allein von mir Befehle anzunehmen, deren präciser Ausführung ich entgegengesehen wissen will.

Hauptquartier **Frankfurt** a/M. den 16. Juli 1866.

Der commandirende General der Main-Armee
von Falckenstein.

C. Naumann's Druckerei. Frankfurt a. M.

B 236
Unter der Devise der Freien Stadt „Stark im Recht“ vereinigt das Erinnerungsblatt Ansichten, unter anderem der Paulskirche, und Abbildungen von Gedenkmedaillen, zum Beispiel an das Schützenfest 1862 oder die Wahl Friedrich Wilhelms IV. zum Kaiser durch die Nationalversammlung 1849. Beschworen wird eine Vergangenheit, die für Leopold Sonnemann als Tradition der Freien Stadt verpflichtend blieb.

B 242
Das Palmenhaus im Palmengarten: Leopold Sonnemann führte die Delegation an, die im Herbst 1868 vergleichbare Anlagen in Belgien und England besuchte. Er gehörte über ein Jahrzehnt dem Verwaltungsrat der Gesellschaft an. Der wissenschaftliche Teil des Konzepts als „Pflanzenpflegestätte" ist für ihn von großer Bedeutung. Wissenschaft ist für Leopold Sonnemann eine produktive und fortschrittlich wirkende Kraft.

B 244
Das Eintreffen der ersten Siegesbotschaft auf der Zeil im Krieg mit Frankreich 1870: Im Vordergrund schaut ein Mann, der als Jude erkennbar sein soll, unglücklich. Der Polizeipräsident meldet, der Siegeszug in Frankreich habe die Stimmung der Bevölkerung für Preußen positiv beeinflusst, bis auf die der Juden.

B 245
Leopold Sonnemann gründete ein Komitee, das im Saalbau ein Kinderkonzert zugunsten der Pflege der verwundeten Soldaten organisierte. Sonnemann ist im Vordergrund in der linken Figurengruppe abgebildet.

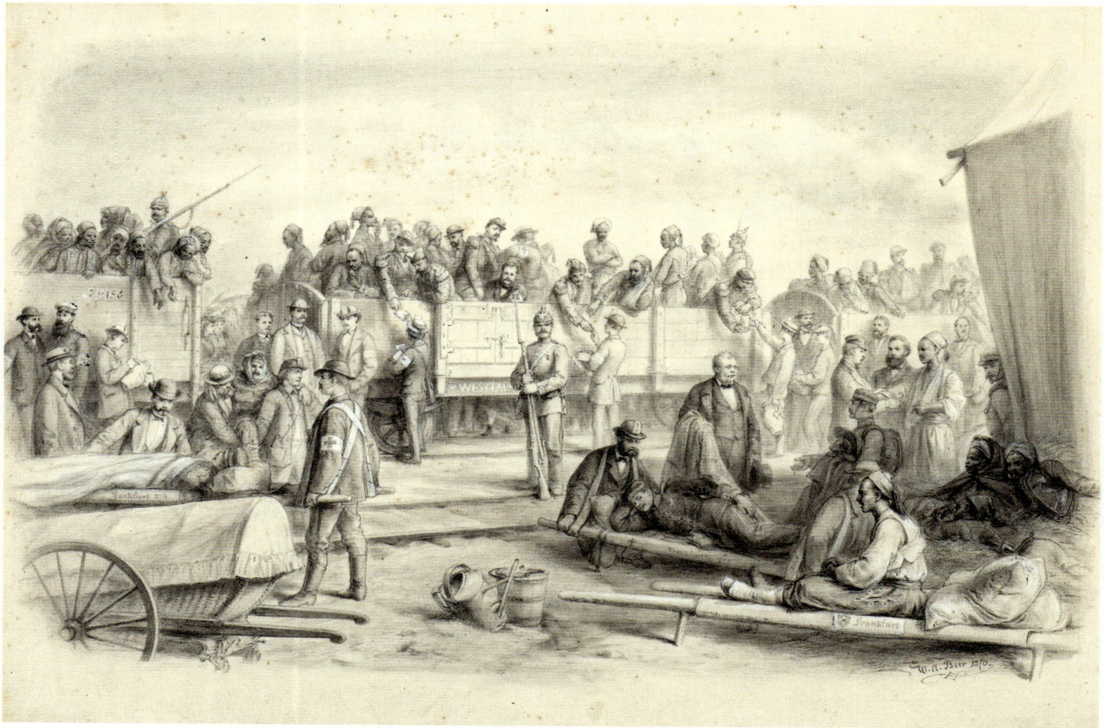

B 246
Das wohlhabende Frankfurter Bürgertum spendet für die Pflege von Verwundeten beider Seiten und die Errichtung von Lazaretten. Die Demokraten organisieren Sanitätskolonnen, die zu den Schlachtfeldern reisen. Leopold Sonnemann begleitet eine Kolonne zum Schlachtfeld bei Sedan.

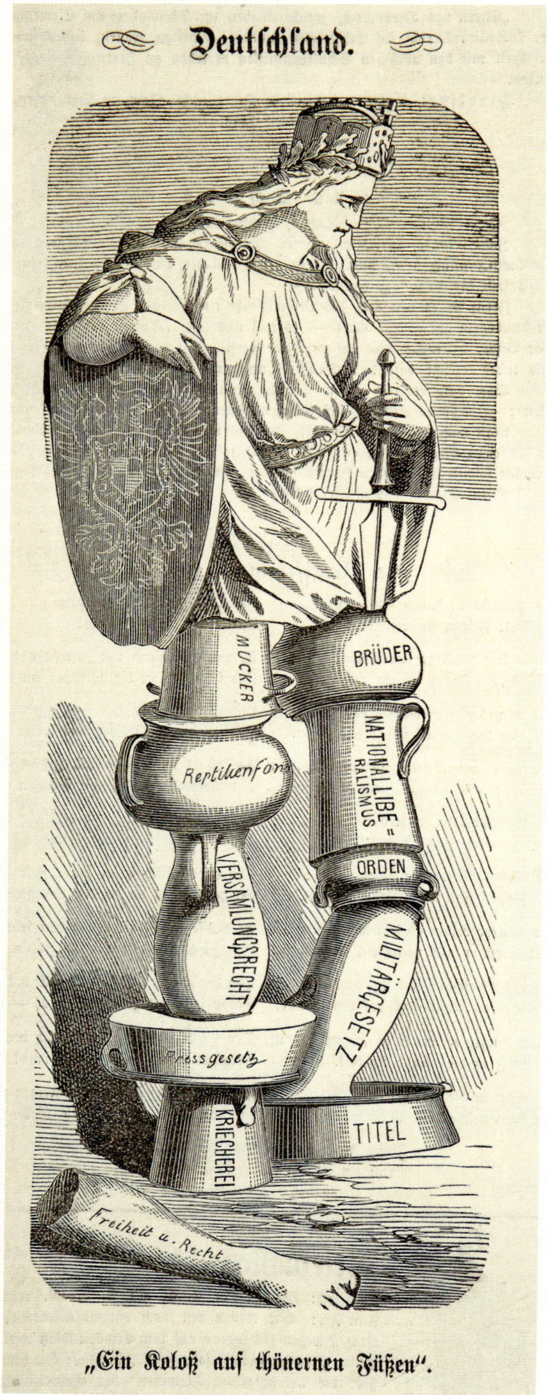

B 250
Im Mai 1874 veröffentlicht die Frankfurter Latern die Karikatur „Deutschland. Ein Koloß auf tönernen Füßen“. Aufgestapelte Gefäße bilden die Beine und Füße der Germania. Beschriftet sind sie mit Reptilienfond, Orden, Titel, Militärgesetz, Nationalliberalismus, Versammlungsrecht, Pressgesetz, Kriecherei. Ein realistisch dargestelltes Bein mit der Aufschrift „Freiheit u. Recht“ liegt davor. Es wurde der Nation gewaltsam abgeschlagen.

B 247
Das Gemälde, 1885 gemalt, prägte das Bild, das sich die Nation von der Reichsgründung 1871 machte. Die Frankfurter Zeitung kommentierte am 19. Januar 1871: „Das neudeutsche Kaiserthum ist proklamiert [...] Die eigentliche Proklamierung fand in Versailles statt [...] Dem Wunsche mit dem die Botschaft an's deutsche Volk schließt: ‚Uns aber [...] wolle Gott verleihen, alle Zeit Mehrer des deutschen Reichs zu sein, nicht an kriegerischen Eroberungen, sondern an den Gütern und Gaben des Friedens, auf dem Gebiete nationaler Wohlfahrt, Freiheit und Gesittung.' fügen wir [...] den Wunsch hinzu, daß die erbetene göttliche Leitung von menschlicher Seite ein stetes Entgegenkommen finde."

B 309
Im Frankfurter Hotel „Zum Schwan“ wurde im Mai 1871 der Friedensvertrag zwischen Frankreich und dem Deutschen Reich ausgehandelt und geschlossen. Mit der Betonung der „Friedensstadt“ nutzten Demokraten und Linksliberale die Chance, der Stadt im nationalen Geschehen eine Bedeutung zuzuschreiben, die mit ihren Prinzipien im Einklang stand.

B 307
1868 stellt Eduard Fay, ein Parteifreund Leopold Sonnemanns, in der Stadtverordnetenversammlung erfolgreich den Antrag auf Gründung eines städtischen Museums, das 1878 als „Historisches Museum“ eröffnet wird.

DER KAISER KOMMT!
DIE · FRIEDENSSTADT · IHREM · KAISER!
schmückt! STADT DIE
heimisches Gewächs
NACH DEM DOME
EHRENPFORTE an dem STADT EINGANGE.
DER RÖMER

DER VERLEGER

Sabine Hock

Zur Zeitung kam Leopold Sonnemann eher zufällig. Die Idee, ein eigenes Blatt zu gründen, wurde im Sommer 1856 an den damals 24-jährigen Bankier von seinem kaum älteren Berufskollegen Heinrich Bernhard Rosenthal (1829–1876) herangetragen. Sonnemanns Enkel und Biograph Heinrich Simon (1880–1941) vermutet sogar, dass „die stärkere Initiative von jenem Herrn Rosenthal ausging“.[1] Dieser verschickte an seine Kunden schon seit einiger Zeit regelmäßig einen Brief mit unabhängigen Börsen- und Handelsnachrichten, den er nun einer breiteren Öffentlichkeit zugänglich machen wollte. So brachten Rosenthal und Sonnemann am Montag, dem 21. Juli 1856, erstmals den „Frankfurter Geschäftsbericht“ heraus. Aus dem vierseitigen Blättchen entwickelte sich im Laufe eines Jahrzehnts die Frankfurter Zeitung (FZ), eine überregionale Tageszeitung von Weltruf, die bis zu ihrem Verbot durch Hitler 1943 deutsche Pressegeschichte geschrieben hat.

Der Frankfurter Geschäftsbericht

Als die Bankiers Rosenthal und Sonnemann den Frankfurter Geschäftsbericht gründeten, verfügten beide über keinerlei Erfahrungen in der Zeitungsbranche. Immerhin hatte sich Sonnemann zuvor zweimal, allerdings erfolglos, journalistisch versucht. Die erste Gelegenheit dafür lieferte ihm ein Erlebnis während einer Reise nach Würzburg 1851, das er in einem „Aufsatz“[2] zur Kritik am herrschenden Passzwang schilderte. Darüber erzählt er in einer um 1900 diktierten autobiographischen Skizze: „Ich wurde mit zwei Freunden auf einer Reise nach Würzburg an der Poststation Rohrbrunn im Spessart wegen Paßmangels arretiert und am andern Morgen dem Landgerichte Rothenbuch eingeliefert, wo wir mehrere Stunden im Gefängnis zubringen mußten und erst nach einem eingehenden Verhör entlassen wurden. Ich beschrieb das Vorkomm-

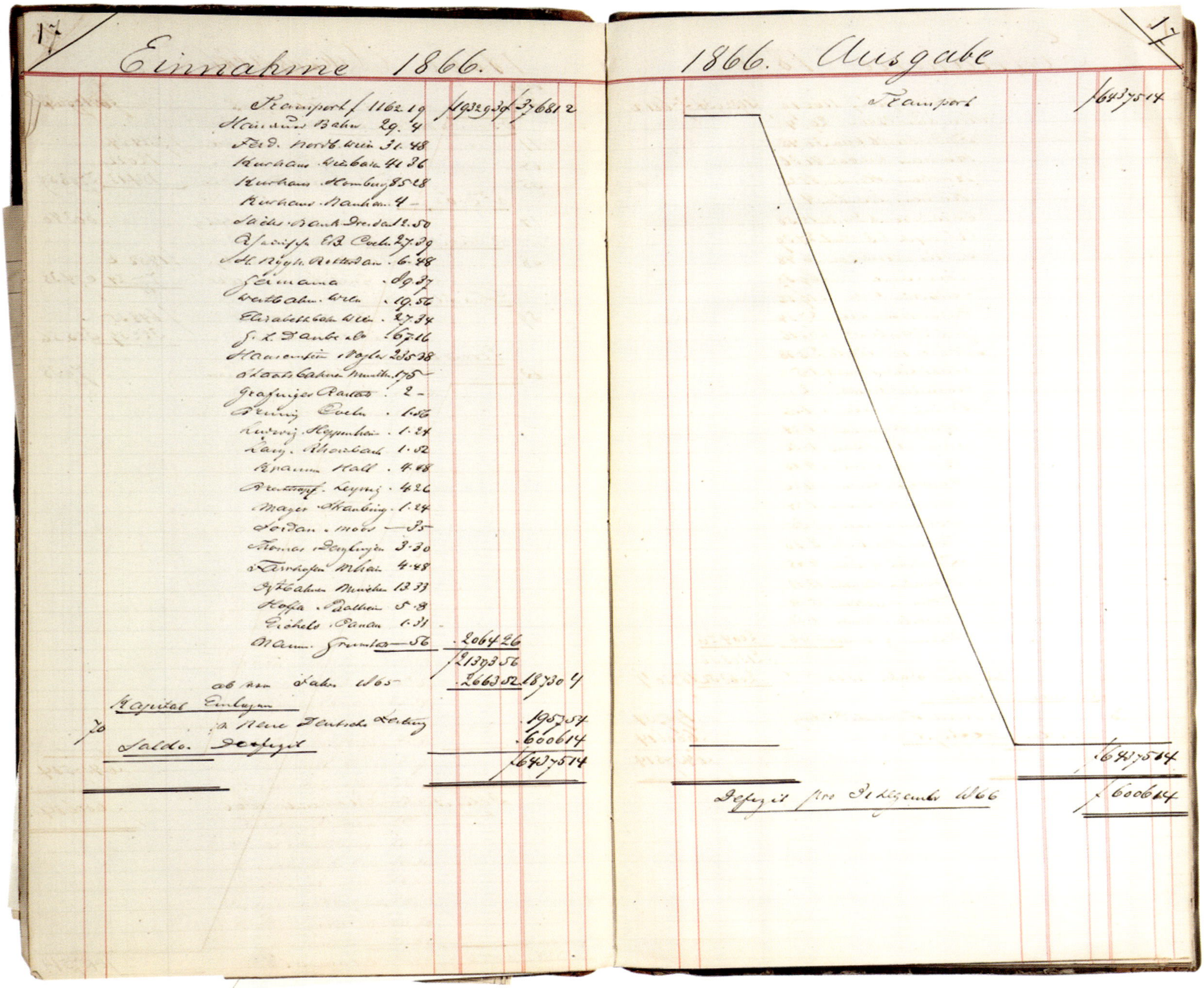

C 320 Das Bilanzkonto der Neuen Frankfurter Zeitung für die Jahre 1860 bis 1866 weist Jahr für Jahr ein beachtliches Minus aus. Mit der Zeitung wird kein Geld verdient. Einen beträchtlichen Kostenpunkt stellen die Depeschen dar. Eigene Depeschen schützen vor „offiziösen“ Mitteilungen, die zum Beispiel von Regierungen lanciert werden, um die öffentliche Meinung zu manipulieren.

nis in einem Artikel mit der Überschrift ‚Ein Abenteuer im Spessart' und suchte denselben in der „Didaskalia" unterzubringen, erhielt jedoch eine Ablehnung."[3]

Trotz dieser „Zurückweisung"[4] wollte Sonnemann „einige Jahre später"[5] erneut an die Öffentlichkeit gehen. Der Bankier, der die Gefahren des neuen Marktes an der Börse sah, meldete sich zu Wort, nachdem schon wieder ein zweifelhaftes Eisenbahnpapier ausgegeben worden war. So berichtet er in der erwähnten autobiographischen Skizze weiter: „Es hatte hier in Frankfurt eine Emission von Prioritäten dieser Bahn [d. i. der Lucca-Pistoia-Eisenbahn] stattgefunden, bei welcher ein wichtiger Umstand dem Publikum im Prospekt verschwiegen worden war. Als die Sache bekannt und keine Zinsen mehr gezahlt wurden, wandten sich die Interessenten gegen das emittierende Bankhaus. Mein Vater hatte für 10.000 Lire dieser Obligationen gezeichnet und war daher auch unter den Notleidenden. Es fand eine öffentliche Versammlung der Gläubiger statt, in welcher ich mit Entschiedenheit gegen das emittierende Bankhaus auftrat und die Bildung eines Aktionskomitees zustande brachte, welches nachher mit großem Erfolge die Regreßpflichtigkeit der Firma erkämpfte. Im Verlauf dieser Angelegenheit suchte ich mehrere Artikel in die Frankfurter Blätter zu bringen, was mir aber ebensowenig gelang wie bei meinem ersten journalistischen Versuche."[6] In dieser Situation sei ihm der Besuch von Bernhard Rosenthal mit der Idee, gemeinsam ein Handelsblatt zu gründen, gerade recht gekommen. In seiner Biographie weist Heinrich Simon jedoch darauf hin, dass Sonnemann diese Ereignisse in der Erinnerung „vermutlich zu eng" verknüpfe.[7] Wahrscheinlich lief alles „viel zufälliger, viel lockerer" ab.[8]

Jedenfalls hatten die beiden Gründer nach eigener Aussage „gar nicht die Absicht, eine größere Zeitung ins Leben zu rufen".[9] Zugleich, nach Jahren der Resignation seit dem Scheitern der Revolution von 1848, fühlte Sonnemann spätestens um die Jahreswende 1855/56 wieder stärker den Wunsch und die Verpflichtung, aktiv politisch zu wirken.[10] Wie im Fall der Lucca-Pistoia-Eisenbahnaktien suchte er schon länger nach Möglichkeiten, öffentlich seine Meinung und Kritik, zunächst vor allem in Wirtschaftsfragen, äußern zu können. In dem geplanten eigenen Blättchen sah er nun „die erwünschte Gelegenheit".[11] Darin könnte er „hie und da"[12] publizieren. Im Hauptberuf blieb er mit dem Bankgeschäft befasst: „Alles andere war zunächst Beschäftigung in freien Stunden, war Liebhaberei", konstatiert der Enkel.[13] Ein wirtschaftlicher Erfolg war von dem Zeitungsprojekt ohnehin nicht zu erwarten. Noch bis weit in die siebziger Jahre hinein weisen die überlieferten Geschäftsbilanzen teilweise erhebliche Verluste aus.

Gleich die erste Nummer des Frankfurter Geschäftsberichts vom 21. Juli 1856 nutzte Sonnemann für einen eigenen Artikel, und zwar über „Die Commanditgesellschaften", der mit zwei Seiten die halbe Zeitung einnahm und in den beiden folgenden Nummern noch fortgesetzt wurde. Ansonsten brachte das Blatt ausschließlich Börsen- und Handelsnachrichten sowie den aktuellen Kurszettel von der Frankfurter und der Berliner Börse, wozu der als Herausgeber auftretende Rosenthal zunächst noch Tipps für seine Kunden hinzufügte. So schloss ein Bericht über Revolten in Spanien, deren Beruhigung durch Marschall Narváez vorausgesagt wurde: „Unter solchen Umständen können wir nicht rathen, Spanier zu verkaufen."[14] Schon nach wenigen Tagen, ab dem 1. August 1856, wurde auf derartige „persönliche" Tipps verzichtet und die Berichterstattung versachlicht. Insgesamt entwickelte sich der täglich erscheinende Frankfurter Geschäftsbericht rasant: Ab der zweiten Nummer (22.7.1856) hatte er sechs Seiten und in der dritten

C 309 Ludwig Braunfels (1810–1885) studierte Philosophie und Philologie und arbeitete als Mitredakteur der Rhein- und Moselzeitung in Koblenz. Nach dem Verbot der Zeitung studierte er Jura und ließ sich als Anwalt in Frankfurt am Main nieder. Er war ein Kenner der spanischen Literatur und legte die erste deutsche Übersetzung des „Don Quichotte" vor.

C 312 Der erste politische Redakteur der Neuen Frankfurter Zeitung Georg Friedrich Kolb (1808–1884) gehörte in der Nationalversammlung 1848/49 zur „gemäßigten Linken". Der jugendliche Leopold Sonnemann hatte ihn als entschiedenen Verfechter einer „großdeutschen" Demokratie kennen gelernt. Der Zeitungsgründer holt ihn aus dem Exil in der Schweiz nach Frankfurt am Main.

C 314 Der Radikaldemokrat Ludwig Simon (1819–1872), 1848 zum Tode verurteilt und nach Frankreich emigriert, wird Pariser Korrespondent. Ihn hatte Leopold Sonnemann am Vorabend des Septemberaufstands 1848 auf der Volksversammlung auf der Pfingstweide gehört.

C 302 Seit Anfang 1863 ist die Große Eschenheimer Gasse No. 31 Adresse von Druckerei und Zeitung. Die Besitzer beantragen beim Senat die Aufstellung einer Dampfmaschine.

C 315 Karl Vogt (1817–1895), radikaldemokratischer Abgeordneter der Nationalversammlung aus Gießen, lebte seit seiner Emigration in der Schweiz. Der Professor für Zoologie in Genf schreibt für das Feuilleton.

Nummer (23.7.1856) stand das erste Inserat. Wirklich bahnbrechend war die baldige Nutzung der Telegrafie für die Nachrichtenübermittlung, wenn auch zunächst nicht über Nachrichtendienste, sondern über Privatdepeschen, wie Sonnemann sie als Geschäftsmann bereits seit 1853 verwendet hatte. Am 29. Juli 1856 erschienen die ersten direkten Drahtmeldungen aus Berlin im Kurszettel. Wenige Tage später wurden telegrafische Kursnotierungen auch aus Wien und Paris veröffentlicht. Die Spitzmarke „Telegraph. Nachricht" vor einer Meldung bürgte ab dem 13. August 1856 für deren höchstmögliche Aktualität.

Die Frankfurter Handelszeitung

Die beiden Gründer hatten „ihr[em] Blättchen [...] anfangs selbst nur eine kurze Laufbahn vorgezeichnet".[15] Nur solange die chaotische Phase am emporwachsenden Aktienmarkt anhielt, wollten sie den Lesern und potentiellen Anlegern Orientierung und Aufklärung bieten. Doch sie fanden „stärkeren [Beifall]", als sie erwartet hatten,[16] und entschlossen sich daher schnell, „ihrem Blatte eine mehr zeitungsmäßige Form zu geben".[17] Am 27. August 1856 erschien die erste Nummer unter dem neuen Namen „Frankfurter Handelszeitung". Das Blatt, das „die Interessen [...] insbesondere [...] der immer zahlreicher werdenden Classe der Actien-Besitzer unparteiisch und sorgsam" vertreten wollte, versprach den künftigen Abonnenten, „täglich ein getreues Bild der Frankfurter Börse auf dem raschesten Wege".[18]

Alleiniger Herausgeber der Frankfurter Handelszeitung blieb Bernhard Rosenthal. Zugleich wurde erstmals ein professioneller Redakteur angestellt, der Nationalökonom Max Wirth (1822–1900), ein Demokrat in zweiter Generation, dessen Vater Georg August Wirth (1798–1848) bereits am Hambacher Fest teilgenommen hatte und später in die Nationalversammlung in der Paulskirche gewählt worden war. Weiterhin schrieb Leopold Sonnemann „besonders die Erörterungen über das Bank- und Börsenwesen",[19] wenn sich auch erst ab dem 22. Mai 1857 häufiger Artikel mit der Verfasserangabe „L. S." oder auch nur „S." im Blatt finden. Daneben trat er oft als Sprecher der Aktionäre bei wichtigen Generalversammlungen hervor, was seinerzeit als vornehme Pflicht der Fachpresse angesehen wurde. Nachdem Wirth schon nach knapp einem Jahr wieder ausgeschieden war, zeichnete Rosenthal ab dem 11. September 1857 auch als verantwortlicher Redakteur. Dennoch geht die FZ in ihrer Chronik davon aus, dass „Leopold Sonnemann [...] nach seiner Arbeit, nach Einfluß und Initiative von Beginn an der leitende Kopf des Blattes war".[20] Wahrscheinlich unter seiner Federführung vollzog die Frankfurter Handelszeitung ab dem Herbst 1858 allmählich die Wandlung zum politischen Blatt.

Von der Frankfurter Handelszeitung zur Frankfurter Zeitung

Am 12. Oktober 1858 erschien in der Frankfurter Handelszeitung der erste „reinpolitische"[21] Leitartikel, der allerdings nicht von dem später oft als Kommentator im Blatt schreibenden Sonnemann stammte. Den endgültigen Wandel zu einer „der politischen Zeitungen Deutschlands"[22] kündigte eine „Abonnements-Einladung" ab dem 1. April 1859 ausdrücklich an. Schließlich wurde am 1. September 1859, mitten in einer Hochphase der nationalen Aufbruchstimmung jenes Jahres, auch der Name der Programmänderung angepasst: Das Blatt nannte sich künftig „Neue Frankfurter Zeitung" (NFZ), zunächst mit dem Untertitel „Frankfurter Handelszeitung", der nach geglückter Einführung des Blattes aufgegeben wurde (16.2.1864). Als politischen Redakteur hatte Sonnemann den Schriftsteller und Statistiker Georg Friedrich Kolb verpflichtet. Im Zuge der Umgründung wurde die NFZ rückwirkend zum 1. Januar 1860 in den Besitz einer Gesellschaft überführt. Zu Rosenthal und Sonnemann traten der Advokat Ludwig Braunfels, der Kaufmann Bernhard Doctor (1807–1881) und Johann Albrecht Vogtherr (1811–1887), der Direktor der Dampfschifffahrtsgesellschaft, als neue Miteigentümer, die alle auch journalistisch zu dem Blatt beitrugen. Während der Handelsexperte Doctor eher konservativ gesinnt war, waren Braunfels und Vogtherr ausgewiesene Demokraten der 48er-Generation, die mittlerweile der Gesetzgebenden Versammlung der Stadt angehörten. Zur ständigen Redaktion kamen ab 1863 Otto Kanngießer (1836–1892) für das Feuilleton und ab 1864 Karl Holthof (1835–1884) für den Handelsteil hinzu.

Sofort am ersten Erscheinungstag hatte die NFZ unmissverständlich ihre politische Richtung erklärt: „Frei und unabhängig dienen wir nur der Sache des Vaterlandes und des entschiedenen Fortschritts."[23] Trotz oder gerade wegen dieser postulierten Unabhängigkeit nutzte Sonnemann, immer in enger Verzahnung mit seinem politischen Engagement (etwa bei der Gründung des Nationalvereins 1859 oder des Frankfurter Arbeiterbildungsvereins 1861), die Zeitung als Medium für seine nationalen Überzeugungen. Mehr und mehr geriet die NFZ zum Kampfblatt für „die Einführung der Demokratie in der Form der sozialen Republik", wie sie Sonnemann bereits in seinem Tagebuch im Juni 1848 zu seinem politischen Grundsatz erhoben hatte.[24] In der Konsequenz musste das Blatt seine Stellung im Engagement für Deutschlands Einheit und Freiheit beziehen. Getreu dem Bekenntnis, „daß wir gern mit Preußen uns zu einem Deutschland verschmelzen wollen, nie aber ein Preußen an die Stelle Deutschlands setzen werden",[25] positionierte es sich bald deutlich gegen Preußen und dessen partikularistische Politik. Gegen Otto von Bismarck (1815–1898) wandte es sich noch vor dessen Amtsantritt als preußischer Ministerpräsident 1862. Voller Zorn kritisierte die NFZ immer wieder „den obotritischen Junker", der sich in seinem selbstherrlichen Machtstreben rücksichtslos über das Recht der Abgeordnetenkammer hinwegsetze.[26] Den „Intimfeind“ Bismarck teilte Sonnemann mit dem befreundeten Schriftsteller Friedrich Stoltze (1816–1891), der in seiner 1860 gegründeten politisch-satirischen Zeitschrift „Frankfurter Latern“ quasi die kommentierenden und karikierenden Illustrationen zu den Berichten der NFZ über Bismarck brachte.

Im Vorspiel des Preußisch-österreichischen Krieges wurde die NFZ am 16. Oktober 1865 in Preußen verboten. Zugleich wurden „Drohnoten“ an die Freie Stadt Frankfurt gesandt, in denen Preußen und Österreich – aus Furcht vor einer erstarkenden Volksbewegung angesichts der Agitationsversuche der Presse – in Frankfurt einzugreifen drohten. Welches Blatt die aufgeschreckten Großmächte besonders im Visier hatten, daran ließ die Berliner Kreuzzeitung keinen Zweifel: „Die unter den Augen und mit Genehmigung des Frankfurter Senats erscheinende ‚Neue Frankfurter Zeitung‘ führt eine Sprache gegen Preußen, gegen dessen Regierung und dessen König, wie sie nur unter entarteten Verbrechern vorzukommen pflegt.“[27] Im ersten Halbjahr 1866 wurden sogar zwei preußische Spione als Mitarbeiter in die Redaktion eingeschleust, die aber offenbar keine „wirksame Beeinflussung des Blattes“ erreichten[28], zumal aufmerksame Setzer zumindest einen der Spione bald entlarvten und den zuständigen Redakteur Braunfels informierten. Sofort am Morgen des 17. Juli 1866, nachdem die Stadt Frankfurt in der Nacht zuvor von der preußischen Mainarmee unter General Vogel von Falckenstein okkupiert worden war, besetzte „ein preußischer Hauptmann mit einem Pikett Soldaten“[29] Redaktion und Druckerei der NFZ in der Großen Eschenheimer Gasse. Er ließ die Räumlichkeiten und die Druckerpressen versiegeln und untersagte das weitere Erscheinen der Zeitung. Die Redakteure Kanngießer, Holthof und Doctor wurden verhaftet, aber noch am selben Nachmittag wieder entlassen. Hartnäckig hielt sich das Gerücht, dass Preußen und insbesondere Bismarck die Stadt Frankfurt nur aus Groll gegen Sonnemann und die NFZ eingenommen hätten. In der Sitzung der Stadtverordnetenversammlung am 16. März 1869 erhob Eduard Souchay (1800–1872), als Senator bis 1849 Exponent einer liberal motivierten Modernisierungspolitik, sogar öffentlich den Vorwurf, an den „Misshandlungen“ der Stadt durch Preußen seien die Zeitungen schuld.[30] Sonnemann protestierte heftig. Immer wieder wies auch die FZ eine „moralische Mitschuld“ an Frankfurts Verlust der Freiheit kategorisch zurück, etwa durch ihren Verteidiger Braunfels in einem Aufsehen erregenden Prozess infolge der kritischen Erwiderung des Blattes auf die pro-preußische Broschüre „Frankfurt's Schmerzensschrei und Verwandtes“ (1868) des nassauischen Politikers Karl Braun (1822–1893).[31]

Bereits einige Tage vor dem keineswegs überraschenden Einmarsch der Preußen in Frankfurt im Juli 1866 waren Sonnemann und Kolb als die Hauptverantwortlichen der NFZ nach Stuttgart geflohen. Innerhalb von nur zwei Wochen nach dem Verbot der NFZ erreichte es Sonnemann, den Betrieb mit einem Teil des Setzer- und Expeditionspersonals nach Stuttgart zu verlegen und die Zeitung dort wieder erscheinen zu lassen. Am 2. August 1866 kam die erste Nummer unter dem Namen „Neue Deutsche Zeitung“ heraus. Damit knüpfte Sonnemann an ein früheres Blatt gleichen Titels an, das als Organ der süddeutschen Demokratie durch Mitglieder der Nationalversammlung 1848 gegründet worden war. Dennoch war die Stuttgarter Ausgabe nur „als ein Provisorium“[32] geplant. Obwohl die Druckerei in Frankfurt bereits am 27. August 1866 wieder freigegeben wurde, war an eine Zurückverlegung des Unternehmens erst zu denken,

C 322 Im „Rütlischwur“ in Schillers „Tell“ vereinigt sich das Volk im Kampf für die Freiheit. Der von allen Teilnehmern gesprochene Schwur beschloss 1859 die Kundgebung des Schillerfestes auf dem Römerberg. Die Karikatur „Ein reactionäres Rütli“ der Frankfurter Latern aus dem Jahre 1863 zeigt Bismarck und zwei Militärs. Sie offenbart, wer Bismarck stützt und seine Politik möglich macht. Der Schwur als demokratisches Sinnbild hier, als Sinnbild rückwärtsgewandter Verschwörung dort.

C 328 Die anonyme Karikatur aus der Graphischen Sammlung des Historischen Museums zeigt Bismarck, der mit der Schere einen Zeitungsartikel „zensiert“.

nachdem die preußische Annexion der früheren Freien Stadt auch formell vollzogen war. Auch dann schien eine Aufhebung des Verbots für die NFZ fast unmöglich und jedenfalls langwierig zu sein. Deshalb entschloss sich Sonnemann, einfach ein neues Zeitungsunternehmen in Frankfurt anzumelden. Zunächst erhielt er nur die Genehmigung für „ein bloß kommerzielles" und nicht politisches Blatt (27.10.1866). Diese Einschränkung ließ sich „aber aus Gründen der Gesetzgebung nicht aufrecht erhalten".[33] So konnte am 16. November 1866 erstmals die „Frankfurter Zeitung und Handelsblatt" (FZ) erscheinen. Zum Ende desselben Monats wurde die Neue Deutsche Zeitung in Stuttgart eingestellt. Deren Abonnenten übernahm die FZ. Damit war die Kontinuität zur „alten" Neuen Frankfurter Zeitung wieder gewahrt.

C 338 Zwischen 1871 und 1879 werden Redakteure der Frankfurter Zeitung zu rund 40 Monaten Freiheitsentzug verurteilt. Im Gefängnis auf dem Klapperfeld sitzen im Sommer 1875 fünf Redakteure des Blattes gleichzeitig in Haft. 1876 verbüßt Eduard Sack die Strafe im Zuchthaus Ziegenhain. Ihm ist die Lektüre der Frankfurter Zeitung untersagt, weil diese ein „reichsfeindliches Organ" sei.

Die Frankfurter Zeitung als demokratisches Organ

Seit der Neugründung als Frankfurter Zeitung 1866 war Leopold Sonnemann Alleineigentümer des Blattes. Durch einen Separationsvertrag vom 3. November 1866 hatte er sich von den bisherigen Mitbesitzern Rosenthal, Braunfels, Doctor und Vogtherr getrennt, die nun meist auch politisch andere Wege gingen. Lediglich Braunfels blieb Mitarbeiter der FZ, allerdings nicht mehr von deren politischer Redaktion, sondern im Feuilleton, für das er insbesondere Besprechungen wissenschaftlicher Werke lieferte. Da auch Kolb mit dem Rückzug der Zeitung nach Frankfurt ausgeschieden war, wurde zunächst der radikale Demokrat Karl Volckhausen (1822–1899) zum Chefredakteur berufen. Unter seiner Leitung bildete sich die politische Redaktion in den folgenden Jahren um. Die bisherigen Redakteure Kanngießer und Holthof verließen das Blatt 1868 bzw. 1871. Auch der neu eingestellte „gewandte Redakteur"[34] und Kriegsreporter Hermann Voget (1838–1883) blieb nur bis 1872. Als neue politische Redakteure kamen zu Beginn der 1870er Jahre Eduard Sack (1831–1908), Otto Hörth (1842–1935), Theodor Curti (1848–1914) und Hugo Sewigh (1842–1910) hinzu. Hörth betreute zugleich das Feuilleton, zu dessen produktivsten Beiträgern der Naturwissenschaftler Karl Vogt zählte. Später, als Hörth infolge von Haftstrafen in Pressprozessen oft monatelang im Redaktionsbüro ausfiel, wurde das Feuilleton zu einem eigenen Ressort, das der Germanist Dr. Ludwig Holthof (1840–1911), ein jüngerer Bruder von Karl Holthof, bis Juni 1878 redigierte. Die Handelsredaktion leitete zunächst Sonnemann, der sich Ende der 1860er Jahre aus dem aktiven Bankgeschäft zurückgezogen hatte, selbst. Neben seiner Abgeordnetentätigkeit im Reichstag ab 1871 konnte er diese Aufgabe jedoch kaum mehr erfüllen, weshalb er sie ab 1877 an Ludwig Cohnstaedt (1847–1934) übergab. Unter dessen Leitung (bis 1909) wurde der Handelsteil der FZ zum führenden unabhängigen Handelsblatt in Deutschland ausgebaut. Weiterhin setzte sich der Mitarbeiterstab der Zeitung hauptsächlich aus ehemaligen „Achtundvierzigern" und Juden zusammen, denen eine anderweitige Karriere – trotz ihrer oft überdurchschnittlichen Qualifikationen – versagt war.

Im Juli 1873 schied Volckhausen angeblich „infolge von Mißverständnissen"[35] bei der FZ aus. Tatsächlich hatte er gegen Sonnemann aufbegehrt und diesem vorgeworfen, dass er seine Position bei der Zeitung zu betrügerischen Geschäften bei der Gründung von Kapitalgesellschaften benutze. Zum Beweis führte der Chefredakteur einen Brief der Deutschen Vereinsbank vom 25. Januar 1872 an, den er von einem Angestellten der Bank heimlich in Kopie erhalten hatte. Darin hieß es u. a.: „Es ist hier gebräuchlich, die Frankfurter

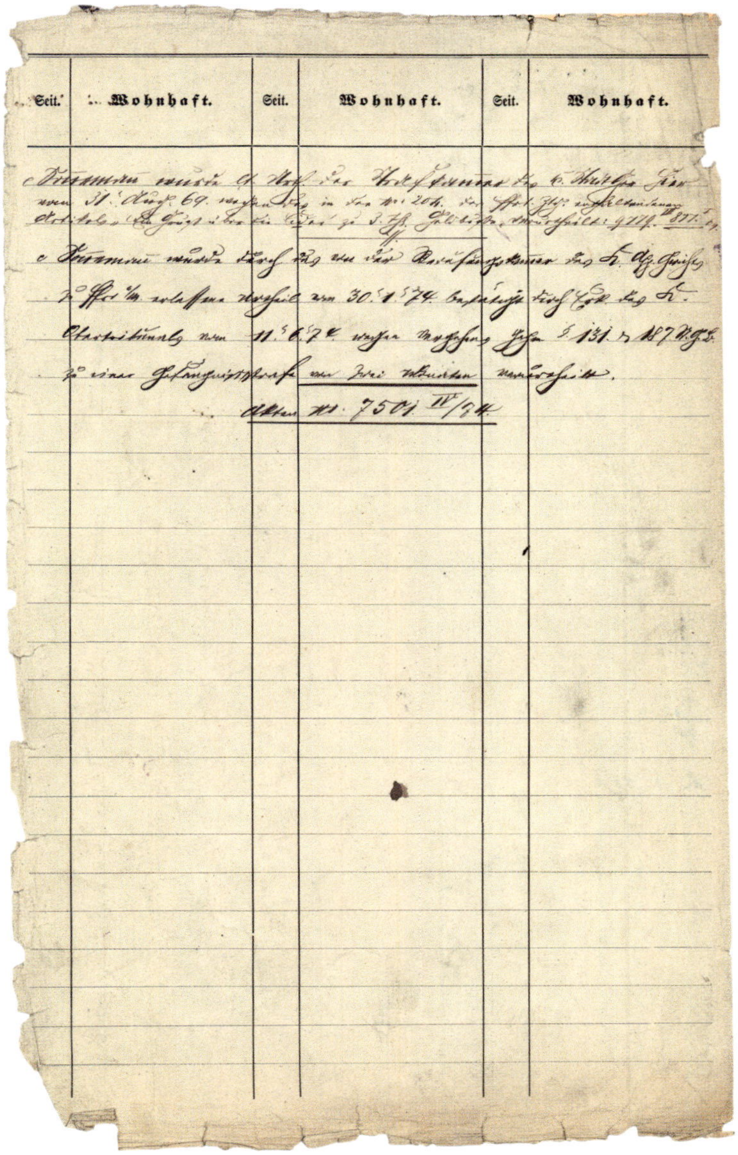

C 123 Auf der Einwohnermeldekarte Leopold Sonnemanns wird die Haftstrafe von 1874 vermerkt. Damit gilt er als „vorbestraft".

C 303 Auf dem Erinnerungsblatt an das 25-jährige Bestehen der Frankfurter Zeitung sitzt Leopold Sonnemann mit den Redakteuren der Zeitung am runden Tisch. Zu sehen sind von links: Max Neustädter, Johannes Proelss, Max Schönau (stehend), Ludwig Cohnstaedt (?), rechts von Leopold Sonnemann sitzen: Josef Stern, Eduard Sack und Daniel Saul.

Zeitung, um sie für Unternehmungen zu gewinnen, mit ein Prozent am Emissionskapital zu betheiligen".[36] Mit diesem Brief als Druckmittel wollte Volckhausen Sonnemann dazu bringen, das Zeitungsunternehmen in eine Aktiengesellschaft umzuwandeln, wofür er die drei anderen Redakteure Curti, Hörth und Sack als Verbündete gegen den Eigentümer zu gewinnen versuchte. Letztlich blieb Volckhausen jedoch allein stehen und er musste seine Entlassung nehmen. Sein Ressort in der Innenpolitik übernahm der erfahrene Journalist Dr. Josef Stern (1839–1902). Zwar wurde Stern von den Kollegen als primus inter pares angesehen, aber einen Chefredakteur gab es seitdem nicht mehr bei der FZ. In der Redaktion wurde vielmehr die Kollegialverfassung eingeführt, die im Wesentlichen bis zum Ende der FZ 1943 bestand, auch wenn die Zeitung unter dem nationalsozialistischen Presserecht einen Chefredakteur benennen musste.

Auf dem Erinnerungsblatt zum 25-jährigen Bestehen der FZ ist auch ein Bild mit dem Titel „Redaktionskonferenz 1881" zu sehen. Die Redaktion sitzt, nicht zufällig, an einem runden Tisch. Der runde Tisch ist prädestiniert für eine Sitzordnung, die die Kollegialität betont. Nur Leopold Sonnemann als Gründer der Zeitung erscheint etwas hervorgehoben. Zugleich veranschaulicht das Erinnerungsblatt die Verwurzelung der Zeitung und ihrer Gründung im Frankfurt der Zeit vor 1866. Das Blatt wird gekrönt von der Devise der Freien Stadt „Stark im Recht", und auch das abgebildete Wappen ist das der Freien Stadt. Daneben verweisen die Porträts von Gutenberg und Watt auf den technischen Fortschritt, der die moderne Presse überhaupt erst möglich machte. Die Kombination der Motive auf dem Erinnerungsblatt spiegelt den auf die Freie Stadt bezogenen Frankfurtpatriotismus Sonnemanns und der Frankfurter Demokraten wider.

Das „kollegialische"[37] (oder auch demokratische) Prinzip in der Redaktion schildert rückblickend der Nationalökonom Karl Bücher (1847–1930), der von 1878 bis 1880 das (dem Herausgeber Sonnemann besonders am Herzen liegende) sozialpolitische Ressort innehatte: „Die Redaktion, zu der sich Sonnemann selbst rechnete, bildete eine autonome Körperschaft, die in ihren Konferenzen zwar über die allgemeine Richtung der Zeitung bestimmen konnte, aber jedem einzelnen Redakteur volle Freiheit in der Vertretung seiner Ueberzeugung gestattete, solange diese sich innerhalb der Grundsätze der Volkspartei hielt."[38] Im Redaktionskollegium hatte Sonnemann nicht mehr zu sagen als die anderen Redakteure: „[E]in Mehrheitsbeschluß der Redaktion, wobei auch Sonnemann nur eine Stimme habe, [bestimme] die Haltung der Zeitung in politischen Dingen", betonte die FZ einmal vor Gericht.[39] Selbst in seiner Rolle als Eigentümer soll Sonnemann die Freiheit seiner Redakteure weitgehend geachtet haben, wie wiederum Bücher sich erinnert: „Auch der Eigentümer [d. i. Sonnemann] enthielt sich klug jeder direkten Einflußnahme. Zwar ging er des Morgens manchmal von einem zum andern und besprach mit ihm irgendeinen Punkt. Aber wenn eine böse Zunge flüsterte: ‚Jetzt inspiriert er wieder', so war sich doch niemand der geringen Tragweite seines Einflusses klarer bewußt als Leopold Sonnemann."[40] Gegen den Vorwurf der „Inspiration" und damit der Abhängigkeit von dem Besitzer verwahrte sich die Redaktion aus aktuellem Anlass, nach einer Reichstagsrede Sonnemanns, sogar ausdrücklich: „Die Redaktion der Frankfurter Zeitung steht zu dem Eigentümer der letzteren in keinem solchen Verhältnis, wie heute sehr viele Blätter zur Regierung und ihren Patronen. Wir existieren nicht von den Inspirationen des Herrn Sonnemann und wir haben uns nicht verpflichtet, seine politischen Reden und Handlungen mit Lob zu begießen; wir vertreten mit dem, was wir schreiben, im Ge-

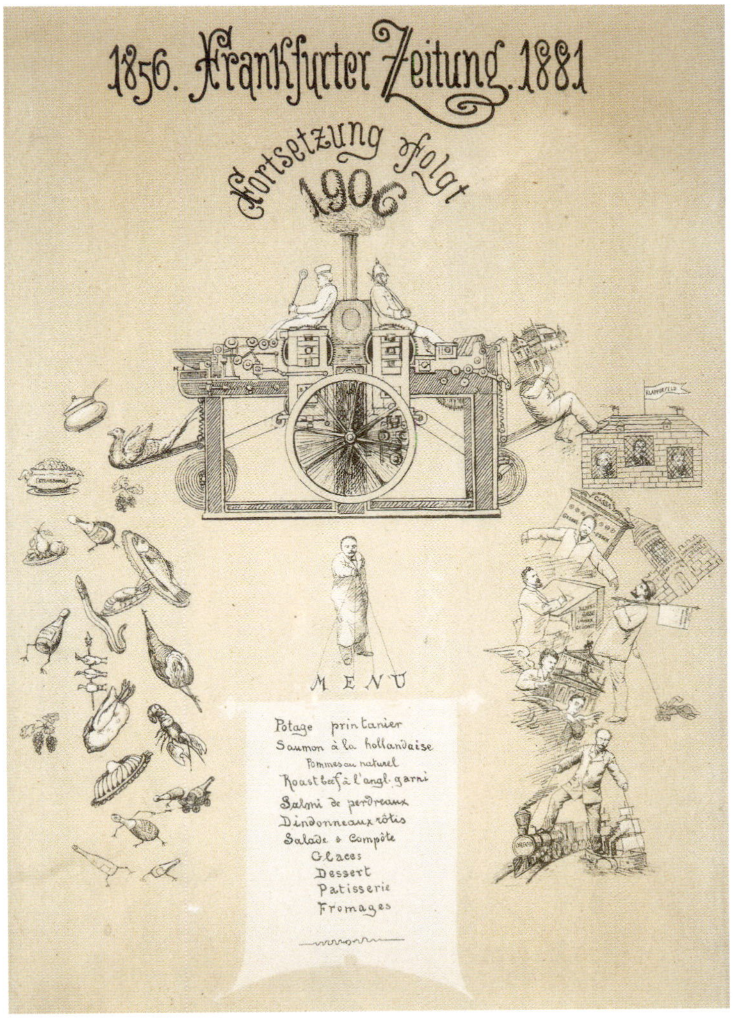

C 341 Die Speisekarte zur Feier des 25-jährigen Bestehens der Frankfurter Zeitung verweist auf das Klapperfeldgefängnis und das Zuchthaus Ziegenhain als „Aufenthaltsorte" Leopold Sonnemanns und der Redakteure.

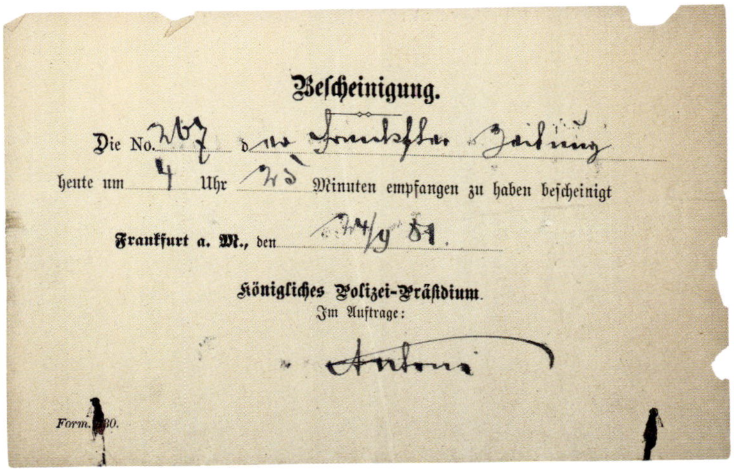
Bescheinigung.

Die No. 267 der Frankfurter Zeitung

heute um 4 Uhr 45 Minuten empfangen zu haben bescheinigt

Frankfurt a. M., den 24/9 81.

Königliches Polizei-Präsidium.
Im Auftrage:
Antoni

C 348 Die Polizei überwacht die Presse: Jede Ausgabe muss im Frankfurter Polizeipräsidium abgegeben werden. Dafür wird eine Quittung ausgehändigt.

C 343 Die Karikatur „Anno Domini? Die Preßfreiheit ist gewährleistet" der Frankfurter Latern aus dem Jahre 1889 zeigt das Gutenbergdenkmal, das für die Forderung nach Pressefreiheit steht, neu. Fust, Schöffer und Gutenberg ist der Mund sprichwörtlich verschlossen. Auf den Postamenten sitzen statt der Allegorien der Kontinente, die die universelle Bedeutung der Erfindung des Buchdrucks versinnbildlichen, Polizisten.

fühle der vollsten Unabhängigkeit die eigenen politischen Überzeugungen."[41]

So klar und eindeutig ließ sich jedoch, insbesondere nach der Reichsgründung 1871, nicht zwischen der FZ und ihrem Herausgeber trennen. Als Mitbegründer und Abgeordneter der Deutschen Volkspartei im Reichstag trat Sonnemann auch auf parlamentarischer Ebene in offene Opposition gegen Bismarck und dessen Politik. Zusammen mit nur zwei anderen Abgeordneten (darunter August Bebel) wagte er es etwa, getreu seinem nationalstaatlichen Grundsatz vom Selbstbestimmungsrecht der Völker, die Annexion von Elsass-Lothringen abzulehnen, worin er sich prinzipiell mit der FZ „als Anwalt der Elsaß-Lothringer"[42] einig war. Diese Haltung trug Sonnemann den Vorwurf des „mangelnden Nationalgefühls"[43] ein, den er im Laufe zahlloser Diffamierungskampagnen gegen seine Person in den folgenden Jahren nicht loswurde. Zur Eskalation kam es am 9. Oktober 1878 im Reichstag. Bei der zweiten Lesung des Sozialistengesetzes hielt Sonnemann „eine seiner glänzendsten und zugleich schärfsten Reden während seiner ganzen zwölfjährigen Abgeordnetenzeit":[44] „Er bezweifelte in ihr die Notwendigkeit des Gesetzes und wies auf den Schaden hin, den es anrichten werde. Er zeichnete das Bild eines Polizeistaates, unter dem dann nicht nur die Sozialisten zu leiden hätten. Die Freiheit der Presse und die Vereins- und Versammlungsfreiheit wären auch für alle anderen freiheitlichen Kräfte gefährdet."[45] Zum Schluss der Rede griff er Bismarck an, der „im Interesse der europäischen Politik Deutschland vernachlässigt habe".[46] Der Kanzler konterte sofort: „Ich habe nämlich das Blatt des Herrn Vorredners, das bekannte, ab und zu mit ziemlicher Aufmerksamkeit gelesen", erklärte er. „Ich habe gefunden, daß das Urteil und die Haltung desselben immer genau koinzidierte mit dem Urteil und der Haltung der französischen offiziösen Presse. [...] Was ich aber erfahren habe, ist, daß ich mitunter in dem Blatte des Herrn Vorredners Sachen gelesen und erfahren habe, die mir am anderen oder am dritten Tage darauf durch gesandtschaftliche Meldung als Äußerungen der französischen Regierung bestätigt wurden [...]. Ich schreibe also dem Herrn Vorredner Beziehungen zur französischen Regierung zu, die ja der Chef eines großen Blattes haben kann, die natürlich auf keinem Interesse auf seiner Seite, sondern nur auf seinem Wohlwollen, das ihm eine Regierung wie die französische einflößt, beruhen."[47] Gegen den Vorwurf des Landesverrats, der ihn tief verletzte, musste sich Sonnemann in einer langen und harten Debatte wehren. Auch die FZ konnte die „ehrenrührige"[48] und „frivole Verdächtigung"[49] des Fürsten Bismarck nicht auf sich sitzen lassen. In einer Erklärung der gesamten politischen Redaktion, die sie am nächsten Tag veröffentlichte, forderte sie Beweise. Bismarck antwortete mit einer Beleidigungsklage. Die sechs Unterzeichner der Erklärung wurden 1879 freigesprochen. Zugleich wurde allerdings der verantwortliche Redakteur Josef Stern aufgrund eines in der gleichen Nummer erschienenen und wahrscheinlich von ihm selbst stammenden Artikels wegen Bismarckbeleidigung zu drei Monaten Gefängnis verurteilt. Darin hatte Stern mit Bezug auf eine Figur bei Beaumarchais, einem seiner Lieblingsschriftsteller, Bismarcks „Basilio-Manier" (also „das Hinwerfen schwer faßbarer Andeutungen mit wohlbeabsichtigter Wirkung, wobei der Urheber auf alle Vorhaltungen den Unschuldigen spielt")[50] gegeißelt. Als die FZ einen ausführlichen Bericht von dem Prozess nach stenographischen Aufzeichnungen brachte, erhob Bismarck prompt erneut Anklage. Wieder musste Stern für zwei Monate ins Gefängnis.

In der „Leidenszeit"[51] der FZ zwischen 1871 und 1879 wurden Redakteure und Mitarbeiter des Blattes insgesamt zu rund 40 Monaten Freiheitsentzug verurteilt. Insbesondere unter dem neuen Pressgesetz von 1874 folgte „Strafantrag [...] auf Strafantrag".[52] Es „verging kein Monat, oft keine Woche"[53] ohne eine Haussuchung, Beschlagnahme, Beleidigungsklage oder ein Zeugniszwangsverfahren gegen die FZ und deren Mitarbeiter. Die häufigen Beleidigungsklagen betrafen oft Bismarck und wurden meist von diesem selbst bewirkt. Der Herausgeber Sonnemann selbst, der die Pressefreiheit leidenschaftlich auch im Reichstag verfocht und etwa die Aufnahme des entsprechenden Artikels aus den Grundrechten von 1848 in die Reichsverfassung von 1871 beantragt hatte, musste sich und sein Blatt mehrfach vor Gericht verantworten. Bereits wegen der Berichterstattung der FZ über den Frankfurter Bierkrawall vom 21. April 1873, der sich an der Erhöhung des Bierpreises entzündet und schließlich mehr als 20 Todesopfer gefordert hatte, wurde Sonnemann als verantwortlich zeichnender Redakteur zu zwei Monaten Gefängnis verurteilt, die er bis zum 15. September 1874 verbüßte: ein „kleine[s] Malheur, welches mir unsere Gerichte zugefügt haben", wie Sonnemann einem Freund aus der Haft im Stadtgefängnis am Klapperfeld schrieb.[54] Im folgenden Jahr dann strengten die Behörden ein äußerst aufwendiges Zeugniszwangsverfahren gegen die FZ an, wodurch die Verfasser dreier fraglicher Artikel ermittelt werden sollten, obwohl der presserechtlich verantwortliche Redakteur Hörth schon inhaftiert worden war. Es wurde ein regelrechter „Massen-Zeugniszwang gegen die

Redakteure und andere Angestellte des Blattes inszeniert",[55] mit zahllosen „Vorladungen, Vernehmungen, Verhandlungen und Urteilsverkündungen",[56] der darin gipfelte, dass Anfang August 1875 vier weitere Redakteure (nämlich Curti, Sewigh, Stern und Ludwig Holthof) und am 28. August 1875 außerdem Sonnemann als Herausgeber verhaftet wurden. Der Zeitungsbetrieb lief dennoch weiter, zumal nicht nur die Redakteure aus der Haft weiter mitarbeiten konnten, sondern auch viele Kollegen längst ihre Solidarität erklärt hatten: „Es haben sich, seitdem die Befürchtung nahegerückt, daß unsere ganze Redaktion mit einem Male außer Tätigkeit gesetzt werden möchte, eine so beträchtliche Zahl von hervorragenden Publizisten und Mitarbeitern zur freiwilligen Aushilfe und sogar zur persönlichen Übernahme der verantwortlichen Leitung erboten, daß wir heute im Stande wären, ein dreifaches Redaktionspersonal als Reserve ins Hintertreffen zu stellen", erklärte die FZ nicht ohne Stolz.[57] Unter diesen Voraussetzungen konnten Herausgeber und Redakteure die Zeugniszwangshaft prinzipientreu und seelenruhig absitzen. Infolge von „Verjährung" nach einer Frist von sechs Monaten ab Erscheinen des Artikels wurden die letzten vier – Sonnemann, Curti, Holthof und Sewigh – am 30. September 1875 freigelassen. Empfangen wurden sie mit einem Festbankett, wozu Friedrich Stoltze in seiner „Frankfurter Latern" die Verse schmiedete: „Seid uns gegrüßt, gefeiert und erhoben, / Ihr Fünf vom Klapperfeld! / Die Ihr der Presse Ehren-Feuerproben / Bestanden vor der Welt. // Die Ihr ein Ehrenzeugnis habt gegeben / Dem Journalistenstand / Daß unbeugsam noch freie Männer leben / Im deutschen Vaterland."[58] Zum Abschluss der Affäre veröffentlichte die FZ einen Appell an das Parlament, den journalistischen Zeugniszwang abzuschaffen. Sonnemann engagierte sich dafür im Reichstag – vergeblich.

Auf dem Weg zum internationalen Nachrichtenblatt

Zur Feier des 25-jährigen Jubiläums der FZ 1881 spielte die Stasny'sche Kapelle im großen Saal des Palmengartens noch zum eigens komponierten „Klapperfeld-Marsch" auf, in Erinnerung an die Verfolgungszeit, in der viele Redakteure ins Stadtgefängnis am Klapperfeld gewandert waren. Mittlerweile hatte die Zeitung ihren Kurs jedoch geändert. Von Anfang an hatte Sonnemann erklärt, dass „wir ein demokratisches Blatt machen, daneben aber ein zuverlässiges Nachrichtenblatt sein wollen".[59] Der vorherrschende Einsatz als Kampfblatt für Freiheit und Demokratie in den 1870er Jahren war, nicht zuletzt wegen der weit reichenden Verbote der FZ, geschäftlich fatal. Um die Zeitung, auch in ihrer Funktion als demokratisches Organ, zu erhalten, setzte Sonnemann etwa ab 1879 verstärkt auf den Ausbau der Zeitung zu einem internationalen Nachrichtenblatt. Als dessen wichtigste Qualitätsmerkmale sah er die Schnelligkeit der Information und insbesondere die Zuverlässigkeit in der Berichterstattung oder – in Sonnemanns

C 360 Längsfront der Gebäude der Frankfurter Zeitung in der Großen Eschenheimer Straße, um 1900

Worten – die „Gewissenhaftigkeit der Thatsachen-Prüfung".[60] Er als Eigentümer musste die Voraussetzungen schaffen, dass der Zeitungsbetrieb diese Ansprüche auf höchstmöglicher Ebene erfüllen konnte.

Den Sitz des Unternehmens vergrößerte Sonnemann im Laufe der Jahre (1871–1905) durch Ankauf gezielt, so dass schließlich ein ganzer Gebäudekomplex mit den Häusern in der Großen Eschenheimer Gasse 31–37 und der dahinter liegenden Schillerstraße 20–24 zur FZ gehörte. Die Druckerei im Haus Große Eschenheimer Gasse 37 war stets auf modernstem Stand ausgestattet. So wurde hier bereits 1879 eine der ersten Augsburger Rotationsmaschinen in Deutschland aufgestellt und in dem an alter Stelle 1885 errichteten Druckereineubau, der sogar über elektrische Beleuchtung verfügte, wurde auch die Kleine Presse als illustriertes Blatt auf speziell angeschafften Maschinen gedruckt. Die Offenheit für neueste Errungenschaften des technischen Fortschritts bewies Sonnemann auch im Nachrichtendienst. Schon früh, seit der Gründung des Blattes, hatte er auf die Telegrafie zur schnellen Nachrichtenübermittlung gesetzt und im Jahr 1881 gehörten Sonnemann und die FZ zu den Fernsprechteilnehmern im allerersten Frankfurter Telefonbuch. In Wechselwirkung mit den neuen technischen Möglichkeiten dehnte die FZ, verstärkt seit den späten 1870er Jahren, ihr Korrespondentennetz stetig aus – über Deutschland (u. a. mit Berlin, Hamburg, München, Stuttgart, Karlsruhe und Nürnberg) hinaus bis nach Paris, Wien, New York, Madrid, London, Bukarest, Athen, Budapest, Kairo, Rom, Belgrad, Sofia, Sydney, Straßburg, Brüssel, Amsterdam, Konstantinopel, Kapstadt, Saloniki, St. Petersburg, Winnipeg, Bern und Tokio, was wesentlich zur Aktualität des dreimal täglich erscheinenden Nachrichtenblattes beitrug.

Bereits 1882 galt die FZ mit einer Auflage von 29 000 Stück täglich als die größte Zeitung Süddeutschlands. Über Angelegenheiten aus Frankfurt und Umgebung hatte sie ab 1877 in einem eigenen Lokalteil unter dem Titel „Stadtanzeiger mit Fremdenblatt" berichtet, aus dem ab 1. April 1885 die bereits erwähnte Kleine Presse hervorging. Diese eigenständig redigierte und erscheinende Neugründung aus dem Verlag der FZ wurde explizit angekündigt als „ein entschieden freisinniges, echt volksthümliches, interessantes Blatt […], ein treuer Wegweiser durch alle Gebiete des öffentlichen Lebens für alle Diejenigen, welche sich übersichtlich orientieren wollen".[61] Sie setzte ihren Schwerpunkt zwar auf die lokale und regionale Berichterstattung, behandelte „in gedrängter Form"[62] aber auch die Tagesereignisse, politische, wirtschaftliche und kulturelle Fragen. Neuartig war, dass täglich auf der Titelseite der Kleinen Presse ein Bild zu einem aktuellen Ereignis zu sehen war, und zwar in der Form einer eigens angefertigten Federzeichnung, da die Wiedergabe von Halbtönen – etwa bei Gemälden oder Fotografien – drucktechnisch noch nicht möglich war. Unter der Schriftleitung von Franz Schreiber (1850–1901) war das illustrierte Volksblatt bald sehr erfolgreich: Es erreichte im Jahr 1900 eine Auflage von 30 000 Stück. Erst 1920 wurde die Kleine Presse infolge von Papierknappheit aufgegeben und durch das Stadtblatt in der FZ ersetzt.

Als Verleger und Herausgeber der FZ kam Sonnemann weiterhin der Vorsitz in den täglichen Redaktionskonferenzen zu, wobei die Unabhängigkeit der Redaktion in ihrer „kollegialischen" Verfassung unangetastet blieb. Hinter die Kollegialverfassung der Redaktion konnte sich Sonnemann, vor allem in leidigen Angelegenheiten, auch zurückziehen. So antwortete er einem Verfasser von Feuilletonartikeln, dass er diese der Redaktion zur Prüfung weiterleite: „Damit habe ich also einen definitiven Bescheid nicht gegeben und der Redaktion nicht vorgegriffen. Ich lehne das überhaupt prinzipiell ab und kann mich in solchen Dingen nur als Nuntius be-

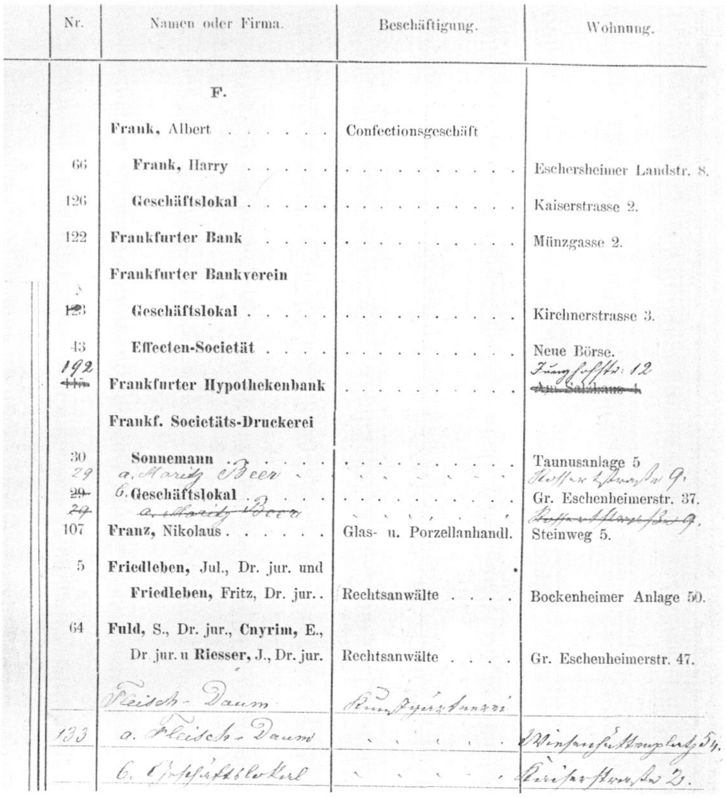

Nr.	Namen oder Firma.	Beschäftigung.	Wohnung.
	F.		
	Frank, Albert	Confectionsgeschäft	
66	Frank, Harry		Eschersheimer Landstr. 8.
126	Geschäftslokal		Kaiserstrasse 2.
122	Frankfurter Bank		Münzgasse 2.
	Frankfurter Bankverein		
123	Geschäftslokal		Kirchnerstrasse 3.
43	Effecten-Societät		Neue Börse.
192	Frankfurter Hypothekenbank		
	Frankf. Societäts-Druckerei		
30	Sonnemann		Taunusanlage 5
29			
29	Geschäftslokal		Gr. Eschenheimerstr. 37.
107	Franz, Nikolaus	Glas- u. Porzellanhandl.	Steinweg 5.
5	Friedleben, Jul., Dr. jur. und Friedleben, Fritz, Dr. jur.	Rechtsanwälte	Bockenheimer Anlage 50.
64	Fuld, S., Dr. jur., Cnyrim, E., Dr. jur. u Riesser, J., Dr. jur.	Rechtsanwälte	Gr. Eschenheimerstr. 47.
	Fleisch-Daum		
133	a. Fleisch-Daum		

B 311 1881 erhielt die Stadt ein erstes Telefonnetz mit knapp über 170 Anschlüssen, unter ihnen Leopold Sonnemann mit einem Privatanschluss und einem Anschluss für die Societäts-Druckerei.

C 321 Wohl die erste moderne Druckmaschine, auf der die Zeitung hergestellt wurde, ist die „Neue Doppelmaschine" von König & Bauer, der ältesten Druckmaschinenfabrik der Welt.

C 354 1879 wird eine der ersten Augsburger Rotationsmaschinen in Deutschland aufgestellt.

trachten."[63] Andererseits nutzte er, auch in kleineren redaktionellen Fragen, gelegentlich doch seine Autorität. Einmal ermahnte er etwa den Sozialdemokraten Wilhelm Liebknecht (1826–1900), der offenbar aus Leipzig für die FZ berichten sollte, sich dabei „so kurz als nur irgend möglich zu fassen und Gegenstände von geringer Wichtigkeit lieber ganz wegzulassen", da die Redaktion „gegenwärtig so mit Manuskripten überhäuft" sei.[64] Grundsätzlich nahm der „Chef"[65] auf Richtung und Qualität der Berichterstattung dadurch einen gewissen Einfluss, dass er Redakteure und Mitarbeiter für das Blatt meist persönlich aussuchte. „Welches Glück hat dieser Sonnemann, daß er immer die besten Journalisten findet", soll schon Karl Holthof, einer der ersten Redakteure, „scherzend zu jüngeren Kollegen" gesagt haben, „wenn er sie für ebenbürtig hielt".[66]

Zu den jungen Journalisten, die Sonnemann „holte", gehörte auch der spätere sozialdemokratische Publizist und Politiker Max Quarck (1860–1930), der im Herbst 1887 als sozialpolitischer Redakteur zur FZ nach Frankfurt kam. Die „kollegialische" Redaktion lernte der 27-jährige „Neue" allerdings als wenig kollegial kennen. Auf seine Frage nach der „Art der redaktionellen Selbständigkeit", die er für „seinen" volkswirtschaftlichen Teil haben würde,[67] wies ihn die Zeitung sofort schriftlich darauf hin, dass „die Haltung in den einzelnen Fragen in der Redactionsconferenz bestimmt" werde, „deren Beschlüsse[n] sich jeder Redacteur zu unterwerfen" habe.[68] Trotz eines eher kühlen Empfangs in der Großen Eschenheimer Gasse, wo ihm sein Platz an einem „Katzentischchen" in einem engen Zimmer zugewiesen wurde,[69] stürzte sich Quarck in die Arbeit. Doch „den Redaktionskollegen [waren] die forschen sozialpolitischen Artikel des jungen Mannes suspekt. [...] Zudem wagte sich der ehrgeizige Quarck an die Pfründe der anderen Redakteure, indem er versuchte, mehr Artikel als sie im Blatt unterzubringen. Quarck arbeitete oftmals bis in die späten Abendstunden, sichtete das eingegangene Material und schrieb enorm viel. Hier und da unterliefen ihm infolgedessen kleine Fehler, manchmal stilistischer Art, manchmal auch bei der Auswertung statistischen

C 306 Verleger, Gesellschafter der Druckerei und Redakteure im Jahr 1895: Gegenüber 1881 hat sich die Zahl der Redakteure etwa verdreifacht, Zeichen der Entwicklung der Zeitung zum Nachrichten- und Weltblatt.

Datenmaterials.“[70] Schon nach fünf Monaten erhielt er prompt die Kündigung, was Sonnemann u. a. damit begründete, dass Quarck „so viele Fehler gemacht“ habe, „wie solche bei der Frankfurter Z[ei]t[un]g früher nie in ähnlichem Umfange vorgekommen sind.“[71] Ganz in der Rolle des Mentors zeigte sich Sonnemann enttäuscht, dass der junge Journalist sein Angebot der „Auskunftsertheilung“[72] selten wahrgenommen habe. Doch Quarck hatte sich einfach nicht getraut, ihn um Rat zu fragen: „Es gehört ein gewisser Muth dazu, Sie oft beim Arbeiten zu stören.“[73] Nach einem Gespräch mit Sonnemann, in dem die Reibereien mit den Kollegen als wahrer Kündigungsgrund offen gelegt wurden, konnte Quarck bleiben. In der Folgezeit geriet der Redakteur aber mehr und mehr in politisch motivierte Konflikte mit dem Chef, die anlässlich der Berichterstattung über den Bergarbeiterstreik im Mai 1889 kulminierten, als sich Quarck auf die Seite der Arbeiter stellte. Sonnemann, der Quarck deswegen als „Anarchist“ und „Sozialdemokrat“ titulierte, unterzog künftig dessen Artikel einer Vorzensur, indem er sich die ungedruckten Manuskripte aus der Setzerei besorgte. In seinem Notizbuch vom Juni 1890 findet sich die Bemerkung: „Artikel Quar[c]k unverständlich“. Am 17. Februar 1891 strich er erstmals einen kompletten Leitartikel von Quarck. Dieser forderte daraufhin eine Gehaltserhöhung. Sonnemann kochte vor Wut. In einer persönlichen Unterredung am 9. März 1891 zeigte sich der Verleger dennoch großzügig: Er entließ Quarck zwar endgültig, aber fristgerecht zum 30. Juni 1891 aus der Redaktion, wobei er ihm mit hohen Abfindungsleistungen entgegenkam.

Am 5. September 1893 wandelte Sonnemann das Zeitungsunternehmen in eine Kapitalgesellschaft um, die „Frankfurter Societätsdruckerei G.m.b.H.“, deren Stammkapital auf zwei Millionen Mark festgesetzt wurde. Den Vorsitz im Aufsichtsrat übernahm Sonnemann; weitere Aufsichtsratsmitglieder waren der Frankfurter Kaufmann und Stadtverordnete Wilhelm Bücking (1846–1900), der

Abonnement per Vierteljahr: In Frankfurt … M. 1.50 Bei den Agenturen „ 2.— Deutsch-öst. Postverein „ 2.— per Monat: In Frankfurt … 50 Pf. Bei den Agenturen … 70 „ Preis einer Nummer 3 bezw. 4 Pfg. Man abonnirt bei allen Postämtern. (Nr. 2963.)

Kleine Presse.

Stadt-Anzeiger und Fremdenblatt.

Bureaux: Gr. Eschenheimerstraße 37.

Anzeigen: Anzeigen … 15 Pfg per 6-gespaltene Zeile. Kleine lokale Anzeigen bei Stellen, Wohnungen u. s. w. das Wort 2 Pfg. Erscheint täglich mit Ausnahme Montags.

Nr. 98. Frankfurt a. M. Erstes Blatt. Donnerstag, 26. April 1888.

Der Neubau der Frankfurter Societätsdruckerei.

Text siehe Seite 3.

C 364 Am 28. April 1888 erscheint die Kleine Presse mit einer seitenfüllenden Ansicht des Neubaus der Societätsdruckerei in der zur Großen Eschenheimer Straße umbenannten „Gasse“.

C 361 Paul Wallot, der spätere Architekt des Berliner Reichstags, begutachtete die Neubaupläne für den 1888 fertig gestellten Erweiterungsbau der Druckerei. Als Dank lässt Leopold Sonnemann die Statue, eine Allegorie der Architektur, anfertigen. Die Statue ist aus Silber gegossen, für den Sockel sind Ebenholz, Gold, Lapislazuli, Moosachat und Email verwandt. Die silbernen Widmungsplatten sind graviert und ziseliert.

C 368 Die Aufnahme entstand um 1900 in Wiesbaden, wo Leopold Sonnemann, wie seine Notizkalender erkennen lassen, zunehmend häufiger zur Kur weilt. Termine in Frankfurt nahm er dennoch wahr. Die Redaktion hielt ihn auf dem Laufenden. Vieles erledigte er brieflich, telegrafisch oder per Telefon.

GESCHICHTE
DER
FRANKFURTER ZEITUNG
1856 BIS 1906

HERAUSGEGEBEN
VOM
VERLAG DER FRANKFURTER ZEITUNG
(FRANKFURTER SOCIETÄTSDRUCKEREI, G. M. B. H.)

MIT EINEM BILDNIS LEOPOLD SONNEMANNS
NACH DEM ORIGINALGEMÄLDE VON MAX SCHÜLER

FRANKFURT AM MAIN • 1906
DRUCKEREI VON AUGUST OSTERRIETH

C 380 Zum 50-jährigen Jubiläum der Frankfurter Zeitung 1906 verfasst ein Mitarbeiterstab deren Geschichte, ein Kompendium von über 900 Seiten. Da das Archiv der Zeitung am Ende des Zweiten Weltkriegs absichtlich vernichtet wurce, ist das Werk heute eine unschätzbare Quelle und Erinnerung.

C 381 Frontispiz der Geschichte der Frankfurter Zeitung ist die Lithografie des Gemäldes, das Max Schüler aus Anlass des 50-jährigen Jubiläums 1906 schuf. Das Gemälde entstand als Erinnerungsbild an den Gründer für das Redaktionszimmer der Zeitung. Leopold Sonnemann war bereits so schwer erkrankt, dass er nicht an der Feier teilnehmen konnte.

Frankfurter Bankier und Stadtrat Anton Horkheimer (1849–1929), der Stuttgarter Rechtsanwalt und Reichstagsabgeordnete Friedrich Payer (1847–1931) und Sonnemanns Schwiegersohn Felix Simon (1849–1914). Zum Geschäftsführer wurde Moritz Beer (1835–1901), bisheriger Administrator und Teilhaber der Druckerei, ernannt.
In der neuen Gesellschaftsform sah Sonnemann, auch mangels eines persönlichen Nachfolgers, die beste Möglichkeit, „das Unternehmen von den Personen seiner bisherigen Eigenthümer unabhängiger zu machen und vor allem die unveränderte Haltung der von der Gesellschaft herausgegebenen Blätter für absehbare Zeit sicherzustellen".[74] Obwohl Sonnemann bis zu seinem Tod 1909 Aufsichtsratsvorsitzender blieb, zog er sich allmählich immer mehr aus dem Zeitungsbetrieb zurück. Bald nach der Feier seines 70. Geburtstags 1901 verließen ihn die körperlichen Kräfte. Durch „die Gebrechlichkeit des Alters" war er in seinen letzten Jahren „in das Krankenzimmer gebannt", was „ihn nicht davon ab[hielt], bis zuletzt die Vorgänge im Leben der ‚Frankfurter Zeitung' und der Demokratischen Partei mit stetiger Teilnahme zu verfolgen und bei manchen Entscheidungen selber einzugreifen".[75]

Am 30. Oktober 1909 starb Leopold Sonnemann. „In Betreff meiner Zeitungsunternehmungen", so hatte er in seinem Testament verfügt, „habe ich den Wunsch, daß dieselben in dem gleichen Geiste, in welchem sie von mir die lange Reihe von Jahren geführt worden sind, weitergeführt werden. Politisch freiheitlich, in sozialpolitischer Hinsicht jederzeit gerecht und reformfreundlich, immer zur Unterstützung der wirtschaftlich Schwachen geneigt."[76] Vor allem seine Enkel Heinrich (1880–1941) und Kurt (1881–1957) Simon, die bereits 1906 bzw. 1907 in das Zeitungsunternehmen eingetreten waren, nahmen diesen Auftrag an. Noch in einer Sonderbeilage zu Sonnemanns 100. Geburtstag 1931 pries die FZ ihren Gründer, der „schon relativ frühzeitig seinem Werk, auch von ihm losgelöst, selbständiges Leben [ge]geben" habe: „Weil er die Sonnemann-Zeitung schuf, blieb sie ohne ihn bestehen bis auf diesen Tag."[77] Wegen ihres internationalen Ansehens wurde die FZ auch nach 1933 lange nicht verboten, obwohl sie den nationalsozialistischen Machthabern missliebig war. Auf Befehl Hitlers wurde das Blatt schließlich doch eingestellt. Am 31. August 1943 erschien die Frankfurter Zeitung zum letzten Mal.

C 307
Die Collage bietet die Titel der Entwicklung vom Frankfurter Geschäftsbericht bis zur Frankfurter Zeitung und der Kleinen Presse im neuen Layout der Jahrhundertwende. Auch die Neue Deutsche Zeitung mit Stuttgart als Druckort ist vertreten. Rechts unten sticht eine Ansicht des Depeschensaals hervor, Hinweis auf das Korrespondentennetz der Frankfurter Zeitung, den Garanten der Unabhängigkeit des Blattes bei der Nachrichtenbeschaffung.

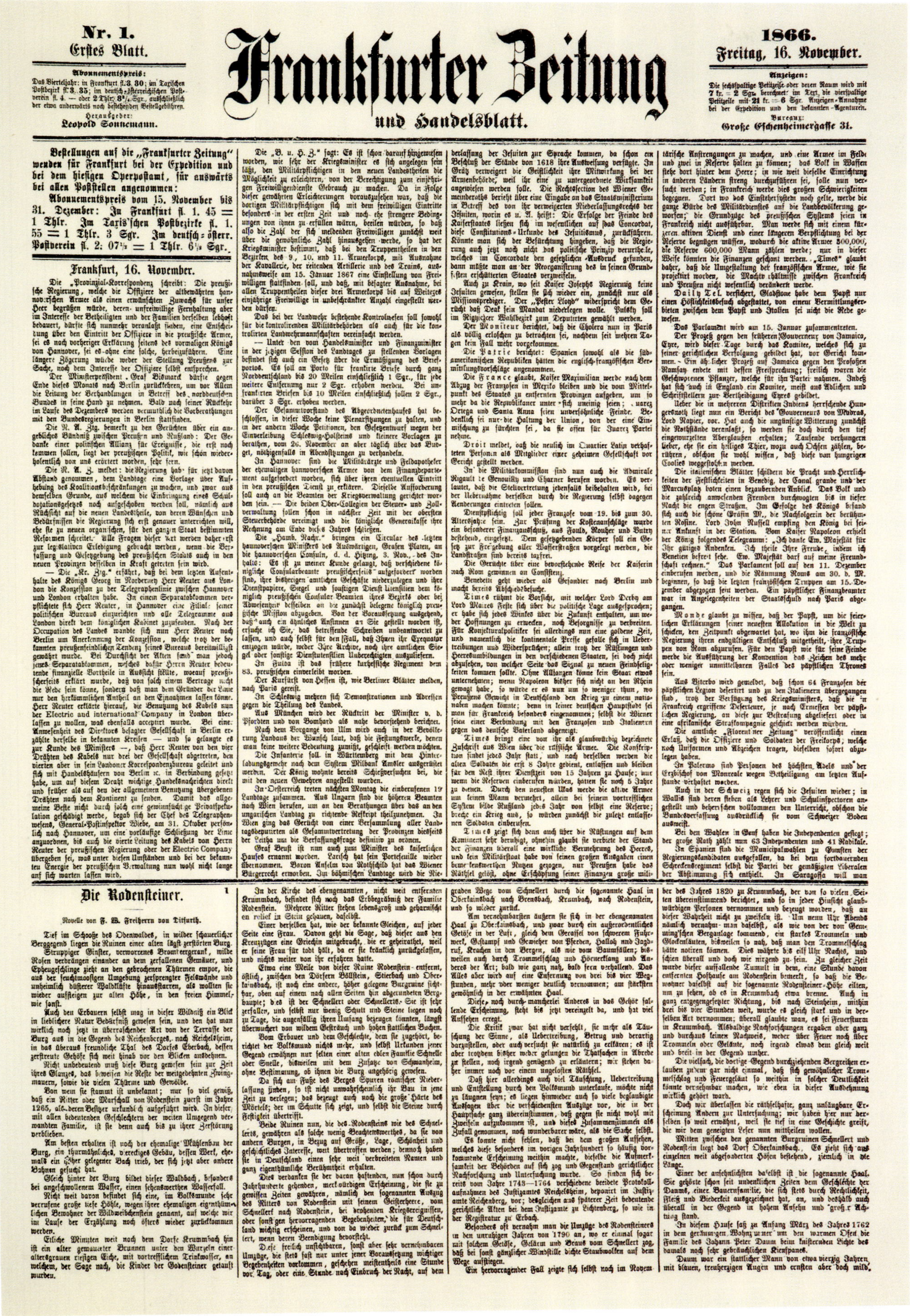
Nr. 1.
Erstes Blatt.

Frankfurter Zeitung
und Handelsblatt.

1866.
Freitag, 16. November.

Herausgeber:
Leopold Sonnemann.

Bureaux:
Große Eschenheimergasse 31.

Bestellungen auf die „Frankfurter Zeitung“ wenden für Frankfurt bei der Expedition und bei dem hiesigen Oberpostamt, für auswärts bei allen Poststellen angenommen:

Frankfurt, 16. November.

Die Rodensteiner.

Novelle von F. W. Freiherrn von Ditfurth.

C 326
Unter dem Namen Frankfurter Zeitung erscheint das Blatt erstmals am 16. November 1866. Nach der offiziellen Annexion Frankfurts durch den preußischen König und dem Erlass einer Amnestie für politische Vergehen kehrte Leopold Sonnemann aus dem mehrmonatigen Exil in Stuttgart zurück.

Extra-Beilage

zur

Neuen Frankfurter Zeitung.

Sonntag, den 1. April 1866.

Telegraphische Depeschen.

(Wagners telegr. Corresp.-Bureau.)

Berlin, 31. März. Abends. Die „Nationalzeitung" bringt in ihrer heutigen Abendausgabe den Wortlaut der vom preußischen Kabinet unterm 24. März an die deutschen Regierungen gerichteten Depesche. Diese Depesche setzt zunächst auseinander, Oesterreich habe ohne Provokation preußischerseits die Grenze bedrohende Rüstungen angeordnet, welche Preußen zu Gegenrüstungen zwingen, um nicht die Situation von 1850 wiederholt zu sehen. Die Depesche fordert die betreffenden Gesandten auf, die nöthigen Aufklärungen zu geben, damit die preußischen Vorbereitungen in richtigem Lichte aufgefaßt werden, und fährt sodann fort: Außer den Maßregeln zur augenblicklichen Sicherheit fordert die Situation gebieterisch, die Zukunft ins Auge zu fassen und uns nach Garantien umzusehen, welche Preußen die Sicherheit gewähren, die wir in dem Bündniß mit Oesterreich vergebens suchten, und die Oesterreich sogar bedroht. Preußens Stellung, sein deutscher Charakter, die deutsche Gesinnung seiner Fürsten weisen Preußen zunächst darauf hin, diese Garantien in Deutschland zu suchen. Auf dem Boden der deutschen Nationalität wird Preußen immer zuerst versuchen, die Sicherheit der nationalen Unabhängigkeit zu finden. Hierbei drängt sich uns stets wieder die Erkenntniß auf, daß der Bund in seiner gegenwärtigen Gestalt für jenen Zweck und für eine active Politik nicht ausreichend ist. Einen ernsthaften Antagonismus zwischen Oesterreich und Preußen können die Bundeseinrichtungen nicht ertragen, einen drohenden Bruch nicht verhüten, einen Konflikt nicht überwinden. Wir vermögen in der augenblicklichen Lage Vertrauen auf eine wirksame Bundeshilfe nicht zu bewahren, im Fall wir angegriffen werden. Bei jedem Angriff ist Preußen zunächst auf seine eigenen Kräfte verwiesen, wenn nicht ein besonders guter Wille einzelner Bundesregierungen zu seiner Unterstützung Mittel in Bewegung setzt, welche auf gem gewöhnlichen Bundeswege viel zu spät flüssig werden würden. Preußen ist gegenwärtig in der Lage, seine Bundesgenossen zu fragen, ob und in welchem Maße es auf dereu guten Willen zählen dürfe? Der vielleicht augenblicklich gute Wille einiger Bundesgenossen beruhigt übrigens nicht über kommende Gefahren, weil die gegenwärtige Lage des Bundes die Möglichkeit, einen solchen guten Willen zu bethätigen, vielfach ausschließt. Daher muß Preußen eine den reellen Verhältnissen entsprechende Bundesreform anregen. Hierzu ist Preußen um so mehr genöthigt, je weniger es auf die obeu gestellte Frage befriedigende Auskunft erlangt. Das Interesse Preußens ist schon durch die geographische Lage mit dem Interesse Deutschlands identisch. Preußens Lage ist, wenn es nicht Deutschlands sicher ist, sehr gefährdet. Das Schicksal Preußens zieht das Schicksal Deutschlends nach sich. Nach der Vernichtung der Kraft Preußens könnte Deutschland unzweifelhaft an der europäischen Politik nur noch passiv sich betheiligen. Dies zu verhüten ist heilige Pflicht aller deutschen Regierungen. Der Deutsche Bund in seiner gegenwärtigen Gestalt würde bei europäischen Krisen Deutschland vor dem Schicksal Polens nicht schützen. Weitere Aeußerungen vorbehaltend, erbittet die preußische Regierung zunächst die Beantwortung obiger Frage: ob und wie weit Preußen auf Unterstützung rechnen köune, falls es von Oesterreich angegriffen oder durch unzweideutige Drohungen zum Krieg genöthigt wird?

Berlin, 31. März, Abends. Die „Kreuzztg." meldet über die preußischen militärischen Maßnahmen: Die Festungen Glatz, Kosel, Neisse, Torgau, Wittenberg, Spandau und Magdeburg werden armirt. Mehrere Feldartillerieregimenter augmentirt und formiren Ersatzabtheilungen. Zwei Munitionskolonnen werden formirt. Vier neue Garde-Infanterieregimenter ziehen die Reserven ein, ebenso die Infanterieregimenter der fünften, siebenten und neunten Division und des ganzen sechsten Armeekorps, desgleichen des 72. Infanterieregiments.

Berlin, 31. März, Abends. Die „Nordd. Allgemeine Zeitung" konstatirt gegenüber der „Weimarer Zeitung", welche in Bezug auf die Beantwortung der preußischen Depesche die vorherige Verständigung zwischen den Staatsministern v. Watzdorf und v. Beust bestritten hat, daß die Antwortnoten der beiden Minister identisch, und abgegeben seien, nachdem Beide in Leipzig conferirt hätten.

Paris, 31. März, Abends. Der Abend-„Moniteur" sagt: Briefe, die uns von W i e n zugehen, melden, daß die Judenverfolgungen sich nunmehr über Böhmen hinaus auf Mähren und Steyermark erstrecken. Diese bedauernswerthen Manifestationen zwingen Oesterreich zur Ergreifung militärischer Maßregeln. Die in Oesterreich stattfindenden Truppenbewegungen entspringen größtentheils aus der Nothwendigkeit, der Verfolgung der Juden ein Ziel zu setzen.

Hamburg, 31. März. Für Getreide war die Stimmung flau; Geschäft stille. Roggen per Frühjahr ab Danzig zu 75—76 zu haben. Wetter schön.

Hamburg, 31. März. Oesterr. Kredit-Aktien $61^1/_2$. 5proc. Nat.-Anleihe 59 P. Norddeutsche Bankaktien $114^1/_4$. $4^1/_2$proc. Finnländische Anleihe $84^1/_2$ P. 6proc. Amerikaner per 1882 66—. Diskonto $4^1/_2$ pCt.

Für die Redaktion verantwortlich A. Danneil. Druck und Verlag der Frankfurter Societäts-Druckerei.

C 318
Wichtige Depeschen sind eine Extrabeilage wert, wie zum Beispiel am 1. April 1866.

C 323
Mit „Politischer Eiertanz" karikierte die Frankfurter Latern im September 1863 Bismarcks Politik gegen die liberale Mehrheit im preußischen Parlament und sein Diktum: „Macht geht vor Recht". Die Eier sind beschriftet mit: Gesetz, Recht, Wahlen und Verfassung. Macht umgeht Recht.

C 324
Mehr als sieben Jahre später, im Februar 1872, tanzt Bismarck um Eier, die mit Herrenhaus, Abgeordnetenhaus, Schulgesetz, Faules Ei, Kuckucksei, Leeres Ei und Perle Windhorst beschriftet sind. Der liberale preußische Kultusminister plante ein Schulgesetz, das mit der Trennung von Staat und Kirche ernst machen sollte. Ludwig Windhorst, der Reichstagsabgeordnete des Zentrums, warf Bismarck deshalb vor, er rücke nach links. Das glaubt die „Latern" (wie die Frankfurter Zeitung) nicht.

C 334
Die Karikatur „Bismarck und die Weltgeschichte" der Frankfurter Latern vom August 1872 interpretiert Bismarcks Politik als Versuch, den Gang der Weltgeschichte aufzuhalten.

C 335
Sechs Jahre später, im August 1878, wurde der Druckstock mit verändertem Titel und anderer Legende wieder benutzt. Anlass war das Sozialistengesetz, das dem Reichstag vorlag. Die „Weltgeschichte" ist jetzt „Die Freiheit", die Bismarck, der ihr gerade bis unters Knie reicht, mitteilt: „Mich hält doch keiner auf!"

Preßleidenskalender der Frankfurter Zeitung für das Jahr 1868.

Unter den vielen Petitionen die für Abänderung des Preßgesetzes im freiheitlichen Sinne, an das Abgeordnetenhaus ergangen sind, befindet sich auch eine die der hiesige Demokratische Wahlverein im Januar d. J. überreicht hat. Es scheint aber daß die Beschäftigung mit den bekannten Konfiskationen, so rasch man auch diese zu erledigen wußte, die Bewilligung des Budgets und ähnliche gesetzgeberische Arbeiten, dem Landtag noch keine Zeit für Gegenstände von geringerer Bedeutung wie Preßfreiheit u. dgl. übrig gelassen haben. Die Wünsche die der Demokratische Wahlverein ausgesprochen hat, sind zwar nicht neu, aber eben darum hätten sie um so mehr Beachtung verdient; sie betreffen die Abschaffung der Konzessionen für Buchdrucker, Buchhändler, Zeitungsverkäufer; Freigebung des Kolportirens, Aufhebung der Kautionen; Abschaffung der vorläufigen Beschlagnahme von Druckschriften, (als eines Verfahrens das die Vernichtung eines jeden Zeitungsunternehmens in den freien Willen der Polizei stellt;) Beschränkung der strafrechtlichen Verantwortlichkeit auf Eine Person; Anerkennung des Rechts der Presse zur Veröffentlichung rein objektiver Referate; Aufhebung der bekannten, so äußerst dehnbaren Bestimmungen über „Erregung von Haß und Verachtung“ und über „Störung des öffentlichen Friedens“, Bestimmungen bei denen alles auf die stetem Wechsel ausgesetzte Deutung und Auslegung der Gerichte ankommt; genauere Begriffsbestimmung der „Religionsverspottung“ und des Vergehens der „Ehrfurchtverletzung;“ Abschaffung des Zeitungsstempels, der ein gewerbliches Unternehmen mit der schwersten Abgabe belegt, ehe nur möglich ist zu vermuthen ob es einen Ertrag liefern werde, und der in Wahrheit nichts ist als ein Mittel um der politischen und ästhetischen Bildung des Volkes Hemmnisse zu bereiten; endlich die Verweisung der Preßvergehen vor das Schwurgericht, eine Einrichtung um die wir jetzt Oesterreich zu beneiden haben.

Betrachten wir diese Liste dessen was wir wünschen, so haben wir ein Verzeichniß dessen was uns fehlt, und die Liste ist zwar lang, trotzdem aber nicht einmal vollständig. Sie zeigt wie gründlich man die Mittel studirt hat die Presse zu pressen, und unsere Gesetzgebung ist fürwahr die reichhaltigste Sammlung aller älteren und neuen Erfindungen im Fache der Preß-Maßregelungen.

Wir besitzen einen Zeitungsstempel, und Süddeutschland, vor welchem wir bekanntlich fünfzig Jahre des Liberalismus voraus haben, ist ohne diese schöne Einrichtung, die zwar wenig einträgt, aber dafür um so härter drückt. Der Zeitungsstempel ist eine fiskalische und zugleich polizeiliche Maßregel. Es war die köstlichste Ironie daß man die Fessel die der Presse angelegt wird, von der Presse selbst bezahlen läßt. Jedes halbwegs freie Land hat die Presse von diesen Sträflingseisen, von dieser Schleppkugel am Fuße befreit, und es gibt absolutistische Länder, so z. B. das Spanien der biederen Isabella, wohin die Kenntniß solcher Polizeikünste nie gedrungen. Aber wir sind viel gebildeter und liberaler, bei uns muß jeder der liest, für den Genuß des Lesens eine hohe Abgabe zahlen, und selbst der ärmste Bauer der sich in seinem Kalender Rathes erholt, muß dafür zwei Groschen in die Staatskasse legen.

Das Recht durch das Organ einer Zeitung zur Nation zu reden, ist zum Vorrecht der Reichen gemacht worden, indem es an die Hinterlegung enormer Kautionen geknüpft ist. Das ist der Hauptzweck der Kautionen; sie haben aber auch einen allerliebsten Nebenzweck, nämlich dem Staate die Sicherheit zu geben daß die Geldbußen, mit denen unser Preßgesetz so reichlich versehen ist, jederzeit richtig bezahlt werden. Konnte der erfinderische Menschengeist Besseres entdecken? Gewiß nicht. Nur schade daß man dies System nicht weiter ausdehnt, — daß der Staat nicht jedem Unterthan für die Erlaubniß zu leben und zu wirken, eine Geldkaution auferlegt. Denn niemand kann verhüten daß er früher oder später in den Fall kommt einer Geldstrafe zu unterliegen; die allgemeine Unterthans-Kaution würde, zum Vortheil des Fiskus, das Eingehen der Strafgelder für alle Zeiten sichern, und man hätte nicht mehr nöthig sich im Fall des Nichtzahlens mit Gefängnißstrafen zu behelfen.

Die Vergehen die man durch die Presse verüben kann, sind so mannichfaltig daß es äußerst schwer ist nicht von Zeit zu Zeit in eine Preßsünde hineinzutappen; es gibt nur Ein Mittel sein Gewissen rein und seine Feder frei zu erhalten, nämlich im Sinne der jedesmaligen Minister zu schreiben. Geschieht dies von einem Blatte, so ist es ihm von vorn herein unmöglich sich jemals gegen das Preßgesetz zu verfehlen; und alsdann sind auch, (wie es z. B. bei der „Provinzialkorrespondenz“ der Fall ist,) für solche löschpapierene Tugend die Kautionen ganz überflüssig. Derartige Blätter stellen weder Kaution noch zahlen sie Stempel; Letzteres offenbar deshalb weil man von einem Blatte das dem Staat mit seinen geistigen Leistungen hilft, nicht noch dazu materielle Leistungen fordern darf.

Unsere Preßgesetzgebung erfüllt in wunderbar richtiger Weise jene räthselhafte Forderung des Jahres 1848: „Preßfreiheit und Censur.“ Die Presse hat in der That die Freiheit zu drucken was sie will; so wie aber das bedruckte Papier von der Presse herabgenommen ist, fängt die Censur an; — nur trägt sie jetzt einen anderen Namen, sie heißt „vorläufige Beschlagnahme.“

Vor 1848 durfte die Presse die Regierungshandlungen nur loben; jetzt ist ihr die Kritik gestattet, aber nur eine „berechtigte.“ Wo und bis zu welchem Punkte die Grenze der Berechtigung gezogen ist, kann kein irdischer Mensch wissen wenn er nicht allweise, d. h. Beamter der Polizei ist; andere Sterbliche erfahren es immer nur thatsächlich, immer erst dann wenn verurtheilt oder freigesprochen worden. Kein Oedipus ist im Stande das vorher zu errathen. Das Gesetz verpönt es „Haß und Verachtung zu erregen;“ allein die tadelnde Kritik von Handlungen, sei sie noch so objektiv gehalten, wird immer bei manchen Lesern ein Gefühl der Mißbilligung, eine Mißachtung dessen der die Handlungen verübte, also irgend eine Art von Haß und Verachtung erwecken. Die objektive Kritik erzeugt nothwendig eine subjektive Wirkung, und nach der letzteren will unser Gesetz die Strafbarkeit der Kritik beurtheilt wissen! Jedenfalls eine kuriose Umkehr der Begriffe von Unrecht und Verantwortlichkeit.

Daß eine solche Gesetzgebung für die Presse die größte Beschwer und Unsicherheit im Gefolge hat, versteht sich von selbst. Eine Zeitung redigiren heißt sich einem täglichen Konflikt mit Polizei, Staatsanwaltschaft und Gerichten unvermeidlich preisgeben. Wenn man in allen jetzt preußischen Landen die Summe der Beschlagnahmen, Vorladungen, Vernehmungen, Verhandlungen, Urtheilsverkündigungen, Berufungen zöge, wenn man den Aufwand an Zeit und Mühen und Kosten zusammenrechnete, so würde, selbst abgesehen von Geld- und Gefängnißstrafen, das Facit einen Verlust von enormer Höhe ergeben. Da das Material zu einer solchen Leidensgeschichte der gesammten Nordmainischen Presse uns nicht zu Gebote steht, so haben wir fürs erste einen „Preßleidenskalender der Frankfurter Zeitung für das Jahr 1868“ zusammengestellt, und geben ihn dem geneigten Leser als Beitrag zur Statistik moderner Regierungsmittel.

1868. Januar	14.	Beschlagnahme von Nr. 14.
„	26.	„ „ Nr. 26.
Februar	3.	Verhandlung vor dem Rügericht, wegen Verstoßens gegen Artikel 124 der Medizinalordnung.
„	7.	Verhandlungen in derselben Sache vor der Strafkammer.
„	15.	Beschlagnahme von Nr. 47.
„	25.	Verhandlung vor der Strafkammer wegen Nr. 14. Freisprechung.
„	25.	Verhandlung vor der Strafkammer wegen Nr. 26. Verurtheilung zu fl. 30. Strafe.
März	14.	Beschlagnahme von Nr. 74.
„	24.	Verhandlung vor der Strafkammer betreffend Art. 124 der Med.-Ordnung. Freisprechung.
„	31.	Beschlagnahme von Nr. 92.
April	8.	„ „ Nr. 100.
Mai	1.	Verhandlung vor dem Appellationsgericht. Freisprechung von Nr. 14.
„	10.	Beschlagnahme von Nr. 131.
Juni	4.	„ „ Nr. 154, nebst Versiegelung der Form.
„	26.	Beschlagnahme von Nr. 176.
Juli	1.	Verhandlung vor der Strafkammer gegen eine Zeitungsträgerin, wegen „Dienstehrenbeleidigung.“
August	2.	Beschlagnahme von Nr. 212.
„	6.	Verhandlung vor der Strafkammer wegen Nr. 154. Freisprechung.
„	6.	Desgleichen wegen Nr. 177. Freisprechung.
„	6.	Desgleichen wegen Nr. 178. Verurtheilung zu 20 Gulden Strafe.
„	18.	Desgleichen wegen Nr. 212. Verurtheilung zu einem Monat Gefängniß.
Oktober	2.	Verhandlung vor dem Appellationsgericht wegen Nr. 212. Herabsetzung der Strafe auf 100 Thlr. Geldbuße.
„	2.	Desgleichen wegen Nr. 177. Verurtheilung zu fl. 17. 30 kr.
„	16.	Desgleichen wegen Nr. 154. Freisprechung.
Novmbr.	20.	Beschlagnahme von Nr. 322 und Haussuchung.
„	24.	Verhandlung „im Ermittlungsverfahren“ vor dem Rügegericht.
„	24.	Vernehmung des Herausgebers wegen unterlassener Einreichung des „Pflichtexemplars“ eines Geschäftscirkulars.
Dezembr.	4.	Schutzmännerliche Inquirirung der Zeitungsträger, wegen der Broschüre: „Braun und Consorten.“

Von den beschlagnahmten Blättern sind verschiedene nachher wieder freigegeben worden. Daraus folgt daß man sie ohne Rechtsgrund mit Beschlag belegt hatte, und für ein solches Unrecht trägt niemand die Strafe als derjenige dem es zugefügt worden. Denn die Beschlagnahme ist ein Uebel das durch die Freigebung nicht gutgemacht wird; ein den Tagesnachrichten gewidmetes Blatt wird schon am nächsten Tage dem Leser werthlos, und der Zeitungseigenthümer hat das Vergnügen den Irrthum der Polizei jedesmal mit ansehnlichen Summen für Satz, Druck und Papier zu bezahlen. Und doch ist die Beschlagnahme noch eines der geringeren unter den Leiden der preußischen Presse.

C 342
Im März 1869 wird der Pressleidenskalender der Frankfurter Zeitung für das Jahr 1868 veröffentlicht: 11 Beschlagnahmungen, 16 Gerichtsverhandlungen und Verhöre.

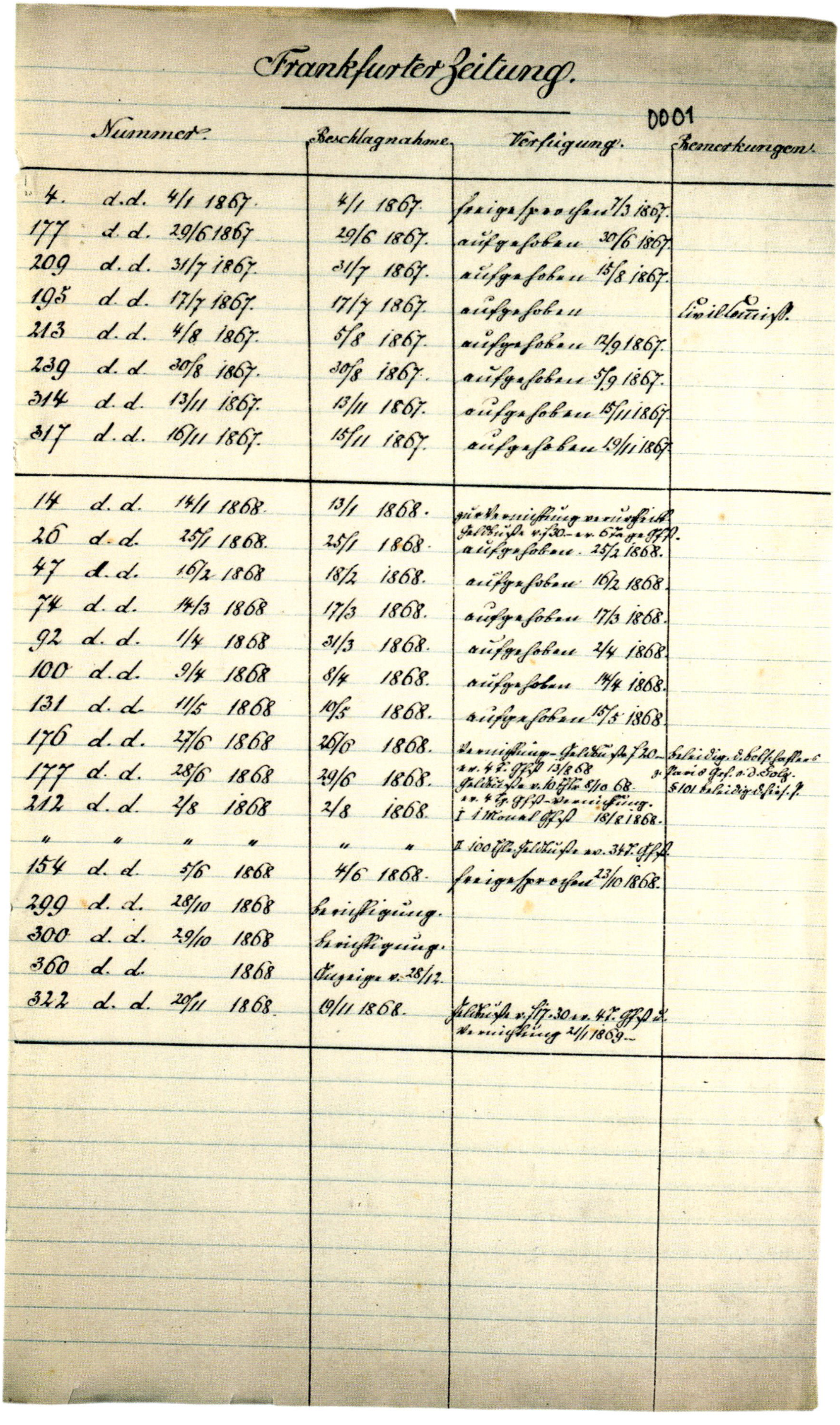

Frankfurter Zeitung.

0001

Nummer.			Beschlagnahme.	Verfügung.	Bemerkungen.
4.	d. d.	4/1 1867.	4/1 1867.	freigesprochen 7/3 1867.	
177	d. d.	29/6 1867.	29/6 1867.	aufgehoben 30/6 1867.	
209	d. d.	31/7 1867.	31/7 1867.	aufgehoben 15/8 1867.	
195	d. d.	17/7 1867.	17/7 1867.	aufgehoben	[illegible]
213	d. d.	4/8 1867.	5/8 1867.	aufgehoben 12/9 1867.	
239	d. d.	30/8 1867.	30/8 1867.	aufgehoben 5/9 1867.	
314	d. d.	13/11 1867.	13/11 1867.	aufgehoben 15/11 1867.	
317	d. d.	16/11 1867.	15/11 1867.	aufgehoben 19/11 1867.	
14	d. d.	14/1 1868.	13/1 1868.	[illegible]	
26	d. d.	25/1 1868.	25/1 1868.	aufgehoben. 25/2 1868.	
47	d. d.	16/2 1868	18/2 1868.	aufgehoben 16/2 1868.	
74	d. d.	14/3 1868	17/3 1868.	aufgehoben 17/3 1868.	
92	d. d.	1/4 1868	31/3 1868.	aufgehoben 2/4 1868.	
100	d. d.	9/4 1868	8/4 1868.	aufgehoben 14/4 1868.	
131	d. d.	11/5 1868	10/5 1868.	aufgehoben 15/5 1868.	
176	d. d.	27/6 1868	26/6 1868.	[illegible] 13/8 68	[illegible]
177	d. d.	28/6 1868	29/6 1868.	[illegible] 8/10 68.	[illegible] §101 [illegible]
212	d. d.	2/8 1868	2/8 1868.	[illegible] 18/8 1868.	
"	"	" "	" "	[illegible]	
154	d. d.	5/6 1868	4/6 1868.	freigesprochen 23/10 1868.	
299	d. d.	28/10 1868	Berichtigung.		
300	d. d.	29/10 1868	Berichtigung.		
360	d. d.	1868	Anzeige v. 28/12.		
322	d. d.	20/11 1868.	19/11 1868.	[illegible] 21/1 1869.	

C 331
Verzeichnis der vom Polizeipräsidium beschlagnahmten 24 Ausgaben der Frankfurter Zeitung von Januar 1867 bis November 1868. In der dritten Spalte sind die Folgen notiert: 13mal „aufgehoben", das heißt, die polizeiliche Beschlagnahmung hatte keine Anklage zur Folge. Nur bei acht Beschlagnahmungen wurde Klage erhoben, zweimal gab es Freispruch, Strafen wurden nur in sechs Fällen verhängt.

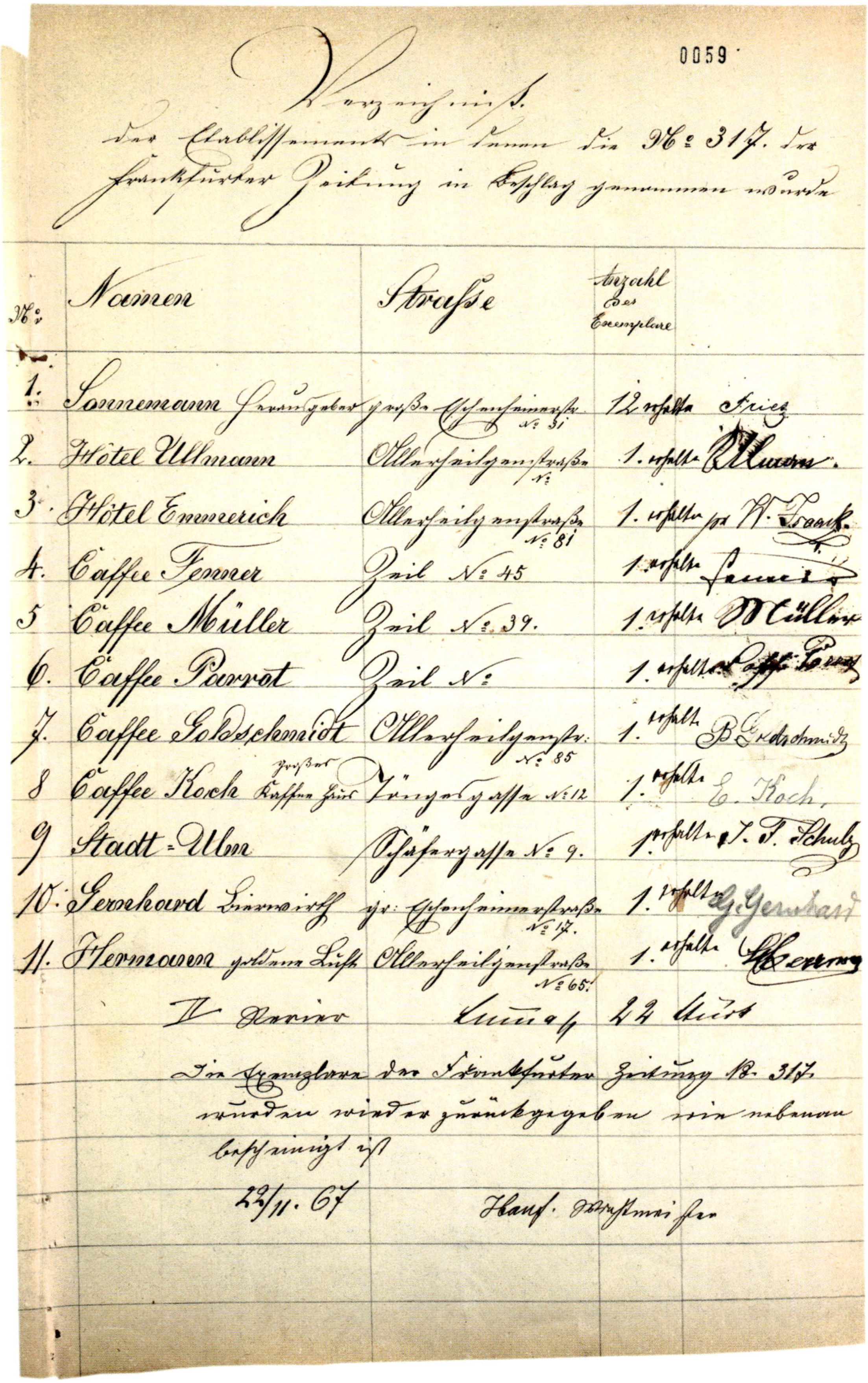

0059

Verzeichniß der Etablissements in denen die No 317. der Frankfurter Zeitung in Beschlag genommen wurde

No	Namen	Straße	Anzahl der Exemplare	
1.	Sonnemann Herausgeber	großer Eschenheimerstr. No 31	12 erhalten	Friez
2.	Hôtel Ullmann	Allerheiligenstraße No	1. erhalten	Ullmann
3.	Hôtel Emmerich	Allerheiligenstraße No 81	1. erhalten	pr W. [illegible]
4.	Caffee Fenner	Zeil No 45	1. erhalten	Fenner
5	Caffee Müller	Zeil No 39.	1. erhalten	W. Müller
6.	Caffee Parrot	Zeil No	1. erhalten	Caffe Parrot
7.	Caffee Goldschmidt	Allerheiligenstr. No 85	1. erhalten	B. Goldschmidt
8	Caffee Koch großer Hirsch	[illegible]gasse No 12	1. erhalten	E. Koch
9	Stadt-Ulm	Schäfergasse No 9.	1. erhalten	J. J. Schulz
10.	Gerhard Bierwirth	gr. Eschenheimerstraße No 17.	1. erhalten	G. Gerhard
11.	Hermann goldene Luft	Allerheiligenstraße No 65.	1. erhalten	Hermann

[illegible] Summa 22 Stück

Die Exemplare der Frankfurter Zeitung No 317. wurden wieder zurückgegeben wie nebenan bescheinigt ist

22/11. 67 Hauf. Wachtmeister

C 330
Am 22. November 1867 beschlagnahmte die Polizei die Ausgabe Nr. 317 der Frankfurter Zeitung. Das Verzeichnis führt die beschlagnahmten Exemplare beim Herausgeber, in Cafés, Hotels und Gastwirtschaften auf. Das akribische Verzeichnis war notwendig, weil die Exemplare zurückgegeben werden mussten, wenn sich kein Richter fand, der den Grund für die Beschlagnahmung nachträglich als „Preßvergehen" absegnete.

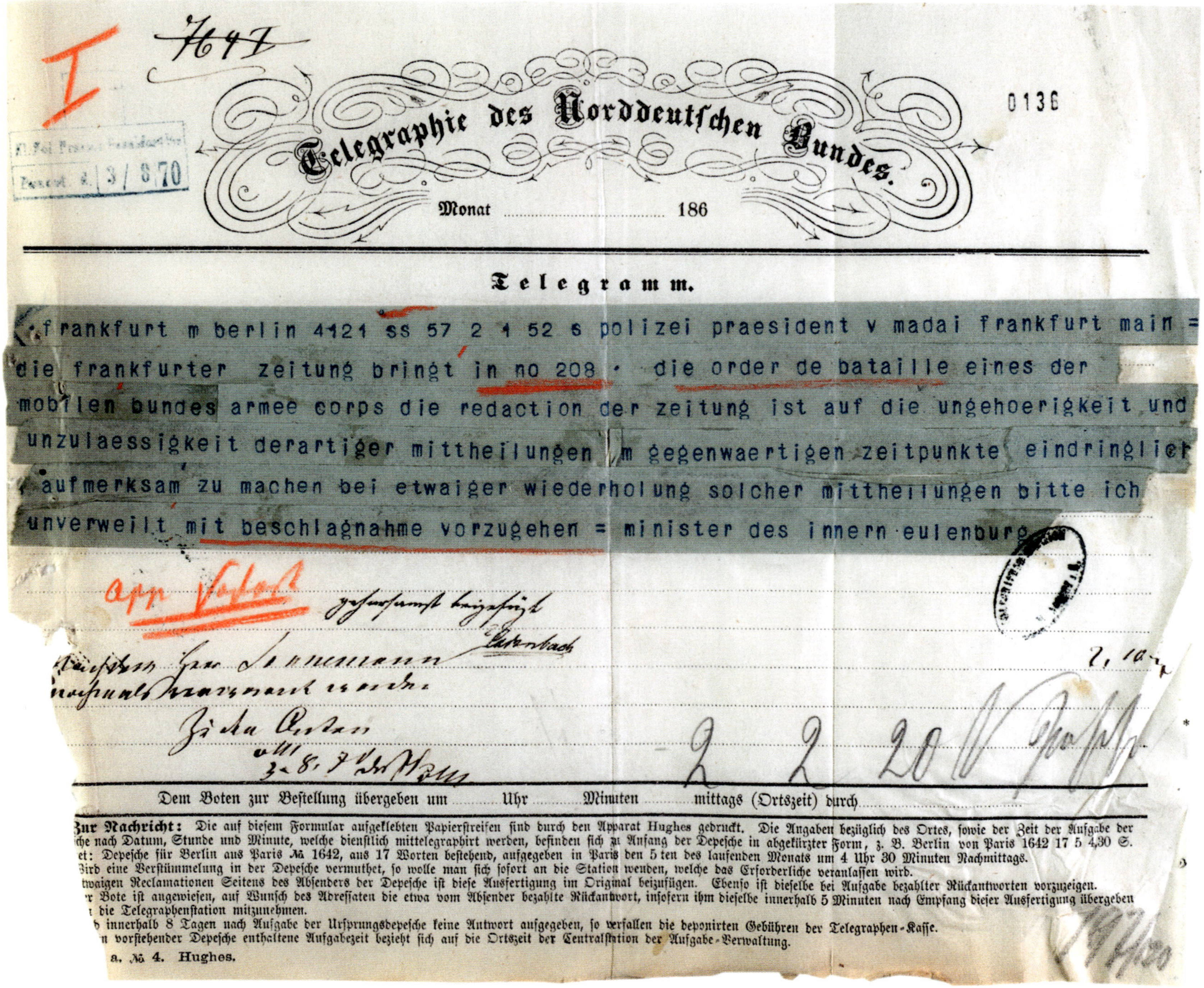
Telegraphie des Norddeutschen Bundes.

0136

Monat 186

Telegramm.

frankfurt m berlin 4121 ss 57 2 1 52 s polizei praesident v madai frankfurt main =
die frankfurter zeitung bringt in no 208 · die order de bataille eines der
mobilen bundes armee corps die redaction der zeitung ist auf die ungehoerigkeit und
unzulaessigkeit derartiger mittheilungen im gegenwaertigen zeitpunkte eindringlich
aufmerksam zu machen bei etwaiger wiederholung solcher mittheilungen bitte ich
unverweilt mit beschlagnahme vorzugehen = minister des innern eulenburg

Dem Boten zur Bestellung übergeben um .... Uhr .... Minuten .... mittags (Ortszeit) durch ....

Zur Nachricht: Die auf diesem Formular aufgeklebten Papierstreifen sind durch den Apparat Hughes gedruckt. Die Angaben bezüglich des Ortes, sowie der Zeit der Aufgabe der ...che nach Datum, Stunde und Minute, welche dienstlich mittelegraphirt werden, befinden sich zu Anfang der Depesche in abgekürzter Form, z. B. Berlin von Paris 1642 17 5 4,30 S. ...et: Depesche für Berlin aus Paris № 1642, aus 17 Worten bestehend, aufgegeben in Paris den 5 ten des laufenden Monats um 4 Uhr 30 Minuten Nachmittags.
...ird eine Verstümmelung in der Depesche vermuthet, so wolle man sich sofort an die Station wenden, welche das Erforderliche veranlassen wird.
...twaigen Reclamationen Seitens des Absenders der Depesche ist diese Ausfertigung im Original beizufügen. Ebenso ist dieselbe bei Aufgabe bezahlter Rückantworten vorzuzeigen.
...r Bote ist angewiesen, auf Wunsch des Adressaten die etwa vom Absender bezahlte Rückantwort, insofern ihm dieselbe innerhalb 5 Minuten nach Empfang dieser Ausfertigung übergeben ... die Telegraphenstation mitzunehmen.
...b innerhalb 8 Tagen nach Aufgabe der Ursprungsdepesche keine Antwort aufgegeben, so verfallen die deponirten Gebühren der Telegraphen-Kasse.
...n vorstehender Depesche enthaltene Aufgabezeit bezieht sich auf die Ortszeit der Centralstation der Aufgabe-Verwaltung.

a. № 4. Hughes.

C 349
Die Karikatur „Hirtenknabe noch einmal" der Frankfurter Latern vom August 1874 interpretiert das Gedicht „Der Hirtenknabe" von Ludwig Uhland neu. Statt der Kapelle, Sinnbild der Sterblichkeit des Menschen, steht das Klapperfeldgefängnis auf dem Hügel. Leopold Sonnemann schaut aus der Zelle. Otto Hörth vertrat Leopold Sonnemann während dessen Haft. Dem „Hörthenknaben" (dem Journalisten) droht mit der gleichen Unausweichlichkeit das Gefängnis wie dem Hirtenknaben (dem Menschen) der Tod.

C 333
Der preußische Innenminister Eulenburg indiziert im August 1870 eine Meldung der Frankfurter Zeitung zum Feldzug gegen Frankreich und fordert den Frankfurter Polizeipräsidenten zur Beschlagnahmung im Wiederholungsfalle auf. Im Deutsch-französischen Krieg 1870/71 riskierte die Frankfurter Zeitung mit jeder Meldung zu den militärischen Operationen die Beschlagnahmung.

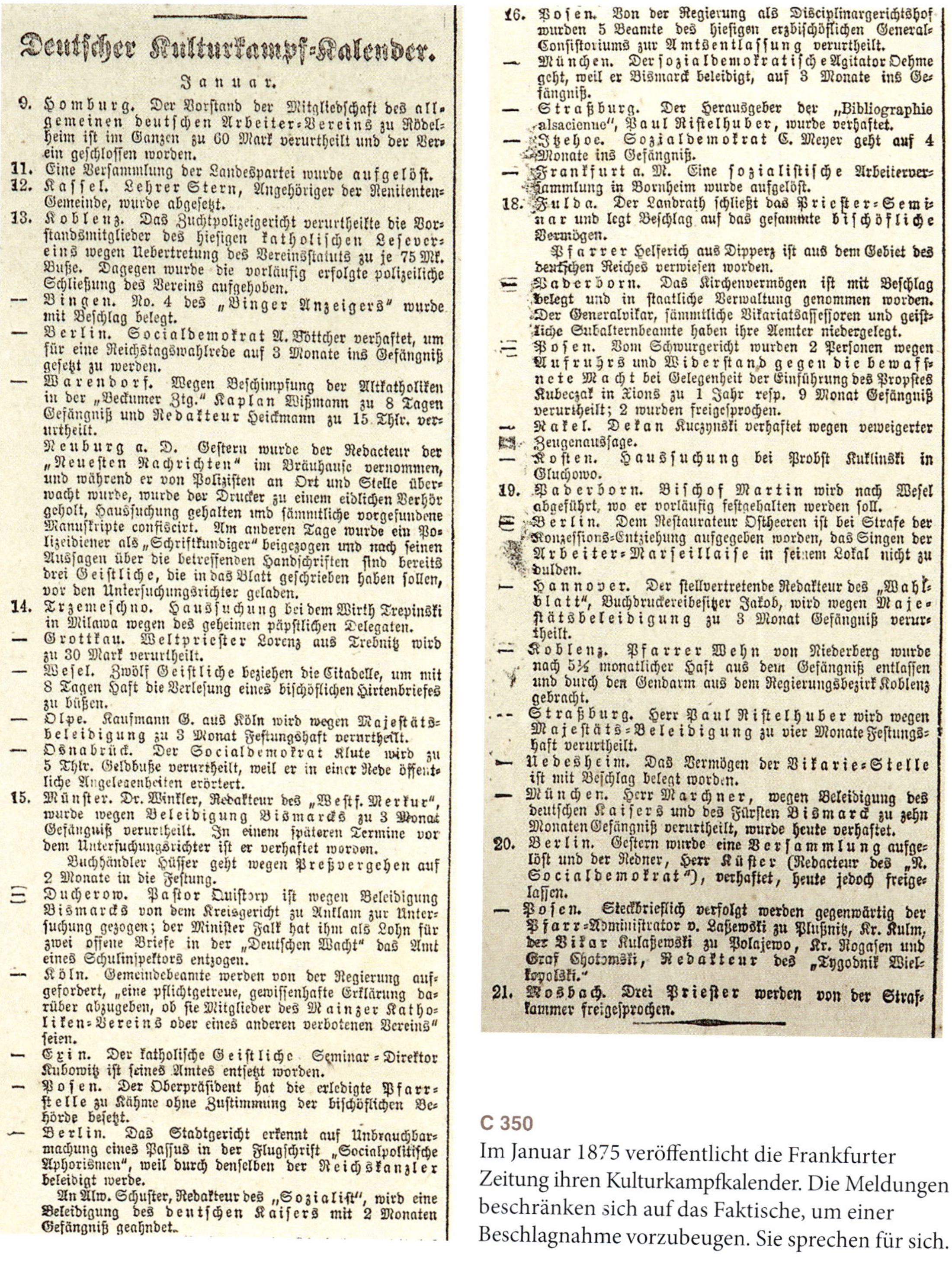

Deutscher Kulturkampf-Kalender.

Januar.

9. Homburg. Der Vorstand der Mitgliedschaft des allgemeinen deutschen Arbeiter-Vereins zu Rödelheim ist im Ganzen zu 60 Mark verurtheilt und der Verein geschlossen worden.

11. Eine Versammlung der Landespartei wurde aufgelöst.

12. Kassel. Lehrer Stern, Angehöriger der Renitenten-Gemeinde, wurde abgesetzt.

13. Koblenz. Das Zuchtpolizeigericht verurtheilte die Vorstandsmitglieder des hiesigen katholischen Lesevereins wegen Uebertretung des Vereinsstatuts zu je 75 Mk. Buße. Dagegen wurde die vorläufig erfolgte polizeiliche Schließung des Vereins aufgehoben.

— Bingen. No. 4 des „Binger Anzeigers" wurde mit Beschlag belegt.

— Berlin. Socialdemokrat A. Böttcher verhaftet, um für eine Reichstagswahlrede auf 3 Monate ins Gefängniß gesetzt zu werden.

— Warendorf. Wegen Beschimpfung der Altkatholiken in der „Beckumer Ztg." Kaplan Wißmann zu 8 Tagen Gefängniß und Redakteur Heickmann zu 15 Thlr. verurtheilt.

Neuburg a. D. Gestern wurde der Redacteur der „Neuesten Nachrichten" im Bräuhause vernommen, und während er von Polizisten an Ort und Stelle überwacht wurde, wurde der Drucker zu einem eidlichen Verhör geholt, Haussuchung gehalten und sämmtliche vorgefundene Manuskripte confiscirt. Am anderen Tage wurde ein Polizeidiener als „Schriftkundiger" beigezogen und nach seinen Aussagen über die betreffenden Handschriften sind bereits drei Geistliche, die in das Blatt geschrieben haben sollen, vor den Untersuchungsrichter geladen.

14. Trzemeschno. Haussuchung bei dem Wirth Trepinski in Milawa wegen des geheimen päpstlichen Delegaten.

— Grottkau. Weltpriester Lorenz aus Trebnitz wird zu 30 Mark verurtheilt.

— Wesel. Zwölf Geistliche beziehen die Citadelle, um mit 8 Tagen Haft die Verlesung eines bischöflichen Hirtenbriefes zu büßen.

— Olpe. Kaufmann G. aus Köln wird wegen Majestätsbeleidigung zu 3 Monat Festungshaft verurtheilt.

— Osnabrück. Der Socialdemokrat Klute wird zu 5 Thlr. Geldbuße verurtheilt, weil er in einer Rede öffentliche Angelegenheiten erörtert.

15. Münster. Dr. Winkler, Redakteur des „Westf. Merkur", wurde wegen Beleidigung Bismarcks zu 3 Monat Gefängniß verurtheilt. In einem späteren Termine vor dem Untersuchungsrichter ist er verhaftet worden.

Buchhändler Hüffer geht wegen Preßvergehen auf 2 Monate in die Festung.

— Ducherow. Pastor Quistorp ist wegen Beleidigung Bismarcks von dem Kreisgericht zu Anklam zur Untersuchung gezogen; der Minister Falk hat ihm als Lohn für zwei offene Briefe in der „Deutschen Wacht" das Amt eines Schulinspektors entzogen.

— Köln. Gemeindebeamte werden von der Regierung aufgefordert, „eine pflichtgetreue, gewissenhafte Erklärung darüber abzugeben, ob sie Mitglieder des Mainzer Katholiken-Vereins oder eines anderen verbotenen Vereins" seien.

— Exin. Der katholische Geistliche Seminar-Direktor Kubowitz ist seines Amtes entsetzt worden.

— Posen. Der Oberpräsident hat die erledigte Pfarrstelle zu Kähme ohne Zustimmung der bischöflichen Behörde besetzt.

— Berlin. Das Stadtgericht erkennt auf Unbrauchbarmachung eines Passus in der Flugschrift „Socialpolitische Aphorismen", weil durch denselben der Reichskanzler beleidigt werde.

An Alw. Schuster, Redakteur des „Sozialist", wird eine Beleidigung des deutschen Kaisers mit 2 Monaten Gefängniß geahndet.

16. Posen. Von der Regierung als Disciplinargerichtshof wurden 5 Beamte des hiesigen erzbischöflichen General-Consistoriums zur Amtsentlassung verurtheilt.

— München. Der sozialdemokratische Agitator Oehme geht, weil er Bismarck beleidigt, auf 3 Monate ins Gefängniß.

— Straßburg. Der Herausgeber der „Bibliographie alsacienne", Paul Ristelhuber, wurde verhaftet.

— Itzehoe. Sozialdemokrat C. Meyer geht auf 4 Monate ins Gefängniß.

— Frankfurt a. M. Eine sozialistische Arbeiterversammlung in Bornheim wurde aufgelöst.

18. Fulda. Der Landrath schließt das Priester-Seminar und legt Beschlag auf das gesammte bischöfliche Vermögen.

Pfarrer Helferich aus Dipperz ist aus dem Gebiet des deutschen Reiches verwiesen worden.

— Paderborn. Das Kirchenvermögen ist mit Beschlag belegt und in staatliche Verwaltung genommen worden. Der Generalvikar, sämmtliche Vikariatsassessoren und geistliche Subalternbeamte haben ihre Aemter niedergelegt.

— Posen. Vom Schwurgericht wurden 2 Personen wegen Aufruhrs und Widerstand gegen die bewaffnete Macht bei Gelegenheit der Einführung des Propstes Kubeczak in Xions zu 1 Jahr resp. 9 Monat Gefängniß verurtheilt; 2 wurden freigesprochen.

— Nakel. Dekan Kuczynski verhaftet wegen verweigerter Zeugenaussage.

— Kosten. Haussuchung bei Probst Kuklinski in Gluchowo.

19. Paderborn. Bischof Martin wird nach Wesel abgeführt, wo er vorläufig festgehalten werden soll.

— Berlin. Dem Restaurateur Ostheeren ist bei Strafe der Konzessions-Entziehung aufgegeben worden, das Singen der Arbeiter-Marseillaise in seinem Lokal nicht zu dulden.

— Hannover. Der stellvertretende Redakteur des „Wahlblatt", Buchdruckereibesitzer Jakob, wird wegen Majestätsbeleidigung zu 3 Monat Gefängniß verurtheilt.

— Koblenz. Pfarrer Wehn von Niederberg wurde nach 5½ monatlicher Haft aus dem Gefängniß entlassen und durch den Gendarm aus dem Regierungsbezirk Koblenz gebracht.

— Straßburg. Herr Paul Ristelhuber wird wegen Majestäts-Beleidigung zu vier Monate Festungshaft verurtheilt.

— Nedesheim. Das Vermögen der Vikarie-Stelle ist mit Beschlag belegt worden.

— München. Herr Marchner, wegen Beleidigung des deutschen Kaisers und des Fürsten Bismarck zu zehn Monaten Gefängniß verurtheilt, wurde heute verhaftet.

20. Berlin. Gestern wurde eine Versammlung aufgelöst und der Redner, Herr Küster (Redacteur des „N. Socialdemokrat"), verhaftet, heute jedoch freigelassen.

— Posen. Steckbrieflich verfolgt werden gegenwärtig der Pfarr-Administrator v. Laszewski zu Plußnitz, Kr. Kulm, der Vikar Kulaszewski zu Polajewo, Kr. Rogasen und Graf Chotomski, Redakteur des „Tygodnik Wielkopolski."

21. Mosbach. Drei Priester werden von der Strafkammer freigesprochen.

C 350

Im Januar 1875 veröffentlicht die Frankfurter Zeitung ihren Kulturkampfkalender. Die Meldungen beschränken sich auf das Faktische, um einer Beschlagnahme vorzubeugen. Sie sprechen für sich.

C 347
Im Januar 1877 bringt die Frankfurter Latern ein „Vivat zur Feier des Zweitausendsten Strafantrags" aus. Bismarck, als Sonne dargestellt, schaut zufrieden. Er verfolgte nachweislich kritische Zeitungen und verwandte den so genannten „Reptilienfonds" zur Beeinflussung. Leopold Sonnemann schwenkt eine Fahne mit der Aufschrift „Hurrah Ziegenhain". In Ziegenhain stand das für Frankfurt „zuständige" Zuchthaus.

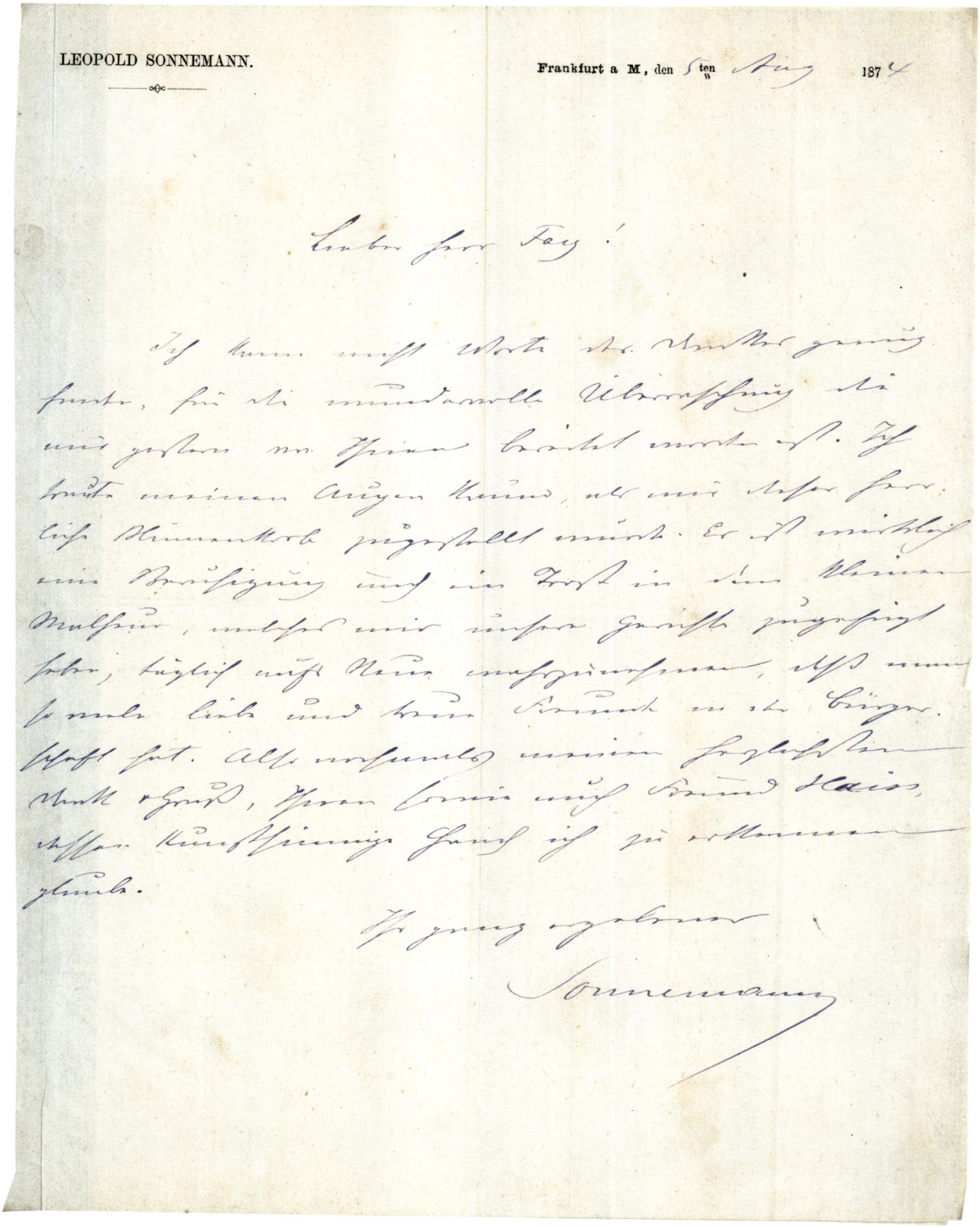

LEOPOLD SONNEMANN.

Frankfurt a M, den 5ten Aug 1874

Lieber Herr Fay!

Ich kann nicht Worte des Dankes genug finden, für die wundervolle Überraschung die mir gestern von Ihnen bereitet worden ist. Ich traute meinen Augen kaum, als mir dieser herrliche Blumenkorb zugestellt wurde. Er ist wirklich eine Beruhigung und ein Trost in dem kleinen Malheur, welches mir unsere Gerichte zugefügt haben, täglich aufs Neue wahrzunehmen, daß man so viele liebe und treue Freunde in der Bürgerschaft hat. Also empfangen Sie meinen herzlichsten Dank u. Gruß, Ihrem [illegible] auch Freund Klaus, dessen kunstsinnige Hand ich zu erkennen glaube.

Ihr ganz ergebener

Sonnemann

C 340
Am 5. August 1874 schreibt Leopold Sonnemann aus seiner Zelle auf dem Klapperfeld seinem Parteifreund Heinrich Eduard Fay und bedankt sich herzlich für die Übersendung eines Blumenkorbs.

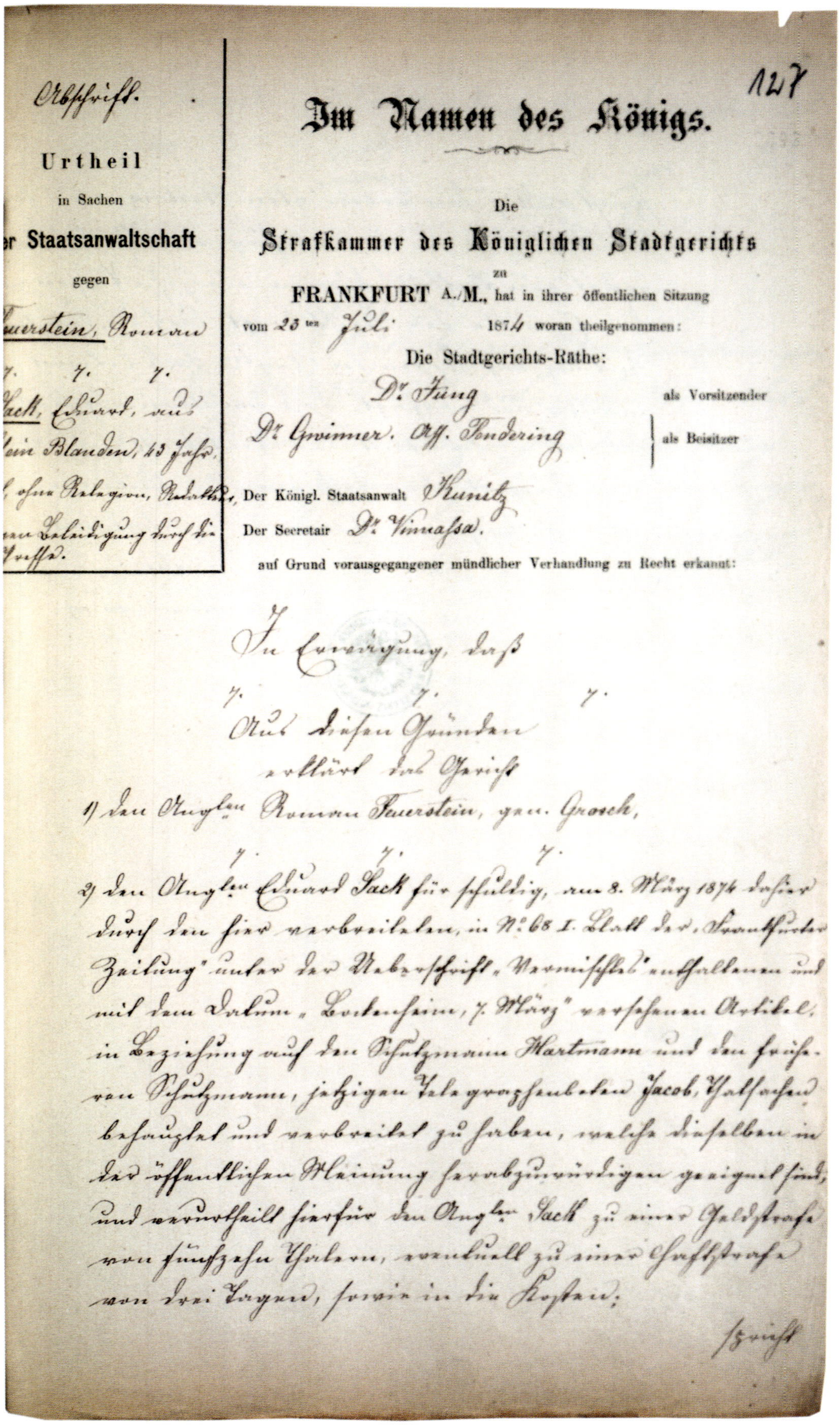

127

Abschrift.

Urtheil

in Sachen

[de]r Staatsanwaltschaft

gegen

[Fe]uerstein, Roman

./. ./. ./.

Sack, Eduard, aus ... Blanden, 43 Jahr, ohne Religion, Redacteur, ... Beleidigung durch die Presse.

Im Namen des Königs.

Die

Strafkammer des Königlichen Stadtgerichts

zu

FRANKFURT A./M., hat in ihrer öffentlichen Sitzung vom 23ten Juli 1874 woran theilgenommen:

Die Stadtgerichts-Räthe:

Dr. Jung als Vorsitzender

Dr. Grimmer. Ass. Sondering als Beisitzer

Der Königl. Staatsanwalt Kunitz

Der Secretair Dr. Vinnassa

auf Grund vorausgegangener mündlicher Verhandlung zu Recht erkannt:

In Erwägung, daß

./. ./. ./.

Aus diesen Gründen

erklärt das Gericht

1) den Angeklagten Roman Feuerstein, gen. Grosch,

./. ./. ./.

2) den Angeklagten Eduard Sack für schuldig, am 8. März 1874 dahier durch den hier verbreiteten, in No. 68 I. Blatt der „Frankfurter Zeitung“ unter der Ueberschrift „Vermischtes“ enthaltenen und mit dem Datum „Bockenheim, 7. März“ versehenen Artikel, in Beziehung auf den Schutzmann Hartmann und den früheren Schutzmann, jetzigen Telegraphenboten Jacob, Thatsachen behauptet und verbreitet zu haben, welche dieselben in der öffentlichen Meinung herabzuwürdigen geeignet sind, und verurtheilt hierfür den Angeklagten Sack zu einer Geldstrafe von fünfzehn Thalern, eventuell zu einer Haftstrafe von drei Tagen, sowie in die Kosten;

C 346
Die Strafkammer des Königlichen Stadtgerichts verurteilt Eduard Sack am 23. Juli 1874 wegen eines Artikels, der geeignet sei, zwei Polizisten „in der öffentlichen Meinung herabzuwürdigen“, zu einer Strafe von 25 Talern, ersatzweise 2 Tagen Haft.

C 351
„Wenn zwei sich streiten, freut sich der Dritte", stellt die Frankfurter Latern im November 1880 fest. „Judenverfolgung" und „Christenverfolgung", gemeint ist der „Kulturkampf" gegen die Macht der katholischen Kirche, münden in der Vernichtung von bildender Kunst, Literatur und Musik und damit der Humanität.

C 352
„Das Hof-Prädikat in seiner richtigen Anwendung". Die Karikatur der Frankfurter Latern vom März 1884, zeigt Adolf Stöcker, den Berliner Hofprediger und christlich-sozialen Antisemiten. Er steht auf einem Misthaufen in einem Bauernhof und wirft mit Mist, das heißt: antisemitischen Parolen.

Frankfurt, 30. Januar.

Die Rolle, die vor zwanzig Jahren der „Kulturkampf" in allen parlamentarischen Erörterungen spielte, scheint jetzt der *Antisemiterei* zugedacht zu sein. Bei den einfachsten Positionen des Etats, insbesondere bei den Ministerbesoldungen, kam es damals zu den heißesten Streitigkeiten; auf der einen Seite das Centrum, das die Freiheit der katholischen Kirche und die Gleichberechtigung der katholischen Staatsbürger forderte, auf der anderen die Regierung und die zu ihr haltende konservativ-nationalliberale Mehrheit, die in der hohen nationalen Aufgabe schwelgten, den angeblich reichs- und staatsgefährlichen Katholizismus durch Ausnahmegesetze und Verwaltungsmaßregeln unter das Joch der Staatsraison zu bringen. Draußen im Lande die gleichen Gegensätze und Kämpfe, nur erbitterter und zügelloser; wer sich neutral verhielt oder gar, wie die demokratische Partei, alle Ausnahmegesetze verurtheilte und vom Standpunkt der Gewissensfreiheit aus für das verfassungsmäßige Recht der Katholiken eintrat, konnte sicher sein, als heimlicher oder öffentlicher Bundesgenosse des Ultramontanismus den Feinden von Kaiser und Reich zugezählt und für vogelfrei erklärt zu werden. Ist es etwas Anderes, wenn heute die Antisemiterei, der sich die konservative Partei dienstbar gemacht hat, um aus ihr die Kraft der Verjüngung zu schöpfen, den Liberalismus, der in der staatsbürgerlichen Gleichberechtigung der Juden eine der Grundlagen der Verfassung des Reiches und der Einzelstaaten erblickt und diese gegen die hetzerischen Angriffe zu vertheidigen für Pflicht hält, als verjudet zu brandmarken sucht?

Politisch steht der Antisemitismus, mag er sich mit dem Racenmantel oder mit dem Glaubenskleide drapiren, auf dem gleichen tiefen Niveau, wie die weiland Kulturkämpferei, auch die Spiegelfechterei mit der nationalen Flagge, die man mißbraucht und schändet, ist ganz dieselbe; der Stöcker, der sein Christenthum durch die Judenherrschaft bedroht sieht, ist genau, wie der Bismarck, den die Macht des Papstes über die Geister für das Evangelium zittern macht. Auch die unehrliche häßliche Kampfesweise hat der Antisemitismus der Kulturpaukerei entlehnt und sucht sie noch zu überbieten. Wem die parlamentarischen Debatten aus der ersten Hälfte der siebziger Jahre noch gegenwärtig sind, der wird sich erinnern, wie damals die Ausschreitungen und strafbaren Handlungen einzelner Individuen dem ganzen Katholizismus zur Last gelegt wurden, ein Verfahren, bei dem Bismarck einen unübertroffenen Record errang, als er unter dem frenetischen Jubel der Reichstagsmehrheit dem Centrum den Attentäter Kullmann an die Rockschöße hängte. Und was heute die angebliche Judenpresse den Stöcker und Genossen leisten muß, dazu diente den Kulturkämpfern die Kaplanpresse; man suchte einzelne Stellen und Sätze heraus, um daran den Beweis zu führen, daß der Ultramontanismus kulturfeindlich und reichsfeindlich zugleich sei, daß es für ihn keinen Patriotismus gebe und daß er sich mit allen unseren äußeren Feinden gegen Kaiser und Reich verschworen habe.

Meminisse juvabit, aber nicht deshalb allein haben wir diese Analogie mit einer Zeit gezogen, in der es für einen Bürger ebenso schlimm war, sich als Katholiken zu bekennen, wie es heute das Bekenntniß und die Zugehörigkeit zum Judenthum, ja sogar die Abstammung von ihm ist. Es ergibt sich daraus — und darauf kommt es uns hauptsächlich an —, daß man nie um Mittel verlegen ist, wenn es gilt, Jemanden an seinem Recht zu kränken, und daß zu solchem Zweck jedes Mittel recht ist, insbesondere das sonst allgemein geächtete, aus den Handlungen und Worten einzelner Personen zuerst Schlüsse auf den Geist und den Charakter der Bekenntnisse oder des Stammes, dem sie zufällig angehören, zu ziehen und dann diese Bekenntnisse oder Stämme in das Verdammungsurtheil, das den Einzelnen vielleicht mit Recht trifft, unter Verleugnung aller Vernunft und Gerechtigkeit einzuschließen.

In der vollen Pracht der Entfaltung zeigt sich diese Methode in den Reden des Herrn Stöcker. Das ist ganz natürlich, denn in Stöcker findet man das Prototyp der Verschmelzung von politischer Reaktion, kirchlicher Orthodoxie und fanatischer Judenhetze, die auf dem Tivolitage bei der konservativen Partei zur Programmehre gekommen ist. Herr Stöcker ist heute in der Judenfrage kein Franctireur mehr, sondern das Organ der Rechten, die Forderung, die er vertritt, die Ausschließung der Bürger jüdischen Bekenntnisses von allen öffentlichen Aemtern und Würden, bildet einen Theil des Verjüngungsprogramms der Konservativen. Die einzige denkbare Rechtfertigung dieser Forderung wäre der Nachweis aus der Lehre und dem Wesen des Judenthums, aus dem Wirken der Deutschen jüdischen Bekenntnisses oder jüdischer Abstammung, daß die Gleichberechtigung eine Gefahr für die Entwicklung des Staates sein müsse, daß das Judenthum als solches und an sich kulturfeindlich sei und die Grundpfeiler des Staatslebens, gesetzliche Ordnung und freie Sittlichkeit bedrohe. Solchem Versuch, der den „reinen" Antisemiten, die ihn mittelst Fälschungen und Lügen wagen zu können glaubten, schmählich mißlungen ist — gerade die ehrliche christliche Wissenschaft war es, die den Fälschern den Pranger richtete — geht Herr Stöcker vorsichtig aus dem Wege, er hält es mit der Synthese, weil er sich da sicherer fühlt. Daß hier ein Jude bei einer verbrecherischen Handlung betheiligt ist, daß dort in einer angeblich jüdischen Zeitung sich ein Angriff auf das Christenthum oder sonst eine Ausschreitung findet, das genügt ihm für die eigene Ueberzeugung, daß das Judenthum „auf Geld und Presse, auf die beiden Lebensadern des Volkes die Hand gelegt habe", daß es eine „Schreckensherrschaft" auf allen Gebieten des öffentlichen Lebens ausübe, von der Deutschland zu befreien die edle Aufgabe des Antisemitismus sei. Liefert ihm Deutschland kein Material, so müssen Oesterreich und Frankreich herhalten, die galizischen Mädchenhändler, die das Beamtenthum korrumpirt haben, die Helden des Panamaskandals, Reinach, Herz, Arton. Juden, Juden — ergo Judenthum, triumphirt Stöcker. Wie, wenn man ihm auf dieses niedere Niveau des flachsten Demagogenthums folgen, wenn man die Skandale, die sich in Oesterreich an die Namen Bruck und Eynatten knüpften, die Affaire Teste unter Louis Philipp, die Betrügereien mit den Jecker-Bons unter dem zweiten Kaiserreich, die schmutzigen Bestechungen amerikanischer Abgeordneter in der Silberfrage, die Spitzbübereien des New-Yorker Tammany-Ringes, Italiens Panamino, das sich zu großen Dimensionen auszuwachsen scheint, die unzweifelhafte Bestechung des Ministers Baihaut durch Blondin, den christlichen Beamten des Credit Lyonnais, die unsaubere Welfenfondsgeschichte Bismarck-Boetticher und dergl. aufzählen wollte und daran die Nutzanwendung knüpfte: Christen, Christen — ergo Christenthum, wäre das weniger Demagogie, weniger gemeine Hetze? Das christlich, deutsch und edel zu finden, mag Herrn Stöcker überlassen bleiben — dahin wird ihm auch der niedrigst denkende Jude nicht folgen, welcher Verfolgung er auch ausgesetzt sein mag.

Die Regierung hat dieser Methode gegenüber sich lange neutral verhalten, aber sie mußte zu ihr Stellung nehmen, als ihre Beamten sie dem Verdacht aussetzten, mit der demagogischen Hetze einverstanden zu sein. Das war der Fall, als in Friedeberg-Arnswalde der Landrath und Wahlkommissar, der eigentliche Vertreter der Regierung, seinen Namen unter einen Aufruf zu Gunsten der Wahl Ahlwardt's gesetzt hatte, eines Mannes, der unter antisemitischer Maske das Ansehen der Regierung und den Ruf der Verwaltung zu untergraben gesucht hatte; als in Berlin auf Tivoli die Konservativen den Wahlsieg dieses Mannes gefeiert und sich gewissermaßen zu ihm bekannt hatten. Zaudern wäre eine Gefahr gewesen, nachdem die Verirrung und Verwirrung der Geister bis zu solcher Höhe gestiegen war. Das Mindeste, was geschehen konnte und geschehen mußte, war der Verweis an den Landrath, aber erst die Veröffentlichung konnte den Zweck erreichen, der damit beabsichtigt war, die Stellung der Regierung zu der Antisemiterei klarzustellen und sie gegen den Vorwurf oder auch nur gegen den Verdacht zu schützen, in irgend einer Weise der Wahl eines Ahlwardt Vorschub geleistet zu haben. Daß die Konservativen nicht an dem Verweis, sondern nur an der Veröffentlichung dieser Maßregel durch den „Reichsanzeiger" Aergerniß genommen haben, ist charakteristisch, aber leicht zu verstehen; der Verweis ging den einzelnen Beamten an, die Veröffentlichung aber traf die eben erst durch den Antisemitismus verjüngte konservative Partei, denn sie enthielt für Alle, die es anging, eine Absage an das Unterfangen, die Judenhetze in allen ihren Formen vor den Wagen der Partei zu spannen. Das mußte wurmen, zumal da der Reichskanzler alsbald auch im Reichstage dieser Absage in der unzweideutigsten Weise Ausdruck gegeben hatte. Der Ministerpräsident hat im Abgeordnetenhause das Gleiche gethan und keinen Zweifel darüber gelassen, daß die Regierung auch künftig im gleichen Falle ebenso handeln werde. Er hätte den Herren von der Rechten füglich noch den von ihnen seiner Zeit so laut begrüßten königlichen Erlaß vom 4. Jan. 1882 in Erinnerung bringen können, worin es wörtlich heißt: „Für diejenigen Beamten, die mit der Ausführung meiner Regierungsakte betraut sind und deshalb ihres Dienstes nach dem Disziplinargesetz enthoben werden können, erstreckt sich die durch den *Diensteid* beschworene Pflicht *auf die Vertretung der Politik meiner Regierung auch bei den Wahlen*." Mußte nicht das Land hiernach annehmen, der Friedeberger Landrath habe bei der Empfehlung der Wahl Ahlwardt's die Politik der Regierung vertreten und war es die Regierung nicht sich und dem Lande schuldig, hierüber Klarheit zu schaffen?

Einmal auf den Antisemitismus und auf die Forderung der Beseitigung der verfassungsmäßigen Rechtsgleichheit der Bürger jüdischen Bekenntnisses eingeschworen, werden die Konservativen sich bei der Niederlage, die ihnen am Samstag die Regierung bereitet hat, schwerlich beruhigen. Sie haben den ersten verhängnißvollen Schritt auf der Bahn der Demagogie gethan, sie sind nicht mehr frei, sondern Handlanger im Dienste des Antisemitismus, der schon dafür sorgen wird, sie vorwärts zu treiben. Die Bewegung wird noch wachsen, daraus machen wir uns kein Hehl, aber sie wird an den Dämmen der staatlichen Rechtsordnung und an der ehrlichen Ueberzeugung des wahren Deutschthums ihre Grenzen finden und dann langsam aber sicher an ihrer eigenen Ungerechtigkeit und Kulturfeindlichkeit zu Grunde gehen, zumal wenn sich die deutschen Bürger jüdischer Konfession und Abstammung auch darin die Analogie mit dem Kulturkampf zu Nutzen machen, daß mit *vereinten Kräften* auch eine *Minderheit den Kampf um ihr Recht* mit Ehren und Erfolg bestehen kann.

C 353
Im Januar 1893 sieht der Leitartikel der Frankfurter Zeitung den Antisemitismus auf dem gleichen niedrigen Niveau wie den Kulturkampf. Der Verdacht wird geäußert, dass die Konservativen die Wahl von Antisemiten zum Reichstag unterstützen.

C 369
Das technische Personal und der Vertrieb beglückwünschen Leopold Sonnemann zum 60. Geburtstag 1891. Unten links sehen wir in den zeitgenössischen Drucksaal, eine Ansicht, die sonst nicht überliefert ist. Die Widmung krönt die Francofurtia mit der bürgerlichen Mauerkrone, eine Anspielung, die dem „geliebten Chef" gefallen haben wird.

C 375
Teilnehmerinnen am Internationalen Frauenkongress in Berlin 1901: Anita Augspurg, Marie Stritt und Minna Cauer (erste, zweite und vierte von links) schrieben für die Frankfurter Zeitung.

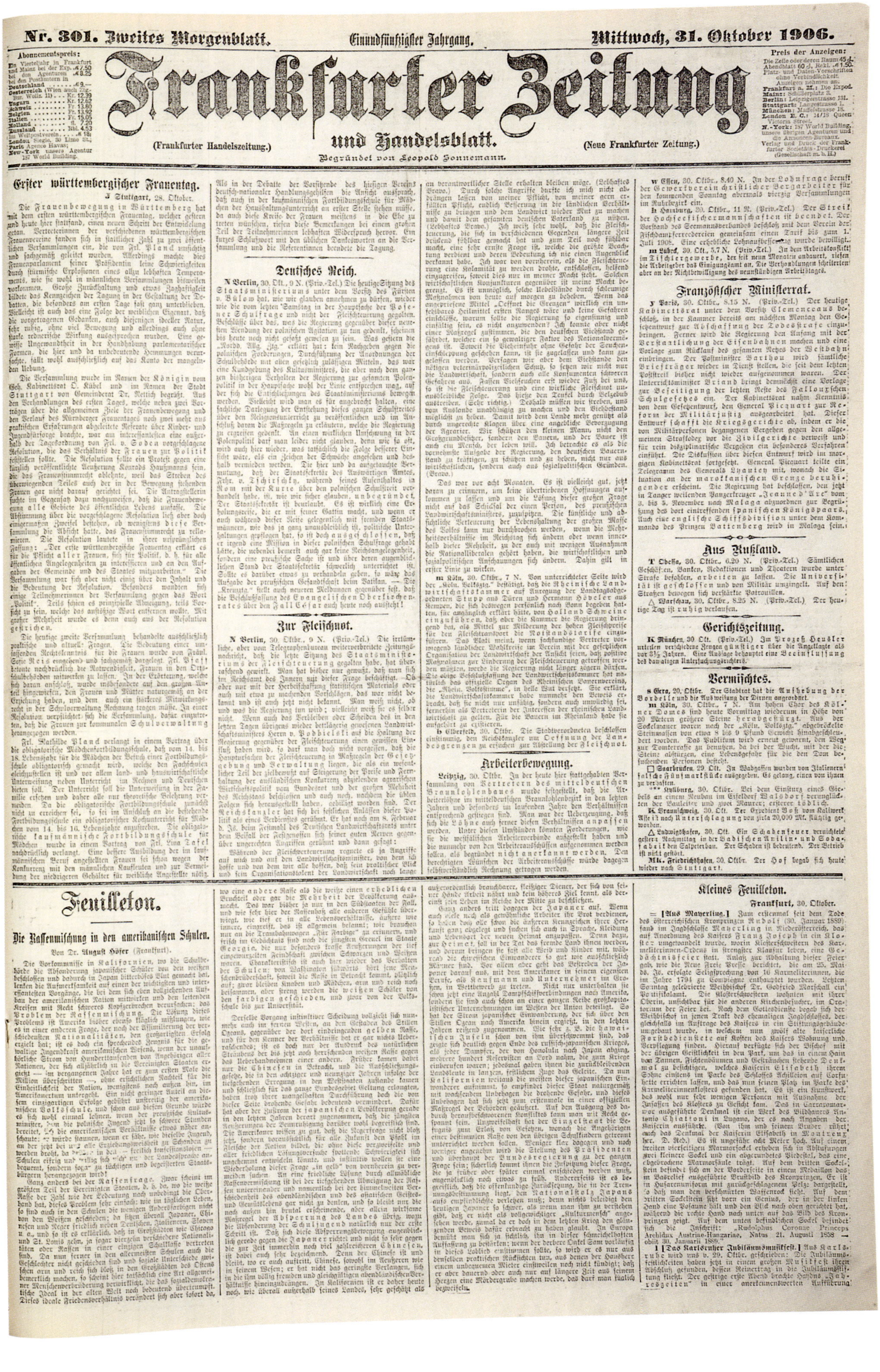
Nr. 301. Zweites Morgenblatt. Einundfünfzigster Jahrgang. Mittwoch, 31. Oktober 1906.

Frankfurter Zeitung und Handelsblatt.

(Frankfurter Handelszeitung.) (Neue Frankfurter Zeitung.)

Begründet von Leopold Sonnemann.

Erster württembergischer Frauentag.

Deutsches Reich.

Zur Fleischnot.

Arbeiterbewegung.

Französischer Ministerrat.

Aus Rußland.

Gerichtszeitung.

Vermischtes.

Feuilleton.

Die Rassenmischung in den amerikanischen Schulen.

Von Dr. August Höfer (Frankfurt).

Kleines Feuilleton.

C 373
Das Nachrichtenblatt erhält ein Layout mit einer klareren Gliederung nach Artikeln. Der traditionelle Leitartikel als Meinungsartikel entfällt. Die Artikel referieren „Tatsachen".

C 378
Zum Schmuck des Redaktionszimmers anlässlich des 50-jährigen Jubiläums der Frankfurter Zeitung gehört ein Blumengesteck mit der Darstellung des Stadtwappens.

C 377
Im festlichen Schmuck des Redaktionszimmers zum 50-jährigen Jubiläum der Frankfurter Zeitung 1906 ist das eigens zu diesem Anlass angefertigte Porträt Leopold Sonnemanns zu erkennen. Es behielt seinen Platz bis zum Novemberpogrom 1938. Vermutlich ist es mit dem Archiv der Frankfurter Zeitung vernichtet worden.

DER ABGEORDNETE

Jürgen Steen

C 401 Die älteste bekannte Fotografie Leopold Sonnemanns aus der Zeit um 1870: Die Aufnahme entstand in einem Atelier. Es gibt Aufnahmen von Rosa und Therese Sonnemann, die wohl am gleichen Tag im gleichen Atelier entstanden sind. Eine Familienaufnahme aus der in Frage kommenden Zeit ist nicht bekannt.

C 402 Porträt Mayer Carl Freiherr von Rothschilds. Er war seit 1855 mit seinem Bruder Wilhelm Carl Chef des Frankfurter Bankhauses, 1866 Mitglied der Frankfurter Delegation, die in Berlin bessere Bedingungen der Annexion aushandeln sollte, seit 1867 Stadtverordneter und Frankfurter Abgeordneter im Norddeutschen Reichstag.

Im Reichstag

Im von Leopold Sonnemann mitbegründeten Frankfurter Zweigverein des 1859 gegründeten Nationalvereins wird am 18. Mai 1862 – dem Tag, an dem sich 1848 die Nationalversammlung in der Paulskirche konstituierte – eine Resolution eingebracht, die seine Position in der Nationalbewegung bündig zusammenfasst: Die Neugestaltung Deutschlands kann nur durch eine Nationalversammlung verwirklicht werden, die aus einer freien Wahl des gesamten deutschen Volks hervorgegangen ist. Das Parlament von 1848 war das einzige vollberechtigte Organ des deutschen Volkes. Die 1848 verabschiedeten Grundrechte sind „unveräußerliches Besitztum". Die Reichsverfassung von 1849 ist Rechtsgrundlage für die Herstellung von Einheit und Freiheit.[1] Dieser demokratisch-parlamentarische Weg zur Einheit bleibt ein Traum. Nicht ein nationales Parlament, sondern Machtpolitik und Krieg werden ihn bestimmen.

Im Krieg von 1866 stufte das siegreiche Preußen Frankfurt am Main als feindlichen Staat ein, obwohl es keine formelle Kriegserklärung zwischen der Freien Stadt und der Besatzungsmacht gegeben hatte: „Das gewaltsame Ende der republikanischen Eigenständigkeit Frankfurts beendete jäh eine kontinuierlich städtisch-staatliche Tradition, die das Leben Frankfurts seit dem hohen Mittelalter geprägt hatte."[2] Mit der Vernichtung der staatlichen Tradition wird aus der außenpolitisch souveränen Freien Stadt ein preußischer Wahlkreis, der zwei Abgeordnete für den preußischen Landtag stellt und einen Abgeordneten für den Norddeutschen Reichstag, dem Parlament des Norddeutschen Bundes, zu dem sich im August 1866 22 norddeutsche Staaten unter Führung Preußens zusammengeschlossen hatten.[3] Mit dem Ende des Deutschen Bundes im Krieg von 1866 erlischt die Vorortfunktion als „heimliche Hauptstadt". Die Freie Stadt wird preußische Provinzstadt. Nach Verlesung des königlichen Einverleibungspatent im Kaisersaal, das die Annexion besiegelt, „tröstet" der preußische Zivilgouverneur im Oktober 1866 die neuen Untertanen des preußischen Königs: „Preußen ist ein liberales Musterland", die „Weltgeschichte sei über Frankfurt hinweggeschritten" und Frankfurt könne in Zukunft helfen, „dieselbe zu machen".[4] Die Reichseinigung 1871 besiegelt das Ende aller Hoffnungen, die alte Wahl- und Krönungsstadt könne im vereinigten Reich als ehemalige Krönungsstadt eine neue Bedeutung erhalten.

Der Nationalverein, in dem die Frankfurter Resolution von 1862 mit ihrer engen Verzahnung von Einheit und Freiheit und dem Parlament als Gestalter der Einheit eine Minderheitsauffassung blieb, zerbricht nach 1866 an der Politik Bismarcks.[5] Von der Deutschen Fortschrittspartei, die bis 1866 die Mehrheit der Mandate im preußischen Abgeordnetenhaus innehat, spaltet sich 1867 die Nationalliberale Partei ab, die den Führungsanspruch Bismarcks stützt. Leopold Sonnemann ist 1868 Mitbegründer der Deutschen Volkspartei und ihr Kandidat im Wahlkreis Frankfurt am Main (offiziell Wiesbaden 6) bei den ersten Wahlen zum Deutschen Reichstag im März 1871. Seit 1869 ist er Frankfurter Stadtverordneter.

Um die Reichsverfassung

Wählen dürfen Männer ab 25 Jahren. Frauen, Militärangehörige und Staatsbeamte sind ausgeschlossen. Die Wahlen sind geheim. Im Wahlkreis ist derjenige gewählt, der mehr als 50 Prozent der gültigen Stimmen auf sich vereinigt. Wird das Quorum nicht erreicht, entscheidet eine Stichwahl zwischen den beiden Kandidaten mit den meisten Stimmen aus dem ersten Wahlgang.[6] Der Demokrat Sonnemann hat seine eigene Auffassung zur Reichsgründung. Nicht die Proklamation in Versailles im Januar 1871, sondern der Zusammentritt des Reichstags, der aus allgemeinen Wahlen hervorgeht,

Mitwähler in Frankfurt.

Ihr seid heute berufen zu wählen zwischen

Freiheit und Reaktion.

Ihr werdet nicht im Lager der Reaktion erscheinen und diese stärken wollen. Laßt Euch nicht irre machen durch den Mißbrauch mit hohlen Redensarten. Zeigt Euch als würdige Söhne und Einwohner der freien Stadt Frankfurt! Stimmt in großer Anzahl, damit Eurere Wahl der getreue Ausdruck der Frankfurter Wähler sei. Drängt Euch zur Wahlurne! Einer feuere den Andern an! Stimmt Alle! Stimmt fest und unwandelbar! Stimmt Alle für

Leopold Sonnemann.

C 403 Der Handzettel zur Reichstagswahl 1871 erklärt die Wahl zwischen Sonnemann und Rothschild zur Entscheidung zwischen „Freiheit" und „Reaktion". „Freiheit" ist die Losung für eine demokratische Verfassung.

Reichstagswahl.

Das unterzeichnete Wahlcomité muss um Entschuldigung bitten, nicht sämmtlichen Wählern Einladungen zur Wahl des

Volksabgeordneten

Sonnemann

zugeschickt zu haben. Uns haben aber die Wählerlisten nicht zu Gebote gestanden. Unter diesen Umständen ersucht das Wahlcomité seine Parteigenossen und alle echten Frankfurter, sich um so enger aneinanderzuschliessen, als es gilt, allen Lügen und Verdächtigungen gegenüber der Volkssache, nämlich der Wahl

Sonnemanns

zum Siege zu verhelfen.

Das Wahlcomite der demokratischen Partei.

Wer für Sonnemann stimmt, arbeitet, ohne es zu wollen, für die Franzosen.

C 415 Der Karton des Fotos im Visitformat, ebenfalls aus der Zeit um 1870, ist mit „Sonnemann" und der Zahl 1492 bezeichnet. Die Beschriftung „Reichstagsabg. 1870er Jahre" ist nachträglich. Die Verwendung fotografischer Visitenkarten ist zeitgenössisch üblich. Sie wurde wohl für den Reichstagswahlkampf 1871 oder den Reichstagsabgeordneten hergestellt. Die Zahl soll das schnelle Auffinden des Negativs ermöglichen.

C 409 Reichstagswahl 1874: Aufruf des Wahlkomitees der Demokratischen Partei und anonymes Flugblatt, das Leopold Sonnemann als Agenten Frankreichs stigmatisiert.

C 424 Friedrich Stoltze 1854: Wie Leopold Sonnemann war Friedrich Stoltze ein auf die Tradition der Freien Stadt verpflichteter Patriot und Demokrat.

ist die eigentliche Reichsgründung.[7] Sonnemanns Kontrahent in der Stichwahl im März 1871 ist Mayer Carl von Rothschild (1820–1886). Rothschild repräsentiert das Frankfurter Bürgertum, das auf die Linie Bismarcks eingeschwenkt ist.[8] Die Frankfurter Latern Friedrich Stoltzes veröffentlicht einen förmlichen Wahlaufruf für den Demokraten Sonnemann. Da Stoltzes Wohnhaus am Grüneburgweg Leopold Sonnemann gehört, gerät er unter Verdacht, er sei ein „Lohnschreiber" des Vermieters. Stoltze zahlt jedoch pünktlich seine Miete. Die Mietquittungen sind erhalten.[9] Die Injurie wird mit Leopold Sonnemanns Kandidatur zum Reichstag hoch gekocht. Vor 1866 war die „Latern" unter anderem in Preußen verboten worden. Friedrich Stoltze (1816–1891) kokettierte gelegentlich damit, dass er der „gesuchteste Dichter" sei, weil er beim Verlassen der Freien Stadt die Verhaftung riskierte. Er emigrierte 1866 und es dauerte mehrere Jahre, bis die Frankfurter Latern wieder erscheinen konnte.[10] Zudem war er der weitaus Ältere und schon „Demokrat", als Leopold Sonnemann das Licht der Welt erblickte. 1832 nahm ihn sein Vater mit zum Hambacher Fest, der bis dahin größten Demonstration für Einheit, Freiheit und Demokratie, die ihn tief beeindruckte. 1849 nahm er an den pfälzisch-badischen Aufständen teil, deren Niederschlagung das Kapitel Nationalversammlung beendet hatte.[11]

Die Partei Leopold Sonnemanns, die Deutsche Volkspartei, ist eine süddeutsche Partei, in Baden, Württemberg und Bayern zu Hause und zudem eine Partei, die ihre Klientel in den großen Städten wie Mannheim, Karlsruhe, Stuttgart oder München hat. Frankfurt am Main ist bereits ein nördlicher Vorposten.[12] 1871 erringt die Volkspartei nur im Wahlkreis Frankfurt am Main ein Mandat. Leopold Sonnemann ist einer von 382 Reichstagsabgeordneten: 94 Konservative, 155 Rechts- und Nationalliberale, 46 Linksliberale, zwei Sozialdemokraten, 63 Abgeordnete des katholischen Zentrums und 21 Abgeordnete, die vor allem von Minderheiten (Polen, Dänen, Elsass-Lothringern) gewählt sind.[13] Dem fraktionslosen Abgeordneten bietet die Geschäftsordnung nur wenige Möglichkeiten. Anträge bedürfen der Fraktionsstärke, Abänderungsanträge zu Anträgen, so genannte Amendements, sind jedem Abgeordneten möglich. Seine erste große Rede hält Leopold Sonnemann am 4. April 1871 zum Amendement eines Antrags des Zentrums zur Reichsverfassung. Er plädiert für die Übernahme der Grundrechte der Verfassung von 1848 (Pressefreiheit, Versammlungsfreiheit, Glaubensfreiheit und Gleichberechtigung der Religionen) in die Reichsverfassung.[14] Die Aufnahme eines Abänderungsantrags in die Tagesordnung müssen 30 Abgeordnete unterstützen. Leopold Sonnemann findet keine Unterstützung. Die Mehrheit im Reichstag will keinen neuen Verfassungsentwurf. Zur Debatte steht die Übernahme der Verfassung des Norddeutschen Bundes, die 1867 unter der Federführung Bismarcks ausgearbeitet worden ist.[15]

Mit Abänderungsanträgen arbeitet Leopold Sonnemann die demokratische Programmatik ab: Zustimmung des Reichstags zu Kriegserklärungen (abgelehnt), Ratifizierung von Friedensverträgen durch den Reichstag (abgelehnt), einjährige Militärdienstzeit (abgelehnt), jährliche Festsetzung des Militärbudgets (abgelehnt),[16] Einführung von Diäten für Reichstagsabgeordnete (abgelehnt),[17] Veranlagung von Aktiengesellschaften zur Steuer (abgelehnt),[18] Trennung von Staat und Kirche und Trennung von Kirche und Schule (abgelehnt)[19]. Am 3. Juni 1871 lehnt Leopold Sonnemann eine Annexion Elsass-Lothringens ohne Zustimmung der Bevölkerung ab.[20] Erfolglos bleiben seine Bemühungen, Abgeordnete wie August Bebel, die in politischen Prozessen zu Haftstrafen verurteilt sind, durch den Reichstag anfordern zu lassen.[21] Leopold Sonnemann fragt, ob der Reichstag sich als Volksvertretung nicht selbst in Frage stellt, wenn er die Veränderung des Volkswillens, wie er in der Zusammensetzung des Parlaments zum Ausdruck kommt, zulässt.[22] Mit der Forderung nach Trennung von Staat und Kirche reagiert er auf den beginnenden „Kulturkampf" gegen die katholische Kirche.[23] Der Demokrat Sonnemann lehnt die Gesetze zum Verbot des Jesuitenordens und den Kanzelparagraphen, der die Gefährdung des „öffentlichen Friedens" unter Strafe stellt, als Ausnahmegesetze ab. Für Leopold Sonnemann geht es um ein Verfassungsprinzip, den weltanschaulich neutralen Staat, der an keine Religion gebunden ist oder sie kanonisiert.[24] Gerade deshalb kann er die Einführung der Zivilehe, die im Kulturkampf Gesetzeskraft erhält, unterstützen. Das Protokoll der Reichstagssitzungen vermerkt zum Ende und während Sonnemann'scher Reden nicht eben selten: „Bravo! Links", „Sehr wahr! Links", „Sehr richtig! Links" oder „Hört! Hört. Links".[25]

1873 rüttelt er an der deutschnationalen Phrase, mit Elsass-Lothringen sei „ursprünglich deutsches Land heim geholt worden".[26] Er kritisiert die Verwaltung, spricht von der Einführung einer Diktatur, die keine Chance auf Selbstbestimmung lasse, zählt Beispiele auf, spricht von der „Germanisierung des Elsass". Bisher beschränkten sich Reaktionen auf den demokratischen Einzelkämpfer auf Verdächtigungen gegenüber der Frankfurter Zeitung, Frankreich, also dem „Erbfeind" nahe zu stehen. Da die massive Kritik nicht zu widerlegen ist – Leopold Sonnemann argumentiert mit Beispielen aus dem Alltag der annektierten Provinz – ist jetzt der Abgeordnete an der Reihe. Ludwig Bamberger (1823–1899),[27] führendes Mitglied der nationalliberalen Fraktion, wehrt die parlamentarische Auseinandersetzung mit den präsentierten Tatsachen mit der Behauptung ab, Sonnemanns Rede komme aus Frankreich. Bismarck nennt Sonnemann danach im privaten Kreis einen „bezahlten französischen Agenten".[28] Damit rückt Leopold Sonnemann in den Kreis derer, die der Reichskanzler als „Reichsfeinde" zu stigmatisieren pflegt.

C 418 Die Reportage der Illustrierten „Über Land und Meer" im Januar 1885 zeigt Leopold Sonnemann im Gespräch mit dem sozialdemokratischen Abgeordneten Georg von Vollmar.

Einheit und Freiheit

Zur Reichstagswahl 1874 stellt die Nationalliberale Partei Eduard Lasker (1829–1884) im Wahlkreis Frankfurt am Main auf. Er gehört zu den Mitbegründern der Partei und gilt als Führer des linken Flügels.[29] Für die Öffentlichkeit vertritt er am überzeugendsten die Strategie, durch die Einheit auch der Freiheit näher zu kommen, das heißt mit der Unterstützung der Machtpolitik Bismarcks, ohne die die nationale Einheit nicht zu verwirklichen gewesen wäre, die Chance zu erhalten, die liberalen Ziele Schritt für Schritt zu verwirklichen. Im Wahlkampf trifft er mit Leopold Sonnemann auf einen Gegner, der mit der parlamentarischen Wirklichkeit der Strategie von der Einheit zur Freiheit seine Erfahrungen gemacht hat. Der Wahlkampf Laskers kritisiert Leopold Sonnemanns „nationale Unzuverlässigkeit".[30] Der Wahlkampf der Demokraten thematisiert die nationalliberale Unterstützung der Politik Bismarcks. Die Demokraten unterscheiden sich von den anderen Parteien dadurch, dass ihr Kandidat sich in den Wahlveranstaltungen auf ein ausformuliertes Wahlprogramm verpflichtet. Und sie unterscheiden sich von den anderen Parteien dadurch, dass der Abgeordnete seine Tätigkeit im Reichstag offen legt.[31]

Im Herbst 1875 liegt dem Reichstag eine Petition des Deutschen Journalistentages zum „Zeugniszwang" vor, der es ermöglicht, verantwortliche Redakteure, die sich weigern, ihre Quellen zu nennen, in Zwangshaft zu nehmen. Leopold Sonnemann hatte an der Bremer Tagung teilgenommen.[32] Er spricht gegen die Beibehaltung des „Zeugniszwangs".[33] Im Herbst 1876 kommt es zur endgültigen Entscheidung.[34] Am Schluss seiner Rede wendet sich Leopold Sonnemann direkt an die nationalliberale Fraktion und prophezeit ihr, die auf Wunsch Bismarcks für den Zeugniszwang stimmen wird, das baldige Ende ihrer Mehrheit im Reichstag.

Die „Illustrierte Zeitung" veröffentlicht Anfang 1875 die Collage „Aus dem Sitzungssaal des Deutschen Reichstags". Das Bild präsentiert eine Auswahl der Abgeordneten. Leopold Sonnemann gehört dazu, fraglos ein Indiz, dass der „Einzelkämpfer" für Aufsehen sorgte.[35] Auch zehn Jahre später, in einer „Reportage" der illustrierten Zeitung „Über Land und Meer" wird Leopold Sonnemann vorgestellt.[36] Bemerkenswert ist, dass er in beiden Bildern im Gespräch mit einem sozialdemokratischen Abgeordneten gezeigt und in beiden als derjenige erkennbar wird, der das Gespräch gesucht hat. Leopold Sonnemann hat keine Berührungsängste, wenn er von der Sache überzeugt ist. „Über Land und Meer" berichtet vor der Erwähnung Leopold Sonnemanns im Text über die sozialdemokratische Fraktion, in der überwiegend „rote Demagogen" versammelt seien. Leopold Sonnemann wird als Abgeordneter Frankfurts am Main und „Führer" der süddeutschen Volkspartei vorgestellt, 1881 hat die Volkspartei neun Mandate errungen. Was er politisch vertritt, bleibt im Dunkeln, außer, dass er zu „Spitzen" gegen Bismarck neige und Kontakte zu Sozialdemokraten pflege. Dass der Bericht behauptet, mit seinem Backenbart sehe er aus wie ein preußischer Major der Reserve, ist nicht Ausdruck lauterer journalistischer Unschuld, sondern eine „Spitze" gegen den „Preußenfeind".

Für den Reichstag, der 1877 neu gewählt wird, verzichtet Leopold Sonnemann auf die erneute Kandidatur. Kleine parlamentarische Erfolge konnte der Experte für Finanzfragen verbuchen, wenn er im Grundsatz mit der Mehrheit übereinstimmte. Der Reichstagsabgeordnete ist bereits seit 1869 auch Frankfurter Stadtverordneter. Er ist zudem als Verleger gefordert. Allein die Eisenbahnreise Frankfurt – Berlin und zurück nimmt jeweils bis zu zehn Stunden in Anspruch. Den Ausschlag für seinen Rückzug gibt die enttäuschende Erfahrung, dass, wie in seiner Zeitung zu lesen ist, der Reichstag ein

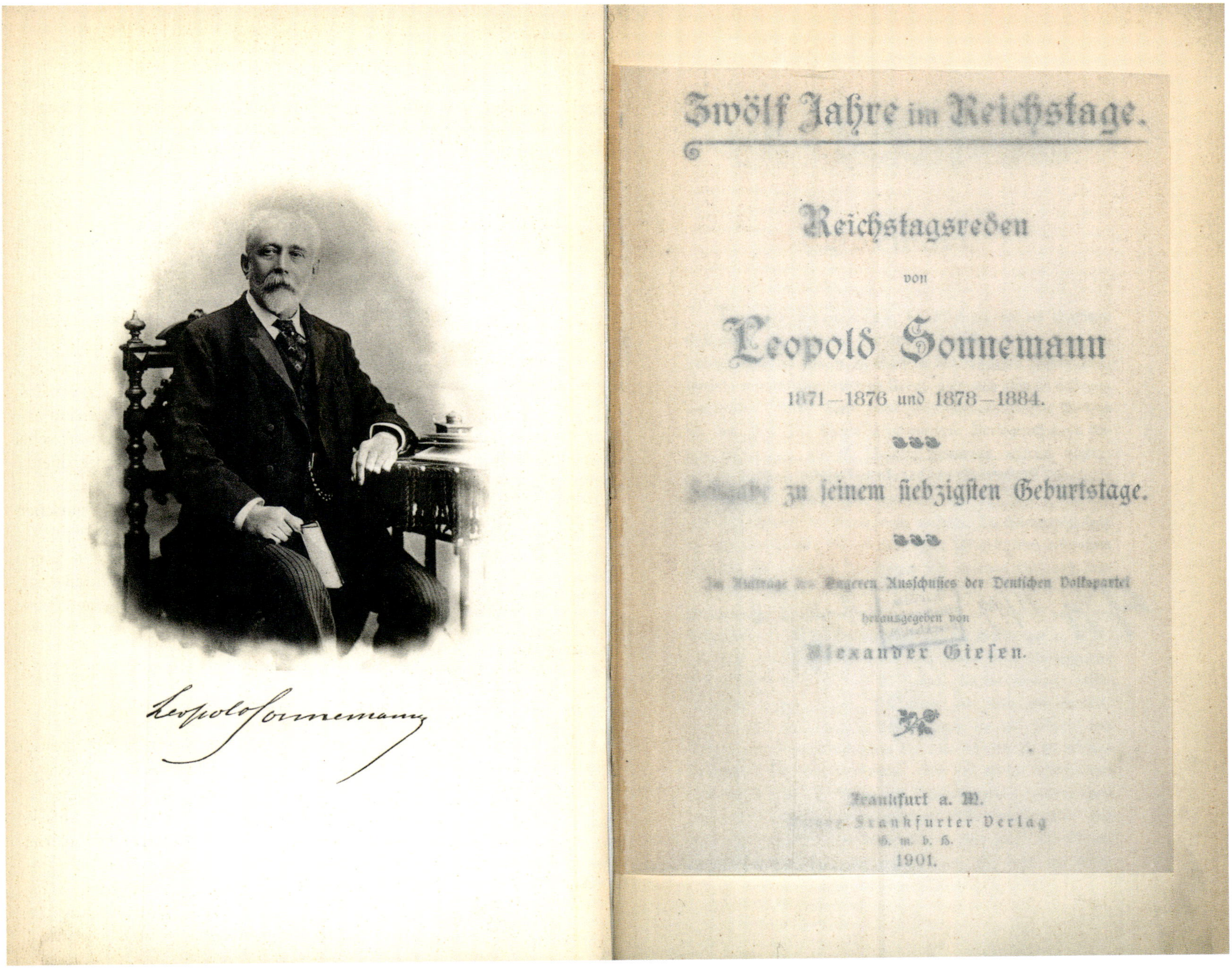

Zwölf Jahre im Reichstage.

Reichstagsreden

von

Leopold Sonnemann

1871–1876 und 1878–1884.

zu seinem siebzigsten Geburtstage.

Im Auftrage des Engeren Ausschusses der Deutschen Volkspartei

herausgegeben von

Alexander Giesen.

Frankfurt a. M.

-Frankfurter Verlag

G. m. b. H.

1901.

C 422 Zum siebzigsten Geburtstag 1901 veranlasst die Deutsche Volkspartei die Herausgabe der Reden Leopold Sonnemanns 1871–1876 und 1878–1884 durch den Redakteur der Frankfurter Zeitung Alexander Giesen.

„kraftloses Werkzeug in der Hand des Reichskanzlers“ sei.[37] Die Demokraten behaupten das Frankfurter Reichstagsmandat. Gewählt wird Karl Holthof, bis 1871 Redakteur der Frankfurter Zeitung.

Die Legislaturperiode ist nur kurz. Nach den Attentaten auf Kaiser Wilhelm I. fordert Bismarck vom Reichstag ein Verbot der Sozialdemokratie, die er als „Drahtzieher“ und Verantwortliche der Attentate stigmatisiert.[38] Der Reichstag lehnt ab und wird aufgelöst. Leopold Sonnemann sieht durch ein Verbot das allgemeine Wahlrecht gefährdet.[39] Für die Demokraten begründet das allgemeine Wahlrecht die Legitimation des Parlaments als Volksvertretung. Für die Demokraten sind die Sozialdemokraten keine Staatsfeinde. In den Programmen gibt es eine große gemeinsame Schnittmenge.[40] Unvereinbar mit demokratischen Prinzipien ist das Klassenkampfkonzept, das nach Auffassung Leopold Sonnemanns Teilen der Partei, aber nicht der Sozialdemokratie als solcher unterstellt werden kann.

Gegner Bismarcks

Von der Neuwahl im Zeichen einer massiven Propaganda für das Verbot der Sozialdemokratie erhofft sich Bismarck ihm genehmere Mehrheitsverhältnisse im Reichstag. Leopold Sonnemann entschließt sich zur Rückkehr in den Reichstag, kandidiert gegen das drohende Sozialistengesetz und erringt einen überlegenen Wahlsieg gegen den nationalliberalen Kandidaten. In der Stichwahl siegt Leopold Sonnemann mit 12 489 zu 5 556 Stimmen.[41] Es ist eine Richtungswahl. Neben den Demokraten rufen die Freisinnigen und die Sozialdemokraten zur Wahl Leopold Sonnemanns auf. Gegenüber dem Reichstag, den er verlassen hat, sind die Mehrheitsverhältnisse merklich verändert: 116 Konservative, nur noch 99 Nationalliberale und 26 Linksliberale, das Zentrum mit 94 und die Sozialdemokraten mit neun Abgeordneten in alter Stärke. Die Deutsche Volkspartei stellt drei Abgeordnete.[42] Leopold Sonnemann wird Mitglied der Kommission, die das „Gesetz gegen die gemeingefährlichen Bestrebungen der Sozialdemokratie" berät. August Bebel, dem sozialdemokratischen Abgeordneten, bietet er seinen Platz in der Kommission an, weil es für ihn selbstverständlich ist, dass die Kommission einen sozialdemokratischen Abgeordneten anhören muss. Der Tausch wird nicht genehmigt.[43]

Die Verhandlungen in der Kommission lavieren zwischen dem Verbot der Sozialdemokratie und einem Katalog von Verboten, Strafandrohungen und Befugnissen, die vor allem für die Nationalliberalen erträglich sind.[44] Am 9. Oktober 1878 spricht Leopold Sonnemann zur Vorlage.[45] Das vorgelegte Gesetz ist ein Ausnahmegesetz und aus rechtsstaatlichen Gründen abzulehnen. Es nimmt 500 000 Deutschen, das ist das reichsweite Wahlergebnis der Sozialdemokraten 1878, ihre politischen Rechte. Es ist ein Tendenzgesetz, ein politisches Gesetz, weil mit dem Strafrecht das politische Ziel, die Zerschlagung der organisierten Arbeiterbewegung, nicht zu erreichen ist. Es ist ein Polizeigesetz, weil nicht ein Richter, sondern die Polizei über Versammlungsverbote oder Beschlagnahmungen entscheidet. Was ein Gesetzesverstoß ist, ist dehnbar wie Kautschuk. Was als sozialdemokratisch zu definieren ist, ebenfalls. Gibt es einen Notstand? Die Attentate sind politisch instrumentalisiert. Es gibt keine Beweise für politische Hintergründe. Ludwig Bamberger hat ausgeführt, die Katastrophe sei noch nicht da, aber ihr soll vorgebeugt werden. Leopold Sonnemann kontert: „Ich glaube, es gibt keine größere Aufreizung zum Klassenhass als in diesem Gesetze liegt."[46] Die Kautschukparagrafen bedrohen jede demokratische Bewegung. Dann nimmt er sich die Parteien vor. Was ist Sozialismus, was heißt Sozialdemokratie? Er zitiert eine Sozialismusdefinition aus einer konservativen Zeitung und stellt fest, dass der konservative Abgeordnete von Kardorff, der vehement Schutzzölle fordert, demnach ein Sozialist sei.[47] Die Nationalliberalen erinnert er an die rechtsstaatlichen Prinzipien, mit denen sie die erste Vorlage des Gesetzes abgelehnt haben. Er zitiert aus der Festschrift zu einer Mainzer Demokratenfeier im Jahre 1849, auf der Ludwig Bamberger geredet hatte, wonach Ziel der demokratischen Bewegung die „sozialdemokratische Republik" sei.[48] Die Nationalliberalen werden mit „Ja" stimmen, weil sie keine Konfrontation mit Bismarck wollen.

Zum Schluss seiner Rede greift er Bismarck an: „Unsere Regierungen können meisterhaft große Kriege führen, Provinzen erobern und annektieren – das deutsche Volk zur Freiheit und zum Wohlstand führen können sie nicht!"[49] Er wirft ihm innenpolitisches Versagen vor. Die Nation leidet nicht an „revolutionären Dingen", sie leidet an einem „Übermaß an Dankbarkeit" gegenüber dem Reichsgründer. Bismarck ergreift nach der Rede Sonnemanns das Wort. Nicht direkt, nur in Andeutungen, bezeichnet er die Frankfurter Zeitung als Sprachrohr der französischen Regierung. Er wirft dem Demokraten vor, er wolle die „innere Festigkeit des Reichs schwächen" und diskreditiere die an der Spitze stehenden Personen. Leopold Sonnemann verwahrt sich gegenüber jedem Verdacht der Abhängigkeit seiner Zeitung und verlangt Beweise. Bismarck mildert ab, er habe nur einen Eindruck wiedergegeben. Leopold Sonnemann verteidigt noch einmal die Unabhängigkeit der Frankfurter Zeitung.[50] Nicht Leopold Sonnemanns Rede und demokratische Prinzipien stehen zur Debatte, der Demokrat ist für Bismarck ein Handlanger Frankreichs, des „Erbfeinds". Der Reichstag stimmt dem Gesetz mit den Stimmen der Konservativen und Nationalliberalen zu. Der Kaiser schreibt vier Tage später an Bismarck, Sonnemann hätte den „Aufstand des Volkes" gepredigt, und regt an, über eine Änderung der Geschäftsordnung des Reichstags solche Redner nicht mehr zu Wort kommen zu lassen.[51]

Leopold Sonnemann setzt seinen Kampf gegen das Sozialistengesetz unbeirrt fort. In der dritten Lesung im Oktober 1878 nimmt er zur polizeilichen Beschlagnahmung von Druckschriften Stellung.[52] Im März 1880 unterstützt er einen Antrag des sozialdemokratischen Abgeordneten Wilhelm Hasenclever. Zwei sozialdemokratische Reichstagsabgeordnete waren nach Verhängung des kleinen Belagerungszustandes aus Berlin ausgewiesen und unter Anklage gestellt worden, weil sie ihr Mandat wahrgenommen hatten. Leopold Sonnemann hebt hervor, dass Abgeordnete wegen der Wahrnehmung ihrer Mandate, zu der sie verpflichtet seien, nicht mit Gefängnis bestraft werden könnten. Der Antrag auf Sistierung polizeilicher Ausweisungen von Abgeordneten während einer Session des Reichstags wird angenommen.[53]

Die Sitzungsperiode Februar bis Juli 1879 steht vollständig im Zeichen des Übergangs zur Schutzzollpolitik. Leopold Sonnemanns Prophezeiung in der Debatte zum Sozialistengesetz, Bismarck werde die Nationalliberalen bald nicht mehr nötig haben, erfüllt sich. Die Nationalliberalen brechen auseinander und die Frankfurter Zeitung erinnert an einen Ausspruch Ludwig Bambergers: „Wer die Parlamente einsetzt, ehe das Reich der Freiheit im Fundament gegründet ist, der bahnt nicht dem Fortschritt, sondern dem Verrat den Weg."[54] Die rheinische Schwerindustrie und die ostelbischen adligen Grundbesitzer verlangen Schutzzölle. Das Bündnis aus „Roggen und Eisen" wird im Reichstag durch die konservativen Parteien und das Zentrum unterstützt. Leopold Sonnemann lehnt die Schutzzollpolitik ab, weil sie an erster Stelle die Schwerindustrie und die ostelbischen Junker vor billigen Importen schützt. Er wird Mitglied der Zolltarif-Kommission und bemüht sich hier und im Reichstag um möglichst günstige Tarife bei einzelnen Positionen. In einigen Punkten ist er erfolgreich.[55]

In den Reichstagswahlen 1881 erringt die Deutsche Volkspartei neun Mandate, fraglos auch ein Erfolg der Reichstagsarbeit Leopold Sonnemanns. Die Sozialdemokraten erringen trotz des Sozialistengesetzes neun Mandate. Die konservativen Parteien verlieren 38 Mandate gegenüber 1878. Das katholische Zentrum wird mit 100 Abgeordneten stärkste Fraktion. Die nationalliberale Fraktion, 1874 mit 155 Abgeordneten vertreten, schmilzt auf 46 Mandate zusammen. Die Linksliberalen sind die Sieger der Wahl mit über 100 Mandaten.[56] Das Ergebnis ist auch eine Niederlage Bismarcks, der jetzt mit wechselnden Mehrheiten regieren muss. Leopold Sonnemann kritisiert Steuererhöhungen ohne Entlastung, redet zum Aktienrecht und plädiert bei den anstehenden großen Sozialreformen für berufsgenossenschaftliche Lösungen. Das Sozialistengesetz bleibt sein Thema. Der Reichstag hat eine Denkschrift des Innenministers über die Ausführung des Sozialistengesetzes erbeten und Leopold Sonnemann referiert Beispiele willkürlicher polizeilicher Auflösungen von Versammlungen, die auch seine Partei betrafen und ihn persönlich am Reden hinderten. Er sagt, dass er sich schäme, dass Derartiges in Deutschland möglich sei. Er spricht vom Elend der Familien, die zurückbleiben müssten, wenn, wie in Berlin nach Verhängung des Kleinen Belagerungszustandes, die Polizei hunderte von Familienvätern ausweise.[57] In seiner vorletzten Rede im Reichstag im März 1884 begründet er die Ablehnung der Verlängerung des Sozialistengesetzes durch die Abgeordneten der Volkspartei.[58] Sein Resümee der Praxis des Sozialistengesetzes lautet: „Etwas hat man allerdings mit der Sozialistenhetze und dem Kulturkampf erreicht: die Steigerung des Klassenhasses hat einen Grad angenommen, wovon man früher keine Ahnung im Deutschen Reich hatte." Das Gesetz fördert, so glaubt Sonnemann, den Klassenkampf von oben. Das Zentrum ist nicht trotz, sondern wegen des Kulturkampfes stärkste Fraktion im Reichstag geworden.

Demokrat oder Liberaler?

In der Reichstagswahl 1884 unterliegt Leopold Sonnemann in der Stichwahl dem Kandidaten der sozialdemokratischen Partei, dem Lehrer Adolf Sabor (1841–1907).[59] Bereits 1881 hatte er sich in der Stichwahl nur knapp gegen den sozialdemokratischen Kandidaten, den Schriftsetzer Rudolf Döll, behauptet. Bei den Wahlen 1871, 1874 und 1878 hatte der nationalliberale Kandidat die Stichwahl gegen Leopold Sonnemann erreicht. Wesentlicher Grund für die Wahlniederlagen ist das Bevölkerungswachstum der Stadt, überwiegend durch Armutsmigration. Zwischen Dezember 1871 und Dezember 1880 steigt die Bevölkerungszahl Frankfurts von 91 040 auf 136 831.[60]

Leopold Sonnemanns Siege über den nationalliberalen Kandidaten in den Stichwahlen beruhten auch auf Arbeiterstimmen. Er und die Partei sehen in Sozialdemokraten potentielle Verbündete. Für die Frankfurter Kommunalwahlen 1882 hatte Leopold Sonnemann sich dafür ausgesprochen, Adolf Sabor auf der Wahlliste der Demokraten kandidieren zu lassen. Die demokratischen und sozialdemokratischen Wahlprogramme für die Reichstagswahl 1884 unterscheiden sich praktisch nicht. Die Demokraten führen einen konstruktiven Wahlkampf, Warnungen vor dem „roten Schreckgespenst" und persönliche Angriffe fehlen. Für Leopold Sonnemann spricht die „Leistungsbilanz", Adolf Sabor ist ein „unbeschriebenes Blatt". Wahlversammlungen der Demokraten, die für alle offen sind, werden von sozialdemokratischen Agitatoren massiv gestört. Nicht weniger als drei Wahlversammlungen löst der anwesende Polizeikommissar auf. Leopold Sonnemann referiert auf Wahlversammlungen seine Tätigkeit im Reichstag und seine Ziele für die nächste Wahlperiode. Die Störer verzichten auf inhaltliche Auseinandersetzungen. Einmal erklärt ein Sozialdemokrat kurz und bündig, „Sonnemann lügt", ein anderer beginnt mit: „Ich pfeife auf die Demokratie ...". Die Parteileitung kritisiert die Störungen.[61] Für bestimmte Kreise der Anhängerschaft ist Leopold Sonnemann der gefährlichste Gegner der Arbeiterschaft.

Die Stichwahlen zum Reichstag bieten Raum für taktische Manöver, weil nur noch zwei Kandidaten zur Wahl stehen. Rudolf Döll, der 1881 Leopold Sonnemann nur knapp unterlegene sozialdemokratische Kandidat, steigert in der Stichwahl im Westend seinen Stimmenanteil um 80 Prozent. Das Westend ist eine Hochburg der Nationalliberalen.[62] Auch 1884 rufen die Frankfurter Nationalliberalen nur offiziell zur Wahlenthaltung in der Stichwahl auf. Das stete Argument gegen Leopold Sonnemann, es mangele ihm an nationaler Gesinnung, kann sich seit 1878 auf den Reichskanzler selbst berufen. 1884 soll es zudem ein Telegramm aus Berlin gegeben haben: „Fürst wünscht Sabor".[63] Konservative und Handwerkerpartei rufen offen zur Stimmabgabe für den Sozialdemokraten auf. Adolf Sabor siegt in einer Wahl, die erklärtermaßen den Demokraten Leopold Sonnemann verhindern soll. 1887 erreicht Leopold Sonnemann wiederum die Stichwahl. Bei der Reichstagswahl 1890 werden die Sozialdemokraten die nach Stimmen stärkste Partei.[64] Leopold Sonnemanns Prognose, dass dies nicht trotz, sondern wegen der Repressionen geschehen wird, bestätigt sich.

Frankfurter Reichstagswahlen und Leopold Sonnemanns Tätigkeit als Reichstagsabgeordneter offenbaren, wie weit Liberalismus und Demokratie sich auseinander bewegt haben. 1878 kandidiert Leopold Sonnemann gleichzeitig im Wahlkreis Fürth, um den nationalliberalen Kandidaten zu verhindern.[65] Das Wahlrecht lässt Kandidaturen in mehreren Wahlkreisen zu. 1893 scheitert Sonnemann im ersten Wahlgang. In der Stichwahl unterstützen die Demokraten den sozialdemokratischen Kandidaten. Das Motiv ist indes nicht die Verhinderung des nationalliberalen, sondern die Unterstützung desjenigen Kandidaten, der zur „entschiedenen Opposition" zählt. Das Ende der Karriere Sonnemanns als Reichstagsabgeordneter wird durch die Existenz zweier demokratischer Parteien, die um ein Wählerreservoir konkurrieren, besiegelt. Im „Reich ohne Freiheit" ist diese Konstellation einzigartig. In den Reichstagswahlkämpfen der Deutschen Volkspartei bleibt Leopold Sonnemann präsent. Als Redner bereist er Wahlkreise mit für die Volkspartei günstigen Stimmenverhältnissen.

August Bebel macht sich in seinen Lebenserinnerungen Gedanken zu der Frage, wen Bismarck am stärksten gehasst habe, den linksliberalen Westfalen Eugen Richter (1838–1906) oder den süddeutschen Demokraten Leopold Sonnemann, der eine wie der andere ein profilierter Gegner Bismarcks. Er entscheidet sich für Leopold Sonnemann, der dem preußischen Junker in jeder Hinsicht wesensfremd gewesen sei.[66] Persönlich bedauerte er die Niederlage Leopold Sonnemanns gegen Adolf Sabor, der es in zwei Jahren im Reichstag auf drei Wortmeldungen brachte.[67] Die „entschiedene Opposition" im Reichstag hat das Ausscheiden Sonnemanns fraglos geschwächt. Schauen wir auf die Gegenwart mit der Frage, wem hinsichtlich der Ideale, an die Bismarck und Leopold Sonnemann glaubten, und der Ziele, für die beide auch kompromisslos kämpften, Recht gegeben hat, dann wird deutlich, dass ausgerechnet dem „Oppositionellen", den Bismarck nach Meinung August Bebels am stärksten hasste, die Zukunft gehörte.

C 432 Der Stadtverordnetensitzungssaal im Haus Alt-Limpurg nach den Renovierungsarbeiten 1896 bis 1899

Der Stadtverordnete

Mit der preußischen Besetzung im Juli 1866 konnte der Staat „ausgelöscht" werden, das „Gemeinwesen" nicht. Neu zu regeln war die Verfassung als preußische Provinzstadt. An die Stelle des exklusiven Bürgerrechts tritt die preußische Staatsangehörigkeit. Magistrat und Stadtverordnetenversammlung als Selbstverwaltungsgremien sind zwar in die Grenzen staatlicher Aufsicht eingebunden, im Vergleich zu den repräsentativen Organen der Senatsverfassung hat die Stadtverordnetenversammlung als kommunales Parlament indes deutlich mehr Rechte und Gestaltungsmöglichkeiten. Sie wählt in Zukunft die Mitglieder des Magistrats und schlägt die drei Kandidaten für das zukünftige Amt des Oberbürgermeisters vor.[68]

Leopold Sonnemann kehrt nach Aufhebung des Kriegsrechts nach Frankfurt am Main zurück. Die am 11. November 1866 erstmals erscheinende Frankfurter Zeitung kommentiert wie selbstverständlich die Verhandlungen zwischen Siegern und Besiegten und warnt eindringlich vor der Aufgabe von Rechtspositionen.[69] Erfolgreich sind die Verhandlungen, weil das preußische Dreiklassenwahlrecht verhindert wird. An die Stelle der Einteilung der Wähler nach ihrer Steuerleistung in drei Klassen mit sehr unterschiedlichem Stimmengewicht tritt ein spezieller Zensus. Frankfurt erhält ein an Besitz und Einkommen gebundenes Wahlrecht. Kriterien sind Hausbesitz, Veranlagung zur Steuer, Gewerbebetrieb mit zwei Gehilfen oder ein Jahreseinkommen von 200 Gulden. Auf Armenunterstützung Angewiesene sind explizit ausgeschlossen.[70] Wählen und gewählt werden dürfen damit praktisch weiterhin diejenigen, die bis zum Juli 1866 als Bürger wahlberechtigt waren. Im übrigen Preußen erfolgt die Kommunalwahl indirekt und ist nicht geheim. Die Wähler müssen gegenüber dem Wahlleiter ihre Wahlentscheidung mündlich zu Protokoll geben. Die Frankfurter Kommunalwahl ist direkt und geheim. Ein nicht unbedeutender Demokratisierungsschritt der Verfassung der Freien Stadt bleibt in der preußischen Provinzstadt erhalten.[71] Gewollte Kontinuität verrät auch die Zusammensetzung der ersten Stadtverordnetenversammlung. Die Kandidaten waren bereits im Gesetzgebenden Körper und in der Bürgerrepräsentation aktiv. Die Stadträte, die das erste Parlament in den Magistrat wählt, sind ausnahmslos ehemalige Senatoren, Mitglieder der Gesetzgebenden Versammlung, der Ständigen Bürgerrepräsentation oder des Wahlkollegs der Freien Stadt.[72]

Die Stadt erhält ein Königliches Polizeipräsidium, dessen vom König ernannter Präsident den tatsächlichen und vermuteten Feinden Preußens breite Aufmerksamkeit widmet.[73] Er warnt Berlin vor der Ernennung Daniel Heinrich Mumms, 1818 in der Freien Stadt geboren, hier aufgewachsen, seit 1856 in städtischen Diensten, 1865 Senator, zum Oberbürgermeister durch den preußischen König. Er warnt vor dem 1868 von Leopold Sonnemann mitbegründeten Demokratischen Wahlverein, der „nach allen Seiten zersetzend wirken“ wolle.[74] Paragraph 40 der Preußischen Gemeindeordnung für die Stadt sieht vor, dass der König den Oberbürgermeister aus den drei Kandidaten, die die Stadtverordnetenversammlung wählt, ernennt. Mumm wird mit großer Mehrheit auf Platz eins gewählt. Die Kandidatenregelung stellt die weltläufige jahrhundertealte Reichs- und Freie Stadt auf eine Stufe mit Neupommern und Rügen. Sonst dürfen die kommunalen Parlamente in Preußen den Oberbürgermeisterkandidaten direkt wählen und zur Ernennung vorschlagen. Nach einigem Hin und Her wird Daniel Heinrich Mumm, der Sohn der Freien Stadt, auf zwölf Jahre ernannt. Für den nach dreijährigen zähen Verhandlungen abgeschlossenen Vergleich über das bisherige Staatsvermögen können sich die Demokraten, die Frankfurter Zeitung und nicht zuletzt Leopold Sonnemann damit eine für die Stadt günstige Lösung als Verdienst zurechnen.[75]

Stadtverordnetenversammlung oder Reichstag?

Zwischen 1860 und 1864 ließ sich Leopold Sonnemann in das Wahlkolleg der 75er wählen.[76] Die Mitgliedschaft im Kolleg, das 45 der 85 Mitglieder des Gesetzgebenden Körpers wählte, war der obligate erste Schritt zu einer politischen Karriere in der Freien Stadt. Da die Frankfurter Bürger die Mitglieder des Kollegs wählten, war die Wahl des nicht dreißigjährigen Demokraten ein erster politischer Vertrauensbeweis. Bei der ersten der in der Gemeindeordnung vorgeschriebenen periodischen Ergänzungswahlen zur Stadtverordnetenversammlung 1868 kandidiert Leopold Sonnemann erstmals und wird im ersten Wahlgang gewählt. Ab Frühjahr 1871 ist der Stadtverordnete zugleich Frankfurter Reichstagsabgeordneter. Im krassen Gegensatz zum Reichstag werden die Demokraten im Frankfurter Parlament nach 1871 stärkste Fraktion.[77] Demokraten werden in den Vorstand der Stadtverordnetenversammlung und in den Magistrat gewählt. Die gewählten Stadträte – auch das ist eine Besonderheit des Frankfurter Gemeinderechts – müssen nicht vom König bestätigt werden. 1877 wird Karl Holthof (1835–1884), von 1864 bis 1871 Redakteur der Frankfurter Zeitung, zum Stadtrat gewählt. Er ist zuständig für die „Armenpflege“.[78] Sie ist das Schlüsselressort für eines der Kernprobleme der Verwerfungen infolge der Industriellen Revolution und der mit der preußischen Gemeindeordnung verordneten Freizügigkeit: die „Soziale Frage“. Nach 1871 wird sie auch in Frankfurt am Main zunehmend virulent.

Berliner und Frankfurter Anforderungen sind nicht in Übereinklang zu bringen. Wahlprogramme sind verpflichtend und Leopold Sonnemann nimmt sich auch selbst in die Pflicht. Im Reichstag ist Sonnemann bis zur Wahl 1877 der einzige Abgeordnete der Deutschen Volkspartei. Im Vergleich dazu ist die Stadtverordnetenversammlung mit ihrer großen demokratischen Fraktion eine „Oase“. Der Verzicht auf die erneute Reichstagskandidatur 1877 trägt dem Rechnung. Nur ein Jahr später kandidiert er erneut für den Reichstag. Die Verhinderung des Sozialistengesetzes hat für

B 314, 4 In den Auseinandersetzungen über den Bau der Obermainbrücke 1874 agiert Mumm, was nach der Gemeindeordnung möglich ist, mit der preußischen Provinzbehörde gegen das Parlament. Leopold Sonnemann, gerade aus der Haft, zu der er wegen Beleidigung der Staatsbehörden verurteilt worden ist, entlassen, liest Mumm die Leviten und wirft ihm „Kollaboration“ mit Preußen vor.

B 314, 9 Beispielhaft für den Betrieb städtischer Versorgungseinrichtungen durch Kapitalgesellschaften ist die Gasfabrik in der Obermainstraße. Erst nach dem Tode Leopold Sonnemanns gelingt den Demokraten die Kommunalisierung der Gasversorgung.

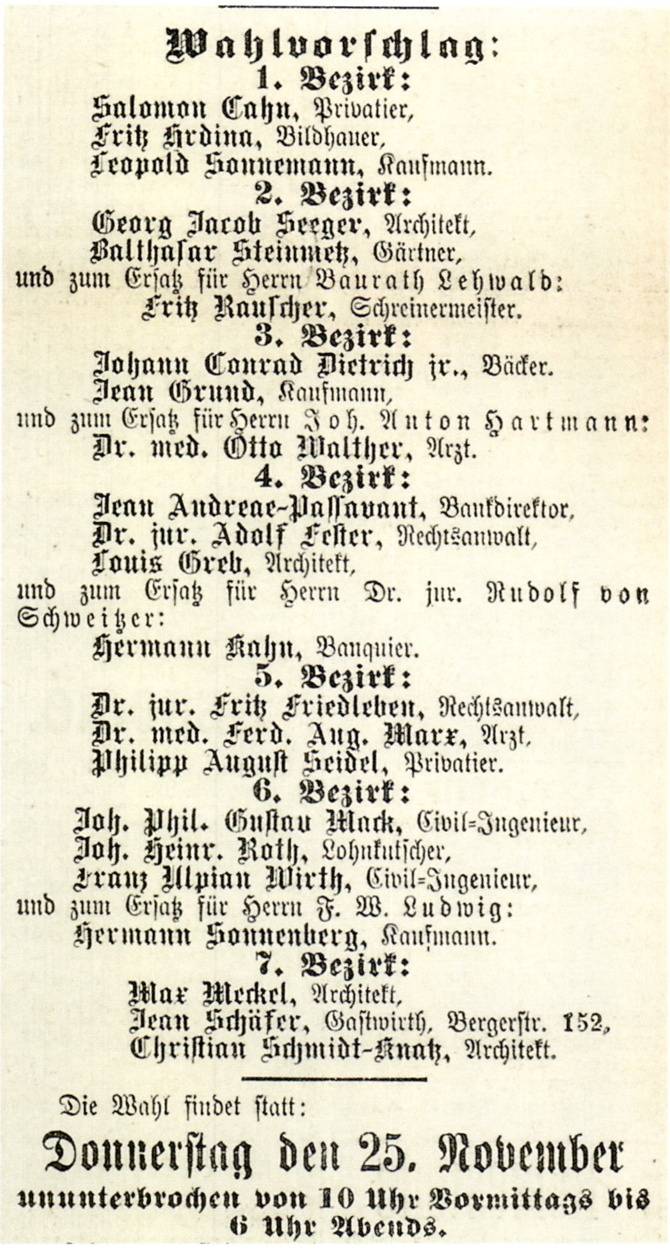

Wahlvorschlag:

1. Bezirk:

Salomon Cahn, Privatier,
Fritz Hrdina, Bildhauer,
Leopold Sonnemann, Kaufmann.

2. Bezirk:

Georg Jacob Seeger, Architekt,
Balthasar Steinmetz, Gärtner,
und zum Ersatz für Herrn Baurath Lehwald:
Fritz Rauscher, Schreinermeister.

3. Bezirk:

Johann Conrad Dietrich jr., Bäcker.
Jean Grund, Kaufmann,
und zum Ersatz für Herrn Joh. Anton Hartmann:
Dr. med. Otto Walther, Arzt.

4. Bezirk:

Jean Andreae-Passavant, Bankdirektor,
Dr. jur. Adolf Fester, Rechtsanwalt,
Louis Greb, Architekt,
und zum Ersatz für Herrn Dr. jur. Rudolf von Schweitzer:
Hermann Kahn, Banquier.

5. Bezirk:

Dr. jur. Fritz Friedleben, Rechtsanwalt,
Dr. med. Ferd. Aug. Marx, Arzt,
Philipp August Seidel, Privatier.

6. Bezirk:

Joh. Phil. Gustav Mack, Civil-Ingenieur,
Joh. Heinr. Roth, Lohnkutscher,
Franz Ulpian Wirth, Civil-Ingenieur,
und zum Ersatz für Herrn F. W. Ludwig:
Hermann Sonnenberg, Kaufmann.

7. Bezirk:

Max Meckel, Architekt,
Jean Schäfer, Gastwirth, Bergerstr. 152,
Christian Schmidt-Knatz, Architekt.

Die Wahl findet statt:

Donnerstag den 25. November

ununterbrochen von 10 Uhr Vormittags bis 6 Uhr Abends.

C 433 Nach dem Ausscheiden aus dem Reichstag kandidiert Leopold Sonnemann im November 1886 erneut und erfolgreich für die Stadtverordnetenversammlung.

ihn dort absolute Priorität. In der Stadtverordnetenversammlung gibt es die große demokratische Fraktion, die gut gearbeitet hat und auch ohne ihn stark genug ist.[79] Im Reichstag zählt jeder, der das Sozialistengesetz verhindern will. 1880, zum Ende der Wahlperiode seines Frankfurter Mandats, erklärt Leopold Sonnemann den Verzicht auf eine erneute Kandidatur für die Stadtverordnetenversammlung. Eine Niederlegung des Mandats, für das er bei den Wählern im Wort ist, ist ausgeschlossen. Der Niederlage im Reichstagswahlkampf 1884 folgt zum nächsten Termin die erneute kommunale Kandidatur. Leopold Sonnemann bekleidet das Mandat von 1887 bis 1904, bis er aus Gesundheitsgründen seinen Abschied nimmt. Insgesamt ist er fast 30 Jahre Stadtverordneter mit der Mitgliedschaft in einem halben Hundert von Kommissionen, Ausschüssen und Deputationen. Kaum eine wichtige kommunalpolitische Frage ist ohne seinen Rat, ohne seine Mitwirkung gelöst worden.[80]

Wenn der Stadtverordnete thematisiert wird, ist auch an das mäzenatische Engagement oder die Tätigkeit in Aufsichts- und Verwaltungsräten kommunaler Aktiengesellschaften, in Stiftungen und Vereinen zu erinnern, also an das, was mit der Tätigkeit als Stadtverordneter zum bürgerschaftlichen und kommunalpolitischen Engagement zu zählen ist. Bis heute erinnern, wenn auch als stumme Zeugen, die Alte Oper, das Schauspielhaus, das Elektrizitätswerk in der Gutleutstraße, die Straßenbahn oder das Einheitsdenkmal auf dem Paulsplatz an den Stadtverordneten, der Eiserne Steg, der Palmengarten, der Frankfurter Hof oder das Trinkwasser aus dem Vogelsberg an das außerparlamentarische Engagement. Kunst und Kultur, Technik und Verkehr, Bildung und Freizeit, Sport, Wirtschaft, sozialer Wohnungsbau: Leopold Sonnemanns Engagement schließt alle Faktoren ein, die die Stadt ausmachen. Der kommunalpolitische Ansatz der Demokraten reflektiert die Stadt als „Gemeinwesen", sie vertreten keine spezifische Interessenpolitik.[81] Die Demokraten unterscheiden sich zudem von den anderen Parteien dadurch, dass sie regelmäßig und in öffentlichen Versammlungen, zu denen in Anzeigen der Frankfurter Zeitung eingeladen wird, ihre Politik zur Diskussion stellen. Diese Öffentlichkeit schließt ein weiteres Moment ein. Es sollen auch die zu Wort kommen, die aufgrund des Zensus nicht wählen dürfen. Dieses durchaus „basisdemokratische" Element ersetzt nicht den Zensus, es ermöglicht aber die politische Partizipation der vom Zensus Ausgeschlossenen.

Anträge auf Abschaffung oder Änderung des Frankfurter Zensus scheitern an der Mehrheit der Stadtverordnetenversammlung oder am Magistrat, der an Mehrheitsentscheidungen des Parlaments nicht gebunden ist.[82] Der Zensus sorgt dafür, dass erst 1901 ein Sozialdemokrat Stadtverordneter wird.[83] Leopold Sonnemann schlägt vor, Sozialdemokraten auf die Wahllisten der Demokraten zu setzen. Diese „Einbindung" in die Stadtverordnetenversammlung entspricht seiner Interpretation des Parlaments. Das Wahlrecht darf keinen Einwohner ausschließen. Freisinnige und Nationalliberale sind bis in die 1890er Jahre grundsätzlich für die Beibehaltung des Zensus. Unter den Demokraten ist er umstritten. Die Frankfurter Gemeindeordnung ist ein Staatsgesetz und, diese Sorge äußert auch Leopold Sonnemann, ein Antrag auf Änderung könnte in Berlin genutzt werden, in Frankfurt das Dreiklassenwahlrecht einzuführen.[84]

Die Entwicklung zur modernen Großstadt nach 1871 verändert die Stadt in der Wirkungszeit Leopold Sonnemanns radikal. In den 1870er Jahren deutet sie sich an, bei der Rückkehr in die Stadtverordnetenversammlung 1887 ist sie in vollem Gange. Leopold Sonnemann zeichnet die Fähigkeit aus, die komplexen Probleme des Wandels zur preußischen Provinzstadt und der rasanten Entwicklung zur modernen Großstadt in ihren auch widersprüchlichen ökonomischen, sozialen, kulturellen und politischen Dimensionen transparent zu machen und Lösungen zu finden, die vereinbar sind mit der demokratischen Stadtentwicklungsprogrammatik und der stetigen Anforderung, parlamentarische Mehrheiten zu erreichen. Vor allem sticht die souveräne Fähigkeit hervor, Strategie und Taktik oder Minimal- und Maximalziele programmatisch zusammenzubinden. Hinzu kommt die Überzeugungskraft des Experten, die Leopold Sonnemann entweder besitzt oder wie selbstverständlich in Projekten, mit denen er sich identifiziert, erwirbt.

Der Stratege

Leopold Sonnemann identifiziert sich mit dem Neubau des Theaters, der heutigen Alten Oper, den der Oberbürgermeister in einer programmatischen Rede im Dezember 1869 vorschlägt. In der Stadtverordnetenversammlung wirbt und kämpft er unermüdlich für das Zustandekommen des bis dahin teuersten kommunalen Pro-

C 451 In den elf Jahren bis zur Eröffnung des neuen Theaters, der heutigen Alten Oper, ist der Stadtverordnete Leopold Sonnemann der Stratege, der die Richtung hält, Kompromisse findet und zum politischen „Baumeister" wird.

C 452 Die Baukosten steigen enorm. Leopold Sonnemann macht den Vorschlag, die Mehrkosten auf die Eintrittskarten umzulegen.

jekts in der Geschichte der Stadt.[85] Er gehört zu den 67 Bürgern, die zehn Tage nach der Rede Mumms in einer Versammlung im Saalbau insgesamt 480 000 Gulden für den Bau zusagen. Für 10 000 Gulden, die auch Leopold Sonnemann zeichnet, sichert die Stadt in einem Vertrag den Zeichnern eine private Loge im neuen Theater zu. Leopold Sonnemann wird Berichterstatter der Theaterkommission. Den Tausch des Baugeländes, statt der altstädtischen Abbruchfläche ein ehemaliges Gartengelände an der Bockenheimer Anlage, verteidigt Leopold Sonnemann gegen vehemente Kritik. Magistrat und Stadtverordnete haben sich für den Gebäudeentwurf des Berliner Architekten Richard Lucae ausgesprochen. Den Versuch einiger Zeichner, Lucae den Auftrag zu entziehen und einen von ihnen favorisierten Wettbewerbsentwurf durchzusetzen, konterkariert Leopold Sonnemann. In Brüssel, Leipzig, Köln, Dresden und Wien hat er sich im Winter 1871/72 gründlich umgesehen.[86] In einem offenen Brief erklärt er die Gründe für die Ablehnung Lucaes für vorgeschoben und sieht die alte „Aristokratie" am Werk, die wie bereits beim Palmengarten den Wandel der Stadtgesellschaft zur Bürgergesellschaft übersehe.[87]

Nicht zuletzt wegen der aus dem Ruder laufenden Baukosten ist das Theaterprojekt auch unter den demokratischen Parteifreunden umstritten. In der entscheidenden Sitzung des städtischen Parlaments am 6. Juni 1872, die den von Leopold Sonnemann verfassten Abschlussbericht der Theaterkommission berät, erleidet Sonnemann eine Abstimmungsniederlage. Grund ist die Ablehnung bestimmter Einzelheiten der Logenarchitektur. Wolfgang Schivelbuschs These[88], dass die Kritik des demokratischen Parteifreundes Hermann Ebner die Abstimmungsniederlage herbeigeführt habe, ist falsch. Ebner ist Mitglied der Fortschrittspartei, für die er 1874 zum Reichstag kandiert.[89] Der Oberbürgermeister erklärt, auch ohne Zustimmung der Stadtverordnetenversammlung werde gebaut. Leopold Sonnemann erklärt, ohne einen Mehrheitsbeschluss der Stadtverordnetenversammlung komme für ihn der Theaterneubau nicht in Frage. Zudem könne er auf eine Loge verzichten. Für viele völlig überraschend schließen die Zeichner mit der Stadt einen neuen Vertrag ohne die Kautelen in der Logenfrage. In Magistrat und Stadtverordnetenversammlung gibt es nur einen, der den alten Vertrag mit den Zeichnern nicht als Politiker, sondern als Zeichner zur Diskussion stellen kann. Als die Baukosten weiter steigen, macht Sonnemann den Vorschlag, die Mehrkosten auf die Eintrittskarten umzulegen. Als der Magistrat sich 1877 vom weiteren Anstieg der Kosten peinlich berührt zeigt, fordert Sonnemann eine umfassende Prüfung. Zwei seiner Parteifreunde recherchieren und sehen den Grund des Kostenanstiegs in einer überforderten städtischen Verwaltung.[90]

Als kommunale Investition dient der luxuriöse Theaterbau dem Erhalt der Attraktivität einer Stadt, die wirtschaftlich von Handel, Dienstleistungen und Fremdenverkehr lebt.[91] Von Dezember 1867 bis Dezember 1880 steigt die Einwohnerzahl von 78 918 auf 136 831[92], vor allem durch Armutsmigration, ausgelöst durch die mit der Freien Stadt fallenden Zuzugsbeschränkungen und den notorischen Ruf Frankfurts als „reicher Stadt".

1873 steht die Reform des städtischen Steuersystems an. Die Kommission zur Prüfung der Magistratsvorlage zeigt sich in ihrer Majorität grundsätzlich mit der Magistratsvorlage einverstanden. Das Minderheitsgutachten hat nur einer ausgearbeitet, Leopold Sonnemann, und er vertritt es im Parlament.[93] Sein Konzept ist radikal: Abschaffung aller indirekten kommunalen Steuern und Abgaben und Kompensation der Einnahmeausfälle durch eine progressive Einkommensteuer. Zu seinem Minderheitsgutachten gehört die ebenfalls von ihm erarbeitete Skala der mit steigendem Einkommen steigenden Zuschläge. Zudem rät er zur Heranziehung von Aktiengesellschaften zur Steuer.[94] Die Stadtverordnetenversammlung spricht sich, wenn auch knapp, für Sonnemanns Konzept aus. Indirekte Steuern verteuern die Lebenshaltungskosten, betroffen sind an erster Stelle diejenigen, die jeden Pfennig umdrehen müssen.

Die Frankfurter Nationalliberalen sind für indirekte Steuern, weil sie die Lebenshaltung verteuern, was sich wiederum bremsend auf die Armutsmigration auswirken soll. Im Reichstag plädiert Bismarck im November 1875 für indirekte Steuern, von denen, wie er hinzufügt, vor allem die „Luxusgegenstände der großen Masse" (zum Beispiel Petroleum und Tabak) betroffen sind.[95] Zwar kann Sonnemann 1880 feststellen, dass von den 43 297 Frankfurter Steuerzahlern nur 1 200 den vollen Satz zahlen müssten, und zweifellos ist die urbane Attraktivität der Stadt eine Bedingung für ein sozial gerechtes städtisches Steuersystem, das die unteren Klassen der Bevölkerung entlastet. Souverän sind Magistrat und Stadtverordnetenversammlung jedoch allein gegenüber den kommunalen Steuern. Die „Oase“ ist keine Insel. In der Forderung des demokratischen Wahlprogramms nach größerer Selbstständigkeit der Gemeindebehörden gegenüber den Staatsbehörden klingt dies 1870 an, ebenfalls in der Forderung, die Polizeiverwaltung an die Stadt zurückzugeben. Die Polizei überwacht politische Versammlungen und kann sie gegebenenfalls auflösen. Der königliche Polizeipräsident ist zudem der Auffassung, dass auch Vorstandssitzungen Versammlungen sind, die unter Polizeiaufsicht gehören.[96]

Nicht nur der Reichstag, auch die Frankfurter Stadtverordnetenversammlung sieht sich mit der Inhaftierung von Abgeordneten konfrontiert. Leopold Sonnemann, der im Reichstag vergeblich für ein selbstbewusstes Parlament plädierte, verbüßt im Sommer 1874 eine zweimonatige Haftstrafe wegen Beleidigung von Staatsorganen. Das Frankfurter Parlament fordert den Magistrat auf, seine Freilassung während der Stadtverordnetensitzungen zu beantragen. Der Magistrat erreicht, dass Leopold Sonnemann für Kommissionsberatungen über den Ankauf der Quellwasserleitung aus dem Vogelsberg und die städtische Subvention für den Zoologischen Garten freigelassen wird.[97] Dringend gebraucht wird zwar der Experte, der Vorgang insgesamt verweist auf ein nach dem Geschmack Leopold Sonnemanns selbstbewusstes Parlament.

1879 läuft die zwölfjährige Amtszeit Oberbürgermeister Mumms ab. In der Stadtverwaltung sind, das ist beim Theaterneubau deutlich geworden, die Grundsätze einer modernen Leistungsverwaltung und ordentlichen Haushaltsführung unbekannt. Mumm hat sich jede Kritik daran verbeten. Ihm wird ein senatorialer Dünkel nachgesagt und er zieht es vor, mit dem Parlament schriftlich zu verkehren. Demokratisches Politikverständnis, die Entscheidung durch Mehrheiten, erfordert den Diskurs, das Vertrauen auf Argumente und den Verzicht auf parteigebundene Feindbilder. Schon 1872 haben sich die Demokraten in einem offenen Brief verpflichtet, „achtbare und leistungsfähige Gegner“ nicht von der Gemeindevertretung auszuschließen.[98] Leopold Sonnemann will einen als kommunalpolitischen Fachmann ausgewiesenen Nachfolger und bringt Johannes Miquel (1828–1901), den langjährigen Oberbürgermeister von Osnabrück, erfolgreich ins Gespräch. Ihn zeichnet nachweisbar aus, was Mumm fehlt. Er versteht etwas von Verwaltung, einer ordentlichen Haushaltsführung und vom Umgang mit einem Parlament.[99] Er ist Mitglied der Nationalliberalen Partei. Da der König den Oberbürgermeister ernennt, muss der Kandidat ein Preuße sein und als „königstreu“ gelten. Zudem gibt es keine demokratischen Preußen mit einer langjährigen kommunalen Praxis als Bürgermeister oder Oberbürgermeister.

B 411 Auf der Internationalen Elektrotechnischen Ausstellung präsentierte die Helios Aktiengesellschaft für elektrisches Licht ihren Wechselstromgenerator gegenüber dem Eingang zur Maschinenhalle.

Kommunalpolitische Schlüsselfragen

Als Leopold Sonnemann 1887 in die Stadtverordnetenversammlung zurückkehrt, wird er wieder in die Finanzkommission gewählt. Schließlich ist er zwei Jahrzehnte Mitglied und Berichterstatter dieses wichtigsten Gremiums in der städtischen Verwaltung überhaupt.[100] Vor seinem Wiedereintritt ist die „Elektrizitätswerkskommission“ gebildet worden, die zur Frage eines städtischen Elektrizitätswerks eine Stellungnahme erarbeiten soll. Sonnemann wird 1887 in die Kommission gewählt, hat an der Notwendigkeit eines städtischen Werks keinen Zweifel und plädiert in der Debatte am 8. November 1887 nach dem Vorbild anderer (erst weniger) Städte für den Beginn der Ausführung.[101] Die Mehrheit der Stadtverordneten bleibt reserviert. Es geht nicht nur um die Investition in eine neue und im Vergleich zu den herkömmlichen für die meisten Parlamentarier äußerst undurchsichtige Technik der Energieerzeugung und -verteilung.[102] Zur Kontroverse trägt bereits der kommunalpolitische Grundsatzkonflikt bei, entweder an eine Betreiberfirma zu vergeben oder in kommunale Trägerschaft zu nehmen. Die Demokraten fordern zwar, dass Einrichtungen zur Daseinsvorsorge städtisch sein müssten, in ihren Augen bilden private Einrichtungen Monopole.[103] Bei ihnen ist aber auch der Vorbehalt gegenüber einer drohenden Fehlinvestition ausgeprägt vorhanden. Die Mehrheit will keine Beteiligung der Stadt. Beschlossen wird eine Ausschreibung des Projekts.[104] Wie beim Theaterneubau der siebziger Jahre ist Leopold Sonnemann der Stratege, dem Schritt für Schritt die Widerlegung der Vorbehalte gelingt. An erster Stelle wirft die technische Seite Probleme auf. Strom ist nicht gleich Strom. Die Gleichstromtechnik gilt zeitgenössisch als zuverlässig und bewährt, das Kraftwerk muss dann jedoch mitten im Versorgungsgebiet stehen, im Falle Frankfurts also zum Beispiel im Stadtzentrum am Rossmarkt.[105] Die Wechselstromtechnik hat den Vorteil, dass die Stromspannung transformiert werden kann, was die Errichtung eines Werks außerhalb der besiedelten Stadt erlaubt. Die Standortfrage hat die gleiche Brisanz wie beim Hauptbahnhof, der 1888 600 Meter vor der besiedelten Stadt eröffnet wird. Emissionsträchtige technische Anlagen, die die Modernisierung der Stadt erfordert, gehören nicht in das Zentrum. Die gewachsene Stadt darf, so die Demokraten, nicht dem Fortschritt ausgeliefert werden.[106] Konfliktträchtig ist, dass die bewährten Gleichstromfirmen Siemens & Halske, Schuckert oder die AEG den Wechselstrom ablehnen. Für die Stromerzeugung muss Kohle verbrannt werden und rauchende Fabrikschornsteine mitten in der Stadt konterkarieren die Entwicklung der alten Neustadt zur modernen „City“. Für die Demokraten ist auch die „schöne Stadt“ Aufgabe, „schön“ im Sinne von Lebensqualität.[107] Leopold Sonnemann, der sich in die Materie einarbeitet, favorisiert den Wechselstrom.

Der Konflikt findet reichsweit als „Frankfurter Systemstreit“

B 415 Frankfurt erhält 1895 ein Wechselstromkraftwerk in kommunaler Trägerschaft in der Gutleutstraße, am damaligen Stadtrand in der Nähe des 1886 eröffneten Westhafens und im zukünftigen Industriegebiet West.

Beachtung. Die Polemik gegen den Wechselstrom spielt mit nationaler Gesinnung und denunziert denjenigen Politiker, der es besser als Siemens oder Schuckert wissen will, als Scharlatan. Schließlich ist Leopold Sonnemann Jude und Demokrat. Der schlägt nun eine Ausstellung als Forum der Entscheidung zwischen Gleich- und Wechselstrom vor. Die Frankfurter Internationale Elektrotechnische Ausstellung von Mai bis Oktober 1891, die heute zu den Schlüsselereignissen der Vergesellschaftung des elektrischen Stroms zählt, wird unter seiner Präsidentschaft vorbereitet und durchgeführt. Der Sieger, ob Technik oder Person, ist eindeutig.[108]

Johannes Miquel wird 1890 zum preußischen Finanzminister berufen. Leopold Sonnemann bringt wiederum erfolgreich den Nachfolger ins Gespräch, Franz Adickes (1846–1915), von 1873 bis 1883 zweiter Bürgermeister in Dortmund und Altona, seit 1883 Oberbürgermeister in Altona, dem heutigen Stadtteil Hamburgs. In Dortmund hat Adickes die Fürsorge neu geordnet, in Altona hat er sich als Städteplaner profiliert. Im Januar 1891 wird er in das Frankfurter Amt eingeführt.[109] Auf der Kandidatenliste, die dem König vorgelegt werden muss, steht Leopold Sonnemann, seit 1887 stellvertretender Stadtverordnetenvorsteher, auf Platz drei. Der Coup ist eine Demonstration der politischen Kultur der Stadt, vor allem eines selbstbewussten Parlaments. Auf Platz zwei kandidiert der Stadtverordnetenvorsteher, der als letztlich vom Volk Gewählter kaum auf königliche Gnade rechnen konnte. Die Kandidatenliste ließ dem König nur die Ernennung des erwünschen Kandidaten, ein Effekt, der typisch ist für den Strategen Leopold Sonnemann.

Miquel hat die Erwartungen erfüllt: den Aufbau einer Leistungsverwaltung und eine geordnete städtische Haushaltsführung. Leopold Sonnemann will Adickes als „Stadtplaner“. Städtische Politik kann sich angesichts der Dynamik der Stadtentwicklung nicht mehr mit der Verwaltung des Status quo begnügen. Von Dezember 1880 bis Dezember 1890 ist die Einwohnerzahl von 136 831 auf 180 020 gestiegen.[110] Die Entwicklung zur Industriestadt zeichnet sich ab und bedarf raumplanerischer Entscheidungen.

Der „Munizipalsozialist“

Leopold Sonnemanns Notizkalender, die für die Jahre 1897 bis 1902 erhalten sind, belegen die Präsenz des Stadtverordneten: 1897 20 Stadtverordnetensitzungen, 1898 26, 1899 30, 1900 29, 1901 30, 1902 24 Sitzungen. Nur vier Mal hat er notiert: „gehe nicht hin“. Hinzu kommt im gleichen Zeitraum die Mitgliedschaft in 15 Ausschüssen und Kommissionen. Neben der Finanzkommission, dem Theaterausschuss und der Theaterkommission sticht in den Notizkalendern die Tätigkeit in der Trambahnkommission hervor. Zwölf Jahre zuvor waren die Demokraten in der Abstimmung über die Verlängerung des Pachtvertrags mit dem belgischen Betreiber der 1872 eröffneten Pferde-Straßenbahn unterlegen. Mit der Kommunalisierung wird die längst überfällige Elektrifizierung möglich.[111] Vergleichbar der intensiven Tätigkeit für das kommunale Elektrizitätswerk seit 1887 nimmt sich Leopold Sonnemann der „Trambahnfrage“ in über 60 Sitzungen und als Berichterstatter an, bis zu seinem Ausscheiden aus der Kommission im Januar 1902. Am 22. Mai 1901 diskutiert die Kommission die Ausgabe von Arbeiterkarten für sieben Pfennig. Elektrizitätswerk und elektrische Straßenbahn sind mehr als nur Schlüsseltechniken der modernen Großstadt. Die Straßenbahn hat als „Massenverkehrsmittel“ eine sozialpolitische Dimension. Sozialpolitisch motiviert ist die Tätigkeit als Berichterstatter der Schwimmbadkommission, in der Kommission für Volksvorlesungen und als Berichterstatter der Fleischnotkommission, die Antworten auf die Verknappung des Angebots an Frischfleisch finden soll. Leopold Sonnemann plädiert am 23. September 1902 für die Aufhebung von Einfuhrverboten.[112]

1894 beschließt die Stadtverordnetensitzung auf Antrag Leopold Sonnemanns die Einsetzung eines „Socialpolitischen Ausschusses“. Themen sind die Einführung des arbeitsfreien Sonntags oder die Versicherung gegen Arbeitslosigkeit. Leopold Sonnemann schlägt eine städtische Versicherung vor, da auf Reichsebene nichts geschieht.[113] Mit Karl Flesch (1853–1915)[114], dem zuständigen Stadtrat, und Heinrich Rössler (1845–1924)[115], dem neben ihm herausragenden demokratischen Stadtverordneten, initiiert er die meisten sozialpolitischen Anträge[116].

Die heutige Alte Oper hat sich als ungeeignet für den Doppelbetrieb als Schauspiel- und Opernhaus erwiesen. Am 18. April 1899 stimmen die Stadtverordneten dem Bau des neuen Schauspielhauses zu.[117] Da der bisherige Intendant des Theaters Intendant des Schauspiels werden soll, wird ein neuer Intendant für die zukünftige Oper gesucht. Die Notizkalender Leopold Sonnemann für die Jahre 1897 bis 1902 belegen eindrucksvoll, dass die Arbeit des Stadtverordneten sich nicht auf die Sitzungen beschränkt: Aktenstudium, Gespräche mit Parteifreunden, Briefe, die Vorbereitung auf Debatten und Reden. Nach einer ersten Empfehlung im November 1898 für Paul Jensen (1850–1931), Direktor an der Oper Dresden, zieht Leopold Sonnemann Erkundigungen, auch bei Korrespondenten seiner Zeitung, ein. Jensen kommt zur persönlichen Vorstellung und zur Diskussion seiner Absichten mehrmals nach Frankfurt. Sonnemann besucht ihn in Dresden. Sie schreiben sich ausführlich. Im Juli 1900 wird Paul Jensen ernannt.[118] Am 21. Juni 1900 steht im Notizkalender: „Günstige vollständige Erledigung der Theaterfrage in meinem Sinne“. Wie das Elektrizitätswerk, die Straßenbahn, das Historische Museum, das seine Gründung dem Antrag eines Parteifreundes Leopold Sonnemanns verdankt[119], gehören auch Theater und Oper nach Überzeugung Sonnemanns in die Trägerschaft der Stadt. Dass sie auf diese Weise allen gehören, ist für ihn keine Floskel. Das Theater ist für Leopold Sonnemann die „Bildungseinrichtung“ schlechthin. Nach dem Scheitern der Nationalversammlung 1849 steht im Tagebuch, er gehe ein bis zwei Mal die Woche ins Theater.[120] Die Notizkalender aus den Jahren 1897 bis 1902 belegen, dass er dem Theater als Besucher, als Aktionär und Politiker verpflichtet blieb. Versuche, das Theater aus Kostengründen zu privatisieren, scheitern an den Demokraten.[121]

Leopold Sonnemann konferiert mit Stadträten über Anträge, frühstückt gelegentlich bei Adickes. Wahlen oder die Behandlung von Schulfragen werden wegen seiner Abwesenheit vertagt. Er ist an der Gründung der Akademie für Sozial- und Handelswissenschaften beteiligt, lehnt den Braubachstraßendurchbruch erfolglos ab und unterstützt die Bauzonenordnung, weil sie die Spekulation bremsen kann. Leopold Sonnemann scheitert am Oberbürgermeister, der den Antrag ablehnt, der Magistrat solle den zuständigen Minister ersuchen, die Getreidezölle zu suspendieren. Er kritisiert den Oberbürgermeister, der nichts gegen die Getreidezölle unternehmen will und die Reform des Wahlrechts ablehnt,[122] im Notizkalender als „reaktionär". Er ärgert sich darüber, dass der Oberbürgermeister die Gleichberechtigung politischer Parteien bei der Überlassung von Schulen für Versammlungen ablehnt. Er fordert, dass bei der Besetzung der Schulvorstände der gewerblichen Fortbildungsschule eines der sechs Mitglieder ein Arbeiter sein müsse.[123] Er fordert die Aufhebung des Schulgeldes an den Bürgerschulen und die Trennung von Schule und Kirche.

Am 15. Juli 1897 notiert er in seinen Kalender: „Idee Denkmal in Fft aller Demokratie". Im Zusammenhang mit der Gestaltung des Rathausneubaus schlägt der Magistrat im Januar 1898 Erinnerungstafeln an Vorparlament und Nationalversammlung 1848/49 am Turm der Paulskirche, ein Einheitsdenkmal sowie die Ausschmückung des Bürgersaals mit Historienbildern zur Geschichte des 19. Jahrhunderts vor. Im Denkmalausschuss ist Sonnemann Mitglied.[124] Zum 10. Januar 1899 steht im Notizkalender: „Stadtverordnete, Sieg in Sachen des Einheitsdenkmals". „Sieg" heißt, das Denkmal feiert nicht die bloße Einheit. Mit der ikonografischen Erinnerung an den Vormärz und 1848 votiert es für Einheit und Freiheit und erinnert an das, was dem Reich von 1871 fehlt. „Sieg" heißt nicht zuletzt auch, dass dem Oberbürgermeister ein bloßes Einheitsdenkmal genügt hätte. Das Erinnerungsprojekt stemmt sich gegen das reichsoffizielle Geschichtsbild der Reichseinigung 1871 mit seiner Fokussierung auf Preußen und Bismarck. Zu Leopold Sonnemanns Frankfurt gehört eine Geschichtskultur, die am Beispiel von 1848 die verfassungsmäßige Bedeutung des Parlaments bewusst macht und an demokratische Bewegungen erinnert. So schlägt er auch vor, Straßen nach Abgeordneten der Nationalversammlung von 1848/49 zu benennen. Seine Gegner fordern eine Straßenbenennung für Bismarck.

Leopold Sonnemann unterstützt einen Antrag von Max Quarck, seines ehemaligen Redakteurs, der 1901 Stadtverordneter wird, auf Erweiterung der städtischen Arbeitsvermittlung.[125] Im Januar 1902 notiert er: „2 Ämter los Soc. Pol. Ausschuss Trambahn + Elektrizität." 1903 begrüßt er nachdrücklich den Vortrag des Magistrats, städtische Druckaufträge zukünftig nur noch an Mitglieder der Tarifgemeinschaft der Druckindustrie zu vergeben. Dafür hat er sich lange eingesetzt. Weniger das Alter, sondern die Gesundheit fordert ihren Tribut. Der 73-jährige erklärt 1904 seinen Abschied.[126]

Anlässlich der Feier zum 70. Geburtstag sagt Adickes in seiner Beglückwünschung, der Jubilar habe „immer in der ersten Reihe gestanden". Sonnemanns Antwort beschreibt die Rolle desjenigen, der kooperiert, Gleichgesinnte sucht und findet, Richtungen erkennt, an Mehrheiten arbeitet und „anschiebt" statt zu führen.[127] Zur Stadtverordnetensitzung am 12. Juli 1897 steht im Notizkalender: „Ich spreche nicht, um Einigung nicht zu erschweren". Parlamentarische Niederlagen sind Niederlagen bis zur nächsten Abstimmung. Der Demokrat Leopold Sonnemann ist der Antityp des Führers.

Frankfurt am Main gilt zum Ende der Karriere des Stadtverordneten als Beispiel für den „Munizipalsozialismus".[128] Als Kampfbegriff verteufelt er als „sozialistisch", was für den Demokraten Aufgabe und Ziel kommunaler Politik war. Die Idee, die das Interesse an Kultur und Kunst, an Bildung und Geschichte, an Technik, an Wirtschaft, Verkehr oder an der sozialen Frage zu einer einheitlichen Politik zusammenband, hieß zeitgenössisch „Gemeinwesen", heute sprechen wir von der „sozialen Stadt". Schauen wir bei Leopold Sonnemann selbst nach, dann fällt ein Tagebucheintrag aus dem Jahr 1848 auf, in dem er die „soziale Republik" als Ziel der Geschichte umschreibt. Die „soziale Republik" auf kommunaler Ebene ist in der Wirkungszeit des Stadtverordneten Sonnemann die „Oase in der Wüste".

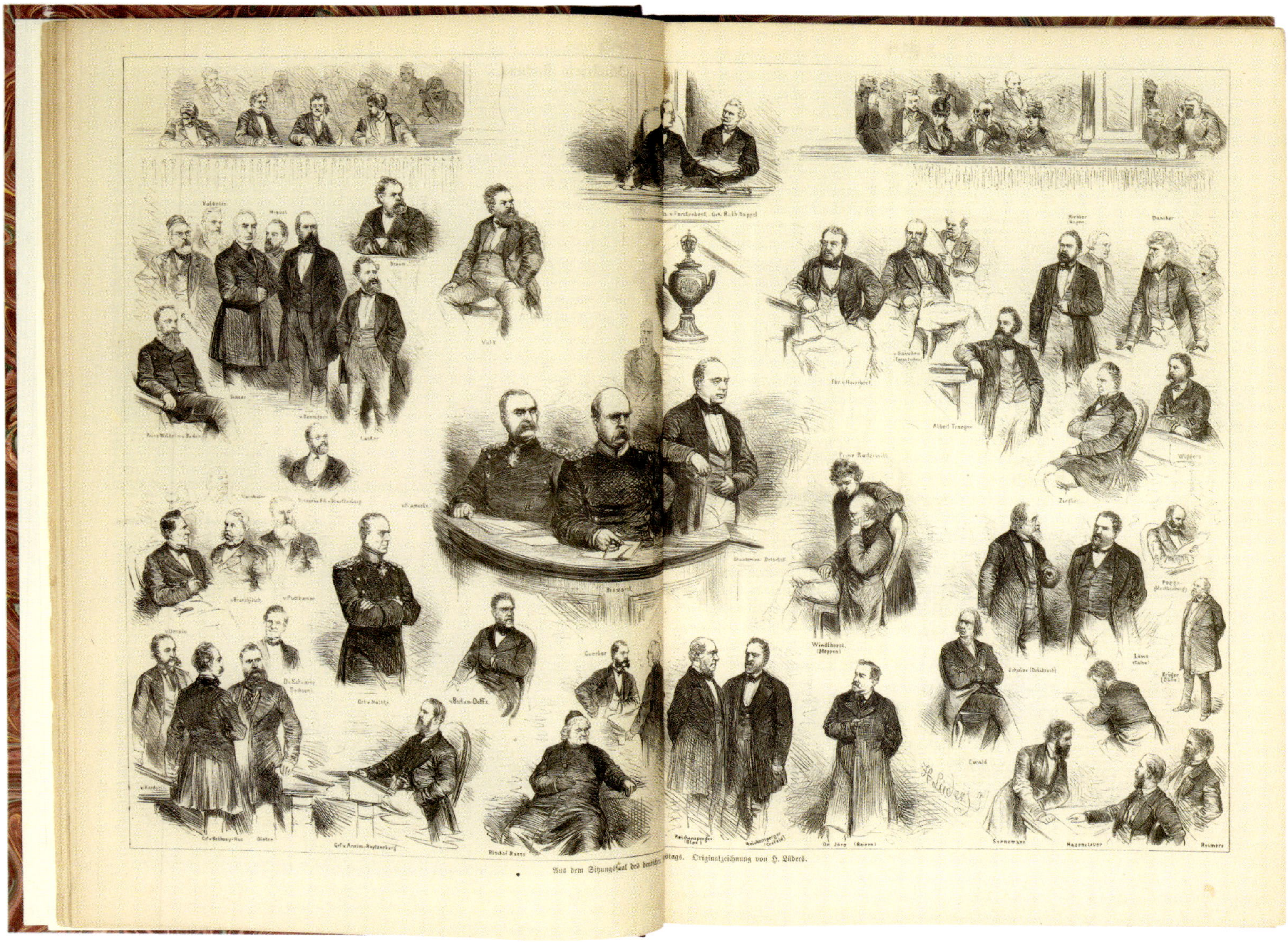

C 414
Collage „Aus dem Sitzungssaal des Deutschen Reichstags“ der Illustrierten Zeitung: Rechts unten in der Ecke spricht Leopold Sonnemann mit dem sozialdemokratischen Reichstagsabgeordneten Wilhelm Hasenclever (1837–1889). Im März 1880 unterstützte er einen Antrag seines Gesprächspartners. Bismarck, der in das Bildzentrum gestellt ist, schaut mit düsterem Blick in Richtung Sonnemann.

C 416
Reichstagssitzung nach 1871: Am Rednerpult Eugen Richter, der herausragende Abgeordnete der Deutschen Fortschrittspartei. Leopold Sonnemann entdecken wir oben am äußersten rechten Rand, nach der parlamentarischen Sitzordnung auf der äußersten Linken.

Leopold Sonnemann,

der es bei jeder Gelegenheit gezeigt hat, daß er ein Herz hat für die Sache des **Arbeiterstandes** und daß er muthig eintritt für die Freiheit des deutschen Volkes.

Laßt Euch daher nicht irre machen durch die Verdächtigungen unserer Gegner, sie meinen es sicherlich nicht gut mit Euch. Enthaltet Euch auch nicht Eurer Stimmen, denn jede **einzelne** Stimme fällt schwer in's Gewicht.

Keiner, der wahlberechtigt ist, möge kommenden Freitag an der Wahl-Urne **fehlen. Gebet** einmüthig Eure Stimmen unserem bewährten Mitbürger und Volksfreunde, Herrn

Leopold Sonnemann.

Dann habt Ihr alle Eure Schuldigkeit gethan und habt Euch keinen Vorwurf zu machen, einen Fehlgriff gethan zu haben.

Die Arbeiter einiger grösseren Geschäfte.

Druck von Gustav Lauckert, Hochstraße 11.

C 405
Reichstagswahl 1871: „Die Arbeiter einiger größerer Geschäfte" rufen zur Wahl Leopold Sonnemanns auf.

Frankfurt a. M., 3. März, Abends. Das Ergebniß der Wahlen für den Reichstag ist in der Stadt folgendes:

Bezirk:	Sonnemann.	Rothschild.	Bürgers.	Kugler.	Schmidt.	Thissen.
1.	240	98	37	20	2	5
2.	128	79	10	6	2	6
3.	92	57	10	5	17	8
4.	115	41	2	—	27	7
5.	180	55	7	—	38	7
6.	83	48	9	3	9	10
7.	178	116	54	9	3	13
8.	157	65	26	5	13	10
9.	112	169	55	16	—	6
10.	150	79	18	2	23	11
11.	148	117	38	5	16	2
12.	89	131	59	21	1	6
13.	108	143	81	16	1	2
14.	111	105	40	4	6	9
15.	82	86	49	16	16	18
16.	121	84	21	7	20	8
17.	79	53	16	1	14	12
18.	92	36	17	1	21	21
19.	128	52	6	2	50	17
20.	85	59	8	3	26	9
21.	77	53	12	2	25	6
22.	96	26	14	1	17	2
23.	85	21	2	3	14	1
24.	157	98	18	10	15	7
Zusammen:	2893	1881	609	158	376	203

Frankfurt, 4. März. In Niederrad fielen, wie man uns mittheilt, bei der gestrigen Wahl auf Sonnemann 55, Rothschild 64, Thissen 19, Schmidt 17, Bürgers 1, Kugler 2 Stimmen. — In Oberrad bekam Sonnemann 20, Rothschild 49, Kugler 1, Bürgers 8 Stimmen.

das effective Deficit auf 20 Millionen und e
die rückständigen Coupons von 10 Millionen a
Durch den gesetzlich erlaubten Verkauf von
Obligationen, also etwa 35 Millionen effectiv,
lich sein, in Verbindung mit dem Münzgewin
Steuern ꝛc. neben der Deckung des diesjä
auch die Mittel zur Bezahlung des Janua
1872 in Bereitschaft zu haben.

Bern, 3. März. Die Bundesrevisionsc
die Behandlung der Militärfragen begonnen.
ist im Bundesheere auf 23 Jahre festgesetzt.

Bern, 3. März. Der Bundesrath h
Brigade der Grenzbesetzung entlassen, und d
des Bundesauszuges aufgehoben. Mit nächstem
der Rücktransport der internirten Franzosen

Paris, 2. März. Nachmittags. In all
herrscht Ruhe. Jules Favre begab sich h
Versailles, um das Resultat der Abstimmung
denspräliminarien dort mitzutheilen, und ist
nach Paris zurückgekehrt, da Graf Bismarck
des offiziellen Sitzungsberichtes verlangte.
desselben hat sich Jules Favre wiederum nach
geben.

Paris, 2. März. Abends. (Indirect.)
nicht hier angekommen. Dagegen traf um 10
ein Extracourierzug von Bordeaux ein und
die Ratificationsurkunde. Jules Favre begab
gleich nach Versailles und begehrte die sofo
von Paris. Graf Bismarck sandte um 2 Uh
an General Vinoy, in welcher er denselben
sische Officiere nach dem Palais Elysée zu
über die Räumung zu verständigen. Man
Räumung noch in dieser Nacht stattfinden

C 406
Reichstagswahl 1871: Extrablatt der Frankfurter Zeitung mit den Ergebnissen des 1. Wahlgangs

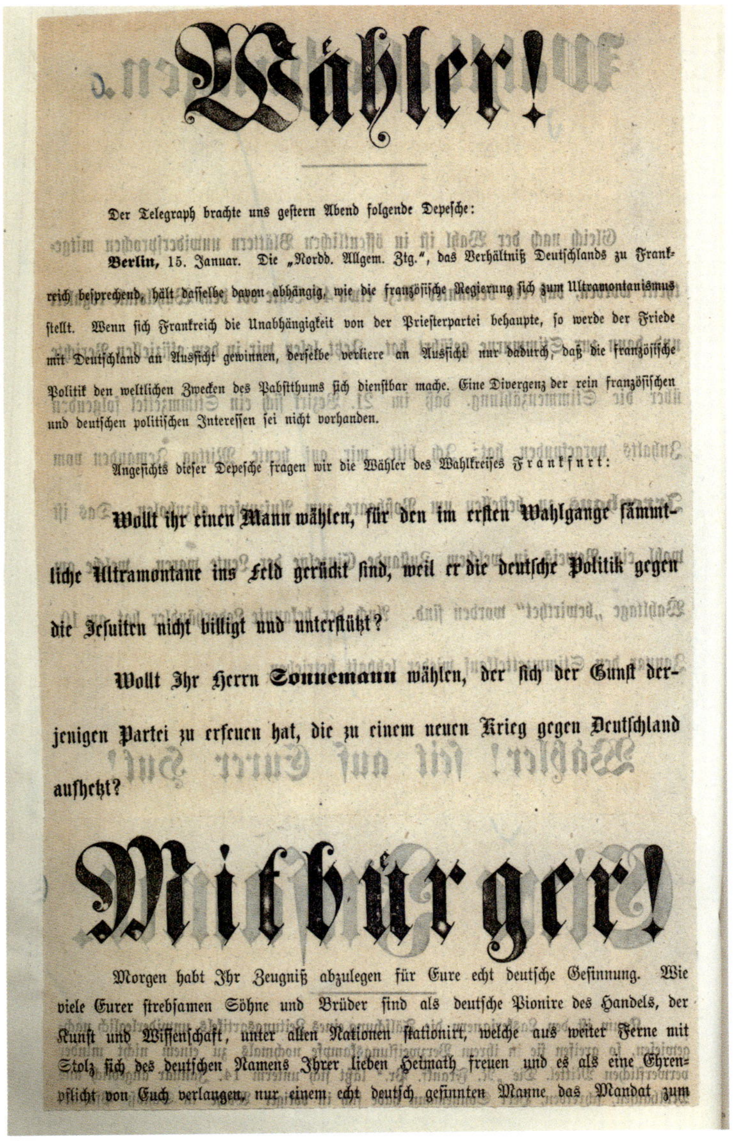

Wähler!

Der Telegraph brachte uns gestern Abend folgende Depesche:

Berlin, 15. Januar. Die „Nordd. Allgem. Ztg.", das Verhältniß Deutschlands zu Frankreich besprechend, hält dasselbe davon abhängig, wie die französische Regierung sich zum Ultramontanismus stellt. Wenn sich Frankreich die Unabhängigkeit von der Priesterpartei behaupte, so werde der Friede mit Deutschland an Aussicht gewinnen, derselbe verliere an Aussicht nur dadurch, daß die französische Politik den weltlichen Zwecken des Pabstthums sich dienstbar mache. Eine Divergenz der rein französischen und deutschen politischen Interessen sei nicht vorhanden.

Angesichts dieser Depesche fragen wir die Wähler des Wahlkreises Frankfurt:

Wollt ihr einen Mann wählen, für den im ersten Wahlgange sämmtliche Ultramontane ins Feld gerückt sind, weil er die deutsche Politik gegen die Jesuiten nicht billigt und unterstützt?

Wollt Ihr Herrn Sonnemann wählen, der sich der Gunst derjenigen Partei zu erfreuen hat, die zu einem neuen Krieg gegen Deutschland aufhetzt?

Mitbürger!

Morgen habt Ihr Zeugniß abzulegen für Eure echt deutsche Gesinnung. Wie viele Eurer strebsamen Söhne und Brüder sind als deutsche Pionire des Handels, der Kunst und Wissenschaft, unter allen Nationen stationirt, welche aus weiter Ferne mit Stolz sich des deutschen Namens Ihrer lieben Heimath freuen und es als eine Ehrenpflicht von Euch verlangen, nur einem echt deutsch gesinnten Manne das Mandat zum

Reichstage zu übertragen, dessen freisinnige, politische Reden und Kämpfe bis jenseit der Meere freudigen Widerhall gefunden.

Glaubt ja nicht, daß Haß und Unversöhnlichkeit, daß das Aufreißen alter Wunden dazu beitragen kann, das Ansehen der Deutschen im Auslande zu erhöhen, im Gegentheil, es wird dies die alte Mißachtung bei anderen Nationen wieder frisch ins Gedächtniß zurückrufen.

Drum Ehre dem deutschen Namen in unserer alten ehrwürdigen Reichsstadt

Frankfurt a. M.
Ehre dem deutschen Namen
jenseit der Meere
durch die Wahl des Herrn
Dr. Ed. Lasker.

Eingesandt.

Cajus Grachus Sonnemannus,
der Volkstribun und die Börse.

Was doch die Frankfurter Wahlbewegung für Blasen auftreib!

Gestern erschien unser edler Volkstribun

Leopold Sonnemann

wieder auf der Börse, einerseits zu dem Zwecke,

um sich seinen „**Anbetern**" in seiner ganzen „***demokratischen***" (wer lacht da?) Glorie zu zeigen,

andererseits aber auch deshalb,

um unter den von dem Nationalliberalismus angekränkelten Seelen fürchterliche Musterung zu halten.

Man muss nämlich wissen, dass so viele Börsenleute auch durch die Lectüre der „Frankfurter Zeitung" für die höhere Sonnemannokratie präparirt sein mögen, doch auch gar Manche existiren, die sich, ohne Scheu vor Terrorismus, die Unabhängigkeit ihrer Gesinnungen zu wissen. Diese haben nun den Zorn des Herrn Sonnemann erregt, und man erzählt sich, dass der Erwählte der Fünftausend seine „demokratische" Indignation über die Renitenz der räudigen

C 407
Reichstagswahl 1874: Wahlaufrufe gegen Leopold Sonnemann, unter anderem weil er durch sein Verhalten im „Kulturkampf" gezeigt habe, dass ihm „die echt deutsche Gesinnung" fehle.

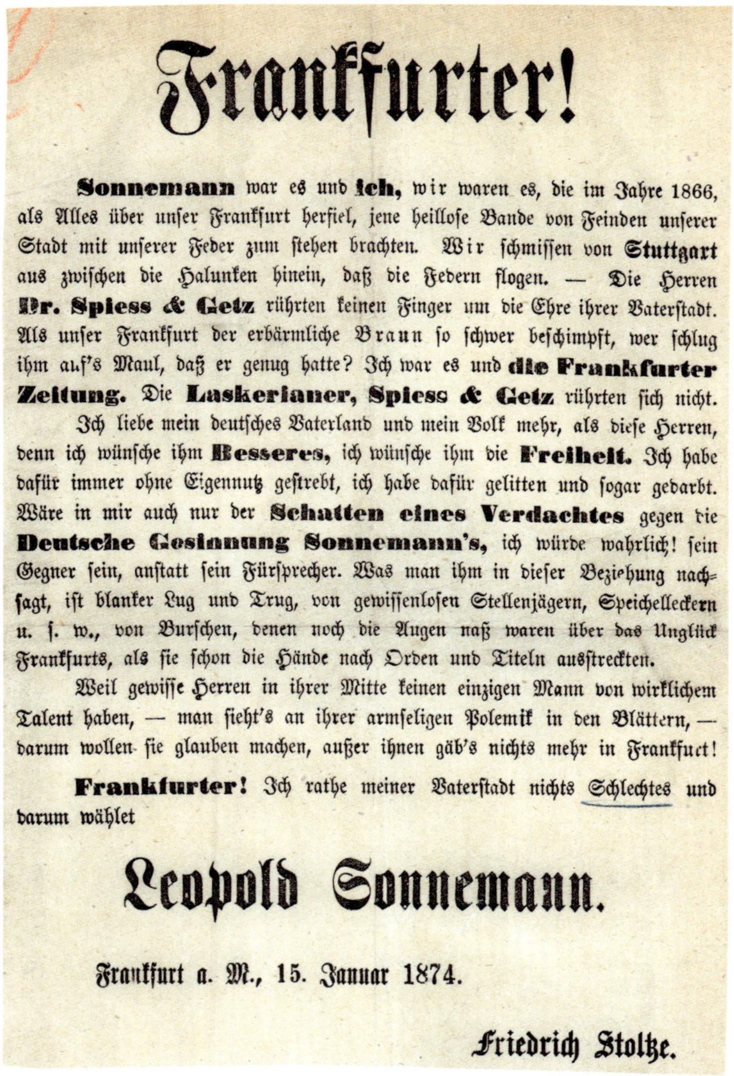

Frankfurter!

Sonnemann war es und **ich**, wir waren es, die im Jahre 1866, als Alles über unser Frankfurt herfiel, jene heillose Bande von Feinden unserer Stadt mit unserer Feder zum stehen brachten. Wir schmissen von **Stuttgart** aus zwischen die Halunken hinein, daß die Federn flogen. — Die Herren **Dr. Spiess & Getz** rührten keinen Finger um die Ehre ihrer Vaterstadt. Als unser Frankfurt der erbärmliche Braun so schwer beschimpft, wer schlug ihm auf's Maul, daß er genug hatte? Ich war es und **die Frankfurter Zeitung.** Die **Laskerianer, Spiess & Getz** rührten sich nicht.

Ich liebe mein deutsches Vaterland und mein Volk mehr, als diese Herren, denn ich wünsche ihm **Besseres,** ich wünsche ihm die **Freiheit.** Ich habe dafür immer ohne Eigennutz gestrebt, ich habe dafür gelitten und sogar gedarbt. Wäre in mir auch nur der **Schatten eines Verdachtes** gegen die **Deutsche Gesinnung Sonnemann's,** ich würde wahrlich! sein Gegner sein, anstatt sein Fürsprecher. Was man ihm in dieser Beziehung nachsagt, ist blanker Lug und Trug, von gewissenlosen Stellenjägern, Speichelleckern u. s. w., von Burschen, denen noch die Augen naß waren über das Unglück Frankfurts, als sie schon die Hände nach Orden und Titeln ausstreckten.

Weil gewisse Herren in ihrer Mitte keinen einzigen Mann von wirklichem Talent haben, — man sieht's an ihrer armseligen Polemik in den Blättern, — darum wollen sie glauben machen, außer ihnen gäb's nichts mehr in Frankfurt!

Frankfurter! Ich rathe meiner Vaterstadt nichts Schlechtes und darum wählet

Leopold Sonnemann.

Frankfurt a. M., 15. Januar 1874.

Friedrich Stoltze.

C 426
Reichstagswahl 1874: Aufruf Friedrich Stoltzes, in dem er sich für die „Deutsche Gesinnung Sonnemanns" verbürgt.

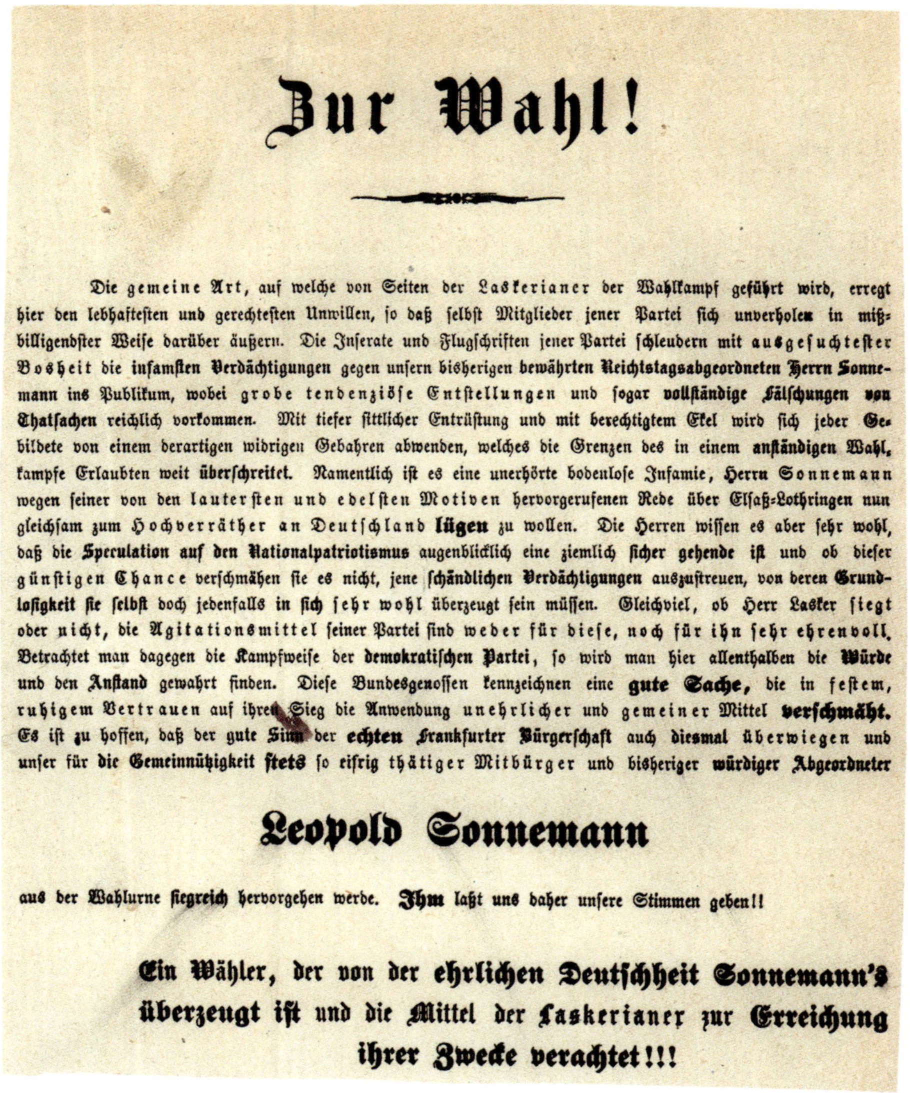

Zur Wahl!

Die gemeine Art, auf welche von Seiten der Laskerianer der Wahlkampf geführt wird, erregt hier den lebhaftesten und gerechtesten Unwillen, so daß selbst Mitglieder jener Partei sich unverholen in mißbilligendster Weise darüber äußern. Die Inserate und Flugschriften jener Partei schleudern mit ausgesuchtester Bosheit die **infamsten Verdächtigungen** gegen unsern bisherigen **bewährten Reichstagsabgeordneten Herrn Sonnemann** ins Publikum, wobei grobe tendenziöse Entstellungen und sogar **vollständige Fälschungen von Thatsachen** reichlich vorkommen. Mit tiefer sittlicher Entrüstung und mit berechtigtem Ekel wird sich jeder Gebildete von einem derartigen widrigen Gebahren abwenden, welches die Grenzen des in einem **anständigen Wahl**kampfe Erlaubten weit **überschreitet.** Namentlich ist es eine unerhörte bodenlose Infamie, **Herrn** Sonnemann wegen seiner von den lautersten und edelsten Motiven hervorgerufenen Rede über Elsaß-Lothringen nun gleichsam zum Hochverräther an Deutschland **lügen** zu wollen. Die Herren wissen es aber sehr wohl, daß die **Speculation auf den Nationalpatriotismus** augenblicklich eine ziemlich **sicher gehende ist** und ob dieser günstigen Chance verschmähen sie es nicht, jene **schändlichen Verdächtigungen** auszustreuen, von deren **Grundlosigkeit sie selbst** doch jedenfalls **in sich** sehr wohl überzeugt sein müssen. Gleichviel, ob Herr Lasker siegt oder nicht, die Agitationsmittel seiner Partei sind weder für diese, noch für ihn sehr ehrenvoll. Betrachtet man dagegen die Kampfweise der **demokratischen Partei,** so wird man hier allenthalben die **Würde** und den **Anstand** gewahrt finden. Diese Bundesgenossen kennzeichnen eine **gute Sache,** die in festem, ruhigem Vertrauen auf ihren Sieg die Anwendung unehrlicher und gemeiner Mittel **verschmäht.** Es ist zu hoffen, daß der gute Sinn der **echten Frankfurter Bürgerschaft** auch **diesmal** überwiegen und unser für **die Gemeinnützigkeit stets** so eifrig thätiger Mitbürger und bisheriger **würdiger Abgeordneter**

Leopold Sonnemann

aus der Wahlurne **siegreich** hervorgehen werde. **Ihm** laßt uns daher unsere Stimmen geben!!

Ein Wähler, der von der ehrlichen Deutschheit Sonnemann's überzeugt ist und die Mittel der Laskerianer zur Erreichung ihrer Zwecke verachtet!!!

C 410
Reichstagswahl 1874: „Ein Wähler" wehrt sich gegen die nationalliberale Wahlpropaganda, die Leopold Sonnemann „gleichsam zum Hochverräther an Deutschland lügen" wolle.

C 413
Reichstagswahl 1877: Karikatur der Frankfurter Latern zum Sieg des demokratischen über den nationalliberalen Kandidaten

C 421
Erklärung der Redaktion zum Zweifel Bismarcks an der Unabhängigkeit der Frankfurter Zeitung nach der Rede Leopold Sonnemanns zum Sozialistengesetz. Bismarck verklagte alle Redakteure, die die Erklärung unterschrieben hatten, wegen Beleidigung.

Erklärung.

In der Sitzung des Deutschen Reichstags vom 9. October äußerte sich Fürst Bismarck nach dem uns soeben zugegangenen amtlichen stenographischen Bericht wie folgt:

„Wenn ich weiter auf verschiedene Punkte der Rede des Herrn Vorredners (des Abg. Sonnemann) eingehe, so geschieht es nicht, weil deren sachlicher Inhalt mich dazu veranlaßte. Ich glaube auch nicht, daß sie eigentlich für diesen Saal respektive für mich und die Regierung gerade berechnet war, sondern der Umstand, welcher mich veranlaßt, Interesse zu nehmen, liegt auf dem Gebiet meiner diplomatischen Wahrnehmungen. Ich habe nämlich das Blatt des Herrn Vorredners, das bekannte, ab und zu mit ziemlicher Aufmerksamkeit gelesen. Ich habe gefunden, daß das Urtheil und die Haltung desselben immer genau koinzidirte mit dem Urtheil und der Haltung der französischen offiziösen Presse.

(Rufe: oho!)

Ich reproduzire ja nur, was ich gefunden habe, Sie können ja selbst nachforschen, wenn Sie die französische offiziöse Presse kennen; was Sie aber nicht nachforschen können, was ich aber erfahren habe, ist, daß ich mitunter in dem Blatte des Herrn Vorredners Sachen gelesen und erfahren habe, die mir am anderen oder am dritten Tage darauf durch gesandtschaftliche Meldung als Aeußerungen der französischen Regierung bestätigt wurden.

(Hört!)

Ich schreibe also dem Herrn Vorredner Beziehungen zur französischen Regierung zu, die ja der Chef eines großen Blattes haben kann, die natürlich auf keinem Interesse auf seiner Seite, sondern nur auf einem Wohlwollen, das ihm eine Regierung wie die französische einflößt, beruhen. Alles, was der Herr Vorredner hier gesagt hat, ist auf Schwächung der Institutionen und auf Schwächung der inneren Festigkeit des Reichs, auf Diskreditirung der Personen, die an der Spitze des Reichs stehen, berechnet. Denken Sie sich einen französischen Revanchepolitiker dieser Tribüne zugänglich, hätte er nicht ganz dieselbe Rede halten können?

(Sehr richtig!)

Ich habe während meines langjährigen politischen Lebens einige Republikaner kennen gelernt, die Stützen der Opposition gegen die damalige preußische Regierung waren und die in Verbindung waren mit allem, was die preußische Regierung schwächen konnte; ich habe nachher bei diesen Personen, was natürlich bei dem Herrn Vorredner nicht zutrifft, Gelegenheit gehabt, während des Krieges mit Frankreich die Motive kennen zu lernen, welche sie veranlaßten, die preußische Regierung zu bekämpfen und zu schwächen und mit den Bestrebungen, welche uns der Republik annäherten, und die sie verwerthen konnten, zu sympathisiren. Der Herr Vorredner ist ja über jeden Verdacht durch seine Stellung als Abgeordneter erhaben, aber mit besonderem Interesse entnahm ich aus seinen Reden und Druckschriften mit Sicherheit, mit einer durch die diplomatischen Berichte bestätigten Sicherheit, wie die französische Regierung über unsere Angelegenheiten denkt und welche Akkorde sie angeschlagen zu sehen wünscht. Ich erwähne rein die Thatsachen, ohne irgendwelche Schlußfolgerungen dazu zu machen. Der Herr Vorredner hat in seinen Aeußerungen uns das Beispiel des Auslandes vielfach empfohlen, er hat sich dabei auf die englische, amerikanische und auf die französische Presse bezogen. Ich habe die französische Presse über unsere Vorlage auch gelesen und habe namentlich in den Blättern, die eine Erstarkung Deutschlands nicht wünschen, dieselbe Kritik gefunden, die der Herr Vorredner uns hier gegeben hat."

Diese Worte haben unzweifelhaft den Sinn, den Abg. Sonnemann und die „Frankfurter Zeitung" als in Beziehungen zur französischen Regierung stehend und deren Interessen namentlich in Fragen der inneren deutschen Politik vertretend erscheinen zu lassen. So sind sie im Reichstage und in der Presse allgemein aufgefaßt worden und die späteren Versuche des Herrn Reichskanzlers, seinen Worten eine andere harmlosere Deutung zu geben, vermögen daran nichts zu ändern.

Herr Sonnemann für seine Person war sofort in der Lage, die Behauptungen des Herrn Reichskanzlers als willkürliche Erfindung zu bezeichnen, für die „Frankfurter Zeitung" in gleicher Weise einzutreten, vermochte er nicht, da nach der Ansicht des Reichstagspräsidenten der Rahmen der persönlichen Bemerkung ihm dies nicht gestattete.

Die Redaction der „Frankfurter Zeitung" war also genöthigt, selbst ihre Sache gegen Herrn v. Bismarck zu führen und sie hat dies sofort gethan, indem sie dem Reichskanzler als dem Ankläger die Beweislast für seine Anklagen auferlegte.

Wir haben zunächst zu konstatiren, daß der Herr Reichskanzler dieser mit jeder Anklage verbundenen Pflicht, deren Nichterfüllung die öffentliche Meinung übereinstimmend dahin deutet, daß der Ankläger nicht im Stande sei, die Wahrheit seiner Behauptungen darzuthun, bis heute in keiner Weise nachgekommen ist.

Wir werden, falls es auch ferner nicht geschieht, dies von Zeit zu Zeit erneut konstatiren und schließlich an das allgemeine Urtheil dahin appelliren, daß der Fürst Bismarck sich einer ehrenrührigen Verdächtigung gegen die „Frankfurter Zeitung" schuldig gemacht habe.

Eines Weiteren dem Fürsten Bismarck gegenüber bedarf es, so lange er beweisfällig bleibt, nicht; dagegen stehen wir angesichts der Erörterungen des Vorfalles in der Presse und der entstellten und falschen Angaben über die Verhältnisse der „Frankf. Ztg.", die dabei bald leichtsinnig, bald böswillig vorgebracht werden, um die öffentliche Meinung zu beeinflussen, nicht an, Folgendes zu erklären:

1. Die „Frankfurter Zeitung" bezieht von ihren Pariser Korrespondenten, von denen niemals irgend einer in offiziellen oder offiziösen Beziehungen zu einer französischen Regierung gestanden hat, nur die unter Frankreich täglich abgedruckten Korrespondenzen und Depeschen, welche direkt an den betreffenden Ressortredakteur gelangen und von diesem selbstständig bearbeitet und zum Druck befördert werden.
2. Sie bezieht keine anderen Informationen aus Frankreich, weder von ihren Korrespondenten noch von irgend einer anderen Seite.
3. Die Urtheile der „Frankf. Ztg." über innere und äußere Politik, wie sie in den Uebersichten und Leitartikeln enthalten sind, gehen von der Redaktion des Blattes aus; die Redakteure des Blattes sind an keinerlei Instruktionen gebunden, unterliegen keinerlei Beeinflussung und genießen vollste Selbstständigkeit des Urtheils. Die „Frankf. Zeitung" hat keinen Chefredakteur, jeder Redakteur verwaltet sein Ressort nach freiem Ermessen und nur bei wichtigen Phasen der Politik hat er sich in einer Konferenz, in der die Mehrheit entscheidet, der Zustimmung seiner Kollegen zu versichern, zu denen auch Herr Sonnemann gehört.
4. Jede Einwirkung auf die Zeitung gegen die Ansicht der Redaktion oder über die Köpfe derselben hinweg ist somit ausgeschlossen, Beziehungen der „Frankf. Ztg." zu irgend einer Regierung müßten hiernach Beziehungen von Redaktionsmitgliedern zu Personen oder Organen der betreffenden Regierung sein.
5. Die Leiter des politischen Theiles der „Frankfurter Zeitung" halten es unter ihrer Würde, der etwaigen Insinuation, daß ihnen solche Beziehungen zur französischen Regierung zur Last fallen, auch nur ein Wort entgegenzusetzen.

Auf Grund der vorstehenden Punkte wiederholen wir, daß die Behauptung, die „Frankfurter Zeitung" unterhalte irgendwelche Beziehungen zur französischen Regierung, eine Verläumdung, jede juristisch unfaßbare Anspielung auf solche Beziehungen, dazu bestimmt, im Publikum den Glauben daran zu erwecken, eine frivole Verdächtigung ist.

Frankfurt a. M., 15. October 1878.

Die Redaktion der „Frankf. Ztg."
Dr. Karl Bücher. Theodor Curti. Otto Hörth.
Eduard Sack. Dr. Josef Stern.*)

C 431
1868, als Leopold Sonnemann erfolgreich für die Stadtverordnetenversammlung kandidierte, war die Stadt in elf Wahlbezirke eingeteilt. Leopold Sonnemann kandidierte im Ostend.

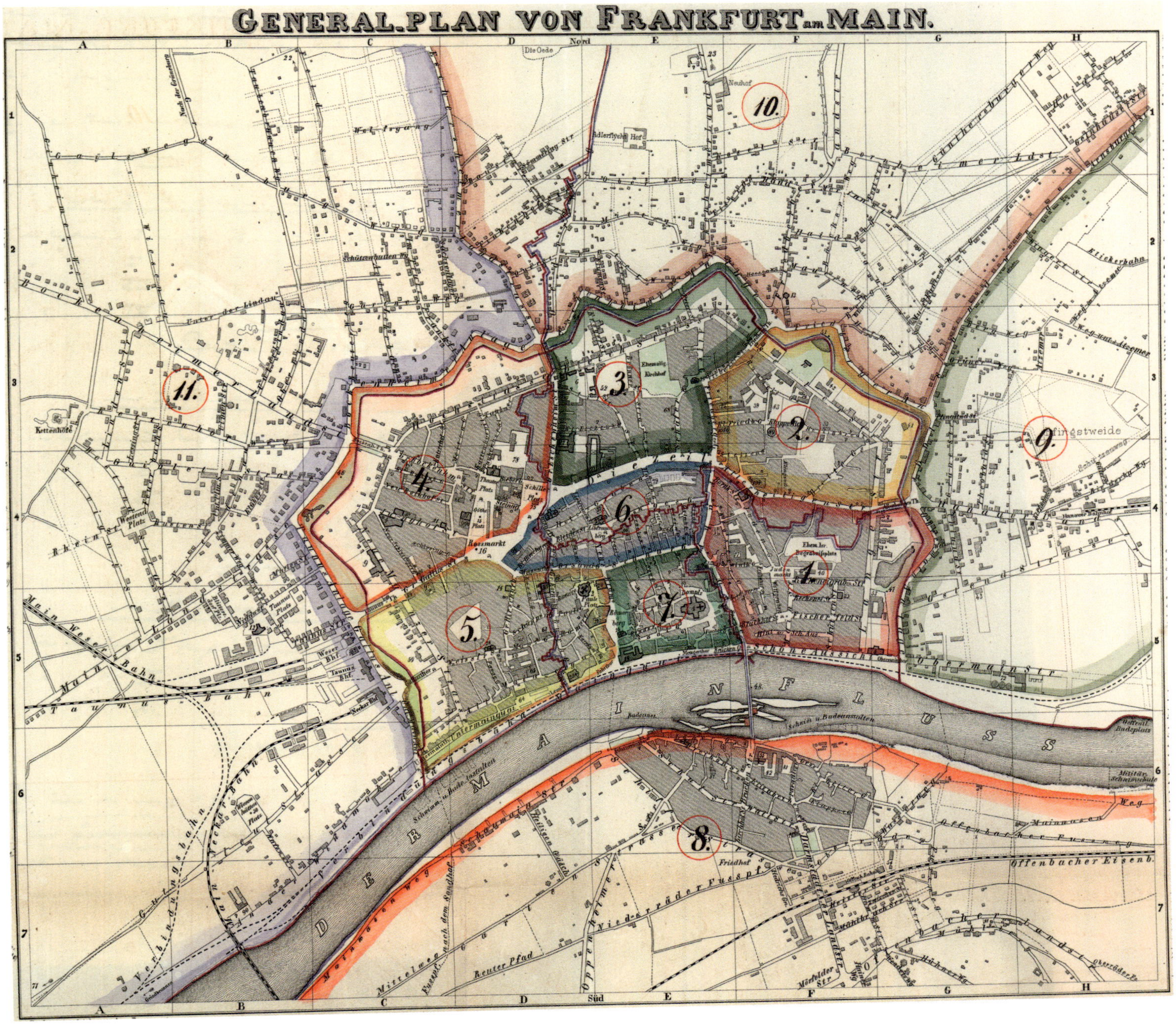

C 434
Im Juli 1890 veröffentlicht die Kleine Presse einen Blick in die Stadtverordnetenversammlung. Anlass ist die letzte Sitzung mit dem scheidenden Oberbürgermeister Johannes Miquel. Leopold Sonnemann sitzt als Stellvertretender Vorsitzender am Vorstandstisch.

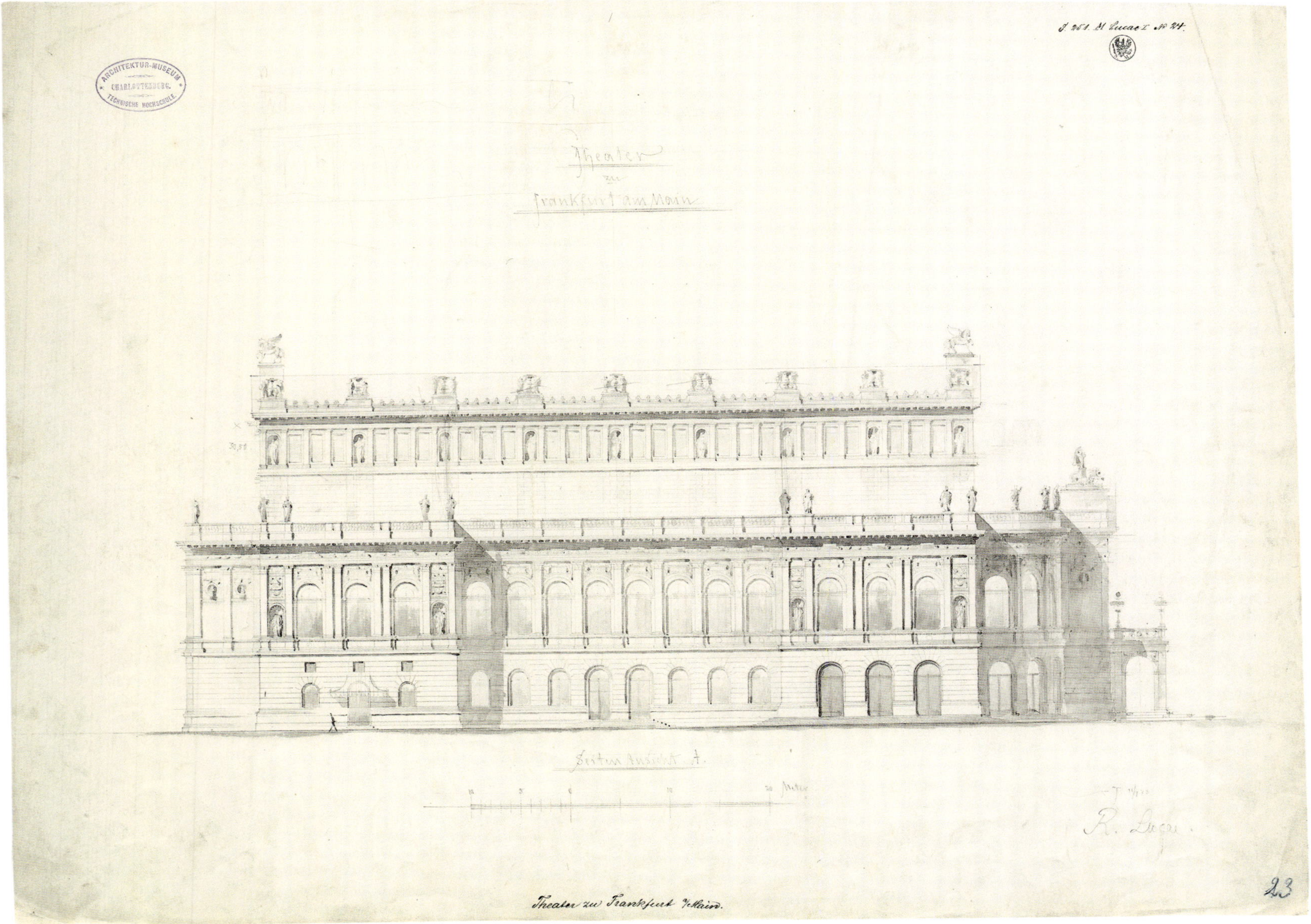

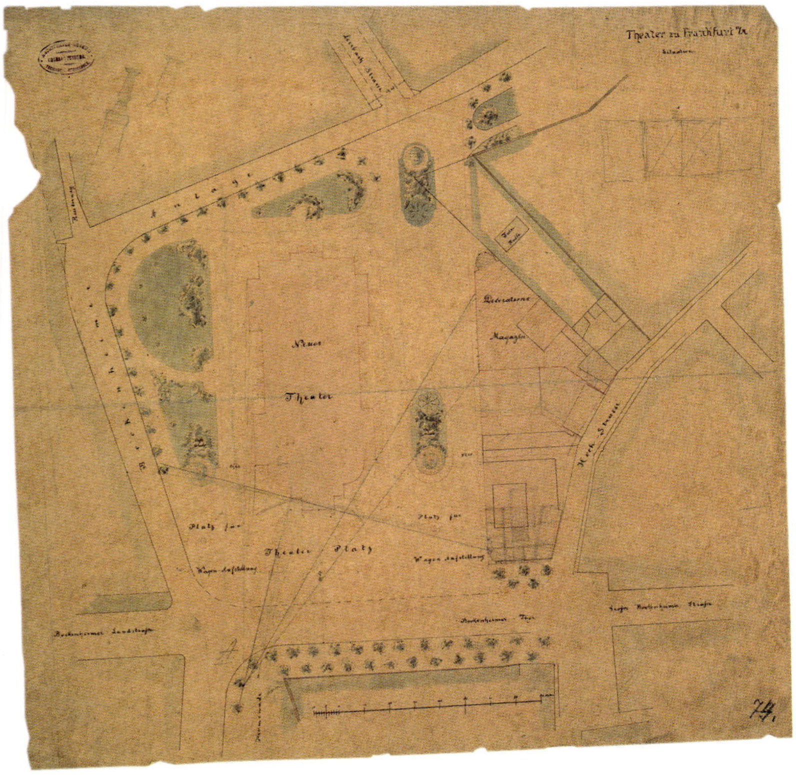

C 446
Magistrat und Stadtverordnetenversammlung sprachen sich für den Entwurf des Berliner Architekten Richard Lucae aus, den Leopold Sonnemann auch in der Öffentlichkeit nachdrücklich verteidigt.

C 445
Errichtet wird der Theaterneubau auf einem ehemaligen Gartengelände an der Bockenheimer Anlage. Auf der ursprünglich vorgesehenen altstädtischen Abbruchfläche im Rahmhof lässt die Handelskammer das heutige Börsengebäude (1879 eröffnet) errichten.

B 306
Zur Eröffnung des neuen Theaters ist Daniel Heinrich Mumm nicht mehr Oberbürgermeister. Die Amtsperiode endete 1879. Vor allem Leopold Sonnemann war strikt gegen eine zweite Amtsperiode und hatte die, wenn auch knappe Mehrheit in der Stadtverordnetenversammlung auf seiner Seite.

C 455
Die Gemälde, das 1881 entstanden und nur in einer zeitgenössischen Fotografie bekannt ist, zeigt in der Figurengruppe unten links Daniel Heinrich Mumm. Er wirkt, als warte er auf den Ehrengast der Eröffnung, Wilhelm I. Die Entscheidung der Stadtverordnetenversammlung gegen ihn war umstritten. Das Gemälde kennzeichnet ihn als Bauherrn, der es verdient gehabt hätte, der Eröffnung vorzustehen.

C 453
Das Foyer des Neuen Theaters um 1900: Im Februar 1876 war Leopold Sonnemann Mitgründer der Neuen Frankfurter Theater-Aktien-Gesellschaft. Die Stadtverordnetenversammlung lehnt die Übernahme der gesamten Betriebskosten durch die Stadt ab.

C 454
Zur Eröffnung einer der größten Bühnen Deutschlands wird Wilhelm I. geladen. Die ihm zugeschriebene Bemerkung, so etwas könne er sich in Berlin nicht erlauben, macht die Runde. Die Provinzstadt hat ein Theater, das selbst in der Hauptstadt nicht möglich wäre.

C 457
Das Erinnerungsblatt an die Eröffnungsvorstellung des Neuen Theaters zeigt den Publikumsraum, in der Mitte die Loge des Kaisers mit Begleitung und ausgewählten Mitgliedern „altfrankfurter“ Familien. Die männliche Gestalt in der rechts anschließenden Loge ist sorgfältig porträtiert. Dargestellt ist Leopold Sonnemann, erkennbar an seiner originellen Haar- und Barttracht.

C 456
Die Bauleitung des Neuen Theaters widmet dem Oberbürgermeister ein Erinnerungsblatt, das ihn zum Patron des Neubaus erklärt. In die Kritik geriet Mumm, weil er sich weigerte, die Gründe für Kostensteigerungen und zögerliche Bauausführung untersuchen zu lassen.

C 440
Zum Jahreswechsel 1895 grüßt die Frankfurter Druckerei Kornsand & Co. ihre Kunden mit den Porträts der „Führer der politischen Parteien“ in Frankfurt am Main. In der Stadtverordnetenversammlung vertreten sind Demokraten, Freisinnige und Nationalliberale. Zentrum und Sozialdemokraten gewinnen erstmals 1901 Mandate.

DER MÄZEN UND STIFTER

Andreas Hansert

Städel, Senckenberg und Speyer waren Stifter. Sonnemann war mehr. Er war mehr und zugleich weniger. Weniger insofern, als er nicht wie jene so profilierte Institute wie das Städel, das Bürgerhospital oder wissenschaftliche Institute für die Universität begründet hat. Mehr aber darin, dass seine Stiftungen und sein Mäzenatentum Bestandteil eines sehr viel breiter angelegten Engagements für das Gemeinwesen seiner Stadt, Frankfurt, und für sein Land war, als es bei jenen Stifterfiguren erkennbar ist. Denn mehr als durch Stiftungen bewirkte Sonnemann in seiner Stellung als Publizist und als Politiker, wobei er als Politiker noch dem Modell des Honoratiorenpolitikers folgte, also Politik betrieb, ohne von ihr zu leben. Sonnemann hatte sein Vermögen schon in frühen Jahren als Bankier gemacht. Das verhalf ihm zu seiner Stellung als Publizist und Herausgeber der Frankfurter Zeitung; es verlieh ihm auch Unabhängigkeit als Politiker. Schließlich bildete es für seine Aktivitäten als Stifter und Mäzen, um die es hier gehen soll, die materielle Grundlage. Doch diese zuletzt genannten Aktivitäten waren mehr als bloß ein Ausfluss seines beträchtlichen Vermögens. Wie alles, was er tat, geschahen auch seine Stiftungen aus einem Interesse und einer leidenschaftlichen Teilnahme am Gemeinwesen heraus. „Mit kaum fünfundzwanzig Jahren bin ich durch meinen Beruf als Zeitungsherausgeber dazu gekommen, mich unausgesetzt mit den öffentlichen Angelegenheiten zu beschäftigen. Die Journalistik ist eine Schule des Lebens", sagte er bei der Feier seines 70. Geburtstags.[1] Die Einsichten und Erkenntnisse, die er auf diesem Feld gewann, wiesen ihm auch den Weg in seinen mäzenatischen Initiativen. Wo er mit ihnen besser oder einfacher zum Ziel kam denn als Politiker oder als Publizist, nützte er hier seine Möglichkeiten. Oft aber verlieh er seinen Kampagnen Durchschlagskraft, indem er seine Potentiale im Verbund einsetzte und gleichermaßen als Publizist, Politiker und als Stifter auftrat, um eine Sache, an der ihm lag, voranzubringen.

Sonnemanns Aktivitäten sind so umfangreich und vielfältig, dass es kaum möglich ist, sie zur Gänze zu erfassen, zumal sie sich wohl auch nicht komplett in den Quellen niedergeschlagen haben. Manchmal scheint sich seine Unterstützung für einzelne Institutionen und Organisationen, die sich ihm zum Dank verpflichtet fühlten, auf kaum mehr als auf einen geschickt platzierten Artikel in der Frankfurter Zeitung zu beschränken. Doch eine Reihe von Frankfurter Institutionen hat nachweisbar Zuwendungen von ihm erhalten; andere aber verdanken ihm nichts Geringeres als ihre Existenz. Eine Stiftung im engeren institutionellen Sinne, wie die eingangs erwähnten Personen sie unter ihrem eigenen Namen initiiert haben, hat er nicht errichtet – abgesehen von der heute nicht mehr bestehenden Sonnemann'schen und Hörlin'schen Freibadstiftung, die sozial Schwachen freie Wannenbäder im städtischen Schwimmbad finanzierte. Ihm lag mehr die gemeinsame Aktion mit anderen, das Zusammenwirken im Verein, dort aber oft an führender Stelle, oder die Zustiftung zu etablierten oder sich neu entwickelnden Institutionen.

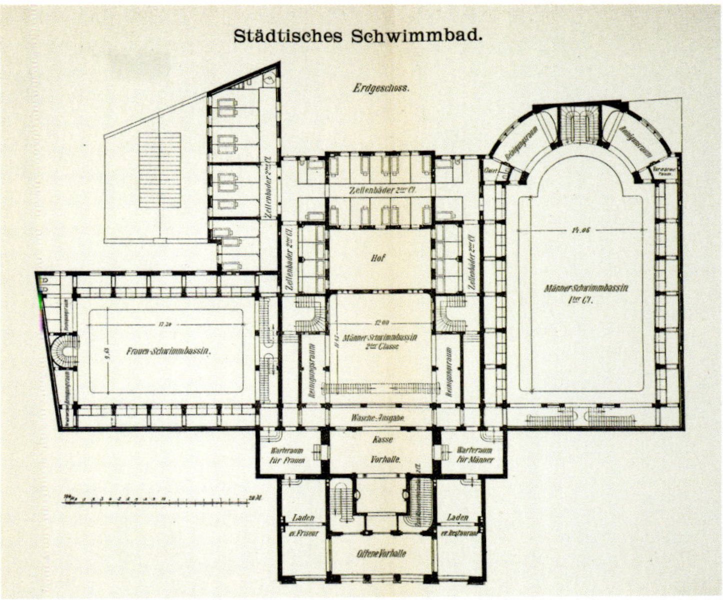

C 505 Grundriss des 1896 eröffneten Frankfurter Schwimmbads: 1894 errichtete Leopold Sonnemann eine Stiftung zugunsten des geplanten ersten öffentlichen städtischen Schwimmbads (die Sonnemann'sche und Hörlin'sche Freibadstiftung). Die Hälfte der Summe sollte „Unbemittelten" kostenlose Wannenbäder ermöglichen. Er war Berichterstatter der Schwimmbad-Kommission der Stadtverordnetenversammlung.

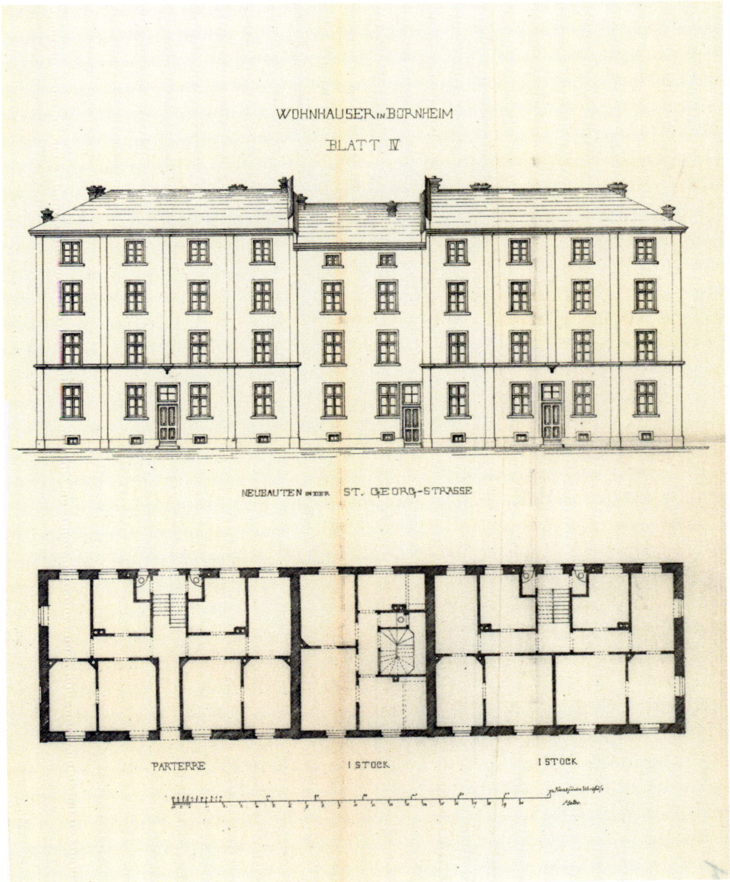

C 501 Auf- und Grundriss der neuen Wohnhäuser des Bau- und Sparvereins 1873: Leopold Sonnemann half bei der Gründung der Aktiengesellschaft. Auch der soziale Wohnungsbau gehörte zu seinen Anliegen. Er engagierte sich finanziell, um dem Verein aus einer Krise zu helfen.

Gründer von Institutionen

Konkret wurde Sonnemann schon bald nach der Annexion Frankfurts durch die Preußen 1866 mäzenatisch aktiv. Seine erste größere Initiative entfaltete er im Mai 1868 mit der Gründung des Palmengartens.[2] Sonnemann war Teil eines Komitees von 14 Persönlichkeiten, das sich um Rettung und Ankauf der Biebricher Wintergärten bemühte, die der von den Preußen entmachtete Herzog von Nassau nicht mehr halten konnte. Das Komitee vollzog den Erwerb und gründete dafür die Palmengartengesellschaft, in deren Verwaltungsrat Sonnemann einrückte. Diese Gesellschaft baute an der heutigen Stelle den Palmengarten auf und akquirierte dafür auf der Basis von Aktien schnell ein Kapital, das sich auf über 300 000 Gulden belief. 1871 konnte sie den Garten eröffnen. Viele Bürger unterstützten das junge Unternehmen durch Spenden wertvoller Pflanzen; auch unter ihnen findet sich Sonnemann.

Der Palmengarten beschäftigte ihn auch später ab und an, doch nun mehr in seiner Eigenschaft als Stadtverordneter. Immer hatten die freien bürgerlichen Institutionen und Initiativen in ihm einen Ansprechpartner und Förderer, wenn es darum ging, die Stadt um Unterstützung zu bitten.

Diese Kombination von bürgerlichem Engagement einerseits und der Weiterführung des davon ausgehenden Impulses in den Gremien der Stadt andererseits praktizierte Sonnemann mit großem Erfolg auch bei dem für Frankfurt wohl wichtigsten kulturellen Projekt seiner Zeit: der Errichtung des Opernhauses.[3] Auch dieses Projekt trieb er mit allen Möglichkeiten voran, die ihm zu Gebot standen: Als Zeichner einer Loge hatte er angefangen, als Meinungsführer via Frankfurter Zeitung und gewichtiges Mitglied der Stadtverordnetenversammlung machte er zielstrebig weiter. Vehement und mit Erfolg betrieb er gegen anders lautende Vorstellungen im Stifterkreis etwa die Realisation des Entwurfs von Richard Lucae, und auch als das von den Stiftern angestoßene Projekt schließlich in städtischer Trägerschaft ausgeführt wurde, stand es unter seinem „Patronat“. Zur Vollendung 1880 leistete Sonnemann noch einmal einen persönlichen Beitrag, als er für die Ausschmückung des Treppenhauses die monumentale Skulptur „Wahrheit und Dichtung“ von Franz Krüger[4] stiftete.

Immer war Sonnemann auf vielen Feldern und an verschiedenen Projekten gleichzeitig aktiv. Neben dem Opernhaus gründete er mit anderen auch die Frankfurter Hotel-Actien-Gesellschaft, die die Errichtung des Frankfurter Hofs betrieb.[5] Dieses Vorhaben stand dem Bau des Opernhauses kaum nach. 1876 hatte Frankfurt damit ein Spitzenhotel und so auch eine anspruchsvolle Lokalität, die Sonnemann einen würdigen Rahmen bot, wenn es darum ging, die Spitzen der Frankfurter Gesellschaft für neue Initiative zu versammeln. Er tat es bereits 1877, als er hier den Mitteldeutschen Kunstgewerbeverein aus der Taufe hob und mehr als 20 Jahre später an gleicher Stelle auch zur Gründerversammlung für den Städelschen Museums-Verein einlud. Die Initiative für den Kunstgewerbeverein war von der Polytechnischen Gesellschaft ausgegangen, deren Mitglied Sonnemann seit 1862 war und in deren einzelnen Gremien er sich engagierte. Man hatte bei der Gesellschaft erkannt, dass das Zeitalter der industriellen Massenproduktion für die so hergestellten Güter auch ein ästhetisches Problem aufwarf, und registrierte aufmerksam das Aufkommen der Kunstgewerbebewegung, die darauf reagierte. Verschiedene Städte, London voran, ihnen folgend verschiedene deutsche Orte hatten bereits Kunstgewerbeschulen und Kunstgewerbemuseen gegründet. 1875 veranstaltete die Polytechnische Gesellschaft eine große Ausstellung mit kunsthandwerklichen Gegenständen, an der sich viele bürgerliche

C 508 Der kleine Lesesaal der Freibibliothek und Lesehalle 1903: Leopold Sonnemann unterstützte lange Jahre die Freibibliothek und Lesehalle, die durch Geld- und Sachspenden Arbeitern den kostenlosen Zugang zur Literatur und zur Presse ermöglichte.

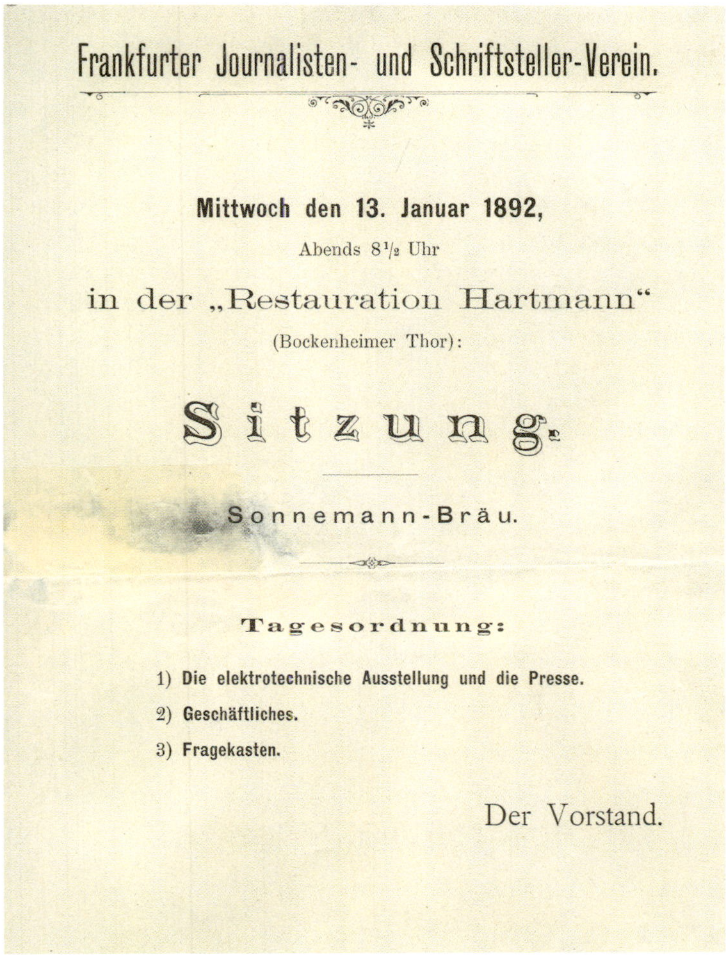

Frankfurter Journalisten- und Schriftsteller-Verein.

Mittwoch den 13. Januar 1892,

Abends 8½ Uhr

in der „Restauration Hartmann"

(Bockenheimer Thor):

Sitzung.

Sonnemann-Bräu.

Tagesordnung:

1) Die elektrotechnische Ausstellung und die Presse.

2) Geschäftliches.

3) Fragekasten.

Der Vorstand.

C 509 Leopold Sonnemann förderte die Gründung des Frankfurter Journalisten- und Schriftstellervereins, für ihn die Voraussetzung eines unabhängigen Journalismus. Unter anderem gründete der Verein eine Hilfskasse für die Altersversorgung. „Hilfe zur Selbsthilfe" war das solidarische Prinzip, das für Leopold Sonnemann elementare gesellschaftspolitische Bedeutung hatte.

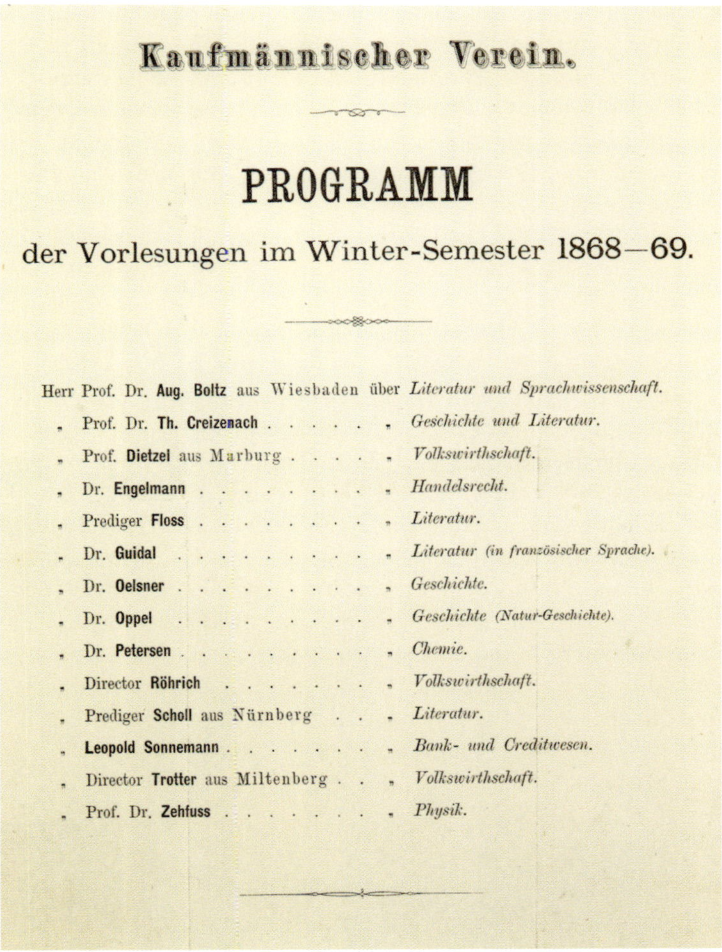

Kaufmännischer Verein.

PROGRAMM

der Vorlesungen im Winter-Semester 1868–69.

Herr Prof. Dr. Aug. Boltz aus Wiesbaden über *Literatur und Sprachwissenschaft.*
„ Prof. Dr. Th. Creizenach . . . . . „ *Geschichte und Literatur.*
„ Prof. Dietzel aus Marburg . . . . „ *Volkswirthschaft.*
„ Dr. Engelmann . . . . „ *Handelsrecht.*
„ Prediger Floss . . . . „ *Literatur.*
„ Dr. Guidal . . . . „ *Literatur (in französischer Sprache).*
„ Dr. Oelsner . . . . „ *Geschichte.*
„ Dr. Oppel . . . . „ *Geschichte (Natur-Geschichte).*
„ Dr. Petersen . . . . „ *Chemie.*
„ Director Röhrich . . . . „ *Volkswirthschaft.*
„ Prediger Scholl aus Nürnberg . . „ *Literatur.*
„ Leopold Sonnemann . . . . „ *Bank- und Creditwesen.*
„ Director Trotter aus Miltenberg . . „ *Volkswirthschaft.*
„ Prof. Dr. Zehfuss . . . . „ *Physik.*

C 511 Im Wintersemester 1868/69 sprach Leopold Sonnemann zum Bank- und Kreditwesen. Als Mitglied des Kaufmännischen Vereins referierte er fast zwanzig Jahre lang im Bildungsprogramm des Vereins.

Sammler, aber auch Fürsten, darunter Kaiser Wilhelm I., beteiligten. Eine Auswahl der auf dieser Schau gezeigten Objekte bildete den Grundstock für das geplante Museum, dessen Errichtung Leopold Sonnemann gemeinsam mit einer Reihe von Künstlern, Architekten, aber auch Industriellen und anderen Personen maßgeblich vorantrieb. Sonnemann saß in den Führungsgremien des Kunstgewerbevereins, der das Museum trug, und engagierte sich besonders in der Museumskommission, die für den Ausbau der Sammlung verantwortlich war. Reguläre Ankaufsmittel waren nicht vorhanden, man war auf Sachschenkungen, Geldspenden, die Veranstaltung von Lotterien etc. angewiesen und versuchte die Aufmerksamkeit des Publikums durch Sonderausstellungen zu gewinnen. Ein systematischer Aufbau war so kaum möglich, aber Frankfurter Bürger, unter ihnen Sonnemann, machten sich dies zum persönlichen Anliegen, indem sie dem Haus eine Reihe von Schenkungen zukommen ließen.

Als Stifter für Frankfurter Museumssammlungen

Sonnemann wandte dem Kunstgewerbemuseum im Lauf der Zeit eine Vielzahl einschlägiger Objekte zu. Zur gleichen Zeit 1877/78 wurde in Frankfurt aber auch das Historische Museum gegründet, in das einerseits verschiedene ältere städtische Sammlungen – Teile aus der Stadtbibliothek und eine städtische Gemäldesammlung etc. – eingingen, das andererseits aber ebenfalls in starkem Maße durch Stiftungen patriotisch gesonnener Bürger, darunter auch solcher von Sonnemann, ausgebaut wurde. Da Sonnemanns Stiftungen fürs Kunstgewerbe-[6] und fürs Historische Museum[7] sich sachlich teilweise überschneiden, werden sie hier gemeinsam behandelt.

Thematisch lässt sich kaum eine durchgängige Linie erkennen, Sonnemann scheint sich für sehr vieles interessiert zu haben, ohne dass irgendwo eine Neigung zu vertiefter und kontinuierlicher Auseinandersetzung mit einem bestimmten Gebiet zu erkennen wäre. Ihn zeichnet allerdings aus, dass er ein Auge und wohl auch einen Sinn für die Entwicklung der Kunst und ein offenes Ohr für die Erwerbungswünsche der Museumsleute hatte. Ausgangspunkt seiner Schenkungen war nicht eine eigene Privatsammlung. Reisen waren eine ihrer Grundlagen. In der Rückschau sprach er davon, er habe die kleine Sammlung, die er namentlich auf seinen Reisen in den Orient, in Spanien und Italien erworben habe, anstatt in seiner Wohnung gleich im Hause Neue Mainzer Straße 49 [dem damaligen Sitz des Kunstgewerbemuseums] aufgestellt und dadurch Tausenden Gelegenheit gegeben, die Sachen zu besichtigen und zu benützen.[8] Neben Reiseeindrücken kamen als Auslöser für seine Schenkungen auch Anregungen hinzu, die er durch die Aktivitäten anderer Sammler oder von bestimmten Ausstellungsprojekten empfangen hatte. Darüber hinaus realisierte er spontan Kaufgelegenheiten vor Ort. Im Übrigen war er dank seiner Tätigkeit als Zeitungsmann über das kulturelle Geschehen des Landes bestens informiert.

Ein besonderes Interesse hegte das ausgehende 19. Jahrhundert, so offenbar auch Sonnemann, für die Kulturen der Antike. 1882 kaufte er in Ägypten zwei Bronzestatuetten und einige Tonfiguren (Uschebtis), die durch Ausgrabungen zu Tage gekommen waren. Von Fachleuten wie Gaston Maspero, dem Generaldirektor der Altertümerverwaltung, und Emil Brugsch, Masperos Assistent und Konservator am Ägyptischen Museum Kairo, hatte er sich vor Ort die Echtheit bestätigen lassen. Wenige Jahre später konnte er mit Stoffresten aus Theben und koptischem Gewebe aufwarten. Diese Schenkungen gingen damals ans Historische Museum, wo sie Teil einer umfangreichen Kollektion von Ägyptica wurden, die durch andere Frankfurter Sammler wie den Forschungsreisenden Eduard Rüppell, Georg Frhr. v. Holzhausen u. a. gestiftet worden war.[9] Später wurde Sonnemann Mitglied der 1898 von dem großen Berliner Mäzen James Simon, dem Stifter der Nofretete, gegründeten Deutschen Orient-Gesellschaft, durch die die Frankfurter Ägyptensammlung 1903 weitere, zum Teil sehr bedeutende Stücke erhielt. Sonnemann überwies in diesem Zusammenhang noch einmal einige marginale Objekte, die er als Mitgliedsgabe aus Fundteilungen der Orientgesellschaft erhalten hatte. Alle Ägyptica kamen 1919 ans Liebieghaus. Auch andere Schenkungen wie drei Rhodus-Schüsseln, eine altpersische Wandfliese, drei böotische Tanagra-Figuren, eine Kollektion altjapanischer Wandfliesen, 32 Blatt gemusterte Stoffproben aus koptischen Grabstätten von Akhmin oder Nachbildungen des 1895 am Vesuv ausgegrabenen Silberschatzes von Boscoreale und galvanoplastische Kopien anderer Funde belegen sein Interesse an Orient und Antike. Manche dieser Schenkungen dürften auch durch Ausstellungen angeregt worden sein: Das koptische Gewebe schenkte Sonnemann just zu dem Zeitpunkt, da die Mannheimer Sammlung Jakob Kraut im Frankfurter Museum zu sehen war.[10]

Auch die mitteleuropäische Kulturgeschichte fand in seinen Schenkungen ihren Ausdruck: Zwei grün glasierte Ofenkacheln mit figürlichen Reliefs aus der Schweiz im 17. Jahrhundert und zwei Schweizer Wappenscheiben von 1670 und 1701 sowie einen Kleiderschrank aus Süddeutschland von 1697 schenkte er dem Kunstgewerbemuseum, während das Historische Museum einen mittelalterlichen Eichenholztisch mit gravierter Zinnplatte erhielt. Erhalten haben sich auch zwei große Biskuitfiguren aus der Porzellanmanufaktur von Sèvres (Tänzerinnen von Léonard).

Auch ausgesprochene Frankfurtensien erregten Sonnemanns Interesse: Auf einer Auktion in Mainz erwarb er ein Selbstporträt des Johann Heinrich Roos und stiftete es 1886 dem Historischen Museum. 1890 kam es in Frankfurt zur Versteigerung des Fay'schen Nachlasses, aus dem die Stadt eine große Anzahl von Frankfurtensien für das Museum erwarb. Auch hier beteiligte sich Sonnemann und erstand für das Museum neben dem erwähnten mittelalterlichen Eichenholztisch eine Schuhmacher-Zunftlade und einen Zunft-Zinnhumpen. Als es darum ging, die Innendekoration des Hauses

D 104 Tanagra-Figuren stammten aus der böotischen Totenstadt Tanagra aus dem 4. Jahrhundert v. Chr. Die kleinen Terrakotten stellten vornehme Frauen im Schönheitsideal der Zeit dar. Leopold Sonnemann schenkte zwei dem Kunstgewerbemuseum (heute: Museum für Angewandte Kunst). Zeitgenössisch waren zahlreiche Fälschungen im Umlauf. Leopold Sonnemann schenkte echte Antiken.

D 105 Plakette Oscar Roty's auf die Überführung Sadi Carnots, des 1894 ermordeten französischen Präsidenten in das Pantheon. Leopold Sonnemann brachte sie aus Paris mit und schenkte sie dem Kunstgewerbemuseum (heute: Museum für Angewandte Kunst). Roty prägte einen neuen Stil. Das Kunstgewerbemuseum war auch Vorbildersammlung für das heimische Kunsthandwerk.

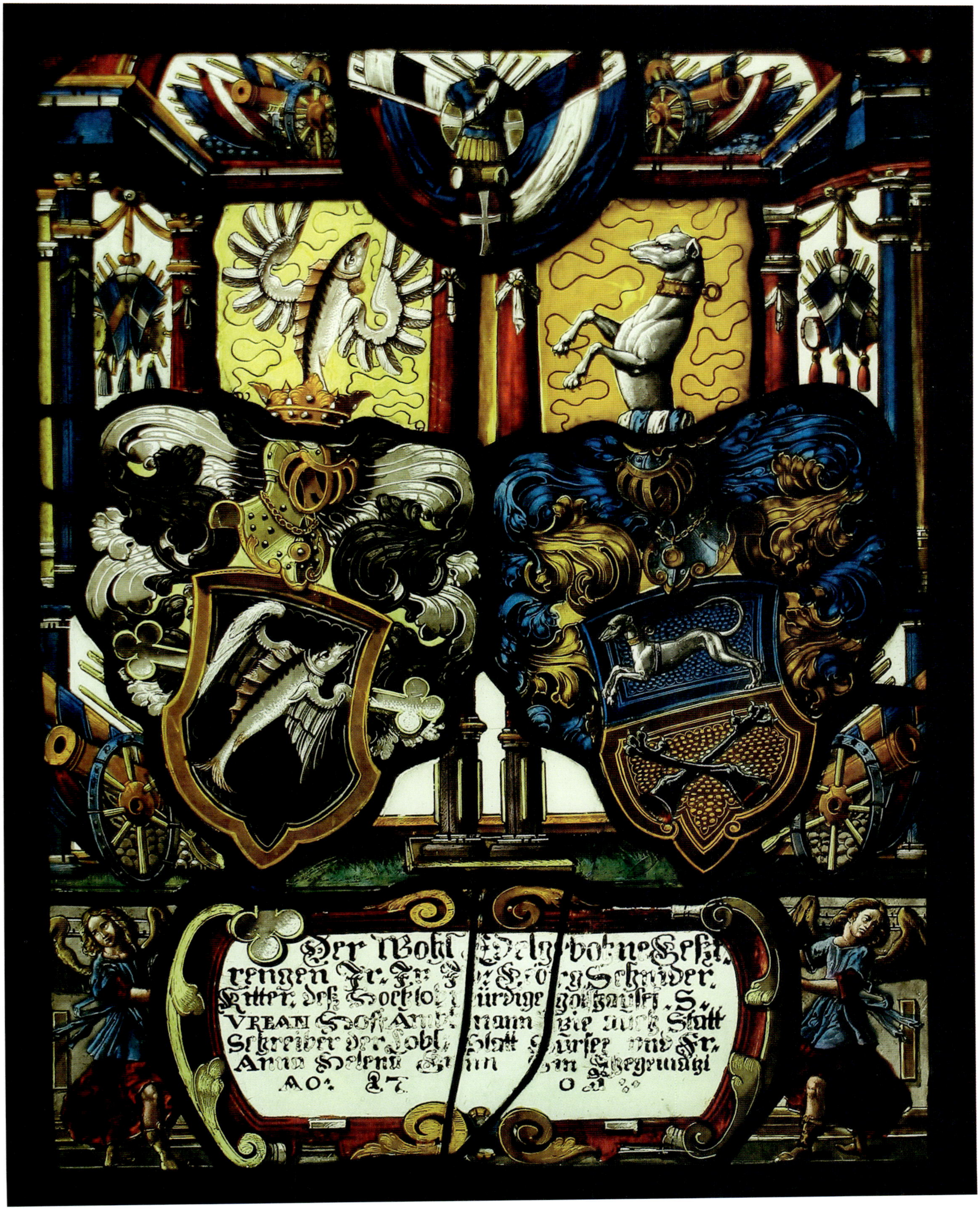

D 106 In der zweiten Hälfte des 19. Jahrhunderts erwachte das Interesse an der Glasmalerei neu. Leopold Sonnemann schenkte die Wappenscheibe aus dem Jahr 1701 dem Kunstgewerbemuseum (heute: Museum für Angewandte Kunst).

D 121 1888 schenkte Leopold Sonnemann dem Historischen Museum vier altägyptische Stoffabschnitte aus der Zeit der 21. Dynastie, die er von seinem Besuch der Ausgrabungen in Theben mitgebracht hatte.

D 128 Auf Bitte des Vereins für das Historische Museum erwarb Leopold Sonnemann die Schustergesellenlade aus dem Jahre 1651 aus dem Fay'schen Nachlass, der 1890 versteigert wurde, gemeinsam mit einem Zunftpokal aus dem Jahre 1635. Der Frankfurtensien-Sammler Eduard Fay war ein Parteifreund Leopold Sonnemanns gewesen, der sich um die Gründung des Historischen Museums verdient gemacht hatte.

D 107 1882 schenkte Leopold Sonnemann die Statue, die er aus Ägypten mitgebracht hatte, dem Historischen Museum. Zeitgenössisch galt sie als Darstellung des ägyptischen Gottes Horus. Heute sieht die Wissenschaft in ihr eine Darstellung des Gottes Harpokrates als Amun-Re.

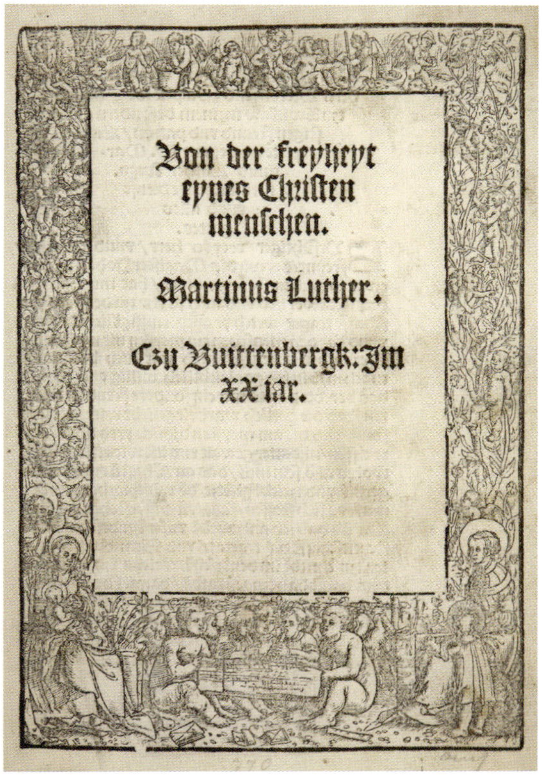

Von der freyheyt
eynes Christen
menschen.

Martinus Luther.

Czu Wittenbergk: Im
XX iar.

D 143 Das Wiesbadener Arbeitszimmer Gustav Freytags mit Bibliothek und Flugschriftensammlung. Freytag verbrachte seit 1879 die Winter in Wiesbaden.

D 142 Zu den herausragenden Stücken der Freytag'schen Flugschriftensammlung gehört ein Exemplar von Luthers Schrift „Von der Freiheit eines Christenmenschen" aus dem Jahre 1520, mit ihrem Angriff auf den Machtanspruch der römischen Kirche eine der Schlüsselschriften der Reformation.

Kruggasse Nr. 8 für das Museum zu sichern, beteiligte er sich erneut, diesmal mit einer Geldspende. Andere Objekte kamen aus seinem engsten Umfeld: Einzelne Jahrgänge der Kleinen Presse oder eine Reliefbüste Sonnemanns, modelliert von Kowarzik, sowie eine Broschüre über die Märzfeier 1898.

Sonnemanns Sachschenkungen haben in den von ihm bedachten Museen nicht alle überdauert. Sofern sie erhalten sind, werden sie hier bzw. im Bildteil zu diesem Beitrag dokumentiert. Einige der Stücke wurden später wieder verkauft, andere müssen als Kriegsverlust gelten. Hervorzuheben ist die Schenkung einer Levitenwaschschale an das Historische Museum, die heute zu den Spitzenstücken der Sammlungen des Jüdischen Museums zählt.

Der Nachlass von Gustav Freytag

Nachhaltiger konnte sich hingegen eine andere seiner Stiftungen in den Kulturinstituten der Stadt und der literarisch interessierten Öffentlichkeit behaupten: der Nachlass von Gustav Freytag.[11] Freytag (1816–1895) hatte als Schriftsteller, Journalist und Kulturhistoriker Bedeutung und Berühmtheit erlangt. Auch war er zeitweilig politisch engagiert und saß für die Nationalliberale Partei von 1866 bis zur Reichsgründung im Norddeutschen Reichstag. Sonnemann dürfte ihn gut gekannt haben. Einen seiner größten literarischen Erfolge erlangte Freytag als Kulturhistoriker mit seinem fünfbändigen Überblickswerk „Bilder aus der deutschen Vergangenheit". Diese breit angelegten Studien basierten auf einer Sammlung von Quellen, die er selbst zusammengetragen hatte, nämlich einem umfangreichen Konvolut historischer Flugschriften und Einblattdrucke sowie einer bedeutenden Fachbibliothek. Dieser Bestandteil seines Nachlasses hatte großen archivarischen Wert. Als Freytag 1895 in Wiesbaden, wo er seit 1879 die Winter verbracht hatte, starb, gab es Bemühungen, dort eine nach ihm benannte Bibliothek zu errichten, in die die wertvollen Sammlungen eingehen sollten. Der Plan zerschlug sich und es bestand Gefahr, dass die Stücke ins Ausland abwanderten. Sonnemann, der diese Vorgänge aufmerksam beobachtet hatte, entschloss sich daraufhin, die Bibliothek selbst zu erwerben und sie als separate Kollektion der Frankfurter Stadtbibliothek, heute Universitätsbibliothek, zu stiften.
Es war dies eine gezielte und überlegte Rettungstat, die Frankfurt zu einem bedeutenden Sammlungsbestand verhalf. Es handelt sich dabei um über 6 000 Flugschriften, darunter so berühmte und folgenreiche Druckschriften wie die Luthers gegen den Ablass von 1518 oder über die Freiheit eines Christenmenschen von 1520. Darüber hinaus enthielt die Sammlung 375 Einblattdrucke vom 16. bis zum 19. Jahrhundert, in denen in der Druck- und Reproduktionstechnik der Zeit historische Ereignisse und Themen Verbreitung gefunden hatten, sowie eine umfangreiche Fachbibliothek mit ca. 1 000 Bänden, darunter auch einige Inkunabeln und andere antiquarisch bedeutende Werke.[12] Deutlich tritt auch an dieser Stiftung Sonnemanns das pragmatische Moment, die unternehmerische Tatkraft zutage: Durch schnelles und beherztes Zugreifen wird die Situation geklärt und zu Lasten Wiesbadens, zu Gunsten Frankfurts ein Faktum der Sammlungs- und Literaturgeschichte geschaffen.

Seine Zeitung förderte die Rothschildsche Bibliothek mit der Überlassung von Rezensionsexemplaren, die der Redaktion übersandt worden waren. Für 1896 lassen sich 269 Schenkungen nachweisen. 1905 wählte die Bibliothek über 1 700 Bände aus.[13] Die Senckenbergische Bibliothek erhielt die Bibliothek des Naturwissenschaftlers Carl Vogt[14], der fast 40 Jahre lang für das Feuilleton der Sonnemann'schen Zeitungen geschrieben hatte. Vogt hatte testamentarisch den Verkauf seiner Bibliothek verfügt. Der Erlös war für die Versorgung der Witwe vorgesehen. Leopold Sonnemann stellte somit die Unterstützung der Hinterbliebenen Vogts sicher.

Die Gründung des Städelschen Museums-Vereins

Sein Meisterstück gelang Sonnemann am Städel.[15] Doch es war zugleich sein schwierigstes und es bedurfte eines langen zähen Ringens, bis er dort etwas zu bewegen vermochte. Das Städel, gegründet bald nach dem Tod des Stifters 1816, war dank einer immer wieder geschickt und kenntnisreich betriebenen Sammeltätigkeit und seiner teilweise mit führenden Künstlern der Zeit besetzten Kunstschule Ende des 19. Jahrhunderts, als Sonnemann agierte, längst zu einer Institution mit großem, überregionalem Renommee geworden. Das Städel war damals wie heute das erste Haus unter den Museen am Ort und stand daher im Mittelpunkt der Aufmerksamkeit der kulturell interessierten Öffentlichkeit. Doch das Städel zeigte jetzt gewisse Lähmungserscheinungen. Wohl war das Stiftungskapital seit fast einem Jahrhundert solide verwaltet worden, aber seine Erträge reichten nicht mehr aus, um mit den allseits expandierenden Verhältnissen der Wilhelminischen Ära Schritt halten zu können. Auch künstlerisch begann es an Schwung zu verlieren: Die Kunstschule konnte nicht mehr an ihre Blüte in der Mitte des Jahrhunderts anschließen und neue Entwicklungen in der Kunst schlugen sich in den Städelsammlungen nicht mehr nieder (was aber auch für andere Museumssammlungen der Zeit galt). Das Städel musste, um sich weiterzuentwickeln, sich neuen Kräften, Ressourcen und Strömungen öffnen. Doch leichter gesagt als getan. Denn die Stiftungsadministration, ein Gremium von fünf Herren aus dem örtlichen Honoratiorenbürgertum, war, um das Institut vor Einflussnahme von außen zu schützen, von Städel selbst als sehr unabhängiger Souverän installiert worden. Mit Verweis auf diesen Auftrag des Stifters verbaten sich die Herren ein Hineinreden Außenstehender in die Angelegenheiten des Hauses. Die Öffentlichkeit versuchte es dennoch und beobachtete die Entscheidungen der Stiftung aufmerksam, manchmal vielleicht sogar argwöhnisch. Sonnemann war einer derjenigen, die als Kritiker und konstruktive Anreger hier frühzeitig in Position gingen, und er tat es einmal mehr mit allen seinen Möglichkeiten als Publizist, als Kulturpolitiker und schließlich als Stifter.

D 144 Das Selbstporträt von Johann Heinrich Roos erwarb Leopold Sonnemann auf einer Versteigerung in Wiesbaden und schenkte es dem Historischen Museum. Nach der Ausbildung in Amsterdam und Wanderjahren ließ sich Roos in Frankfurt nieder und gehörte zu den bedeutenden Vertretern der „niederländischen Schule“, die das Frankfurter Bürgertum besonders schätzte.

D 108 1882 schenkte Leopold Sonnemann die Statue des Osiris, die er ebenfalls aus Ägypten mitgebracht hatte, dem Historischen Museum. Osiris war Gott des Jenseits, der Wiedergeburt, der Toten, der Fruchtbarkeit und des Nils.

A 138 Max Liebermann: Der Hof des Waisenhauses in Amsterdam, Gemälde von 1881/82. Die Notizkalender Leopold Sonnemanns belegen, dass er Max Liebermann persönlich kannte und ihn in Berlin häufig besuchte. Zur Zeit des Ankaufs des Gemäldes galt Max Liebermann in der Öffentlichkeit bereits als einer der „Stars" der Moderne, sah sich aber auch heftigen Anfeindungen durch die tradierten Kunstinstitutionen (Akademie, Salon) ausgesetzt.

Schon 1883 befasste er sich in einer internen Denkschrift, die er damals weder dem Städel noch der Öffentlichkeit bekannt machte, mit der Frage einer „erweiterten Pflege der bildenden Künste in Frankfurt".[16] Darin konstatierte er einen Bedeutungsverlust Frankfurts als Kunststadt gegenüber anderen vergleichbaren Städten in Deutschland. Etwas unspezifisch schwebte ihm ein breites Programm für die Kunstförderung vor: Kunst im öffentlichen Raum, Bilder aller Richtungen, gute Kopien aller Richtungen, Förderung junger Künstler und Rücksichtnahme auf die besonderen Liebhabereien möglicher Stifter. Die Administration des Städel, die einen exklusiveren Kunstanspruch pflegte, hätte einen solch breiten Ansatz sicher kaum gebilligt. Doch was auch immer man, sei es durch Stiftungsmittel, sei es durch eine Initiative der Stadt, in Frankfurt für die öffentliche Kunstförderung tun konnte und musste, es erschien auch Sonnemann nicht sinnvoll, es ohne oder sogar gegen das Städel zu tun.

Wie wenig man auf das Städel Einfluss nehmen konnte, erfuhr er 1886, als die Administration Georg Kohlbacher als Inspektor (dem späteren Direktorenamt) der Stiftung berief. Wegen mangelnder wissenschaftlicher Qualifikation des Kandidaten erregte diese Personalie großes Missfallen in der Öffentlichkeit und führte dazu, dass sechs Frankfurter Kulturvereine, darunter auch der Mitteldeutsche Kunstgewerbeverein, sich in einem offenen Brief an die Administration dagegen aussprachen. Man befürchtete nichts weniger als einen Niedergang des Städel. Auch Sonnemann stimmte diesem offenen Vorgehen der Vereine zu.[17] Doch die Städel-Administratoren äußerten gegen diesen offenen Protest ein „Gefühl peinlichen Befremdens" und empfanden einzelne Behauptungen als „direkt verletzend". Man ließ sich in seine Entscheidungen nicht hineinreden. Kohlbacher konnte sich allerdings nur wenige Jahre auf seinem Posten halten, dann folgte ihm mit Henry Thode der erste akademisch gebildete Kunsthistoriker in der Leitung des Städel. An ihm, aber auch allen seinen Nachfolgern, Heinrich Weizsäcker, Ludwig Justi und Georg Swarzenski, war Sonnemann auch insofern interessiert, als er sie immer wieder als Verfasser von Artikeln über künstlerische Themen in der Frankfurter Zeitung zu gewinnen suchte.

1895 befasste sich Sonnemann erneut mit dem Städel. Diesmal kam es zu einer heftigen öffentlichen Kontroverse, als das Städel den

Versuch unternahm, sich von seiner Kunstschule, die ihm zu teuer geworden war und künstlerisch nicht mehr zu den führenden Stätten in Deutschland gehörte, zu trennen. Heinrich Weizsäcker, seit 1891 Städeldirektor, bat Wilhelm Bode, aus dessen Schule er kam, um einen Artikel, in dem dieser qua Autorität der Schule die weitere Existenzberechtigung absprechen und den Schritt der Administration legitimieren sollte. Bode fand sich zu dem erbetenen Dienst bereit. Doch Weizsäcker täuschte sich sehr darin, als er geglaubt hatte, die Frankfurter Zeitung würde Bodes Text publizieren. Sonnemann war über diese Pläne aufs Höchste empört. Hinzu kam, dass die Einflussnahme des mächtigen Berliner Museumsmanns, eines Preußen dazu, auf Frankfurter Belange ihm grundsätzlich gegen den Strich ging. Gegen die Pläne zur Schließung der Schule entfesselte Sonnemann daher eine heftige Kampagne sowohl in der Frankfurter Zeitung als auch im Stadtparlament. Nachdrücklich plädierte er für ihren Erhalt und berief sich dabei auf den Stiftungsbrief Städels, der der Schule den Vorrang vor der Galerie eingeräumt habe; auch versuchte er Mittel und Wege zu finden, wie dies durch Unterstützung Dritter möglich sei. Die Schule wurde daraufhin zwar nicht ganz geschlossen, aber der Lehrbetrieb in seiner Breite doch stark reduziert und auf Meisterateliers beschränkt.

Sonnemann war nicht der Typ, der sich nach einer solchen Affäre beleidigt oder resigniert zurückzog. Nach einer Anstandsfrist nahm er den abgerissenen Gesprächsfaden mit dem Städel wieder auf und demonstrierte guten Willen, indem er dem Institut zwei Bilder stiftete. So kam nach dem Modell des von Bode in Berlin kurz zuvor initiierten Kaiser-Friedrich-Museumsvereins schließlich die Gründung eines Fördervereins für das Haus in den Blick. Am

C 528 Das Porträt Leopold Sonnemanns wurde von Emil Orlik (1870–1932) angefertigt. Die Wahl eines der Moderne verpflichteten Künstlers schließt nahtlos an Sonnemanns Bedeutung für die Durchsetzung der Moderne in den Sammlungen des Städel'schen Kunstinstituts an.

27. Juni 1899 lud Sonnemann zur Gründerversammlung des Städelschen Museums-Vereins in den Frankfurter Hof ein. Er selbst, der Gründer, wurde dabei zu seinem Vorsitzenden bestimmt. Mit 200 Mark wurde ein hoher, aber recht effektiver Mitgliedsbeitrags festgesetzt (der Berliner Verein nahm sogar 500 Mark), was zur Folge hatte, dass der Städelverein damals eine kleine exklusive Vereinigung war, der nur Personen aus den führenden Kreisen der Stadt, darunter besonders viele mit jüdischem Hintergrund, angehörten.

Sonnemann wollte jetzt mit Macht etwas für die Entwicklung der Sammlungen des Städel tun. Vor allem ging es ihm um eine Modernisierung: Die zeitgenössische Kunst sollte stärker berücksichtigt werden. Doch welches waren die wichtigen Trends in der aktuellen Kunst? Sonnemann versuchte sich gemeinsam mit seinen Vorstandskollegen, unter denen sich so bedeutende Kunstsammler wie Martin Flersheim oder Victor Mössinger befanden, auf Ausstellungen und in Künstlerateliers selbst ein Bild zu machen. Vor allem die Münchener Kunst, aber auch die Frankfurter kamen in den Blick und Sonnemann schenkte gleich nach der Gründung des Vereins ein Bild von Paul Wilhelm Keller-Reutlingen, einem Dachauer Landschaftsmaler. Städeldirektor Weizsäcker, mit dem Sonnemann nun eng kooperierte, hatte schon seit Jahren vergeblich versucht, Bilder von Leibl und Liebermann ins Haus zu bringen, war aber am Veto der konservativen Städel-Administratoren gescheitert. Sonnemann reagierte auf das Anliegen Weizsäckers, weil er es unterstützte.

Die Städel-Administratoren befanden sich mit ihrer reservierten Haltung gegenüber jenen künstlerischen Strömungen, die sich historisch durchsetzen sollten, dem Realismus und dem Impressionismus, in guter Gesellschaft. Die Museen und Akademien (nicht nur in Deutschland) verweigerten ihnen den Zugang und das bürgerliche Publikum, das die Salonmalerei bevorzugte, lehnte sie in großen Teilen ab. Bestätigt konnten sie sich durch Kaiser Wilhelm II. fühlen, der sie in die Nähe von „Rinnsteinkunst" rückte. Doch die avancierten Künstler verstanden es, aufgeschlossene Kunsthändler und bürgerliche Sammler sowie Kunstkritiker und den ein oder anderen Museumsmann für sich zu interessieren. Mit den Gründungen der Sezessionen im ausgehenden 19. Jahrhundert schufen sie sich eine eigene Plattform für ihre Entfaltung. Die bedeutendste Sezession war die in Berlin, 1898 gegründet unter dem Vorsitz von Liebermann, mit tatkräftiger Unterstützung der Vettern Cassirer, die mit den neuen Bildern handelten. Von Bedeutung war darüber hinaus der jüngst neu ernannte Direktor der Berliner Nationalgalerie, Hugo v. Tschudi. Er war es, der es auf Anregung von Liebermann als erster wagte, französische Impressionisten ins Museum zu holen. Der erste Ankauf eines Manet und die erste Erwerbung eines Cézanne geschahen weltweit 1896/97 hier in Berlin. Auf Etatmittel der preußischen Kultusbürokratie konnte Tschudi dabei allerdings nicht hoffen, deshalb ließ er sich die betreffenden Bilder von Mäzenen schenken, darunter auch von dem erwähnten James Simon, der den Betrag für Courbets „Mühlwehr" von 1866 übernahm. Doch diese Erwerbungen erregten in Politik und Teilen der Öffentlichkeit vielfach Missfallen. Vor allem auch dem Kaiser gefielen sie nicht. Im August 1899 ordnete er intern an, Tschudi müsse die Bilder von ihrem prominenten Platz in der Nationalgalerie in einen hinteren Raum verbringen und ihm künftige Erwerbungen zur Genehmigung vorlegen.

Zu diesen sehr widersprüchlichen Vorgängen in Berlin, über die Sonnemann dank seiner persönlichen Bekanntschaft mit einem Teil der Hauptakteure und aufgrund seiner Stellung als Chef der Frankfurter Zeitung zumindest partiell sicher sehr gut unterrichtet war, betrieb er am Städel nun das Kontrastprogramm: Zunächst

C 529 Zugleich förderte Leopold Sonnemann das in historistischen Konventionen befangene Kunsthandwerk. Die Bronzeplakette mit seinem Porträt, die er 1899 dem Historischen Museum schenkte, erinnert stilistisch an die Renaissance.

war es Victor Mössinger, der dem Verein 1899 mit Sisleys Seine-Ufer eines der ersten impressionistischen Bilder, die (außerhalb Berlins) überhaupt in ein europäischen Museum kamen, schenkte. Sonnemann erkannte dann sehr schnell, dass man mit einem bedeutenden Bild von Liebermann, der als Vorsitzender der Berliner Sezession damals symbolisch entschieden für die Modernisierung stand, ein Zeichen setzen könnte. Er kannte Liebermann, aber auch Hugo v. Tschudi persönlich und verkehrte auch regelmäßig im Kunstsalon der Vettern Cassirer. Im Frühjahr 1900 schickten diese Liebermanns Waisenhausbild zur Ansicht nach Frankfurt. Sonnemann, der das Bild von Ausstellungen her kannte, plädierte nachdrücklich für seinen Ankauf und forderte seine Vorstandskollegen auf, einen adäquaten Kaufpreis dafür zu bieten. Da er bei der entscheidenden Vorstandssitzung persönlich nicht anwesend sein konnte, boten die Vorstandskollegen Cassirer jedoch zu wenig, nämlich nur 20 000 Mark. Der Ankauf schien zu scheitern. Sonnemann setzte sich daraufhin persönlich noch einmal mit Cassirer in Verbindung und bot ihm eigenmächtig mehr (25 000 Mark), worauf der Händler einging, als Sonnemann ihm garantierte, er würde die Differenz ggf. persönlich bezahlen. Tatsächlich ließen seine Vorstandskollegen Sonnemann im Stich und bestätigten ihr zuvor abgegebenes Gebot. Sonnemann reagierte daraufhin schnell und konsequent: Unter Protest trat er vom Vorsitz des Museumsvereins zurück und wies die Zahlung des Differenzbetrages an. Es roch nach einem handfesten Skandal, doch bevor er öffentlich hochkochte, kamen die Vorstände zur Besinnung: Sie ließen sich denn doch auf 25 000 Mark ein, das Bild kam ins Städel und Sonnemann kehrte daraufhin wieder in sein Amt zurück.

In der Sammlungsgeschichte des Städel kommt der Erwerbung des Liebermann'schen Waisenhausbildes eine besondere Bedeutung zu. Mit ihr wurde der entscheidende Wechsel im Habitus des Museums vollzogen und das Tor zur Moderne aufgestoßen, gerade auch gegen die alteingesessenen Kreise im Gremium der Administration, die Sonnemanns Wirken offenbar als sehr unangenehm empfanden.[18] Noch vor dem Ersten Weltkrieg konnten Weizsäckers Nachfolger Ludwig Justi und Georg Swarzenski an diese Vorlage anknüpfen und sich mit großem Erfolg daran machen, den modernen Franzosensaal aufzubauen. Museumspolitisch war es Leopold Sonnemann, der in Frankfurt dafür die Grundlagen gelegt hatte.

Der Museumsverein brachte unter Sonnemanns Leitung einige weitere sehr bedeutende Stücke ins Haus oder half zumindest mit Teilbeträgen zu ihrem Ankauf: Trübners „Zeitungslesender Mohr", Bilder von Gustave Moreau (einem Lehrer von Matisse) oder Hubert Robert, vor allem Rembrandts „Triumph der Dalila". Doch nicht alles, was unter Sonnemanns Ägide um 1900 ins Städel gekommen ist, hat künstlerisch höchsten Rang. Sonnemann selbst schenkte dem Verein 1901 anlässlich seines 70. Geburtstags ein Konvolut von neun Bildern mit Genre- und Landschaftsdarstellungen zumeist aus dem Umkreis der Frankfurter und Münchner Malerei seiner Zeit, darunter Karl Theodor Reiffenstein, Wilhelm Amandus Beer oder Toni Stadler sen. Der größte Teil dieser Bilder wurde zehn Jahre nach seinem Tod wieder verkauft, womit er sich bereits bei der Schenkung einverstanden erklärt hatte. Die übrigen Bilder konnten keinen Stammplatz in den Schausammlungen behaupten. Doch dies schließt nicht aus, dass er für qualitätvolle Bilder nicht empfänglich gewesen wäre. Bei seinen häufigen Besuchen im Kunstsalon Cassirer sah er 1902 Leibls „Cocotte" und versuchte, Städeldirektor Weizsäcker zum Ankauf zu bewegen.[19] Doch man hatte sich am Städel schon für Leibls „Ungleiches Paar" entschieden, Sonnemanns Favorit ging nach Köln.

Diese teilweise dramatischen Vorgänge um das Städel haben für Sonnemanns Wirken exemplarischen Charakter. In großer Verdichtung bringen sie die wesentlichen und typischen Züge seiner gesamten Haltung als Mäzen und Stifter zum Ausdruck: Zivilcourage und Pragmatismus zeichneten sein Vorgehen aus, und er hatte – oft gegen das Beharrungsvermögen seiner Umwelt – Instinkt und Sensorium dafür, was an der Zeit war. Seine Sachspenden resultierten nicht aus der kennerschaftlichen Vertrautheit des privaten Kunstsammlers, der sich in das Fachgebiet seiner Neigung vertieft hat; „l'art pour l'art" war ihm sicher fremd. Eher nahm er Impulse Dritter und Gelegenheiten, die sich ihm spontan boten, wahr. Er war extrovertiert und sah in seinem mäzenatischen Wirken immer auch das gesellschaftliche Moment; entsprechend zog er die gemeinsame Aktion mit anderen der individuellen Initiative in der Regel vor. Schließlich kommt im leidenschaftlichen Plädoyer für Liebermann auch Sonnemanns antiborussische Haltung zum Vorschein, die sein gesamtes Lebenswerk durchzieht, seine Haltung gegenüber jenem Preußen jedenfalls, das für den Obrigkeitsstaat stand. Der Liebermann-Ankauf galt nicht nur dem Städel, er war für ihn so auch die kulturpolitische Manifestation des Demokraten.

C 525
Die Eingangshalle der Stadtbibliothek vor 1900: Für die Stiftung der Flugschriftensammlung Gustav Freytags dankte die Stadtbibliothek mit der Aufstellung einer (heute nicht mehr vorhandenen) Büste Leopold Sonnemanns im Treppenhaus.

C 530
Die Figurengruppe „Wahrheit und Dichtung“ stiftete Sonnemann für das Treppenhaus des 1880 eröffneten Theaterneubaus (heute: Alte Oper).

D 124
Im Juni 1888 schenkte Leopold Sonnemann dem Historischen Museum koptische Gewebefragmente.

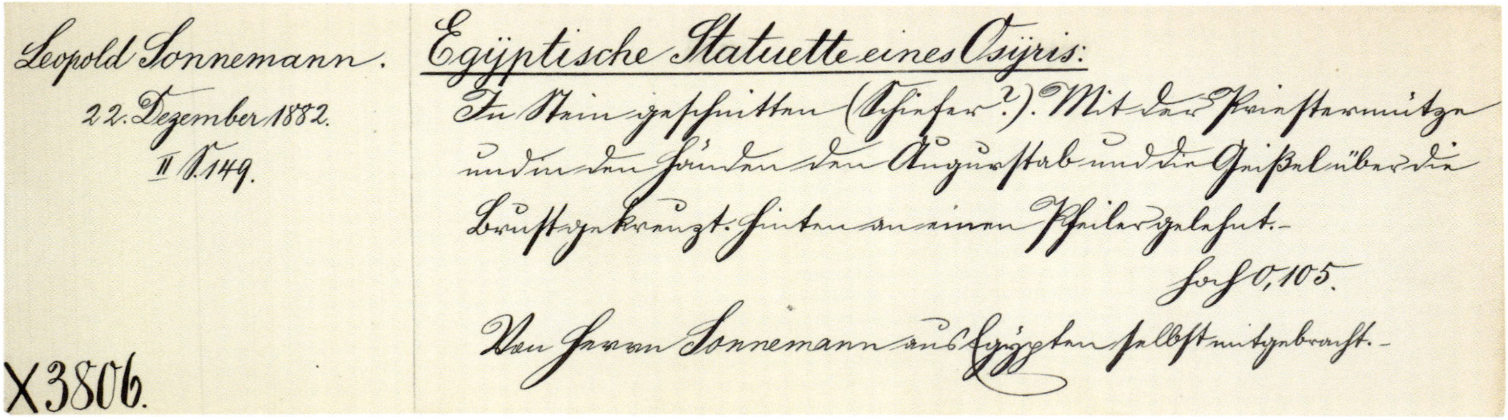

Leopold Sonnemann.
22. Dezember 1882.
II V. 149.

Egyptische Statuette eines Osiris:
In Stein geschnitten (Schiefer?). Mit der Zipfelmütze und in den Händen den Augurstab und die Geißel über die Brust gekreuzt. Hinten an einem Pfeiler gelehnt.
Hoch 0,105.
Von Herrn Sonnemann aus Egypten selbst mitgebracht.

X3806.

D 116
X 3806 „Egyptische Statuette eines Osiris": Karteikarte der ersten um 1910 entstandenen noch handschriftlichen wissenschaftlichen Kartei des Historischen Museums mit Inventarnummer, Erwerbsdaten, Herkunft und einer Objektbeschreibung

D 109
Uschebtis (Grabwächterfiguren), Modell-Opfergefäß und Modell-Opfertellerchen: Leopold Sonnemann brachte die Objekte von seiner Ägyptenreise 1882 mit. Die bekannten Ägyptologen Emil Brugsch und Gaston Maspero hatten die Echtheit der Grabwächterfiguren bestätigt.

D 101
Unterstützung gewährten die Bankiers Moritz von Bethmann, Albert Metzler, Adolf Grunelius, Georg Speyer und Theodor Stern, Eugen Lucius, der Mitbegründer der Farbwerke Hoechst, der Fabrikant Ferdinand Leuchs-Mack, der Philanthrop Charles Hallgarten, Wilhelm Merton, der als Stifter der Universität in Erinnerung geblieben ist, der Kunstsammler Albert Linel und Leopold Sonnemann.

C 531
Das Grebenstein'sche Zimmer in der Kruggasse 8: Gemalte Tapeten, Wandverkleidungen und Türen aus dem 18. Jahrhundert ließ der letzte Eigentümer, nach dem das Zimmer benannt ist, im März 1899 versteigern. Das Altstadthaus in der Kruggasse 8 stand vor dem Abriss. Das Historische Museum bat bekannte Mäzene um Unterstützung beim Erwerb dieses eindrucksvollen Beispiels großbürgerlicher Wohnkultur.

D 129
Einblattdruck mit Augsburger Fackeltanz, Holzschnitt von Albrecht Dürer aus dem Jahre 1516, aus der Freytag'schen Sammlung

D 130
Einblattdruck mit Darstellung der Kaperung spanischer mit Silber beladener Schiffe 1629 durch eine holländische Flotte, aus der Freytag'schen Sammlung

D 131
Einblattdruck mit Darstellung eines Wales, der 1695 in der Elbe bei Hamburg gefangen wurde, aus der Freytag'schen Sammlung

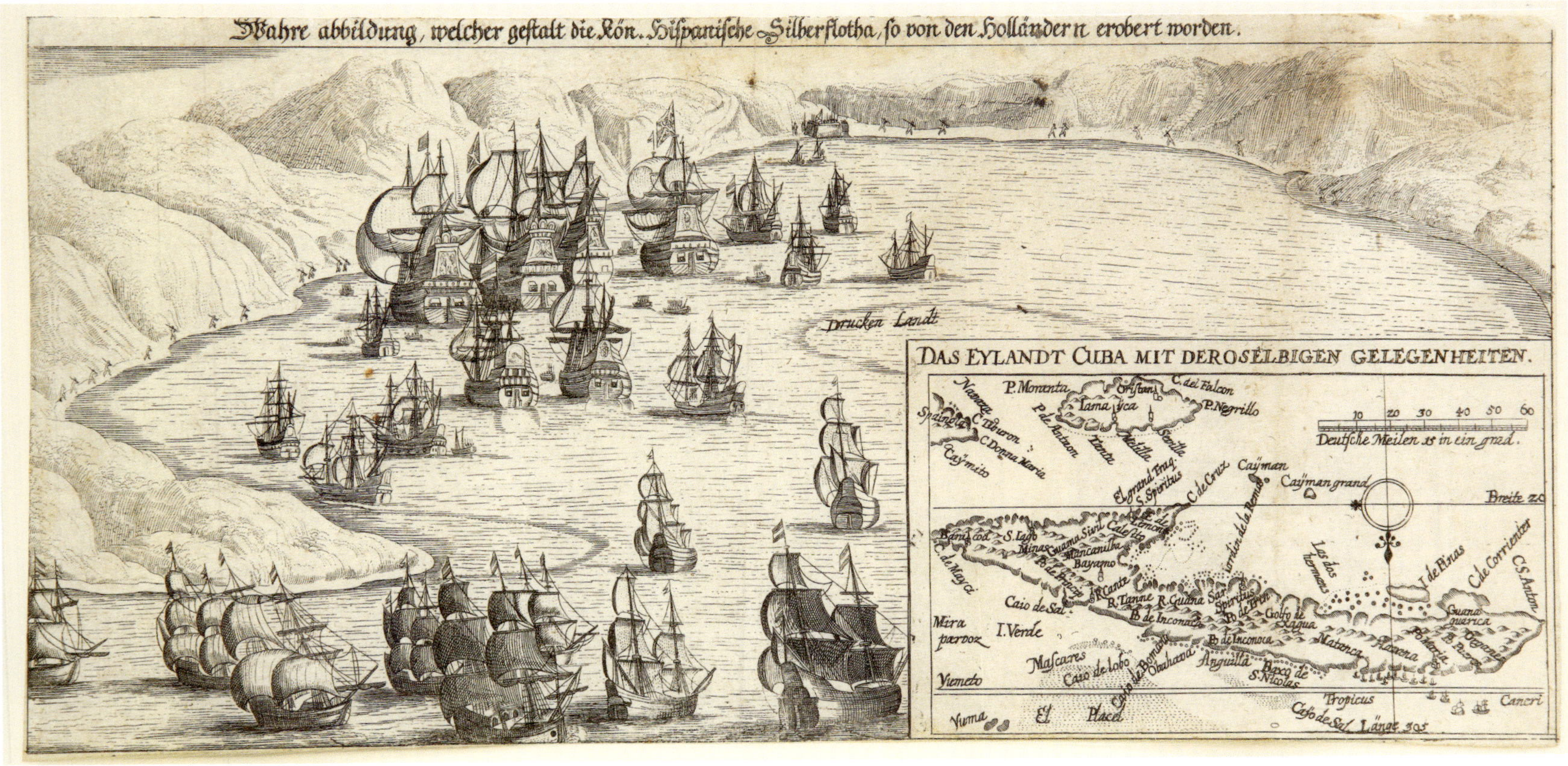

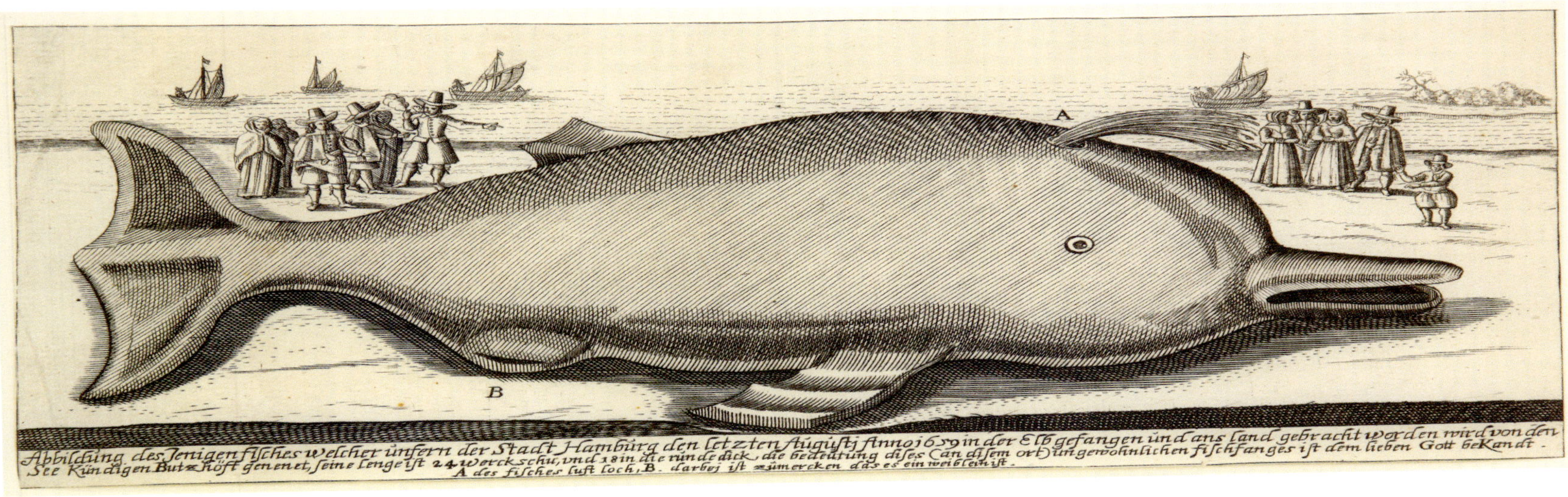

D 135
Einblattdruck mit Darstellung der Hinrichtung der „Kindsmörderin“ Anna Karpf in Augsburg 1743, aus der Freytag’schen Sammlung

D 134
Einblattdruck mit Darstellung und Beschreibung des Transports des „bekannte[n] Jud Joseph Süß Oppenheimer“ zur Hinrichtung nach Stuttgart, aus der Freytag’schen Sammlung

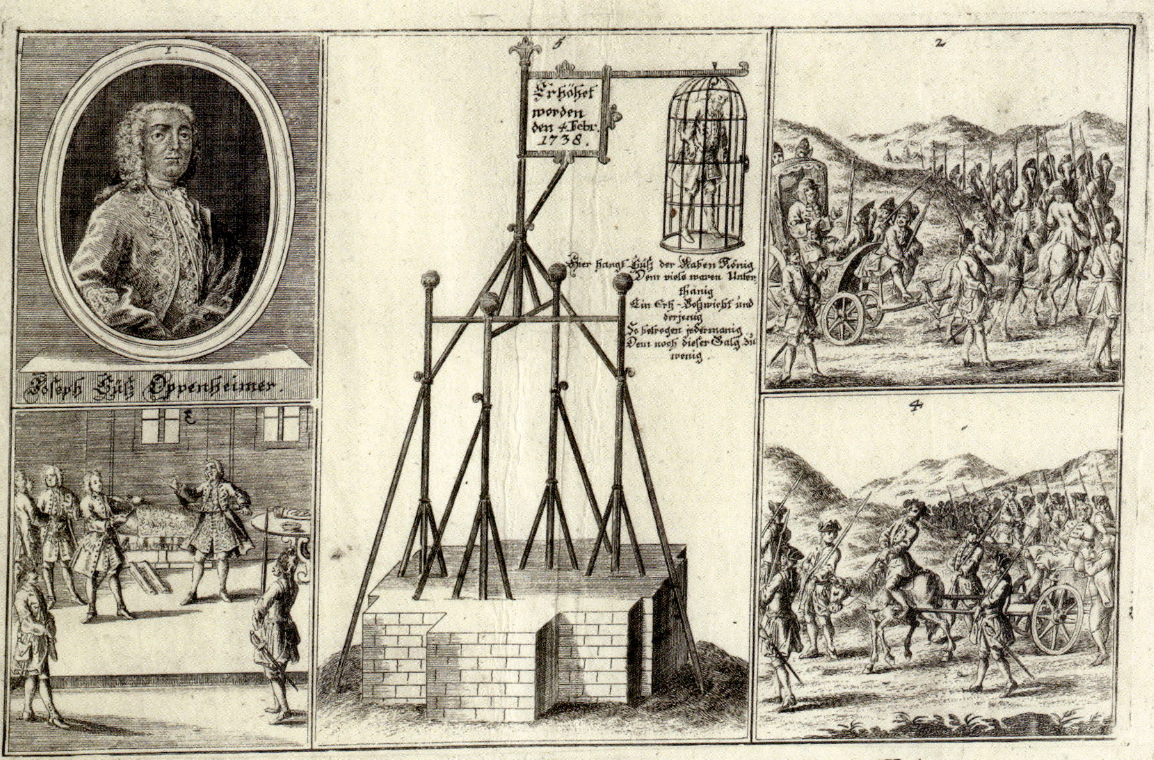

Eigentliche Abbildung und Beschreibung / wie der bekannte Jud /

Joseph Süß Oppenheimer,

Den 30. Januarii 1738. von Asperg unter starcker Wache nach Stuttgard in das sogenannte Herrschafft-Hauß gebracht / deß folgenden Tages darauf gleich das Leben abgekündet worden / worüber er sich als ein rasender Mensch aufgeführet / und viele böse Worte von sich fliessen lassen; und ob zwar zwey Herren Geistliche A.C. grosse Mühe anwendeten, seine Seele zu gewinnen, verharrete er doch, als ein verstockter Jud, in seinem Irrthum. Den 4. Februarii Morgens zwischen 8. und 9. Uhr wurde ihm das Todes-Urtheil dahin angekündet / daß er mit dem Strang vom Leben zum Tod sollte hingerichtet werden: Wurde also zwischen 10. und 11. Uhr aus dem obgedachten Herrschaffts-Hauß auf einen Schinder-Karren gesetzet / zu dem Gerichts-Platz ausserhalb der Stadt gebracht / und an den eisern Galgen aufgehencket / der Leib aber in ein 6. Schuh hohes und roth-angestrichenes eisern Köficht eingeschlossen.

O Süß! dein Nam ist gut, dein Tod ist aber bitter,
Du zohest selbst auf dich diß schwehre Ungewitter:
Drum klag allein dich an, nimm mit der Straff vorlieb,
Du hast noch mehr verdient, verwegner Galgen-Dieb.

Weil nun die Juden sich auf ihre Grab-Stein schreiben,
So soll nach deinem Tod dir diese Grab-Schrifft bleiben,
Damit ein jeder mög dieselbe schauen an,
Und dein sehr böses Thun in Kürtze lesen kan.

EPITHAPHIUM.

Stehet still /
Ihr
die ihr vorüber gehet /
und betrachtet dieses eiserne Gerüst /
dann
Ihr könnt hier etwas sehen /
So bey Menschen-Gedencken nicht gesehen worden /
nemlich
einen schadbaren Vogel /
welchen die Gerechtigkeit in diesem Köficht eingeschlossen;
Er will zwar nicht mehr singen /
dann er hat sich ausgesungen /
und
ist jetzund in der Mauß.
Es war ein rechter Raben-Vogel /
welcher andere zu zerreissen gesucht /
darum ist er auch hieher in die freye Lufft gehängt worden /
damit er Athem genug schöpffen möge /
weil es ihme dermalen daran mangelt /
dann
der Meister hat ihme das Halß-Band gar zu enge gemacht.
Es ist ein Hebräischer Vogel /
welcher auf Teutsch gar abscheulich gesungen;
Er hat dem gantzen Juden-Volck einen Schandfleck angehängt /
Er ward von ihnen sehr hoch angesehen;
Aber
als seine unglückliche Erhöhung erfolgte /
liessen ihm alle allein die Ehre.
Er pranget an einem Gericht /
welches ihn doppelt erhöhet hat /
So nicht von Holtz /
sondern schon An. 1597. von starcken Eisen aufgebaut war /
Und zwar
vor einen Ertz-Betrüger /
welcher aus Kupffer Gold zu machen versprach /
und viele schändlich anführte /
Sein Name war
Georg Honauer,
dessen Nachfolger auf diesem hohen und festen Ort ist /
Joseph Süß Oppenheimer,
ein böser Jud /
Diesem ist an diesem hohen Gerüst ein eigen Zimmer eingeraumt /
wohl vergittert /
Sechs Schuh hoch / und schön roth angestrichen /
dann es muste bey ihm im Leben alles propre daher gehen /
dahero hat er auch im Tod solche Ehre genossen:
Er wär 40. Jahr alt /
Hat aber dieses Zimer auf mehr als 40. Jahr in Bestand genommen /
Es lasse sich ja kein Jud gelüsten /
wo er anderst klug ist /
Ihn daraus zu vertreiben /
dann
es ist ihme allein zum stätswährenden Besitz eingeraumt worden /
darum
wer hier vorbey gehet /
speye aus /
Und lasse diesem Ertz-Bößwicht die Raben die Augen aushacken /
Und dessen Mist in deren Gruben tragen.

Cartouche Geistes Anfrage an Jud Süssens seinen Geist.

CArtouche Geist erwacht aus seinem Staub und Erden,
Er siehet gantz verwirrt in seinem Angesicht,
Er weiß nicht, warum doch an ihn gedacht soll werden,
Weil er durch Rad und Strang schon lange hingericht.
Er sahe einen Geist mit Feur-beflammten Ketten,
Es fragt sein guter Geist denselben, wer er sey?
Ob man nicht von der Qual ihn könnte noch erretten,
Und durch gesuchte Hülf ihn möchte machen frey?
Ob er dann mehr Betrug, als er selbst, hätt begangen?
Ob er aus Ehr-Geitz ihm den Ruhm wollt spannen ab?
Er fragt ihn, warum doch sein Leib sey aufgehangen?
Und daß der Galgen ihm sey worden zu dem Grab?
Warum in solchem Pracht in Köficht eingeschlossen?
Ob er dann besser wär als andre Galgen-Strick?
Warum sein Galgen sey aus Eisen ausgeflossen,
Und daß zu oberst er zu hangen hätt das Glück?
Es fielen diese Wort vom Geist auf sein Befragen:
Was fragst du Schatten mich, was gehet es dich an;
Doch will ich diese Wort auf deine Frag dir sagen:
Ich habe als ein Jud mehr Böß als du gethan.
Ich hab zwar nicht gemordt; doch mehr dann du gestohlen;
Ich war so klug als du, verteuffelt war mein Sinn,
Ich sag dir rund und frey, aufrichtig, unverhohlen,
Daß ich ein größ'rer Dieb, als du, gewesen bin.
Ich hab das gantze Land durch falsche List betrogen,
Ich hatt was mehr's im Sinn, doch gieng es mir nicht an,
Ich habe vieles Gut durch List an mich gezogen,
Die Boßheit, so ich übt, man kaum begreiffen kan.
Maitressen hielt ich mir, mein Juden-Fleisch zu laben,
Ich war ein geiler Bock, riß hohe Ehr an mich,
Drum muß ich auch die Ehr am eisern Galgen haben,
Weil das verhaßte Glück mich ließ zuletzt am Stich.
Ich hielte Wagen, Pferd, ich wollte keinem weichen,
Mein Hochmuth war so groß, als wär ich Herr allein,
Und war doch nur ein Jud, und keinem nicht zu gleichen,
Ich müntzte vieles Geld, steckt aber vieles ein.
Ich starbe als ein Jud, und wollt zur Höllen gehen,
Damit das Boßheits-Maaß ich völlig füllte an,
Man wird wohl meines gleich auf Erden nicht viel sehen,
Der so viel Schelmen-Stück, wie ich geübt, gethan.
Drum laß erblaßter Geist, Cartouche, ab mit fragen,
Du starbest in der Buß, ich fuhr verzweiffelt hin,
Ist aber nöthig nicht, daß ich es dir soll sagen,
Wo ich mit meinem Geist anjetzt logiret bin.
Als nun Cartouche Geist von diesem Geist vernommen,
Was auf dem Erden-Rund sein Thun gewesen sey,
Ist er von selbigem, gleich wie ein Blitz entkommen,
Und ware höchst-vergnügt, daß er von diesem frey.
So prange dann du Dieb auf deiner Galgen-Porten,
Lad alle Raben ein zu einem grossen Schmauß,
Sie seynd dein Hof-Gesind bey dir im Tode worden,
Hab acht, daß sie dir nicht die Augen hacken aus.
Du schöner Hamans-Sohn, wie herrlich kanst du prangen,
Es ist jetzt Mondes-Zeit, das Purim zu begehn,
Laß deine Glaubens-Freund mit dir viel Freud erlangen,
Dann dieses Fest befihlt in lauter Freud zu stehn.
Du kanst dir in dem Tod noch grosse Ehre machen,
Ein König, Bajazeth, lag auch in solchem Hauß,
Nicht aber als ein Dieb, nicht um so böse Sachen,
Ihm bließ das Lebens-Licht auch nicht der Hencker aus.
Du bist vor diesesmal recht treflich hoch gestiegen,
Drum trachte ferner nicht, wie du gethan, nach Ehr,
Laß dich mit dieser Gnad, so lang du hangst, begnügen,
Du hast genug jetzund, begehre ja nichts mehr.

Anmerckungen der in dem Kupffer sich befindlichen Ziffern.

No. 1. Das Portrait des Juden in dem florisanten Stand.
2. Dessen Einbringung nach Stuttgard von der Festung Hohen-Asperg.
3 Das Zimmer / wo ihme angekündet wurde / daß er sich zum Sterben bereit machen solle.
4 Seine Hinausführung auf dem Schinder-Karren zu dem Gerichts-Platz.
5. Der eiserne Galgen / an welchen er gehenckt / und in den Köficht eingeschlossen worden. Dieser Galgen wurde An. 1597. für einen sich ausgegebenen Goldmacher und Ertz-Betrüger erbauet / welcher auch den 12. April besagten Jahrs würcklich daran gehenckt worden: Das Eisen an diesem Galgen hette am Gewicht 25. Centner / und kostete 3000. Oberländische Gulden.

D 146
Winterjahrmarkt in Jelna: Das Gemälde von Wilhelm Amandus Beer, seit 1897 Leiter der Meisterklasse der Städelschule, schenkte Leopold Sonnemann dem Städel.

D 145
Mit der Ansicht des Frankfurter Stadtwaldes des Frankfurter Malers Karl Theodor Reiffenstein schenkte Leopold Sonnemann dem Städel anlässlich seines 70. Geburtstags 1901 ein Konvolut von neun Gemälden mit Genre- und Landschaftsdarstellungen Frankfurter und Münchner Maler.

D 148
Fränkische Landschaft in der Würzburger Gegend: Das Gemälde von Toni Stadler, 1893 Mitbegründer der Münchener Sezession und zeitweilig Direktor der Münchener Akademie der Bildenden Künste, schenkte Sonnemann dem Städel. Er besuchte Stadler mehrmals in München. Das Motiv des Gemäldes – eine Landschaft in der Nähe des Geburtsortes Sonnemanns – mag ein Grund für den Ankauf gewesen sein.

D 147
Bildnis eines Fräulein Coßmann vor der Cà d'Oro in Venedig: Das Gemälde von Karl von Pidoll, der seit 1891 in Frankfurt am Main lebte, schenkte Sonnemann dem Städel.

D 149, 150
Biskuitfiguren der französischen Nationalmanufaktur Sèvres, die Leopold Sonnemann dem Mitteldeutschen Kunstverein schenkte.

D 151
Die silberne Leviten-Waschschüssel stifteten Charles Hallgarten, Georg Speyer und Leopold Sonnemann 1897 dem Historischen Museum. Der Erwerbungsbericht betont die Erweiterung der Judaica-Sammlung des Museums durch ein bedeutendes Objekt, hergestellt in Turin in der ersten Hälfte des 18. Jahrhunderts.

FRANKFURT AM MAIN BIS 1890

B 301
Der Eingang zur Zeil von der Hauptwache aus, um 1880

B 302
1882 feierte die Israelitische Gemeinde am Börneplatz die Einweihung des zweiten großen Synagogenbaus.

B 314, 7
Jahrhunderte lang lag der Hafen der Stadt am Fahrtor mitten im Schutzbereich der Stadtbefestigung.

B 314, 8
Mit Fertigstellung der Kanalisierung des Mains wird 1886 der Westhafen eröffnet. 1904, als Leopold Sonnemann die Stadtverordnetenversammlung aus Krankheitsgründen verlässt und seinen Wählern dankt, erwähnt er unter den Projekten, an denen er mitwirkte, die Mainkanalisierung und den Hafen.

B 314, 11
Der 1850 fertig gestellte Bahnhof der Main-Weser-Bahn an der Gallusanlage. Im August 1888 wird der heutige Hauptbahnhof „auf freiem Feld“ 600 m von der Taunusanlage entfernt, eröffnet.

B 303
Für den Kopfbahnhof außerhalb der besiedelten Stadt setzte sich die Stadtverordnetenversammlung erfolgreich ein. Schon vor 1866 hatten Eisenbahningenieure die Errichtung eines zentralen Bahnhofs auf dem Rossmarkt verlangt. 1904 nennt Leopold Sonnemann unter den Projekten, an denen er mitwirkte, den Hauptbahnhof.

B 314, 46
An der Kaiserstraße ...

B 314, 47
... entsteht nach 1891 ein neues Geschäftsviertel. Im Westen und Norden der alten Neustadt entsteht die moderne City. 1904 nennt Leopold Sonnemann unter den Projekten, an denen er mitwirkte, die Kaiserstraße.

B 314, 37

Die Westseite des alten Rossmarkts mit dem Eingang der Großen Gallus- und der Junghofstraße, um 1890

B 314, 38
Der Rossmarkt um 1900. Die Pferdestraßenbahn wurde 1872 eröffnet. Betreiber ist eine belgische Aktiengesellschaft.

B 314, 43
Innerhalb einer Generation wird die Neustadt umgebaut: Das Bockenheimer Tor mit Blick auf die Hochstraße, mit Uhrtürmchen und dem Wachhaus am Bockenheimer Tor, um 1868.

B 314, 44
Ecke Große Bockenheimer Gasse und Ecke Hochstraße mit dem neuen Uhrtürmchen, 1909

B 314, 45
Ecke Bockenheimer Gasse und Hochstraße, 1916

HENNINGER
BRAUEREI
HENNINGER
SPECIALAUSSCHANK BRAUEREI HENNINGER
DEUTSCHE
DEUTSCHE

B 314, 33
Der äußere Anlagenring, der um 1900 angelegt wird, bildet die Siedlungsgrenze der rapide gewachsenen Stadt: Mietshäuser in der Rothschild-Allee, um 1910.

B 314, 31
Im Nordend: Martin-Luther-Straße und Günthersburgallee, um 1910

B 314, 32
Häuser der Aktienbaugesellschaft für kleine Wohnungen in der Burgstraße und Ecke Eichwaldstraße, um 1910. 1904 nennt Leopold Sonnemann unter den Problemen, die ihn als Stadtverordneten forderten, die „Wohnungsfrage".

B 314, 28
Im Westend: Unterlindau und Ecke
Bockenheimer Landstraße, 1908

B 314, 64
1877 ist Bornheim eingemeindet worden.

B 314, 66
Niederrad und Oberrad werden 1900 eingemeindet.

JULIUS WURMBACH
Eisengiesserei, Maschinen-Ofen- & Herd-Fabrik

B 314, 14
Die Stadt hat eine moderne Kanalisation erhalten: Kanalarbeiten auf dem Alten Markt, um 1867.

B 314, 62
Für die Eingemeindung Bockenheims 1895 votiert Leopold Sonnemann als Berichterstatter der Finanzkommission.

B 314, 16
Die Klärbeckengalerie der städtischen Kanalisation 1895

B 314, 61
Handel und Banken bleiben der wichtigste Sektor:
Ein kaufmännisches Büro 1924.

B 314, 59
Durch Eingemeindungen und Ansiedlung von Fabriken in den Industriegebieten West und Ost wird Frankfurt nach 1890 auch Industriestadt: Lehrlinge bei Voigt und Haeffner in der Hanauer Landstraße.

Achtung! Achtung!

Metallarbeiter von Frankfurt a. M.

Seit Donnerstag den 28. April befindet sich die gesamte Arbeiterschaft der **Felten & Guilleaume-Lahmeyer-Werke** (2800 Mann) im **Streik.** Da die Firma die Ursachen des Kampfes in völlig einseitiger Weise darzustellen versucht, da ferner der **Verband der Metallindustriellen Frankfurts** in den nächsten Tagen allgemein **die Kündigung von 60 % der Arbeiterschaft,** also die

Aussperrung auf der ganzen Linie

in Aussicht stellt, erscheint es unbedingt notwendig, der Kollegenschaft am Orte von den wahren Ursachen des Kampfes Kenntnis zu geben.

Kollegen! Wir laden Euch dieserhalb zu einer am

Dienstag, den 3. Mai, abends (gleich nach Feierabend), im „Gallussaal", Mainzer Landstraße 184, stattfindenden

Betriebs-Versammlung

aller Arbeiter der Adlerwerke (vorm. H. Kleyer)

ein.

Tages-Ordnung:

Die Ursachen des Streiks im Lahmeyerwerk und die Androhung der Aussperrung durch die hiesigen Metallindustriellen.

Referent: Kollege **Möller.**

Kollegen! Das Unternehmertum im allgemeinen und die Firma Lahmeyer im besonderen benützte die Periode der letzten Wirtschaftskrise, um durch Akkorddrückereien der ärgsten Art die Existenz der Arbeiter erheblich zu verschlechtern. Man verlangte von der Arbeiterschaft, die Industrie in der schweren Zeit zu unterstützen. Statt jedoch jetzt, bei Eintritt der besseren Konjunktur, den Wünschen der Arbeiter Rechnung zu tragen, beantwortet man dieselben mit der **Androhung der Aussperrung. Weiter sollen die Arbeiter durch den Hunger gefügig gemacht werden.** Diese Provozierung der Arbeiterschaft darf nicht spurlos an Euch vorübergehen.

Erscheint ausnahmslos in dieser Versammlung. Bekundet Solidarität!

Noch ein Wort an diejenigen Kollegen, die unseren Reihen bisher fernstanden. Kollegen! Eure Ehre, Euer Pflichtgefühl gebieten Euch, Euren organisierten Klassengenossen zur Seite zu treten. Legt endlich Euer Vorurteil beiseite. Erklärt Euch durch Eintritt in die Organisation bereit, in dieser gewiß ernsten Zeit Schulter an Schulter mit Euren Arbeitskollegen im Interesse der gesamten Metallarbeiterschaft zu wirken.

Hoch die Solidarität! Hoch die Organisation!

Die Ortsverwaltung.

Druck und Verlag: Union-Druckerei, G. m. b. H., Frankfurt a. M.

B 314, 60
Aufruf zu einer Betriebsversammlung der Arbeiter der Adlerwerke 1910

B 314, 19
Die engere Altstadt wird zum Wohnquartier von Arbeitern: Höfchen in der Kruggasse, 1904.

B 314, 23
Die alte Judengasse ist bis auf die Synagoge und das Rothschild-Haus abgerissen und neu bebaut worden: Die Gasse nach dem Abriss der westlichen Häuserreihe 1870.

B 314, 25
Für die verkehrsmäßige Erschließung der Altstadt wird ein Teil geopfert: Durchbruch der Braubachstraße, 1905.

B 314, 26
Die Stadt sucht Mieter für die geplanten neuen Wohn- und Geschäftshäuser an der Braubachstraße. Leopold Sonnemann war gegen den Durchbruch und votierte für eine Variante, die die Altstadt stärker geschont hätte.

Neubauten:
Wohn- und Geschäftshäuser
Braubachstrasse Nr. 3, 5, 7 u 9.
Städt. Hochbauamt - Abteilung B.
Vermietung durch die Stadtkämmerei

DER DEMOKRAT

Jürgen Steen

Leopold Sonnemann beginnt im Mai 1847 Tagebuch zu schreiben. Der Februaraufstand 1848 in Paris offenbart ihm, dass es „noch Menschen gibt, deren höchstes Gut die Freiheit ist und die für sie mutig sich hineinstürzen in Kampf und Tod!" Wenige Wochen später schreibt der 16-jährige sein politisches Credo auf, „die Einführung der Demokratie in Form der sozialen Republik mit dem System der Gemeinschaft".[1] Die Idee des „Systems der Gemeinschaft" hat er von Étienne Cabet (1788–1856), dessen Roman Voyage en Icarie (Die Reise nach Ikarien) 1848 erschienen ist und ein utopisches Gemeinwesens entwirft, in dem die hoch entwickelten industriellen Produktionsmittel der Allgemeinheit gehören. Das Tagebuch kommentiert die Geschehnisse, urteilt und ergreift Partei. Am 12. Juni 1848 schreibt er: „Einstweilen lebe hoch die Republik und nieder mit den Fürsten und allen ihren Dienern!!" Am 20. August 1848 notiert er, die Mehrheit des Volkes gehe Hand in Hand mit ihren Unterdrückern. Der Jugendliche bekennt sich zur Republik, aber: „Wer eine Republik will, der muss erst Republikaner sein". Das Volk muss zur Republik „erzogen" werden. Er sieht sich in der Rolle des Diogenes, zündet die Laterne an und sucht „dich, deutsches Volk".[2] Die „soziale Republik" bindet Demokratie an die „soziale Frage", im Tagebuch 1848 steht dafür: „alle Uebel der Gesellschaft", und die Lösung der „sozialen Frage" an Demokratie und Gemeinschaft. Das Credo ist keine Wegmarke jugendlichen Enthusiasmus. Wie in einer Nussschale werden lebensgeschichtliche Prinzipien erkennbar, nicht zuletzt wird kein Zweifel laut, dass er, der Jude, zum deutschen Volk gehört, die (so wörtlich) „irdische Glückseligkeit", die zukünftige Gesellschaft, ist nicht Angelegenheit eines Volkes, sondern „des Menschengeschlechts".

Die Sympathie für das französische Volk gilt dem Volk, dem eine Revolution gelungen ist. Zugleich ist er skeptisch, dass mit nur einer Revolution das Ziel erreicht werden kann. Revolutionärer Terror ist falsch. Fortschritt ist eine Kette vieler kleiner Revolutionen. Der 16-jährige glaubt nicht, dass „wir Menschen dieses Jahrhunderts" die Verwirklichung der „sozialen Republik" noch erleben werden. Das ist kein Grund zu verzweifeln, es zeigt die Größe der Aufgabe. Das Wissen um den langen Weg ist bereits mit dem Unbeirrten verschwistert, das Leopold Sonnemann trotz aller Niederlagen ein Leben lang charakterisieren wird. Leopold Sonnemann bleibt ein „48er", in der Verpflichtung auf die Verfassung von 1848 und in den Zielen, die der noch Jugendliche, wie überschwänglich auch immer, formuliert.

Um die große demokratische Volkspartei

Der Demokrat Leopold Sonnemann wird erstmals im Bericht eines preußischen Spitzels vom Mai 1859 erwähnt.[3] 1860 ist er Mitbegründer des Frankfurter Turnvereins, dessen Vorläufer aus dem Jahre 1833 nach 1848 verboten worden war. Im gleichen Jahr begründet er den Frankfurter Schützenverein mit, 1861 den Frankfurter Arbeiterbildungsverein.[4] Die Gründungen stehen im Zusammenhang mit dem im September 1859 in Frankfurt am Main gegründeten Nationalverein, der die Wahl eines nationalen Parlaments, die Schaffung einer Zentralgewalt und das Ende des Deutschen Bundes fordert.[5] Die Demokraten sehen im Verein eine „klassenübergreifende" und nicht nur bürgerliche Organisation, wie die Mehrheit der Liberalen, die im Nationalverein den Ton angibt. Die Frankfurter Vereinsgründungen sind demokratisch inspiriert. Leopold Sonnemann gehört zu jenen „Radikalen", die in den Schützen das „Volksheer" sehen.[6] Als Frankfurter Delegierter verlangt er auf der Grün-

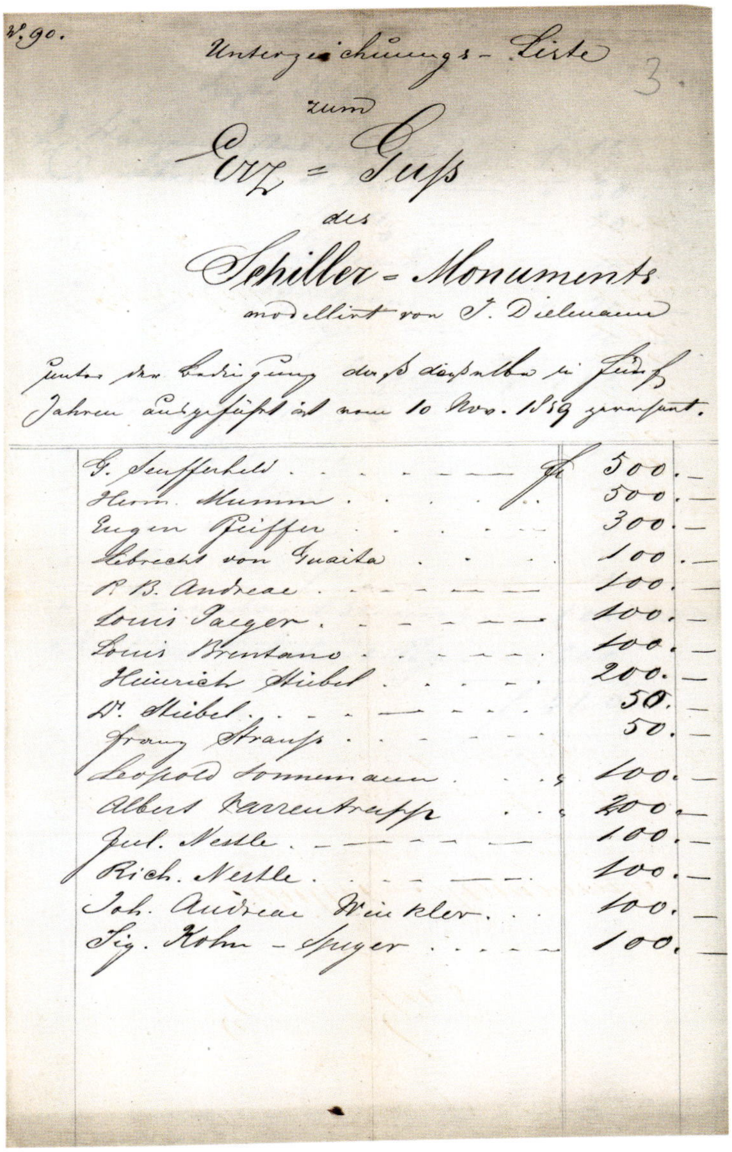

Unterzeichnungs-Liste zum Erz-Guss des Schiller-Monuments modellirt von J. Dielmann

unter der Bedingung daß dasselbe in fünf Jahren ausgeführt ist vom 10 Nov. 1859 gerechnet.

G. Seufferheld	500
Herm. Mumm	500
Eugen Pfeiffer	300
Liebrecht von Guaita	100
P. B. Andreae	100
Louis Jaeger	100
Louis Brentano	100
Heinrich Stiebel	200
Dr. Stiebel	50
Franz Strauss	50
Leopold Sonnemann	100
Albert Varrentrapp	200
Jul. Nestle	100
Rich. Nestle	100
Joh. Andreae Winkler	100
Sig. Kohn-Speyer	100

B 216 Leopold Sonnemann gehörte zu den Erstunterzeichnern des Aufrufs für den Bronzeguss des Schiller-Monuments. Sein Gipsmodell wurde bei der Schillerfeier 1859 auf dem Römerberg errichtet.

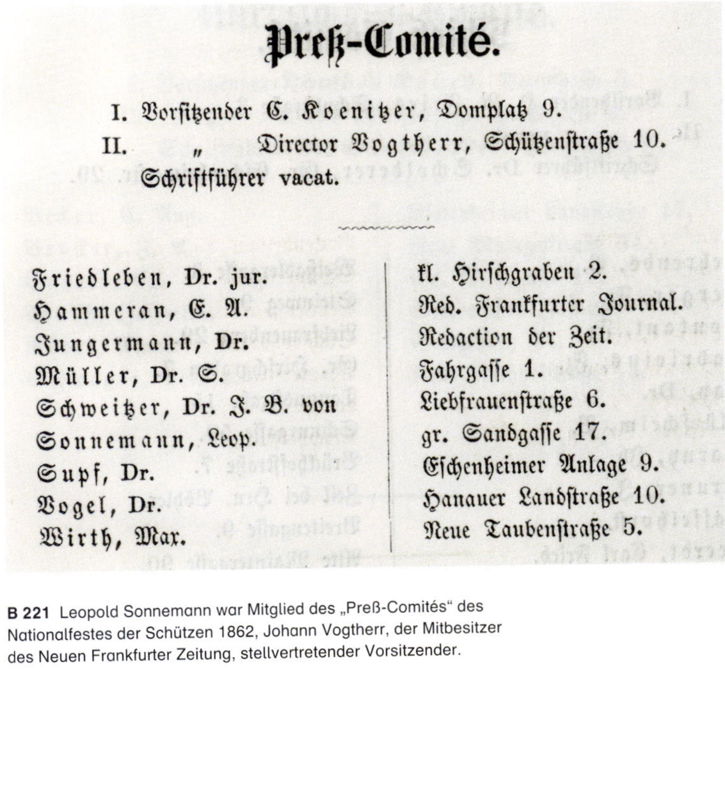

Preß-Comité.

I. Vorsitzender C. Koenitzer, Domplatz 9.
II. „ Director Vogtherr, Schützenstraße 10.
Schriftführer vacat.

Friedleben, Dr. jur.	kl. Hirschgraben 2.
Hammeran, C. A.	Red. Frankfurter Journal.
Jungermann, Dr.	Redaction der Zeit.
Müller, Dr. S.	Fahrgasse 1.
Schweitzer, Dr. J. B. von	Liebfrauenstraße 6.
Sonnemann, Leop.	gr. Sandgasse 17.
Supf, Dr.	Eschenheimer Anlage 9.
Vogel, Dr.	Hanauer Landstraße 10.
Wirth, Max.	Neue Taubenstraße 5.

B 221 Leopold Sonnemann war Mitglied des „Preß-Comités" des Nationalfestes der Schützen 1862, Johann Vogtherr, der Mitbesitzer des Neuen Frankfurter Zeitung, stellvertretender Vorsitzender.

dungsversammlung des Gesamtvereins die Mobilisierung für den Fall militärischer Konflikte.[7] Der Frankfurter Jugend-Wehr-Verein, den er mitbegründet, ist die Nachwuchsorganisation, die regelmäßig das „militärische Handwerk" übt.[8] Süddeutsche Jugend-Wehr-Vereine treffen sich in Frankfurt zu einem großen Manöver am Bornheimer Hang.[9] Im Votum für ein „Recht auf Gewalt" stecken die Erfahrungen von 1848 / 49, das Scheitern an der militärischen Macht der Fürsten, vor allem Preußens unter Führung des damaligen Kronprinzen und gegenwärtigen Königs. Im Engagement bei den Schützen, den Turnern und im Arbeiterbildungsverein arbeitet der Demokrat Sonnemann an der großen demokratischen Bewegung und „klassenübergreifenden" Volkspartei.[10]

In den Anfängen der organisierten Arbeiterbewegung ist er Gegner Ferdinand Lassalles (1825 – 1864), der im Mai 1863 auf seinen Vorschlag nach Frankfurt eingeladen wird.[11] Dieser fordert die Gründung von Produktionsgenossenschaften mit staatlicher Hilfe, die Organisation der Arbeiter als Partei und erklärt das Bürgertum zum „Klassenfeind". Lassalle wird zum Präsidenten des Allgemeinen Deutschen Arbeitervereins (ADAV) gewählt, der sich eine Woche nach seiner Frankfurter Rede in Leipzig gründet. Die Arbeiterbildungsvereine, die sich Lassalle verweigern, gründen im Juni 1863 in Frankfurt den Vereinstag der Deutschen Arbeitervereine (VDAV) als Dachorganisation. 110 Delegierte aus 48 Städten vertreten 54 Vereine mit etwa 17 000 Mitgliedern. Aus Leipzig kommt August Bebel (1840 – 1913).[12]

Im Juli 1864 spricht Ferdinand Lassalle das letzte Mal in Frankfurt. Er rechnet mit einem Krieg mit Frankreich und will Bismarck für die Unterstützung durch die Arbeiterschaft das Geld für Genossenschaftskredite und das allgemeine, gleiche Wahlrecht abzwingen. Die Neue Frankfurter Zeitung äußert den Verdacht, dass Lassalle die nationale Einigung unter Führung Preußens will.[13] Aktenfunde im Jahr 1928 werden aufdecken, dass Lassalle mit Bismarck in Kontakt stand.[14]

August Bebel schreibt später, Leopold Sonnemann sei die Seele der neuen Organisation des VDAV gewesen. Er übernimmt die Sekretärsarbeiten.[15] Der Vorwurf, Sonnemann hätte als Alternative zur politischen Organisation nur Bildung angeboten und vor Politisierung gewarnt, wirkt bereits angesichts der Bildungsgeschichte, die sich im Tagebuch des Jugendlichen spiegelt, wenig plausibel. Bildung hat für Sonnemann eine politische Qualität. Bildung befreit und wirkt emanzipativ. Ziel von Bildung ist die Selbstbestimmung. Lassalle und sein Nachfolger Johann Baptist von Schweitzer (1833 – 1875) agieren als selbsternannte Führer, wollen die Arbeiter von oben organisieren und verstehen sie als zentral gelenkte Kohorte und Instrument der nationalen Einigung unter Führung Preußens.[16] Die „Seele" im VDAV spricht sich nicht gegen Politisierung aus, sondern gegen die Organisation von oben und gegen die Klassenpartei. Der organisierten Arbeiterbewegung gehört Sonnemann bis 1869 und der Gründung der Sozialdemokratischen Arbeiterpartei (SDAP) in Eisenach an.[17] Den Bruch bringt der Begriff „Arbeiterpartei" im Parteinamen.

Am 20. Mai 1866 wählt eine Volksversammlung mit über 3 000 Teilnehmern in Frankfurt den provisorischen Ausschuss für eine zukünftige demokratische Volkspartei. Der Nationalverein ist gescheitert. Die Nationalliberalen akzeptieren den Führungsanspruch Preußens. August Bebel ruft zum „bewaffneten Aufstand gegen Preußen" auf.[18] Er und Leopold Sonnemann duzten sich seitdem.[19] Die Demokraten wollen keine Einheit um jeden Preis. Die Resolutionen fordern den „bewaffneten Widerstand" gegen Preußen und die Einführung der Grundrechte.[20] Die Neue Frank-

C 605 Frankfurter Jugendwehr und Schweizer Schützen im Festzug des Nationalfestes 1862: Die Schweizer Schützen repräsentierten die Idee des Volksheeres. Die Jugendwehr marschierte symbolträchtig vor ihnen.

C 607 Denkmal an die am 18. September 1848 Gefallenen aus dem Volke auf dem Hauptfriedhof zu Frankfurt am Main. Gefallene Soldaten hatten längst ihr im Auftrag der Fürsten errichtetes Denkmal erhalten.

C 611 Porträt Robert Blums: Das Porträt Leopold Sonnemanns, das wohl aus Anlass seiner Hochzeit 1854 entstand, weist in Bart- und Haartracht und in der Ansicht starke Entsprechungen mit dem Porträt der demokratischen Symbolfigur auf.

furter Zeitung veröffentlicht am 5. Juli 1866 mit Beginn des Krieges zwischen Preußen und Österreich auf der ersten Seite den Aufruf „An das Deutsche Volk!“, für den im Namen des Ausschusses Friedrich Kolb (1808–1884), der politische Redakteur der Neuen Frankfurter Zeitung, und August Röckel (1814–1876) zeichnen. Sie fordern – gesperrt gedruckt – die „allgemeine Volksbewaffnung“ und die „allgemeine Volksvertretung“.[21] August Röckel, nach dem Maiaufstand 1849 in Dresden zum Tode verurteilt und zu langjähriger Kerkerhaft begnadigt, war nach der Freilassung 1862 nach Frankfurt gekommen.[22] Er schrieb für die Neue Frankfurter Zeitung und wohl Leopold Sonnemann ermöglichte ihm die Gründung einer eigenen Zeitung, der Frankfurter Reform.

Erinnerung an 1848

Im „Bruderkrieg“ 1866 besiegt Preußen Österreich und Frankfurt am Main, der seit der Nationalversammlung demokratische Symbol- und Erinnerungsort, wird preußische Provinzstadt. Wenige Monate nach der Besetzung diskutiert der Freundeskreis um Sonnemann über ein Symbol, das der Okkupation entgegengesetzt werden kann, und es wird gefunden: Das Denkmal für die September-Gefallenen von 1848. Es erinnert an die Nationalversammlung, an die Souveränität des Parlaments und an die preußische Missachtung der Nationalversammlung, die den Septemberaufstand auslöste. Es gibt Umstände, die eine gewaltsame Erhebung legitimieren. Die Finanzierung erfolgt durch Sammlungen.[23] Das Projekt wächst gleichsam von unten nach oben und ist eine Art Leitfossil der Neuformierung der Frankfurter Demokraten in der preußischen Provinzstadt. Eingeweiht wird das Denkmal auf dem heutigen Frankfurter Hauptfriedhof am 9. September 1873, am Tag der Erschießung Robert Blums in Wien 25 Jahre zuvor.[24]

Im Fokus der demokratischen Erinnerungskultur steht der März 1848. In diesem Monat erzwangen Volksaufstände die Einsetzung bürgerlicher Kabinette und das Vorparlament der Nationalversammlung trat in Frankfurt zusammen. Der von Leopold Sonnemann mitbegründete Demokratische Verein veranstaltet jährliche Gedächtnisfeiern. Zum 50. Jahrestag im März 1898 im Zoo-Gesellschaftshaus schicken 50 überwiegend süddeutsche Städte Vertreter. Wilhelm Liebknecht (1826–1900), einer der „Gründerväter“ der SPD, sendet ein Glückwunschtelegramm. Ein Telegramm aus New York ist unter anderem von Carl Schurz (1829–1906) unterzeichnet. Zum Programm gehören der Besuch der Paulskirche, die Kranzniederlegung am Denkmal für die September-Gefallenen und der Besuch der 1848er-Ausstellung des Historischen Museums. In seiner Begrüßung sagt Leopold Sonnemann, die 1848er-Forderung nach Einheit sei erfüllt, das Sehnen nach einem in Freiheit vereinten Vaterland nicht.

Am Sedanstag, dem Tag der Entscheidungsschlacht im deutsch-französischen Krieg 1870, wird bei Sonnemanns in der Taunusanlage 5 nicht geflaggt. Reichsweit ist der Tag der Reichsgründungsfeier der Sedanstag, der Erinnerungstag an die entscheidende Schlacht im Krieg mit Frankreich. In Frankfurt am Main wird 1896 am 10. Mai, dem Tag des Friedensschlusses von 1871, gefeiert. Für Leopold Sonnemann ist erst mit der Konstituierung des Reichstags das Reich von 1871 gegründet worden.[25]

Frankfurter
Demokratischer Verein

Einladung
zu einer Mittwoch, 9. November a. c., Abends 8½ Uhr
im Saale der „Alemannia“, Schillerplatz 4
stattfindenden

Gedächtnissfeier
für den am 9. November 1848 in der Brigittenau
standrechtlich erschossenen Volksmann

Robert Blum.

Die Gedächtnißrede hält Herr Franz Schreiber.
Jedermann hat Zutritt. Zahlreichem Besuch sieht entgegen
Der Vereinsvorstand.

18778

C 613 Annonce in der Kleinen Presse vom 6. November 1898 mit der Einladung zur Gedenkfeier für Robert Blum

Die Süddeutsche Volkspartei

Die eigentliche Gründung der demokratischen Volkspartei, für die es ein Unding wäre, sich als „bürgerliche“ Volkspartei zu bezeichnen, findet im September 1868 in Stuttgart statt.[26] Das zukünftige Programm der Partei ist in Frankfurt intensiv diskutiert worden. Ein Parteiprogramm, sagt Leopold Sonnemann, darf nicht von oben diktiert werden, es muss von unten ausgehen.[27] Die Demokraten sind in Süddeutschland verwurzelt. Norddeutschland, vor allem Preußen, sind tabula rasa. Nicht von ungefähr ist Sachsen die Hochburg des VDAV, der sich 1869 mit der Sächsischen Volkspartei zur SDAP zusammenschloss. Mit dieser Entwicklung, die Leopold Sonnemann nicht verhindern kann, bleiben die Demokraten süddeutsch.

Für das Parteiprogramm vertritt Leopold Sonnemann in Stuttgart die drei Grundsätze, die Johann Jacoby (1805–1877)[28], Mitglied der Nationalversammlung 1848/49 und radikaldemokratischer Gegner der Politik Bismarcks, formuliert hat: „Umgestaltung der bestehenden staatlichen und gesellschaftlichen Zustände im Sinne der Freiheit, gegründet auf Gleichheit all dessen, was Menschengesicht trägt. Demgemäß ist: 1. Auf politischem Gebiete die volle, unbedingte Selbstregierung des Volkes zu erstreben. 2. Auf dem sozialen Gebiete ist die Teilnahme Aller an dem allgemeinen Wohlstande, die annähernd gleichmäßige Verteilung der materiellen Güter zu erstreben. Dies ist aber nur möglich bei gerechter Verteilung des Produktions-Ertrages zwischen Kapital und Arbeit. 3. Auf dem nationalen Gebiete endlich hat die demokratische Partei das jedem einzelnen Volksstamme zustehende Recht auf Freiheit und Selbstbestimmung anzuerkennen.“[29] Johann Jacoby, der in Königsberg in Ostpreußen lebende Mentor des Parteiprogramms, tritt 1871 als Radikaldemokrat, der er war und blieb, in die SDAP ein. Sein Motiv dafür ist die „soziale Frage“. 1874 wird er als sozialdemokratischer Kandidat in den Reichstag gewählt. Leopold Sonnemann fährt 1877 zum Begräbnis Jacobys und berichtet darüber auf einer öffentlichen Versammlung des Demokratischen Vereins.[30]

Einzelforderungen des Programms der Deutschen Volkspartei sind die Abschaffung indirekter Steuern, Trennung von Staat und Kirche, religiöse Toleranz, Volkswehr, Verbot der Kinderarbeit, Verbot der Nachtarbeit von Frauen, Verbot der Sonntagsarbeit, Maximalarbeitstag, Koalitionsfreiheit, ausreichende Altersversorgung für Arbeiter, Arbeitsschutzgesetze und der Ausbau des Genossenschaftswesens. Die Einführung von Diäten für Abgeordnete ist Grundbedingung dafür, dass jeder, unabhängig von seinem Einkommen, ein Mandat wahrnehmen kann.[31] Leopold Sonnemann übernimmt Aufgaben und ist ab 1878 mehr als 10 Jahre Vorsitzender. Als Verleger und Druckereibesitzer verfügt er über die für die Administration der Partei notwendigen Ressourcen. Von seinen Redakteuren verlangt er die Anerkennung des Parteiprogramms. Die meisten Redakteure sind Mitglied der Volkspartei. Das Parteiorgan, die Demokratische Korrespondenz, wird in der Redaktion der Frankfurter Zeitung redigiert und in der Societäts-Druckerei hergestellt.[32]

Die Lösung der „sozialen Frage“ ist das Hauptziel demokratischer Politik. Was der 16-jährige als politisches Credo seinem Tagebuch als Bedingung der „irdischen Glückseligkeit des Menschengeschlechts“ anvertraute, „die Einführung der Demokratie in Form der sozialen Republik mit dem System der Gemeinschaft“, schimmert durch das Parteiprogramm hindurch. Die „Koalitionsfreiheit“ ist Grundbedingung für die Führung von Arbeitskämpfen. Im Sinne Leopold Sonnemanns bezeichnet die Neue Frankfurter Zeitung bereits 1865 Koalitionsverbote als „schreiende Ungerechtigkeit“. Staatliche Eingriffe in die Koalitionsfreiheit der Arbeiter werden strikt abgelehnt. Streiks für Lohnerhöhungen oder Verbesserung der Arbeitsbedingungen sind legitim. Im ersten großen Bergarbeiterstreik nach 1871 kritisiert die Frankfurter Zeitung den Arbeitgeberpatriarchalismus von Krupp. 1877 veröffentlicht sie mehrere Artikel zur Gewinnbeteiligung von Arbeitern. Während des Hamburger Hafenarbeiterstreiks 1896 unterstützt die gesamte liberale Presse die Reeder, die Frankfurter Zeitung kritisiert deren Weigerung, mit den Streikenden zu verhandeln, und fordert die Einrichtung obligatorischer Schiedsgerichte. Im Februar 1897 bezeichnet Wilhelm II. die Sozialdemokratie als „Pest“. Die dem Reichstag vom Innenminister vorgelegte „Zuchthausvorlage“, die die „Aufreizung zum Streik“ unter Strafe stellen will, scheitert an Massendemonstrationen und im Reichstag, im Vergleich zur Situation bei Verabschiedung des Sozialistengesetzes 1878 aus Sicht Leopold Sonnemanns ein wohltuender Fortschritt. Die Frankfurter Zeitung begrüßt die „Verselbständigung“ der Gewerkschaften gegenüber der SPD. Sie hofft, dass der Klassenkampf sich auf das wirtschaftliche Moment beschränkt und politische Koalitionen möglich werden.[33]

Demokratie und Sozialdemokratie

Ausgerechnet Frankfurt mit seiner demokratisch geprägten politischen Kultur wird zum „Experimentierfeld“ der Klassenkampfstrategie und Leopold Sonnemann, der Fürsprecher einer klassenübergreifenden Volkspartei, zur Symbolfigur des Kapitalisten. Auch Antisemitismus ist am Werk. Johann Baptist von Schweitzer[34] wehrte sich bereits 1862 gegen das Emanzipationskonzept mit der Behauptung, die Frankfurter Zeitung sei von Rothschild gekauft.[35] 1881 ist im „Socialdemokrat“, dem Parteiorgan der (nach der Vereinigung mit dem ADAV 1875 umbenannten) Sozialistischen Arbeiterpartei Deutschlands (SAPD), zu lesen, die Frankfurter Demokraten seien nur noch die „Vertreterin des hiesigen Judentums".[36] An der „Entlarvung des Demokraten", der bis heute geglaubt wird, ist Franz Mehring (1846–1919) beteiligt, der im Verleumdungsprozess, den Leopold Sonnemann 1876 gegen ihn anstrengte, mit seiner Behauptung, Sonnemann nutze die Frankfurter Zeitung für Börsengeschäfte, unterlag und laut Urteil als „notorischer Verleumder" bezeichnet werden durfte. Mehring wird 1891 in die SPD eintreten und ist Verfasser der ersten als wissenschaftlich geltenden und in zahlreichen Auflagen erschienenen Geschichte der deutschen Sozialdemokratie. Max Quarck (1860–1930), von 1887 bis 1891 Redakteur der Frankfurter Zeitung und 1891 als Redakteur entlassen, publiziert 1896, fast fünf Jahre später, in der sozialdemokratischen Volksstimme mehrere Artikel mit dem Tenor: „Wie der Kapitalist Sonnemann meine Sozialpolitik durchkreuzte, so ist die Demokratie vom Kapitalismus durchseucht, und da sich Demokratie und Kapitalismus ausschließen, so ist eben die erstere nur noch eine schöne Phrase."[37] Nach der Kündigung bei der Frankfurter Zeitung bleibt er externer Mitarbeiter.[38] Der 27-jährige hatte sich als Publizist sozialpolitisch profiliert. Leopold Sonnemann versucht vergeblich, ihm den kollegialen Stil der Redaktion nahe zu bringen. Max Quarck „nervt", weil er die „Alten", die zudem als 48er nicht mehr zeitgemäß seien, spüren lässt, dass sie nichts von Sozialpolitik verstünden. Auch den Verleger ließ er seine sozialpolitische „Überlegenheit" spüren.

Im Oktober 1883 hatte Max Quarck, der auch in sozialdemokratischen Zeitschriften unter Pseudonym publizierte, sich an Friedrich Engels in London in der Hoffnung gewandt, die Zusage für die Übersetzung eines nur in französischer Sprache vorliegenden Werks von Marx und Engels zu erhalten. Er schrieb, das Kapital sei das meist gelesene Werk seiner Bibliothek, „neben denen des großen Rodbertus". Für ein Empfehlungsschreiben war das ein grandioses Missverständnis: Für Friedrich Engels und Karl Marx ist der Vertreter eines industriefeindlichen Staatsinterventionismus Johann Rodbertus (1805–1875) ein rotes Tuch. Engels kanzelt Quarck als dessen gelehrigen Schüler ab und bezeichnet ihn als „breitmäuligen Hohenzollernanbeter".[39] Rodbertus vertritt die These, dass der soziale Fortschritt den Verzicht auf politischen Fortschritt verlangt.[40] Leopold Sonnemann sieht keine Alternative zur Industrialisierung als Voraussetzung der Anhebung des Volkswohlstandes. Sozialer Fortschritt ohne politischen Fortschritt kommt für ihn nicht in Frage. Quarck ist ein Staatssozialist.[41]

Max Quarck tritt 1894 in den Frankfurter Sozialdemokratischen Verein ein. Auf der ersten Parteiversammlung, auf der er erscheint, wird er Kandidat für die Wahlen zur Stadtverordnetenversammlung. Der Grund für die erstaunlich schnelle Karriere ist die kommunalpolitische Neuorientierung der SPD. Der Reformflügel der Partei plädiert für parlamentarische Präsenz, der revolutionäre

B 308 Einweihung des Börne-Denkmals in der Bockenheimer Anlage im Juni 1877. Leopold Sonnemann trägt den Aufruf zur Errichtung eines Frankfurter Börne-Denkmals, das im Juni 1877 eingeweiht wird, mit. Im Tagebuch des Jugendlichen ist Börne einer seiner Helden.

C 615 Robert Blum, Carl Vogt, Friedrich Hecker und Ludwig Simon blieben die persönlichen Helden Leopold Sonnemanns. Sein Notizkalender des Jahres 1898 belegt, dass er an der Entscheidung über die Gestaltung des Schmuckblatts beteiligt war.

Flügel hat bisher erfolgreich für Wahlboykotts plädiert.[42] Sozialdemokratische Kommunalpolitik kann nur Sozialpolitik sein. Dafür wird ein Kandidat gefunden, der fraglos etwas davon versteht. Die sozialdemokratische Linke kritisiert Max Quarck als „verkrachte bürgerliche Existenz". In der SPD, die 1890 mit Bedacht auf die Widmung als Arbeiterpartei verzichtet hat, erzielt allenfalls das „verkracht" Wirkung. Für die Parteikarriere gerade in Frankfurt äußerst schädlich ist der Vorwurf, Quarck sei immer noch Parteigänger Sonnemanns. 1896 wird Max Quarck Chefredakteur der sozialdemokratischen Volksstimme. Er übersendet die in Buchform gebundene Polemik gegen Leopold Sonnemann dem Vorwärts zur Rezension. Die Redaktion des Parteiorgans lehnt ab, weil er doch etwa ein Jahr lang gleichzeitig für den Vorwärts und als externer Mitarbeiter für die Frankfurter Zeitung geschrieben habe und sie deshalb nicht recht wisse, wie das in der erwünschten Rezension unterzubringen sei. So wird höflich umschrieben, dass die Schrift Quarcks nichts anderes ist als eine Polemik zur Sicherung der Parteikarriere.

Das Wahlprogramm der Volkspartei unterscheidet sich bis in die 90er Jahre des 19. Jahrhunderts kaum von sozialdemokratischen Wahlprogrammen, sowohl auf Reichs- wie auf Frankfurter kommunaler Ebene. Unterschiede zwischen den Programmen bilden die Forderung nach einer direkten Gesetzgebung durch das Volk und die Abschaffung des Lohnsystems. Leopold Sonnemann steht der direkten Gesetzgebung offen gegenüber, in der Partei hat er sich damit nicht durchgesetzt.[43] Zwischen Arbeitslohn und Arbeitsertrag liegt für ihn das Feld der Auseinandersetzungen zwischen Arbeitern und Arbeitgebern.[44]

Demokratie und Liberalismus

So bemerkenswert wie die Einlassung, dass Volkspartei und Sozialdemokraten politische Verbündete seien, ist die scharfe Grenzziehung zu den liberalen Parteien. Leopold Sonnemann trennt sich 1866 von den Miteigentümern der Neuen Frankfurter Zeitung.[45] Vogtherr wird als Mitglied der Freisinnigen Partei Landtagsabgeordneter, Braunfels, der sich ebenfalls den Freisinnigen anschließt, schreibt gelegentlich noch für das Feuilleton. Die Absage an den „Manchesterliberalismus", an das liberale „laissez faire"-Prinzip, steht

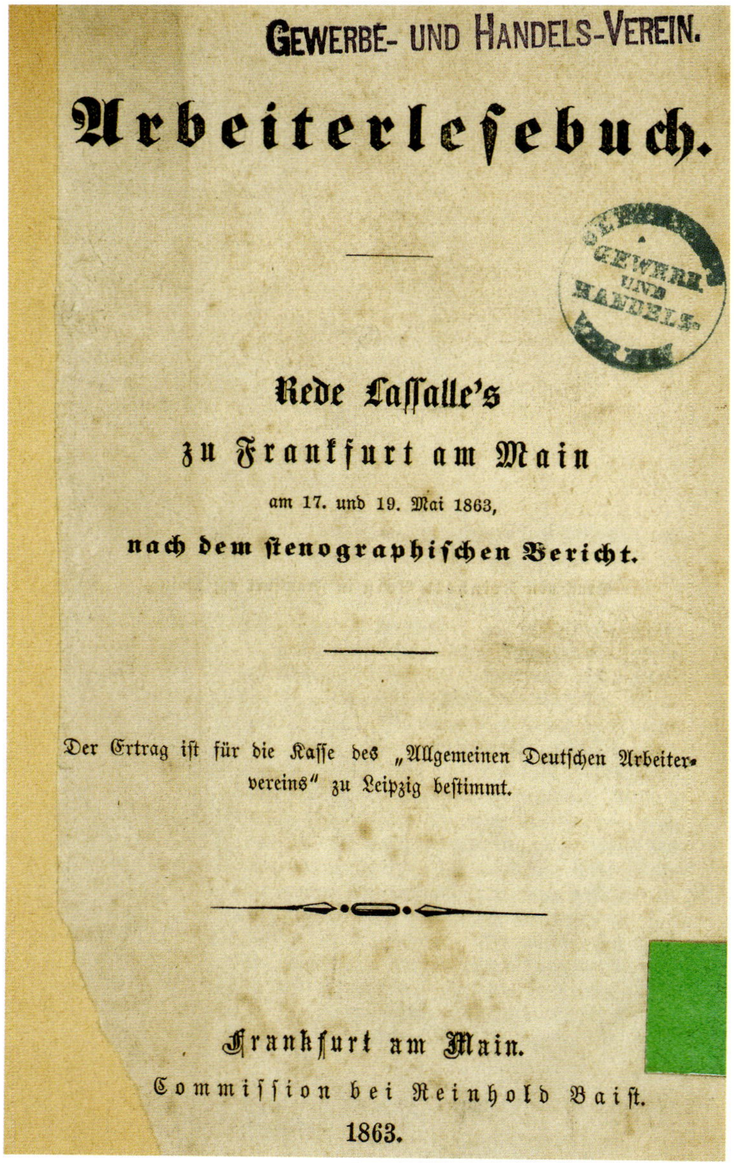
Gewerbe- und Handels-Verein.
Arbeiterlesebuch.
Rede Lassalle's zu Frankfurt am Main am 17. und 19. Mai 1863, nach dem stenographischen Bericht.
Der Ertrag ist für die Kasse des „Allgemeinen Deutschen Arbeitervereins" zu Leipzig bestimmt.
Frankfurt am Main.
Commission bei Reinhold Baist.
1863.

C 633 Ferdinand Lassalles mehrstündige Frankfurter Rede im Mai 1863 ist als „Arbeiterlesebuch" mit einer Vielzahl von Auflagen berühmt geworden.

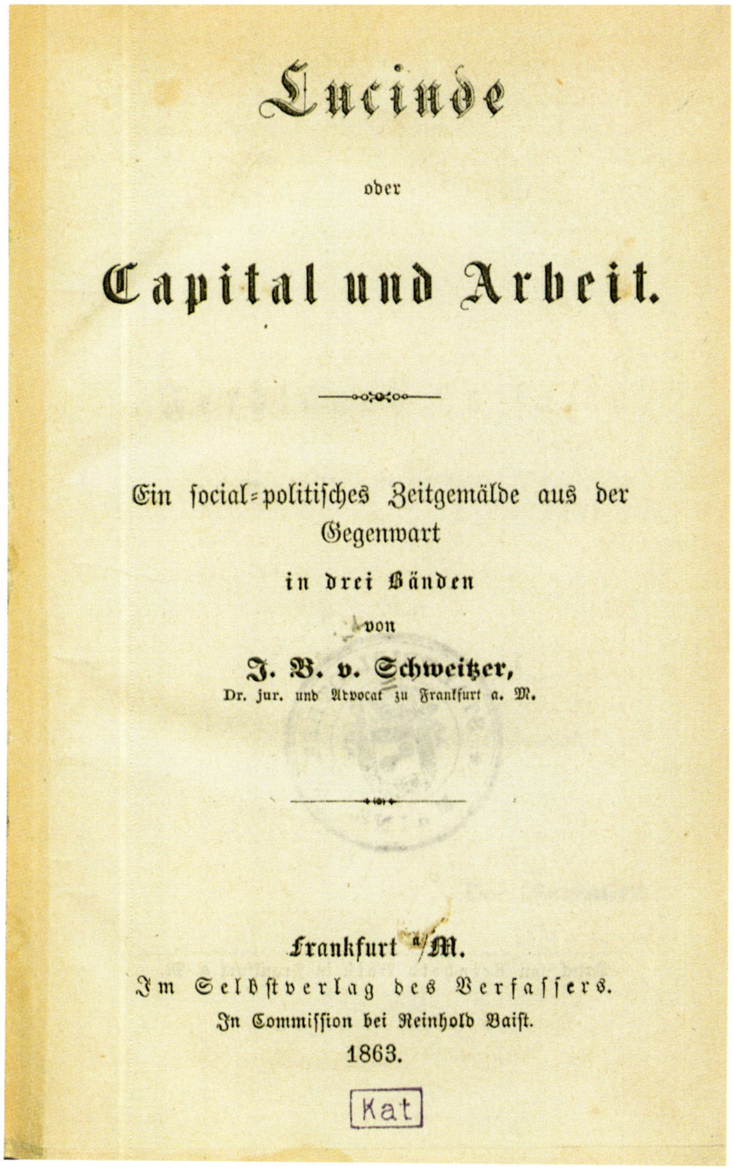
Lucinde
oder
Capital und Arbeit.
Ein social-politisches Zeitgemälde aus der Gegenwart
in drei Bänden
von
J. B. v. Schweitzer,
Dr. jur. und Advocat zu Frankfurt a. M.
Frankfurt a/M.
Im Selbstverlag des Verfassers.
In Commission bei Reinhold Baist.
1863.
Kat

C 631 1863 veröffentlichte Johann Baptist von Schweitzer seinen Roman „Lucinde oder Capital und Arbeit". Sein politischer Gegner Leopold Sonnemann ist im Roman der jüdische Bankier Isaak Levy Hermann Itzinger, Prototyp des „hässlichen" jüdischen Liberalen.

im Zusammenhang mit der Gründung der Volkspartei. Sonnemann tritt dem im Oktober 1872 gegründeten Verein für Sozialpolitik bei.[46] Monopole und ihnen gleich kommende wirtschaftliche Macht in privater Hand sind für ihn eine der Hauptursachen der sozialen Ungerechtigkeit. Auch der traditionelle Eigentumsbegriff ist zu überprüfen. Bei den Ergänzungswahlen zur Stadtverordnetenversammlung im November 1878 steht dem Demokratischen Verein eine von den liberalen Parteien lancierte „Vereinigung aller antidemokratischen Bürger" gegenüber.[47] Der Versuch, mit der Zielrichtung „antidemokratisch" die Wahlen zu gewinnen und die Kommunalwahl als Stimmungsbild der Einstellung der Wähler zum Sozialistengesetz zu instrumentalisieren, scheitert. Der Nationalliberale Ludwig Bamberger, nicht Bismarck, behauptete als erster im Reichstag, Leopold Sonnemann vertrete französische Interessen. Die Kandidatur Leopold Sonnemanns im Oktober 1890 auf der Liste der Oberbürgermeisterkandidaten kritisiert der freisinnige Berthold Geiger (1847–1919), „einen wie Sonnemann [könne man] dem Kaiser [sic!] nicht präsentieren; das bedeutet einen Affront."[48] Im Januar 1893 verhindern Freisinnige und Nationalliberale die Wiederwahl Leopold Sonnemanns zum stellvertretenden Stadtverordnetenvorsteher.[49] Leopold Sonnemanns politische Ideenwelt steht fraglos in der Tradition des Liberalismus. Die Charakterisierung Leopold Sonnemanns als „Integrationsfigur des Frankfurter Liberalismus"[50] übersieht jedoch den entscheidenden Punkt. Maßstäbe seiner Kritik sind die demokratische Verfassung, der Rechtsstaat und eine offensive Sozialpolitik. Das Parlament ist die Schnittstelle zwischen Gesellschaft und Staat und Widerspiegelung der politischen Strömungen im Volk. Zum Parlament gehört die Ministerverantwortlichkeit. Auch das Staatsoberhaupt ist zu wählen. Die Verfassung garantiert die Grundrechte. Nur der demokratische Verfassungsstaat kann ein sozialer Staat sein.[51] Die Verteilung des gesellschaftlichen Reichtums ist ungerecht, staatliche Maßnahmen dürfen aber nicht dem Ziel dienen, den Status quo zu erhalten. Ab 1884, als Leopold Sonnemann dauerhaft nicht mehr die Stimmen erhält, die für das Erreichen der Stichwahl für den Reichstag nötig sind, empfehlen die Frankfurter Demokraten die Wahl des sozialdemokratischen Kandidaten. Freisinnige und Nationalliberale werfen den Demokraten vor, den Sozialdemokraten in die Hände zu spielen und sich in fehlender „nationaler Gesinnung" nicht von denen zu unterscheiden, die es zu bekämpfen gälte. Leopold Sonnemann ist Mitglied der von Victor Hugo und Giuseppe Garibaldi gegründeten internationalen Friedens- und Freiheitsliga.[52] Zur Kritik der These einer „Integrationsfigur des Frankfurter Liberalismus" sind die Notizkalender der Jahre 1897 bis 1902 hilfreich. Gelegentlich genannt wird Carl Ludwig Funck (1852–1918), der Vorsitzende der Frankfurter Fortschrittspartei. Sie steht den Demokraten vor allem in sozial- und kulturpolitischen Fragen am nächsten. Die demokratischen Prinzipien Leopold Sonnemanns teilt sie nicht.

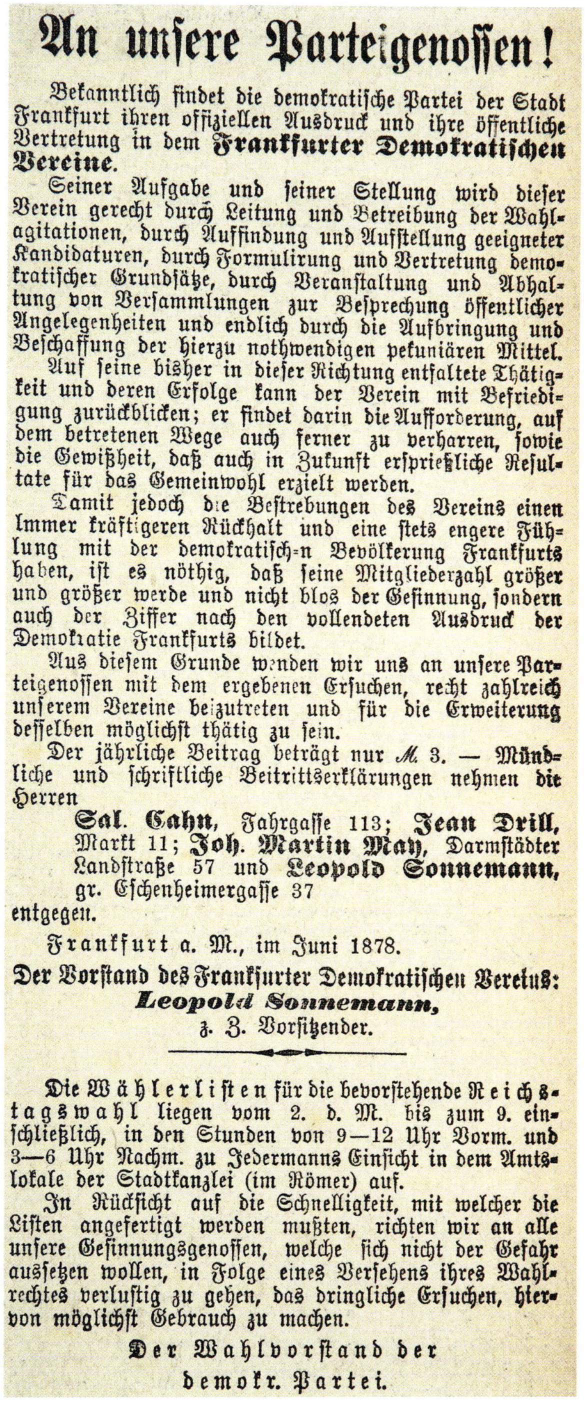

An unsere Parteigenossen!

Bekanntlich findet die demokratische Partei der Stadt Frankfurt ihren offiziellen Ausdruck und ihre öffentliche Vertretung in dem **Frankfurter Demokratischen Vereine.**

Seiner Aufgabe und seiner Stellung wird dieser Verein gerecht durch Leitung und Betreibung der Wahlagitationen, durch Auffindung und Aufstellung geeigneter Kandidaturen, durch Formulirung und Vertretung demokratischer Grundsätze, durch Veranstaltung und Abhaltung von Versammlungen zur Besprechung öffentlicher Angelegenheiten und endlich durch die Aufbringung und Beschaffung der hierzu nothwendigen pekuniären Mittel.

Auf seine bisher in dieser Richtung entfaltete Thätigkeit und deren Erfolge kann der Verein mit Befriedigung zurückblicken; er findet darin die Aufforderung, auf dem betretenen Wege auch ferner zu verharren, sowie die Gewißheit, daß auch in Zukunft ersprießliche Resultate für das Gemeinwohl erzielt werden.

Damit jedoch die Bestrebungen des Vereins einen immer kräftigeren Rückhalt und eine stets engere Fühlung mit der demokratischen Bevölkerung Frankfurts haben, ist es nöthig, daß seine Mitgliederzahl größer und größer werde und nicht blos der Gesinnung, sondern auch der Ziffer nach den vollendeten Ausdruck der Demokratie Frankfurts bildet.

Aus diesem Grunde wenden wir uns an unsere Parteigenossen mit dem ergebenen Ersuchen, recht zahlreich unserem Vereine beizutreten und für die Erweiterung desselben möglichst thätig zu sein.

Der jährliche Beitrag beträgt nur M. 3. — Mündliche und schriftliche Beitrittserklärungen nehmen die Herren

Sal. Cahn, Fahrgasse 113; **Jean Drill**, Markt 11; **Joh. Martin May**, Darmstädter Landstraße 57 und **Leopold Sonnemann**, gr. Eschenheimergasse 37

entgegen.

Frankfurt a. M., im Juni 1878.

Der Vorstand des Frankfurter Demokratischen Vereins:
Leopold Sonnemann,
z. Z. Vorsitzender.

Die Wählerlisten für die bevorstehende Reichstagswahl liegen vom 2. d. M. bis zum 9. einschließlich, in den Stunden von 9—12 Uhr Vorm. und 3—6 Uhr Nachm. zu Jedermanns Einsicht in dem Amtslokale der Stadtkanzlei (im Römer) auf.

In Rücksicht auf die Schnelligkeit, mit welcher die Listen angefertigt werden mußten, richten wir an alle unsere Gesinnungsgenossen, welche sich nicht der Gefahr aussetzen wollen, in Folge eines Versehens ihres Wahlrechtes verlustig zu gehen, das dringliche Ersuchen, hiervon möglichst Gebrauch zu machen.

Der Wahlvorstand der demokr. Partei.

C 639 Aufruf zum Beitritt in den Demokratischen Verein in der Frankfurter Zeitung im Juli 1878

Irritationen

Die wirtschaftliche Unabhängigkeit erlaubt Leopold Sonnemann ein Darlehen an Bebel, die Kompensation des chronischen Defizits seiner Zeitung bis 1866 und der Defizite während der Verfolgungszeit nach 1866. Sie erlaubt die Zeichnung einer Loge im Theater, die eben ehrenamtliche Tätigkeit als Stadtverordneter, als Verleger, als Mäzen; sie erlaubt ihm sein Lebenswerk. Die wirtschaftliche Unabhängigkeit erlaubt es ihm, Radikaldemokrat zu bleiben.

Die elektrische Energie fasziniert ihn, weil sie universell und in jedem erwünschten Quantum verteilbar ist. Die Dampfmaschine erfordert Kapital, ist industriell nur in der Fabrik ökonomisch rentabel einsetzbar und ist so eine technische Determinante der Klassengesellschaft. Die elektrische Energie hat, vorausgesetzt, dass die Erzeugung nicht monopolisiert ist, demokratischen Charme,[53] nicht weniger die Idee, mit einer Ausstellung für das Konzept zu werben: Unter den zeitgenössischen Medien hat sie die geringsten Zutrittsbeschränkungen. Der Soziologe Werner Sombart (1863–1941) spricht 1908 vom „Omnibus-Prinzip" der Ausstellung.[54] Für Vorstand und Ausschüsse findet Leopold Sonnemann an die 150 Experten, Ingenieure, Kaufleute, Bankiers, Museumsleute, Fabrikanten, Redakteure oder Ärzte, die das Projekt ehrenamtlich ausarbeiten und die laufende Ausstellung betreuen.[55] Die Bürgerschaft selbst ergreift die Initiative, um eine drängende, eben nicht nur technische Frage einer Lösung zuzuführen. Ein Gehalt erhält

C 623 „Ex Tenebris ad Lucem“ (Aus der Dunkelheit zum Licht): Das der Zeitung der Internationalen Elektrotechnischen Ausstellung beigegebene Schmuckblatt assoziiert das elektrische Licht mit Aufklärung und Fortschritt.

nur der technische Leiter Oskar von Miller. In deutlicher Absetzung von der auf Ausstellungen üblichen Vergabe von Preisen und Medaillen wird eine wissenschaftliche Prüfungskommission eingesetzt.[56] Ihr Bericht, der nach Ende der Ausstellung im Druck erscheint, ist ein frühes Beispiel für die Abschätzung der lebensweltlichen Folgen des Technikgebrauchs, die erst im letzten Viertel des 20. Jahrhunderts selbstverständlicher geworden ist.[57] Die Satzung der von Leopold Sonnemann mitbegründeten Freien Bibliothek und Lesehalle stellt in Artikel 1 klar, dass „aus den politischen und religiösen Anschauungen einer Schrift kein Grund gegen deren Anschaffung entnommen werden“ darf.[58] Beim Gewerbegericht, einer spezifisch Frankfurter Einrichtung zur Schlichtung von Konflikten zwischen Unternehmern und Arbeitern, die von den Gewerkschaften und schließlich auch von der Frankfurter SPD mitgetragen wird, agiert er im Hintergrund, in einem Diskussionskreis von Demokraten, Freisinnigen und Sozialdemokraten.[59]

Schon die zeitgenössischen Gegner, nicht nur die Antisemiten, suchten die politische Programmatik mit dem Zweifel an der Ehrlichkeit des Demokraten zu erschüttern. Im Schulstreit bekam Sonnemann zu hören, dass er kein Demokrat sei, weil er die Konfessionsschule ablehnte. Für ihn war die Trennung von Staat und Kirche jedoch unabdingbar und eine Grundbedingung für religiöse Toleranz. Der Dauerverdacht richtet sich gegen den ehemaligen Bankier und Besitzer eines großen Vermögens an Aktien und Wertpapieren. August Bebel besaß einen Betrieb mit einem Geschäftsführer, mehreren Gehilfen und Lehrlingen. An Friedrich Engels schrieb er gelegentlich, dass seine wirtschaftliche Unabhängigkeit ihm die Konzentration auf die Parteiarbeit erlaube. Engels, der erfolgreiche Großkaufmann, sieht das genau so.[60] Das Auseinanderdriften der Deutschen Volkspartei und der SPD schadete der persönlichen Beziehung zwischen Sonnemann und Bebel nicht. Im März 1902 besucht Leopold Sonnemann ihn während eines Berlinaufenthalts. Der Eintrag im Notizkalender endet mit: „sehr angenehmer Abend“.

Irritierend mag auch wirken, dass Leopold Sonnemann sich mit dem Neubau des Theaters, der heutigen Alten Oper, eine Loge sicherte. Unter den 67 Zeichnern der Logen fällt der hohe Anteil an Juden auf, durchweg Bankiers, die wie Leopold Sonnemann zur neuen wirtschaftlichen Elite gehören, die sich in der Freien Stadt herausgebildet hat. Der Besitz einer Loge „krönt“ fraglos den wirtschaftlichen Aufstieg und ist als „kulturelle Repräsentation“ des wirtschaftlichen Erfolgs zu sehen.[61] Die jüdischen Zeichner unterstützen politisch mehrheitlich die Freisinnigen oder Demokraten; die „Altfrankfurter Familien“, denen Leopold Sonnemann öffentlich entgegentritt, unterstützen nach 1866 überwiegend die Nationalliberalen. Für die jüdischen Zeichner ist der wirtschaftliche Aufstieg in die Emanzipation der Juden nach Aufhebung des Ghettos zu Beginn des 19. Jahrhunderts eingebunden. Leopold Sonnemann steht bei der Eröffnung auf gleicher Höhe wie der König und Kaiser und diese Gleichrangigkeit kann unschwer als kulturelle Repräsentation und „Krönung“ der Frankfurter Demokratie gesehen werden. Bei der Eröffnung des Theaterneubaus 1880 sitzen nur „Altfrankfurter“ in der Kaiserloge.[62] Ihre Damen bewirten in der Pause Wilhelm I. mit Tee und Gebäck.

Die Gründung des Städelvereins und sein Engagement für die moderne Kunst hat Sonnemann fraglos als Beitrag zur Öffnung und Demokratisierung des Städel verstanden. In der Administration des Städel saß die gleiche alte „Aristokratie“, mit der er sich beim Theaterneubau auseinandergesetzt hatte. Für den Wettkampfsport, dessen beginnende Breitenwirksamkeit zur kulturellen Moderne gehört, war Leopold Sonnemann aufgeschlossen. Aus seinen Notizkalendern erfahren wir, dass er bei einem Spaziergang Golfspielern lange zuschaute. Nach Oper und Theater werden Niederräder Rennbahn und Frankfurter Rennclub am häufigsten genannt. Er ist Mitglied des Clubs. Auch der Rennsport „gehört allen“.

Die Zeitung ohne Chefredakteur gilt zu Recht als „demokratisches“ Modell. Der Demokrat hat Lehrgeld bezahlt. Von 1867 bis 1873 hatte die Frankfurter Zeitung mit Karl Volckhausen einen Chefredakteur, neun Jahre älter als Leopold Sonnemanns und, wie so viele in der Zeitung, ein 48er, der als Demokrat sein Berufsziel nicht verwirklichen konnte. Karl Volckhausen soll versucht haben, Mitbesitzer der Frankfurter Zeitung zu werden.[63] Sein Ziel war demnach, die Frankfurter Zeitung in eine Aktiengesellschaft umzuwandeln mit ihm als Chefredakteur und Besitzer eines Teils der Aktien. Er beschaffte sich als Druckmittel Abschriften der Briefe, die er später Franz Mehring übergab. Er soll auch versucht haben, die Redakteure auf seine Seite zu ziehen. Als er glaubte, zur Tat schreiten zu können, stand er allein. Der Weggang war unausweichlich. Denkbar, dass die Redakteure zum Schein mitzogen, um nicht nur Volckhausen persönlich, sondern auch den Posten des vorgesetzten Chefredakteurs loszuwerden. Wenn das so stimmt, hat Leopold Sonnemann das demokratische Redaktionsmodell konzediert. Wie die Affäre mit Max Quarck belegt, griff der Verleger auch durch, allerdings erst, nachdem er Quarck immer wieder Chancen eingeräumt hatte. Dass er schließlich Quarcks

Artikel vor der Drucklegung einer, so Quarck, „Vorzensur" unterzog, erscheint nur dramatisch, wenn Sonnemann, wie Quarck suggeriert, Kritik an den Arbeitgebern konsequent tilgte.[64] Das für die Redaktion verbindliche Programm der Deutschen Volkspartei legte Ziele fest und war keine Handlungsanleitung für die Abfassung tagespolitischer Artikel. Die Beurteilung der aktuellen politischen Geschehnisse war die tägliche Arbeit von Redaktion und Verleger. Das demokratische Redaktionsstatut kam dieser Aufgabe entgegen. Die Notizkalender aus den Jahren 1897 bis 1902 enthalten Einträge, die erkennen lassen, dass Sonnemann mit Redakteuren sprach, wenn ihm Artikel nicht gefielen. Redakteure oder Korrespondenten, die den Erwartungen nicht entsprachen, mussten gehen, in jeder Redaktion ein normaler Vorgang. Auch das „Inspirieren", das durch die Lebenserinnerungen Karl Büchers berühmt geworden ist, verwendet Sonnemann gelegentlich selbst in seinen Notizkalendern.

Der Netzwerker

Die letzte große Arbeit Leopold Sonnemanns ist der Entwurf einer reichsweiten Arbeitslosenversicherung.[65] Auf dem Parteitag der Deutschen Volkspartei 1896 in Ulm findet er dafür keine Mehrheit. Die Notizkalender von 1897 bis 1902 belegen Vorträge, Reisen nach Berlin und eine große Korrespondenz. Unter anderem schreibt er August Bebel. Die Arbeitslosenversicherung wird 1927 eingeführt. In den letzten Lebensjahren Leopold Sonnemanns nähert sich die Deutsche Volkspartei den linksliberalen Parteien an. 1910 schließt sie sich mit der Freisinnigen Volkspartei und der Freisinnigen Vereinigung zusammen.[66] Leopold Sonnemann stand der Vereinigung nicht ablehnend gegenüber, aber seine Niederlage bei der Arbeitslosenversicherung war ein deutliches Symptom der Annäherung der Volkspartei an liberale Positionen. Auch in seiner Partei stand Leopold Sonnemann links.

Die Würdigung Leopold Sonnemanns wird immer dann schmal, wenn das Interesse Männern gilt, die in die erste Reihe gestellt werden. Oberbürgermeister Franz Adickes, eingeführt in sein Amt am 11. Januar 1891, wird als „Veranstalter" der im Mai, nur knapp vier Monate später eröffneten Internationalen Elektrotechnischen Ausstellung angesprochen.[67] Oskar von Miller, dem technischen Leiter der Ausstellung, kommt fraglos das Verdienst an der Lauffen-Frankfurter Übertragung über 175 km zu, die schon zeitgenössisch als das eigentliche Ereignis der Ausstellung weltweit Aufsehen erregte. Als ihn Leopold Sonnemann als technischen Leiter holte, war er mit dem Projekt, das auf die Stromversorgung der Stadt Lauffen ausgelegt war, bereits beschäftigt. 1882 hatte er in München eine Ausstellung organisiert, auf der die Fernübertragung elek-

C 622 Das für die Ausstellung konzipierte Ballett „Pandora oder Götterfunken" interpretiert den antiken Prometheus-Mythos neu. Der Titan bringt den Menschen nicht das Feuer, sondern den Geist. Pandora wird zur Bestrafung entsandt. Mit der Öffnung ihrer Büchse befallen Übel und Plagen die Menschheit. Mit der Erfindung der elektrischen Batterie naht Rettung. Im Schlussbild wird der Kultur, der eigentlichen Siegerin des Fortschritts gehuldigt.

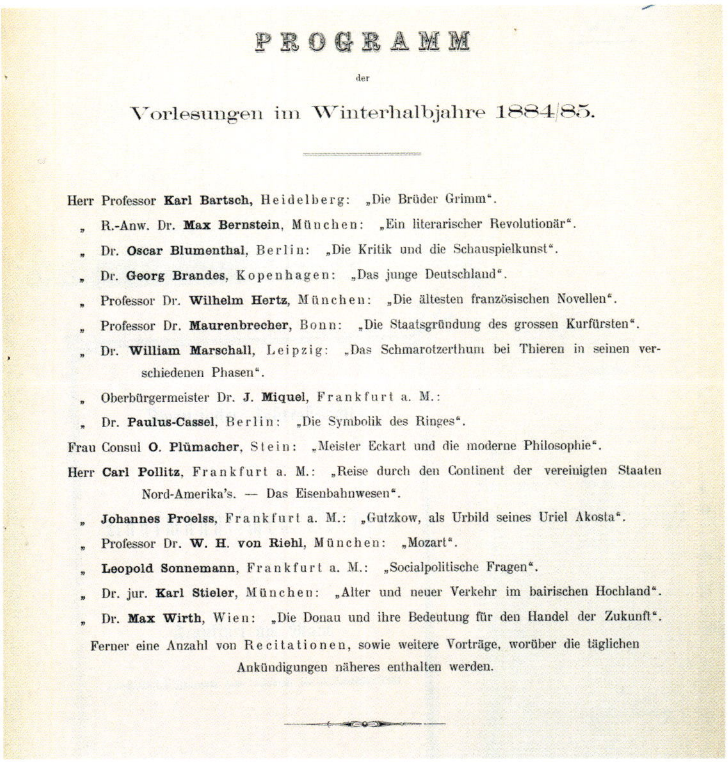

PROGRAMM

der

Vorlesungen im Winterhalbjahre 1884/85.

Herr Professor **Karl Bartsch,** Heidelberg: „Die Brüder Grimm“.
„ R.-Anw. Dr. **Max Bernstein**, München: „Ein literarischer Revolutionär“.
„ Dr. **Oscar Blumenthal**, Berlin: „Die Kritik und die Schauspielkunst“.
„ Dr. **Georg Brandes**, Kopenhagen: „Das junge Deutschland“.
„ Professor Dr. **Wilhelm Hertz,** München: „Die ältesten französischen Novellen“.
„ Professor Dr. **Maurenbrecher**, Bonn: „Die Staatsgründung des grossen Kurfürsten“.
„ Dr. **William Marschall**, Leipzig: „Das Schmarotzerthum bei Thieren in seinen verschiedenen Phasen“.
„ Oberbürgermeister Dr. **J. Miquel**, Frankfurt a. M.:
„ Dr. **Paulus-Cassel**, Berlin: „Die Symbolik des Ringes“.
Frau Consul **O. Plümacher**, Stein: „Meister Eckart und die moderne Philosophie“.
Herr **Carl Pollitz**, Frankfurt a. M.: „Reise durch den Continent der vereinigten Staaten Nord-Amerika's. — Das Eisenbahnwesen“.
„ **Johannes Proelss**, Frankfurt a. M.: „Gutzkow, als Urbild seines Uriel Akosta“.
„ Professor Dr. **W. H. von Riehl**, München: „Mozart“.
„ **Leopold Sonnemann**, Frankfurt a. M.: „Socialpolitische Fragen“.
„ Dr. jur. **Karl Stieler**, München: „Alter und neuer Verkehr im bairischen Hochland“.
„ Dr. **Max Wirth**, Wien: „Die Donau und ihre Bedeutung für den Handel der Zukunft“.

Ferner eine Anzahl von Recitationen, sowie weitere Vorträge, worüber die täglichen Ankündigungen näheres enthalten werden.

C 643 Für seine politischen Anliegen und Ziele betrieb Leopold Sonnemann auch praktische Bildungsarbeit. Im Winterhalbjahr 1884/85 las er im Frankfurter Kaufmännischen Verein über „Socialpolitische Fragen“.

trischen Stroms über 57 km mit enttäuschenden Ergebnissen ausprobiert worden war.[68] Verfehlt ist die These, Oskar von Miller hätte die Ausstellung insgesamt im Alleingang erstellt und der Zeitungsverleger Leopold Sonnemann mit seiner Profession für den öffentlichen Erfolg gesorgt.[69] Auch die Leistung des Ausstellungsarchitekten ist für das begehbare Medium Ausstellung fundamental. In den Protokollen des Ausstellungsvorstandes seit Ende 1889 wird häufig die Abwesenheit von Millers bemängelt. Nicht weniger deutlich wird die konzeptionelle und organisatorische Leistung des Präsidenten und des gesamten Vorstands.[70] Schon die dem Berliner Hof nahe stehende Kreuzzeitung ernannte Oskar von Miller, den Ingenieur und Techniker, zum eigentlichen Schöpfer der Ausstellung, um die politischen Intentionen, die sich in Leopold Sonnemann personifizieren, rigoros ausblenden zu können. Dazu gehörte vor allem die gegen die alten Eliten gerichtete Zuschreibung der Ausstellung als Leistung des Bürgertums.

Sonnemanns Notizkalender von 1897 bis 1902 zeigen, dass er Kandidaten für den Magistrat zu persönlichen Gesprächen einlud. Auch mit Parteifreunden stand er in Konflikt, ob bei technischen Ämtern ein Ingenieur oder ein Politiker zu bevorzugen sei. Sonnemann schätzte den technischen Experten, nicht den „Technokraten“. In den Gesprächen lotete er aus, ob der Techniker kommunalpolitisch denken konnte. Die Ausstellung von 1891 ist ein gutes Beispiel für das Arbeiten im Netz, das Leopold Sonnemann charakterisierte. Er warb die Experten für die technischen, wirtschaftlichen, kulturellen, medizinischen und finanziellen Aspekte des Großprojekts an. Adickes wurde wie Johannes Miquel, zu dessen Amtszeit die Vorbereitungen begonnen hatten, Ehrenpräsident, wie es sich gegenüber „Stadtoberhäuptern“ geziemte.

Leopold Sonnemanns wird in der „Frankfurter Biographie“ nur zu den „Anregern“ der Internationalen Elektrotechnischen Ausstellung gezählt.[71] Die Errichtung der heutigen Alten Oper wird vom „kunstsinnigen“ Oberbürgermeister Daniel Heinrich Mumm „forciert“.[72] In der Biografie von Johannes Miquel taucht Leopold Sonnemann als „einflussreicher Widerpart“ auf, gegen den der Oberbürgermeister „einen schweren Stand“ hatte.[73] Nach seiner Demission als preußischer Finanzminister im Mai 1901 kehrt Miquel nach Frankfurt zurück. Die Notizkalender Leopold Sonnemanns belegen, dass sie sich treffen. Notiert sind der Tod am 8. September 1901, die Bestellung eines Kranzes und die Teilnahme an der Beerdigung. Das im September 1901 beginnende Notizbuch ohne Kalendarium enthält die Notiz: „Miquel's Sohn Brief+1000 M“.

Auf der Geburtstagsfeier 1901 erwidert er auf die Ansprachen des Oberbürgermeisters und des Stadtverordnetenvorstehers: „Das Verdienst des Einzelnen ist [...] immer nur ein bescheidenes. Das Hauptverdienst für die großartige Entwicklung unseres Gemeinwesens kommt jedenfalls den beiden Oberbürgermeistern zu, die man seit 1880 an die Spitze der Stadt gestellt hat.“ Nachdem den Oberbürgermeistern seit 1880 – Daniel Heinrich Mumm, der Oberbürgermeister bis 1880, wird nicht erwähnt – der „Hauptverdienst“ zugesprochen ist, spricht Leopold Sonnemann von seinem „Verdienst“: „Zur Auffindung dieser ‚rechten Männer auf dem rechten Platze' mitgewirkt zu haben, rechne ich mir allerdings als ein Verdienst an.“[74] Leopold Sonnemann weiß nur zu genau, dass es in demokratischen Prozessen nur Mitwirkende gibt und eben dies charakterisiert seine Mentalität.

Um Leopold Sonnemanns Selbstverständnis auf den Punkt zu bringen, ist die Metapher des Netzes hilfreich. Der Netzwerker ist auf zeitgenössischen Fotos zu sehen, zum Beispiel dem Vorstandsbild der Elektrotechnischen Ausstellung von 1891, das den Präsidenten nicht heraushebt, oder auf der Abbildung der Redaktionskonferenz aus dem Jahre 1881, auf der er mit den Redakteuren am runden Tisch sitzt. Zum Netz gehört auch Friedrich Stoltze. Nach einer Italienreise schreibt Leopold Sonnemann vom sozialen Elend, an dem das Papsttum als weltlicher Herrscher schuld sei, und nach einer Reichstagssitzung teilt er Stoltze mit, Bismarck sei ein Antisemit.[75] Die Karikaturen der „Latern“ erscheinen nicht zufällig wie Kommentare zu Artikeln Sonnemannscher Zeitungen. Stoltze gehörte zu ihren Lesern.

In den Notizbüchern und -kalendern wird der Netzwerker mit der Notiz von Namen, Terminen, Gesprächen und Themen deutlich. Problematisch ist indes die Anmutung, Leopold Sonnemann könne beim Knüpfen des Netzes gleichsam zugeschaut werden. Vielmehr scheint es so, dass er die Stadt als ein Netz verstand, in dem alles mit allem zusammenhing. Der Netzwerker aktivierte die Knoten und Verbindungen, die zum Erreichen seiner, im Diskurs der Frankfurter Demokraten reflektierten Ziele Bedeutung hatten. Sein Verdienst hinsichtlich der Auswahl der Oberbürgermeister ist die Aktivierung eines für die Stadt besonders wichtigen Netzknotens.

Der Stadtbürger

Auf der großen Feier zu seinem 70. Geburtstag 1901 hat Sonnemann sich zum Fortschritt geäußert und sinngemäß gesagt, das Alte sei nicht schlecht, weil es alt sei, und das Neue nicht gut, weil es neu sei.[76] Fortschritt ergab sich nicht von selbst. Fortschritt war notwendig. Fortschritt war nicht linear. Demokratisierung war Fortschritt. Verregelte Formen der Konfliktaustragung zwischen Kapital und Arbeit waren Fortschritt. Beim Mäzen fällt die Spannung zwischen der Stiftung der historistischen Figurengruppe für das neue Theater und dem Ankauf des Gemäldes von Max Liebermann auf. Die künstlerische Moderne gehörte in das Museum. Wie das Theater ist auch das Museum für Sonnemann eine Bildungseinrichtung, kein gestriger Ort, sondern ein Forum für Kunst oder Geschichte, ein Ort der Welterfahrung mit emanzipatorischer Qualität. Auf der Weltausstellung 1900 in Paris fasziniert ihn, wie sein Kalender verrät, die Ausstellung der französischen Impressionisten. Weltausstellungen boten die Chance, an einem Ort das zu sehen, was die Welt bewegte. Schon 1862 hatte er vorgeschlagen, Frankfurter Arbeitern den Besuch der Londoner Weltausstellung zu ermöglichen. 1881 bereiste Leopold Sonnemann Ägypten und soll als erster Europäer das Parlament in Kairo besucht haben.

Die Bewertung der Internationalen Elektrotechnischen Ausstellung von 1891 als Leistung der Bürgerschaft erhält ihren politischen Sinn im Bezug auf die Freie Stadt. Im Führer zur Ausstellung endet die historische Einleitung 1866 mit der preußischen Annexion. Der Rundgang durch die Stadt beginnt mit dem Gutenbergdenkmal.[77] Zur Tradition der Freien Stadt gehören die Nationalversammlung von 1848/49, der Frankfurter Entwurf einer demokratischen Verfassung 1848 und die Nationalfeste, deren Ziele nicht erreicht wurden, aber weiterhin gültig sind. Das ist das gute Alte, an dessen Erfüllung zu arbeiten ist. Dazu gehört die Trennung von Staat und Kirche 1820, die Einführung der Gewerbefreiheit 1864 oder das Gesetz zur Gleichstellung der jüdischen Bürger und Landbewohner.[78] Der junge Leopold Sonnemann war für die Einführung der Gewerbefreiheit und beteiligte sich an den Maßnahmen für eine sozialverträgliche Einführung. Über die Einführung der Gewerbefreiheit wurde gut 30 Jahre diskutiert, die einschneidende Änderung des Gewerberechts erfolgte, als in der Bürgerschaft die Mehrheit für das Gesetz da war. Auch das Gleichstellungsgesetz für die jüdischen Bürger, über das die Bürger abstimmten, stand am Ende der Emanzipation, nicht am Anfang, das wäre Modernisierung von oben gewesen.[79] Freie Stadt meinte Modernisierung im Konsens und die religiöse Toleranz, die die politische Kultur der Stadt bis 1914 prägte, ist ohne selbst bestimmte Emanzipationsprozesse undenkbar. Die Modernisierung von Verkehr und Kommunikation ist direkte Folge der Industriellen Revolution.[80] Die These, die Freie Stadt sei eine durch Tradition geheiligte Insel gewesen und habe sich der Industrialisierung und damit der Moderne bis zur Eroberung 1866 verschlossen,[81] ist falsch und verstellt zugleich den Blick auf das Modell von Modernisierung und Demokratisierung, als dessen Mentor Leopold Sonnemann anzusehen ist. Auch das wissenschaftliche Gewand ändert nichts daran, dass die genannte These bereits zu Lebzeiten Leopold Sonnemanns gegen ihn und das Modell instrumentalisiert wurde.[82]

Daran hat auch der zeitgenössische Antisemitismus seinen Anteil. Christian Gottlieb Abts Flugblatt von 1874 endet mit einer Polemik gegen das allgemeine Wahlrecht, das für Leopold Sonnemann ein demokratisches Essential ist und von Abt gegen den „Juden" ausgespielt wird, obwohl es 1874 auf Reichsebene verfassungsmäßigen Rang hat. Der Antisemitismus Johann Baptist Schweitzers und der Arbeiterpresse sollte den Demokraten als „gefährlichsten Feind" der Arbeiterbewegung vernichten. Gefährlich ist der Demokrat, weil er die Klassenpartei ablehnt und Organisationen sich von unten nach oben bilden müssen. Den zweiten Punkt teilte auch August Bebel, der Schweitzers Positionen und Strategien entschieden und erfolgreich bekämpfte.[83] Leopold Sonnemanns Kritik an der Annexion Elsass-Lothringens 1871 war obligater Beweis fehlender nationaler Gesinnung. Der Vorwurf verschwieg, dass Sonnemann für das Selbstbestimmungsrecht der Bevölkerung eintrat. Fehlende nationale Gesinnung war zudem nicht nur ein antisemitischer Vorwurf. Ihn erheben alle politischen Gegner, nicht nur Bismarck, auch Ludwig Bamberger oder Eduard Lasker. Das gleiche gilt für Leopold Sonnemanns Sympathien für die Sozialdemokratie. Auch die Vorwürfe gegen die Frankfurter Zeitung, den „Börsenschwindel" zu unterstützen, zeichneten sich dadurch aus, dass sie rechts und links zu finden waren und auf beiden Seiten das eigentliche Ziel die „Entlarvung" des Demokraten war – sei es als „Talmi-Demokrat", sei es als raffinierteste Form jüdischer Verschwörung. Auch der Vorwurf, Leopold Sonnemanns Zeitung sei Schuld an der preußischen Eroberung, war keine originär antisemitische Erfindung. Otto Glagau polemisierte gegen die Stadt, gegen Frankfurt, als „verjudete Stadt". Im Zusammenhang mit dem ersten öffentlichen Denkmal für Heinrich Heine, das 1910 an der Frankfurter Friedberger Anlage eingeweiht wird, spricht die antisemitische, in Dresden erscheinende Zeitung „Die Reform" von Frankfurt als „Stadt der Juden und der Demokraten".[84] Sie bringt die Absicht auf den Punkt. Die Frankfurter Antisemiten Johann Heinrich Hettler und Hermann Laas, die kurzzeitig in die Stadtverordnetenversammlung gewählt werden, kandidierten für Wahlbündnisse, die die Macht der Demokraten brechen wollen. Hermann Laas musste sich verpflichten, auf antisemitische Tiraden zu verzichten. Hettler und Laas gehörten zu den völkischen Antisemiten, die den traditionellen Antijudaismus, den zum Beispiel Schweitzer als Knüppel verwendet, zur rassenideologischen Fiktion der Juden als „minderwertiger Rasse" umdeuteten. Die Macht der Demokraten brechen wollten ebenfalls die konkurrierenden liberalen Parteien, die auch von Stadtverordneten vertreten wurden, die der Antisemitismus als „Juden" stigmatisierte, ganz zu schweigen davon, dass die Mehrheit der demokratischen Stadtverordneten nach antisemitischem Gusto zur „eigenen Rasse" gehörte.

Da auch die Antisemiten nicht umhin können, „Belege" zu bieten, eignete sich Leopold Sonnemann wie kein zweiter, um das Szenario der Verschwörung mit Scheinbeweisen zu bestücken. Allerdings hat es auch keinen zweiten im Frankfurt nach 1866 gegeben, der sich wie er als Politiker, als Finanzexperte, als Verleger oder Stifter und Mäzen der Stadt als Gemeinwesen verpflichtet sah.

Die Betonung der Tradition der Freien Stadt durch ihn und die Demokraten führt ins Zentrum von Leopold Sonnemanns Vorstellungswelt: Die stadtbürgerliche Gesellschaft der Freien Stadt ist der Ursprung, aus dem sich die moderne Bürgergesellschaft eigenverantwortlich und im Konsens entwickelt hat. Leopold Sonnemann war der solidarisch denkende und handelnde Stadtbürger, für den die Verantwortung für das Ganze selbstverständlich blieb. Seine Metapher auf Frankfurt am Main als einer „Oase in der Wüste" bezeichnet zugleich seinen Erfolg und sein Scheitern. Aus der Sicht der Gegenwart gehört er zu jenen eher wenigen, die mit den Zielen, die sie vertraten, auf die Dauer eben nicht gescheitert sind: Die Grundrechte sind verfassungsmäßig verbürgt, die Pressefreiheit ist gewährleistet, der Rechtsstaat ist unantastbar geworden, der Sozialstaat ist „nur" gefährdet. Eigentum verpflichtet, Militarismus und Nationalismus sind Schrecken der Vergangenheit. Die demokratische Erinnerungskultur der Stadt hat mit der Paulskirche den Symbolort, für den Leopold Sonnemann zu seinen Lebzeiten warb. Die Gedenkstätte Neuer Börneplatz erinnert daran, dass Leopold Sonnemanns Stadt, sein Lebenswerk, keinen Bestand hatte. An der deutschen Verantwortung für Krieg und Massenmord ist nicht zu deuteln. Es spricht vieles dafür, dass wir heute auf eine andere deutsche Geschichte zurückblicken würden, wenn Leopold Sonnemanns Modell von Demokratisierung und Modernisierung über Frankfurt am Main hinaus erfolgreich gewesen wäre.

C 601
Die 1848 von der Nationalversammlung beschlossenen „Grundrechte des deutschen Volkes" bleiben für Leopold Sonnemann unverzichtbarer Bestandteil einer modernen Verfassung.

C 616
Das Blatt zeigt Johann Jacoby, den radikaldemokratischen Abgeordneten der Deutschen Nationalversammlung und demokratischen Theoretiker, der das politische Denken Leopold Sonnemanns stark beeinflusste. Unten findet sich ein Auszug seiner Verteidigungsrede in einem Prozess 1845, in der er sich zur Pressefreiheit bekannte.

Deutscher Hofball 1848.

C 603
Die Karikatur „Zur Märzfeier“ der Frankfurter Latern Friedrich Stoltzes vom 29. März 1873 illustriert das trotz Verbot sehr populäre politische Lied der Zeit vor 1848: „Fürsten zum Land hinaus!“ Anlass ist das Jubiläumsjahr der Nationalversammlung.

C 602
„Deutscher Hofball“ 1848: „Fürsten zum Land hinaus!“ ist die Losung.

Mittwoch, den 30. März 1898. **Kleine Presse.** 2. Blatt Nr. 75. Seite 9.

Die Gedenkfeier des Jahres 1848 in Frankfurt a. M.

Veranstaltet von der Frankfurter Demokratischen Partei.

Herrlichstes Sonnenwetter, so recht wie im Märzen vor fünfzig Jahren und bei der Vierteljahrhundert-Gedenkfeier im Jahre 1878, verschönte den Sonntag, im Gegensatz zu dem rauhen regnerischen Gestern. Des Himmels Gunst wurde um so angenehmer empfunden, als der Tag durch sein Programm mehrfach Veranlassung gab, unterwegs zu sein. Mit einem ernsten Akkorde setzte die Feier ein: mit dem Besuch des Denkmals der September-Gefallenen auf dem Frankfurter Friedhof, das wir nebenan im Bilde wiedergeben.

Auf dem Friedhof.

Eine stattliche Schaar von Theilnehmern an der Märzfeier, hiesige und auswärtige, fand sich nach neun Uhr am Friedhof ein, um einen Akt der Pietät auszuüben, um in stiller Andacht an dem Denkmal für die gefallenen Barrikadenkämpfer des 18. Septembers 1848 zu verweilen. Dieses Denkmal, ein Obelisk aus rothem Sandstein, der im Laufe der Zeit verwittert war, sodaß man die eingemeißelten Namen nur schwer lesen konnte, wurde vom Frankfurter demokratischen Verein vor einigen Jahren einer Renovation unterzogen. Die Flächen wurden abgeschliffen, die Inschriften ausgebessert. Die Errichtung des Monuments ging seiner Zeit von den Mitgliedern des im Jahre 1848 gegründeten Montagskränzchens aus, eines Klubs, der den Sammelpunkt aller hiesigen freiheitlichen Elemente bildete. Die Sammlungen flossen langsam und erst zu Anfang der sechziger Jahre konnte die Errichtung des Denkmals vorgenommen werden. Es ist leicht zu finden; es liegt auf dem zweitältesten Theil des Friedhofs, an dem Hauptweg, der links vom Portal nach dem Leichenhaus führt, und zwar auf der rechten Seite. Es erhebt sich inmitten der Reihengräber, in denen die auf Seiten der Bürger gefallenen Opfer des Barrikadenkampfes am gleichen Tage bestattet wurden. Der Sockel trägt die Inschrift:

Zur Erinnerung
an die
am 18ten September 1848
Gefallenen aus dem Volke.

Und setzet Ihr nicht das Leben ein,
Nie wird Euch das Leben gewonnen sein.

Auf der nördlichen Vorderseite stehen die Namen der gefallenen Frankfurter: C. C. Hirsch, C. L. F. Pfäler, J. P. Perault, F. Lewmann, J. Ch. J. Cosseneuve, Ph. C. A. Michahelles, J. F. Kappes, A. C. Rosenkranz; links: F. Bersch-Oberrad, J. A. W. Mey-Hausen, H. C. Wiß-Heidelberg, J. M. Held-Hünfeld, Ph. Geiges Gabrichen (Baden), C. C. Schecker-Griesheim, H. Hedrich-Müß (Kurhessen), A. G. Pfeiffer-Pirmasens, C. Gabelmann-Großgerau, J. G. Bausch-Ersingen (Würltemberg), J. Ph. C. Kreischer-Grumbach (bei Trier), Dr. ph. A. Geier-Lichtenfels; rechts: W. F. Deckert-Rüdenau (Bayern), B. Müller-Wieseck, A. Bonnert-Flieden (Kurhessen), Ph. Wiegand-Roßdorf, H. Michel-Neuisenburg, H. Bausch-Enkheim, Kath. Lochmann-Schlitz, C. D. Günther-Herrenbreitungen, J. A. Christian-Bockenheim, G. F. J. Ollmeiller-Darmstadt, C. Jahn-Hamburg. Endlich liest man auf der vierten Seite: „Auf dem Friedhof in Sachsenhausen ruhen Christoph Dörstein, Johannes Leinn aus Sachsenhausen." Das Grab von Jahn, der am 25. April 1792 geboren war, wurde von seiner Familie angekauft und trägt Marmorkreuz mit Inschrift. Der Frankfurter Rosenkranz und die Dienstmagd Lachmann nahmen nicht am Kampfe Theil, sie wurden, während sie aus Neugierde zuschauten, von der tödtlichen Kugel getroffen.

Ueber dem Sockel hing ein prächtiger Lorbeerkranz mit schwarz-roth-goldenen Schleifen: „Den Freiheitskämpfern von 1848 der Frankfurter demokratische Verein". Am Fuße des Denkmals waren drei Kränze mit rothen Schleifen niedergelegt: „Gewidmet von organisirten Arbeitern der Röderbergbrauerei", „Gewidmet den Freiheitskämpfern von den Genossen Oberrad", „Zum 50Jahr-Jubiläum der Revolution die organisirten Tapezierer." Eine unbekannte Hand hatte ferner einen lorbeerumrahmten Palmzweig mit roth-weißen Bändern gespendet.

Am Sonntag wurde man so recht des Dichterwortes eingedenk, daß es trotz aller dräuenden Geberden des Winters endlich doch Frühling werden muß. Der Sonne erwärmende Strahlen hatten bald die dünnen Eisflächen des frühen Morgens gänzlich zum Schmelzen gebracht, ließen die Herzen höher schlagen und fingen sich liebevoll in den blitzenden Helmen eines Polizeikommissars und eines Schutzmanns, die in respektvoller Entfernung im Hintergrund gemessenen Schrittes einherwandelten. Das war aber bei Weitem nicht die ganze Polizeimacht, die vermuthlich deshalb aufgeboten war, um zu verhindern, daß neue Barrikaden gebaut oder gar Ansprachen gehalten oder Kränze mit einigen Worten niedergelegt wurden. Es waren noch ein Wachtmeister und zwölf Schutzleute, also beinahe ein Dutzend, in Reserve. Sie brauchten, wie gesagt, nicht in Aktion zu treten, es wurde nicht geredet, sondern nur so Manches gedacht, und Gedanken sind bekanntlich zollfrei und unterliegen keiner polizeilichen Bevormundung, selbst nicht auf dem durch landschaftliche Szenerie und andere Szenen weithin bekannten Frankfurter Friedhof.

Einige besuchten noch, ehe sie die denkwürdige Stätte verließen, die Gräber Friedrich Stoltze's und v. Auerswald's, der auf der anderen Seite des Wegs, nicht weit von dem Denkmal der Barrikadenkämpfer seine Ruhestätte gefunden hat. Lichnowsky's Leiche wurde damals auf das Familiengut gebracht.

Das Denkmal der September-Gefallenen.

Die akademische Feier.

Der Prolog.

Dichter noch als am Vorabend füllte sich der große Saal des Zoologischen Gartens, und auch die Galerien waren wieder sehr stark besetzt. Ungemein zahlreich hatte sich die Frauenwelt eingefunden, ein erfreuliches Zeichen von der lebendigen Antheilnahme, die für die öffentlichen Angelegenheiten in den Reihen der Demokratie waltet. Außer den schon genannten aktiven Parlamentariern sind auch Augst, Galler, Pflüger, Bleß, Delisle und Venedey zugegen. (Nachgetragen sei bei dieser Gelegenheit ferner, daß die amerikanische Begrüßungsdepesche, die am Vorabend so einhelligen Beifall erregte, außer von Schurz und Kudlich auch von Schmidt-Newyork unterzeichnet war.) Von den Senioren der Partei, von außerhalb und aus Frankfurt, waren noch einige mehr als gestern erschienen, die des Abends Strapazen meiden mußten, aber beim eigentlichen Gedenkfest nicht fehlen wollten. Wir nennen z. B. den Siebenundachtziger Justizrath Dr. Sigm. Müller, den Nestor der Frankfurter Demokratie.

Gleich nach elf Uhr eröffnete der Neeb'sche Männerchor unter der Leitung von Ferdinand Schwarz die Feier durch den Chor: „O Schutzgeist alles Schönen!"

Dann trug Wolfgang Quincke den von Otto Hörth gedichteten, wuchtigen und formschönen Prolog beseelt und klangvoll vor. Wir geben die Dichtung, die mit anhaltendem Beifall aufgenommen wurde, weiter unten wieder. Noch ein Gesangvortrag des Neeb'schen Chores, der Uhland-Kreuzer'sche Vaterlandshymnus „Dir möcht' ich diese Lieder weihen", dann nahm unter gespannter Aufmerksamkeit und mit Beifall empfangen der Führer der schwäbischen Volkspartei, Reichstagsabgeordneter und württembergischer Kammerpräsident Friedrich Payer das Wort zu der Festrede, die wir im Wortlaut folgen lassen:

Wer ist eigentlich heute noch im Stande, jenen so erhebenden und zugleich so wehmüthig stimmenden Abschnitt unserer deutschen Geschichte ganz zu verstehen und zu würdigen? Stark gelichtet sind die Reihen Derer, die noch mit Verständniß jene Tage mit durchgelebt haben und uns Nachgeborenen Bericht erstatten können. Noch vor 25 Jahren, als wir hier in

C 608
Das Denkmal für die Septembergefallenen von 1848 auf der Titelseite der Kleinen Presse vom 30. März 1898. Anlass ist der Jubiläumsmonat des Zusammentritts des Vorparlaments der Nationalversammlung 1848.

Nr. 261. Frankfurt a. M. | 14. Jahrgang. | Sonntag 6. November 1898.

Abonnement:
Monatlich .... 50 Pfg
ausschließlich Trägerlohn.
Durch die Post bezogen das Vierteljahr ...... Mk. 2.—
Postzeitungsliste 3914.
Preis einer Nummer 5 Pfg.
Auflage: 27,500.
Bureau:
Gr. Eschenheimerstraße 37.

Kleine Presse.

Stadtanzeiger und Fremdenblatt.

Anzeigen:
Anzeigen .... 15 Pfg.
per 6-gespaltene Zeile.
Kleine lokale Anzeigen von Stellengesuche, Angebote betr. Wohnungen, Zimmern 10 Pfg.
Finanzielle Anzeigen 20 Pfg.
Reklamen (Textzeile) 50 Pfg.
Erscheint täglich
mit Ausnahme Montags.
Bureau:
Gr. Eschenheimerstraße 37.

Vor fünfzig Jahren.

Robert Blum's Erschießung zu Wien am 9. November 1848.

Gedenkblatt, für die „Kleine Presse" gezeichnet von Hermann Roth.

(Der Text zu diesem Bilde befindet sich auf Seite 9.)

C 612
„Vor fünfzig Jahren". Titelseite der Kleinen Presse vom 6. November 1898 zum Gedenktag der Erschießung Robert Blums am 9. November 1848 in Wien

C 638
Schmuckblatt des Frankfurter Demokratischen Vereins mit Beglückwünschung Leopold Sonnemanns zum 70. Geburtstag. Gewidmet ist es dem langjährigen Vorsitzenden, dem „bewährten Führer der Deutschen Volkspartei", dem „unermüdlichen Kämpfer für Volksrecht und Volkswohl" und dem „Arbeiter im Dienste der Vaterstadt".

C 637
Vermutlich handelt es sich um eine Fotografie, die während eines Parteitags der Deutschen Volkspartei entstanden ist. Rosa und Therese Sonnemann sitzen links vor den Delegierten. Leopold steht etwa in der Mitte, in der zweiten Reihe, hinter einem Parteifreund. Zu erkennen ist nur das Gesicht.

DER
FRANKFURTER·DEMOKRATISCHE·VEREIN
entbietet·seinem·hochverdienten·
Mitgliede·und·langjährigen·Vorsitzenden
HERRN
LEOPOLD SONNEMANN
dem·bewährten·Führer·der·Deutschen·Volkspartei;
dem·unermüdlichen·Kämpfer·für·Volksrecht·und·
Volkswohl;dem·treuen·und·opferwilligen·Arbeiter·
im·Dienste·der·Vaterstadt·
ZUM SIEBZIGSTEN·GEBURTSTAGE
Herzlichen·Glückwunsch·und·
demokratischen·Gruſs.
FRANKFURT A/M.,
29.Oktober 1901.
Im·Auftrage·des·Vorstandes:
Deutsche Volkspartei 1868.
Frankfurter Zeitung Kleine Presse.
Bank & Münzgesetz.
Sozialreform Versicherung f. Arbeitslose
Städtische Steuer-Reform
Elektrische Ausstellung Elektrizitätswerk.
Palmengarten.
Opernhaus.
Schwimmbad.
Gustav-Freytag-Bibliothek.

C 630
Die neun Mitglieder des Vorstandes des Deutschen Schützenbundes 1862 mit Johann Baptist von Schweitzer (sitzend, links), dem Kontrahenten Leopold Sonnemanns in der Frankfurter Arbeiterbewegung.

C 634
Titelillustration der Kleinen Presse vom 26. Juli 1885: Die Darstellung der Geschehnisse auf dem Friedhof anlässlich der Beerdigung eines Sozialdemokraten betont die Brutalität der Polizei, die mit gezogenem Säbel gegen die Trauergemeinde vorgeht.

Frankfurt, 20. October.

Zu den erhebenden oder nur freundlichen Erinnerungstagen wird wohl keine Partei im deutschen Reiche den 21. October jemals zählen, aber Millionen werden niemals aufhören, ihn als den schlimmsten der dies nefasti, an denen leider das Reich keinen Mangel hat, trauernd anzumerken. Der 21. October ist der Geburtstag des Ausnahmegesetzes gegen die Sozialdemokratie, das morgen in das elfte Jahr tritt. Zuerst auf eine kurze Zeit bemessen, ist es durch die gesetzgebenden Gewalten stets verlängert worden, und man wird heute nach so viel trüben Erfahrungen die Ansicht, daß der Ausnahmezustand sich zu einer dauernden Einrichtung gestalten wird, nicht als Schwarzseherei schelten können. Denn darüber wird allseitig Uebereinstimmung herrschen, daß je tiefer die Spuren der Wirkungen eines Gesetzes auf den Geist und das politische Leben eines Volkes sind, um so größer die Schwierigkeiten werden, die sich seiner Beseitigung entgegenstellen.

Es kann nicht Aufgabe eines Publizisten sein, die Geschichte der zehnjährigen Wirksamkeit des Sozialistengesetzes zu schreiben; auch für den Historiker ist die Zeit dazu noch nicht gekommen. Aber in einem Rückblick zusammenzufassen, was uns das Gesetz in einem Jahrzehnt gebracht hat, das ist die Aufgabe, die der Gedenktag in erster Reihe der Presse stellt.

Da wird denn zunächst zu fragen sein, ob von den Hoffnungen, mit denen die Schöpfer des Gesetzes ihr Werk begleitet haben, auch nur eine einzige in Erfüllung gegangen ist. Hört man hin, so ist es sehr stille davon geworden, nur daran klammert man sich verzweifelt an, das Gesetz habe Deutschland wenigstens vor dem Unglück gewaltsamer Ausschreitungen und deren blutigen Folgen bewahrt. Gesetzt, dem wäre so, was ist an einer so rein mechanischen Wirkung zu rühmen? Muß sie nicht in demselben Augenblicke aufhören, in welchem die Schranken beseitigt werden, muß da das angeblich zurückgehaltene Unheil nicht verstärkt ausbrechen? Aber nicht einmal der Hinweis auf die rein mechanische Wirkung kann vor der Wahrheit bestehen, es ist im Gegentheil unbestrittene Thatsache, daß erst unter der Herrschaft des Ausnahmegesetzes Verbrechen geplant und ausgeführt worden sind, an die vorher Niemand gedacht hatte, die man mit Recht in Deutschland für unmögliche Dinge halten konnte. Gegen solche Frevel haben sich alle Zeit auch die drakonischsten Gesetze als unwirksam erwiesen, wird man einwenden. Ganz richtig, und gegen sie sollte auch das Sozialistengesetz nicht gemacht sein, es richtete sich vielmehr gegen eine starke geistige Strömung, die in der Nation vorhanden war und ihm lag der Wahn zu Grunde, daß das mechanische Mittel der Erweiterung und Verstärkung der polizeilichen Gewalt im Stande sein werde, jener Strömung nicht nur Halt zu gebieten, sondern auch sie allmählich verschwinden zu machen. Dieser Wahn ist zwar gründlich zerstört worden durch die Macht der Thatsachen, aber als Vorwand treibt er noch immer seinen Spuk, wenn es sich um die Verlängerung des Gesetzes handelt, sowohl bei Denjenigen, die behaupten, das Gesetz habe schon zum Guten gewirkt, als auch bei Denjenigen, die erklären, diese Wirkung sei noch nicht eingetreten, werde aber mit der Zeit schon kommen. Denn mit diesem vollkommenen Widerspruch wird man jedesmal abgespeist, wenn an das traurige Ende der traurige Anfang geknüpft werden soll.

Noch schlimmer als mit den Hoffnungen der Schöpfer des Gesetzes ist es mit den Befürchtungen seiner Gegner gegangen, sie sind durch die Entwicklung der Dinge nicht nur erfüllt, sondern noch übertroffen worden. Was die sozialistische Bewegung an Breite und räumlicher Ausdehnung vielleicht eingebüßt haben mag, das hat sie hundertfach an Tiefe und Kraft gewonnen. Sie stand im Jahre 1878 vor einer Krise ernster Art, die Gegensätze in ihr hatten sich zu einer Höhe gesteigert, die einen Ausgleich als unmöglich erscheinen ließ, eine Klärung und damit eine Scheidung der revolutionären und der reformatorischen Elemente war nur noch eine Frage der Zeit und damit wäre die Bewegung, soweit sie das politische Gebiet berührt, in ein sicheres Bette geleitet worden. Das Gesetz hat diesen heilsamen Prozeß unterbrochen und vereitelt, denn die Unterscheidung zwischen den revolutionären Elementen und den reformatorischen. die den Gesetzgebern Anfangs als Ziel vorgeschwebt hatte, erwies sich als undurchführbar und wurde durch die Praxis vom ersten Tage an vollständig weggewischt, indem sie von der Voraussetzung ausging, daß jede sozialistische Bestrebung — und als solche galt bald alle Bethätigung der arbeitenden Klassen in politischen Dingen — auf den Umsturz des Bestehenden gerichtet sei. Die so zurückgedrängte Bewegung fand Zeit, sich zu sammeln und die in ihr vorhandenen Gegensätze, leider nicht in der reformatorischen Richtung, auszugleichen und zu überwinden, sie wurde, aus dem Licht der Oeffentlichkeit in das Dunkel getrieben, wirklich revolutionär. Die Massen schaarten sich enge um ihre Führer, in die Organisation kam jener verhängnißvolle Zug des Geheimnißvollen, der die Gemüther fesselt und fanatisirt. Je stärker der Druck wurde, desto kräftiger zeigte sich der Widerstand, die Findigkeit der Polizei, die unter Herrn v. Puttkamer auch das traurige demoralisirende Hülfsmittel des Lockspitzelthums nicht verschmähte, wurde überboten durch die Entdeckung wirksamer Schleichwege, und wer kann sich darüber wundern, daß in diesem steten Kampf der Sinn für Gesetzlichkeit, die politische und bürgerliche Moral schwer geschädigt wurden, daß auch der Anarchismus sein Gorgonenhaupt zu zeigen wagte?

Mit der steigenden Erbitterung der Arbeitermassen mußte die Hoffnung auf einen friedlichen Ausgleich zwischen ihnen und dem Bürgerthum mehr und mehr schwinden. Die Berührungspunkte verminderten sich, die Entfremdung wuchs von Tag zu Tag, sie ist heute eine vollständige, und in ihr sehen wir die verhängnißvollste Folge des Ausnahmegesetzes. Das Mißtrauen der Arbeiter schlägt jeden Versuch, durch Reformen versöhnend zu wirken, mit Unfruchtbarkeit; einer Gesellschaft, von der sie sich verfolgt und geächtet glauben, bestreiten die Arbeiter nicht nur die Fähigkeit, sondern auch den ehrlichen Willen, Gutes und Heilsames für sie zu schaffen; wie giftiger Mehlthau fällt das unüberwindliche Mißtrauen auf alle Triebe und Knospen einer sozialen Reformpolitik. Das hat am meisten die Regierung selbst und die zu ihr haltende parlamentarische Mehrheit in den letzten Jahren erfahren müssen. Die Wirkung, die sie sich von den Kranken- und Unfallversicherungsgesetzen versprach, ist vollständig ausgeblieben; mit höhnischem Blick auf diese so gepriesenen Werke zum Schutze der Schwachen fordert die Sozialdemokratie lauter und trotziger ihr angebliches Recht, und weist jedes Ansinnen, auf einen Vergleich einzugehen, rauh zurück.

Sollen wir von der Erbitterung, von der Herzensverhärtung noch reden, die sich an die harten Maßregeln der Ausweisungen geknüpft hat? Nur mit gepreßtem Herzen kann man dem Tage entgegensehen, an welchem die Saat des Hasses, die durch die Wirkung des Gesetzes ausgestreut wurde, voll in's Kraut schießen und zur Entfaltung gelangen wird. An ihr müssen auch die bestgemeinten, ernstlichsten Bemühungen, den sozialen Boden zu beackern und fruchtbringend für die Nation zu machen, trostlos scheitern; nicht Gerechtigkeit, sondern Vergeltung und Rache wird die Losung sein, die dereinst aus der Tiefe aufsteigen wird. Mag ein großer Theil des Bürgerthums in trügerischer Ruhe vor den Gefahren der Zukunft die Augen schließen, diese Gefahren hat das Ausnahmegesetz nicht beseitigt oder gebannt, sondern gesteigert und verstärkt. Nicht nur Recht und Billigkeit, auch Berechnung und Klugheit fordern die Beseitigung des Ausnahmegesetzes, aber wer will sich vermessen, zugleich die Frage sicher zu beantworten, ob es nicht heute schon zu spät ist, das Unheil zu beschwören, das in seinem Gefolge gewesen ist. Unvertilgbar scheinen dem prüfenden Blick die Spuren, die das Gesetz in die Geister und Herzen eingegraben hat, und wie jäh fährt man empor aus dem Traum, daß sich noch Alles zum Guten wenden könne, wenn man den stummen Groll der Arbeitermassen vor Augen hat!

Aber trotz alledem — der Ruf nach Beseitigung des Zustandes, der jetzt zehn Jahre auf Deutschland lastet, muß immer wieder erneuert werden, das verletzte Recht verlangt seine Sühne. Nichts von schwächlichen Versuchen, an dem unheilvollen Gesetz lindernd zu künsteln, nichts von jener Spiegelfechterei, die ihm nur den Charakter einer Ausnahmemaßregel nehmen und auch das Bürgerthum sammt den Arbeitern mit seiner Rechtlosigkeit beglücken will, — was allein noch helfen kann, ist das ehrliche Geständniß, daß das Gesetz ein verhängnißvoller Fehler gewesen sei, für den eine ehrliche soziale Reformgesetzgebung, aufrichtiges Bemühen, den Kern der sozialen Frage zu erfassen und zu bearbeiten, Indemnität gewähren soll. Nicht in die Schule der Demokratie braucht zu gehen, wer die Forderung begründen und dem Ausnahmegesetz das vernichtende Urtheil sprechen will, wir verweisen ihn an einen der „großen" Sprecher jener Parteien, die das Gesetz geschaffen haben und den Thatsachen, die so gewaltig gegen ihr Werk reden, Ohr und Auge noch immer verschlossen halten, an Heinrich von Treitschke, der vor länger als zwei Jahrzehnten geschrieben hat: „Keine Kunst der Rede hat je vermocht, den ketzerrichterlichen Geist zu bemänteln, der aus der Behauptung redet, die Gesellschaft habe das Recht, zwar nicht die Wahrheit, aber die Gefährlichkeit der Meinungen zu prüfen." Ex ore tuo te judico, — denn auf dem Flugsand dieser Geistesverirrung ist das Gebäude errichtet worden, das am 21. October 1878 die Weihe erhalten hat.

C 635
Zehn Jahre Sozialistengesetz, die Frankfurter Zeitung vom 21. Oktober 1888 zählt das Sündenregister auf.

C 652
1902 schreibt Leopold Sonnemann an August Bebel, seit 1892 Vorsitzender der SPD, im Zusammenhang mit der „Arbeitslosenversicherung", seinem letzten großen Projekt. Da seine Partei reserviert bleibt, hofft Leopold Sonnemann auf Unterstützung durch den Vorsitzenden der SPD.

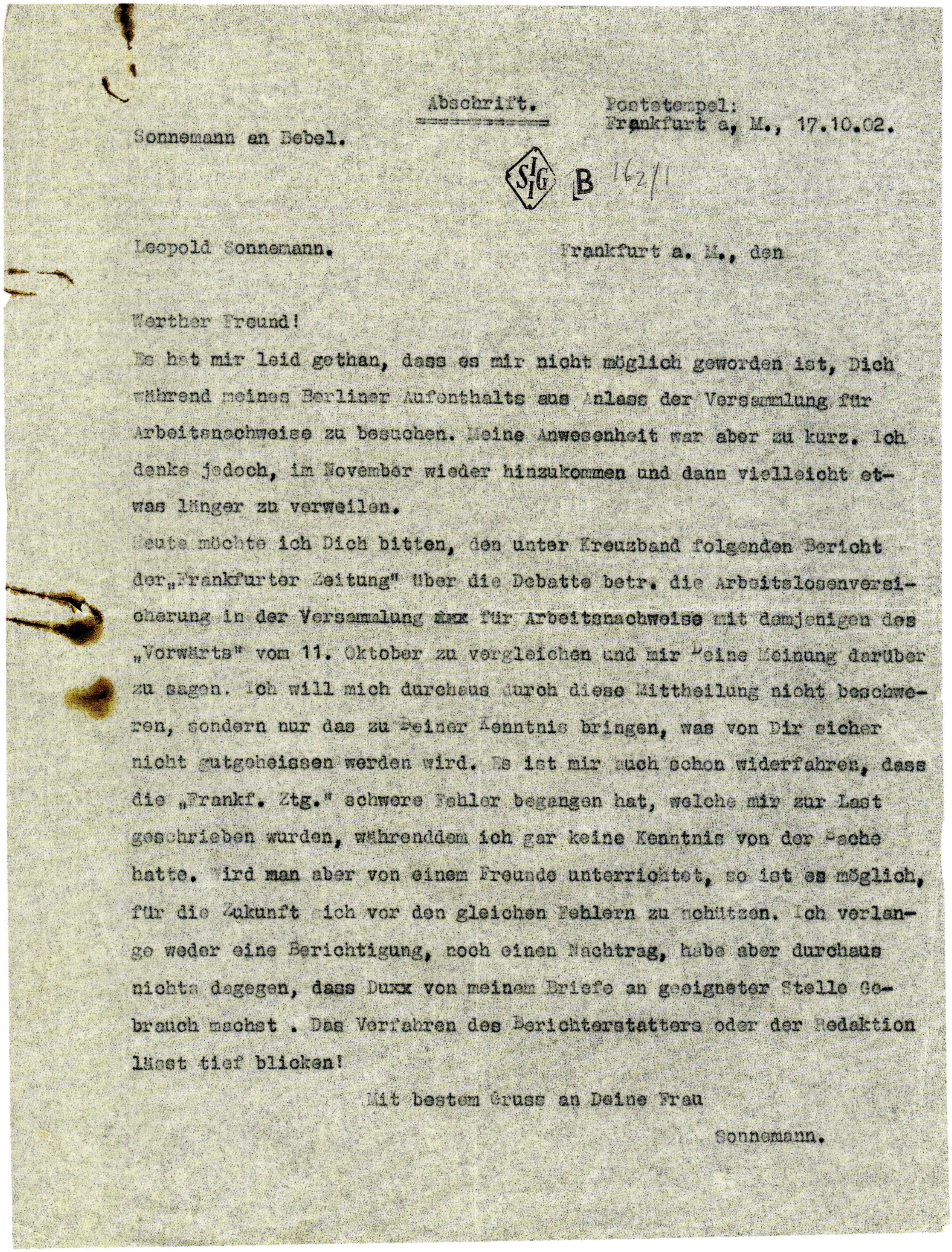

Sonnemann an Bebel. Abschrift. Poststempel: Frankfurt a, M., 17.10.02.

B 162/1

Leopold Sonnemann. Frankfurt a. M., den

Werther Freund!

Es hat mir leid gethan, dass es mir nicht möglich geworden ist, Dich während meines Berliner Aufenthalts aus Anlass der Versammlung für Arbeitsnachweise zu besuchen. Meine Anwesenheit war aber zu kurz. Ich denke jedoch, im November wieder hinzukommen und dann vielleicht etwas länger zu verweilen.

Heute möchte ich Dich bitten, den unter Kreuzband folgenden Bericht der „Frankfurter Zeitung" über die Debatte betr. die Arbeitslosenversicherung in der Versammlung xxx für Arbeitsnachweise mit demjenigen des „Vorwärts" vom 11. Oktober zu vergleichen und mir Deine Meinung darüber zu sagen. Ich will mich durchaus durch diese Mittheilung nicht beschweren, sondern nur das zu Deiner Kenntnis bringen, was von Dir sicher nicht gutgeheissen werden wird. Es ist mir auch schon widerfahren, dass die „Frankf. Ztg." schwere Fehler begangen hat, welche mir zur Last geschrieben wurden, währenddem ich gar keine Kenntnis von der Sache hatte. Wird man aber von einem Freunde unterrichtet, so ist es möglich, für die Zukunft sich vor den gleichen Fehlern zu schützen. Ich verlange weder eine Berichtigung, noch einen Nachtrag, habe aber durchaus nichts dagegen, dass Duxx von meinem Briefe an geeigneter Stelle Gebrauch machst . Das Verfahren des Berichterstatters oder der Redaktion lässt tief blicken!

Mit bestem Gruss an Deine Frau

Sonnemann.

Wedde
Lassalle
Marx
Kräker
Demler
Hasenclever
Unsere Todten
Geib
Jacobi
Kayser
Bracke
Freiheit. Gleichheit. Brüderlichkeit!
Die Arbeit ist die Quelle alles Reichthums und aller Cultur.
Socialisten-Gesetz
Massen-Ausweisung Leipzig.
Abschied am Bahnhof.
Ausweisung am Weihnachtsabend Frankfurt a/M
Proletarier aller Länder vereinigt euch!
Abreise der Ausgewiesenen Hamburg.
Berlin. Hamburg. Leipzig
Heimkehr aus dem Exil 1. October 1890.
Frankfurt. Stettin Spremberg
Druck u. Verlag von Jean Holze, Markenfabrik Hamburg
Der Sieg ist unser, trotz alledem!

Frankfurter Angelegenheiten.

Frankfurt a. M., 10. Februar.

Vom Tage.

— Entgegen den umlaufenden anderweitigen Gerüchten können wir versichern, daß Herr Dr. Heussenstamm die auf ihn gefallene Wahl eines zweiten Bürgermeisters Frankfurts annehmen wird.

Vereine.

-g- Zu dem Jahresessen des demokratischen Vereins fanden sich Mitglieder und Parteigenossen in großer Anzahl ein; auch das Schwabenland hatte Vertreter gesendet. Von dem Landtagsabgeordneten Labes, der durch seine parlamentarische Thätigkeit fern gehalten war, traf ein Begrüßungsschreiben ein. Die Anwesenden wurden Namens des Vorstandes von Herrn Sonnemann begrüßt. Noch nicht lange sei es her, begann er, daß die demokratische Partei in Deutschland so zusammengeschmolzen gewesen, daß Frankfurt gleichsam einer Oase in der Wüste bildete. Wir hätten uns hier durch Nichts irre machen lassen und in schweren Tagen treu zur Fahne der Freiheit gehalten und für sie gekämpft. Erfolge seien auch erreicht worden; nicht einmal, mehrmals seien die Augen Deutschlands auf Frankfurt gerichtet gewesen. Sei es auch im Allgemeinen in Deutschland gewiß nicht besser geworden, so hätten sich für die demokratische Partei doch in den letzten Jahren die Aussichten heller gestaltet, überall in Deutschland rege es sich, und nach und nach komme der demokratische Gedanke wieder zur Geltung. Mancher, der in den letzten Jahren ihn nur still im Herzen getragen, weil er unter dem Drucke des Chauvinismus stand, lebt heute kräftig wieder auf und trage den Gedanken nach außen. Wahlen in verschiedenen Theilen Deutschlands hätten gezeigt, daß der Einfluß der Partei wachse. Wir in Frankfurt brauchten nicht kleinmüthig in die Zukunft zu sehen, sollten aber doch die Stellung, die Frankfurt so lange als eine Art von Hauptstadt eines förderativen Deutschlands auch in der Partei eingenommen habe, wahren, auch wenn die Partei sich kräftige und wachse. Abermals stünden Gelegenheiten bevor, die Parteiprinzipien zu bethätigen; die politischen Gegner in Frankfurt seien gegenwärtig nicht zu fürchten; sie seien nicht größer, sondern kleiner geworden, wie sich bei den letzten Stadtverordnetenwahlen im Kampfe gegen drei vereinigte Gegner gezeigt habe. Aber andere Gegner träten auf. Wie im Vaterlande im Großen es versucht werde, an die Stelle der idealen politischen Frage die Interessenfragen, die lokalen Fragen zu drängen, so werde es auch hier versucht; man schmeichle den Interessenten, Corporationen, Stadttheilen, um auf diese Weise die materiellen Interessen an die Stelle der geistigen zu drängen. Zeigen wir, daß wir auch in diesem Kampfe Sieger zu bleiben gedenken, daß wir auch diesen Lokal- und sonstigen Interessen-Parteien gegenüber gewohnt sind, unser demokratisches Prinzip hochzuhalten. Wie wir als Demokraten in ganz Deutschland es verschmäht haben, uns von Interessenparteien ins Schlepptau nehmen zu lassen, thun wir dasselbe und halten fest zu unserer Fahne für die idealen Güter der Menschheit. Dann wird die demokratische Partei in Frankfurt an dem Platze beiben, auf den sie sich gestellt hat und gestellt worden ist. Trinken wir zuerst, wie es echten deutschen Männern ziemt, auf die Zukunft eines freien und demokratischen Deutschlands, eines Deutschlands, in dem die politische, religiöse und wirthschaftliche Gerechtigkeit und Freiheit herrscht. Ein solches demokratisches Deutschland, es lebe hoch! Mit Jubel stimmten die Anwesenden ein. Nachdem eines der verschiedenen für den Abend eigens verfaßten Trinklieder gesungen worden und ein Quartett vorgetragen war, ergriff Herr Dr. Siegmund Müller das Wort, um den Werth einer gesinnungstreuen Presse zu schildern, und den Männern zu danken, welche, persönliche Opfer und Märtyrerthum nicht scheuend, sich die Anerkennung, Liebe, Achtung und Verehrung ihrer Mitbürger erringen. Sein Trinkspruch galt den Vertretern der freien, unabhängigen, wahrhaft demokratischen Presse. Nun folgten in ununterbrochener Reihenfolge Tischlieder, Toaste, komische und Gesangsvorträge. Herr Franz Fabricius brachte ein Hoch auf den anwesenden Märtyrer der Presse, Herrn Dr. Stern, auf die Männer, die früher für die demokratische Sache gelitten und gestritten, Herr Dr. Neukirch auf das Festkomité und die Festdichter, Herr Straub auf das Wiedererwachen der Freiheit, Herr Schott auf die demokratische Stadt Frankfurt und deren demokratische Wählerschaft, Hr. N. A. Holdheim auf die Gäste, Hr. A. Meyer auf die demokratischen Vertreter Frankfurts im Reichs- und Landtag, die Herren Sonnemann und Labes, Hr. F. Groß auf die demokratischen Frauen, Hr. Dr. Stern auf den deutschen Mann, Hr. Ettlinger auf den Vorstand und die Mitglieder des demokratischen Vereins 2c. Die Stimmung war eine sehr heitere und wurde mit Beginn des neuen Tages immer animirter, wozu die gute Qualität von Küche und Keller des Hotels Jacobi das Ihrige beitrugen.

62 In der Museums-Gesellschaft sprach am letzten Freitage Herr Geheimrath Professor Kuno Fischer über Lessings „Emilia Galotti". Nach „Minna von Barnhelm" ging Lessing, angeregt namentlich von Diderot, an eine Umgestaltung des bürgerlichen Trauerspiels und die echte Form desselben wurde in der Emilia Galotti gegeben, die mit „Götz von Berlichingen" fast gleichzeitig vollendet ward. In der Emilia Galotti ist das Problem gelöst, das sich Lessing in der zweiten Bearbeilung seines „Faust" gesetzt hatte, wie denn aus dem Mephistophiles des letzteren Marinelli geworden ist; sie sollte die Forderungen, welche er für ein Trauerspiel in der „Dramaturgie" namentlich bei Besprechung des „Richard III." von Weiße, der „Merope" von Voltaire, der „Rodogune" von P. Corneille, aufgestellt hatte, erfüllen. Diejenigen, welche behaupten, Lessing hätte gegen seine eigene Theorie gefehlt, haben diese nicht verstanden. Redner will lieber glauben, daß ein Dutzend Kritiker nicht weiß, was zu einem Trauerspiele gehöre, als daß Lessing es nicht verstanden habe, seine eigenen Forderungen in der Emilia Galotti zu erfüllen. Er war kein Prahler und kein Stümper. Redner beurtheilt das Stück lieber nach seiner „Dramaturgie" als nach seinem Briefe an den Herzog von Braunschweig. Ausführlich wurden die Grundsätze, welche Lessing für ein gutes Trauerspiel in der „Dramaturgie" entwickelt hat, dargelegt und in einer meisterhaften Analyse des Stückes gezeigt, wie sie der Dichter von der ersten bis zur letzten Scene aufs strengste durchgeführt habe. Emilia ist nicht die römische Virginia, denn diese wird getödtet, ohne schuldig zu sein. Lessing aber konnte nach seiner eigenen Theorie eine Schuldlose nicht untergehen lassen, und die Heldin seines Stückes ist denn auch nicht schuldlos. Aber was ist ihre Schuld? Des Entschiedensten erklärte sich Herr Fischer gegen die bekannte, aus der Periode der „Wahlverwandtschaften" stammende Auffassung Goethe's, wonach die Schuld der Emilia darin bestehen solle, daß sie den Prinzen geliebt hätte. Die Schuld der Emilia liege vielmehr darin, daß sie es auf Wunsch ihrer Mutter unterläßt, dem Bräutigam die Szene in der Kirche zu erzählen. Ohne diese Unterlassung hätte die Intrigue Marinelli's nicht ausgeführt und Appiani nicht ermordet werden können. Hier ist genau durchgeführt, was in der „Dramaturgie" gelehrt wird: der Mensch kann sehr gut sein und doch manche Schwächen haben, die zu folgenschweren Ereignissen führen. Wäre Emilia etwas weniger Kind gewesen, hätte sie etwas weniger unbedingtes Vertrauen zu ihrer Mutter gehabt („Nun ja, meine Mutter! Ich habe keinen Willen gegen den Ihrigen."), wäre sie ihrem eigenen Gefühle, mit dem sie sofort das Richtige traf, gefolgt, so hätte sie den Tod Appianis nicht verschuldet. Man gehe also abseits von der Tragödie, wenn man der Emilia eine Leidenschaft für den Prinzen andichtet oder vielmehr anfaselt. Die Haupteigenschaften ihres Charakters, aus dem sich alles als nothwendige Folge ergibt, sind Frömmigkeit und Gehorsam, darum ist sie so willenlos und so entschlossen, so furchtsam und so muthig. „Wohl mir! wohl mir! — Nun bin ich in Sicherheit!" ruft sie, als sie aus der Kirche zu ihrer Mutter kommt; „wohl mir! wohl mir! — Nun bin ich in Sicherheit!" ist ihr Gedanke, als sie dem erschreckten Vater die Hand küssen will, weil er „eine Rose gebrochen, ehe der Sturm sie entblättert." — Es wollte uns scheinen, als hätte der schöne Vortrag einen tiefen Eindruck auf die Zuhörer gemacht, als wäre nun jeder für immer überzeugt worden, daß an dem berühmten Trauerspiele mit Recht kaum etwas getadelt werden dürfe, und daß Emilia, wenn auch schuldig, doch makellos und einer der schönsten Frauen-Charaktere unserer dramatischen Literatur sei.

C 642

Bericht der Frankfurter Zeitung vom 10. Februar 1880 über die Rede Leopold Sonnemanns im Demokratischen Verein, in der er sein Frankfurt als „Oase in der Wüste" bezeichnete.

C 636

„Der Sieg ist unser, trotz alledem!" Das sozialdemokratische Schmuckblatt feiert das Ende des Sozialistengesetzes mit Szenen aus der Verfolgungszeit und einer Porträtreihe „unsere Toten", die den Sieg mit errungen haben. Zu ihnen zählt neben Karl Marx und Ferdinand Lassalle auch Johann Jacoby (oben, ganz rechts).

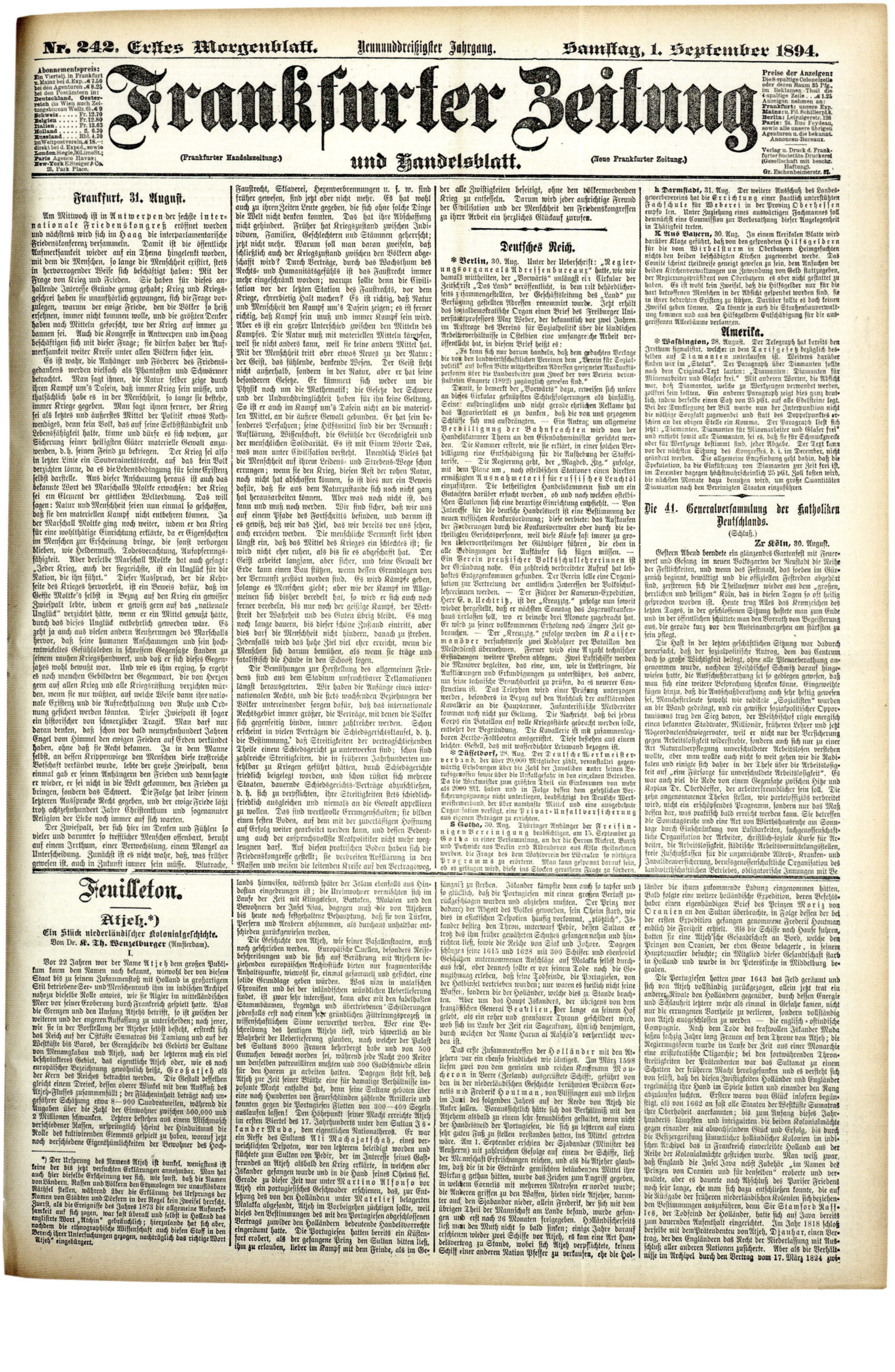

Nr. 242. Erstes Morgenblatt. Neununddreißigster Jahrgang. Samstag, 1. September 1894.

Frankfurter Zeitung

(Frankfurter Handelszeitung.) und Handelsblatt. (Neue Frankfurter Zeitung.)

Abonnementspreis: Ein Viertelj. in Frankfurt u. Mainz bei d. Exp. ℳ 7.50 bei den Agenturen ℳ 8.25 bei den Postämtern in: Deutschland, Oesterreich (in Wien auch Zeitungsbureau Wollz. 6) ℳ 9 Schweiz ..... Fr. 12.70 Belgien ..... Fr. 12.80 Italien ..... Fr. 13.63 Holland ..... fl. 6.70 Russland ..... Rbl. 4.70 im Weltpostverein ℳ 18.—: direkt bei d. Exped., sowie London Siegle, 30 Lime St.; Paris Agence Havas; New-York E. Steiger & Co. 25, Park Place.

Preise der Anzeigen: Die 8-spaltige Colonelzeile oder deren Raum 35 Pfg., im Reklamen-Theil die 4-spaltige Zeile ... ℳ 1.25 Anzeigen nehmen an: Frankfurt: unsere Exp. Mainz: u. Fil. Schillerpl. 3. Berlin: Leipzigerstr. 128 Paris: 24. Rue Feydeau, sowie alle unsere übrigen Agenturen u. die bekannt. Annoncen-Bureaux.

Verlag u. Druck d. Frankfurter Societäts-Druckerei (Gesellschaft mit beschr. Haftung). Gr. Eschenheimerstr. 37.

Frankfurt, 31. August.

Am Mittwoch ist in Antwerpen der sechste internationale Friedenskongreß eröffnet worden und nächstens wird sich im Haag die interparlamentarische Friedenskonferenz versammeln. Damit ist die öffentliche Aufmerksamkeit wieder auf ein Thema hingelenkt worden, …

Deutsches Reich.

Amerika.

Die 41. Generalversammlung der Katholiken Deutschlands.

Feuilleton.

Atjeh.*)

Ein Stück niederländischer Kolonialgeschichte.

Von Dr. K. Th. Wenzelburger (Amsterdam).

C 625
Fotografien wie diese, die den Vorstand der Frankfurter Elektrotechnischen Ausstellung von 1891 ins Bild setzt, zeigen Leopold Sonnemann nicht hervorgehoben, sondern als Mitglied der Gruppe. Der Verzicht auf eine den Präsidenten betonende Pose oder Anordnung entsprach seiner Mentalität.

C 641
Titelblatt der Frankfurter Zeitung vom 1. September 1894: Leitartikel zur Zukunft des Krieges, Bericht vom Friedenskongress und interparlamentarischen Konferenzen und zur Schiedsgerichtsbewegung.

C 626
Oberster Ehrengast der Eröffnung der Ausstellung war die Witwe Friedrichs III., auf dessen Liberalität auch Demokraten wie Leopold Sonnemann große Hoffnungen gesetzt hatten. Etwa 1,2 Millionen Menschen besuchten die Ausstellung.

C 624
Die Ausstellung von 1891 wurde ohne Kaiser Wilhelm II. eröffnet. Als Minimalreverenz der Untertanen vor dem Kaiser, die nicht als Affront ausgelegt werden konnte, stand dessen Porträtbüste im Eingangsbereich der Maschinenhalle.

Abonnement
per Vierteljahr:
In Frankfurt .... M. 1.50
Bei den Agenturen „ 1.50
Deutsch-öst. Postverein „ 2.—
per Monat:
Bei der Expedition, sowie bei sämmtlichen Agenturen 50 Pf.
Preis einer Nummer 3 bezw. 4 Pfg. Man abonnirt bei allen Postämtern [Nr. 3301.]

Kleine Presse.

Stadt-Anzeiger und Fremdenblatt.

Bureaux: Gr. Eschenheimerstraße 37.

Anzeigen:
Anzeigen .... 15 Pfg per 6-gespaltene Zeile
Kleine lokale Anzeigen, betr. Stellen, Wohnungen u. s. w. das Wort 3 Pfg.

Erscheint täglich mit Ausnahme Montags.

Nr. 240. Frankfurt a. M. — Erstes Blatt. — Dienstag, 13. October 1891.

Der Kaiser in der Elektrotechnischen Ausstellung in Frankfurt.

(Für die „Kleine Presse" gezeichnet von Hermann Junker.)

Unsere Leser erfuhren bereits in der vorigen Nummer der „Kl. Pr." von dem unerwarteten Besuche, welchen der Kaiser in Begleitung des Großherzogs von Hessen, des preußischen Prinzenpaares Heinrich und der Prinzessin Alix am verflossenen Samstag Morgen der Elektrotechnischen Ausstellung abstattete. An anderer Stelle wird noch Einiges über diesen Besuch, sowie über den hieran sich schließenden Aufenthalt des Kaisers in Homburg berichtet werden; vorstehende Illustration zeigt den kaiserlichen Besuch in dem Augenblick, da er über die Brüstung der Marineausstellung zu den elektrischen Mainbooten hinabschaute. Zur Rechten des mit dem Vollbart erscheinenden Kaisers erblicken wir den Prinzen Heinrich und neben diesem den hessischen Großherzog; links vom Kaiser (rechts im Bild) steht der Oberbürgermeister Adickes und die beiden Ausstellungsvorstände Herren L. Sonnemann und v. Miller.

C 627
Die Kleine Presse bemerkte im Artikel zur abgebildeten Titelillustration zum Kaiserbesuch, Sonnemann habe den im Oktober 1891 überraschend und ohne Anmeldung erscheinenden Kaiser und sein Gefolge geführt. Die dem Berliner Hof nahe stehende Kreuzzeitung polemisierte gegen die symbolträchtige Behauptung, der Kaiser habe sich von einem Demokraten „führen" lassen.

FRANKFURT AM MAIN BIS 1909

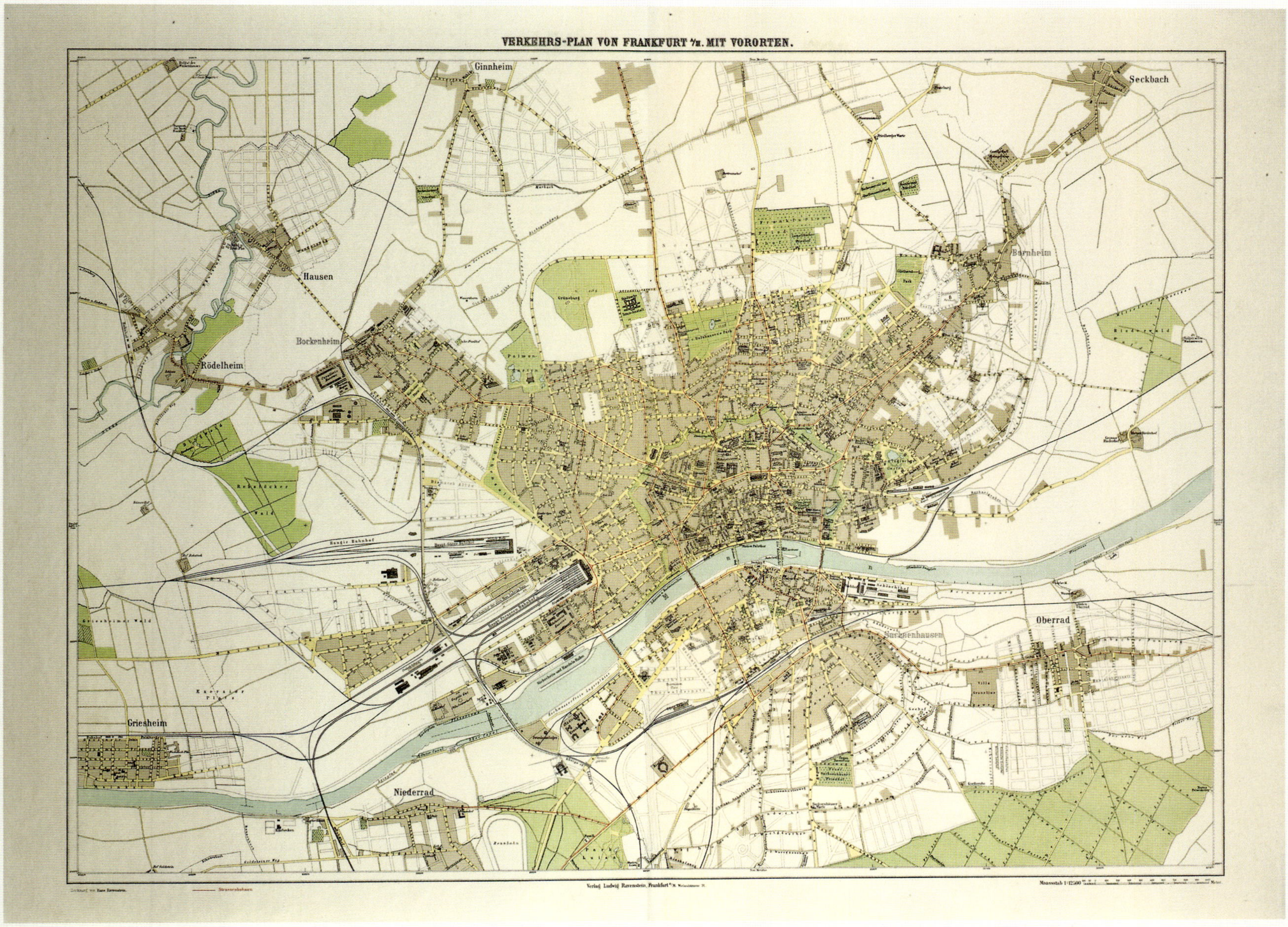

B 401
Verkehrsplan von Frankfurt a. / M. mit Vororten 1899. Für Leopold Sonnemann hatte die elektrische Straßenbahn mit ihrem Geschwindigkeitsvorteil und ihrer größeren Transportkapazität eine sozialpolitische Bedeutung. Wenn überhaupt bot sie die Möglichkeit für Fahrpreise, die zum Beispiel für Arbeiterbudgets erschwinglich waren.

B 402
Blick auf Schillerplatz, Hauptwache und Zeil, 1903. Seit 1898 fahren in Frankfurt am Main elektrische Straßenbahnen. 1897 ist das Schienennetz in städtischen Besitz übergegangen. Leopold Sonnemann vermerkt in seinem Notizkalender am 12. Oktober 1897: „Trambahn. Großer Triumph nach langen Kämpfen".

B 403

Mit der Errichtung des Neubaus des Rathauses erhielt das alte Rathaus eine Fassade, die an die Reichsstadt und an die Wahl- und Krönungsstadt erinnerte. Der Bildschmuck des Neubaus erinnerte vor allem an das Bürgertum der „Freien Stadt". Mit der Paulskirche und dem 1902 eingeweihten „Einheitsdenkmal" entstand ein Ensemble, das die Bedeutung der Stadt auch im Sinne Leopold Sonnemanns historisch deutete.

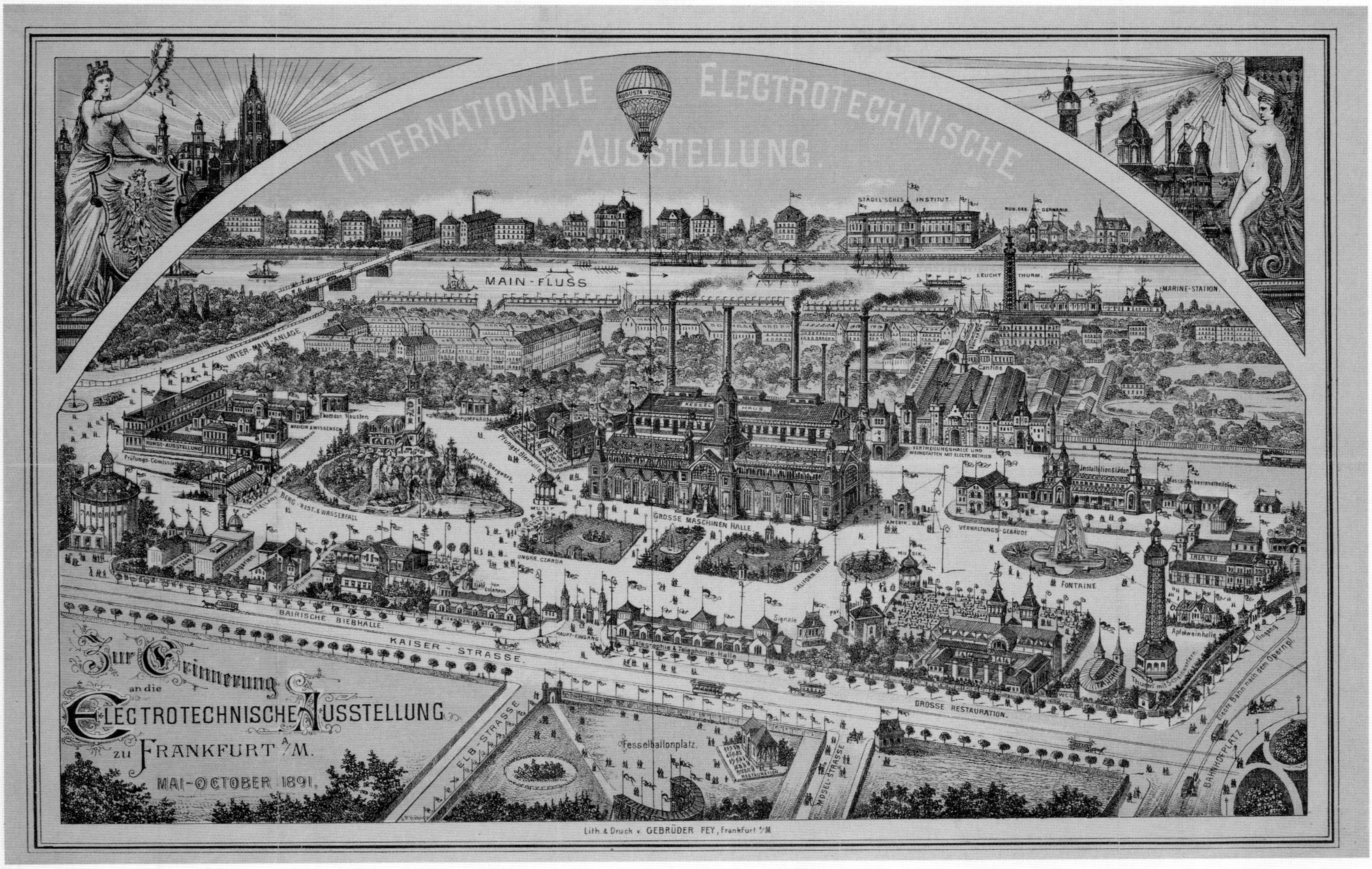

B 410
Die Internationale Elektrotechnische Ausstellung fand auf dem Gelände zwischen Kaiserstraße, Main, Taunusanlage und Vorplatz des Hauptbahnhofs statt. Nach Eröffnung des Hauptbahnhofs waren die Gleise der alten Westbahnhöfe abgebaut worden. Über 450 Aussteller aus allen Industriestaaten präsentierten die modernsten Technologien der Zeit und einen Blick in die Zukunft.

B 404
1907 feierte die Israelitische Religionsgesellschaft die Einweihung des Neubaus ihrer Synagoge an der Friedberger Anlage.

B 409
Auf dem Ausstellungsplakat befreit die Allegorie des elektrischen Stroms Prometheus, die Allegorie der Dampfmaschine. Das Licht, das den aufdämmernden Morgen erhellt, ist Symbol der Überwindbarkeit der gesellschaftlichen und kulturellen Verwerfungen der Industriellen Revolution, die elektrische Energie das Medium.

B 412
Das Gemälde zeigt Helios, den griechischen Gott der Sonne. Der Frankfurter Künstler Hans Thoma malte es für die Kölner Elektrizitäts-Gesellschaft Helios, die 1886 ein Büro in Frankfurt am Main einrichtete. Sie gehörte zu den ersten Firmen, die Wechselstromtechnik anbot.

B 413
Weltweites Aufsehen erregte die Übertragung elektrischen Stroms über 175 km von Lauffen am Neckar nach Frankfurt. Die zeitgenössisch unglaubliche Menge an in drei dünnen Drähten übertragener Energie betrieb in Frankfurt einen Wasserfall, Motoren und Glühlampen. Die überwiegend idyllische Darstellung der Orte in der Nähe der Übertragungsstrecke ist Absicht. Sie tastete das historisch gewachsene Weichbild nicht an.

B 417
1907 entstand das neue Frankfurter Wissenschaftszentrum mit den Neubauten für das Senckenbergische Museum, für die Senckenbergische Bibliothek, die Akademie für Sozial- und Handelswissenschaften und für den Physikalischen Verein an der heutigen Senckenberganlage. Leopold Sonnemann war allen Einrichtungen verbunden, als Mitglied, als Förderer und als Stifter.

B 418
Ansicht des Neubaus des Physikalischen Vereins. Nachweislich war der Physikalische Verein der erste Frankfurter Verein, dem Leopold Sonnemann beitrat. Für den Neubau stiftete er eine namhafte Summe. Der Physikalische Verein und die Senckenbergische Stiftung gehören 1912 zu den Stiftern der Universität.

B 420
Großer Hörsaal im Neubau des Physikalischen Vereins. Motiv für die Gründung des Vereins 1828 waren die grundlegenden Entdeckungen der Physik des elektrischen Stroms. Hier erhielt Leopold Sonnemann die Anstöße für sein Faible für den elektrischen Strom.

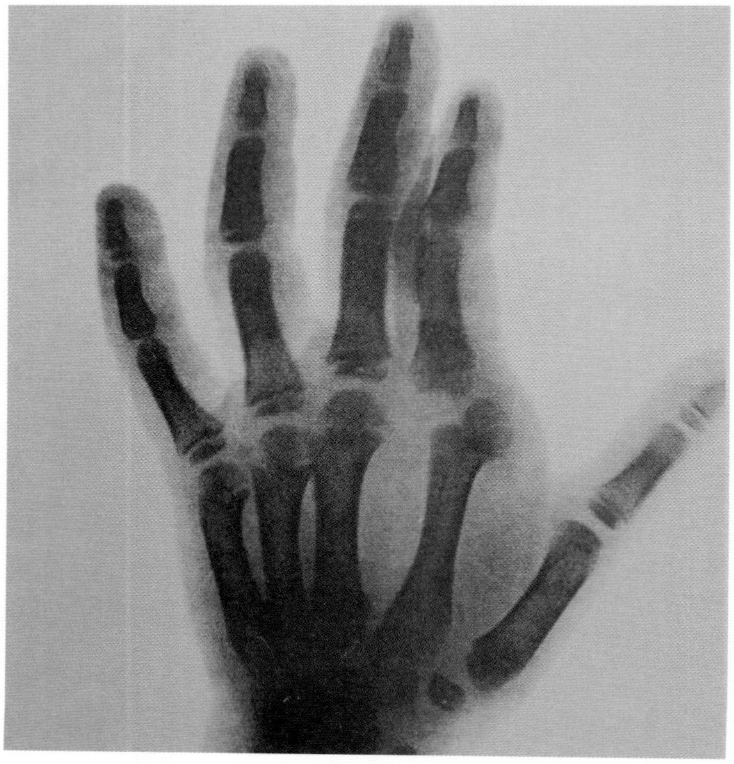

B 422
Wenige Wochen nach Entdeckung der Röntgenstrahlen im November 1895 führte ein Dozent am Physikalischen Verein, der mit Röntgen befreundet war, Experimente durch. Die wahrscheinlich erste Röntgen-Aufnahme überhaupt, vom Januar 1896, zeigt die Hand eines Jungen, der sich an der rechten Hand eine Verletzung des zweiten Mittelhandknochens zugezogen hatte.

B 429
Wie beim Theaterneubau von 1880, der heutigen Alten Oper, war Leopold Sonnemann auch der Stratege bei der Errichtung des 1902 eröffneten Schauspielhauses.

B 424
Das Frankfurter Denkmal für Kaiser Wilhelm I. wurde acht Jahre nach seinem Tod in Anwesenheit Wilhelms II. gegenüber der Alten Oper eingeweiht. Symbolträchtig war der Tag, der 10. Mai 1896. 25 Jahre zuvor war in Frankfurt der Friedensvertrag zwischen Frankreich und dem Deutschen Reich unterzeichnet worden. Die „Friedensstadt" huldigte dem „Friedenskaiser".

B 426
Den ersten Aufruf für das Denkmal für Samuel Thomas Soemmerring, des Frankfurter Erfinders der elektrischen Telegrafie, hatte Leopold Sonnemann 1881 als Reichstagsabgeordneter unterschrieben. Der Aufruf betonte die nationale Bedeutung der Erfindung, Sonnemann unterschrieb, weil sie mit einem Frankfurter verbunden war.

B 427
Leopold Sonnemann war Mitglied der Kommission der Stadtverordnetenversammlung für die Errichtung des Denkmals für Friedrich Stoltze. Den 1891 verstorbenen Dichter und Leopold Sonnemann verband mehr als nur Freundschaft. Sie waren Brüder im Geist: Der eine als Satiriker und Poet, der andere als Politiker und Verleger.

Otto von

B 430
Auf Initiative des Nationalliberalen Vereins und anlässlich des 80. Geburtstags Bismarcks 1895 ist dessen Wohnhaus während seiner Gesandtenzeit beim Deutschen Bund in der Großen Gallusstraße festlich dekoriert.

B 431
Frankfurter Verehrer überreichen 1895 Bismarck „in der Gesinnung deutscher Treue und Dankbarkeit" ein Schmuckblatt mit einer Ansicht der Stadt, die der Zeit um 1850 nachempfunden ist. Unterschrieben haben 24 Verehrer.

B 436
Der Denkmalentwurf hebt die gestalterische Pointe des zugrunde liegenden Zitats deutlich hervor: Bismarck hat den Zügel des Pferdes losgelassen, die Nation reitet bereits „alleine". Das Denkmal an Bismarck ist gegen die Bismarckverehrung gerichtet, die eine restaurative Politik im Sinne Bismarcks einklagt.

B 435
Bismarck erhält 1908, zehn Jahre nach seinem Tod, in der Taunusanlage sein Frankfurter Denkmal. Unter den zahllosen deutschen Denkmälern, die den Reichseiniger monumentalisieren, hat es seine Besonderheit. Zugrunde liegt eine Äußerung Bismarcks, wonach die Nation nur in den Sattel zu setzen sei, reiten werde sie schon allein.

B 428
Das im Oktober 1903 enthüllte Einheitsdenkmal auf dem Paulsplatz hatte für Leopold Sonnemann eine Schlüsselbedeutung, weil es ikonografisch Einheit und Freiheit, Nation und Demokratie zusammenband. Die Eckfiguren wurden für die „Metallspende des deutschen Volkes an den Führer“ 1942 eingeschmolzen. Mit der Spende an den „Führer“ verlor das Denkmal seine Aussagekraft. Es ist bis heute Ruine geblieben.

B 449
1912 tritt Oberbürgermeister Franz Adickes aus Gesundheitsgründen zurück. Zum Abschiedsabend hat Albert von Metzler, einer der führenden Nationalliberalen, geladen.

Wirklicher Geheimrat
Oberbürgermeister Excellenz

Dr. Franz

Adickes

Ehrenbürgermeister
der Stadt Frankfurt a. M.,

geboren 19. Februar 1846
zu Hersefeld,

gestorben 4. Februar 1915
zu Frankfurt a. M.

Adickes bedeutendste Schöpfungen um die Größe und das Emporblühen Frankfurts, waren:

1. Die Erschließung der Altstadt
2. Der Rathaus-Neubau
3. Stadterweiterung und äußerer Ausbau der Stadt
4. Der Ausbau der Liebighaus-Gallerie
5. Die Fürsorge für milde Stiftungen
6. Das Institut für experimentelle Therapie
7. Die Fortentwicklung der wissenschaftlichen Institute
8. Der Ankauf des Höchster Porzellanschatzes
9. Die Eingemeindung des gesamten Landkreises
10. Die Durchführung des Osthafen-Projektes
11. Die Errichtung der Festhalle
12. Gründung der Frankfurter Universität.

B 438
Zum Programm der Darstellung der historischen Bedeutung der Stadt gehörte die Ausmalung des Bürgersaals, der mit dem Rathausneubau entstanden war, mit Motiven der Geschichte des 19. Jahrhunderts. Ferdinand Brütt, der beauftragte Künstler, fertigte Farbskizzen an, hier die Skizze für das Schlussbild mit dem Titel „Im neuen Reich".

B 450
Die vom nationalliberalen Verein zum Tode von Franz Adickes veröffentlichte Postkarte feiert einen „großen" Mann als Alleinverantwortlichen für die Entwicklung der Stadt.

B 447
Bismarck steht zwischen der Versammlung von Männern, denen Bedeutung im Reich von 1871 zugeschrieben ist. Der Reichskanzler, gewöhnlich in Uniform, ist bürgerlich gekleidet. Militärs fehlen. Zu den Dargestellten gehört Leopold Sonnemann.

B 441
Das Bild nimmt nicht nur Partei für diejenigen, die Bismarcks Reichsgründung unterstützten. Neben Sozialisten wie Wilhelm Liebknecht gehört auch Friedrich Stoltze zu den Dargestellten. Die Fresken sind im Zweiten Weltkrieg verbrannt. Vernichtet ist ein wichtiger Beleg für die zeitgenössische Wahrnehmung Leopold Sonnemanns als herausragende Persönlichkeit der Reichsgründungszeit.

1. Harnack. 2. Schopenhauer. 3. Mommsen. 4. Treitschke. 5. Helmholtz. 6. Ranke. 7. Pape. 8. Windhorst. 9. Stumm. 10. Böcklin. 11. Wallot. 12. Menzel. 13. Fontane. 14. Siemens. 15. Dubois-Reimond. 16. Storm. 17. Bötticher. 18. Kardorf. 19. Mittnacht. 20. Rothschild. 21. Begas. 22. Ketteler. 23. Bodelschwinck. 24. Wagner. 25. Liszt. 26. Joachim. 27. Bülow. 28. Brahms. 29. Varrentrapp. 30. Langenbeck. 31. Virchow. 32. Liebig. 33. Koch. 34. Pettenkofer. 35. Stolze. 36. Jordan. 37. Heise. 38. Spielhagen. 39. Wildenbruch. 40. Freitag. 41. Nietzsche. 42. Fischer. 43. Zeller. 44. Sybel. 45. Simson. 46. Lenbach. 47. Delbrück. 48. Bismarck. 49. Maibach. 50. Falck. 51. Hohenlohe. 52. Caprivi. 53. Miquel. 54. Lasker. 55. Bennigsen. 56. Stephan. 57. Sonnemann. 58. Forckenbeck. 59. Schmoller. 60. Lassalle. 61. Liebknecht. 62. Richter. 63. Mumm v. Schwarzenstein. 64. Adickes. 65. Krupp. 66. Wiechern. 67. Denkmal Kaiser Wilhelm des Großen.

VERGESSEN UND ERINNERN – ZUR REZEPTION LEOPOLD SONNEMANNS

Anna Schnädelbach

B 503 Vor dem Portal des Jüdischen Friedhofs an der Rat-Beil-Straße versammelt sich am Begräbnistag Leopold Sonnemanns die Trauergemeinde. Ein berittener Polizist observiert sie.

B 504 Die Kranzschleife im Zentrum der Fotografie ist Leopold Sonnemann, dem „Sozial-Politiker" gewidmet.

Leopold Sonnemann starb am 30. Oktober 1909 – einen Tag nach seinem 78. Geburtstag. Die Frankfurter Zeitung veröffentlichte am 31. Oktober auf der Titelseite ihres zweiten Morgenblattes einen ganzseitigen Nachruf. Der nicht bezeichnete, also die Meinung der gesamten Redaktion widerspiegelnde Artikel würdigt Sonnemanns Lebenswerk und seine Bedeutung und zieht folgendes Fazit: „Er war ein Mann, den sein rastloses Tun, die Fülle und Trefflichkeit seiner Anregungen, sein konstruktives organisatorisches Talent, sein mehr als fünfzigjähriges so ungemein fruchtbares Tagwerk in der Stadt und im Staate den ersten Namen unter den Zeitgenossen beigestellt hat und zu historischer Bedeutung erhob. […] uns tröstet und erhebt aber auch mit Vielen der Gedanke, dass er unsterblich ist in den Werken, die er geschaffen hat und dass wir ihn am besten ehren, wenn wir in seinem Sinne weiter wirken."[1]

An der Beerdigung Sonnemanns auf dem jüdischen Friedhof an der Rat-Beil-Straße nahm eine Trauergemeinde aus allen Bereichen der Frankfurter Gesellschaft, aber auch weit darüber hinaus, teil. Der demokratische stellvertretende Stadtverordnetenvorsteher und Justiziar der Frankfurter Zeitung Dr. Moritz Hertz (1871 – 1940) stellte fest: „Ein Leben, erfüllt von reicher, segenbringender Arbeit für die Allgemeinheit ist abgeschlossen. Die Erinnerung an Leopold Sonnemann aber wird hier an der Stätte dieses Wirkens fortleben in Generationen: Nach hundert Jahren klingt sein Wort und seine Tat dem Enkel wider."[2] Sowohl Hertz als auch der Redaktion schien es undenkbar, dass Leopold Sonnemanns Wirken vergessen werden und nicht ins Gedächtnis von Stadt und Nation eingehen könnte.

Die Beiträge dieses Buches belegen die Vielfältigkeit des Wirkens Leopold Sonnemanns, für die der Begriff des Mentors der Entwicklung Frankfurts zur modernen Großstadt vorgeschlagen wird. Von einem „Fortleben in Generationen" und „Widerklingen" des Wirkens des Mentoren nach, wie Hertz vorauszusehen meinte, „hundert Jahren" im kommunikativen oder aktuellen Gedächtnis der Stadt kann indes nicht die Rede sein. Die Wahrnehmung Leopold Sonnemanns der letzten Jahrzehnte konzentrierte sich auf sein ohne Zweifel bedeutendes Wirken als Verleger der Frankfurter Zeitung, Gründer der Frankfurter Societät und als „Nestor der Frankfurter Presse".[3] Sie konzentrierte sich auf den Liberalen oder Mitbegründer der Sozialdemokratie, was Sonnemanns politisches Denken und Handeln verfehlt. Sonnemanns Anteil an der Verwirklichung der wichtigsten städtischen Projekte Frankfurts in der zweiten Hälfte des 19. Jahrhunderts ist nur in Umrissen bekannt, auch wenn in den 1970er und 1980er Jahren einzelne Untersuchungen und zwei Ausstellungsprojekte Aspekten gewidmet waren, die über seine Verlegertätigkeit hinaus gingen.[4] Die im Nachruf seiner Zeitung unterstellte Unsterblichkeit „in den Werken" gilt nur begrenzt. Die hier ebenfalls angesprochene „historische Bedeutung" verweist auf den eher erstaunlichen Widerspruch zwischen der Bedeutung, die 1909 dem Toten zugeschrieben wird, und seiner geschichtswissenschaftlichen Rezeption. Auch in der geschichtswissenschaftlichen Betrachtung Frankfurts am Main stehen andere im Vordergrund. Sonnemann war überdies keine Person – dies zeigen erhaltene Zeugnisse –, die sich mit ihrem Engagement in den Vordergrund, sondern in den Dienst der Sache stellte. Dies verstärkte die Tendenz, andere als Hauptinitiatoren anzusehen. Der Verfasser einer 1910 verfassten biographischen Skizze wusste: „fast keine der wichtigen Fragen des kommunalen Lebens ist ohne seine Mitwirkung gelöst worden."[5] Die Tatsache, dass auf Sonnemanns Beerdigung der Oberbürgermeister fehlte und auch sonst die Stadt nicht offiziell vertreten war, ist vor diesem Hintergrund rätselhaft: War dies vom Verstorbenen so gewollt? Manches spricht, wie wir sehen werden, dafür. Es sprachen auf der Trauerfeier Freunde und Weggefährten Sonnemanns, die ihm als Demokraten nahe standen.

Das kommunikative Gedächtnis, das bis zu drei Generationen umfassen kann, hätte lange wirken können – vielleicht sogar die hundert Jahre, nach denen, laut Hertz' Überzeugung, die Erinnerung an Sonnemann den Enkeln „widerklingen" werde.[6] Den unumkehrbaren Bruch in der Erinnerung an Leopold Sonnemann bedeutete der Nationalsozialismus. Die Tatsache, dass die Sonnemanns Juden waren, die demokratische Tradition der Zeitung und damit nicht zuletzt die demokratischen Ideale der 1848er, die Sonnemann geprägt hatten, standen im krassen Widerspruch zum Nationalsozialismus. Im Kaiserreich hatte die Frankfurter Zeitung trotz Repressionen der preußischen Obrigkeit ihre Linie weiter- und in der Weimarer Republik ganz im Sinne Sonnemanns das Ziel verfolgt, „der zunehmenden Polarisierung der politischen Kräfte entgegenzuwirken, die demokratische Mitte zu unterstützen und die Institutionen der Verfassung zu stärken."[7] Nationalsozialismus und Zweiter Weltkrieg bedeuteten unwiederbringliche Verluste der Überlieferung zu Leopold Sonnemann. Der Nationalsozialismus zerstörte nicht nur dessen geistiges, sondern auch physisches Erbe als „Mentor": Seine Enkel, die Zeitung und Verlag von 1910 an geführt hatten, mussten 1934 emigrieren,

B 513 Die Frankfurter Societäts-Druckerei um 1930, im Vordergrund die Schaufensterauslage des Illustrierten Blattes, ab 1948 Frankfurter Illustrierte. Mit der Herausgabe einer Illustrierten ab 1913 passte sich die Societät dem veränderten Medienmarkt an.

B 516 Die Villa in der Taunusanlage 5, Wohnhaus Leopold Sonnemanns, wurde nach dem Verkauf an die Deutsche Reichsbank 1930 abgerissen. Der Verkauf hing vermutlich mit den wirtschaftlichen Problemen der Frankfurter Zeitung zusammen.

die Frankfurter Zeitung wurde 1943 verboten. Das Firmenarchiv der Frankfurter Zeitung und der persönliche Nachlass Sonnemanns wurden Opfer des Vernichtungswillens von NS-Funktionären und der Bombardierung. Das Frankfurt des späten 19. Jahrhunderts als gebautes Zeugnis des Wirkens Sonnemanns wurde nachhaltig zerstört. Die Erinnerung an den Mentor, die vor 1933 im Alltagsgedächtnis präsent gewesen war, brach weg. Ziel des nationalsozialistischen Terrors war es, mit der Vertreibung und Ermordung der Juden auch die Erinnerung an sie auszulöschen. Dennoch ist es möglich, den Mentor zu dokumentieren und an eine oder vielleicht auch die Lichtgestalt der demokratischen Moderne Frankfurts zu erinnern. Der erste Grund dafür ist die Präsenz Leopold Sonnemanns im kulturellen Gedächtnis, sind die zahllosen Spuren eines sowohl politisch, sozial, ökonomisch wie kulturell engagierten stadtbürgerlichen Lebens. Ihre Vernichtung hätte die Überlieferung Frankfurts zwischen Freier Stadt und der Stadt am Vorabend des Ersten Weltkriegs in ihrer Substanz gefährdet.

Anlass für das Projekt, zu dem die Ausstellung „Frankfurts demokratische Moderne" im Historischen Museum Frankfurt am Main gehört, war die hundertste Wiederkehr des Todesjahres Leopold Sonnemanns. Daraus folgte wie selbstverständlich die Frage nach der Gesamtheit von Persönlichkeit und Wirken. Autoren und Herausgeber gehören zwar zu jenen Enkeln in hundert Jahren, die Moritz Hertz bei seiner Trauerrede 1909 ins Visier nahm, aber es wäre verwegen, das von Hertz prophezeite „Nachklingen" als Motiv oder Faktum zu vermuten. Die Ergebnisse des Projekts legen viel mehr nahe, ob es nicht an der Zeit ist, „Wort und Tat" Leopold Sonnemanns wieder zum Klingen zu bringen.

1909 bis 1933: Leopold Sonnemann in allen Facetten

An drei Beispielen wird deutlich, dass Leopold Sonnemanns Bedeutung noch zu seinen Lebzeiten offiziell gewürdigt wurde. An den Feiern seines 70. Geburtstags 1901, der Benennung der Sonnemannstraße im Frankfurter Ostend 1906 und dem Fresko „Im neuen Reich", das Ferdinand Brütt zwischen 1905 und 1913 für den Bürgersaal des neuen Rathauses schuf. Wichtige Quellen für das Bild Sonnemanns zur Zeit seines Todes und danach sind zudem zeitgenössische Nachrufe auf seine Person und Äußerungen, die zu seinem 100. Geburtstag 1931, gleichzeitig das 75. Jahr des Bestehens der Frankfurter Zeitung, publiziert wurden.

Die erste große Würdigung der vielfältigen Tätigkeiten Sonnemanns waren die Feiern zu seinem 70. Geburtstag am 29. Oktober 1901. Sie erstreckten sich über mehrere Tage. Reden und Erwiderungen Leopold Sonnemanns wurden in einer Schrift der Frankfurter Societät dokumentiert.[8] Die lange Liste der Gratulanten umfasst den Frankfurter Oberbürgermeister, den Stadtverordnetenvorsteher und Institutionen wie Museen und Bibliotheken, Vereine und Parteien. Der Jubilar reagierte auf euphorische Würdigungen seines Wirkens gelegentlich, aber nicht nur, mit amüsierter Bescheidenheit. Gleichzeitig aber betonte er in seinen Erwiderungen, auch gegen die vorgebrachten Komplimente, was ihm wichtig war. So antwortete er bereits durchaus kritisch auf das Lob und mit einem Credo zur Bedeutung des Gemeinwesens auf die Würdigung von Oberbürgermeister Adickes. Dieser hatte betont, dass Sonnemann in den „großen Fragen Frankfurts stets in der ersten Reihe" gestanden habe. Sonnemann darauf: „Wie ist es zu dieser mich außerordentlich ehrenden Feier gekommen? Ich weiß es nicht. Alle diejenigen, welche an den Vorbereitungen theilgenommen haben, werden das Zeugnis ablegen müssen, dass ich eine solche Feier nicht gesucht habe. […] Ich habe sie aber auch in dieser Ausdehnung nicht verdient. […] Vielfach ist es nur Zufall, dass gerade mein Name mit einer Anzahl von durchgeführten Neuschöpfungen und Reformen verknüpft ist. Ein Verdienst darf ich allerdings für mich in Anspruch nehmen. Das ist: frühzeitig die Aufmerksamkeit der Bürgerschaft auf die sozialpolitischen Fragen gelenkt zu haben. […] Neben der Thätigkeit der Behörden muß aus der Mitte der Bürgerschaft mancherlei geschehen, um den unter der Nachwirkung politischer und wirtschaftlicher Krisen gesunkenen Muth der Bevölkerung wieder aufzurichten. Auch hierfür haben sich alle Zeit thatkräftige und einsichtige Männer gefunden, die neue Ideen brachten und gemeinsam erfolgreich durchzuführen verstanden. Das Verdienst des Einzelnen ist dabei immer nur ein bescheidenes."[9] Die Dinge, die Leopold Sonnemann am Herzen lagen, sollten im Vordergrund stehen, nicht die Person. Zugleich wandte er sich gegen ein Politikverständnis, das Politik auf das Handeln „aus der ersten

Reihe" verkürzt. Leopold Sonnemann wehrte sich gegen den Personenkult, den Adickes mit seiner Rhetorik der „ersten Reihe" fast klassisch zitierte. Bei der Trauerfeier 1909 war, wie bereits erwähnt, die Stadt nicht offiziell vertreten. Politische Freunde und Weggefährten sprachen. Im Vergleich mit der „staatstragenden" Geburtstagsfeier, auf die Leopold Sonnemann offensichtlich keinen Einfluss genommen hatte, kamen so die „Dinge", die ihm am Herzen lagen, zur Sprache, sehr wahrscheinlich, dass er selbst, veranlasst durch die Geburtstagsfeier, dafür gesorgt hatte, dass „staatstragende Worte" auf der Trauerfeier fehlten und die Betrauerung des Demokraten relativierten. Dies ist umso wahrscheinlicher, weil der Magistrat Leopold Sonnemann sonst in die Gedächtniskultur der Stadt einband.

1906, noch zu Lebzeiten Sonnemanns, beschloss der Magistrat die Benennung der heutigen „Sonnemannstraße".[10] Nicht ohne Grund wurde eine Straße im Ostend ausgewählt, die zum Osthafen führte, dem zeitgenössisch größten kommunalen Entwicklungsprojekt im Deutschen Reich, für das Sonnemann votiert hatte. Aus heutiger Sicht erscheint die Straße zwar wenig geeignet für das Sonnemann'sche Patronat, 1906 war die Benennung aber fraglos aller Ehren wert und zudem war es üblich, vor einer Straßenbenennung den Tod des zu Ehrenden abzuwarten.

Eindrücklichstes Zeugnis der stadtoffiziellen Würdigung Sonnemanns wohl noch in den späten Lebensjahren ist die Präsenz auf Ferdinand Brütts Fresko „Im Neuen Reich" im Bürgersaal des neuen Rathauses, das die als wichtig erachteten Männer des Kaiserreiches abbildet. Die Ausmalung des Bürgersaals mit Motiven der nationalen Geschichte des 19. Jahrhunderts machte aus dem Bürgersaal einen Ort der stadtoffiziellen Geschichtskultur. Leopold Sonnemann ist wie selbstverständlich dabei. Man kann die Darstellung zudem als eine Abbildung des „Universums" Sonnemanns lesen, da ein großer Teil der Abgebildeten in irgendeiner Form in Beziehung zu Sonnemann oder – wenn nicht mit ihm persönlich – zu seiner Frankfurter Zeitung standen. So sind hier Freunde und politische Weggefährten abgebildet, aber auch Widersacher, wie eben Otto von Bismarck, der in diesem Fresko im Zentrum der Gruppe steht. Sonnemann steht in der Gruppe der Dargestellten hinter ihm und in unmittelbarer Nachbarschaft zu Reichspostminister Stephan. Die Erinnerung an Sonnemann als Initiator der elektrotechnischen Ausstellung und das Interesse an der Entwicklung der Kommunikation könnten ein Grund hierfür gewesen sein. Die Zerstörung der Fresken des Bürgersaals im Zweiten Weltkrieg vernichtete die wichtigste Erinnerung an Leopold Sonnemann, die im Medium des Freskos die „historische Bedeutung" repräsentierte, von der im Nachruf 1909 die Rede war und im kulturellen Gedächtnis verankerte.

In den Nachrufen zu Sonnemanns Tod und in den Bewertungen von Zeitgenossen stand der Verleger und Zeitungsmann bei weitem nicht im Vordergrund. Es wurden entweder Aspekte betont, die sich der heutige Betrachter neu erschließen muss, oder es wurde sehr deutlich Sonnemanns Bedeutung gewürdigt, die auch weit über Stadt und Zeitung hinausreichte. Zahlreiche Würdigungen Sonnemanns erschienen in allen großen nationalen, aber auch internationalen Zeitungen. So schrieb die „New York Times" in ihrem Nachruf vom 1. November 1909: „But on the whole his greatest contribution to contemporaneous history was in the domain of finance, especially in the regulation of the currency and the creation of the national banks"[11] und bezog sich explizit auf Sonnemanns Einsatz für die Einführung einer einheitlichen Markwährung und die Gründung der Reichsbank als seine größte Leistung. Selbst die Zeitungen der politischen Gegner zollten Sonnemann Respekt. So bekundete auch die Vossische Zeitung, die in der Vergangenheit nicht immer ein Freund des Blattes Sonnemanns und seiner Politik

B 510 Heinrich Simon (1880–1941) war seit 1910 Verleger und Vorsitzender der Redaktionskonferenz der Frankfurter Zeitung. Seit 1916 war er Mitverleger und Geschäftsführer des von ihm aufgebauten Buchverlags der Frankfurter Societäts-Druckerei. 1934 emigrierte er nach Palästina und später mit Frau und Tochter in die USA.

B 512 Kurt Simon (1881–1957) leitete zusammen mit seinem Bruder Heinrich Verlag und Zeitung bis 1934. Er emigrierte in die USA und wird sich nach 1945 an Versuchen beteiligen, die Frankfurter Zeitung neu zu beleben.

B 514 Der Aufsichtsrat der Frankfurter Societät in den 1920er Jahren, von links: Georg Ambach, Rudolf Schwander, Heinrich Simon, Therese Simon, Kurt Simon, Friedrich von Payer und Rudolf Gutmann. Payer, als Vorsitzender der Deutschen Volkspartei Nachfolger Leopold Sonnemanns, war noch zu dessen Lebzeiten Mitgesellschafter geworden.

B 515 Der Aufsichtsrat der Frankfurter Societät in den 1920er Jahren, von links: Georg Ambach, Rudolf Schwander, Heinrich Simon, Friedrich von Payer, Rudolf Gutmann, Ludwig Cohnstaedt, Moritz Hertz, Fritz Sabersky und Siegfried Nassauer. Cohnstaedt war Kollege und politischer Weggefährte Leopold Sonnemanns, der Rechtsanwalt Hertz Mitglied der Demokratischen Partei gewesen. Nassauer war ein Sohn von Sonnemanns Cousine Ida.

gewesen war, dass Sonnemann es verstanden habe, die Frankfurter Zeitung zu dem „führenden Organ" auszugestalten und dass er einen bedeutenden Einfluss auf die politische Meinungsbildung auch als Stadt- und Reichspolitiker gehabt habe.

Beachtung verdient auch der Nachruf der technischen Mitarbeiter der Frankfurter Societät: „Sein Hinscheiden wird von uns auf das innigste betrauert. Wir verlieren in dem Verstorbenen den gütigen Prinzipal, der in wahrer Menschenliebe für seine Arbeiter sorgte und dem das Wohl eines jedes Einzelnen am Herzen lag. Die von Leopold Sonnemann stets für seine Arbeiter bewiesene Fürsorge, die von ihm geschaffenen Wohlfahrtseinrichtungen für Krankheitsfälle, Erholungsurlaub und Altersversicherungskasse, Rentenkasse für Witwen und Waisen sichern ihm für alle Zeit ein dauerndes und ehrendes Andenken." [12] Zeitung und Druckerei waren auch immer der Ort gewesen, an dem Sonnemann seine Vorstellungen von einem wirtschaftlich und gleichzeitig sozial agierenden Betrieb verwirklicht sehen wollte.

Die Bedeutung Sonnemanns, die weit über die Zeitung hinausreichte, betonte die im Verlag der Frankfurter Zeitung erscheinende Kleine Presse auf einer Titelseite zwei Jahre nach seinem Tod: „Leopold Sonnemann. (Zur Wiederkehr seines Todestages). Am 30. Oktober 1909, einen Tag nach Sonnemanns achtundsiebzigster Geburtstagsfeier, schloss dies reiche Leben ab, das mit seinen unermüdlichen Arbeitsleistungen und Triebkräften – wir fühlen es mit wachsendem Abstand in steigendem Maß – nicht nur unsern engeren Kreis gefördert hat, nicht nur die Stadt Frankfurt und die Entwicklung der Volkspartei, sondern überdies die Gesamtheit der guten Sache der Freiheit und des Fortschritts aller Kultur." [13] Die „gute Sache der Freiheit" in enger Verbindung mit dem „Fortschritt aller Kultur" – damit hatte die „Kleine Presse" das demokratische Credo ihres Gründers treffend formuliert. Die Abbildungen des Gemäldes von Max Schüler, das seit 1901 im Redaktionssaal der Frankfurter Zeitung hing, und von Sonnemanns Grabstein sind aussagekräftig mit der Abbildung „Totenpalast in Alt-China – Kaisergrabtempel und Opferstein" kontrastiert. Das Portrait steht für die Bedeutung des Individuums, der schlichte Grabstein für die Gleichheit der Menschen, der „Totenpalast" ist Beispiel für Kaiser- und Herrscherkult. „Alt-China" soll suggerieren, dass er veraltet ist, der geneigte Leser errät, dass die Spitze gegen den sehr gegenwärtigen Kult um den deutschen Kaiser gerichtet ist.

Aus den Anlässen des Gedenkens an Sonnemann ragt in den späteren Jahren sein 100. Geburtstag 1931 heraus, an dem sich besonders die Frankfurter Zeitung ihres Gründers erinnerte – und zwar wieder in der Gesamtheit seines Schaffens. Es finden sich in der Sonderausgabe zum 100. Geburtstag, der gleichzeitig auch den 75. Geburtstag der Zeitung selbst bildete, zahlreiche Äußerungen zu Sonnemann und zu seiner Frankfurter Zeitung von prominenten Zeitgenossen wie August Bebel, Max Weber oder Gerhart Hauptmann. Es werden auch – heute zum großen Teil nicht mehr erhaltene – Selbstzeugnisse Sonnemanns zitiert, so ein Brief an den späteren Oberbürgermeister Johannes Miquel, dessen Ernennung Sonnemann ausdrücklich gefördert hatte. In diesem Brief steht der Satz, der als Motto diesem Buch vorangestellt ist: „Um keinen Preis möchten wir Frankfurt mit Berlin vertauschen." [14] Auf der Titelseite der Jubiläumsausgabe findet sich eine Beurteilung Sonnemanns und der Rolle der Zeitung, die das ausdrückt, was in den folgenden Jahren das weitere Schicksal des Blattes und die Erinnerung an Sonnemann wesentlich prägen würde: „Um zu erkennen, was nicht einem Teil des Volkes, sondern allen am besten taugt, bedarf es eines besonders hohen Sinnes für Gerechtigkeit. Leopold Sonnemann besaß ihn und gerade das befähigte ihn auch Menschen um sich zu scharen, die nicht ihm, sondern dem in ihm verkörperten Prinzip dienten. Das befähigte ihn, trotz seines persönlichen Einsatzes, schon relativ frühzeitig seinem Werke, auch von ihm losgelöst, selbständig Leben zu geben. Weil er die Sonnemann-Zeitung schuf, blieb sie ohne ihn bestehen bis auf diesen Tag. Und sie wird solange bestehen, als ihr Lebensbaum mit seinen Wurzeln in jene Erdmassen reicht, aus denen er heute wie am ersten Tage sich Dasein und Kraft holt." [15] Das Zurücktreten Sonnemanns hinter die Sache, hinter das „Prinzip", das sich in besonderer Weise in seiner Zeitung als Medium dieses Prinzips verkörperte, ermöglichte dessen Weiterleben, gewährleistete aber gleichzeitig auch das Erinnern an seine eigene Person. In dem Moment jedoch, als das Prinzip, auf dem die Zeitung beruhte, von außen seiner Grundlagen beraubt wurde, musste auch die Erinnerung an Leopold Sonnemann ihre Grundlage verlieren. Damit liefen diejenigen Zeugnisse der Erinnerung an Sonnemann Gefahr, in Vergessenheit zu geraten, die vor 1933 bereits Teil des kulturellen Gedächtnisses geworden waren.

Der Bruch: 1933 bis 1945

Bereits in den späten 1920er und frühen 1930er Jahren vollzogen sich Änderungen in Frankfurter Zeitung und Verlag, die entscheidenden Einfluss auf das Andenken Leopold Sonnemanns und die Präsenz seiner Familie – nun in Gestalt der Enkel Heinrich und Kurt Simon – hatten. Zwar saßen im Vorstand der Frankfurter Societäts-Druckerei seit dem Tod Sonnemanns bis Ende der 1920er Jahre noch immer Freunde und Weggefährten wie Ludwig Cohnstaedt oder Friedrich von Payer. Darüber hinaus hatte Siegfried Nassauer, der Sohn von Leopold Sonnemanns Cousine Ida, viele Jahre in Zeitung und Verlag gewirkt. Die sinkenden Absatzzahlen der Zeitung, die mit der Weltwirtschaftskrise einhergingen, führten jedoch dazu, dass das Unternehmen und damit die Familie Simon-Sonnemann die Hilfe externer Investoren annehmen musste. Dies war nicht im Sinne der von Leopold Sonnemann geschaffenen Satzung der Zeitung, die jede Einflussnahme von Industriefirmen, Banken sowie von öffentlich-rechtlichen Körperschaften ausschloss.[16] Die Zeitung wurde jedoch, um weiter existieren zu können, 1929 mit Unterstützung der neu gegründeten Imprimatur-GmbH, die 48 Prozent der Anteile der Frankfurter Societät übernahm, saniert, wobei die Familie Simon-Sonnemann weiterhin 51 Prozent der Anteile hielt.[17] Die Frage, ob die neue wirtschaftliche Grundlage der Zeitung Auswirkungen auf deren politische Richtung gehabt hatte, wurde sowohl in der zeitgenössischen Presse als auch in der Forschung nach 1945 diskutiert. Auch die angebliche Nähe der Imprimatur GmbH zum IG-Farbenkonzern wurde immer wieder thematisiert.[18] Die Familie konnte jedoch auf der neu geschaffenen Grundlage bis 1933 das Bestehen von Zeitung und Verlag sichern.

Mit der „Machtergreifung" der Nationalsozialisten begannen im Frühjahr 1933 erste Repressionen gegen die Zeitung unter der Regie lokaler Verbände der SA und der NSDAP, dies geschah aber noch nicht auf Anweisung der zentralen Berliner Parteistellen oder des Reichspropagandaministeriums.[19] Es gab andere Gründe dafür, dass die Familie Simon-Sonnemann ein Jahr später endgültig aus Zeitung und Verlag ausschied: die zu Beginn des Jahres 1933 wieder offensichtlichen wirtschaftlichen Probleme der Zeitung. Schon zu diesem Zeitpunkt wurde darüber beraten, den Aktienanteil der Familie Simon-Sonnemann weiter zu verringern, um sie einem neuen Investor anbieten zu können.[20] Dann erst kamen politische Interessen des Regimes dazu. So hatten die Vertreter der Imprimatur GmbH aus Berlin Ende 1933 eindeutige Signale erhalten, dass die Regierung das Ausscheiden der „Sonnemanns" aus dem Betrieb wünschte. In der Hoffnung, so Günther Gillessen, ein Ausscheiden der Familie würde verhindern, dass ein von der Regierung bestimmter Verlagsleiter eingesetzt wurde und um damit die noch vorhandene relative redaktionelle Freiheit zu gewährleisten, trat folgender „Sanierungsplan" in Kraft: Die Brüder Heinrich und Kurt Simon sowie ihre Mutter Therese, Leopold Sonnemanns einzige Tochter, traten ihre sämtlichen Anteile an die Imprimatur GmbH ab und zogen sich aus Vorstand und Aufsichtsrat zurück. Obwohl beide Simon-Brüder für mehr Entschädigung gekämpft hatten – immerhin hatten sie in den wirtschaftlich schweren Zeiten große Teile ihres privaten Vermögens in das Unternehmen investiert –, bekamen sie, wie zu Beginn der Verhandlungen angeboten, lediglich eine Pension von 12 000 Mark pro Jahr für die Dauer von zehn Jahren zugesprochen.[21]

Auch ohne den Rückzug der Erben Sonnemanns wäre mit dem am 1. Januar 1934 in Kraft getretenen „Schriftleitergesetz" eine nachhaltige Zäsur erfolgt. Es bestimmte, dass jede Zeitung einen Schriftleiter „arischer" Abstammung vorweisen musste. Die nationalsozialistische Führerideologie beseitigte die Redaktion als Kollektiv gleichberechtigter Redakteure ohne Chefredakteur. Heinrich Simon musste nach fast dreißig Jahren den Vorsitz der Redaktionskonferenz abgeben.[22] Heinrich und Kurt Simon verließen Deutschland im gleichen Jahr. Kurt ging über London nach New York, Heinrich zunächst nach Palästina, wo er mit Toscanini das Symphonieorchester Tel Aviv gründete, dann mit Frau und Tochter nach Washington D.C., wo er 1941 an den Folgen eines bis heute ungeklärten Überfalls starb. Therese Simon-Sonnemann, 1934 bereits weit über 70 Jahre alt, die mit dem Verleger Felix Simon verheiratet gewesen war, lebte zurückgezogen bis zu ihrem Tod in den späten 1930er Jahren in Berlin. Derjenige Teil der Familie Simon-Sonnemann, der die Zeitung im Sinne Leopold Sonnemanns weitergeführt hatte, war somit aus Frankfurt und damit dem Wirkungskreis ihres berühmten Vaters und Großvaters vertrieben. In die Jahre bis 1938 fällt zudem das allmähliche Verschwinden von Spuren im Frankfurter Stadtbild. Bereits 1930 war die Villa Leopold Sonnemanns in der Taunusanlage 5 abgerissen und das Grundstück – wohl aus wirtschaftlichen Gründen – verkauft worden. Es gehörte zunächst der Reichsbank, nach 1945 der Bank deutscher Länder, danach bis heute der Bundesbank. Die „Sonnemannstraße" wurde umbenannt und ab 1936 im Frankfurter Adressbuch als „Max Eyth-Straße" geführt.[23]

Auch in Höchberg, dem Geburtsort Leopold Sonnemanns, wurde eine Gedenktafel, die 1931 / 32 vom Verschönerungsverein zu Sonnemanns 100. Geburtstag gestiftet worden war, 1933 entfernt, die Sonnemannstraße des Ortes in „Adolf-Hitler-Straße" umbenannt.[24]

B 602 Am 13. März 1933, einen Tag nach der letzten Kommunalwahl, besetzte ein SA-Trupp das Rathaus und verhaftete Magistratsmitglieder und Stadtverordnete. Das Hissen der Hakenkreuzfahne auf dem Balkon des Römers symbolisierte die „Machtergreifung" in der „Stadt der Juden und Demokraten".

Als noch immer deutlich sichtbares Zeichen des Sonnemann'schen Wirkens in Frankfurt und darüber hinaus blieb die Zeitung noch immer Medium seiner politischen Ziele. Dies betont Siegfried Kracauer, ehemaliger Mitarbeiter der Frankfurter Zeitung bis August 1933, in einem Artikel der „Encyclopedia of the Social Sciences" von 1937: „He directed the enterprise in the same fearless, democratic liberal spirit, which he evinced as a Reichstag deputy from 1871 to 1876 and from 1878 to 1884. [...] Sonnemanns great aim was to transform the old absolutist military state into a bourgeois constitutional state. He made skilful use of his paper in emphasizing these points. Under his direction the *Frankfurter Zeitung* became the most important German newspaper and the most influential organ of German liberal opinion."[25] Mit Siegfried Kracauer würdigte Leopold Sonnemann ausgerechnet ein Mann, mit dem die Frankfurter Zeitung nicht immer wohlwollend umgegangen war und dessen Abschied aus der Redaktion 1933 als ein deutliches Zeichen der veränderten politischen Verhältnisse gewertet werden kann.[26]

Waren Familie und öffentlich sichtbare Zeugen Sonnemanns aus dem Stadtbild verschwunden, musste sich der nächste Angriff des Regimes folglich gegen die Zeitung selbst richten. Sonnemann war dort neben dem „Prinzip", das seine Zeitung noch immer prägte, auf zweifache Weise bildlich deutlich präsent: Im Kopf der Zeitung und im Haus des Blattes in der Großen Eschenheimer Straße mit seinem Portrait, unter dem sich jeden Tag die Redaktionskonferenz versammelte, wie sich Helga Hummerich erinnerte. Sie war langjährige Mitarbeiterin Benno Reifenbergs, der seit 1924 Feuilletonleiter und von 1934 bis 1938 Nachfolger Heinrich Simons in der Redaktionskonferenz war: „Darauf versammelten sich etwa zwanzig Redakteure in dem lang gestreckten, leicht vom Jugendstil geprägten Raum mit den dunkel gebeizten Holzwänden, dem mit grünem Filz bespannten Tisch, den hochlehnigen Stühlen und schmuckvollen Beleuchtungskörpern. Die Fenster sahen auf das Palais aus rosa Sandstein. [Gemeint ist das Palais Thurn und Taxis]. An der schmalen Kopfwand hing ein Portrait von Leopold Sonnemann, das später, als es verlangt wurde, durch eine Landkarte ersetzt wurde. Ein Bild von Hitler kam niemals an diese Stelle, die FZ war vermutlich die einzige Institution, oder eine der ganz wenigen, der eine solche Abwehr gelang."[27] Hier stimmt Hummerichs Erinnerung nicht überein mit einem Foto, das der Frankfurter Fotograf Paul Wolff im Sommer 1943 gemacht hat. Es zeigt den Konferenzsaal mit einem Hitler-Portrait. Dieses wurde aber wohl nur in den letzten Wochen, so Günther Gillessen, zur Vorsicht aufgehängt. Der Redaktion, die

B 615 Redaktionszimmer der Frankfurter Zeitung 1943: Das 1906 für das Redaktionszimmer entstandene Portrait Leopold Sonnemanns wurde nach dem Novemberpogrom 1938 entfernt und durch eine Deutschland-Karte ersetzt. In den letzten Wochen vor der Schließung der Frankfurter Zeitung kam ein Portrait Hitlers an diesen Platz.

B 608 Nach den ersten Luftangriffen auf Frankfurt am Main im Zweiten Weltkrieg wurde die Setzerei in den verbunkerten Keller des Verlagsgebäudes in der Großen Eschenheimerstraße umgesetzt. Wendelin Hecht, der mit einem Setzer spricht, kam 1934 als Geschäftsführer und wurde 1943 durch einen Nazi-Funktionär ersetzt.

bis zur Schließung der Zeitung, wie es ein Redakteur ausdrückte, eine „Oase freien Meinungsaustausches, Keimzelle der Kritik" blieb, fehlte nach 1938 das Portrait des Gründers. Das Bild stand für ihn, der in seinem Testament die demokratische Zeitung als Aufgabe der Nachfolger verfügt hatte.

Das Verschwinden des Bildes ging einher mit der Tilgung des Eindrucks „Begründet von Leopold Sonnemann" im Zeitungskopf. In den Jahren 1936 / 37 hatte das Regime das noch abgelehnt. So entgegnete die Landesstelle des Reichsministeriums für Volksaufklärung und Propaganda Hessen-Nassau auf Anfragen der Gestapo Koblenz und Wiesbaden, warum der Kopf der Zeitung nicht geändert würde, dass eine Beseitigung „aus gewissen Gründen z. Zt. nicht zweckmäßig" sei. Auf diese „gewissen Gründe" wurde nicht näher eingegangen.[28] Nach dem Novemberpogrom 1938 erschien die von 1933 an erhaltene Erwähnung nicht mehr opportun. Das Ministerium verlangte die Tilgung des Gründernamens, am 15. November erschien die letzte Nummer der Zeitung mit der Erwähnung Sonnemanns.[29]

Den letzten Schritt der Zerstörung des Werkes und des Nachwirkens Leopold Sonnemanns bildeten die Entlassung der führenden Redaktionsmitglieder und die endgültige Schließung der Zeitung im Sommer 1943. Erster Anlass für Konflikte mit dem Regime war ein Artikel des Redakteurs Herbert Küsels – ausgerechnet desjenigen Mitarbeiters, der jahrelang als interner „Zensor" der Zeitung dafür gesorgt hatte, dass die Machthaber in den Artikeln keine Formulierungen fanden, die den Verfassern zum Nachteil gereicht hätten. Er veröffentlichte im März 1943 einen Artikel zum 75. Geburtstag des „Dichters der Bewegung" Dietrich Eckart, der Goebbels' Missfallen erregte und zu Küsels Verhaftung führte.[30]

Die Zeitung war dadurch wieder in den Blick der Machthaber und Hitlers selbst geraten, so schreibt Helga Hummerich: „In einer nachgelassenen Schrift des Reichspressechefs Dietrich (‚Zwölf Jahre mit Hitler') findet sich der Passus: ‚In der Osteria Bavaria in München hat er (Hitler) Bormann spontan den Befehl erteilt, die ‚Frankfurter Zeitung' einstellen zu lassen, ohne Rücksicht auf alle entgegenstehenden Einwände der Sachbearbeiter'."[31] Hitler hatte in „Mein Kampf" die Frankfurter Zeitung als typisches jüdisches Presseprodukt „gebrandmarkt": „Gerade für unsere geistige Halbwelt aber schreibt der Jude seine sogenannte Intelligenzpresse. Für sie sind die ‚Frankfurter Zeitung' und das ‚Berliner Tageblatt' gemacht, für sie ist ihr Ton abgestimmt und auf diese üben sie ihre Wirkung aus".[32] Der im April 1933 eingesetzte nationalsozialistische Oberbürgermeister Frankfurts erklärte, er wolle aus der Stadt der Rothschilds und der Frankfurter Zeitung wieder die Stadt Goethes machen. Die Stigmatisierung der Zeitung zum Beleg für die Verjudung Frankfurts war nicht originell, sondern eine Erfindung der kaiserzeitlichen Antisemiten, mit der schon Leopold Sonnemann verfolgt worden war.[33]

Zunächst wurden die führenden Köpfe des Blattes wie Benno Reifenberg und Geschäftsführer Wendelin Hecht entlassen, die Zeitung existierte jedoch noch ein paar Wochen weiter. Den Ausschlag für den Schließungsbefehl lieferte dann, so Günther Gillessen, der Vertreter des nur einen Tag abwesenden Pressechefs Otto Dietrich bei Hitler. Er legte diesem die Frankfurter Zeitung vor, was Dietrich bisher vermieden hatte, da er wusste, wie Hitler zu dem Blatt stand. Hitler habe einen Wutanfall darüber bekommen, dass die Zeitung noch immer erscheine, und die Schließung verfügt. Am 31. August teilte die FZ ihren Lesern in nüchternem Ton mit, dass die Frankfurter Zeitung „im Zuge der kriegswirtschaftlichen Maßnahmen" ihr Erscheinen einstellen werde.[34] Helga Hummerich erinnert sich: „Als die letzte Reichsausgabe der Frankfurter Zeitung gedruckt wurde, gingen wir aus der Redaktion hinunter in den Hof an die große Rotationsmaschine und sahen zu, wie die einzelnen Exemplare unter der Walze ans Licht drängten, glatt, sauber, scharf gefaltet wie frisch gemangelte Wäsche. [...] Wir wussten, dass etwas zu Ende ging, was unsere beste Lebenszeit ausgefüllt hatte, aber wir konnten es nicht glauben. Ich erinnere mich an den Satz: ‚Ein Gedanke, der stark genug gedacht worden ist, stirbt nie.' Wie sollte die FZ da jemals sterben?"[35]

Die Schließung führte zu vielen emotionalen Reaktionen bei den Lesern, zahlreiche Briefe dazu erreichten die Redaktion, die, so weit auffindbar, von der Gestapo konfisziert wurden. Den Verlust dessen, was die Frankfurter Zeitung ausmachte, formulierte ein 19-jähriger: „Nun soll dies alles zu Ende sein! Revolverblätter und Boulevardkanonen wie das Reich, der Stürmer und die SS-Schmiererei, die unlängst auf den Scheiterhaufen gehört hätten, sollen bestehen und die Frankfurter, die [die] wertvollste und beste redigierte Zeitung der Welt ist, die auch heute noch den Auslandsdeutschen die beste Stütze ist, soll eingehen. Das ist mir einfach unfassbar, und ich kann es mir höchstens so erklären, dass man einen Schritt zum Abgrund weiter gegangen ist."[36]

Auch wenn sich Helga Hummerich ein Ableben der Zeitung nicht hatte vorstellen können, erfolgte nach der geistigen die endgültige, die physische Zerstörung: „Zwar überlebte das Zeitungshaus um einige Monate, und in der vertrauten Umgebung fand man ein wenig Halt. Dort erschien jetzt ein neu gegründetes Lokalblatt, der Frankfurter Anzeiger, von einem kleinen Teil der früheren FZ-Mannschaft redigiert, allerdings unter einem NS-Verlagsleiter, einem Blutordensträger. Er war es, der in der letzten Nacht, bevor im März 1945 die Amerikaner in Frankfurt einrückten, das kostbare unersetzliche Archiv der FZ in Brand steckte."[37] Bereits im Januar

1944 war bei Bombenangriffen das Verlagshaus schwer beschädigt worden, der Großteil der Zeitungsarbeit hatte sich von da an im Luftschutzkeller abgespielt.

Benno Reifenberg und Dolf Sternberger, Leopold Sonnemanns Nachfolger bei der Frankfurter Zeitung, sorgten dafür, dass die Stadt, die für Leopold Sonnemann sein Frankfurt gewesen war, nicht vollständig verloren ging. Sie beauftragten den Frankfurter Fotografen Paul Wolff 1942, den Frankfurter Anlagenring zu fotografieren. Wolff vergrub die Filme, die auf diese Weise die Angriffe auf Frankfurt 1944 überstanden und 1970 von Günther Vogt und der Frankfurter Societät veröffentlicht wurden.[38] Ein Stück des Frankfurts Leopold Sonnemanns und seiner Nachkommen – so neben der Taunusanlage auch das Haus am Untermainkai, das Heinrich Simon lange bewohnt hatte – wurde auf diese Weise wenigstens fotografisch konserviert. Als Leopold Sonnemann in den 1840er Jahren in die Stadt kam, war der noch im Entstehen begriffene Anlagenring das architektonische Zeugnis der Öffnung der Stadt und einer weltbürgerlichen Gesinnung gewesen.

Bedingt durch die wirtschaftliche Krise der Zeitung und die erzwungene Emigration hatte Heinrich Simon seinen Plan einer umfassenden Biografie seines Großvaters nicht verwirklichen können. 1931 legte er eine Jugendgeschichte Leopold Sonnemanns auf der Grundlage des heute verlorenen Tagebuches des Großvaters vor.[39] Eine umfassende Biographie hätte fraglos dafür gesorgt, dass mit dem Nationalsozialismus nicht die Erinnerung an den Mentor verloren gegangen wäre. Neben der Festschrift „Einhundert Jahre Frankfurter Zeitung" von 1906, die Redakteure und Mitarbeiter herausgegeben hatten[40], findet sich zudem noch der Entwurf einer Geschichte der Frankfurter Zeitung von Siegfried Nassauer, der sich heute im Besitz der Frankfurter Societät befindet. Es gibt Hinweise, dass Nassauer biographische Aufzeichnungen benutzt hat, die Leopold Sonnemann seinem Privatsekretär Richard Blänsdorf diktierte.

Ein nachdrückliches Zeugnis dafür, dass die Erinnerung an Sonnemanns Wirken als Mentor auch außerhalb der Familie von einer Generation an die andere weitergegeben wurde, ist die Autobiographie Lulu Rosenfeld-Crailsheims.[41] Lulu war die Tochter von Henriette Crailsheim (* Schwarzschild, 1844–1929), die Leopold Sonnemann in den 60er Jahren des 19. Jahrhunderts kennen lernte. Henriettes Ehemann Ludwig war Redakteur der Frankfurter Zeitung. Von den Anfängen der Freundschaft hat die Mutter der Tochter erzählt. Lulu, die 1863 zur Welt kam, hat Leopold Sonnemann von klein auf kennen gelernt. Die erste Kapitelüberschrift der Autobiografie „Die schönste Frau und der bedeutendste Mann von Frankfurt a. M." wirkt nur auf den ersten Blick wie der Nachhall einer schwärmerisch-jungmädchenhaften Verehrung Leopold Sonnemanns, der Lulu im Palmengarten heiße Schokolade spendierte. Die Lektüre legt offen, dass die Autorin überaus gut informiert war. Erwähnt werden ein Gefängnisaufenthalt Leopold Sonnemanns, die Eröffnung des Palmengartens 1870, der Reichstagsabgeordnete und der Stadtverordnete. Lulu weiß von Sonnemanns Kunstreisen nach München, sie nennt Beispiele für seinen Einfluss in Theaterfragen. Als junge Frau nimmt sie 1881 am Jubiläumsfest der Frankfurter Zeitung im Palmengarten teil. Sie erwähnt Redakteure und Mitarbeiter der Frankfurter Zeitung. Selbst die Metapher „Oase in der Wüste" ist korrekt Leopold Sonnemann zugeschrieben. Die Mutter schenkte Sonnemann zum 70. Geburtstag eine von ihr angefertigte Stickerei mit Darstellungen der Schöpfungen Sonnemanns: Die heutige Alte Oper, das erste Städtische Schwimmbad, der Palmengarten, der Städelverein, die Internationale Elektrotechnische Ausstellung von 1891 und die Frankfurter Zeitung.[42]

Die Autobiografie ist ohne Jahresangabe als Privatdruck der Autorin nicht im Buchhandel erschienen. Der Text legt nahe, dass das Manuskript erst nach 1933 in Druck ging. Die Publikation in einem Verlag war damit ausgeschlossen. Gedruckt wurde es in der Druckerei Kornsand, die bis zu ihrer erzwungenen Schließung nach dem Novemberpogrom 1938 u. a. die Drucksachen für die Israelitische Gemeinde besorgte.

Lulu Rosenfeld-Crailsheim erfuhr von Heinrich Simons Plan einer Biografie Leopold Sonnemanns und übergab ihm den Briefwechsel ihrer Mutter mit dem Großvater Heinrich Simons.[43] Die Briefe sind nach 1945 nicht wieder aufgetaucht. Lulu Rosenfeld-Crailsheim ist wohl durch den gescheiterten Biografie-Plan Heinrich Simons zur Autobiografie angeregt worden. Sie spiegelt die lebendigen, weil selbst erfahrenen oder durch Erzählung gewonnenen Erinnerungen an den Mentor Leopold Sonnemann, die die Biografie Heinrich Simons nur detailreicher und umfassender bespiegelt hätte. Deutlich wird, dass und wie der nationalsozialistische Terror die Erinnerung an den Mentor ausschaltete und den Übergang aus dem kommunikativen in das kulturelle Gedächtnis brutal behinderte und unterband. Lulu Rosenfeld-Crailsheim blieb in Frankfurt am Main, wurde 1942 deportiert und in Treblinka ermordet. Moritz Hertz, der Redner am Grabe Sonnemanns, emigrierte 1938 in die USA.[44]

Nach 1945: Auf dem Weg ins kulturelle Gedächtnis

Die Rezeption Sonnemanns nach 1945 lässt folgende Tendenzen erkennen: Stand in den 1950er Jahren zunächst wieder der Zeitungsgründer und Verleger im Vordergrund, so wurden im Lauf der Jahre Sonnemanns zahlreiche Aktivitäten und Überzeugungen, für die die Zeitung auch immer das Medium gewesen war, langsam „wieder entdeckt" und gesellschaftlich-politisch neu bewertet. Wichtige Eckpunkte waren und sind hierbei Sonnemann und die Zeitung betreffende Jubiläen.

Unmittelbar nach dem Krieg und zu Beginn der 1950er Jahre dominieren jedoch zunächst Versuche, die Frankfurter Zeitung selbst wieder zu beleben. Zu einer Fortsetzung ihrer Arbeit in gleicher Weise wie vor 1943 kam es jedoch nicht. Benno Reifenberg und andere Weggefährten hatten nach 1945 zunächst gezögert, sich unter den Bedingungen der Besatzer dieser Aufgabe zu stellen, auch wenn es Verhandlungen zwischen dem früheren Redakteur Albert Oeser, Benno Reifenberg, Kurt Simon und dem späteren Geschäftsführer der Frankfurter Societät Werner Wirthle gegeben hatte. So hatte dieser in einem Brief an Oeser die Notwendigkeit einer Frankfurter Zeitung mit Blick auf den beginnenden Kalten Krieg betont: „Ich kann nicht glauben, daß man in Westeuropa die Verteidigung der Zivilisation organisieren kann, ohne in Deutschland die Köpfe der *Frankfurter Zeitung* ihre alte Arbeit fortsetzen zu lassen." [45] Benno Reifenberg seinerseits gründete jedoch 1949 in Freiburg die Halbmonatsschrift „Die Gegenwart". Erich Welter, ein früherer Redakteur der Zeitung, hatte gleichzeitig mit einer neuen Lizenz die „Frankfurter Allgemeine Zeitung" begründet, in der sich einige ehemalige Mitarbeiter der Frankfurter Zeitung zusammenfanden. Die Frankfurter Allgemeine hatte sich in den fünfziger Jahren bereits stark etabliert, als die „Gegenwart" nach Frankfurt zurückkehrte und bei der Frankfurter Societät erschien. Als man dort einen neuen Versuch zur Wiederbelebung der Frankfurter Zeitung startete, war das Rad nicht mehr zurück zu drehen. Eine „neue" Frankfurter Zeitung sollte es nicht mehr geben.[46]

Das Verlagshaus Sonnemanns, die Frankfurter Societät, stand bei Kriegsende unter der Kontrolle des Regimes. 1945 wurde Werner Wirthle von der amerikanischen Militärregierung als Treuhänder eingesetzt. Nach Freigabe des Unternehmens wurde er dessen Geschäftsführer. Seinen Aktivitäten ist zu verdanken, dass sich zahlreiche, den Nationalsozialismus in Privatbesitz überdauernde Zeugnisse Sonnemanns im Archiv der Frankfurter Societät befinden.

Leopold Sonnemann, nicht nur als Verleger, sondern auch als Politiker, wurde 1956 zu seinem 125. Geburtstag, der gleichzeitig der 100. Geburtstag der Frankfurter Zeitung war, wieder umfassend gewürdigt. Die Stadt erinnerte mit einer Kranzniederlegung, zum 100. Geburtstag der Zeitung erschien ein Sonderheft der „Gegenwart", an dem sich zahlreiche frühere Mitarbeiter beteiligten. Es enthält auch eine Liste aller Redakteure, die in den 1920er und 1930er Jahren bei der Frankfurter Zeitung tätig gewesen waren.[47] In Höchberg wurde im gleichen Jahr eine neue Tafel an Sonnemanns Geburtshaus angebracht, die bis heute erhalten ist, die Straße, die schon 1932 „Sonnemannstraße" geheißen hatte, wieder nach ihm benannt.[48]

Eine eingehendere wissenschaftliche Beschäftigung mit Sonnemann setzte erst in den 1970er Jahren ein. Wichtige Grundlage für einen Blick auf Sonnemann als Demokrat war und ist bis heute die Dissertation von Klaus Gerteis aus dem Jahr 1970. Weitere grundlegende Arbeiten bildeten die bereits erwähnten Ausstellungen und Studien Alfred Estermanns. In den 1980er und 1990er Jahren erschienen Einzelbeiträge zu Sonnemann in unterschiedlichen Kontexten, so als Liberaler oder Verleger sowie zum Wirken der Familie Sonnemann in seinem Geburtsort Höchberg. Eine ausführliche Biographie fehlt jedoch bis heute. Sie wird auch durch die vorliegende Publikation nicht verzichtbar.

Zu Sonnemanns 150. Geburtstag 1981 war es Oberbürgermeister Walter Wallmann, der aus Anlass der Kranzniederlegung auf dem Jüdischen Friedhof an Sonnemanns politische Bedeutung erinnerte und versuchte, diese in einen Zusammenhang mit der Situation unmittelbar nach 1945 zu bringen: „Besonders eingehend beschäftigte sich Wallmann mit dem fortschrittlichen, weitblickenden und toleranten Demokraten Sonnemann, der seiner und der Nachwelt durch Leistung und den Glauben an die Fruchtbarkeit des ‚Miteinanders' zum Vorbild wurde. Männern wie Sonnemann verdanke man, dass in einer Zeit tiefster Not nach 1945 wieder ein Neubeginn möglich war, dass Menschen im immateriellen Sinne einander halfen. Jetzt gelte es, sich Leopold Sonnemanns in Demut zu erinnern und ihm nachzueifern. Besonders Sonnemanns Einsatzbereitschaft für die ideale Menschlichkeit hätten ihn – so Wallmann – nicht nur zu einem großen Mann des Frankfurter Zeitungshauses, sondern zu einer großen Persönlichkeit dieser Stadt gemacht."[49] Mit dem 150jährigen Bestehen der Frankfurter Societät 2006 erschienen dann Würdigungen, die Leopold Sonnemann wieder deutlicher mit zentralen Projekten des Sprungs zur Großstadt in Verbindung brachten, die noch heute die Stadt prägen. In der Gemeinde Höchberg sind Sonnemann und die Geschichte der dortigen jüdischen Gemeinde höchst präsent, sei es in der Gedenkstätte „Ehemalige Präparandenschule" oder durch Straße und Geburtshaus. Die evangelische Kirche des Ortes ist die ehemalige Synagoge, die staatliche Realschule des Ortes heißt „Leopold-Sonnemann-Schule".

B 624 Werner Wirthle, seit 1949 Geschäftsführer der Frankfurter Societäts-Druckerei GmbH, bemühte sich erfolgreich um Erinnerungsstücke an Leopold Sonnemann, die der Vernichtung und dem nationalsozialistischen Terror entgangen waren.

Nr. 302. Zweites Morgenblatt. Vierundfünfzigster Jahrgang. Sonntag, 31. Oktober 1909.

Frankfurter Zeitung

und Handelsblatt.

(Frankfurter Handelszeitung.) (Neue Frankfurter Zeitung.)

Begründet von Leopold Sonnemann.

Leopold Sonnemann †

Leopold Sonnemann ist nicht mehr.

Wir waren auf sein Hinscheiden vorbereitet, denn seit Jahren schon verzehrte die Krankheit des Alters langsam seinen Körper; aber die Kraft seines ganzen Wesens, der starke Hang, ein verdienstreiches Wirken unermüdlich fortzusetzen, und sein energischer optimistischer Wille ließen uns den Zeitpunkt, in dem das Unabwendbare kommen werde, nicht vorauserkennen. Die Feier seines siebzigsten Geburtstages mit all den Kundgebungen der Anerkennung und Verehrung schien ihn wieder verjüngt zu haben, aber bald zeigte er sich mehr als früher der Schonung bedürftig, sah sich dann in das Krankenzimmer gebannt und mußte seinem Arbeitsgeiste Schranken setzen. Das hielt ihn nicht davon ab, bis zuletzt die Vorgänge im Leben der „Frankfurter Zeitung" und der Demokratischen Partei mit stetiger Teilnahme zu verfolgen und bei manchen Entscheidungen selber einzugreifen.

Ein reiches, werktätiges Leben ist soeben erloschen. Nach seiner Ueberzeugung und seinen Handlungen, nach seinen schöpferischen Leistungen vor allem will Leopold Sonnemann gerichtet sein, und wer deren lange Reihe überschaut und ihren Wert bemißt, unbeirrt von Erinnerungen an alte Parteifehde und von dem Streite des Tages, der wird ihm willig den Preis zusprechen. Er war ein Mann, den sein rastloses Tun, die Fülle und Trefflichkeit seiner Anregungen, sein konstruktives, organisatorisches Talent, sein mehr als fünfzigjähriges so ungemein fruchtbares Tagwerk in der Stadt und im Staate den ersten Namen unter den Zeitgenossen beigesellt hat und zu historischer Bedeutung erhob.

Dem Schöpfer und Leiter der „Frankfurter Zeitung", dem Führer der Deutschen Volkspartei, dem ehemaligen Stadtverordneten und Reichstagsabgeordneten, dem politischen Kämpfer und gemeinnützigen Bürger, dem Nimmermüden, Vielverdienten schulden und zollen wir an seinem Sarge eine allgemeine Dankesbezeugung; wir sind ergriffen von dem großen Verluste der die Mitwelt betroffen hat.

Aber Leopold Sonnemann wird fortleben in seinen Werken,

Wir haben das Traurige schon seit einiger Zeit kommen sehen und konnten uns in das Unvermeidliche allmählich fügen lernen, aber nun, da es eingetroffen ist, hat es uns doch tief ergriffen und erschüttert. Der Mann, der mit uns viele Jahre lang die Mühen der publizistischen Arbeit geteilt, der mit uns rastlos für die geistige, politische und soziale Entwicklung unseres Volkes gestrebt, gestritten und gelitten haben, der Begründer, vieljährige Herausgeber und Chef der „Frankfurter Zeitung", Leopold Sonnemann, ist von uns geschieden. Als er im Herbst 1901 unter allgemeiner Anteilnahme die Vollendung seines siebzigsten Lebensjahres feierte, da schien seine kräftige zähe Natur, die Unverwüstlichkeit seiner Arbeitskraft und die Mäßigkeit seiner Lebensweise ihm noch viele Jahre gedeihlichen Wirkens in Aussicht zu stellen, aber allzu früh erfaßte ihn die Gebrechlichkeit des Alters und alle ärztliche Kunst, die sorgfältigste Pflege konnte den langsamen Verfall seiner Kräfte nicht aufhalten. Dabei blieb er aber geistig frisch bis zu den letzten Augenblicken; er las und ließ sich vorlesen, verfolgte die öffentlichen Ereignisse mit Aufmerksamkeit, und mit wunderbarer Treue hatte sein Gedächtnis alle Ereignisse und Persönlichkeiten seines reichen Lebens bewahrt. So konnten wir, Verlag und Redaktion, obwohl er von der Leitung sich schon seit mehreren Jahren zurückgezogen hatte, doch noch immer von seinem schier unerschöpflichen Schatze an Erfahrungen und Erinnerungen Nutzen ziehen. Dadurch hat er auch an der Geschichte der „Frankfurter Zeitung", die wir zur fünfzigjährigen Jubelfeier unseres Blattes herausgaben, noch mitgearbeitet, und wenn er nicht persönlich die Jubelfeier mitmachen konnte, so nahm er doch an allen Einzelnheiten des Festes das lebhafteste Interesse und freute sich ihres schönen Verlaufs. Seitdem sind wieder drei Jahre vergangen, ohne daß eine Besserung in seinem Befinden eintreten konnte, und nun ist er kurz nach seinem 78. Geburtstage, dem 29. Oktober, in seinem Hause Taunusanlage 5 sanft in die Ewigkeit hinübergeschlummert.

In diesem Augenblick, wo unser Schmerz über seinen Heimgang noch so neu und stark ist, sind wir nicht imstande, das Bild seines vielbewegten und arbeitsvollen Lebens in erschöpfender Weise zu zeichnen und den Lesern vorzuführen; wir müssen uns mit einigen Strichen, die das Wesentliche geben, begnügen. Dies dürfen wir umso eher tun, als das Leben Sonnemanns ein Stück Zeitgeschichte darstellt, die mit dem Gang der Entwicklung, den Deutschland im letzten halben Jahrhundert genommen hat, eng verknüpft ist; außerdem hat dieser Teil der Wirksamkeit Sonnemanns bei der Jubelfeier seines Lebenswerks, der „Frankfurter Zeitung", und in deren Geschichte eine ausgiebige Darstellung gefunden.

Sonnemann war ein Self made man in der wahrsten Bedeutung des Wortes. Am 29. Oktober 1831 in Höchberg bei Würzburg geboren, besuchte er in Offenbach, wohin sein Vater 1840 übersiedelte, die Schulen und war dann in dessen Warengeschäft tätig. Im Jahr 1849 ist das Geschäft nach Frankfurt verlegt worden, wo Sonnemann 1851 Bürger wurde. Kurz darauf starb sein Vater, worauf Sonnemann das Geschäft übernahm und in ein Bankgeschäft verwandelte, das er bald zur Blüte brachte. Mancherlei Erfahrungen hatten ihn zur Ueberzeugung gebracht, daß ein unabhängiges Handels- und Börsenblatt nützlich und notwendig sei; er traf darin mit dem Frankfurter Bankier H. B. Rosenthal zusammen, und beide entschlossen sich, einen „Geschäftsbericht" herauszugeben, der am 21. Juli 1856 zum erstenmale erschien und am 27. August desselben Jahres in die „Frankfurter Handelszeitung" umgewandelt wurde. Als solche bestand sie bis 1859, wo sie ein politisches Blatt wurde, das den Titel „Neue Frankfurter Zeitung" annahm und „Frankfurter Handelszeitung" als Untertitel beibehielt.

Die Erweiterung und Umwandlung des kleinen Handelsblattes in ein großes politisches Blatt war nur natürlich, da sein Hauptherausgeber Sonnemann neben der wirtschaftlichen auch eine starke politische Ader besaß. Auch die Zeitumstände waren der Umwandlung günstig. Nach der Reaktionszeit, die auf das Sturm- und Drangjahr 1848 folgte, nahm die wirtschaftliche Tätigkeit einen großen Aufschwung, und bald erwachte auch wieder das politische Leben. Die Niederlage Oesterreichs im italienischen Krieg, das große Schillerfest, der Regierungswechsel in Preußen, die Gründung des Nationalvereins und die Wiederaufnahme der Verhandlungen zur Reform der Bundesverfassung gaben fortwährend Anregung. Sonnemann nahm an der politischen Bewegung lebhaften Anteil, und wie er auf wirtschaftlichem Gebiete für die Freiheit der Kritik eintrat, so stand er auch in der Politik auf freiheitlichem, demokratischem Standpunkte. Er half den Nationalverein begründen, bekämpfte aber bald den rechten Flügel desselben, der auf die Schaffung eines Großpreußens hinarbeitete. Sonnemann beteiligte sich auch eifrig an allen Bestrebungen, welche die Hebung des Arbeiterstandes bezweckten. Er war eines der tätigsten Mitglieder des Vereinstags deutscher Arbeitervereine und trat dort früher als die meisten andern für die Staatshilfe durch Arbeiterschutz, insbesondere auch durch eine Anstalt für Altersversicherung ein. In der Arbeiterbewegung kam es jedoch ebenso bald zu einer Scheidung der Geister wie auf dem Felde der Politik, da auf dem linken Flügel die Sozialdemokratie herauswuchs, die vor allem auf die Stärkung des Klassenbewußtseins der Arbeiter ausging. Sonnemann machte diese Entwicklung nicht mit; er blieb auf dem Boden der bürgerlichen Demokratie, die jede Klassenpolitik bekämpft.

Dem großen Schillerfest folgte das Frankfurter Schützenfest, der Frankfurter Fürstentag, der schleswig-holstein'sche Krieg, der Konflikt der deutschen Großmächte und der Krieg von 1866. Da Sonnemann die kleindeutsch-preußische Politik entschieden bekämpft hatte, mußte er fliehen, als die Preußen in Frankfurt einrückten, und seine Zeitung wurde unterdrückt. Er begab sich nach Stuttgart, wo er die „Neue Deutsche Zeitung" herausgab. Nach Erlaß der Amnestie kehrte er nach Frankfurt zurück, wo jetzt, da die „Neue Frankfurter Zeitung" noch immer unterdrückt war, die „Frankfurter Zeitung" erstand; das Blatt in Stuttgart ließ er eingehen. Die Eroberung durch Preußen war ein schwerer Schlag für Frankfurt und die Bürgerschaft war äußerst niedergeschlagen. Aber Sonnemann ließ den Kopf nicht hängen, sondern wirkte mit Nachdruck darauf hin, daß die Stadt, nachdem sie die Freiheit verloren hatte, nicht auch noch den Mut verlor. Schon vor dem Krieg war es namentlich Sonnemann gewesen, der in richtiger Vorahnung der kommenden Ereignisse auf die Trennung von Staat und Stadt, auf die Scheidung des staatlichen und des städtischen Vermögens drang; er hatte aber damit keinen Erfolg, und so kam es, daß Preußen, als es Frankfurt eroberte, alles städtische Eigentum für Staatsgut ansah und in Besitz nahm. Wenn aus den nachfolgenden Verhandlungen zwischen Preußen und der Stadt Frankfurt, in dem sogenannten Rezeß, die Stadt nicht ganz arm herauskam, so war das zu einem großen Teil das Verdienst Sonnemanns und seiner Zeitung. Es gelang ihm auch, die Bürgerschaft zu neuer Tätigkeit anzuspornen; ihrer Freiheit beraubt und auf sich selbst angewiesen, wollte sie zeigen, was sie aus eigener Kraft leisten könne. Aus diesem Entschlusse ging eine Reihe gemeinnütziger Schöpfungen hervor und es begann eine kommunale Tätigkeit, die eine reife Frucht nach der andern zeitigte. Welchen Anteil Sonnemann daran nahm und welche Verdienste er sich erwarb, das ist bei der Feier seines 70. Geburtstags von der Stadt und von zahlreichen Korporationen öffentlich und in besonders feierlicher Weise anerkannt und gewürdigt worden.

Auch sonst stellte sich Sonnemann nicht in den Schmollwinkel. Als der Krieg von 1870 ausbrach, half er in wirksamer Weise den Samariterdienst organisieren; dadurch zeigte sowohl er wie die Stadt Frankfurt selbst, daß sie zwar die preußische Herrschaft nicht gern ertrügen, aber doch gut deutsch seien. Das zeigte Frankfurt desgleichen am 16. März 1871, als es dem aus Frankreich heimkehrenden Kaiser Wilhelm einen begeisterten Empfang bereitete; am Tage darauf betätigte es aber auch seine Liebe zur Freiheit, indem es Sonnemann in den neuen Deutschen Reichstag wählte. Bis 1884, mit einer kleinen Unterbrechung im Jahr 1877, gehörte Sonnemann dem Reichstag an, in dem er zwar wegen seiner politischen Gesinnung anfangs ziemlich allein stand, aber wegen seiner großen Sachkenntnis, Arbeitskraft und Verträglichkeit bald allgemein beachtet und geschätzt wurde.

Nach seiner politischen Gesinnung mußte Sonnemann das Bismarck'sche Regiment, das jetzt über Deutschland sich ausbreitete, in schärfster Weise bekämpfen. Er stimmte gegen die Annexion von Elsaß-Lothringen, die das Selbstbestimmungsrecht der Bevölkerung nicht achtete, gegen den Kanzlerparagraphen und das Jesuitengesetz, zwei Ausartungen des Kulturkampfes, gegen das Preßgesetz, das den Zeugniszwang aufrechthielt, gegen das Sozialistengesetz, das die Arbeiterklasse knebelte u. s. w. Durch seine politische Tätigkeit, die natürlich auch in der Haltung der „Frankfurter Zeitung" ihren Ausdruck fand, zog er sich, samt seinem Blatte, den ausgesprochenen Haß des Fürsten Bismarck zu, der sich eines Tages von seinem Temperamente sogar dazu hinreißen ließ, Sonnemann und die „Frankfurter Zeitung", weil sie Nachrichten früher kannte als die Pariser Botschaft, im Reichstag als Agenten des Auslands zu verdächtigen. In würdiger Weise wies Sonnemann sofort im Reichstage die Verdächtigung zurück; noch an demselben Tage tat es die „Frankfurter Zeitung" in einer Erklärung, die ihr eine Beleidigungsklage des Fürsten Bismarck zuzog; die Klage wurde jedoch von den hiesigen Gerichten nach einer eindrucksvollen Verteidigung der Redakteure abgewiesen. Ueberhaupt regnete es damals Strafprozesse gegen die „Frankfurter Zeitung" und es wurde gegen ihre Redakteure ein erkleckliches Maß von Gefängnis ausgeteilt, bei dem auch Sonnemann sein Teil abbekam. Als das neue Preßgesetz vom 5. Mai 1874, das die Verantwortlichkeit der Redakteure verschärfte, in Kraft trat, übernahm Sonnemann die verantwortliche Redaktion seines Blattes; er hatte bald seinen Preßprozeß weg, der ihm zwei Monate Gefängnis eintrug. Im nächsten Jahre wurde er in der bekannten Zeugniszwangs-Affäre verhaftet und mußte fünf Wochen sitzen.

Aber alle diese Kämpfe gegen das Bismarckische System hinderten Sonnemann nicht, an den positiven Arbeiten des Reichstags lebhaften und wirksamen Anteil zu nehmen. Er war tätig in mehreren Ausschüssen, so namentlich für das Preßgesetz, das Münzgesetz und das Bankgesetz, und wenn die beiden letzteren in einer Weise gestaltet wurden, die den öffentlichen Interessen mehr entsprachen als das Preßgesetz, so ist das wohl wesentlich ein Verdienst Sonnemanns.

In jene Zeit fällt auch seine eifrige Mitarbeit an der Sammlung der demokratischen Elemente Deutschlands und ihrer Vereinigung zu einer geschlossenen politischen Partei. Die im Jahre 1868 gegründete Volkspartei wurde im Jahre 1878 neu organisiert und gewann von da an größere Ausdehnung. Ihr Programm betonte die Notwendigkeit sozialer Reformen und hatte Erfolg; während Sonnemann bisher im Reichstag vereinsamt war oder in ganz kleiner Gesellschaft sich befand, wuchs die Zahl der demokratischen Abgeordneten rasch bis auf ein Dutzend, so daß selbst Bismarck im Reichstage von dem „aufgehenden Gestirn der Volkspartei" sprach. Wenn dieser anfängliche Aufschwung sich nicht fortgesetzt hat, so liegt das an Hindernissen, die zu überwältigen weder in Sonnemanns noch in der andern Führer Macht lag. Sonnemann selbst mußte 1884 aus dem Reichstag scheiden; das Frankfurter Mandat fiel an die Sozialdemokratie. Er ist seither der parlamentarischen Arbeit fern geblieben, obgleich sich ihm wohl mehrmals die Gelegenheit geboten hätte, wieder ein Mandat, entweder für den Reichstag oder für den Landtag, zu bekommen; die politische Arbeit in der Partei wie in der Presse setzte er jedoch in alter Unermüdlichkeit fort, bis ihn die Last des zunehmenden Alters zwang, die Hauptarbeit jüngeren Kräften zu überlassen. An den neuerlichen Bestrebungen, die trostlosen Zustände des deutschen Liberalismus durch einen festeren Zusammenschluß der Linksparteien zu überwinden, nahm er noch lebhaften Anteil und unterstützte sie, soviel er konnte. Sonnemann war der geborene politische Führer. Begabt mit weitem Blick, rasch das Wesentliche vom Unwesentlichen, das Einigende vom Trennenden unterscheidend, jede Meinung anhörend und prüfend, die Sache stets über die Person stellend, wußte er in kleineren wie in größeren Kreisen die Arbeitswilligen zu vereinigen, zusammenzuhalten und zur Erreichung vorgesteckter Ziele zu führen.

Schon vom Anfang ihres Bestehens an und besonders seit Sonnemann im Jahre 1866 in den Alleinbesitz der „Frankfurter Zeitung" gelangt war, bildete diese in hervorragender Weise den Gegenstand seiner Sorge und Arbeit. Den Krieg, der andere bedenklich in die Zukunft des Blattes blicken ließ, erkannte er mit richtigem Blicke als eine Gelegenheit, die „Frankfurter Zeitung" in größere Leserkreise einzuführen. Er sorgte für gute und rasche Berichterstattung, und in der Tat wurde damals der Aufschwung begonnen, den die „Frankfurter Zeitung" genommen und seither fortgesetzt hat. Sonnemann wußte die rechten Leute zu finden und an den rechten Platz zu stellen; er verwertete alle technischen Verbesserungen, die der Zeitungsdruck erfuhr, und er war selbst nicht bloß ein gewissenhafter Herausgeber und Leiter, sondern auch ein eifriger Mitarbeiter, namentlich auf handelspolitischem, wirtschaftlichem und sozialpolitischem Gebiete. Seine Artikel zeichneten sich aus durch Klarheit und Sachlichkeit; allem Verschwommenen, Weitschweifigen und Phrasenhaften war er abhold. In der Redaktionskonferenz führte er den Vorsitz, ohne der Konferenz seine Meinung aufzuzwingen; er achtete jede Ueberzeugung, wenn sie Gründe für sich hatte. Nicht über demokratische Grundsätze, aber über Einzelheiten der Anwendung, in der Beurteilung der Ereignisse und der einzuschlagenden Taktik, gab es da zuweilen Meinungsverschiedenheiten, die sich jedoch niemals zu Konflikten auswuchsen. Unter einem solchen Leiter ließ sichs gut arbeiten. Dabei sorgte er angelegentlich für das materielle Wohl seiner Angestellten und Arbeiter. Sonnemann war nicht bloß theoretischer Sozialpolitiker, sondern er führte das, was er von andern verlangte, auch in seinem eigenen Geschäftsbetrieb durch. Das war keine kleine Aufgabe, da dieser Betrieb von Jahr zu Jahr wuchs und immer mehr Personen umfaßte. Er gründete Spar- und Versorgungskassen, eine Pensionskasse, Ferienkasse, eine Zuschußkasse zur Alters- und Invaliden-Versicherung. Anfangs der neunziger Jahre verwandelte er das Druckgeschäft in eine Gesellschaft mit beschränkter Haftung, an der er hervorragende Parteifreunde und die älteren Redakteure beteiligte. So suchte er, so viel er nach menschlichem Ermessen konnte, die Zukunft der „Frankfurter Zeitung" als eines großen, unabhängigen demokratischen Blattes sicherzustellen.

Leopold Sonnemann steht vor uns als das Musterbild rastlosen Strebens und unausgesetzter Tätigkeit. Wir können ihn uns nicht anders vorstellen, als fortwährend mit der Angelegenheiten seines Blattes, seiner Partei, seiner Mitbürger in Frankfurt und in ganz Deutschland beschäftigt, dabei stets an der Erweiterung seiner eigenen Kenntnisse arbeitend. Schon von seiner Jugend an war er bemüht, seine Schulbildung noch durch Selbststudium zu ergänzen. So lernte er auch Lateinisch und moderne Sprachen. In der Geschichte und Literatur hat er sich nach vielen Seiten hin umgesehen. Den bildenden Künsten widmete er großes Interesse und sein Urteil, namentlich über alte und neue Gegenstände des Kunstgewerbes, fand selbst bei Fachmännern Beachtung. In seinen Bedürfnissen war er äußerst anspruchslos und genügsam, in seinem Umgang, wenn auch stets an das Sachliche sich haltend, doch zugänglich, verträglich, freundlich. Er trug niemandem etwas nach. Manche gibts, die ihn schwer verletzten und denen er trotzdem später, wenn sie in Not gerieten, hilfreiche Hand bot. Die Armen und Bedrängten haben in ihm einen Helfer, alle Elenden einen Fürsprecher verloren.

So wissen wir uns mit Vielen einig, wenn wir über sein Hinscheiden trauern, uns tröstet und erhebt aber auch mit Vielen der Gedanke, daß er unsterblich ist in den Werken, die er geschaffen hat, und daß wir ihn am besten ehren, wenn wir in seinem Geiste weiter wirken. Uns namentlich, den Mitarbeitern und Nachfolgern an seinem Hauptwerke, der „Frankfurter Zeitung", erwächst die Pflicht, sie auf der Bahn zu erhalten, die er ihr wies, auf der Bahn der Volksfreundlichkeit und des steten Fortschritts. Wir werden diese Pflicht vollauf erfüllen; das geloben wir heute, an seinem Sarge, ihm, unsern Lesern und unserm ganzen Volke!

B 502
Am 31. Oktober 1909 und an den folgenden Tagen bestimmte der Tod des Gründers und Verlegers Berichterstattung und Anzeigenteil der Frankfurter Zeitung. Die Redaktion bat Persönlichkeiten, denen Leopold Sonnemann nahe gestanden hatte, um persönliche Erinnerungen. Sie und Auswertungen der ausländischen Presse belegten noch einmal eindrucksvoll Leopold Sonnemanns Lebenswerk und internationale Reputation.

Allgem

52/256

Nr. 257. Mittwoch, den 1. November 1911. 27. Jahrgang.

Kleine Presse

Frankfurt am Main. Große Eschenheimergasse 33-37.

Leopold Sonnemann.

(Zur Wiederkehr seines Todestages.)

In diesen Tagen jährte sichs zum zweitenmal, daß Leopold Sonnemann das Zeitliche segnete, der Führer der deutschen Demokratie, der Schöpfer der „Frankfurter Zeitung". Am 30. Oktober 1909, einen Tag nach Sonnemanns achtundsiebzigster Geburtsfeier, schloß dies reiche Leben ab, das mit seinen unermüdlichen Arbeitsleistungen und Triebkräften — wir fühlen es mit wachsendem Abstand in steigendem Maß — nicht nur unsern engeren Kreis gefördert hat, nicht nur die Stadt Frankfurt und die Entwicklung der Volkspartei, sondern überdies die Gesamtheit der guten Sache der Freiheit und des Fortschritts aller Kultur.

Das Bild Sonnemanns, das wir heute ihm zum Gedenken an die Spitze dieses Blattes stellen, ist dem Gemälde nachgebildet, mit dem Max Schüler den Wesensausdruck der Persönlichkeit Sonnemanns festgehalten hat, in strengster sachlicher Treue und in lebendigster sprechender Wirkung.

Zugleich geben wir ein Bild von Sonnemanns Denkstein, der seine Ruhstatt auf dem Frankfurter Friedhof bezeichnet, in schlichten, ernsten Formen, des unvergeßlichen Mannes würdig.

Leopold Sonnemann

Totenpalast in Alt-China. — Kaisergrabtempel und Opferstein.

Ein Frankfurter Künstlergrabmal.
Die Ruhestätte Franz Rittwegers.

Tumulus mit Altar für die Opfer des Kaisers

B 507
1909 fehlte auf der Gedächtnisplatte des Grabsteins der Zusatz „Begründer der Frankfurter Zeitung". 1911 mit dem Tode Rosa Sonnemanns und 1934 mit dem Tode Max Schülers, die an gleicher Stelle beerdigt wurden, musste die Gedächtnisplatte erneuert werden. Sehr wahrscheinlich ist, dass der Zusatz 1934 hinzugefügt wurde.

B 509
Therese Sonnemann war einziges Kind und Erbin. Es fehlte der männliche Nachfolger. Leopold Sonnemann setzte schon früh die Hoffnungen auf die Enkel. Seine Notizkalender belegen, dass sie ihn häufig in Frankfurt besuchten. Er interessierte sich für ihre Schulkarrieren und geriet gelegentlich mit ihrer Mutter hinsichtlich der Zukunftsplanung in heftigere Debatten.

B 511
Porträt Heinrich Simons von Max Beckmann: Heinrich Simon führte in den 1920er Jahren ein gastliches Haus am Frankfurter Untermainkai, in dem Künstler und Intellektuelle gern gesehen waren. Er förderte Künstler wie Fritz von Unruh und Max Beckmann, mit dem er persönlich befreundet war.

Beilage. 10. Mai 1911. 27. Jahrgang.

Kleine Presse

Frankfurt am Main. Große Eschenheimerstr. 33-37.

Der Frankfurter Kornblumentag.

Zum Gedächtnis und zur Ehre des deutsch-französischen Friedens vor 40 Jahren, am 10. Mai 1871, in Frankfurt am Main.

Ein Tag des Wohltuns, zugleich ein Tag vaterländischen Denkgefühls und menschlicher Versöhnlichkeit, da regen sich in Frankfurt alle Hände, um zum Gelingen beizutragen. Der Tag der Gretchenblume im vorigen Herbst, der den hilflosen Kleinen galt, hat den milden Sinn dieser Stadt gut bewährt, und so ist zu erwarten, daß auch der Kornblumentag heute den hilfsbedürftigen Alten reichen Segen bringen wird.

Es ist nicht die „blaue Wunderblume der Romantik“, die bei diesem Fest erblühen soll. Die große Mehrheit der Frankfurter ist frei von einer übertriebenen und selbstgefälligen patriotischen Schwärmerei für Krieg und Kriegsgeschrei. Grade darum feiern wir ja den Tag des Friedens und nicht die Erinnerung an einen Sieg auf blutüberströmten Schlachtfeldern. Aus dieser Grundstimmung entschuldigt sich's sogar bis zu einem gewissen Grade, daß ein parteipolitischer Widerspruch auf der äußersten Linken gegen das Unternehmen laut geworden ist. Er wird dem Ertrag nur geringen Abbruch tun können, weil eben kein hurrapatriotischer Triumph mit wirbelnder Trommel und rasselndem Säbel im Plan ist, sondern eine herzliche Kundgebung der Friedensbereitschaft zwischen den Völkern und des Wunsches, Not zu lindern, die der Krieg gebracht hat. Dies ist der Gedanke, mit dem der Freund der Freiheit und des Volkes den Kornblumentag begeht. Mögen andre Kreise in erster Reihe an des alten Kaisers Lieblingsblume denken, die ihm zur Erinnerung an seine Mutter besonders wert gewesen sein soll. Auch in die Jugendzeit Wilhelms des Ersten warf der Kampf der Franzosen und der Deutschen seine tiefdunkeln Schatten, dieser beiden großen Nationen, die als „Erbfeinde“ widereinanderstanden und denen die Welt einen hohen Fortschritt zur Gesittung verdanken könnte, wenn sie „Erbfreunde“ werden wollten.

Ein solches Bekenntnis zur Verträglichkeit und zur internationalen Kulturgemeinschaftsarbeit verhindert uns keineswegs, die Waffentaten der alten Krieger rühmlich hochzuachten, denen Frankfurt heute einen Zoll der Ehre aus freiem Willen spendet. Unsere Stadtverwaltung hat im Einverstand mit den Gemeindevertretern den Veteranen, die eine Unterstützung brauchten, im letzten Winter eine Weihnachtsgabe dargeboten. Wo aber jetzt, nach vierzig Jahren, alte Kriegsteilnehmer in bedrängter Lage sind, da ist die Sorge tief gewurzelt und ein neuer Zoll der Anerkennung notwendig. Auf einem Kriegerdenkmal am Rhein steht voll schöner Trauer ein Wort des Dichters Sudermann:

„Ruhm ward dem Sieger genug und Jauchzen und grünender Lorbeer, —
Tränen, von Müttern geweint, schufen dies steinerne Bild.“

Die Kehrseite der Denkmünze! Wir wollen sie nicht unbeachtet lassen. Eine Zuschrift, die man uns dieser Tage brachte, schildert das harte Schicksal eines Feldsoldaten und seiner Mutter, der gesund und heil aus dem großen Kriege heimkam, scheinbar ohne Schaden, bis ihn nach Jahrzehnten ein Gemütsleiden befiel, das in Geistesnacht endete und nach der Meinung der Aerzte auf die fortwirkenden Eindrücke der Kriegszeit zurückzuführen war. Und eine andere Zuschrift sagt uns, daß wir recht getan haben, von jeher den zehnten Mai, den Frankfurter Friedenstag, als Nationalfest zu empfehlen, anstelle von kriegerischen Daten, deren Siegerbewußtsein selbst beim besten Willen nicht immer freibleiben kann vom Machtrausch und von einem prahlerisch herausfordernden Nebenklang.

Heute erklingt keine eitle Fanfare. Der Friedenstag will Wunden heilen, die der Krieg schlug. So wünschen wir den Sammlern gute Ernte im Zeichen der Blume, die zwischen den Saaten sprießt.

P. L.

Ein Friedensbild.

Das Gemälde, dessen Wiedergabe heute unser Blatt schmückt, ist im Gasthof „Zum Schwan“, dem Schauplatz der Frankfurter Friedensverhandlungen, heute noch eine der Hauptsehenswürdigkeiten. Es stammt von Hermann Junker, dem Aeltern, der lange Jahre hindurch als einer unserer namhaftesten Zeichner an der „Kleinen Presse“ künstlerisch mitarbeitete. Die Nachbildung des Gemäldes ist im Tiefdruckverfahren hergestellt; sie zeigt wieder, mit welcher bis in die kleinsten Einzelheiten eindringenden Genauigkeit diese neue Vervielfältigungsart jeden Strich und jeden Schatten der Vorlage bringt. Die Photographie, an die sich die Nachbildung hält, ist seinerzeit im Verlag von Heinrich Keller in Frankfurt erschienen. Sie entsprach dem farbigen Urbild, soweit es die damalige photographische Technik — vor vier Jahrzehnten — irgend zuließ. Die Aufgabe des Malers war ohnehin nicht leicht. Man verlangte Porträtähnlichkeit aller Verhandlungsteilnehmer, überdies eine Gruppierung, die womöglich natürlich und kunstvoll zugleich sein sollte, nach jenem Zeitgeschmack. Hermann Junker hat das Problem gelöst, soweit es ihm möglich war. Allerdings hat der Maler nicht vermeiden können, daß eine gewisse Gezwungenheit in die Gestalten kam, obwohl oder gerade weil sie geflissentlich frei und lebendig bewegt erscheinen sollten. Zur historischen Treue des Bildes kommt auf diese Weise noch ein kunst- und kulturgeschichtlicher Zug, der die Neuveröffentlichung an dem Jubiläumstage zwiefach rechtfertigt.

In der Mitte am Tisch unter dem Kronleuchter steht Bismarck neben Jules Favre. Die beiden danebensitzenden Debatter (mit den erhobenen Händen) sind der französische Unterhändler Pouyer-Quertier (neben Bismarck) und Graf Harry von Arnim (mit dem Kartenblatt). Auf dem dritten Sessel am Tisch Legationsrat Bucher, Bismarcks publizistischer Mitarbeiter. Die Gruppe rechts (am Blumentisch) besteht aus dem Grafen Wartensleben (dem Offizier), dem Grafen Hatzfeld und dem französischen Vertreter Le Clerque (mit der Landkarte in den Händen). Links steht Graf Hermann von Arnim und sitzen de Goulard und Graf Henckel von Donnersmark (mit dem fast über die Schulter gedrehten Kopf). In diesem Raum also und in Anwesenheit dieser elf Männer vollzog sich damals eine der wichtigsten Staatshandlungen des vorigen Jahrhunderts.

(Uebrigens haben noch zwei andre bekannte Frankfurter Maler, Beer und Donner-v. Richter, denselben Gegenstand in gleichfalls sehr geschätzten Bildern geschildert.)

Die Teilnehmer an den Friedensverhandlungen.
Nach dem Gemälde von Hermann Junker d. Ae. im Gasthof „Zum Schwan“ in Frankfurt am Main.
(Verlag von Heinrich Keller, Frankfurt a. M.)

Flammt auf von allen Spitzen,
Ihr Feuer deutscher Lust,
Und weckt mit euren Blitzen
Ein Danklied jeder Brust!

Das grause Spiel der Waffen,
Mit Gott ist's abgetan,
Und, die das Schwert geschaffen,
Die Palmenzeit bricht an!

Emanuel Geibel.

Frankfurter Friedensdenkmäler.

Auf der Rückseite dieses Bogens haben wir heute Abbildungen der Frankfurter Denkmäler zusammengestellt (in der bisherigen Strichzeichnungsmanier), die mit dem deutsch-französischen Krieg und Frieden in Verbindung stehen. Oben das Reiterbild Kaiser Wilhelms des Ersten, von Clemens Buscher, das am fünfundzwanzigsten Jahrestag des Friedensschlusses, am 10. Mai 1896, auf dem Opernplatz im Beisein des Kaisers enthüllt wurde und im Mittelpunkt der glänzenden Feier jenes Tages stand, an der auch das Kaiserpaar teilnahm. Die Seitenbilder zeigen die Kriegerdenkmäler vor der Frankfurter Peterskirche und in Bornheim am Schulplatz. Unten die Grabstätten der deutschen und französischen Soldaten auf dem Sachsenhäuser Friedhof, die in den Frankfurter Lazaretten an Wunde und Krankheit starben, mit den dort gemeinsam aufgerichteten beiden Denkmälern, dem französischen Obelisk und dem deutschen Standbild, zu Ehren dieser Opfer.

B 506
Der Frankfurter Kornblumentag: 1911 erinnert die Kleine Presse an den Frankfurter Frieden von 1871, der den deutsch-französischen Krieg beendete. Auf ihn bezog sich die Symbolisierung des kaiserzeitlichen Frankfurts als „Friedensstadt“. Damit machten Demokraten und Linksliberale Front gegen den zeitgenössischen Nationalismus und Militarismus.

B 601
Die Große Eschenheimer Straße am 1. Mai 1933: Der 1. Mai, traditionell „Kampftag der Arbeiterbewegung", wurde von den Nationalsozialisten zum „Tag der nationalen Erhebung" erklärt. Am 1. Mai 1933 inszenierten Massenaufmärsche, Massenkundgebungen und die Beflaggung der gesamten Stadt die „nationale" Erhebung, die die nationalsozialistische „Machtergreifung" kaschierte.

Das Illustrierte Blatt
- Werk Augsburg - Maschinenfabrik Augsburg-Nürnberg A G - Werk Augsburg

B 605
Im Geburtsort Leopold Sonnemanns Höchberg stiftete der Verschönerungsverein anlässlich des 100. Geburtstags des Verlegers eine Bronzeplakette, die er am Geburtshaus in der umbenannten Sonnemannstraße anbringen ließ. 1933 wurde sie entfernt, aber versteckt und nach ihrer Wiederauffindung der Frankfurter Societät übergeben.

B 611
Für das Illustrierte Blatt wurde 1913 eine Tiefdruckmaschine erworben. Diese und weitere Aufnahmen des Frankfurter Fotografen Paul Wolff aus Druckerei und Setzerei sind 1943 entstanden, angesichts der Bedrohung der Stadt durch Luftangriffe als Erinnerungsfotos, die wenigstens fotografisch konservieren sollten, was der vom Nationalsozialismus angezettelte Krieg zu vernichten drohte.

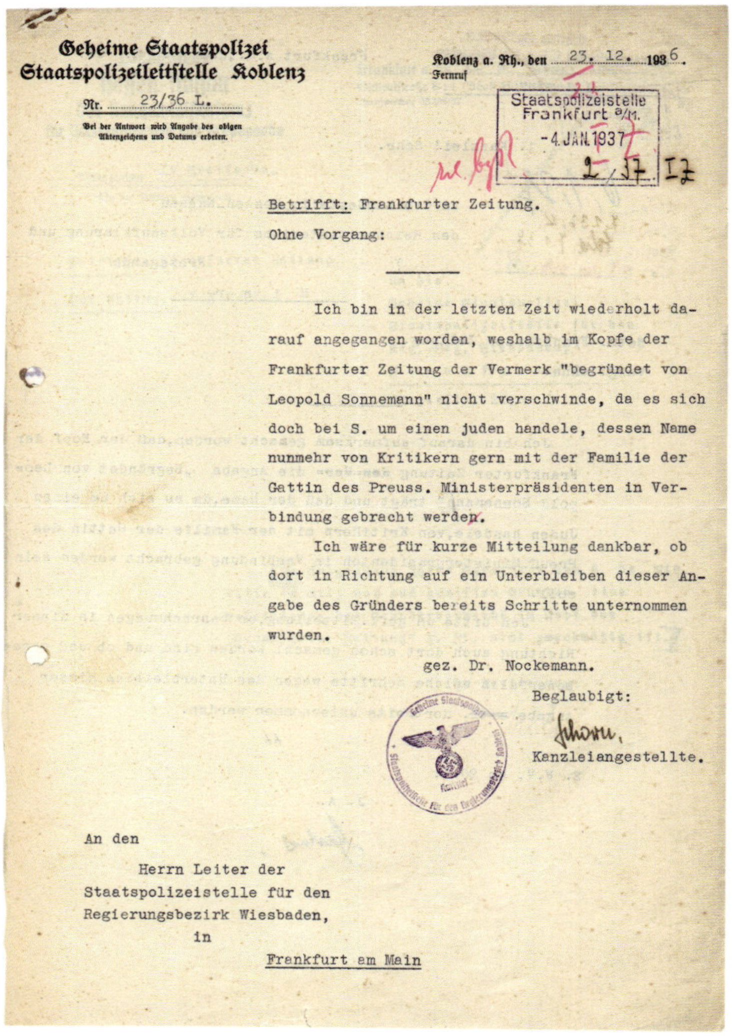

Geheime Staatspolizei
Staatspolizeileitstelle Koblenz

Koblenz a. Rh., den 23. 12. 1936.
Fernruf

Nr. 23/36 L.

Bei der Antwort wird Angabe des obigen Aktenzeichens und Datums erbeten.

Staatspolizeistelle Frankfurt a/M. -4. JAN. 1937 2/37 I 7

Betrifft: Frankfurter Zeitung.

Ohne Vorgang:

Ich bin in der letzten Zeit wiederholt darauf angegangen worden, weshalb im Kopfe der Frankfurter Zeitung der Vermerk "begründet von Leopold Sonnemann" nicht verschwinde, da es sich doch bei S. um einen Juden handele, dessen Name nunmehr von Kritikern gern mit der Familie der Gattin des Preuss. Ministerpräsidenten in Verbindung gebracht werden.

Ich wäre für kurze Mitteilung dankbar, ob dort in Richtung auf ein Unterbleiben dieser Angabe des Gründers bereits Schritte unternommen wurden.

gez. Dr. Nockemann.

Beglaubigt:

Kenzleiangestellte.

An den
Herrn Leiter der
Staatspolizeistelle für den
Regierungsbezirk Wiesbaden,
in
Frankfurt am Main

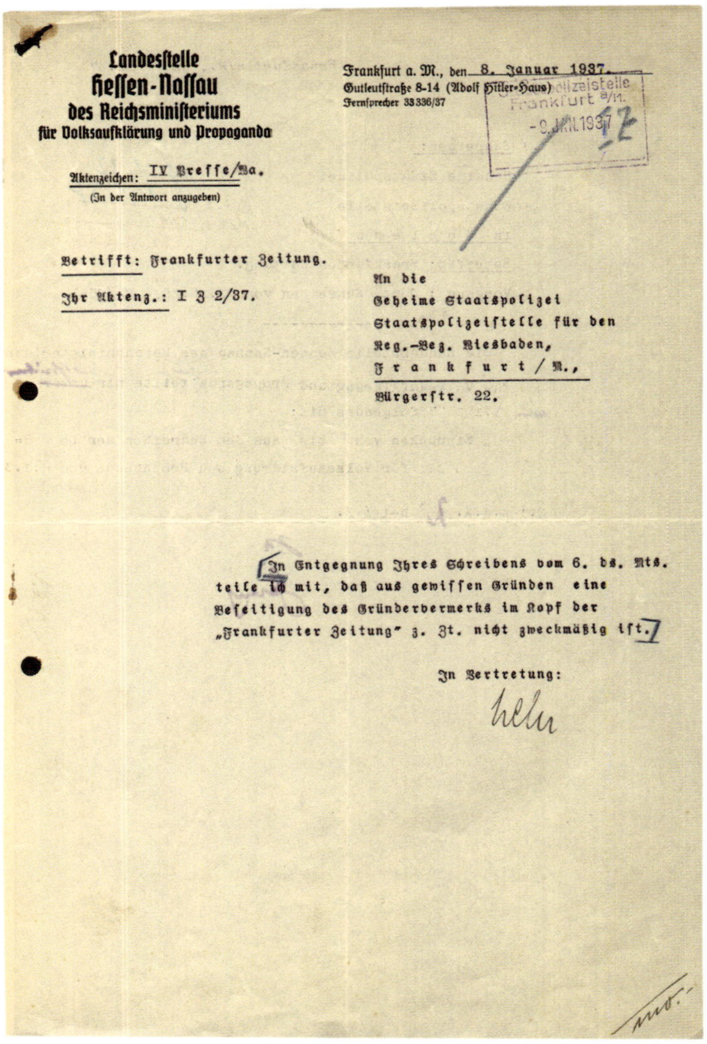

Landesstelle
Hessen-Nassau
des Reichsministeriums
für Volksaufklärung und Propaganda

Frankfurt a. M., den 8. Januar 1937.
Gutleutstraße 8-14 (Adolf Hitler-Haus)
Fernsprecher 33336/37

Aktenzeichen: IV Presse/Ba.
(In der Antwort anzugeben)

Betrifft: Frankfurter Zeitung.

Ihr Aktenz.: I 3 2/37.

An die
Geheime Staatspolizei
Staatspolizeistelle für den
Reg.-Bez. Wiesbaden,
Frankfurt/M.,
Bürgerstr. 22.

In Entgegnung Ihres Schreibens vom 6. ds. Mts. teile ich mit, daß aus gewissen Gründen eine Beseitigung des Gründervermerks im Kopf der „Frankfurter Zeitung“ z. Zt. nicht zweckmäßig ist.

In Vertretung:

B 613
Die Gestapo beschäftigt im Januar 1937 die Frage, ob Leopold Sonnemann mit Emmy Sonnemann, der zweiten Ehefrau Hermann Görings, verwandt sein könnte.

B 614
Die „Landesstelle Hessen-Nassau des Reichsministeriums für Volksaufklärung und Propaganda“ erklärt im Antwortschreiben, es gäbe „gewisse Gründe“, den Zusatz „Begründet von Leopold Sonnemann“ zu belassen. Diese galten nach dem Novemberpogrom 1938 und der „Ausschaltung der Juden aus dem Wirtschaftsleben“ nicht mehr: Am 15. November 1938 erschien die letzte Nummer der Frankfurter Zeitung, die in ihrem Kopf an den Begründer Leopold Sonnemann erinnerte.

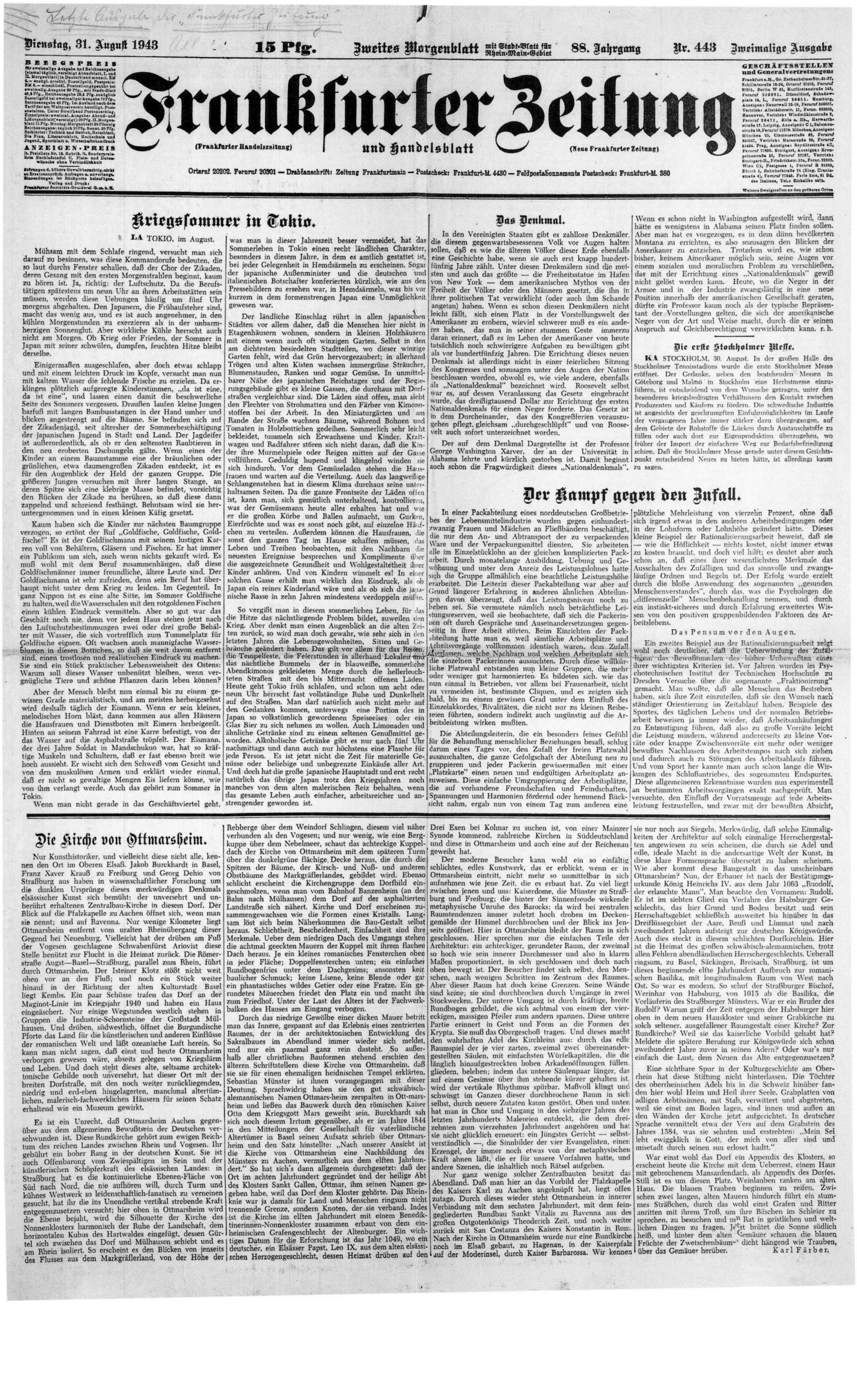

Letzte Ausgabe der „Frankfurter Zeitung“

Dienstag, 31. August 1943 | 15 Pfg. | Zweites Morgenblatt mit Stadt-Blatt für Rhein-Main-Gebiet | 88. Jahrgang | Nr. 443 | Zweimalige Ausgabe

BEZUGSPREIS

ANZEIGEN-PREIS

Frankfurter Zeitung

(Frankfurter Handelszeitung) und Handelsblatt (Neue Frankfurter Zeitung)

GESCHÄFTSSTELLEN und Generalvertretungen

Ortsruf 20202. Fernruf 20301 — Drahtanschrift: Zeitung Frankfurtmain — Postscheck: Frankfurt-M. 4430 — Feldpostabonnements Postscheck: Frankfurt-M. 380

Kriegssommer in Tokio.

LA TOKIO, im August.

Mühsam mit dem Schlafe ringend, versucht man sich darauf zu besinnen, was diese Kommandorufe bedeuten, die so laut durchs Fenster schallen, daß der Chor der Zikaden, deren Gesang mit den ersten Morgenstrahlen beginnt, kaum zu hören ist. Ja, richtig: der Luftschutz. Da die Berufstätigen spätestens um neun Uhr an ihren Arbeitsstätten sein müssen, werden diese Uebungen häufig um fünf Uhr morgens abgehalten. Den Japanern, die Frühaufsteher sind, macht das wenig aus, und es ist auch angenehmer, in den kühlen Morgenstunden zu exerzieren als in der unbarmherzigen Sonnenglut. Aber wirkliche Kühle herrscht auch nicht am Morgen. Ob Krieg oder Frieden, der Sommer in Japan mit seiner schwülen, dumpfen, feuchten Hitze bleibt derselbe.

Einigermaßen ausgeschlafen, aber doch etwas schlapp und mit einem leichten Druck im Kopfe, versucht man nun mit kaltem Wasser die fehlende Frische zu erzielen. Da erklingen plötzlich aufgeregte Kinderstimmen, „da ist eine, da ist eine“, und lassen einen damit die beschwerliche Seite des Sommers vergessen. Draußen laufen kleine Jungen barfuß mit langen Bambusstangen in der Hand umher und blicken angestrengt auf die Bäume. Sie befinden sich auf der Zikadenjagd, seit altersher der Sommerbeschäftigung der japanischen Jugend in Stadt und Land. Der Jagdeifer ist außerordentlich, als ob er den seltensten Raubtieren in den neu eroberten Dschungeln gälte. Wenn eines der Kinder an einem Baumstamme eine der bräunlichen oder grünlichen, etwa daumengroßen Zikaden entdeckt, ist es für den Augenblick der Held der ganzen Gruppe. Die größeren Jungen versuchen mit ihrer langen Stange, an deren Spitze sich eine klebrige Masse befindet, vorsichtig den Rücken der Zikade zu berühren, so daß diese dann zappelnd und schreiend festhängt. Behutsam wird sie heruntergenommen und in einen kleinen Käfig gesetzt.

Kaum haben sich die Kinder zur nächsten Baumgruppe verzogen, so ertönt der Ruf „Goldfische, Goldfische, Goldfische!“ Es ist der Goldfischmann mit seinem lustigen Karren voll von Behältern, Gläsern und Fischen. Er hat immer ein Publikum um sich, auch wenn nichts gekauft wird. Es muß wohl mit dem Beruf zusammenhängen, daß diese Goldfischmänner immer freundliche, ältere Leute sind. Der Goldfischmann ist sehr zufrieden, denn sein Beruf hat überhaupt nicht unter dem Krieg zu leiden. Im Gegenteil. In ganz Nippon ist es eine alte Sitte, im Sommer Goldfische zu halten, weil die Wasserschalen mit den rotgoldenen Fischen einen kühlen Eindruck vermitteln. Aber so gut war das Geschäft noch nie, denn vor jedem Haus stehen jetzt nach den Luftschutzbestimmungen zwei oder drei große Behälter mit Wasser, die sich vortrefflich zum Tummelplatz für Goldfische eignen. Oft wachsen auch mannigfache Wasserblumen in diesen Bottichen, so daß sie weit davon entfernt sind, einen trostlosen und realistischen Eindruck zu machen. Sie sind ein Stück praktischer Lebensweisheit des Ostens: Warum soll dieses Wasser unbenützt bleiben, wenn vergnügliche Tiere und schöne Pflanzen darin leben können?

Aber der Mensch bleibt nun einmal bis zu einem gewissen Grade materialistisch, und am meisten herbeigesehnt wird deshalb täglich der Eismann. Wenn er sein kleines, melodisches Horn bläst, dann kommen aus allen Häusern die Hausfrauen und Dienstboten mit Eimern herbeigeeilt. Hinten an seinem Fahrrad ist eine Karre befestigt, von der das Wasser auf die Asphaltstraße tröpfelt. Der Eismann, der drei Jahre Soldat in Mandschukuo war, hat so kräftige Muskeln und Schultern, daß er fast ebenso breit wie hoch aussieht. Er wischt sich den Schweiß vom Gesicht und von den muskulösen Armen und erklärt wieder einmal, daß er nicht so gewaltige Mengen Eis liefern könne, wie von ihm verlangt werde. Auch das gehört zum Sommer in Tokio.

Wenn man nicht gerade in das Geschäftsviertel geht, was man in dieser Jahreszeit besser vermeidet, hat das Sommerleben in Tokio einen recht ländlichen Charakter, besonders in diesem Jahre, in dem es amtlich gestattet ist, bei jeder Gelegenheit in Hemdsärmeln zu erscheinen. Sogar der japanische Außenminister und die deutschen und italienischen Botschafter konferierten kürzlich, wie aus den Pressebildern zu ersehen war, in Hemdsärmeln, was bis vor kurzem in dem formenstrengen Japan eine Unmöglichkeit gewesen war.

Der ländliche Einschlag rührt in allen japanischen Städten vor allem daher, daß die Menschen hier nicht in Etagenhäusern wohnen, sondern in kleinen Holzhäusern mit einem wenn auch oft winzigen Garten. Selbst in den am dichtesten besiedelten Stadtteilen, wo dieser winzige Garten fehlt, wird das Grün hervorgezaubert; in allerhand Trögen und alten Kisten wachsen immergrüne Sträucher, Blumenstauden, Ranken und sogar Gemüse. In unmittelbarer Nähe des japanischen Reichstages und der Regierungsgebäude gibt es kleine Gassen, die durchaus mit Dorfstraßen vergleichbar sind. Die Läden sind offen, man sieht den Flechter von Strohmatten und den Färber von Kimonostoffen bei der Arbeit. In den Miniaturgärten und am Rande der Straße wachsen Bäume, während Bohnen und Tomaten in Holzbottichen gedeihen. Sommerlich sehr leicht bekleidet, tummeln sich Erwachsene und Kinder. Kraftwagen und Radfahrer stören sich nicht daran, daß die Kinder ihre Murmelspiele oder Reigen mitten auf der Gasse vollführen. Geduldig hupend und klingelnd winden sie sich hindurch. Vor dem Gemüseladen stehen die Hausfrauen und warten auf die Verteilung. Auch das langweilige Schlangenstehen hat in diesem Klima durchaus seine unterhaltsamen Seiten. Da die ganze Frontseite der Läden offen ist, kann man, sich gemütlich unterhaltend, kontrollieren, was der Gemüsemann heute alles erhalten hat und wie er die großen Körbe und Ballen aufmacht, um Gurken, Eierfrüchte und was es sonst noch gibt, auf einzelne Häufchen zu verteilen. Außerdem können die Hausfrauen, die sonst den ganzen Tag im Hause schaffen müssen, das Leben und Treiben beobachten, mit den Nachbarn die neuesten Ereignisse besprechen und Komplimente über die ausgezeichnete Gesundheit und Wohlgestaltetheit ihrer Kinder anhören. Und von Kindern wimmelt es! In einer solchen Gasse erhält man wirklich den Eindruck, als ob Japan ein reines Kinderland wäre und als ob sich die japanische Rasse in zehn Jahren mindestens verdoppeln müßte.

So vergißt man in diesem sommerlichen Leben, für das die Hitze das nächstliegende Problem bildet, zuweilen den Krieg. Aber denkt man einen Augenblick an die alten Zeiten zurück, so wird man doch gewahr, wie sehr sich in den letzten Jahren die Lebensgewohnheiten, Sitten und Gebräuche geändert haben. Das gilt vor allem für das Reisen, die Tempelfeste, die Feierstunden in allerhand Lokalen und das nächtliche Bummeln der in blauweiße, sommerliche Abendkimonos gekleideten Menge durch die hellerleuchteten Straßen mit den bis Mitternacht offenen Läden. Heute geht Tokio früh schlafen, und schon um acht oder neun Uhr herrscht fast vollständige Ruhe und Dunkelheit auf den Straßen. Man darf natürlich auch nicht mehr auf den Gedanken kommen, unterwegs eine Portion des in Japan so volkstümlich gewordenen Speiseeises oder ein Glas Bier zu sich nehmen zu wollen. Auch Limonaden und ähnliche Getränke sind zu einem seltenen Genußmittel geworden. Alkoholische Getränke gibt es nur nach fünf Uhr nachmittags und dann auch nur höchstens eine Flasche für jede Person. Es ist jetzt nicht die Zeit für materielle Genüsse oder beliebige und unbegrenzte Einkäufe aller Art. Und doch hat die große japanische Hauptstadt und erst recht natürlich das übrige Japan trotz den Kriegsjahren noch manches von dem alten malerischen Reiz behalten, wenn das gesamte Leben auch einfacher, arbeitsreicher und anstrengender geworden ist.

Das Denkmal.

In den Vereinigten Staaten gibt es zahllose Denkmäler, die diesem gegenwartsbesessenen Volk vor Augen halten sollen, daß es wie die älteren Völker dieser Erde ebenfalls eine Geschichte habe, wenn sie auch erst knapp hundertfünfzig Jahre zählt. Unter diesen Denkmälern sind die meisten und auch das größte — die Freiheitsstatue im Hafen von New York — dem amerikanischen Mythos von der Freiheit der Völker oder den Männern gesetzt, die ihn in ihrer politischen Tat verwirklicht (oder auch ihm Schande angetan) haben. Wenn es schon diesen Denkmälern nicht leicht fällt, sich einen Platz in der Vorstellungswelt der Amerikaner zu erobern, wieviel schwerer muß es ein anderes haben, das nun in seiner stummen Geste immerzu daran erinnert, daß es im Leben der Amerikaner von heute tatsächlich noch schwierigere Aufgaben zu bewältigen gibt als vor hundertfünfzig Jahren. Die Errichtung dieses neuen Denkmals ist allerdings nicht in einer feierlichen Sitzung des Kongresses und sozusagen unter den Augen der Nation beschlossen worden, obwohl es, wie viele andere, ebenfalls als „Nationaldenkmal“ bezeichnet wird. Roosevelt selbst war es, auf dessen Veranlassung das Gesetz eingebracht wurde, das dreißigtausend Dollar zur Errichtung des ersten Nationaldenkmals für einen Neger forderte. Das Gesetz ist in dem Durcheinander, das den Kongreßferien vorauszugehen pflegt, gleichsam „durchgeschlüpft“ und von Roosevelt auch sofort unterzeichnet worden.

Der auf dem Denkmal Dargestellte ist der Professor George Washington Xarver, der an der Universität in Alabama lehrte und kürzlich gestorben ist. Damit beginnt auch schon die Fragwürdigkeit dieses „Nationaldenkmals“. Wenn es schon nicht in Washington aufgestellt wird, dann hätte es wenigstens in Alabama seinen Platz finden sollen. Aber man hat es vorgezogen, es in dem dünn bevölkerten Montana zu errichten, es also sozusagen den Blicken der Amerikaner zu entziehen. Trotzdem wird es, wie schon bisher, keinem Amerikaner möglich sein, seine Augen vor einem sozialen und moralischen Problem zu verschließen, das mit der Errichtung eines „Nationaldenkmals“ gewiß nicht gelöst werden kann. Heute, wo die Neger in der Armee und in der Industrie zwangsläufig in eine neue Position innerhalb der amerikanischen Gesellschaft geraten, dürfte ein Professor kaum noch als der typische Repräsentant der Vorstellungen gelten, die sich der amerikanische Neger von der Art und Weise macht, durch die er seinen Anspruch auf Gleichberechtigung verwirklichen kann. r. h.

Die erste Stockholmer Messe.

KA STOCKHOLM, 30. August. In der großen Halle des Stockholmer Tennisstadions wurde die erste Stockholmer Messe eröffnet. Der Gedanke, neben den bestehenden Messen in Göteborg und Malmö in Stockholm eine Herbstmesse einzuführen, ist entscheidend von dem Wunsche getragen, unter den besonderen kriegsbedingten Verhältnissen den Kontakt zwischen Produzenten und Käufern zu fördern. Die schwedische Industrie ist angesichts der geschrumpften Einfuhrmöglichkeiten im Laufe der vergangenen Jahre immer stärker dazu übergegangen, auf dem Gebiete der Rohstoffe die Lücken durch Austauschstoffe zu füllen oder auch dort zur Eigenproduktion überzugehen, wo früher der Import der einfachere Weg zur Bedarfsbefriedigung schien. Daß die Stockholmer Messe gerade unter diesem Gesichtspunkt entscheidend Neues zu bieten hätte, ist allerdings kaum zu sagen.

Der Kampf gegen den Zufall.

In einer Packabteilung eines norddeutschen Großbetriebes der Lebensmittelindustrie wurden gegen einhundertzwanzig Frauen und Mädchen an Fließbändern beschäftigt, die nur dem An- und Abtransport der zu verpackenden Ware und der Verpackungsmittel dienten. Sie arbeiteten alle im Einzelstücklohn an der gleichen komplizierten Packarbeit. Durch monatelange Ausbildung, Uebung und Gewöhnung und unter dem Anreiz des Leistungslohnes hatte sich die Gruppe allmählich eine beachtliche Leistungshöhe erarbeitet. Die Leiterin dieser Packabteilung war aber auf Grund längerer Erfahrung in anderen ähnlichen Abteilungen davon überzeugt, daß das Leistungsniveau noch zu heben sei. Sie vermutete nämlich noch beträchtliche Leistungsreserven, weil sie beobachtete, daß sich die Packerinnen oft durch Gespräche und Auseinandersetzungen gegenseitig in ihrer Arbeit störten. Beim Einrichten der Packabteilung hatte man es, weil sämtliche Arbeitsplätze und Arbeitsvorgänge vollkommen identisch waren, dem Zufall überlassen, welche Nachbarn und welchen Arbeitsplatz sich die einzelnen Packerinnen aussuchten. Durch diese willkürliche Platzwahl entstanden nun kleine Gruppen, die mehr oder weniger gut harmonierten. Es bildeten sich, wie das nun einmal in Betrieben, vor allem bei Frauenarbeit, nicht zu vermeiden ist, bestimmte Cliquen, und es zeigten sich bald, bis zu einem gewissen Grad unter dem Einfluß des Einzelakkordes, Rivalitäten, die nicht nur zu kleinen Reibereien führten, sondern indirekt auch ungünstig auf die Arbeitsleistung wirken mußten.

Die Abteilungsleiterin, die ein besonders feines Gefühl für die Behandlung menschlicher Beziehungen besaß, schlug darum eines Tages vor, den Zufall der freien Platzwahl auszuschalten, die ganze Gefolgschaft der Abteilung neu zu gruppieren und jeder Packerin gewissermaßen mit einer „Platzkarte“ einen neuen und endgültigen Arbeitsplatz anzuweisen. Diese einfache Umgruppierung der Arbeitsplätze, die auf vorhandene Freundschaften und Feindschaften, Spannungen und Harmonien fördernd oder hemmend Rücksicht nahm, ergab nun von einem Tag zum anderen eine plötzliche Mehrleistung von vierzehn Prozent, ohne daß sich irgend etwas in den anderen Arbeitsbedingungen oder in der Lohnform oder Lohnhöhe geändert hätte. Dieses kleine Beispiel der Rationalisierungsarbeit beweist, daß sie — wie die Höflichkeit — nichts kostet, nicht immer etwas zu kosten braucht, und doch viel hilft; es deutet aber auch schon an, daß eines ihrer wesentlichsten Merkmale das Ausschalten des Zufälligen und das sinnvolle und zwangsläufige Ordnen und Regeln ist. Der Erfolg wurde erzielt durch die bloße Anwendung des sogenannten „gesunden Menschenverstandes“, durch das, was die Psychologen die „differenzielle“ Menschenbehandlung nennen, und durch ein instinkt-sicheres und durch Erfahrung erweitertes Wissen von den positiven gruppenbildenden Faktoren des Arbeitslebens.

Das Pensum vor den Augen.

Ein zweites Beispiel aus der Rationalisierungsarbeit zeigt wohl noch deutlicher, daß die Ueberwindung des Zufälligen, das Bewußtmachen des bisher Unbewußten eines ihrer wichtigsten Kriterien ist. Vor Jahren wurden im Psychotechnischen Institut der Technischen Hochschule zu Dresden Versuche über die sogenannte „Fraktionierung“ gemacht. Man wußte, daß alle Menschen das Bestreben haben, sich ihre Zeit einzuteilen, daß sie den Wunsch nach ständiger Orientierung im Zeitablauf haben. Beispiele des Sportes, des täglichen Lebens und der normalen Betriebsarbeit beweisen ja immer wieder, daß Arbeitsanhäufungen zu Entmutigung führen, daß also zu große Vorräte leicht die Leistung mindern, während andererseits zu kleine Vorräte oder knappe Zwischenvorräte ein mehr oder weniger bewußtes Nachlassen des Arbeitstempos nach sich ziehen und dadurch auch zu Störungen des Arbeitsablaufs führen. Und vom Sport her kannte man auch schon lange die Wirkungen des Schlußantriebes, des sogenannten Endspurtes. Diese allgemeineren Erkenntnisse wurden nun experimentell an bestimmten Arbeitsvorgängen exakt nachgeprüft. Man versuchte, den Einfluß der Vorratsmenge auf jede Arbeitsleistung festzustellen, und zwar mit der bewußten Absicht,

Die Kirche von Ottmarsheim.

Nur Kunsthistoriker, und vielleicht diese nicht alle, kennen den Ort im Oberen Elsaß. Jakob Burckhardt in Basel, Franz Xaver Krauß zu Freiburg und Georg Dehio von Straßburg aus haben in wissenschaftlicher Forschung um die dunklen Ursprünge dieses merkwürdigen Denkmals elsässischer Kunst sich bemüht: der unversehrt und unberührt erhaltenen Zentralbau-Kirche in diesem Dorf. Der Blick auf die Pfalzkapelle zu Aachen öffnet sich, wenn man sie nennt; und auf Ravenna. Nur wenige Kilometer liegt Ottmarsheim entfernt vom uralten Rheinübergang dieser Gegend bei Neuenburg. Vielleicht hat der drüben am Fuß der Vogesen geschlagene Schwabenfürst Ariovist diese Stelle benützt zur Flucht in die Heimat zurück. Die Römerstraße Augst—Basel—Straßburg, parallel zum Rhein, führt durch Ottmarsheim. Der Isteiner Klotz stößt nicht weit oben vor an den Fluß; und noch ein Stück weiter hinauf in der Richtung der alten Kulturstadt Basel liegt Kembs. Ein paar Schüsse trafen das Dorf an der Maginot-Linie im Kriegsjahr 1940 und haben ein Haus eingeäschert. Nur einige Wegstunden westlich stehen in Gruppen die Industrie-Schornsteine der Großstadt Mülhausen. Und drüben, südwestlich, öffnet die Burgundische Pforte das Land für die künstlerischen und anderen Einflüsse der romanischen Welt und läßt ozeanische Luft herein. So kann man nicht sagen, daß einst und heute Ottmarsheim verborgen gewesen wäre, abseits gelegen von Kriegslärm und Leben. Und doch steht dieses alte, seltsame architektonische Gebilde noch unversehrt, hat dieser Ort mit der breiten Dorfstraße, mit den noch weiter zurückliegenden, niedrig und erd-eben hingelagerten, manchmal altertümlichen, malerisch-fachwerklichen Häusern für seinen Schatz erhaltend wie ein Museum gewirkt.

Es ist ein Unrecht, daß Ottmarsheim Aachen gegenüber aus dem allgemeinen Bewußtsein der Deutschen verschwunden ist. Diese Rundkirche gehört zum ewigen Reichtum des reichen Landes zwischen Rhein und Vogesen. Ihr gebührt ein hoher Rang in der deutschen Kunst. Sie ist auch Offenbarung vom Zwiespältigen im Sein und der künstlerischen Schöpferkraft des elsässischen Landes: in Straßburg hat es die kontinuierliche Ebenen-Fläche von Süd nach Nord, die nie aufhören will, durch Turm und kühnes Westwerk so leidenschaftlich-fanatisch zu verneinen gesucht, hat ihr die ins Unendliche vertikal strebende Kraft entgegenzusetzen versucht; hier oben in Ottmarsheim wird die Ebene bejaht, wird die Silhouette der Kirche des Nonnenklosters harmonisch der Ruhe der Landschaft, dem horizontalen Kubus des Hartwaldes eingefügt, dessen Gürtel sich zwischen das Dorf und Mülhausen schiebt und es am Rhein isoliert. So erscheint es den Blicken von jenseits des Flusses aus dem Markgräflerland, von der Höhe der Rebberge über dem Weindorf Schlingen, diesem viel näher verbunden als den Vogesen; und nur wenig, wie eine Bergkuppe über dem Nebelmeer, schaut das achteckige Kuppeldach der Kirche von Ottmarsheim mit dem späteren Turm über die dunkelgrüne flächige Decke heraus, die durch die Spitzen der Bäume, der Kirsch- und Nuß- und anderen Obstbäume des Markgräflerlandes, gebildet wird. Ebenso schlicht erscheint die Kirchengruppe dem Dorfbild eingeschmolzen, wenn man vom Bahnhof Banzenheim (an der Bahn nach Mülhausen) dem Dorf auf der asphaltierten Landstraße sich nähert. Kirche und Dorf erscheinen zusammengewachsen wie die Formen eines Kristalls. Langsam löst sich beim Näherkommen die Bau-Gestalt selbst heraus. Schlichtheit, Bescheidenheit, Einfachheit sind ihre Merkmale. Ueber dem niedrigen Dach des Umgangs stehen die achtmal geeckten Mauern der Kuppel mit ihrem flachen Dach heraus. Je ein kleines romanisches Fensterchen oben in jeder Fläche; Doppelfensterchen unten; ein einfacher Rundbogenfries unter dem Dachgesims; ansonsten kein baulicher Schmuck; keine Lisene, keine Blende oder gar ein phantastisches wildes Getier oder eine Fratze. Ein gerundetes Mäuerchen friedet den Platz ein und macht ihn zum Friedhof. Unter der Last des Alters ist der Fachwerkbalken des Hauses am Eingang verbogen.

Durch das niedrige Gewölbe einer dicken Mauer betritt man das Innere, gespannt auf das Erlebnis eines zentrierten Raumes, der in der architektonischen Entwicklung des Sakralbaues im Abendland immer wieder sich meldet, und nur ein paarmal ganz rein dasteht. So außerhalb aller christlichen Bauformen stehend erschien den älteren Schriftstellern diese Kirche von Ottmarsheim, daß sie sie für einen ehemaligen heidnischen Tempel erklärten. Sebastian Münster ist ihnen vorangegangen mit dieser Deutung. Sprachwidrig haben sie den gut schwäbisch-alemannischen Namen Ottmars-heim zerspalten in Ott-marsheim und ließen das Bauwerk durch den römischen Kaiser Otto dem Kriegsgott Mars geweiht sein. Burckhardt sah sich noch diesem Irrtum gegenüber, als er im Jahre 1844 in den Mitteilungen der Gesellschaft für vaterländische Altertümer in Basel seinen Aufsatz schrieb über Ottmarsheim und den Satz hinstellte: „Nach unserer Ansicht ist die Kirche von Ottmarsheim eine Nachbildung des Münsters zu Aachen, vermutlich aus dem elften Jahrhundert.“ So hat sich's dann allgemein durchgesetzt: daß der Ort im achten Jahrhundert gegründet und der heilige Abt des Klosters Sankt Gallen, Ottmar, ihm seinen Namen gegeben habe, weil das Dorf dem Kloster gehörte. Das Rheinknie war ja damals für Land und Menschen ringsum nicht trennende Grenze, sondern Knoten, der sie verband. Indes ist die Kirche im elften Jahrhundert mit einem Benediktinerinnen-Nonnenkloster zusammen erbaut von dem einheimischen Grafengeschlecht der Altenburger. Ein wichtiges Datum für die Erforschung ist das Jahr 1049, wo ein deutscher, ein Elsässer Papst, Leo IX, aus dem alten elsässischen Herzogengeschlecht, dessen Heimat drüben auf den Drei Exen bei Kolmar zu suchen ist, von einer Mainzer Synode kommend, zahlreiche Kirchen in Süddeutschland und diese in Ottmarsheim und auch eine auf der Reichenau geweiht hat.

Der moderne Besucher kann wohl ein so einfältig schlichtes, edles Kunstwerk, das er erblickt, wenn er in Ottmarsheim eintritt, nicht mehr so unmittelbar in sich aufnehmen wie jene Zeit, die es erbaut hat. Zu viel liegt zwischen jenen und uns: Kaiserdome, die Münster zu Straßburg und Freiburg; die hinter der Sinnenfreude wirkende metaphysische Unruhe des Barocks; da wird bei zentralen Raumtendenzen immer zuletzt hoch droben im Deckengemälde der Himmel durchbrochen und der Blick ins Jenseits geöffnet. Hier in Ottmarsheim bleibt der Raum in sich geschlossen. Hier sprechen nur die einfachen Teile der Architektur: ein achteckiger, gerundeter Raum, der zweimal so hoch wie sein innerer Durchmesser und also in klaren Maßen proportioniert, in sich geschlossen und doch nach oben bewegt ist. Der Besucher findet sich selbst, den Menschen, nach wenigen Schritten im Zentrum des Raumes. Aber dieser Raum hat doch keine Grenzen. Seine Wände sind keine; sie sind durchbrochen durch Umgänge in zwei Stockwerken. Der untere Umgang ist durch kräftige, breite Rundbogen gebildet, die sich achtmal von einem der viereckigen, massigen Pfeiler zum andern spannen. Diese untere Partie erinnert in Geist und Form an die Formen der Krypta. Sie muß das Obergeschoß tragen. Und dieses macht den wahrhaften Adel des Kirchleins aus: durch das edle Raumspiel der je vier zarten, zweimal zwei übereinandergestellten Säulen, mit einfachsten Würfelkapitälen, die die länglich hinaufgestreckten hohen Arkadenöffnungen füllen, gliedern, beleben; indem das untere Säulenpaar länger, das auf einem Gesimse über ihm stehende kürzer gehalten ist, wird der vertikale Rhythmus spürbar. Maßvoll klingt und schwingt im Ganzen dieser durchbrochene Raum in sich selbst, durch neuere Zutaten kaum gestört. Oben und unten hat man in Chor und Umgang in den siebziger Jahren des letzten Jahrhunderts Malereien entdeckt, die dem dreizehnten zum vierzehnten Jahrhundert angehören und hat sie nicht glücklich erneuert: ein Jüngstes Gericht — selbstverständlich —, die Sinnbilder der vier Evangelisten, einen Erzengel, der immer noch etwas von der metaphysischen Kraft ahnen läßt, die er für unsere Vorfahren hatte, und andere Szenen, die inhaltlich noch Rätsel aufgeben.

Nur ganz wenige solcher Zentralbauten besitzt das Abendland. Daß man hier an das Vorbild der Pfalzkapelle des Kaisers Karl zu Aachen angeknüpft hat, liegt offen zutage. Durch dieses wieder steht Ottmarsheim in innerer Verbindung mit dem sechsten Jahrhundert, mit dem feingegliederten Rundbau Sankt Vitalis zu Ravenna aus des großen Ostgotenkönigs Theoderich Zeit, und noch weiter zurück mit San Costanza des Kaisers Konstantin in Rom. Nach der Kirche in Ottmarsheim wurde nur eine Rundkirche noch im Elsaß gebaut, zu Hagenau, in der Kaiserpfalz auf der Moderinsel, durch Kaiser Barbarossa. Wir kennen sie nur noch aus Siegeln. Merkwürdig, daß solche Einmaligkeiten der Architektur auf solch einmalige Herrschergestalten angewiesen zu sein scheinen, die durch sie Adel und edle, ideale Macht in die andersartige Welt der Kunst, in diese klare Formensprache übersetzt zu haben scheinen. Wie aber kommt diese Baugestalt in das unscheinbare Ottmarsheim? Nun, der Erbauer ist nach der Bestätigungsurkunde König Heinrichs IV. aus dem Jahr 1063 „Ruodolf, der erlauchte Mann“. Man beachte den Vornamen: Rudolf. Er ist im siebten Glied ein Vorfahre des Habsburger Geschlechts, das hier Grund und Boden besitzt und sein Herrschaftsgebiet schließlich ausweitet bis hinüber in das Dreiflüssegebiet der Aare, Reuß und Limmat und nach zweihundert Jahren aufsteigt zur deutschen Königswürde. Auch dies steckt in diesem schlichten Dorfkirchlein. Hier ist die Heimat des großen schwäbisch-alemannischen, trotz allen Fehlern abendländischen Herrschergeschlechts. Ueberall ringsum, zu Basel, Säckingen, Breisach, Straßburg, ist um dieses beginnende elfte Jahrhundert Aufbruch zur romanischen Basilika, mit longitudinalem Raum von West nach Ost. So war es modern. So schuf der Straßburger Bischof, Werinhar von Habsburg, von 1015 ab die Basilika, die Vorläuferin des Straßburger Münsters. War er ein Bruder des Rudolf? Warum griff der Zeit entgegen der Habsburger hier oben in dem neuen Hauskloster und seiner Grabkirche zu solch seltener, ausgefallener Raumgestalt einer Kirche? Zur Rundkirche? Weil sie das kaiserliche Vorbild gehabt hat? Meldete die spätere Berufung zur Königswürde sich schon zweihundert Jahre zuvor in seinen Adern? Oder war's nur einfach die Lust, dem Neuen das Alte entgegenzusetzen?

Eine sichtbare Spur in der Kulturgeschichte am Oberrhein hat diese Stiftung nicht hinterlassen. Die Töchter des oberrheinischen Adels bis in die Schweiz hinüber fanden hier wohl Heim und Heil ihrer Seele. Grabplatten von adligen Aebtissinnen, mit Stab, verwittert und abgetreten, weil sie einst am Boden lagen, sind innen und außen an den Wänden der Kirche jetzt aufgerichtet. In deutscher Sprache vermittelt etwa der Vers auf dem Grabstein des Jahres 1584, was sie sehnten und erstrebten: „Mein Sel lebt ewiggklich in Gott, der mich von aller sind und misetadt durch seinen sun erloset hadtt.“

War einst wohl das Dorf ein Appendix des Klosters, so erscheint heute die Kirche mit dem Ueberrest, einem Haus mit gebrochenem Mansardendach, als Appendix des Dorfes. Still ist es um diesen Platz. Weinlauben ranken am alten Haus. Die blauen Trauben beginnen zu reifen. Zwischen zwei langen, alten Mauern hindurch führt ein stummes Sträßchen, durch das wohl einst Grafen und Ritter anritten mit ihrem Troß, um ihre Bäschen im Schleier zu sprechen, zu besuchen und um Rat in geistlichen und weltlichen Dingen zu fragen. Jetzt brütet die Sonne südlich heiß, und hinter dem alten Gemäuer schauen die blauen Früchte der Zwetschenbäume dicht hängend wie Trauben, über das Gemäuer herüber.

Karl Färber.

B 616

Die letzte Ausgabe der Frankfurter Zeitung: Erst am Tag danach wurde offenkundig, dass am Tag zuvor die Frankfurter Zeitung zum letzten Mal erschienen war. Der letzten Ausgabe selbst war nichts anzusehen, eine bewusste Entscheidung der Redaktion und wohl auch Ausdruck der Tatsache, dass jeder Hinweis auf das Ende vom Regime als Affront hätte gewertet werden können. Der Verlag informierte die Abonnenten in einem Formbrief über die Einstellung der Zeitung.

B 619
Auch das Foto des berühmten Archivs der Frankfurter Zeitung, ebenfalls im verbunkerten Keller untergebracht, entstand 1943 als Erinnerungsfoto. Nicht der Krieg, wie befürchtet, sondern der dem Verlag aufgezwungene nationalsozialistische Betriebsführer setzte das Archiv in Brand und vernichtete es, um auch die letzten Spuren der „jüdischen“ Zeitung zu beseitigen.

B 620
Das separate Wirtschaftsarchiv wurde nach der Schließung der Zeitung an die Berliner Börsen-Zeitung verkauft. Zudem existierte ein „Ostarchiv“, für dessen Verbleib sich die Gestapo 1943 interessierte. Mit der Einstellung der Frankfurter Zeitung gingen auch ihre Archive zugrunde.

B 634
Hauptwache und Schillerplatz im April 1944: Der Zweite Weltkrieg zerstörte die Stadt, die auch Leopold Sonnemanns Werk gewesen war. Das Schillerdenkmal, dessen Errichtung Leopold Sonnemann gefördert hatte, war bereits 1938 abgeräumt worden. Das Richtungsschild, das unversehrt geblieben ist, verweist auf eines seiner großen Projekte: den Palmengarten.

B 632
Der Rossmarkt mit dem Gutenbergdenkmal im Februar 1947: In den Trümmern und Ruinen ist das Denkmal der Pressefreiheit unversehrt stehen geblieben. Für Leopold Sonnemann symbolisierte es die gute Tradition der Stadt.

B 629
Die Fahrgasse im Februar 1947: Nichts mehr erinnert an die Straße, in der die Familie Sonnemann 1849 eine Wohnung fand.

B 636
In der Großen Eschenheimer Straße 1944: Das Verlagsgebäude wurde beschädigt, sank aber nicht in Trümmer, angesichts der horrenden Zerstörungen in der Straße ein Glücksfall.

B 626
Leopold Sonnemann war der Stratege, der in den Kontroversen um die Errichtung der Oper die einvernehmlichen Lösungen fand. Der Krieg zerstörte einen seiner Lebensmittelpunkte.

B 627
Im Foyer des Opernhauses hatte bis zur Zerstörung die von Leopold Sonnemann gestiftete Figurengruppe „Wahrheit und Dichtung“ gestanden. Sie ist nicht wieder aufgefunden worden.

B 633
Der Frankfurter Hof im Juni 1946: Leopold Sonnemann war einer der Initiatoren der Hotel AG, die den Bau des Luxushotels finanziert hatte. Im Frankfurter Hof genoss er das Leben.

B 631
Die Trümmer der Alten Börse 1947: Im Auftrag des Vaters tätigte der jugendliche Leopold Sonnemann hier erste Börsengeschäfte.

BOERSE

B 635
Leinwandhaus und Archivgebäude 1944: Das Historische Museum, das hier untergebracht war, förderte Leopold Sonnemann mit zahlreichen Stiftungen. Für ihn präsentierte das Museum mit seiner Frankfurter Kunst und Kultur die historische „Leistungsfähigkeit" des Stadtbürgertums.

B 628
Der Haupteingang des Palais Thurn und Taxis 1944: Das Büro Leopold Sonnemanns lag dem Palais Thurn und Taxis in der Großen Eschenheimer Straße gegenüber. Bis 1866 tagte im Palais der Deutsche Bund. Zu den schärfsten Kritikern seiner Politik gehörten Leopold Sonnemann und seine Zeitungen.

B 630
Frankfurts erstes öffentliches Schwimmbad 1947: Als Berichterstatter der Schwimmbad-Kommission der Stadtverordnetenversammlung förderte Leopold Sonnemann Bau und Betrieb. Seine Stiftung ermöglichte sozial Schwachen kostenlose Wannenbäder.

B 637
Die Stadtbibliothek 1944: Leopold Sonnemann erwarb für die Bibliothek die Flugschriftensammlung Gustav Freytags. Die Bibliothek würdigte die mäzenatische Leistung mit der Aufstellung seiner Büste im Treppenhaus. Der Krieg ließ von der Stadtbibliothek nur den Portikus übrig.

RECUPERATA LIBERTATE CIVITAS

A 106
Die ehemalige israelitische Präparandenschule in Höchberg 2007: Leopold Sonnemann unterstützte die Einrichtung, die auf die Israelitische Lehrerbildungsanstalt in Würzburg vorbereitete, finanziell. Nach 1933 wurde die Schule geschlossen und enteignet, die Höchberger Juden vertrieben und deportiert. 1996 richtete die Gemeinde eine Gedenkstätte mit einer Ausstellung zur Geschichte der Schule und der Höchberger Jüdischen Gemeinde ein, die auch über Leopold Sonnemann als ehemaligen Höchberger informiert.

A 104
Die ehemalige Höchberger Synagoge 2007: Die evangelische Kirche erwarb das Gebäude 1951 von der Jewish Restitution Successor Organization, die nach dem Zweiten Weltkrieg geraubtes jüdisches Eigentum zurückerstattete. Seitdem wird das Gebäude als evangelisch-lutherische Kirche genutzt.

A 105
Im Innenraum der heutigen evangelischen Kirche in Höchberg erinnern rechts und links vom Eingang ein Hochzeitsstein, ein gerahmtes Thorarollenfragment und der siebenarmige Leuchter an die ehemalige Synagoge.

A 107
Die Sonnemannstraße im Sommer 2009: Die Stadtverwaltung wählte 1906 eine Straße, die zum projektierten Osthafen und ebenfalls projektierten Industriegebiet Ost führte. Die Benennung einer Straße noch zu Lebzeiten stellte eine besondere Ehre dar. Dem Mentor Sonnemann wurde die Straße fraglos nicht gerecht. Mit dem geplanten Neubau der Europäischen Zentralbank an der Großmarkthalle steht eine Aufwertung der Straße und ein neuer Akzent auf das Lebenswerk, den Internationalisten und Währungsfachmann, in Aussicht.

ANHANG

Abkürzungen

Abkürzungen

ebd. Ebenda

FZ Frankfurter Zeitung

Hg. Herausgeber

hg. herausgegeben

ISG Institut für Stadtgeschichte Frankfurt am Main

Mag. Akten Magistratsakten

NL Nachlass

NFZ Neue Frankfurter Zeitung

StVV Akten der Stadtverordnetenversammlung

u.a. und andere

UB Johann Christian Senckenberg Universitätsbibliothek Frankfurt am Main

Anmerkungen

Der Jude
Michael Lenarz

1 ISG NL 1853/387. Laut diesem Familienattestat vom 10. August 1853 war Meyer Sonnemann am 15. Februar 1801 geboren. Demgegenüber ist im Bürgeraufnahmebuch der Stadt Offenbach am Main (Stadt Offenbach am Main, Haus der Stadtgeschichte, Archiv), S. 147, als Geburtsdatum der 24. Februar 1802 angegeben. Meyer Sonnemanns Mutter, Witwe des Seligmann Leser Sonnemann, lebte noch 1817 in Bibergau. (Rosenstock 2008, S. 101 Nr. 26) Meyer Sonnemanns Testament von 1853 erwähnt auch seinen in Würzburg lebenden Bruder Lazarus Sonnemann. (ISG NL 1853/387, Testament, § 10)
2 Simon 1931, S. 12.
3 ISG NL 1853/387. Das Geburtsdatum Thereses ist hier mit 15. September 1800 angegeben. Die Hochzeit fand am 17. Februar 1828 statt.
4 Simon 1931 S. 13 f. Der Eintrag in die Matrikelliste erfolgte am 30. Oktober 1829. Meyer Sonnemann wird hier als Kunstweber bezeichnet. (Rosenstock 2008, S. 268 Nr. 114)
5 Simon 1931, S. 12; Flade 1998, S. 30; Bamberger 1991, S. 439 Nr. 341.
6 ISG NL 1853/387; Staatsarchiv Würzburg, Jüdische Standesregister 43 (Geburten), Blatt 9, nach E-Mail von Annette Taigel vom 4. Juni 2009. Flade 1998, S. 30, bezeichnet das Geburtshaus fälschlich mit Nr. 228.
7 Flade 1998, S. 30.
8 Rosenstock 2008, S. 267 Nr. 102. Koppel Löw Kopp, um 1768 geboren, war wohl der älteste Sohn von Löw Koppel aus Höchberg, der sich 1807 als einer der ersten Juden wieder in Würzburg niederlassen konnte. (Gehring-Münzel 1992, S. 95 Anm. 116) Löw Koppel starb 73-jährig am 26. März 1816 in Würzburg und wurde in Heidingsfeld begraben. (Staatsarchiv Würzburg, Jüdische Standesregister 159, nach E-Mail von Annette Taigel vom 4. Juni 2009) Löw Koppels jüngere Söhne Peretz Löb Koppel (1772–1828) und Moses Löb (1773–1813) heirateten 1792 bzw. 1797 nach Frankfurt, wo sie sich nach dem Namen ihres Herkunftsortes „Höchberg“ nannten. (Dietz 1907, S. 155 f.; Ele Toldot, 16. IV. 1813 und 6. VIII. 1828)
9 Seine Ehefrau Frommet starb am 29. August 1822 im Alter von 56 Jahren in Höchberg Haus Nr. 88, also Leopold Sonnemanns Geburtshaus, und wurde in Allersheim begraben. (Staatsarchiv Würzburg, Jüdische Standesregister 43, nach E-Mail von Annette Taigel vom 4. Juni 2009)
10 Simon 1931, S. 14.
11 Simon 1931, S. 15 u. 18; Flade 1998, S. 23 u. 25.
12 Central Archives for the History of the Jewish People, Jerusalem, D-Ho1.
13 Max Sonnemann, geb. 15. Mai 1835, gest. 21. Juli 1838, wurde auf dem Höchberger jüdischen Friedhof beerdigt. (Simon 1931, S. 15; Staatsarchiv Würzburg, Jüdische Standesregister 43, nach E-Mail von Annette Taigel vom 4. Juni 2009; Bamberger 1991, S. 145)
14 Simon 1931, S. 16, Flade 1998, S. 31 u. 33.
15 Simon 1931, S. 16. Die Söhne von Koppel Löw Kopps Brüdern Peretz (Peter) Löb Koppel und Moses Löb Höchberg (s. Anm. 11) waren in Frankfurt im Lotterie und Wechselgeschäft tätig. (Dietz 1907, S. 155 f.) Einer davon, Peretz' Sohn Emanuel Höchberg (1802–1871) war 1853 Meyer Sonnemanns Testamentsvollstrecker. (ISG NL 1853/387)
16 Ruppel 2003, S. 34–37.
17 Simon 1931, S. 16 f. Leopold Sonnemann notierte um 1900, sein Vater habe im Frühjahr 1840 das Bürgerrecht zu Offenbach erworben. Im Bürgeraufnahmebuch der Stadt Offenbach am Main (Stadt Offenbach am Main, Haus der Stadtgeschichte, Archiv), S. 147, ist als Aufnahmedatum allerdings der 29. April 1841 vermerkt. Wie die anderen Familienmitglieder ist auch Koppel Löw Kopp im Bürgeraufnahmebuch nicht erwähnt. Er scheint später nach Höchberg zurückgekehrt zu sein, da das Familienattestat von 1853 (wie Anm. 2) angibt, dass er dort verstorben sei. Simon 1931, S. 47, scheint eher davon auszugehen, dass er in Offenbach starb. In den Offenbacher Sterberegistern ist er aber nicht aufgeführt. (E-Mail von Anjali Pujari, Haus der Stadtgeschichte Offenbach, Archiv, vom 27. April 2009)
18 Simon 1931, S. 18 f. Zu Salomon Formstecher siehe Kratz-Ritter 1991 und Brocke/Carlebach 2004, S. 313–315.
19 Simon 1931, S. 20 f.
20 Ruppel 2003, S. 34 f.; Klötzer 1991, S. 327.
21 Simon 1931, S. 21. Bei der Firma S. H. Strauß Söhne handelt es sich wohl um ein Ende des 18. Jahrhunderts gegründetes Handelshaus in niederländischen und sächsischen Tüchern und Kasimirs, das nach dem Tod des Gründers Seligmann Hirsch Strauß (1762–1836) von seinen Söhnen unter dem Namen Seligmann Hirsch Strauß Söhne, Fahrgasse 118, fortgeführt wurde. (Dietz 1907, S. 304 u. 306)
22 In einer tagebuchartigen Aufzeichnung vom 25. April 1847 vermerkte Leopold Sonnemann selbst, er sei seinem Vater „im Geschäft, wo nicht unentbehrlich doch sehr notwendig“. (Simon 1931, S. 35)
23 Simon 1931, S. 22.
24 Simon 1931, S. 22, 37, 41–43, 46, 53.
25 Simon 1931, S. 40, 60, 92.
26 Simon 1931, S. 27–93.
27 Simon 1931, S. 39, 43, 44, 56, 57, 62, 69, 71, 90.
28 Simon 1931, S. 40, 90 u. 92.
29 Simon 1931, S. 56–58.
30 Simon 1931, S. 68.
31 Simon 1931, S. 71 (Zitat) u. 82 f.
32 Simon 1931, S. 71.
33 Simon 1931, S. 73.
34 Simon 1931, S. 75; dort im französisch geschriebenen Original.
35 Simon 1931, S. 82–85.
36 Simon 1931, S. 60 u. 91.
37 Simon 1931, S. 95.
38 Simon 1931, S. 52 u. 55.
39 Simon 1931, S. 42.
40 Simon 1931, S. 95.
41 Simon 1931, S. 31, 39, 49, 50 u. 91.
42 Simon 1931, S. 107 f., 128.
43 Simon 1931, S. 111–115.
44 Simon 1931, S. 108.
45 Simon 1931, S. 114–116, 121 f.
46 Simon 1931, S. 119–125; New Yorker Handels-Zeitung vom 11. November 1851, S. 4.
47 Simon 1931, S. 127 f., 129–131, 135.
48 Simon 1931, S. 125–128, 130; New Yorker Handels-Zeitung vom 11. November 1851, S. 1 u. 4.
49 ISG NL 1853/387.
50 Adressbuch 1852.
51 Simon 1931, S. 109–111.
52 Simon 1931, S. 86, 110, 116–118, 121.
53 ISG NL 1853/387; Simon 1931, S. 137.
54 Moses Schüler (1790–1859) war zunächst mit Rosa Cohen (1793–1833) verheiratet, anschließend mit ihrer jüngeren Schwester Nanette/Nettchen (1810–1890). Beide waren Töchter des Vizelandrabbiners Hirsch Cohen. Julius (Israel), am 19. Januar 1827 geboren, entstammte der Ehe mit Rosa Cohen, während Rosa, wohl nach ihrer verstorbenen Tante benannt, am 26. April 1834 geboren, das älteste Kind von Moses mit Nanette war. Auch die anderen mit Leopold Sonnemann enger verbundenen Schüler-Söhne, Heinrich (geb. 1836) und Max (geb. 1849), stammten aus Moses' zweiter Ehe. (Marx 1997)
55 Simon 1931, S. 136–139; ISG NL 1853/387, Testament, § 3.
56 Simon 1931, S. 141–143.
57 E-Mail Henry Schneider, Stadtbibliothek Wuppertal, Else-Lasker-Schüler-Archiv, vom 20.09.2007.
58 Bauschinger 1980, S. 22 u. 29.
59 Simon 1931, S. 15.
60 Z. B. Simon 1931, S. 31 f., 38 f. u. 47 f.
61 Simon 1931, S. 37.
62 Simon 1931, S. 45.
63 Simon 1931, S. 33–35.
64 Zink 1998, S. 106–117.
65 Worte des Friedens und der Wahrheit 1843, Zitat s. S. 32.
66 Simon 1931, S. 19.
67 Worte des Friedens und der Wahrheit 1843, S. 14.
68 Meyer 2004, S. 30.
69 Simon 1931, S. 39.
70 Simon 1931, S. 43.
71 Simon 1931, S. 46.
72 Simon 1931, S. 45.
73 Simon 1931, S. 51 f.
74 Simon 1931, S. 53.
75 Zink 1998, S. 109. Die Verwendung von Opernarien und anderen weltlichen Kompositionen war bis zur Mitte des 19. Jahrhunderts auch in der christlichen geistlichen Musik als so genanntes Parodieverfahren durchaus üblich. (Die Musik in Geschichte und Gegenwart. 2., neubearb. Ausg. Sachteil, Band 7. Kassel u. a. 1997, Sp. 1407–1410)
76 Der Vorstand hielt 1843 selbst fest, „daß hier noch vieles zu leisten übrig bleibt, daß noch so mancher Mißbrauch entfernt, noch gar mancher Stein aus dem Wege geräumt werden muß, bis unser Gemeindeleben mehr Einheit und unser religiöses Leben weniger Schein, Heuchelei und Werkheiligkeit, dagegen mehr Herzensfrömmigkeit, Erbauung und Andacht darbietet.“ (Worte des Friedens und der Wahrheit 1843, S. 31)
77 Simon 1931, S. 55.
78 Simon 1931, S. 58 f. Sonnemann verbindet hier ein Zitat, das er in dem kurz zuvor erschienenen sozial engagierten Roman „Martin l'enfant trouvé“ (Martin das Findelkind, 1846/47) von Eugène Sue (1804–1857) gefunden hatte, mit Anspielungen auf Deuteronomium 10, 12–13 sowie Micha 6, 8.
79 Simon 1931, S. 77.
80 Salomon Formstecher: Die Religion des Geistes. Frankfurt am Main 1841, S. 72, zitiert nach Meyer 2004, S. 15.
81 Simon 1931, S. 144.
82 Brocke/Carlebach 2004, S. 732 f. – Hirsch Cohen stammte wohl aus Heidingsfeld bei Würzburg; sein Sohn Süsser Cohen (1790–1847) wirkte seinerseits in Geseke als Lehrer und Vorsänger. (ebd.)
83 Marx 1997.
84 So hatten sich zwei Kinder von Philippina Kopp, der 1825 in Frankfurt verstorbenen zweiten Ehefrau von Sonnemanns Urgroßvater Löw Koppel (gest. 1816), katholisch taufen lassen. (Rosenstock 2008, S. 277 Nr. 14; Ele Toldot, 6. VII 1825) Auch Sonnemanns Schwiegersohn Felix Simon und seine Enkel waren getauft. (Jacoby 1983, S. 15; Arnsberg 1983, Band 3, S. 429)
85 Arnsberg 1983, Band 3, S. 446; Heuberger/Krohn 1988, S. 100 f.
86 Leopold Sonnemanns siebzigste Geburtstagsfeier 1901, S. 82.
87 Arnsberg 1983, Band 1, S. 716 f.
88 Gerteis 1970, S. 66 u. 109; Heuberger/Krohn 1988, S. 101.
89 Meyer 1997, S. 138.
90 Flade 1998, S. 42 f., 67.
91 Der Israelit 12.10.1876, S. 950.
92 Allgemeine Zeitung des Judentums 12.11.1909, Gemeindebote, S. 3.
93 Leopold Sonnemanns siebzigste Geburtstagsfeier 1901, S. 82.
94 Stollberg 1988, S. 23 f., 48–51.
95 Estermann 1995, S. 31.
96 Historisches Museum Frankfurt, Zugangsbuch III, S. 226 (22.11.1897); Einundzwanzigster Jahresbericht des Vereins für das Historische Museum zu Frankfurt am Main. Erstattet

Anmerkungen

vom Vorstande in der Jahresversammlung am 2. Dezember 1897, Frankfurt am Main 1897, S. 17 f.; Heuberger 2006, S. 144 f. – Die Schale wurde bei der Schenkung noch fälschlich als Sederschüssel interpretiert.
97 Was übrig blieb 1988, S. 15.
98 Wilke 2008, S. 174–176, 179 f., 196–199.
99 Frankfurter Zeitung, 22.4.1908, Abendblatt (Bericht über die Beisetzung Hallgartens).
100 Wilke 2008, S. 179 f.
101 Wilke 2008, S. 180, 189–191.
102 Richter 1881, S. 5 Anm., 26, 36.
103 Kalender 1901, 7. Juni, 4., 5., 7. u. 12. Juli; Kalender 1902, 20. u. 28. März, 12. April, 9. Mai.
104 Ben-Sasson 1980, S. 205–207.
105 Kalender 1900, 22. Juni, 9. Juli.
106 Kalender 1901, 18. Januar, 16. März, 17. Juni, 24. u. 26. Juli; Kalender 1902, 17. u. 21.–24. April, 18., 19. u. 25. September.
107 Kalender 1902, 21. April.
108 Schiebler 1988, S. 258; Heuberger/Krohn 1988, S. 52.
109 Leopold Sonnemanns siebzigste Geburtstagsfeier 1901, S. 29 f.
110 Frankfurter Zeitung 3.11.1909, Abendblatt.
111 Simon 1931 S. 51.
112 Ähnlich Kalender 8. August 1897, 3. August 1898, 16. August 1900, 18. Juli 1901, 3. u. 15. August 1902.
113 Kalender 4. Mai 1897 u. 4. Mai 1900.
114 Kalender 15. August 1898, 15. August 1900, 15. August 1901.
115 Frankfurter Zeitung 3.11.1909, Abendblatt.
116 Frankfurter Israelitisches Familienblatt 5.11.1909, Beilage.
117 Allgemeine Zeitung des Judentums 12.11.1909, Gemeindebote, S. 3.
118 Frankfurter Biographie Band 2, 1996, S. 365 f.
119 Schweitzer 1863/64, Band 3, 1, S. 35.
120 Gerteis 1970, S. 36 f.
121 Borst 1980, S. 265–284. Die Zuschreibung des 1874 publizierten Pamphlets an den 1871 verstorbenen Nikolaus Hadermann (so Heuberger 1988, S. 380) ist irrig. Der auf dem Titel klar als „Abt" angegebene Autor bezeichnet sich selbst wiederholt als Herausgeber der „Kritik".
122 Gerteis 1970, S. 63 u. 66.
123 Der Vorname Löb/Löw ist die jüdisch-deutsche Entsprechung des religiösen Namens Jehuda/Juda. Der auf Gen 49, 9 beruhende Vergleich des Stammes Juda mit einem Löwen ist auch im christlichen Bereich geläufig (Offb 5, 5).
124 Weiland 2004
125 Der Kulturkämpfer, 1. Jg., 1880, Heft 6, S. 226 f.
126 ebd., S. 229.
127 ebd., S. 235.
128 ebd., S. 236.
129 ebd., S. 239.
130 Schlotzhauer 1989, S. 41.
131 Schlotzhauer 1989, S. 21, 30–35.
132 Schlotzhauer 1989, S. 59 f.
133 Schlotzhauer 1989, S. 113, 116.
134 Schlotzhauer 1989, S. 229, 233, 236.
135 Schlotzhauer 1989, S. 239.
136 Schlotzhauer 1989, S. 307.

Der Bankier
Frank Berger

1 Frankfurter Adressbuch 1854, S. 298.
2 Simon 1931, S. 148.
3 Frankfurter Adressbuch 1855, S. 289.
4 Frankfurter Adressbuch 1857, S. 323.
5 Simon 1931, S. 142.
6 Handelskammer 1908, S. 1136 f.
7 ISG Rechnei nach 1816/2.464.
8 Simon 1931, S. 86.
9 Roth 1996, S. 303 ff.
10 Winterwerb 1929, S. 252.
11 Handelskammer 1908, S. 1030 ff.
12 Mitteilungen über Physisch-Geographische und Statistische Verhältnisse von Frankfurt am Main Heft 3, 1841, S. 62.
13 Simon 1931, S. 150.
14 Geschichte der Frankfurter Zeitung 1911, S. 6.
15 Handelskammer 1908, S. 1122 ff.
16 Holtfrerich 1999, S. 154.
17 Geschichte der Frankfurter Zeitung 1911, S. 19.
18 Lynar 1964, S. 9.
19 In der Ausgabe vom 10. Juni 1859, vgl. Gerteis 1970, S. 20, Anm. 46.
20 Rosenberg 1974, S. 131.
21 Simon 1931, S. 130.
22 Schwemer 1918, S. 111.
23 Kropat 1971, S. 97 f.
24 Roth 1996, S. 391.
25 Gerteis 1970, S. 19.
26 ISG Mag. Akte R 1513 Tom. III, Akte Nr. 43.
27 Frankfurter Biographie 1996, S. 183 f.
28 Gerteis 1970, S. 20.
29 Roth 1996, S. 514.
30 Kropat 1971, S. 160 f.
31 Handelskammer 1908, S. 1140 ff.
32 Handelskammer 1908, S. 853 ff.
33 Giesen 1901, S. 115 ff.
34 Achterberg 1955, S. 83 f.
35 Giesen 1901, S. 72 ff.
36 Giesen 1901, S. 383 ff.
37 Reitmayer 1999, S. 281.
38 ISG Bethmannarchiv, Zeitgeschichtliche Sammlung, Mappe 126.
39 Geschichte der Frankfurter Zeitung 1906, S. 144.
40 Arbeiter Chronik. Organ für die Interessen des arbeitenden Volkes, 1. Jahrgang, Nr. 18, Nürnberg, 4. August 1888.
41 Frankfurter Zeitung vom 7. März 1878 (Beilage).
42 Das Haus der Besitzlosen 1981, S. 8.
43 Baier 1984, S. 565 f.
44 Schembs 2001, S. 25 ff.
45 Frankfurter Biographie 1996, S. 406.
46 Achterberg 1963, S. 221 f.
47 Ausst.-Kat. Historisches Museum 1991, S. 649 ff.
48 Historisches Institut/Archiv der Deutschen Bank Akte S 4214.

Der Verleger
Sabine Hock

1 Simon 1931, S. 151 f.
2 Simon 1931, S. 118.
3 Leopold Sonnemann in einer autobiographischen Skizze, um 1900, zit. nach Geschichte der Frankfurter Zeitung 1911, S. 5 f.
4 Sonnemann um 1900 zit. nach Geschichte der Frankfurter Zeitung 1911, S. 6.
5 ebd.
6 ebd.
7 Simon 1931, S. 151.
8 ebd.
9 Leopold Sonnemann in einem Rückblick zum 25-jährigen Bestehen der Frankfurter Zeitung, 1881, zit. nach Geschichte der Frankfurter Zeitung 1911, S. 15.
10 Vgl. Gerteis 1970, S. 19.
11 Simon 1931, S. 152.
12 ebd.
13 Simon 1931, S. 151.
14 [Heinrich Bernhard Rosenthal,] Frankfurt, 21. [Juli], in: Frankfurter Geschäftsbericht, 21.7.1856, zit. nach Geschichte der Frankfurter Zeitung 1911, S. 17.
15 Sonnemann 1881, zit. nach Geschichte der Frankfurter Zeitung 1911, S. 16.
16 Geschichte der Frankfurter Zeitung 1911, S. 19.
17 ebd.
18 Frankfurter Handelszeitung, 1.9.1856, zit. nach Geschichte der Frankfurter Zeitung 1911, S. 19.
19 Geschichte der Frankfurter Zeitung 1911, S. 20.
20 Geschichte der Frankfurter Zeitung 1911, S. 39.
21 Geschichte der Frankfurter Zeitung 1911, S. 41.
22 Geschichte der Frankfurter Zeitung 1911, S. 42.
23 Geschichte der Frankfurter Zeitung 1911, S. 43 f.
24 Leopold Sonnemann in seinem Tagebuch, 11.6.1848, zit. nach Simon 1931, S. 77.
25 NFZ, 18.4.1860, zit. nach Gerteis 1970, S. 25.
26 NFZ, 6.9.1863, zit. nach Gerteis 1970, S. 41.
27 Zit. nach Geschichte der Frankfurter Zeitung 1911, S. 131.
28 Geschichte der Frankfurter Zeitung 1911, S. 132.
29 Geschichte der Frankfurter Zeitung 1911, S. 138.
30 Schwemer 1918, S. 519.
31 Aktenstücke 1869, S. 53 f.
32 Geschichte der Frankfurter Zeitung 1911, S. 142.
33 Geschichte der Frankfurter Zeitung 1911, S. 144.
34 Geschichte der Frankfurter Zeitung 1911, S. 149.
35 Geschichte der Frankfurter Zeitung 1911, S. 151.
36 Deutsche Vereinsbank an Anglobank-Wien, 25.1.1872, zit. nach Geschichte der Frankfurter Zeitung 1911, S. 364.
37 Geschichte der Frankfurter Zeitung 1911, S. 152.
38 Bücher 1919, S. 216.
39 Geschichte der Frankfurter Zeitung 1911, S. 411.
40 Bücher 1919, S. 217.
41 Zit. nach Geschichte der Frankfurter Zeitung 1911, S. 152.
42 Geschichte der Frankfurter Zeitung 1911, S. 256.
43 Der Abgeordnete August Lamey im Reichstag, 3.6.1871, zit. nach Gerteis 1970, S. 62 f.
44 Gerteis 1970, S. 68.
45 ebd.
46 ebd.
47 Der Kanzler Otto von Bismarck im Reichstag, 9.10.1878, zit. nach Gerteis 1970, S. 68 f.
48 Geschichte der Frankfurter Zeitung 1911, S. 410.
49 Geschichte der Frankfurter Zeitung 1911, S. 411.
50 Geschichte der Frankfurter Zeitung 1911, S. 410.
51 Geschichte der Frankfurter Zeitung 1911, S. 386.
52 Geschichte der Frankfurter Zeitung 1911, S. 391.
53 Gerteis 1970, S. 73.
54 Leopold Sonnemann an Eduard Fay, 5.8.1874, in: ISG NL Heinrich Eduard Fay (S1/11), Nr. 2.
55 Geschichte der Frankfurter Zeitung 1911, S. 396.
56 Geschichte der Frankfurter Zeitung 1911, S. 398.
57 FZ, 25.5.1875, zit. nach Gerteis 1970, S. 74.
58 Friedrich Stoltze in der „Frankfurter Latern", 9.10.1875, zit. nach Geschichte der Frankfurter Zeitung 1911, S. 403.
59 Leopold Sonnemann in einer Unterredung mit Georg Friedrich Kolb in Zürich, 1859, zit. nach Geschichte der Frankfurter Zeitung 1911, S. 638.
60 Leopold Sonnemann an Max Quarck, 1.4.1888, in: ISG NL Max Quarck (S1/77), Nr. 315, Bl. 2, S. 4.
61 Kleine Presse in einer Einladung zum Abonnement, 1.4.1885, zit. nach Geschichte der Frankfurter Zeitung 1911, S. 431.
62 Geschichte der Frankfurter Zeitung 1911, S. 431.
63 Leopold Sonnemann an N.N., o.D., zit. nach Geschichte der Frankfurter Zeitung 1911, S. 152.
64 Die Redaktion der FZ, Leopold Sonnemann, an Wilhelm Liebknecht, 9.12. [Jahr unleserlich], in: International Institute of Social History Amsterdam NL Wilhelm Liebknecht, Nr. 307. Leider ließ sich nicht überprüfen, ob Liebknecht unter diesen Umständen überhaupt zur Mitarbeit kam, zumal der Brief durch die unleserliche Datierung zeitlich nicht einzuordnen ist.
65 Leopold Sonnemann †, in: FZ, Zweites Morgenblatt, 31.10.1909, S. 1, Sp. 1.
66 Geschichte der Frankfurter Zeitung 1911, S. 148 f.
67 Max Quarck an den Verlag der FZ, 3.10.1887, Entwurf in: ISG NL Max Quarck (S1/77), Nr. 315, Bl. 1, S. 2.
68 Verlag der FZ an Max Quarck, 10.10.1887, in: ISG NL Max Quarck (S1/77), Nr. 77, Bl. 1, S. 2.
69 Max Quarck, Aus meinem Leben, Typoskript, [Frankfurt a.M. 1929], ISG Chroniken, S5/592, S. 56.
70 Gniffke 1999, S. 85 f.
71 Leopold Sonnemann an Max Quarck, 1.4.1888, in: ISG NL Max Quarck (S1/77), Nr. 315, Bl. 2, S. 3.
72 ebd.
73 Max Quarck an Leopold Sonnemann, 3.4.1888, Entwurf in: ISG NL Max Quarck (S1/77), Nr. 315, Bl. 3, S. 4.
74 Leopold Sonnemann zit. nach Geschichte der Frankfurter Zeitung 1911, S. 641.
75 Leopold Sonnemann †, in: FZ, Zweites Morgenblatt, 31.10.1909, S. 1, Sp. 1.
76 Leopold Sonnemann in seinem Testament, o.D., zit. nach Geschichte der Frankfurter Zeitung 1911, S. 1056.
77 FZ, Sonderbeilage „Zum 100. Geburtstag Leopold Sonnemanns/75 Jahre Frankfurter Zeitung", 29.10.1931, zit. nach Gerteis 1970, S. 23.

Der Abgeordnete
Jürgen Steen

1 Gerteis 1970, S. 31.
2 Forstmann 1991, S. 361.
3 Nipperdey 1998, S. 41 ff.
4 Steen 1978 III, S. 177.
5 Na'aman 1987, S. 300 ff.
6 Vogel 1971, S. 13 ff.
7 Wolf 1983, S. 172.
8 Heuberger 1988, S. 378 f.
9 Universitätsbibliothek Frankfurt am Main, NL Friedrich Stoltze M 4.10.
10 Klötzer 1996, S. 442 ff.
11 Steen 1978 I, S. 327 ff.
12 Elm 1986, S. 171 ff.
13 Jahrbuch 1882, S. 136 ff.
14 Giesen 1901, S. 1 ff.
15 Gall 1980, S. 386 ff.
16 Reichstag 1871, S. 154, 156, 159.
17 Giesen 1901, S. 7 f.
18 Giesen 1901, S. 54.
19 Giesen 1901, S. 44 ff.
20 Giesen 1901, S. 21.
21 Giesen 1901, S. 62, 146.
22 Reichstag 1873, S. 44; 1874, S. 740.
23 Giesen 1901, S. 47 f.
24 Giesen 1901, S. 47 f.
25 Giesen 1901, S. 28, 108, 176, 185, 203, 231, 236, 261, 383.
26 Giesen 1901, S. 81 ff.
27 Heuss 1953, S. 572 f.
28 Gerteis 1970, S. 63.
29 Pollmann 1982, S. 656 f.
30 ISG Bethmannarchiv, Zeitgeschichtliche Sammlung, Band 8.
31 Wolf 1987, S. 36.
32 Gerteis 1970, S. 72.
33 Giesen 1901, S. 163 ff.
34 Giesen 1901, S. 183 ff.
35 Illustrierte Zeitung 1875/I, S. 10 f.

36 Über Land und Meer 1885/I, S. 107–113, Zitate S. 112.
37 Gerteis 1970, S. 67.
38 Gall 1980, S. 564 ff.
39 Gerteis 1970, S. 68.
40 Gerteis 1970, S. 51 f.
41 Heuberger 1988, S. 379.
42 Jahrbuch 1882, S. 137.
43 Gerteis 1970, S. 68.
44 Gall 1980, S. 571 f
45 Giesen 1901, S. 196 ff.
46 Giesen 1901, S. 206.
47 Giesen 1901, S. 207.
48 Giesen 1901, S. 210.
49 Giesen 1901, S. 212.
50 Reichstag 1878, S. 124 ff.
51 Gerteis 1970, S. 69.
52 Giesen 1901, S. 216 ff.
53 Giesen 1901, S. 255 ff.
54 Geschichte der Frankfurter Zeitung 1906, S. 223.
55 Giesen 1901, S. 219 ff., 265 ff., 285 ff.
56 Jahrbuch 1882, S. 137.
57 Giesen 1901, S. 259 ff.
58 Giesen 1901, S. 378 ff.
59 Beier 1884, S. 539 f.
60 Roth 1996, S. 47.
61 Eichler 1883, S. 114 f.
62 Eichler 1983, S. 81.
63 Gerteis 1970, S. 91.
64 Jahrbuch 1891, S. 132.
65 Gerteis 1970, S. 69.
66 Bebel 1997, S. 503.
67 Eichler 1983, S. 195.
68 Maly 1992, S. 18 ff.
69 Geschichte der Frankfurter Zeitung 1906, S. 155 f.
70 Schwemer 1918, S. 460 ff.
71 Roth 1996, S. 372 ff.
72 Roth 1996, S. 497.
73 Maly 1992, S. 31.
74 Wolf 1987, S. 25.
75 Maly 1992 S. 55 f.
76 Roth 1996 S. 469.
77 Wolf 1983, S. 129 ff.
78 Frankfurter Biographie 1994, S. 347.
79 Maly 1992, S. 157.
80 Gerteis 1970, S. 95 ff.
81 Wolf 1987, S. 36.
82 Wolf 1987, S. 98 ff.
83 Maly 1995, S. 24.
84 Wolf 1987, S. 99.
85 Schivelbusch 1985, S. 55.
86 Schivelbusch 1985, S. 115.
87 Extra-Beilage zu Nr. 151 der Frankfurter Zeitung 1872.
88 Schivelbusch 1985, S. 123.
89 Geschichte der Frankfurter Zeitung 1906, S. 279.
90 Maly 1992, S. 128 f.
91 Roth 1996, S. 544.
92 Roth 1996, S. 47.
93 Maly 1996, S. 95.
94 Geschichte der Frankfurter Zeitung 1906, S. 281.
95 Bebel 1997, S. 474.
96 Wolf 1987, S. 46.
97 Maly 1992, S. 403, Anm. 30.
98 Offener Brief in der Frankfurter Zeitung vom 30. November 1872.
99 Frankfurter Biographie 1996, S. 56 f.
100 Gerteis 1970, S. 95 ff.
101 Maly 1992, S. 244.
102 Ausst.-Kat. Historisches Museum 1991, S. 18 ff.
103 Wolf 1987, S. 37 f.
104 Ausst.-Kat. Historisches Museum 1981, S. 74 ff.
105 Ausst.-Kat. Historisches Museum 1981, S. 45 ff.
106 Roth 1996, S. 542 ff.
107 Steen 1998 I, S. 178 f.
108 Ausst.-Kat. Historisches Museum 1991, S. 673 ff.
109 Frankfurter Biographie 1994, S. 11.
110 Roth 1996, S. 47.
111 Ausst.-Kat. Historisches Museum 1981, S. 287 ff.
112 Maly 1995, S. 40.
113 Gerteis 1970, S. 110.
114 Frankfurter Biographie 1994, S. 211 f.
115 Frankfurter Biographie 1996, S. 206 ff.
116 Roth 1991, S. 84.
117 Maly 1992, S. 362.
118 Frankfurter Biographie 1994, S. 373
119 Steen 1978 I, S. 27 f.
120 Simon 1931, S. 60.
121 Maly 1992, S. 235 f.
122 Maly 1992, S. 299.
123 Gerteis 1970, S. 108.
124 Maly 1992, S. 361.
125 Maly 1995, S. 38.
126 Maly 1995, S. 226.
127 Sonnemann 1901, S. 10.
128 Roth 1996, S. 633 ff.

Der Mäzen und Stifter
Andreas Hansert

1 Sonnemann 1901, S. 7.
2 Schoser 1995.
3 Mohr 1980, Schivelbusch 1985.
4 Abbildung bei Mohr 1980, S. 37.
5 Lerner 1976, Brockhoff 2001.
6 Jahresberichte des Mitteldeutschen Kunstgewerbe-Vereins, in: ISG Mag. Akte S 1740, Bd. I.
7 Siehe dazu die Serie der Jahresberichte des Vereins für das Historische Museum, in: ISG Mag. Akte S 1774.
8 Sonnemann 1901, S. 23.
9 Liebieghaus 1990, S. 16 f., Liebieghaus 1991, S. 66–76, 290–293, 395–397, Liebieghaus 1993, S. 220–222.
10 Lerner 1966, S. 358.
11 Dazu Unterlagen in ISG Mag. Akte S 1481/II, Nr. 117.
12 Flugschriftensammlung 1925.
13 Estermann 1995, S. 31
14 Estermann 1995, S. 32
15 Zur folgenden Darstellung siehe generell Hansert 1994.
16 Abschriften in den Archiven des Städelschen Museums-Vereins und des Städel Museums, Hansert 1994, S. 21f.
17 ISG Museum für Kunsthandwerk 3.
18 Justi 2000, S. 186f.
19 Sonnemann-Briefe an Weizsäcker, Archiv des Städelschen Museums-Vereins SMV3:262 u. 265.

Der Demokrat
Jürgen Steen

1 Simon 1931, S. 71 f., 77 f.
2 Simon 1931, S. 74, 81, 85, 89, 94.
3 Schwemer 1918, S. 111.
4 Beier 1984, S. 117.
5 Schwemer 1918, S. 112 ff.
6 Steen 1998 II, S. 288 ff.
7 Schwemer 1918, S. 133.
8 Roth 1996, S. 468.
9 Situationsplan zum Manöver im September 1865, Historisches Museum Graphische Sammlung C 7510.
10 Geschichte der Frankfurter Zeitung 1906, S. 77.
11 Beier 1984, S. 117 f.
12 Beier 1984, S. 133.
13 Geschichte der Frankfurter Zeitung 1906, S. 78.
14 Beier 1984, S. 131.
15 Beier 1984, S. 134.
16 Beier 1984, S. 114.
17 Beier 1984, S. 140 ff.
18 Beier 1984, S. 137.
19 Bebel 1997, S. 385.
20 Wolf 1987, S. 19 f.
21 Neue Frankfurter Zeitung vom 5. Juli 1866.
22 Röckel 1912.
23 Roth 1996, S. 503 f.
24 Wolf 1983, S. 171.
25 Wolf 1983, S. 172.
26 Elm 1986, S. 171 ff.
27 Wolf 1983, S. 24.
28 Silberner 1976.
29 Jacoby 1872, S. 337 f.
30 Wolf 1983, S. 50.
31 Wolf 1983, S. 20.
32 Geschichte der Frankfurter Zeitung 1906, S. 222.
33 Geschichte der Frankfurter Zeitung 1906, S. 84 f., 237 ff., 255, 596, 684, 697, 700.
34 Frankfurter Biographie 1996, S. 365 f.
35 Beier 1984, S. 117.
36 Eichler 1983, S. 81.
37 Quarck 1896, S. 25.
38 Frankfurter Biographie 1996, S. 158 f.
39 Eichler 1983, S. 361 ff.
40 Roth 1991, S. 39 ff.
41 Roth 1991, S. 100.
42 Eichler 1983, S. 366 ff.
43 Gerteis 1970, S. 51.
44 Gerteis 1970, S. 84 ff.
45 Geschichte der Frankfurter Zeitung 1906, S. 133 f.
46 Roth 1996, S. 634.
47 Maly 1992, S. 139.
48 Maly 1992, S. 280.
49 Maly 1992, S. 310.
50 Roth 1996, S. 594.
51 Geschichte der Frankfurter Zeitung 1906, S. 429.
52 Gerteis 1970, S. 5.
53 Steen 1998 II, S. 172 ff.
54 Sombart 1908, S. 250.
55 Ausst.-Katalog Historisches Museum 1991, S. 267 ff.
56 Ausst.-Katalog Historisches Museum 1991, S. 45 f.
57 Ropohl 1996.
58 Zehnter Jahresbericht des Vereins für die Freibibliothek und die Lesehallen, 1903, ISG S 1846/Bd. 1, S. 3.
59 Eichler 1983, S. 166.
60 Hirsch 1973, S. 32.
61 Schivelbusch 1985, S. 53 ff.
62 Schmidt-Linsenhoff 1978 II, S. 221.
63 Geschichte der Frankfurter Zeitung 1906, S. 328 ff.
64 Quarck 1896, S. 20 ff.
65 Gerteis 1970, S. 88.
66 Elm 1986, S. 177.
67 Frankfurter Biographie 1994, S. 11 ff.
68 Ausst.-Kat. Historisches Museum 1981, S. 125 f.
69 Füßl 2005, S. 105 ff.
70 Protokollbuch der Internationalen Elektrotechnischen Ausstellung in Frankfurt a. M., UB Congr. Ff. Elektrotechnische Ausstellung 1, 2.
71 Frankfurter Biographie 1996, S. 397 ff.
72 Frankfurter Biographie 1996, S. 76.
73 Frankfurter Biographie 1996, S. 58.
74 Sonnemann 1901, S. 8.
75 Estermann 1988, S. 214 ff.
76 Sonnemann 1901, S. 8.
77 Rittweger 1891, S. 14 f.
78 Roth 1996, S. 261 ff.
79 Heuberger/Krohn 1988, S. 33 ff.
80 Ausst.-Kat. Historisches Museum 1981, S. 21 ff.
81 Rödel 1986, S. 11 ff.
82 Wendel 1910.
83 Bebel 1997.
84 Ausst.-Kat. Historisches Museum 1988, S. 3 ff.

Vergessen und Erinnern – Zur Rezeption Leopold Sonnemanns
Anna Schnädelbach

1 Frankfurter Zeitung, Zweites Morgenblatt, 31.10.1909, S. 1.
2 Abendblatt der Frankfurter Zeitung, 3. November 1909, S. 2.
3 Overesch 1975, S. 172.
4 Vgl. die Dokumentationen dieser Projekte: Estermann 1988, Estermann 1995, Gerteis 1970.
5 Frankfurter Bildnisse 1910, o. S.
6 Assmann 1988, S. 11. Assmann unterscheidet zwischen dem „kommunikativen“, dem mündlich überlieferten, und dem „kulturellen“ Gedächtnis. In diesem werden die Bestände des kommunikativen Gedächtnisses verfestigt, ritualisiert und über größere Zeiträume hin institutionalisiert wie z. B. in Museen oder Gedenkstätten.
7 Gillessen 1986, S. 35.
8 Sonnemann 1901.
9 ebd., S. 7/8.
10 ISG Mag. Akte T 1074/Bd. 4 Straßenbenennungen 1905–1911, Bl. 18/19.
11 The New York Times, 1. November 1909, S. 11.
12 Frankfurter Zeitung, Drittes Morgenblatt, 3. November 1909, S. 4.
13 Kleine Presse, 1. November 1911, S. 1.
14 Frankfurter Zeitung zum 100. Geburtstag ihres Begründers und zum 75-jährigen Jubiläum seiner Schöpfung, 29.10.1931, S. 3.
15 „Leopold Sonnemann geboren am 29. Oktober 1831“, in: ebd., S. 1.
16 Gillessen 1986, S. 48.
17 Gillessen 1986. S. 53, vgl. dazu auch Wirthle 1977.
18 Gillessen 1986 S. 58 ff., verneint dies ausdrücklich.
19 So drang eine Abordnung der SA am 1. April 1933 in das Haus der FZ ein und hisste eine Hakenkreuzfahne auf dem Dach. Nach Rücksprache Benno Reifenbergs mit der Gauleitung stellte sich heraus, dass die SA eigenmächtig gehandelt hatte, Gillessen 1986, S. 117.
20 Gillessen 1986, S. 168.
21 Gillessen 1986, S. 171 f.
22 Gillessen 1986, S. 166 f.
23 Max von Enth (1836–1906) war Begründer der deutschen Landwirtschaftsgesellschaft.
24 Vgl. zu Höchberg auch Flade 1998.
25 Kracauer 1937.
26 Brodersen 2001, S. 96 f., vgl. auch Stalder 2003.
27 Hummerich 1984, S. 40.
28 Schreiben der Gestapo Koblenz an den Leiter Staatspolizeistelle des Regierungsbezirks Wiesbaden vom 23.12.36, Schreiben gleichen Inhalts von Gestapo Regierungsbezirk Wiesbaden an Reichsministerium für Volksaufklärung und Propaganda, Landesstelle Hessen-Nassau vom 6.1.37 und Antwort der Landesstelle an Gestapo Wiesbaden vom 8.1.37. Alle Dokumente in Hauptstaatsarchiv Wiesbaden, Gestapo Frankfurt betreffend „Frankfurter Zeitung“, Frankfurter Societät, A 483/600 a.
29 Gillessen 1986, S. 383; Hummerich 1984 S. 74.
30 Gillessen 1986, S. 468 ff.
31 Hummerich 1984, S. 85.
32 Hitler 1936, S. 268.
33 Rebentisch 1980, S. 245.
34 Gillessen 1986, S. 486 ff.
35 Hummerich 1984, S. 87.
36 Beglaubigte Abschrift eines Schreibens (20.9.43) und einer Zusendung von Auszügen aus 184 Briefen, die die FZ nach ihrer Schließung von empörten Lesern erhalten hatte, u. a. der Rektor der Uni Bielefeld, die Universitätsbibliothek Tübingen, Offiziere, Privatpersonen. Julius M. am 22.8.43, in: Hauptstaatsarchiv Wiesbaden, Gestapo Frankfurt betreffend „Frankfurter Zeitung“, Frankfurter Societät, A 483/600 a, vgl. auch Gillessen S. 494. Ein großer Teil der Briefe wurde von der Gestapo beschlagnahmt.
37 Hummerich 1984, S. 91, vgl. auch Gillessen 1986, S. 504. Der nationalsozialistische Betriebsführer Georg Ziemba hatte nach Abzug

Literaturverzeichnis

der Wehrmacht und der Waffen-SS das im Keller eingelagerte Archiv mit Benzin übergießen und anzünden lassen.

38 Vogt 1970.
39 Simon 1931.
40 Geschichte der Frankfurter Zeitung 1906.
41 Rosenfeld-Crailsheim, S. 10 ff.
42 Rosenfeld-Crailsheim, S. 20 f., 25, 27 f., 33 ff., 38 f.
43 Rosenfeld-Crailsheim, S. 40.
44 Frankfurter Biografie 1994, S. 322
45 Brief Werner Wirthles an Albert Oeser vom 11.03.48, in: ISG NL Albert Oeser S 1–130/555.
46 Vgl. dazu ausführlich Gillessen 1986, S. 503 ff.
47 Gegenwart Sonderheft 1956.
48 Flade 1998, S. 118.
49 „Ein Demokrat in der Geschichte der Stadt. Gedenken am Grab von Leopold Sonnemann", in: Frankfurter Tages-Anzeiger 30.10.1981, S. 13, vgl. dazu auch „Kränze am Grab des Verlagsgründers", in: Abendpost/Nachtausgabe vom 30.10.1981, S. 16.

Achterberg 1955 Achterberg, Erich, Der Bankplatz Frankfurt am Main, Frankfurt 1955.

Achterberg 1963 Achterberg, Erich, Lebensbilder deutscher Bankiers aus fünf Jahrhunderten, Frankfurt am Main 1963.

Aktenstücke 1869 Aktenstücke und Verhandlungen in der Klagsache der königlich-preußischen Staatsanwaltschaft zu Frankfurt a. M. gegen die Redaktion der Frankfurter Zeitung wegen behaupteter Verleumdung und Beleidigung der Führer der Mainarmee und der Militärbefehlshaber von Frankfurt im Jahre 1866 (Nach stenographischen Aufzeichnungen), Stuttgart 1869.

Aktionär Aktionär. Zentralorgan für Fonds- und Aktienbesitzer in Eisenbahnen, nebst Anzeiger für amerikanische Fonds und Effekten, hg. von H. Scherer, Frankfurt am Main.

Arnsberg 1983 Arnsberg, Paul, Die Geschichte der Frankfurter Juden seit der Französischen Revolution, hg. vom Kuratorium für Jüdische Geschichte e. V., Frankfurt am Main, bearbeitet und vollendet durch Hans-Otto Schembs, Darmstadt 1983.

Assmann 1988 Assmann, Jan, Kollektives Gedächtnis und kulturelle Identität, in: Jan Assmann u. a., Kultur und Gedächtnis, Frankfurt am Main 1988, S. 9–19.

Ausst.-Kat. Historisches Museum 1981 Die Zweite Industrielle Revolution – Frankfurt am Main und die Elektrizität 1800–1914 (= Kleine Schriften des Historischen Museums, Band 13), Frankfurt am Main 1981.

Ausst.-Kat. Historisches Museum 1988 „Die Synagogen brennen...!" Die Zerstörung Frankfurts als jüdische Lebenswelt (= Kleine Schriften des Historischen Museums, Band 41), Frankfurt am Main 1988.

Ausst.-Kat. Historisches Museum 1991 „Eine neue Zeit..!" Die Internationale Elektrotechnische Ausstellung 1891, Frankfurt am Main 1991.

Ausst.-Kat. Historisches Museum 1992 Tony Sender (1888–1964) Rebellin, Demokratin, Weltbürgerin (= Kleine Schriften des Historischen Museums, Band 50), Frankfurt am Main 1992.

Bamberger 1991 Bamberger, Naftali Bar-Giora, Der jüdische Friedhof in Höchberg. Memor-Buch, Würzburg 1991.

Bartelsheim 1997 Bartelsheim, Ursula, Bürgersinn und Parteiinteresse. Kommunalpolitik in Frankfurt am Main 1848–1914, Frankfurt am Main 1997.

Bauschinger 1980 Bauschinger, Sigrid, Else Lasker-Schüler. Ihr Werk und ihre Zeit, Heidelberg 1980.

Bebel 1997 Bebel, August, Aus meinem Leben. Ungekürzte Neuauflage, Bonn 1997.

Beier 1984 Beier, Gerhard, Arbeiterbewegung in Hessen, Frankfurt am Main 1984.

Ben-Sasson 1980 Ben-Sasson, Haim Hillel (Hg.), Geschichte des jüdischen Volkes, Band 3: Vom 17. Jahrhundert bis zur Gegenwart. Die Neuzeit, München 1980.

Borst 1980 Borst, Otto, Die heimlichen Rebellen. Schwabenköpfe aus fünf Jahrhunderten, Stuttgart 1980.

Bothe 1913 Bothe, Friedrich, Geschichte der Stadt Frankfurt am Main, Frankfurt am Main 1913.

Braunfels 1846 Braunfels, Ludwig, Das Nibelungen-Lied, in: Ders. (Hg.), Der Nibelunge Nôt. Urtext mit gegenüberstehender Übersetzung nebst Einleitung und Wörterbuch, Frankfurt am Main 1846.

Brocke/Carlebach 2004 Brocke, Michael und Julius Carlebach (Hg.), Biographisches Handbuch der Rabbiner, Teil 1: Die Rabbiner der Emanzipationszeit in den deutschen, böhmischen und großpolnischen Ländern 1781–1871, bearb. von Carsten Wilke, München 2004.

Brockhoff 2001 Brockhoff, Evelyn, Frankfurter Hof „Grand Hôtel de Francfort. Hotel ersten Ranges", in: Ulrich Eisenbach (Hg.), Reisebilder aus Hessen. Fremdenverkehr, Kur und Tourismus seit dem 18. Jahrhundert, Darmstadt 2001.

Brodersen 2001 Brodersen, Momme, Siegfried Kracauer, Reinbek 2001.

Bücher 1886 Bücher, Karl, Die Bevölkerung von Frankfurt am Main im XIV. und XV. Jahrhundert, Socialistische Studien, Tübingen 1886.

Bücher 1919 Bücher, Karl, Lebenserinnerungen, Band I: 1847–1890, Tübingen 1919.

Dietz 1907 Dietz, Alexander, Stammbuch der Frankfurter Juden. Geschichtliche Mitteilungen über die Frankfurter jüdischen Familien von 1349–1849, Frankfurt am Main 1907.

Eichler 1983 Eichler, Volker, Sozialistische Arbeiterbewegung in Frankfurt am Main 1878–1895 (= Studien zur Frankfurter Geschichte, Band 17), Frankfurt am Main 1983.

Elektrizität Elektrizität. Offizielle Zeitung der Internationalen Elektrotechnischen Ausstellung Frankfurt am Main 1891, Nr. 1, 15. April 1891 bis Nr. 30, 31. Oktober 1891, Frankfurt am Main 1891.

Elm 1986 Elm, Ludwig, Süd-Deutsche Volkspartei 1868–1910, in: Lexikon zur Parteiengeschichte. Die bürgerlichen Parteien und Verbände in Deutschland (1789–1945), hg. von Dieter Fricke u. a., Band 4, Köln 1986, S. 171–179.

Estermann 1988 Estermann, Alfred, „Senden Sie mir Ihren Schützling". Friedrich Stoltze und Leopold Sonnemann. Mit neun Briefen von Sonnemann an Stoltze, in: Ich habe mit Frankfurt gelacht und getrauert. Werke und Leben des Schriftstellers Friedrich Stoltze. Zehn Jahre Friedrich-Stoltze-Museum, hg. von der Vereinigung der Freunde und Förderer des Stoltze-Museums, Frankfurt am Main 1988, S. 214–233.

Estermann 1994 Estermann, Alfred (Hg.), Zeitungsstadt Frankfurt am Main. Zur Geschichte der Frankfurter Presse in fünf Jahrhunderten, hg. im Auftrag der Frankfurter Sparkasse, Frankfurt am Main 1994.

Estermann 1995 Estermann, Alfred, „Wo ich die Sache der Freiheit unterstützen kann...". Dokumente zu Leopold Sonnemann, hg. von der Frankfurter Sparkasse anläßlich ihrer Ausstellung „Leopold Sonnemann – ein Bürger für Frankfurt", Frankfurt am Main 1995.

Estermann 1997 Estermann, Alfred/Koch, Rainer, Der Staatsmann und der Volksmann. Satirische Graphik zu Otto von Bismarck in Friedrich Stoltzes Zeitschrift „Frankfurter Latern", in: „O Freiheit, mein Alles, mein Glück und mein Weh...". Werk und Leben des Schriftstellers Friedrich Stoltze, hg. von der Vereinigung der Freunde und Förderer des Stoltze-Museums, Frankfurt am Main 1997, S. 93–133.

Felber 1998 Felber, Ulrike, „La Fée Électricité", in: Elektrizität in der Geistesgeschichte, hg. von Klaus Plitzner, Bassum 1998, S. 105–121.

Flade 1998 Flade, Roland, Lehrer, Sportler, Zeitungsgründer. Die Höchberger Juden und die israelitische Präparandenschule (= Schriften des Stadtarchivs Würzburg Heft 12), Würzburg 1998.

Flugschriftensammlung 1925 Flugschriftensammlung Gustav Freytag. Im Auftrag der Gesellschaft der Freunde Stadtbibliothek bearbeitet von Paul Hohenemser, Frankfurter Societäts-Druckerei GmbH., Abteilung Buchverlag, Frankfurt am Main 1925.

Forstmann 1991 Forstmann, Wilfried, Frankfurt am Main in Wilhelminischer Zeit 1866–1918, in: Frankfurt am Main. Die Geschichte der Stadt in neun Beiträgen (= Veröffentlichungen der Frankfurter Historischen Kommission XVII), Sigmaringen 1991, S. 329–422.

Frankfurter Adressbuch Staats- und Adreß-Handbuch der freien Stadt Frankfurt, Frankfurt am Main 1847–1866.

Frankfurter Bildnisse 1910 Frankfurter Bildnisse. Eine Sammlung von Portraits Frankfurter Persönlichkeiten, Frankfurt am Main 1910.

Frankfurter Biographie 1994 Frankfurter Biographie. Personengeschichtliches Lexikon. Im Auftrag der Frankfurter Historischen Kommission hg. von Wolfgang Klötzer, bearbeitet von Sabine Hock und Reinhard Frost, Band I: A–L (= Veröffentlichungen der Frankfurter Historischen Kommission XIX/1), Frankfurt am Main 1994.

Frankfurter Biographie 1996 Frankfurter Biographie. Personengeschichtliches Lexikon. Im Auftrag der Frankfurter Historischen Kommission hg. von Wolfgang Klötzer, bearb. von Reinhard Frost und Sabine Hock, Band II: M–Z (= Veröffentlichungen der Frankfurter Historischen Kommission XIX/2), Frankfurt am Main 1996.

Frankfurter Märzfeier 1898 Die Frankfurter Märzfeier zum Gedächtnis der Bewegung des Jahres 1848, abgehalten in Frankfurt a. M. am 26. und 27. März 1898, Frankfurt am Main 1898.

Frankfurter Nationalversammlung 1989 Die Frankfurter Nationalversammlung 1848/49. Ein Handlexikon der Abgeordneten der deutschen verfassungsgebenden Reichs-Versammlung, hg. von Rainer Koch, Kelkheim 1989.

Füßl 2005 Füßl, Wilhelm, Oskar von Miller 1855–1934. Eine Biographie, München 2005.

Gegenwart Sonderheft 1956 Ein Jahrhundert Frankfurter Zeitung begründet von Leopold Sonnemann, Zeitschrift „Die Gegenwart", Sonderheft, Frankfurt am Main 1956.

Gehring-Münzel 1992 Gehring-Münzel, Ursula, Vom Schutzjuden zum Staatsbürger. Die gesellschaftliche Integration der Würzburger Juden 1803–1871 (Veröffentlichungen des Stadtarchivs Würzburg, Band 6), Würzburg 1992.

Gerteis 1970 Gerteis, Klaus, Leopold Sonnemann. Ein Beitrag zur Geschichte des demokratischen Nationalstaatsgedankens in Deutschland (= Studien zur Frankfurter Geschichte, Band 3), Frankfurt am Main 1970.

Geschichte der Frankfurter Zeitung 1906 Geschichte der Frankfurter Zeitung 1856 bis 1906, hg. vom Verlag der Frankfurter Zeitung (Frankfurter Societäts-Druckerei GmbH), Frankfurt am Main 1906.

Geschichte der Frankfurter Zeitung 1911 Geschichte der Frankfurter Zeitung. Volksausgabe, hg. vom Verlag der Frankfurter Zeitung (Frankfurter Societäts-Druckerei GmbH), Frankfurt am Main 1911.

Giesen 1901 Zwölf Jahre im Reichstage. Reichstagsreden von Leopold Sonnemann 1871–1876 und 1878–1884. Festgabe zu seinem siebzigsten

Geburtstage. Im Auftrage des Engeren Ausschusses der Deutschen Volkspartei herausgegeben von Alexander Giesen, Frankfurt am Main 1901.

Gillessen 1986 Gillessen, Günther, Auf verlorenem Posten. Die Frankfurter Zeitung im Dritten Reich, Berlin 1986.

Gniffke 1999 Gniffke, Kai, Genosse Dr. Quarck. Max Quarck. Publizist, Politiker und Patriot im Kaiserreich (= Studien zur Frankfurter Geschichte, Band 42), Frankfurt am Main 1999.

Gugerli 1994 Gugerli, David, Technikbewertung zwischen Öffentlichkeit und Expertengemeinschaft. Zur Rolle der Frankfurter elektrotechnischen Ausstellung von 1891 für die Elektrifizierung der Schweiz, in: Andreas Ernst u. a. (Hg.), Kontinuität und Krise. Sozialer Wandel als Lernprozess. Beiträge zur Wirtschafts- und Sozialgeschichte der Schweiz. Festschrift für Hansjörg Siegenthaler, Zürich 1994, S. 139–160.

Handelskammer 1908 Geschichte der Handelskammer zu Frankfurt am Main (1707–1908), hg. von der Handelskammer zu Frankfurt, Frankfurt am Main 1908.

Hansert 1994 Hansert, Andreas, Geschichte des Städelschen Museums-Vereins Frankfurt am Main, Frankfurt am Main 1994.

Haus der Besitzlosen 1981 Das Haus der Besitzlosen. 90 Jahre Gewerkschaftskartell; 80 Jahre Gewerkschaftshäuser; 50 Jahre Neues Gewerkschaftshaus in Frankfurt am Main, hg. von der Vermögensverwaltungs- und Treuhandgesellschaft des Deutschen Gewerkschaftsbundes, Verwaltungsstelle Südwest, Frankfurt am Main 1981.

Heuberger 1988 Heuberger, Georg: Leopold Sonnemann (1831–1909), in: Jüdische Stiftungen in Frankfurt am Main. Stiftungen, Schenkungen, Organisationen und Vereine mit Kurzbiographien jüdischer Bürger dargestellt von Gerhard Schiebler, hg. von Arno Lustiger im Auftrag der M. J. Kirchheim'schen Stiftung in Frankfurt am Main, Frankfurt am Main 1988, S. 376–381.

Heuberger 2006 Heuberger, Georg (Hg.): Die Pracht der Gebote. Die Judaica-Sammlung des Jüdischen Museums Frankfurt am Main, Köln 2006.

Heuberger/Krohn 1988 Heuberger, Rachel und Helga Krohn, „Hinaus aus dem Ghetto ...", Juden in Frankfurt am Main 1800–1950, Frankfurt am Main 1988.

Heuss 1953 Heuss, Theodor, Ludwig Bamberger, in: Neue Deutsche Biographie 1, 1953, S. 572–574.

Hirsch 1973 Helmut Hirsch, August Bebel in Selbstzeugnissen und Bilddokumenten, Reinbek bei Hamburg 1973.

Hitler 1936 Hitler, Adolf, Mein Kampf, München 1936.

Hock 2001 Hock, Sabine, „Schwarz-Weiß & Braun nebst Verwandtes". Die Publizistenfehde zwischen Karl Braun und Friedrich Stoltze im Jahr 1868. Begleitheft, erschienen zur gleichnamigen Ausstellung im Stoltze-Museum der Frankfurter Sparkasse, Frankfurt am Main 2001.

Hock 2006 Hock, Sabine, Eine Frankfurter Zeitung von unbestechlicher Qualität. Zum 175. Geburtstag von FZ-Gründer Leopold Sonnemann, in: Wochendienst Nr. 41 vom 17. Oktober 2006, hg. v. Presse- und Informationsamt der Stadt Frankfurt am Main.

Holtfrerich 1999 Holtfrerich, Carl-Ludwig, Finanzplatz Frankfurt. Von der mittelalterlichen Messestadt zum europäischen Bankenzentrum, München 1999.

Hummerich 1984 Hummerich, Helga, Wahrheit zwischen den Zeilen. Erinnerungen an Benno Reifenberg und die Frankfurter Zeitung, Freiburg im Breisgau 1984.

Jacoby 1872 Jacoby, Johann, Gesammelte Reden und Schriften, Band II, Hamburg 1872.

Jacoby 1983 Jacoby, Yoram K., Jüdisches Leben in Königsberg/Pr. im 20. Jahrhundert, Würzburg 1983.

Jahrbuch 1882 Statistisches Jahrbuch für das deutsche Reich, hg. vom Kaiserlichen Statistischen Amt und Statistischem Reichsamt, Band 1882, Berlin 1883.

Jahrbuch 1891 Statistisches Jahrbuch für das deutsche Reich, hg. vom Kaiserlichen Statistischen Amt und Statistischem Reichsamt, Band 1891, Berlin 1892.

Jeske 2006 Jeske, Jürgen, „Ich fühlte, dass hier eine Lücke bestand", in: Frankfurter Allgemeine Zeitung vom 15. Juli 2006, S. 13.

Justi 2000 Justi, Ludwig, Werden–Wirken–Wissen, Lebenserinnerungen aus fünf Jahrzehnten, aus dem Nachlaß herausgegeben von Thomas W. Gaethgens und Kurt Winkler, Berlin o. J. [2000].

Kaltwasser 1989 Kaltwasser, Inge, Häusliches Gesinde in der Freien Stadt Frankfurt am Main. Rechtsstellung, soziale Lage und Aspekte des sozialen Wandels 1815–1866 (= Studien zur Frankfurter Geschichte, Band 26), Frankfurt am Main 1989.

Kanngießer 1892 Kanngießer, Otto, Frankfurts Gegenwart und nächste Zukunft. Eine Denkschrift, Frankfurt am Main 1891.

Klötzer 1991 Klötzer, Wolfgang, Frankfurt am Main von der Französischen Revolution bis zur preußischen Okkupation 1789–1866, in: Frankfurt am Main. Die Geschichte der Stadt in neun Beiträgen, hg. von der Frankfurter Historischen Kommission (= Veröffentlichungen der Frankfurter Historischen Kommission XVII), Sigmaringen 1991, S. 303–348.

Koch 1983 Koch, Rainer, Grundlagen bürgerlicher Herrschaft. Verfassungs- und sozialgeschichtliche Studien zur bürgerlichen Gesellschaft in Frankfurt am Main 1612–1866 (= Frankfurter Historische Abhandlungen 27), Wiesbaden 1983.

Kompaß Kompaß. Archiv für das gesamte Gebiet der Volkswirtschaft mit besonderer Berücksichtigung Deutschlands und deutscher Interessen, hg. von Henrik Glogau, Frankfurt am Main.

Kracauer 1937 Kracauer, Siegfried, Leopold Sonnemann, in: Seligman, Edwin R. A./Johnson, Alvin (Hg.): Encyclopedia of the Social Sciences, New York 1937, S. 257–258.

Kramer 1974 Kramer, Waldemar, Die alt-frankfurter Art zu leben. Anhand von Zeichnungen der „Kleinen Presse" aus den Jahren 1885 bis 1912 dargestellt (...). Frankfurt am Main 1974.

Kratz-Ritter 1991 Kratz-Ritter, Bettina, Salomon Formstecher. Ein deutscher Reformrabbiner (= Wissenschaftliche Abhandlungen des Salomon Ludwig Steinheim-Institutes für deutsch-jüdische Geschichte, Band 1), Hildesheim u. a. 1991.

Kropat 1971 Kropat, Wolf-Arno, Frankfurt zwischen Provinzialismus und Nationalismus (= Studien zur Frankfurter Geschichte, Band 4), Frankfurt am Main 1971.

Lassalle 1871 Lassalle, Ferdinand, Arbeiterlesebuch. Rede Lassalles zu Frankfurt am Main am 17. und 19. Mai 1863. Nach dem stenographischen Bericht. 4. Auflage, Leipzig 1871.

Lerner 1962 I Lerner, Franz, Hundert Jahre Frankfurter Getreide- und Produktenbörse 1862–1962, Frankfurt am Main 1962.

Lerner 1962 II Lerner, Franz, Von der Frankfurter Gewerbekasse zur Frankfurter Volksbank, Frankfurt am Main 1962.

Lerner 1966 Lerner, Franz, Bürgersinn und Bürgertat. Geschichte der Frankfurter Polytechnischen Gesellschaft 1816–1966, Frankfurt am Main 1966.

Lerner 1976 Lerner, Franz, Ein Jahrhundert Frankfurter Hof 1876–1976, Frankfurt am Main 1976.

Liebieghaus 1990 Liebieghaus, Museum alter Plastik Frankfurt am Main, Ägyptische Bildwerke, Band I: Skarabäen, Amulette und Schmuck, bearbeitet von Birgit Schlick-Nolte und Vera von Doste zu Hülshoff, Frankfurt am Main 1990.

Liebieghaus 1991 Liebieghaus, Museum alter Plastik Frankfurt am Main, Ägyptische Bildwerke, Band II: Statuetten, Gefäße und Geräte, bearbeitet von Vera von Droste zu Hülshoff, Frankfurt am Main 1991.

Liebieghaus 1993 Liebieghaus, Museum alter Plastik Frankfurt am Main, Ägyptische Bildwerke, Band III: Skulptur, Malerei, Papyri und Särge, bearbeitet von Eva Bayer-Niemeier, Frankfurt am Main 1993.

Lindley 1896 Lindley, William Heerlein, Elektricitätswerk Frankfurt a. M. Schlussbericht über den Bau des Werkes und über das erste Betriebsjahr, Frankfurt am Main 1896.

Lohne 1967 Lohne, Hans, Frankfurt um 1850. Nach Aquarellen und Beschreibungen von Carl Theodor Reiffenstein und dem Malerischen Plan von Friedrich Wilhelm Delkeskamp, Frankfurt am Main 1967.

Lynar 1964 Facsimile Querschnitt durch die Frankfurter Zeitung, eingeleitet von Benno Reifenberg, hg. von Ingrid Gräfin Lynar, Bern/München/Wien 1964.

Maly 1992 Maly, Karl, Die Macht der Honoratioren. Geschichte der Stadtverordnetenversammlung, Band I 1867–1900 (= Veröffentlichungen der Frankfurter Historischen Kommission XVIII, 1), Frankfurt am Main 1992.

Maly 1995 Maly, Karl, Das Regiment der Parteien. Geschichte der Stadtverordnetenversammlung, Band II 1901–1933 (= Veröffentlichungen der Frankfurter Historischen Kommission XVIII, 2), Frankfurt am Main 1995.

Marx 1997 Marx, Reinhard: Heirats- und Erbverträge von Moses und Nettchen Schüler. In: Arbeitskreis Geschichte der jüdischen Familien in Geseke (Hg.), Juden in Geseke. Dokumentation der Friedhöfe und Geschichte der Familien, 2. Auflage (CD-ROM), Geseke 1997.

Mehring 1875 [Mehring, Franz:] Herr Sonnemann und seine Eidhelfer. Zwei Artikel der Staatsbürger-Zeitung. Berlin [1875]

Mehring 1898 Mehring, Franz, Geschichte der deutschen Sozialdemokratie, Band 4: Bis zum Erfurter Programm, Berlin 1898.

Meyer 1997 Meyer, Michael (Hg.), Deutsch-jüdische Geschichte in der Neuzeit, Band 3: Umstrittene Integration 1871–1918, München 1997.

Meyer 2004 Meyer, Thomas, Salomon Formstechers „Religion des Geistes"–Versuch einer Neulektüre, Offenbach am Main 2004.

Mohr 1980 Mohr, Albert Richard, Das Frankfurter Opernhaus 1880–1980, Frankfurt am Main 1980.

Na'aman Na'aman, Shlomo, Der Deutsche Nationalverein. Die politische Konstituierung des deutschen Bürgertums 1859–1867, Düsseldorf 1987.

Nipperdey 1998 Nipperdey, Thomas, Deutsche Geschichte 1866–1918, Band II: Machtstaat vor der Demokratie. München 1998.

Overesch 1975 Overesch, Manfred, Leopold Sonnemann (1831–1909), in: Fischer, Heinz-Dietrich (Hg.), Deutsche Presseverleger des 18. bis 20. Jahrhunderts, Pullach 1975, S. 172–180.

Pollmann 1982 Pollmann, Klaus Erich, Eduard Lasker, in: Neue Deutsche Biographie 13, 1982, S. 656–657.

Quarck Quarck, Max, Aus meinem Leben. Typoskript, Institut für Stadtgeschichte Frankfurt am Main, Chroniken, S5/592.

Quarck 1896 Quarck, Max, Zur Naturgeschichte der Frankfurter Zeitung und der bürgerlichen Demokratie. Redaktionserlebnisse, Frankfurt am Main 1896.

Radkau 1988 Radkau, Joachim, Technik in Deutschland. Vom 18. Jahrhundert bis zur Gegenwart, Frankfurt am Main 1988.

Rebentisch 1975 Rebentisch, Dieter, Ludwig Landmann. Frankfurter Oberbürgermeister der Weimarer Republik (= Frankfurter historische Abhandlungen 10), Wiesbaden 1975.

Rebentisch 1980 Rebentisch, Dieter, Frankfurt am Main und das Reich in der NS-Zeit, in: Archiv für Frankfurts Geschichte und Kunst, Heft 57, Frankfurt am Main 1980, S. 243–267.

Reichstag Verhandlungen des Deutschen Reichstages. Stenographische Berichte, Band 1–78, Berlin 1871–1884.

Reitmayer 1999 Reitmayer, Morten, Bankiers im Kaiserreich. Sozialprofil und Habitus der deutschen Hochfinanz, Göttingen 1999.

Richter 1881 Richter, Emil (Pseudonym Germanicus): Der neueste Raub am Deutschen Nationalwohlstand. (Neuer Börsenschwindel, 2. Heft), Zweiter Anhang zu „Die Frankfurter Juden und die Aufsaugung des Volkswohlstandes". Frankfurt am Main 1881.

Rittweger 1891 Rittweger, Franz, Offizieller Führer durch Frankfurt am Main und die Internationale Elektrotechnische Ausstellung, Frankfurt am Main 1891.

Röckel 1912 Röckel, August, Aus dem Grabe eines 48er Revolutionärs, Leipzig 1912.

Rödel 1986 Rödel, Volker, Fabrikarchitektur in Frankfurt am Main 1774–1924, Frankfurt am Main 1986.

Ropohl 1996 Ropohl, Günther, Ethik und Technikbewertung, Frankfurt am Main 1996.

Rosenberg 1974 Rosenberg, Hans, Die Weltwirtschaftskrise 1857–1859, Stuttgart 1934, 2. Auflage Göttingen 1974.

Rosenfeld-Crailsheim Rosenfeld-Crailsheim, Lulu, Zwei Generationen. Erlebtes und Erdachtes, Frankfurt am Main o. J.

Rosenstock 2008 Rosenstock, Dirk (Bearb.), Die unterfränkischen Judenmatrikeln von 1817 (Veröffentlichungen des Stadtarchivs Würzburg, Band 13), Würzburg 2008.

Roth 1991 Roth, Ralf, Gewerkschaftskartell und Sozialpolitik in Frankfurt am Main. Arbeiterbewegung vor dem Ersten Weltkrieg zwischen Restauration

Literaturverzeichnis

und liberaler Erneuerung (= Studien zur Frankfurter Geschichte, Band 31), Frankfurt am Main 1991.

Roth 1996 Roth, Ralf, Stadt und Bürgertum in Frankfurt am Main. Ein besonderer Weg von der ständischen zur modernen Bürgergesellschaft 1760–1914 (= Stadt und Bürgertum, Band 7, hg. von Lothar Gall), München 1996.

Roth 1998 Roth, Ralf, „Der Toten Nachruhm". Aspekte des Mäzenatentums in Frankfurt am Main (1750–1914), in: Bürgerkultur und Mäzenatentum im 19. Jahrhundert, hg. von Jürgen Kocka und Manuel Frey, Berlin 1998, S. 99–127.

Roth 2007 Roth, Ralf, Leopold Sonnemann und seine Stadt. Kommunalliberalismus am Beispiel von Frankfurt am Main, in: Jahrbuch zur Liberalismus-Forschung 19, 2007, S. 83–99.

Ruppel 2003 Ruppel, Hans-Georg, Geschichte der Stadt Offenbach, Gudensberg-Gleichen 2003.

Schembs 2001 Schembs, Hans-Otto, Georg und Franziska Speyer – Stifter und Mäzene für Frankfurt am Main, Frankfurt am Main 2001.

Schivelbusch 1985 Schivelbusch, Wolfgang, Eine Wilhelminische Oper, Frankfurt am Main 1985.

Schlotzhauer 1989 Schlotzhauer, Inge: Ideologie und Organisation des politischen Antisemitismus in Frankfurt am Main 1880–1914 (= Studien zur Frankfurter Geschichte, Band 28), Frankfurt am Main 1989.

Schmidt-Linsenhoff 1978 I Schmidt-Linsenhoff, Viktoria, Flucht aus der Geschichte – Die Revolte der Gebildeten (1890–1918), in: Trophäe oder Leichenstein. Kulturgeschichtliche Aspekte des Geschichtsbewusstseins in Frankfurt im 19. Jahrhundert. Eine Ausstellung des Historischen Museums (= Kleine Schriften des Historischen Museums, Band 12), Frankfurt am Main 1978, S. 241–287.

Schmidt-Linsenhoff 1978 II Schmidt-Linsenhoff, Viktoria, Geschichte als Ornament – Einheit ohne Freiheit, in: Trophäe oder Leichenstein. Kulturgeschichtliche Aspekte des Geschichtsbewusstseins in Frankfurt im 19. Jahrhundert. Eine Ausstellung des Historischen Museums (= Kleine Schriften des Historischen Museums, Band 12), Frankfurt am Main 1978, S. 195–240.

Schoser 1995 Schoser, Gustav, Eine Welt der Pflanzen. Palmengarten Frankfurt, Frankfurt am Main o. J. (1995).

Schott 1997 Schott, Dieter, Die Vernetzung der Stadt. Kommunale Energiepolitik, öffentlicher Nahverkehr und die Produktion der modernen Stadt, Darmstadt 1997.

Schott 1998 Schott, Dieter, Elektrizität und die mentale Produktion von „Stadt" um die Jahrhundertwende, in: Elektrizität in der Geistesgeschichte, hg. von Klaus Plitzner, Bassum 1998, S. 205–225.

Schweitzer 1863/64 Schweitzer, Johann Baptist von, Lucinde oder Capital und Arbeit. Ein socialpolitisches Zeitgemälde aus der Gegenwart, Frankfurt am Main 1863/64.

Schwemer 1918 Schwemer, Richard, Geschichte der Freien Stadt Frankfurt am Main, Band 3, 2 (= Veröffentlichungen der Historischen Kommission 5, 2), Frankfurt am Main 1918.

Simon 1931 Simon, Heinrich, Leopold Sonnemann. Seine Jugendgeschichte bis zur Entstehung der „Frankfurter Zeitung". Zum 29. Oktober 1931, Frankfurt am Main 1931.

Silberner 1976 Silberner, Edmund, Johann Jacoby. Politiker und Mensch, Bonn-Bad Godesberg 1976.

Sombart 1908 Sombart, Werner, Die Ausstellung, in: Der Morgen vom 28. Februar 1908, S. 249–256.

Sonnemann 1901 Leopold Sonnemanns siebzigste Geburtstagsfeier. Am 29. Oktober 1901 in Frankfurt am Main. Den Theilnehmern zur freundlichen Erinnerung. Als Manuskript gedruckt nach den Berichten der Frankfurter Zeitung, Frankfurt am Main 1901.

Stalder 2003 Stalder, Helmut, Siegfried Kracauer. Das journalistische Werk in der „Frankfurter Zeitung" 1921–1933, Würzburg 2003.

Steen 1978 I Steen, Jürgen, Biographie als erlebte Geschichte – Das 19. Jahrhundert und Friedrich Stoltze, in: Trophäe oder Leichenstein. Kulturgeschichtliche Aspekte des Geschichtsbewusstseins in Frankfurt im 19. Jahrhundert. Eine Ausstellung des Historischen Museums (= Kleine Schriften des Historischen Museums, Band 12), Frankfurt am Main 1978, S. 327–348.

Steen 1978 II Steen, Jürgen, Das Historische Museum Frankfurt am Main – Plan, Gründung und die ersten fünfundzwanzig Jahre, in: Trophäe oder Leichenstein. Kulturgeschichtliche Aspekte des Geschichtsbewusstseins in Frankfurt im 19. Jahrhundert. Eine Ausstellung des Historischen Museums (= Kleine Schriften des Historischen Museums, Band 12), Frankfurt am Main 1978, S. 23–27.

Steen 1978 III Steen, Jürgen, Nationalfeste – Geschichte als reale Utopie (1838–1862), in: Trophäe oder Leichenstein. Kulturgeschichtliche Aspekte des Geschichtsbewusstseins in Frankfurt im 19. Jahrhundert. Eine Ausstellung des Historischen Museums (= Kleine Schriften des Historischen Museums, Band 12), Frankfurt am Main 1978, S. 135–194.

Steen 1998 I Steen, Jürgen, Frankfurter Nationalfeste des 19. Jahrhunderts, in: Archiv für Frankfurts Geschichte und Kunst 64, 1998, S. 267–292.

Steen 1998 II Steen, Jürgen, Neue Zeit-Vorstellungen als Kritik der Industriellen Revolution. Zu Bedeutung und Rolle von Elektrizität und Elektrotechnik in Modernisierungsstrategien des 19. Jahrhunderts, in: Elektrizität in der Geistesgeschichte, hg. von Klaus Plitzner, Bassum 1998, S. 169–182.

Steen 1999 Steen, Jürgen, „Gruss aus dem Kölner Hof in Neu Jerusalem". Werbung für das „einzige judenfreie Hotel" in Frankfurt am Main, in: Abgestempelt. Judenfeindliche Postkarten. Auf der Grundlage der Sammlung Wolfgang Haney, hg. von Helmut Gold und Georg Heuberger (= Kataloge der Museumsstiftung Post und Telekommunikation, Band 4), Frankfurt am Main 1999, S. 256–261.

Steen 2000 Steen, Jürgen, „Frankfurt steht glänzend da..!" Stadt und Wissenschaft im 19.Jahrhundert, in: Forschung Frankfurt 18, 2000, S. 16–27.

Steen 2001 Steen, Jürgen, Die „fée électricité" trifft Prometheus – Die Internationale Elektrotechnische Ausstellung 1891 und die „Neue Zeit", in: Unbedingt modern sein, Elektrizität und Zeitgeist um 1900, hg. von Rolf Spilker, Museum Industriekultur Osnabrück, Bramsche 2001, S. 34–49.

Steen 2006 Steen, Jürgen, Identitäten. Von der Wahl- und Krönungsstadt zur „heimlichen" Hauptstadt im 19. und 20. Jahrhundert, in: Die Kaisermacher. Frankfurt am Main und die Goldene Bulle 1356–1806, hg. von Evelyn Brockhoff, Jan Gerchow, Raphael Gross und August Heuser, Frankfurt am Main 2006, S. 270–329.

Stollberg 1988 Stollberg, Jochen (Red.), Die Rothschild'sche Bibliothek in Frankfurt am Main, hg. von der Gesellschaft der Freunde der Stadt- und Universitätsbibliothek Frankfurt am Main e. V., Frankfurt am Main 1988.

Vogt 1851 Vogt, Carl, Untersuchungen über Thierstaaten, Frankfurt am Main 1851.

Vogt 1970 Vogt, Günther, Frankfurter Bürgerhäuser des 19. Jahrhunderts. Ein Stadtbild des Klassizismus, Frankfurt am Main 1970.

Vogel 1971 Wahlen in Deutschland. Theorien, Geschichte, Dokumente. 1848–1970, hg. von Bernhard Vogel u. a., Berlin 1971.

Walesrode 1860 Walesrode, Ludwig (Hg.), Demokratische Studien unter Mitwirkung von L. Bamberger, Karl Grün, Moritz Hartmann, Friedrich Kapp, F. Lassalle, Michelet, H. B. Oppenheim, Ludwig Simon aus Trier, Adolf Stahr, Carl Vogt u. a., Hamburg 1860.

Wallmann 1994 Wallmann, Walter, Bürgersinn und soziale Verantwortung. Leopold Sonnemann, in: Hans Sarkowicz (Hg.), Die großen Frankfurter. Nach einer Sendereihe des Hessischen Rundfunks. 2. Auflage, Frankfurt am Main/Leipzig 1994., S. 193–198.

Was übrig blieb 1988 Was übrig blieb. Das Museum jüdischer Altertümer in Frankfurt 1922–1938, Frankfurt am Main 1988.

Wehler 1995 Wehler, Hans-Ulrich: Deutsche Gesellschaftsgeschichte, Band 3: Von der „Deutschen Doppelrevolution" bis zum Beginn des Ersten Weltkrieges. 1849–1914, München 1995.

Weiland 2004 Weiland, Daniela, Otto Glagau und „Der Kulturkämpfer". Zur Entstehung des modernen Antisemitismus im frühen Kaiserreich, Berlin 2004.

Wendel 1910 Wendel, Hermann, Frankfurt am Main von der großen Revolution bis zur Revolution von oben (1789–1866), Frankfurt am Main 1910.

Wilke 2008 Wilke, Carsten L., Das deutsch-französische Netzwerk der Alliance Israélite Universelle, 1860–1914: Eine kosmopolitische Utopie im Zeitalter der Nationalismen, in: Frankfurter judaistische Beiträge Nr. 34, 2007/2008, Frankfurt am Main 2008, S. 173–199.

Winterwerb 1929 Winterwerb, Rudolf, Die Frankfurter Bank, 1854–1929, Frankfurt am Main, 1929.

Wirth 1883 Wirth, Max, Geschichte der Handelskrisen, 3. Auflage, Frankfurt am Main 1883.

Wirthle 1977 Wirthle, Werner, Frankfurter Zeitung und Frankfurter Societäts-Druckerei GmbH. Die wirtschaftlichen Verhältnisse 1927–1939, Frankfurt am Main 1977.

Wolf 1987 Wolf, Siegbert, Liberalismus in Frankfurt. Vom Ende der Freien Stadt bis zum Ersten Weltkrieg, 1866–1914 (= Studien zur Frankfurter Geschichte, Band 23), Frankfurt am Main 1987.

Wolf Di Cecca 1997 Wolf Di Cecca, Christiane, Die Frankfurter „Alte Oper". Baumonographie eines Opernhauses 1869–1880 (= Studien zur Frankfurter Geschichte, Band 39), Frankfurt am Main 1997.

Worte des Friedens und der Wahrheit 1843 Worte des Friedens und der Wahrheit. [Hebr.: Dibre schalom we-emet.] Ansprache des israelitischen Gemeindevorstandes zu Offenbach am Main an seine Gemeindeglieder über dessen Anordnungen und Einrichtungen seit 1821 bis auf die Gegenwart, Offenbach am Main 1843, Neudruck Offenbach am Main 1915.

Zink 1998 Zink, Wolfgang Se'ev, Synagogenordnungen in Hessen 1815–1848. Formen, Probleme und Ergebnisse des Wandels synagogaler Gottesdienstgestaltung und ihrer Institutionen im frühen 19. Jahrhundert, Aachen/Mainz 1998.

Zur Geschichte der Juden 1990 Zur Geschichte der Juden in Offenbach am Main, Band 2: Von den Anfängen bis zum Ende der Weimarer Republik, hg. vom Magistrat der Stadt Offenbach am Main, Offenbach am Main 1990.

Zur Geschichte der Juden 1994 Zur Geschichte der Juden in Offenbach am Main, Band 3: Werden und Vergehen – Aufstieg, Buchdruck, Friedhöfe, Erinnerungen, hg. vom Magistrat der Stadt Offenbach am Main, Offenbach am Main 1994.

Die Ausstellung

A Annäherung

A 101 Büste Leopold Sonnemanns; Gips; Frankfurt am Main 1902; Frankfurter Societäts-Druckerei GmbH, Frankfurt am Main

A 102 Geburtshaus Leopold Sonnemanns in Höchberg; Fotografie 2007; Historisches Museum Frankfurt am Main

A 103 Gedenktafel am Geburtshaus Leopold Sonnemanns in Höchberg; Fotografie 2007; Historisches Museum Frankfurt am Main

A 104 Die ehemalige Synagoge in Höchberg, erbaut 1721, seit 1951 evangelische Kirche; Fotografie 2007; Historisches Museum Frankfurt am Main

A 105 Innenansicht der ehemaligen Synagoge in Höchberg, seit 1951 evangelische Kirche; Fotografie 2007; Historisches Museum Frankfurt am Main

A 106 Die ehemalige Präparandenschule in Höchberg; Fotografie 2007; Historisches Museum Frankfurt am Main

A 107 Ansicht der Sonnemannstraße im Frankfurter Ostend (von Westen); Fotografie von Uwe Dettmar 2009; Historisches Museum Frankfurt am Main

A 108 Altes Straßenschild der Sonnemann-Straße im Frankfurter Ostend; 1960er Jahre; Amt für Straßenbau und Erschließung, Frankfurt am Main

A 109–112 Videoprojektion mit Orten in Frankfurt am Main, an denen und für die Leopold Sonnemann wirkte; Aufnahmen September/Oktober 2009; Historisches Museum Frankfurt am Main

A 113 Blick auf Höchberg; Fotografie 2007; Historisches Museum Frankfurt am Main

A 114 Haus des Großvaters und der Eltern Leopold Sonnemanns in Höchberg; Fotografie nach 1945; Frankfurter Societäts-Druckerei GmbH, Frankfurt am Main

A 115 Leopold Sonnemann und seine Schwester Johanna, um 1840; Fotografie nach einem Gemälde des Würzburger Malers Neufelder; Frankfurter Societäts-Druckerei GmbH, Frankfurt am Main

A 116 Schatzungsanlage 1839 bis 1842; Protokollbuch der Israelitischen Gemeinde Höchberg mit handschriftlichen Einträgen; Seitendatum: 18. Februar 1839; (Reproduktion); Central Archives for the History of the Jewish People, Jerusalem (CAHJP HM 1501)

A 117 Ansicht des Amagertorv 12–16 in Kopenhagen; Fotografie 1873; (Reproduktion); Copenhagen City Museum

A 118 Die Tora-Nische der Synagoge in Höchberg; Fotografie von Theodor Harburger, um 1930; (Reproduktion); Central Archives for the History of the Jewish People, Jerusalem (CAHJP P160/598)

A 119 Die Bima (Vorlesepult) der Synagoge in Höchberg; Fotografie von Theodor Harburger, um 1930; (Reproduktion); Central Archives for the History of the Jewish People, Jerusalem (CAHJP P160/599)

A 120 Sabbat-Lampe; Messing; Historisches Museum Frankfurt am Main (X 9926)

A 121 Besamim-Büchse; Silber getrieben, Filigrandraht, vergoldet; Historisches Museum Frankfurt am Main (X 15262)

A 122 Ansicht der Frankfurter Straße in Offenbach am Main; Zeichnung und Lithografie von L. Heintz, Druck von E. Zinck, Offenbach am Main, Verlag von M. Reinheimer, Frankfurt am Main um 1830; Historisches Museum Frankfurt am Main (C 12661)

A 123 Eintrag der Firma Meyer Sonnemann; Geschäftsadressbuch der Stadt Offenbach am Main, bei Gelegenheit der am 25. August eröffneten Gewerbe-Ausstellung, herausgegeben vom Bibliothekar des Lokalen Gewerbe-Vereins G. Walter, Offenbach 1846; Haus der Stadtgeschichte Offenbach am Main

A 124 Die Synagoge in Offenbach am Main; Fotografie um 1910; (Reproduktion); Jüdisches Museum Frankfurt am Main (F87-G065)

A 125 Innenansicht der Synagoge in Offenbach am Main; Fotografie um 1910; (Reproduktion); Jüdisches Museum Frankfurt am Main; (F87-G066)

A 126 Porträt des Rabbiners Salomon Formstecher (1808–1889); Fotografie um 1855; (Reproduktion); Jüdisches Museum, Frankfurt am Main (F87-G541)

A 127 Die Tuchhalle der Leipziger Messe; Holzstich der Leipziger Illustrierten Zeitung Nr. 44, 1844; Universitätsbibliothek Johann Christian Senckenberg Frankfurt am Main (Sf 25/138)

A 128 Messekalender für das erste Halbjahr 1844; Lithografie, C. Naumanns Druckerei und Lithographisches Institut, Frankfurt am Main 1843; Historisches Museum Frankfurt am Main (C 4536 a)

A 129 Émile ou De l'Éducation. Tome deuxième; Roman von Jean-Jacques Rousseau; Lebigre Frères, Libraires, Paris 1832; Historisches Museum Frankfurt am Main (S 2009.004)

A 130 Gesammelte Schriften von Ludwig Börne, Erste Abtheilung: Dramaturgische Blätter; Hoffmann und Campe, Hamburg 1835; Universitätsbibliothek Johann Christian Senckenberg, Frankfurt am Main (S 25/1883/Bd. 1)

A 131 Notre-Dame de Paris I; Roman von Victor Hugo; J. Hetzel & Cie, Paris 1831; Historisches Museum Frankfurt am Main (S 2009.009)

A 132 Notre-Dame de Paris II; Roman von Victor Hugo; J. Hetzel & Cie, Paris 1831; Historisches Museum Frankfurt am Main (S 2009.010)

A 133 Der 22te und 25te Februar 1848 in Paris; kolorierte Lithografie von P. C. Geissler 1848; Historisches Museum Frankfurt am Main; Dauerleihgabe des Städel Museums, Frankfurt am Main (N 43597)

A 134 Die Nationalversammlung in der Paulskirche; kolorierte Lithografie nach einer Zeichnung von Ludwig von Elliot; Druck von Eduard Gustav May, Frankfurt am Main 1848/49; Historisches Museum Frankfurt am Main (C 10472)

A 135 Jetzt oder nie; Der Deutsche Auswanderer Nr. 15 vom 8. April 1848; Universitätsbibliothek Johann Christian Senckenberg, Frankfurt am Main (4 X 734/7341)

A 136 Ansicht der New Yorker Broad Street, in der im Herbst 1849 Meyer Sonnemann eine Filiale eröffnete; Fotografie 1887; (Reproduktion); New York Stock Exchange Archives, NYSE Euronext, New York

A 137 Erstausgabe der New Yorker Handels-Zeitung vom 11. November 1851 mit M. S. Sonnemann in Frankfurt am Main als Bestelladresse; Deutsche Nationalbibliothek, Leipzig (ZC 5178)

A 138 Der Hof des Waisenhauses in Amsterdam; Gemälde von Max Liebermann; Öl auf Leinwand 1881/1882; Städel Museum Frankfurt, Eigentum des Städelschen Museums-Vereins e. V., Frankfurt am Main (1351)

A 139 Schreiben Leopold Sonnemanns an Städeldirektor Heinrich von Weizsäcker, datiert 18. März 1900; Städelscher Museums-Verein e. V., Frankfurt am Main (Archiv SMV1:272)

A 140 Schreiben Max Liebermanns an Städeldirektor Heinrich von Weizsäcker, datiert 6. Juli 1900; Städelscher Museums-Verein e. V., Frankfurt am Main (Archiv SMV1:166)

A 141 Bericht über die Tätigkeit des Städelschen Museums-Vereins in Frankfurt am Main seit dessen Bestehen bis zum 31. März 1901; Frankfurt am Main 1901; Universitätsbibliothek Johann Christian Senckenberg Frankfurt am Main (Fund. Ff. Städel 11,1)

B 1 Frankfurt am Main um 1850

B 101 Neuester Plan der Freien Stadt Frankfurt am Main und Sachsenhausens; Farbiger Prägedruck von Bauerkeller & Cie, Verlag von C. R. Brunnarius, Paris 1841; Historisches Museum Frankfurt am Main (C 14703)

B 102 Frankfurt am Main vom Mühlberg aus; Bleistiftzeichnung von Carl Friedrich Mylius (1827–1916); Frankfurt am Main um 1850; Historisches Museum Frankfurt am Main (C 2296)

B 103 Einnahmen, Dividendenausschüttung, Fahrpläne und Personenbeförderung der Main-Taunus-Bahn für das Geschäftsjahr 1840; Mitteilungen über Physisch-Geographische und Statistische Verhältnisse von Frankfurt am Main Heft 3, 1841; Historisches Museum Frankfurt am Main (Bibl 1947.03,096)

B 104 Senat und Bürgerschaft leisten am 18. Oktober 1816 den Eid auf die Verfassung; Kolorierte Lithografie von Johann Susenbeth 1816; Historisches Museum Frankfurt am Main (C 230)

B 105 Staats-Handbuch der Freien Stadt Frankfurt am Main, 122. Jahrgang; Georg Friedrich Krug's Verlagsbuchhandlung, Druck von C. Adelmann, Frankfurt am Main 1860; Historisches Museum Frankfurt am Main (Bibl 01.0037)

B 106 Bestätigung der Ableistung des Bürgereids für Johann Jacob Franz Karoß, datiert 9. Januar 1856; Akzidenzendruck um 1856 mit handschriftlichen Einträgen; Historisches Museum Frankfurt am Main (C 43565)

B 107 Einladung zur Plenarversammlung der Ständigen Bürgerrepräsentation am 5. März 1857; Akzidenzendruck um 1857 mit handschriftlichen Einträgen; Historisches Museum Frankfurt am Main (C 25823)

B 108 Einladung zur Sitzung des Gesetzgebenden Körpers am 22. April 1861; Akzidenzendruck Frankfurt am Main um 1861 mit handschriftlichen Einträgen; Historisches Museum Frankfurt am Main (C 30259)

B 109 Warnung des Frankfurter Senats vor antijüdischen Ausschreitungen, datiert 11. August 1819; Akzidenzendruck 1819; Historisches Museum Frankfurt am Main (C 27689)

B 110 Gesandte, Minister-Residenten, Consuln und Handels-Agenten der Freien Stadt; Staats-Handbuch der Freien Stadt Frankfurt am Main, 120. Jahrgang; Georg Friedrich Krug's Verlagsbuchhandlung, Druck von C. Adelmann, Frankfurt am Main 1858; Historisches Museum Frankfurt am Main (Bibl 01.0035)

B 111 Anstalten für Wissenschaft und Kunst; Staats-Handbuch der Freien Stadt Frankfurt am Main, 117. Jahrgang; Georg Friedrich Krug's Verlagsbuchhandlung, Druck von C. Adelmann, Frankfurt am Main 1855; Historisches Museum Frankfurt am Main (Bibl 01.0032)

B 112 Die Gesellschaft zur Förderung nützlicher Künste und deren Hilfswissenschaften (heute: Polytechnische Gesellschaft); Staats-Handbuch der Freien Stadt Frankfurt am Main, 119. Jahrgang; Georg Friedrich Krug's Verlagsbuchhandlung, Druck von C. Adelmann, Frankfurt am Main 1857; Historisches Museum Frankfurt am Main (Bibl 01.0034)

B 113 Ansicht des Palais Thurn und Taxis; Holzstich der Leipziger Illustrierten Zeitung vom 16. Februar 1850; Historisches Museum Frankfurt am Main (C 22762)

B 114 Der Friedenskongress in der Paulskirche am 23. August 1850; Holzstich aus Webers Illustriertem Volkskalender, Leipzig 1850; Historisches Museum Frankfurt am Main (C 18836)

B 115 Das Frankfurter Theater in der Biebergasse; Fotografie von Carl Friedrich Mylius um 1865; Historisches Museum Frankfurt am Main (C 19952)

B 116 Theater zu Frankfurt am Main, Hamlet Prinz von Dänemark; Trauerspiel in 6 Akten von Shakespeare, übersetzt von August Wilhelm Schlegel; Programmzettel, datiert 20. April 1859; Akzidenzendruck von Heller & Rohm, Frankfurt am Main 1859; Historisches Museum Frankfurt am Main (C 23385)

B 117 Volta'sche Säule; Nachbau der von Samuel Thomas von Soemmerring (1755–1830) 1809 für seine telegrafischen Experimente konstruierten Batterie; Ahorn, Plexiglas, Zink, Silber, Kupfer; Historisches Museum Frankfurt am Main (X 1981.355)

B 118 Eintrag „Leopold Sonnemann, Fahrgasse No. 81 neu" für den Oktober 1849; Handschriftliches Mitgliedsverzeichnis des Frankfurter Physikalischen Vereins 1836–1877; Depositum Physikalischer Verein im Institut für Stadtgeschichte, Frankfurt am Main (V 17/74)

B 119 Zeigertelegraf von Siemens & Halske; Holz, Kupfer, Eisen, Elfenbein; Berlin um 1850; Museum für Kommunikation, Frankfurt am Main (3.0.1809)

B 120 Die preußische Telegrafenstation; Staats-Handbuch der Freien Stadt Frankfurt am Main, 115. Jahrgang; Georg Friedrich Krug's Verlagsbuchhandlung, Druck von C. Adelmann, Frankfurt am Main 1853; Historisches Museum Frankfurt am Main (Bibl 01.0030)

B 2 Frankfurt am Main bis 1871

B 201 Malerischer Plan von Frankfurt am Main und seiner nächsten Umgebung. Nach der Natur aufgenommen und auf geometrischer Basis in Vogelschau gezeichnet von Friedrich Wilhelm Delkeskamp (1794–1872); Stahlstich von Friedrich Wilhelm Delkeskamp, Friedrich Herchenhein und Philipp Dauch; Verlag von Friedrich Wilhelm Delkeskamp, Frankfurt am Main 1864; Historisches Museum Frankfurt am Main (C 10956)

B 202 Blick auf Rossmarkt und Hauptwache; Fotografie von Carl Friedrich Mylius 1869; Historisches Museum Frankfurt am Main (C 3416)

B 203 Der Römer; Fotografie von Carl Krause; Carl Krause Kunstverlag, Frankfurt am Main um 1870, Historisches Museum Frankfurt am Main (C 27037)

B 204 Die Hauptsynagoge in der ehemaligen Judengasse; Fotografie von Carl Krause; Carl Krause Kunstverlag, Frankfurt am Main um 1870; Historisches Museum Frankfurt am Main (C 35410)

B 205 Staatsbehörden; Staats-Handbuch der Freien Stadt Frankfurt am Main, 113. Jahrgang; Georg Friedrich Krug's Verlagsbuchhandlung, Druck von C. Adelmann, Frankfurt am Main 1851; Historisches Museum Frankfurt am Main (Bibl 01.0028)

Die Ausstellung

B 206 Veröffentlichung des Organischen Gesetzes zur Aufhebung der Beschränkungen der staatsbürgerlichen Rechte die Landbewohner und Israeliten betreffend; Amtsblatt der Freien Stadt Frankfurt vom 8. Oktober 1864; Institut für Stadtgeschichte, Frankfurt am Main (B 162)

B 207 Reliefschreiber-Doppelstation mit jeweils zwei Stiftschreibern und zwei Morsetasten (Doppelstiftschreiber nach Stöhrer); Holz, Messing, Kupfer; 1849–1858; Museum für Kommunikation, Frankfurt am Main (4.0.33811)

B 208 Die Bayerische Telegrafenstation; Staats-Handbuch der Freien Stadt Frankfurt am Main, 121. Jahrgang; Georg Friedrich Krug's Verlagsbuchhandlung, Druck von C. Adelmann, Frankfurt am Main 1859; Historisches Museum Frankfurt am Main (Bibl 0I.0036)

B 209 Telegrafische Depesche der Main-Weser-Bahn zum Eintreffen fürstlicher Teilnehmer am Frankfurter Fürstentag, datiert 16. August 1863; Akzidenzendruck mit handschriftlichen Einträgen; Historisches Museum Frankfurt am Main (C 13675 a)

B 210 Telefon von Philipp Reis (1834–1874); Holz, Kupfer, Membran aus Schweinsblase; Frankfurt am Main 1862 (Nachbau); Institut für Angewandte Physik der Johann Wolfgang Goethe-Universität, Frankfurt am Main

B 211 Festzug zur hundertjährigen Geburtsfeier Friedrich von Schillers zu Frankfurt am Main den 10. November 1859; Leporello; Lithografie von Carl Ferdinand Klimsch (1841–1926); Verlag von Heinrich Keller, Frankfurt am Main 1859; Historisches Museum Frankfurt am Main (Bibl 1990.0124)

B 212 Buchdrucker und Buchbinder im Festzug der Frankfurter Schillerfeier am 10. November 1859; Lithografische Anstalt von Carl Ferdinand Klimsch, Verlag von Heinrich Keller, Frankfurt am Main 1859; Historisches Museum Frankfurt am Main (C 11388 c)

B 213 Wagner, Zimmerleute, Steindecker, Schneider, Schornsteinfeger und Säckler im Festzug der Frankfurter Schillerfeier am 10. November 1859; Lithografische Anstalt von Carl Ferdinand Klimsch, Verlag von Heinrich Keller, Frankfurt am Main 1859; Historisches Museum Frankfurt am Main (C 11388 m)

B 214 Feuerhandwerker, Uhrmacher, Maschinenbauer und Mechaniker im Festzug der Frankfurter Schillerfeier am 10. November 1859; Lithografische Anstalt von Carl Ferdinand Klimsch, Verlag von Heinrich Keller, Frankfurt am Main 1859; Historisches Museum Frankfurt am Main (C 11388 k)

B 215 Die Enthüllung des Schillermonuments auf dem Römerberg; Holzstich der Leipziger Illustrierten Zeitung vom 3. Dezember 1859 nach einer Zeichnung von Alexander Lill; Historisches Museum Frankfurt am Main (C 03732 a)

B 216 Leopold Sonnemann auf der Liste der Zeichner für den Bronzeguss des Schillermonuments; Frankfurt am Main 1859; Institut für Stadtgeschichte, Frankfurt am Main (S 1/254, No. 29, Bl. 3)

B 217 Das Schillerdenkmal von Johann Dielmann (1819–1886) auf dem Schillerplatz neben der Hauptwache; Fotografie von Carl Friedrich Mylius um 1866; Historisches Museum Frankfurt am Main; Dauerleihgabe des Städel Museums, Frankfurt am Main (N 42828)

B 218 Der Schützenverein; Staats-Handbuch der Freien Stadt Frankfurt am Main, 125. Jahrgang; Georg Friedrich Krug's Verlagsbuchhandlung, Druck von C. Adelmann, Frankfurt am Main 1863; Historisches Museum Frankfurt am Main (Bibl 0I.0039)

B 219 Festzug des „Ersten Allgemeinen Deutschen Bundesschießens" am 13. Juli 1862; Lithografie von F. M. Reichel 1862; Historisches Museum Frankfurt am Main (C 18960)

B 220 Zum Deutschen Schützenfest 1862 in Frankfurt am Main, Juli 1862; Schwarz-rot-goldene Kokarde mit dem Bildnis Wilhelm Tells; Farbiger Prägedruck von F. Eyssen, Frankfurt am Main 1862; Historisches Museum Frankfurt am Main (C 03351 a)

B 221 Mitglieder des Pressekomitees; Officielles Mitgliederverzeichnis des Comités des Ersten Deutschen Schützenfestes zu Frankfurt am Main; Frankfurt am Main 1862; Historisches Museum Frankfurt am Main (C 27727)

B 222 Das Innere der Festhalle des „Ersten Allgemeinen Deutschen Bundesschießens"; Lithografische Anstalt von Carl Ferdinand Klimsch, Verlag von Heinrich Keller, Frankfurt am Main 1862; Historisches Museum Frankfurt am Main (C 5552)

B 223 Armbrust-, Luntenschützen, Schützen mit Tromblons und bewaffnete Turner im Festzug des „Ersten Allgemeinen Deutschen Bundesschießens" in Frankfurt am Main; Lithografische Anstalt von Carl Ferdinand Klimsch, Verlag von Heinrich Keller, Frankfurt am Main 1862; Historisches Museum Frankfurt am Main (C 5537)

B 224 Das Blumenbouquet im Festzug des „Ersten Allgemeinen Deutschen Bundesschießens" in Frankfurt am Main; Lithografische Anstalt von Carl Ferdinand Klimsch, Verlag von Heinrich Keller, Frankfurt am Main 1862; Historisches Museum Frankfurt am Main (C 5540)

B 225 Frankfurter Jugendwehr; farbige Lithografie auf Papier, beschnitten, mit Holzklötzchen gefußt; Frankfurt am Main um 1860; Historisches Museum Frankfurt am Main (X 2009.1110)

B 226 Situationsplan zum Manöver deutscher Jugendwehr am 17. September 1865; Lithografie mit farbigen Markierungen; Frankfurt am Main 1865; Historisches Museum Frankfurt am Main (C 7510)

B 227 Die Nachtheile des stehenden Heerwesens und die Nothwendigkeit der Ausbildung eines Volkswehrsystems; Druck einer Rede des Redakteurs der Neuen Frankfurter Zeitung Georg Friedrich Kolb (1808–1884); Zweiter Abdruck, Förstnersche Buchhandlung (Arthur Felix), Druck von C. P. Melzer, Leipzig 1862; Historisches Museum Frankfurt am Main (S 2009.003)

B 228 Sitzung im Palais Thurn und Taxis anlässlich des Deutschen Fürstentags; Lithografie von Carl Hohnbaum (1825–1867) nach einer Fotografie von Johann Schäfer; Historisches Museum Frankfurt am Main (C 6862)

B 229 Sitzung des deutschen Abgeordnetentags im großen Saale des Frankfurter Junghofes; Holzstich der Leipziger Illustrierten Zeitung vom 19. September 1863 nach einer Zeichnung von Carl Hohnbaum; Leipzig 1863; Historisches Museum Frankfurt am Main (C 3717)

B 230 An das Deutsche Volk; Neue Frankfurter Zeitung vom 5. Juli 1866; (Reproduktion); Institut für Stadtgeschichte, Frankfurt am Main

B 231 Der Senat an die Bürgerschaft von Stadt und Land; Neue Frankfurter Zeitung vom 15. Juli 1866; (Reproduktion); Institut für Stadtgeschichte, Frankfurt am Main

B 232 Einzug der Preußen durch das Allerheiligentor am 16. Juli 1866; Bleistiftzeichnung von Johann Heinrich Hasselhorst (1825–1904); Historisches Museum Frankfurt am Main (B 967)

B 233 Bekanntmachung der Übernahme der Regierungsgewalt; Akzidenzendruck, datiert Frankfurt am Main 16. Juli 1866; Historisches Museum Frankfurt am Main (C 41685)

B 234 Der Vorstand des Frankfurter Schützenvereins fordert seine Mitglieder zur Abgabe ihrer Waffen auf; Akzidenzendruck, datiert Frankfurt am Main 19. Juli 1866; Historisches Museum Frankfurt am Main (C 27710)

B 235 Visitenkarte des Frankfurter Naturforschers Eduard Rüppell (1794–1884); Akzidenzendruck, Zürich um 1866; Historisches Museum Frankfurt am Main (C 21020)

B 236 Erinnerungsblatt an die Freie Stadt Frankfurt; Lithografische Anstalt von Philipp Fay & Co., Frankfurt am Main 1867; Historisches Museum Frankfurt am Main (C 15528)

B 237 Die königlichen Behörden; Adress-Buch von Frankfurt am Main mit Bockenheim, Bornheim, Oberrad und Niederrad 1872; Historisches Museum Frankfurt am Main (Bibl 0I.1183)

B 238 Kommunalbehörden und Stadtverordnetenversammlung; Adress-Buch von Frankfurt am Main 1894; Historisches Museum Frankfurt am Main (Bibl 1963.0441)

B 239 Leopold Sonnemann wird mit dem Aufruf zur Zeichnung der Aktien beauftragt; Protokollbuch der Palmengartengesellschaft 1869–1884; Institut für Stadtgeschichte, Frankfurt am Main (Palmengarten 75)

B 240 Die herzoglichen Wintergärten und Gewächshäuser zu Biebrich; Aufruf zum Zeichnen von Aktien; Akzidenzendruck, datiert Frankfurt am Main Juli 1868; Institut für Stadtgeschichte, Frankfurt am Main (W 5/26, Dok. 2)

B 241 Das Gesellschaftshaus im Palmengarten vor dem Brand am 8. August 1878; Fotografie von Carl Friedrich Mylius 1878; Historisches Museum Frankfurt am Main (C 29299)

B 242 Im Palmenhaus; Gouache auf Papier; um 1880; Historisches Museum Frankfurt am Main (C 40005)

B 243 Leopold Sonnemann im Verwaltungsrat; Führer durch den Palmengarten in Frankfurt am Main von August Siebert; Verlag der Palmengarten-Gesellschaft, Frankfurt am Main 1913; Historisches Museum Frankfurt am Main (Bibl.1955.094)

B 244 Das Eintreffen der ersten Siegesbotschaft auf der Zeil; Lithografie von Carl Ferdinand Klimsch nach einer Fotografie von Johann Schäfer; Verlag von Heinrich Keller, Frankfurt am Main nach 1870; Historisches Museum Frankfurt am Main (C 3291)

B 245 Das Kinderkonzert im Frankfurter Saalbau; Fotografie von Hermann Emden einer Zeichnung von Hermann Junker (1838–1899); Verlag von Heinrich Keller, Frankfurt am Main nach 1870; Historisches Museum Frankfurt am Main (C 6981)

B 246 Frankfurter Rotes Kreuz im Einsatz; Bleistiftzeichnung von Wilhelm Amandus Beer (1837–1907); Frankfurt am Main 1870; Historisches Museum Frankfurt am Main (C 30277)

B 247 Kaiserproklamation in Versailles am 18. Januar 1871; Fotografische Reproduktion des Gemäldes von Anton von Werner (1843–1915); Fotografische Gesellschaft Berlin; Historisches Museum Frankfurt am Main (C 45182)

B 248 Leitartikel zum „Neudeutschen Kaiserthum"; Frankfurter Zeitung vom 20. Januar 1871 (Erstes Blatt); (Reproduktion); Frankfurter Societäts-Druckerei GmbH, Frankfurt am Main

B 249 Unterzeichnung des Friedensvertrags zwischen dem Deutschen Reich und Frankreich im Frankfurter Hotel „Zum Schwan"; Bleistiftzeichnung von Otto Donner von Richter (1846–1916); Frankfurt am Main 1871; Historisches Museum Frankfurt am Main (B 1092)

B 250 Ein Koloß auf tönernen Füßen; Karikatur auf das Deutsche Kaiserreich; Holzstich der Frankfurter Latern vom 2. Mai 1874; (Reproduktion); Historisches Museum Frankfurt am Main

B 3 Frankfurt am Main bis 1890

B 301 Die Zeil mit der Pferde-Straßenbahn (von der Hauptwache nach Osten); Fotografie von Carl Hertel (1832–1905), um 1880; Historisches Museum Frankfurt am Main (C 29106)

B 302 Die Börneplatz-Synagoge; Fotografie um 1910; (Reproduktion); Institut für Stadtgeschichte, Frankfurt am Main (S7A 1998/18.921)

B 303 Parade zum Empfang König Humberts I. von Italien vor dem im August 1888 in Betrieb genommenen Frankfurter Hauptbahnhof am 26. Mai 1889; Fotografie von Carl Friedrich Mylius; Historisches Museum Frankfurt am Main (C 19972)

B 304 Ansicht des im Juni 1876 eröffneten Hotels Frankfurter Hof; Fotografie von Carl Hertel 1878; Historisches Museum Frankfurt am Main (C 35013)

B 305 Erinnerung an den Frankfurter Hof. Gratisausgabe; Druck von August Osterrieth, Frankfurt am Main 1877; Historisches Museum Frankfurt am Main (S 2009.008)

B 306 Das neue Frankfurter Theater (heute: Alte Oper); Fotografie 1880; Historisches Museum Frankfurt am Main (C 12764c)

B 307 Die stadtgeschichtliche Ausstellung des Historischen Museums im Erdgeschoss des Leinwandhauses; Fotografie von Friedrich Lauffer sen. 1906; Historisches Museum Frankfurt am Main (Ph 10061)

B 308 Das Börne-Denkmal von Gustav Kaupert (1819–1897) in der Bockenheimer Anlage am Tag seiner Einweihung am 6. Juni 1877; Fotografie von Carl Friedrich Mylius; Historisches Museum Frankfurt am Main (C 3088)

B 309 Die Friedensstadt Ihrem Kaiser; Holzstich aus: Über Land und Meer. Allgemeine Illustrierte Zeitung, Nr. 9, 1877 zum Besuch Kaiser Wilhelms I. nach einer Zeichnung von Hermann Junker (1838–1899); Historisches Museum Frankfurt am Main (C 22758)

B 310 Fernsprechwandapparat von Naglo und Siemens & Halske; Holz, Messing, Kupfer, Textil; Berlin um 1885; Museum für Kommunikation, Frankfurt am Main (4.0.27809)

B 311 Seite mit den Anschlüssen der Societäts-Druckerei und Leopold Sonnemanns im ersten Frankfurter Telefon-Verzeichnis 1881; (Reproduktion); Institut für Stadtgeschichte, Frankfurt am Main (SD 1/82)

B 312 Telegrafenstation von Siemens & Halske; Tisch mit Farbschreiber, Morsetaste und Zubehör; Berlin um 1870; Museum für Kommunikation, Frankfurt am Main (4.0.35696)

B 313 Oberleitung mit Weiche der 1884 eröffneten Straßenbahnlinie Frankfurt am Main-Offenbach; Eisen, Kupfer, Holz, Guttapercha; Historisches Museum Frankfurt am Main (X 27974-75)

B 314 Medienstation: Aspekte der Stadtentwicklung 1866 bis 1909

B 314, 01 Die Alte Brücke und das Frankfurter Mainufer der Stadt von Südosten; Fotografie von Carl Friedrich Mylius 1862; Historisches Museum Frankfurt am Main (C 30994)

B 314, 02 Der Eiserne Steg und das Frankfurter Mainufer der Stadt von Südwesten; Fotografie von Carl Friedrich Mylius 1876; Historisches Museum Frankfurt am Main (C 29118)

B 314, 03 Die Untermainbrücke im Bau; Fotografie von Carl Friedrich Mylius 1874; Historisches Museum Frankfurt am Main (C 29109)

B 314, 04 Die Obermainbrücke im Bau; Fotografie von Carl Friedrich Mylius 1877; Historisches Museum Frankfurt am Main (Ph 1289)

B 314, 05 Die neue Brücke der Main-Neckar-Bahn im Bau; Fotografie von Carl Friedrich Mylius 1880; Historisches Museum Frankfurt am Main (C 7993)

B 314, 06 Die neue Brücke der Main-Neckar-Bahn im Bau; Fotografie von Carl Friedrich Mylius 1880; Historisches Museum Frankfurt am Main (C 7992)

B 314, 07 Der alte Frankfurter Hafen am Fahrtor von der Alten Brücke aus; Fotografie von Carl Friedrich Mylius 1878; Historisches Museum Frankfurt am Main (C 10842)

B 314, 08 Der 1886 eröffnete Westhafen; Fotografie von Carl Andreas Abt (1853–1922) 1911; Historisches Museum Frankfurt am Main (C 20137)

B 314, 09 Das 1845 eröffnete Gaswerk der Imperial Continental Gas Association in der Obermainstraße 18; Fotografie von Carl Friedrich Mylius um 1862; Historisches Museum Frankfurt am Main (C 25721)

B 314, 10 Das neue Gaswerk von Knoblauch & Schiele in der Gutleutstraße; Fotografie von Carl Friedrich Mylius um 1865; Historisches Museum Frankfurt am Main (Ph 14311)

B 314, 11 Der Bahnhof der 1850 eröffneten Main-Weser-Bahn an der Gallusanlage; Fotografie von Carl Iffland um 1869; Historisches Museum Frankfurt am Main (C 27527)

B 314, 12 Der Bahnhof der 1846 eröffneten Main-Neckar-Bahn an der Gallusanlage; Fotografie um 1880; Historisches Museum Frankfurt am Main (Ph 939)

B 314, 13 Der Frankfurter Hauptbahnhof; Fotografie von Römmler & Jonas um 1890; Historisches Museum Frankfurt am Main (Ph 3091)

B 314, 14 Kanalarbeiten am Alten Markt; Fotografie von Carl Friedrich Mylius um 1867; Historisches Museum Frankfurt am Main (C 28454)

B 314, 15 Kanalarbeiten in der ehemaligen Judengasse; Fotografie von Carl Friedrich Mylius 1884; Historisches Museum Frankfurt am Main (C 22587)

B 314, 16 Die Klärbeckengalerie des 1887 fertiggestellten städtischen Klärwerks; Fotografie von Carl Friedrich Fay (1853–1918) 1890; Historisches Museum Frankfurt am Main (C 28441)

B 314, 17 Die Westseite des Römerbergs mit dem Rathaus; Fotografie von Carl Friedrich Mylius 1867; Historisches Museum Frankfurt am Main (C 7940)

B 314, 18 Die Schnurgasse in der Frankfurter Altstadt; Fotografie von Carl Andreas Abt 1904; Historisches Museum Frankfurt am Main (C 13723)

B 314, 19 Höfchen in der Kruggasse in der Frankfurter Altstadt; Fotografie von Carl Andreas Abt 1904; Historisches Museum Frankfurt am Main (C 13845)

B 314, 20 Die Borngasse in der Frankfurter Altstadt; Fotografie von Carl Andreas Abt 1904; Historisches Museum Frankfurt am Main (C 13732)

B 314, 21 Die Nonnengasse in der Frankfurter Altstadt; Fotografie von Carl Andreas Abt 1915; Historisches Museum Frankfurt am Main (C 23225)

B 314, 22 Die Fahrgasse von der Battonnstraße aus nach Norden; Fotografie von Emil Bertling (*1874) 1898; Historisches Museum Frankfurt am Main (Ph 79)

B 314, 23 Die ehemalige Judengasse nach dem Abriss der westlichen Häuserzeile; Fotografie von Carl Friedrich Mylius 1870; Historisches Museum Frankfurt am Main (C 2749)

B 314, 24 Hinterhäuser der Borngasse zwischen Schnurgasse (heute: Berliner Straße) und heutiger Braubachstraße; Fotografie von Carl Andreas Abt 1904; Historisches Museum Frankfurt am Main (C 14825)

B 314, 25 Durchbruch für die neue Braubachstraße am Steinernen Haus; Fotografie des Hochbauamts 1905; Historisches Museum Frankfurt am Main (C27010)

B 314, 26 Die neue Braubachstraße; Fotografie 1912; Historisches Museum Frankfurt am Main (C 20177)

B 314, 27 Das Rothschild'sche Palais an der Bockenheimer Landstraße; Fotografie von Leonhard Kleemann, nach 1933; Historisches Museum Frankfurt am Main (C 28607)

B 314, 28 Villen an der Einmündung der Unterlindau in die Bockenheimer Landstraße; Fotografie von Hermann Bückling 1908; Historisches Museum Frankfurt am Main (Ph 14902)

B 314, 29 Wohnhäuser in der Straße Im Trutz im Westend; Fotografie um 1880; Historisches Museum Frankfurt am Main (C 19973)

B 314, 30 Wohnhäuser in der Hynspergstraße im Nordend; Fotografie von Hermann Bückling um 1910; Historisches Museum Frankfurt am Main (C 35006)

B 314, 31 Die Günthersburg-Allee mit Blick auf den Park und den Eingang der Martin-Luther-Straße im Nordend; Fotografie um 1910; Historisches Museum Frankfurt am Main (C 28503)

B 314, 32 Wohnblock mit Vereinshaus der 1890 gegründeten Aktienbaugesellschaft für Kleine Wohnungen an der Burgstraße; Fotografie von Hermann Bückling um 1910; Historisches Museum Frankfurt am Main (C 35003)

B 314, 33 Neue Wohnhäuser an der Rothschild-Allee; Fotografie von Friedrich Lauffer sen. (*1868) um 1910; Historisches Museum Frankfurt am Main (C 28502)

B 314, 34 Die Gartenseite des 1876 fertiggestellten Zoo-Gesellschaftshauses; Fotografie von Carl Hertel 1878; Historisches Museum Frankfurt am Main (C 35008 a)

B 314, 35 Blick auf den Turm mit Aquarium im 1874 vollendeten neuen Zoologischen Garten; Fotografie von Carl Hertel 1878; Historisches Museum Frankfurt am Main (C 35009)

B 314, 36 Die Schmiede an der Nordseite des Schillerplatzes; Fotografie von Carl Friedrich Mylius 1860; Historisches Museum Frankfurt am Main (C 4366)

B 314, 37 Die Westseite des Rossmarkts mit den Eingängen zur Großen Gallus- und Junghofstraße; Fotografie um 1890; Historisches Museum Frankfurt am Main (C 21773)

B 314, 38 Der Rossmarkt mit dem 1888 fertiggestellten Neubau der Germania Lebensversicherungs AG; Fotografie von Max Junghändel um 1900; Historisches Museum Frankfurt am Main (C 21925)

B 314, 39 Schillerplatz und Eingang zur Biebergasse; Fotografie von Carl Friedrich Mylius um 1891; Historisches Museum Frankfurt am Main (C 27048)

B 314, 40 Blick in die Zeil von Westen; Fotografie von Friedrich Wilhelm Maas um 1860; Historisches Museum Frankfurt am Main (C 26616 a)

B 314, 41 Die Konstablerwache vor dem Abbruch; Fotografie 1887; Historisches Museum Frankfurt am Main (Ph 18)

B 314, 42 Blick in die Zeil von Westen; Fotografie von Emil Bertling um 1895; Historisches Museum Frankfurt am Main (Ph 80)

B 314, 43 Wachhaus und Waage am Bockenheimer Tor mit Blick in die Hochstraße; Fotografie von Carl Friedrich Mylius um 1868; Historisches Museum Frankfurt am Main (C 10544)

B 314, 44 Große Bockenheimergasse und Blick in die Hochstraße; Fotografie von Carl Andreas Abt 1909; Historisches Museum Frankfurt am Main (Ph 225)

B 314, 45 Große Bockenheimergasse und Eingang zur Hochstraße; Fotografie von Carl Andreas Abt 1916; Historisches Museum Frankfurt am Main (C 21826)

B 314, 46 An der Kaiserstraße; Fotografie von Hans Fohr 1901; Historisches Museum Frankfurt am Main (C13369)

B 314, 47 Blick in die Kaiserstraße zwischen Gallusanlage und Hauptbahnhof; Fotografie des Fotoateliers Minerva; Frankfurt am Main um 1895; Historisches Museum Frankfurt am Main (C 26544)

B 314, 48 Blick in die Kaiserstraße vom Kaiserplatz aus zum Rossmarkt; Fotografie von M. Rahm 1895; Historisches Museum Frankfurt am Main (C 21926)

B 314, 49 Blick in die Kaiserstraße vom Kaiserplatz aus zum Rossmarkt; Fotografie von M. Rahm 1895; Historisches Museum Frankfurt am Main (C29209)

B 314, 50 Das Hotel Fürstenhof am Opernplatz; Fotografie 1901; Historisches Museum Frankfurt am Main (C 29089)

B 314, 51 Schillerplatz und Eingang zur Großen Eschenheimer Straße; Fotografie von Carl Hertel um 1900; Historisches Museum Frankfurt am Main (C 29124)

B 314, 52 Der Eingang zum Palais Thurn- und Taxis in der Großen Eschenheimer Straße; Fotografie von Carl Iffland 1907; Historisches Museum Frankfurt am Main (Ph 5579)

B 314, 53 Belesesäle und Kochraum der Frankfurter Fabrik komprimierter Gemüse AG; Holzstich der Leipziger Illustrierten Zeitung vom 12. März 1859; Historisches Museum Frankfurt am Main (C 3762 a)

B 314, 54 Pressenraum der Frankfurter Fabrik komprimierter Gemüse AG; Holzstich der Leipziger Illustrierten Zeitung vom 12. März 1859; Historisches Museum Frankfurt am Main (C 3762 b)

B 314, 55 Die Belegschaft der 1858 gegründeten chemischen Fabrik von Lucius & Saul im Oederweg; Fotografie um 1885; Historisches Museum Frankfurt am Main (C 25706 b)

B 314, 56 Die vor 1853 gegründete Bronzewarenfabrik Jungé & Walter in der Taunusanlage; Fotografie von Carl August Böttcher 1895; Historisches Museum Frankfurt am Main (C29169)

B 314, 57 Die 1869 fertiggestellte und 1882 wegen der Verlängerung der Zeil abgebrochene Landwirtschaftliche Halle; Fotografie von Carl Friedrich Mylius 1869; Historisches Museum Frankfurt am Main (C 2740)

B 314, 58 Ansicht der Fabrik; Werbeblatt der Adler-Fahrrad-Werke Heinrich Kleyer; Lithografie um 1886; Historisches Museum Frankfurt am Main (C 10864)

B 314, 59 Lehrlinge der 1911 fertiggestellten Elektrotechnischen Fabrik von Voigt & Haeffner in der Hanauer Landstraße; Fotografie um 1918; Historisches Museum Frankfurt am Main (Ph 14583)

B 314, 60 Flugblatt mit Aufruf zu einer Betriebsversammlung der Arbeiter der Adlerwerke am 3. Mai; Druck und Verlag der Union-Druckerei, Frankfurt am Main 1910; Historisches Museum Frankfurt am Main (Ph 12923)

B 314, 61 Blick in ein kaufmännisches Großbüro; Fotografie 1924; Historisches Museum Frankfurt am Main (Ph 5062)

B 314, 62 Die nach 1871 gegründete Eisengießerei und Maschinenfabrik von Julius Wurmbach in Bockenheim; Fotografie 1903; Historisches Museum Frankfurt am Main (C 20389)

B 314, 63 Die Frankfurter Straße (heute: Leipziger Straße) in Bockenheim; Fotografie von Hermann Bückling 1905; Historisches Museum Frankfurt am Main (C 20466)

B 314, 64 Die Bornheimer Eulengasse; Fotografie von Carl Andreas Abt 1912; Historisches Museum Frankfurt am Main (C 19630)

B 314, 65 Die Kelsterbacher Straße in Niederrad mit Blick auf den Frauenhof; Fotografie von Carl Andreas Abt 1913; Historisches Museum Frankfurt am Main (C 20715)

B 314, 66 Die Gräfendeichstraße in Oberrad; Fotografie von Carl Andreas Abt 1913; Historisches Museum Frankfurt am Main (Ph 14942)

B 4 Frankfurt am Main bis 1909

B 401 Verkehrsplan von Frankfurt am Main mit Vororten; Zeichnung von Hans Ravenstein; Verlag Ludwig Ravenstein, Frankfurt am Main 1899; Historisches Museum Frankfurt am Main (C11536 a)

B 402 Blick auf Schillerplatz und Hauptwache fünf Jahre nach der Elektrifizierung der ersten Frankfurter Straßenbahnlinie; Lichtdruck einer Fotografie; Süddeutsche Lichtdruckanstalt H. Kumpf, Frankfurt am Main 1903; Historisches Museum Frankfurt am Main (C 30057)

B 403 Die 1900 fertiggestellte und an die Wahl- und Krönungsstadt erinnernde Fassade des Römers; Fotografie um 1908; Historisches Museum Frankfurt am Main (C 30169)

B 404 Die 1907 eingeweihte Synagoge der Israelitischen Religionsgesellschaft in der Friedberger Anlage; Der Baumeister, 6. Jahrgang, Heft 2, November 1907; Jüdisches Museum Frankfurt am Main (C 4)

B 405 Motor des ersten Motorenwagentyps der Frankfurter elektrischen Straßenbahn; Gleichstrommotor von Siemens & Halske, Berlin um 1902; Historisches Museum Frankfurt am Main (X 1992.156)

Die Ausstellung

B 406 Fernsprech-Tischapparat von Siemens & Halske; Holz, Messing, Kupfer, Textil; Berlin nach 1897; Museum für Kommunikation, Frankfurt am Main (4.0.27914)

B 407 Telegrafenstation der Deutschen Telefonwerke nach David E. Hughes; Tisch, Typendruck-Telegraf und Zubehör; Berlin um 1900; Museum für Kommunikation, Frankfurt am Main (4.0.30611)

B 408 Telegramm der Deutschen Reichspost, datiert 6. September 1886; Akzidenzendruck mit handschriftlichen Einträgen; Historisches Institut der Deutschen Bank AG, Frankfurt am Main (S 4215)

B 409 Plakat der Internationalen Elektrotechnischen Ausstellung in Frankfurt am Main; Entwurf von Frank Kirchbach (1859–1912); Lithografische Kunstanstalt J. C. Metz, Frankfurt am Main 1891; Historisches Museum Frankfurt am Main (C 7947)

B 410 Erinnerungsblatt an die Internationale Elektrotechnische Ausstellung in Frankfurt am Main; Lithografie und Druck von Gebrüder Fey, Frankfurt am Main 1891; Historisches Museum Frankfurt am Main (C 12181)

B 411 Werbekarton der Helios Aktiengesellschaft für elektrisches Licht Köln-Ehrenfeld; Fotografie des Firmenstandes auf der Internationalen Elektrotechnischen Ausstellung von Anselm Schmitz, Köln; Lichtdruck von Kühl & Co., Frankfurt am Main 1891; Historisches Museum Frankfurt am Main (C 15126)

B 412 Entwurf zum Firmenschild der Helios Aktiengesellschaft für elektrisches Licht Köln-Ehrenfeld; Gemälde von Hans Thoma 1886; Historisches Museum Frankfurt am Main (B 2007.009)

B 413 Bilder von der Strecke der ersten Fernübertragung hochgespannten Drehstroms Lauffen am Neckar–Frankfurt am Main; Holzstich nach einer Zeichnung von Otto Flecken; Elektrizität. Offizielle Zeitung der Internationalen Elektrotechnischen Ausstellung Frankfurt am Main, Nr. 2 vom 22. April; Druck von August Osterrieth, Frankfurt am Main 1891; Historisches Museum Frankfurt am Main (S 1989.0050,02)

B 414 Präsentation der Fernübertragung Lauffen–Frankfurt am Main vor der Halle für Verteilung der Internationalen Elektrotechnischen Ausstellung; Fotografie von Carl Friedrich Fay 1891; Historisches Museum Frankfurt am Main (Ph 494)

B 415 Das 1895 fertiggestellte erste städtische Elektrizitätswerk in der Gutleutstraße; Fotografie von Carl Friedrich Fay 1895; Historisches Museum Frankfurt am Main (Ph 3575)

B 416 Fertigungshalle der 1891 gegründeten Elektrizitäts-Aktien-Gesellschaft, vormals W. Lahmeyer & Co.; Die Elektrotechnik in Frankfurt am Main. Festschrift zur 6. Jahresversammlung des Verbandes deutscher Elektrotechniker in Frankfurt am Main 2.–5. Juni 1898; Druck und Kommissions-Verlag von Gebrüder Knauer, Frankfurt am Main 1898; Universitätsbibliothek Johann Christian Senckenberg, Frankfurt am Main (Ffm Q 1/136)

B 417 Die Neubauten des Senckenbergischen Museums und der Senckenbergischen Bibliothek in der Senckenberganlage; Fotografie von Johannes Baptist Ciolina 1907; Historisches Museum Frankfurt am Main (C 25444)

B 418 Der 1907 eröffnete Neubau des Physikalischen Vereins in der Robert-Mayer-Straße; Fotografie von Paul Wolff (1887–1951) 1927; Historisches Museum Frankfurt am Main (C 26918)

B 419 Das Chemische Labor im Neubau des Physikalischen Vereins; Fotografie 1908; (Reproduktion); Depositum Physikalischer Verein im Institut für Stadtgeschichte, Frankfurt am Main (V17/84:9)

B 420 Der Große Hörsaal im Neubau des Physikalischen Vereins; Fotografie 1908; (Reproduktion); Depositum Physikalischer Verein im Institut für Stadtgeschichte, Frankfurt am Main (V 17/84:10)

B 421 Der Maschinensaal im Neubau des Physikalischen Vereins; Fotografie 1908; (Reproduktion); Depositum Physikalischer Verein im Institut für Stadtgeschichte, Frankfurt am Main (V 17/84:7)

B 422 Die erste Röntgen-Aufnahme im Physikalischen Verein; Die Röntgen-Aufnahmen und die neuen Einrichtungen der physikalischen Abteilung des Instituts des Physikalischen Vereins, Frankfurt am Main 1897; Universitätsbibliothek Johann Christian Senckenberg, Frankfurt am Main (Senck B Kl. Schr. 2538)

B 423 Leopold Sonnemann gehört zu den Unterstützern, die Spenden entgegennehmen; Aufruf zu freiwilligen Beiträgen für den Neubau des Physikalischen Verein; Frankfurt am Main 1885; Universitätsbibliothek Johann Christian Senckenberg, Frankfurt am Main (Soc Ff. Physik. Verein)

B 424 Die Einweihung des Kaiser Wilhelm-Denkmals auf dem Opernplatz am 10. Mai 1896; Fotografie von Franke und Kärcher (van Bosch); Historisches Museum Frankfurt am Main (C 10649)

B 425 Leopold Sonnemann als Unterzeichner des Aufrufs zur Errichtung eines Denkmals für Samuel Thomas von Soemmerring; Akzidenzendruck 1884; Historisches Museum Frankfurt am Main (S 1969.293,04)

B 426 Einweihung des Denkmals für Samuel Thomas von Soemmerring am 8. August 1897; Fotografie von Carl August Böttcher; Historisches Museum Frankfurt am Main (C 23485)

B 427 Einweihung des Stoltze-Denkmals am 27.November 1895; Fotografie von Adam Stamm; Historisches Museum Frankfurt am Main (C 35470)

B 428 Enthüllung des Einheits-Denkmals; Fotografie am 18. Oktober 1903; Historisches Museum Frankfurt am Main (C 13500)

B 429 Das Frankfurter Schauspielhaus; Lichtdruck einer Fotografie; Verlag von Rudolf Schuster, Berlin um 1910; Historisches Museum Frankfurt am Main (C 29237)

B 430 Das Wohnhaus Bismarcks während seiner Gesandtenzeit beim Bundestag in der Großen Gallusstraße anläßlich seines 80. Geburtstags am 1. April 1895; Fotografie; Historisches Museum Frankfurt am Main (C 14927 a)

B 431 Besuch Frankfurter Bismarck-Verehrer bei Bismarck während dessen Kur in Bad Kissingen im Juli 1892; Fotografie; Historisches Museum Frankfurt am Main (Ph 3604)

B 432 Deutsche Treue und Dankbarkeit; Widmung für Otto von Bismarck zum 80. Geburtstag; Schmuckblatt von Carl Merz; Druck von Schirmer & Mahlau, Frankfurt am Main 1895; Historisches Museum Frankfurt am Main (C 11866)

B 433 Fürst Bismarck Büchlein. Geflügelte Worte aus seinen Reden, Gesprächen, Briefen u.s.w.; Kunstanstalt Wezel & Naumann, Leipzig-Reudnitz o. J.; Historisches Museum Frankfurt am Main (S 1955.386,3)

B 434 Das Bismarck-Museum in Bild und Wort. Ein Denkmal deutscher Dankbarkeit, herausgegeben von A. de Grousilliers mit huldvoller Genehmigung Seiner Durchlaucht des Fürsten Otto von Bismarck; Selbstverlag des Herausgebers; Berlin 1899; Historisches Museum Frankfurt am Main (S 1955.392)

B 435 Das am 11. Mai 1908 eingeweihte Frankfurter Bismarck-Denkmal; Lichtdruck einer Fotografie; Verlag von Rudolf Schuster, Berlin um 1910; Historisches Museum Frankfurt am Main (C 29238)

B 436 Modell des Frankfurter Bismarck-Denkmals von Rudolf Siemering (1835–1905); Gips getönt; Berlin vor 1908; Historisches Museum Frankfurt am Main (X 2009.1109)

B 437 Lieder-Texte zur Bismarck-Feier beim Fest-Commers der Nationalliberalen am 30. März 1895 in Frankfurt am Main; Buchdruckerei des Frankfurter Journals, Frankfurt am Main 1895; Historisches Museum Frankfurt am Main (S 1955.386,4)

B 438 Im neuen Reich; Farbskizze von Ferdinand Brütt (1849–1936) für die Ausmalung des ehemaligen Bürgersaals im Neuen Rathaus; Öl auf Pappe; 1906; Historisches Museum Frankfurt am Main (B 1961.18)

B 439 Der Bürgersaal im Römer; Fotografie von Friedrich Lauffer sen. 1934; Historisches Museum Frankfurt am Main (Ph 11603)

B 440 Im neuen Reich; Reproduktion der Bildpostkarte des Freskos von Ferdinand Brütt im ehemaligen Bürgersaal im Neuen Rathaus; 2007; Museum Giersch, Frankfurt am Main

B 441 Wandgemälde im Bürgersaal des Rathauses zu Frankfurt am Main; Hermann Minjon Kunstdruckerei Frankfurt am Main o. J.; Historisches Museum Frankfurt am Main (Bibl 1960.125)

B 442 Preußens Erhebung; Bildpostkarte nach dem Fresko von Ferdinand Brütt im ehemaligen Bürgersaal im Neuen Rathaus; Frankfurt am Main um 1930; Historisches Museum Frankfurt am Main (C 51267)

B 443 Blüchers Rheinübergang; Bildpostkarte nach dem Fresko von Ferdinand Brütt im ehemaligen Bürgersaal im Neuen Rathaus; Frankfurt am Main um 1930; Historisches Museum Frankfurt am Main (C 51268)

B 444 Deutscher Fürstentag; Bildpostkarte nach dem Fresko von Ferdinand Brütt im ehemaligen Bürgersaal im Neuen Rathaus; Frankfurt am Main um 1930; Historisches Museum Frankfurt am Main (C 51265)

B 445 Krieg und Sieg; Bildpostkarte nach dem Fresko von Ferdinand Brütt im ehemaligen Bürgersaal im Neuen Rathaus; Frankfurt am Main um 1930; Historisches Museum Frankfurt am Main (C 51264)

B 446 Frankfurter Friede; Bildpostkarte nach dem Fresko von Ferdinand Brütt im ehemaligen Bürgersaal im Neuen Rathaus; Frankfurt am Main um 1930; Historisches Museum Frankfurt am Main (C 51266)

B 447 Im Neuen Reich; Bildpostkarte nach dem Fresko von Ferdinand Brütt im ehemaligen Bürgersaal im Neuen Rathaus; Frankfurt am Main um 1930; Historisches Museum Frankfurt am Main (C 51263)

B 448 Beschlussfassung des Magistrats über die Benennung einer neuen Straße in Sonnemannstraße; Akzidenzendruck mit handschriftlichen Einträgen, datiert 13. September 1906; (Reproduktion); Institut für Stadtgeschichte, Frankfurt am Main (T 1074/Bd. 4, 19)

B 449 Abschiedsabend für Oberbürgermeister Franz Adickes bei Albert von Metzler; Fotografie von Friedrich Lauffer sen. 1912; Historisches Museum Frankfurt am Main (C 23126)

B 450 Postkarte mit Porträt Franz Adickes' und seiner Leistungsbilanz als Frankfurter Oberbürgermeister; Postkartenfabrik D. Grödel, Frankfurt am Main um 1915; Historisches Museum Frankfurt am Main (C 21667)

B 5 Nachruhm und Erben Leopold Sonnemanns

B 501 Postkarte mit Porträt Leopold Sonnemanns in einem Rankenkranz und dem Frankfurter Stadtwappen auf einem Konvolut von Zeitungen; Frankfurt am Main 1901; Frankfurter Societäts-Druckerei GmbH, Frankfurt am Main

B 502 Nachruf der Redaktion auf Leopold Sonnemann; Frankfurter Zeitung vom 31. Oktober 1909 (Zweites Morgenblatt); Frankfurter Societäts-Druckerei GmbH, Frankfurt am Main

B 503 Die Trauergemeinde vor dem Eingang zum Friedhof in der Rat-Beil-Straße anlässlich der Beerdigung Leopold Sonnemanns am 3. November 1903; Fotografie; Frankfurter Societäts-Druckerei GmbH, Frankfurt am Main

B 504 Der Katafalk der Kränze und Blumengebinde auf dem Grab Leopold Sonnemanns am 3. November 1903; Fotografie; Frankfurter Societäts-Druckerei GmbH, Frankfurt am Main

B 505 Leopold Sonnemann dead. Founder of the Frankfurter Zeitung and prominent in politics (Leopold Sonnemann tot. Gründer der Frankfurter Zeitung und prominenter Politiker); Nachruf der New York Times vom 1. November 1909; (Reproduktion)

B 506 Der Frankfurter Kornblumentag. Zum Gedächtnis und zur Ehre des deutsch-französischen Friedens vor 40 Jahren am 10. Mai 1878 in Frankfurt am Main; Titelseite der Kleinen Presse vom 10. Mai 1911; Historisches Museum Frankfurt am Main (C 19000)

B 507 Leopold Sonnemann zur Wiederkehr seines Todestages; Titelseite der Kleinen Presse vom 1. November 1911; Institut für Stadtgeschichte, Frankfurt am Main (S 2/256)

B 508 Menschenmenge vor dem Gebäude der Frankfurter Zeitung am Tag der Anordnung der Mobilmachung am 1. August 1914; Fotografie von Walter Schmidt; Historisches Museum Frankfurt am Main (Ph 3164)

B 509 Therese Simon-Sonnemann; Zeichnung von Max Schüler (1854–1934), um 1920; Frankfurter Societäts-Druckerei GmbH, Frankfurt am Main

B 510 Heinrich Simon; Fotografie; Frankfurt am Main um 1930; Frankfurter Societäts-Druckerei GmbH, Frankfurt am Main

B 511 Dr. Simon; Lithografie von Max Beckmann (1884–1950), vom Künstler signiert; Frankfurt am Main 1923; Historisches Museum Frankfurt am Main (C 42700)

B 512 Kurt Simon; Fotografie; Frankfurt am Main um 1930; Frankfurter Societäts-Druckerei GmbH, Frankfurt am Main

B 513 Das Haus der Societäts-Druckerei in der Großen Eschenheimer Straße; Fotografie um 1930; Frankfurter Societäts-Druckerei GmbH, Frankfurt am Main

B 514 Die Gesellschafter der Frankfurter Zeitung; Fotografie 1930; (Reproduktion); Institut für Stadtgeschichte, Frankfurt am Main (S 7A1998/29.507)

B 515 Die Gesellschafter der Frankfurter Zeitung; Fotografie 1930; (Reproduktion); Institut für Stadtgeschichte, Frankfurt am Main (S 7A1998/29.506)

B 516 Die Grundstücke Taunusanlage 4 und 5 nach dem Abriss der Villa Leopold Sonnemanns; Fotografie 1930; (Reproduktion); Institut für Stadtgeschichte, Frankfurt am Main (S 7A/1998/10631)

B 6 Vergessen und Erinnern

B 601 Die Große Eschenheimer Straße im Flaggenschmuck am „Tag der nationalen Erhebung", dem 1. Mai 1933; Gemälde von Hans Scheil; Öl auf Leinwand; Frankfurt am Main 1933; Historisches Museum Frankfurt am Main (B 1966.12)

B 602 Hissen der Hakenkreuzfahne am Frankfurter Römer durch einen SA-Trupp am 13. März 1933; Fotografie von Hannah Reeck (1886–1959); Historisches Museum Frankfurt am Main (Ph 3224 a)

B 603 Adolf Hitler (1889–1945) über die Frankfurter Zeitung; Mein Kampf. Zwei Bände in einem Band. Ungekürzte Ausgabe. Erster Band: Eine Abrechnung. Zweiter Band: Die nationalsozialistische Bewegung; Zentralverlag der NSDAP, Franz Eher Nachf., München 1936; Historisches Museum Frankfurt am Main (S 1995.0331)

B 604 Vorbei! Wir durchschauen alle deine Masken!; Die verfluchten Hakenkreuzler Etwas zum Nachdenken; Flugschrift von Josef Goebbels (1897–1945), Illustrationen von Mjölnir (1901–1980); Franz Eher Nachf., München 1930; Historisches Museum Frankfurt am Main (S 1981.1338)

B 605 Die 1932 am Geburtshaus angebrachte und 1933 entfernte (und versteckte) Höchberger Gedenktafel für Leopold Sonnemann; Bronzeguss um 1932; Frankfurter Societäts-Druckerei GmbH, Frankfurt am Main

B 606 Umbenennung der Sonnemannstraße in Max-Eyth-Straße; Frankfurter Adreßbuch 1936; Verlag August Scherl Deutsche Adreßbuch-Gesellschaft. Frankfurt am Main; Historisches Museum Frankfurt am Main (Bibl 1962.402)

B 607 Leopold Sonnemann; Lexikonartikel von Siegfried Kracauer in der Encyclopedia of the Social Sciences; The Macmillan Company, New York 1937; Universitätsbibliothek Johann Christian Senckenberg, Frankfurt am Main (Sq 4/22)

B 608 Wendelin Hecht, seit 1934 Geschäftsführer der Societäts-Druckerei in der Bunkersetzerei der Frankfurter Zeitung; Fotografie von Paul Wolff 1943; Frankfurter Societäts-Druckerei GmbH, Frankfurt am Main

B 609 Wendelin Hecht, seit 1934 Geschäftsführer der Societäts-Druckerei im Fotoalbum „Frankfurter Zeitung 1943"; Frankfurter Societäts-Druckerei GmbH, Frankfurt am Main

B 610 Druck der Frankfurter Zeitung; Fotografie von Paul Wolff 1943; Frankfurter Societäts-Druckerei GmbH, Frankfurt am Main

B 611 Druck des Illustrierten Blattes; Fotografie von Paul Wolff 1943; Frankfurter Societäts-Druckerei GmbH, Frankfurt am Main

B 612 In der Druckerei; Fotografie von Paul Wolff 1943; Frankfurter Societäts-Druckerei GmbH, Frankfurt am Main

B 613 Anfrage der Gestapo Koblenz wegen des Hinweises auf Leopold Sonnemann im Kopf der Frankfurter Zeitung, datiert 23. Dezember 1936; Akten der Gestapo Frankfurt die Frankfurter Zeitung, Frankfurter Societät betreffend, 1934–1943; Hessisches Hauptstaatsarchiv, Wiesbaden (Akte 483/600 a–c)

B 614 Antwort der Landesstelle des Propagandaministerium an die Frankfurter Gestapo, datiert 8. Januar 1937; Akten der Gestapo Frankfurt die Frankfurter Zeitung, Frankfurter Societät betreffend, 1934–1943; (Reproduktion); Hessisches Hauptstaatsarchiv, Wiesbaden (Akte 483/600 a–c)

B 615 Das Redaktionszimmer der Frankfurter Zeitung nach Entfernung des Porträts Leopold Sonnemanns und der Aufhängung eines Porträts Adolf Hitlers; Fotografie von Paul Wolff 1943; Institut für Stadtgeschichte, Frankfurt am Main (S 7/W 2259.255)

B 616 Die letzte Ausgabe der Frankfurter Zeitung vom 31. August 1943; Historisches Museum Frankfurt am Main (S 2009.007)

B 617 Mitteilung der Frankfurter Societäts-Druckerei an die Abonnenten der Frankfurter Zeitung über die bevorstehende Einstellung des Blattes, datiert Frankfurt am Main 18. August 1943; Institut für Stadtgeschichte, Frankfurt am Main (S 3/R40)

B 618 Medienstation: Gespräch mit Ruth Schwarz über ihre Lehrzeit bei der Frankfurter Zeitung 1943; Historisches Museum Frankfurt am Main 2009

B 619 Das Archiv der Frankfurter Zeitung; Fotografie von Paul Wolff 1943; Frankfurter Societäts-Druckerei GmbH, Frankfurt am Main

B 620 Das Archiv der Frankfurter Zeitung; Fotografie von Paul Wolff 1943; Frankfurter Societäts-Druckerei GmbH, Frankfurt am Main

B 621 Aus der Eschenheimer Gass'; Feldpostbrief der Frankfurter Societäts-Druckerei Oktober 1943; Frankfurter Societäts-Druckerei GmbH, Frankfurt am Main

B 622 Schreiben der Gemeinde Höchberg über die Anbringung einer neuen Gedenktafel am Geburtshaus Leopold Sonnemanns; datiert 18. Juli 1956; Frankfurter Societäts-Druckerei GmbH, Frankfurt am Main

B 623 Schreiben Leopold Veit Sonnemanns über die Höchberger Pläne einer neuen Erinnerungstafel an Leopold Sonnemann; datiert 24. April 1949; Frankfurter Societäts-Druckerei GmbH, Frankfurt am Main

B 624 Werner Wirthle, der erste Geschäftsführer der Societäts-Druckerei nach 1945; Fotografie 1978; Frankfurter Societäts-Druckerei GmbH, Frankfurt am Main

B 625 Erinnerungsstücke Heinrich Simons, die er mitnahm, als er Deutschland verlassen musste; Josefa Simon, Wainscott New York

B 626-637 (nur im Katalog)

B 626 Das Opernhaus zum Ende des Zweiten Weltkriegs; Fotografie der Städtischen Baupolizei; Frankfurt am Main 1944; Historisches Museum Frankfurt am Main (Ph 1200 a)

B 627 Das Treppenhaus des Opernhauses nach dem Zweiten Weltkrieg; Fotografie Mai 1947; Historisches Museum Frankfurt am Main (Ph 1605 a)

B 628 Der Eingang zum Palais Thurn und Taxis in der Großen Eschenheimer Straße zum Ende des Zweiten Weltkriegs; Fotografie von Leonhard Kleemann 1944; Historisches Museum Frankfurt am Main (Ph 1350 a)

B 629 Die Fahrgasse nach dem Zweiten Weltkrieg; Fotografie von Fred Kochmann Februar 1947; Historisches Museum Frankfurt am Main (Ph 1402)

B 630 Das erste Städtische Schwimmbad nach dem Zweiten Weltkrieg; Fotografie von Fred Kochmann 1947; Historisches Museum Frankfurt am Main (Ph 1441)

B 631 Die Alte Börse nach dem Zweiten Weltkrieg; Fotografie von Fred Kochmann 1947; Historisches Museum Frankfurt am Main (Ph 1472)

B 632 Blick auf den Rossmarkt von der Kaiserstraße aus nach dem Zweiten Weltkrieg; Fotografie Februar 1947; Historisches Museum Frankfurt am Main (Ph 1587)

B 633 Der Frankfurter Hof nach dem Zweiten Weltkrieg; Fotografie von Fred Kochmann Juni 1946; Historisches Museum Frankfurt am Main (Ph 1598)

B 634 Hauptwache und Schillerplatz zum Ende des Zweiten Weltkriegs; Fotografie von Paul Wolff April 1944; Historisches Museum Frankfurt am Main (Ph 1672)

B 635 Leinwandhaus und Archivgebäude zum Ende des Zweiten Weltkriegs; Fotografie von Kurt Röhrig 1944; Historisches Museum Frankfurt am Main (Ph 3183)

B 636 Die Große Eschenheimer Straße zum Ende des Zweiten Weltkriegs; Fotografie 1944; Historisches Museum Frankfurt am Main (Ph 3195)

B 637 Die Stadtbibliothek zum Ende des Zweiten Weltkriegs; Fotografie von Leonhard Kleemann 1944; Historisches Museum Frankfurt am Main (Ph 7256)

B 638 Medienstation: Die zerstörte Frankfurter Innenstadt – Die zerstörte Stadt Leopold Sonnemanns; Diaserie von Paul Wolff, Frühsommer 1944; Historisches Museum Frankfurt am Main Dia-Archiv

C 1 Der Jude

C 101 Blick in die Fahrgasse vom ehemaligen Garküchenplatz aus nach Norden; Fotografie von Carl Friedrich Mylius um 1870; Historisches Museum Frankfurt am Main (C 7969)

C 102 Eintrag der Firma Meyer Sonnemanns; Staats- und Adress-Handbuch der Freien Stadt Frankfurt am Main. Zweiter Teil: Allgemeines Adress-Handbuch, siebente Auflage; Georg Friedrich Krug's Verlagsbuchhandlung, Druck von C. Adelmann, Frankfurt am Main 1852; Historisches Museum Frankfurt am Main (Bibl 1956.175)

C 103 Ansicht der Schnurgasse; Fotografie von Hermann Bückling 1908; Historisches Museum Frankfurt am Main (C 20259)

C 104 Schreiben mit Stoffprobe an die Firma M. S. Sonnemann, datiert 23. Februar 1852; Frankfurter Societäts-Druckerei GmbH, Frankfurt am Main

C 105 Familienattestat der Familie Meyer Sonnemanns; Nachlassakten Mayer Sonnemann Handelsmann 1853; Institut für Stadtgeschichte, Frankfurt am Main (NA 1853/387, Dok. Nr. 7)

C 106 Grab Therese und Meyer Sonnemanns auf dem Friedhof an der Rat-Beil-Straße; Fotografie von Uwe Dettmar 2009; Historisches Museum Frankfurt am Main

C 107 Porträt Rosa Sonnemanns; Fotografie um 1860; Frankfurter Societäts-Druckerei GmbH, Frankfurt am Main

C 108 Porträt Rosa Schülers; Fotografie von Fritz Luckhardt, Wien um 1853; Stadtbibliothek Wuppertal (U39)

C 109 Porträt Rosa Schülers; Gemälde um 1854; Öl auf Leinwand; Frankfurter Societäts-Druckerei GmbH, Frankfurt am Main

C 110 Porträt Leopold Sonnemanns; Gemälde um 1854; Öl auf Leinwand; Frankfurter Societäts-Druckerei GmbH, Frankfurt am Main

C 111 Verfügung der Entlassung Rosa Schülers aus der preußischen Staatsangehörigkeit; Königlich preußische Regierung, datiert Arnsberg 5. Januar 1854; (Reproduktion); Institut für Stadtgeschichte, Frankfurt am Main (Senatssupplikation 613/9, Bl. 4)

C 112 Bekanntgabe der Eheschließung zwischen Leopold Sonnemann und Rosa Schüler; Amtsblatt der Freien Stadt Frankfurt am Main vom 7. Februar 1854; Historisches Museum Frankfurt am Main (Bibl 01.0209)

C 113 Eintrag der Firma Leopold Sonnemanns; Frankfurter Staats- und Adresshandbuch 1855. Zweiter Teil: Allgemeines Adress-Handbuch, neunte Auflage; Georg Friedrich Krug's Verlagsbuchhandlung, Druck von C. Adelmann, Frankfurt am Main 1855; Historisches Museum Frankfurt am Main (Bibl 1956.175)

C 114 Therese Sonnemann; Fotografie um 1860; Frankfurter Societäts-Druckerei GmbH, Frankfurt am Main

C 115 Leopold Sonnemann mit seiner Tochter Therese beim Schachspiel; Fotografie um 1870; Stadtbibliothek Wuppertal (U39)

C 116 Porträt Leopold Sonnemanns; Fotografie um 1870; Frankfurter Societäts-Druckerei GmbH, Frankfurt am Main

C 117 Eintrag Leopold Sonnemanns mit Privat- und Firmenadresse; Adress-Handbuch der Freien Stadt Frankfurt am Main, sechzehnte Auflage; Georg Friedrich Krug's Verlagsbuchhandlung, Druck von C. Adelmann, Frankfurt am Main 1863; Historisches Museum Frankfurt am Main (Bibl 1956.175)

C 118 Mitgliederverzeichnis der Israelitischen Gemeinde in Frankfurt a. Main; um 1880, mit Ergänzungen 1887; Universitätsbibliothek Johann Christian Senckenberg, Frankfurt am Main (Ffm Q2/758)

C 119 Das Haus der Loge zur aufgehenden Morgenröthe in der Schützenstraße 2; Fotografie 1935; (Reproduktion); Institut für Stadtgeschichte, Frankfurt am Main (S 7A/1998/1691)

C 120 Medaillen der Loge der aufgehenden Morgenröthe; Frankfurt am Main um 1840; Jüdisches Museum Frankfurt am Main (JMF B 1989/28,1 a, b)

C 121 Speisekarte zur Feier des 70. Geburtstags Leopold Sonnemanns am 29. Oktober 1901; Collage; Frankfurter Societäts-Druckerei GmbH, Frankfurt am Main

C 122 Eintrag Leopold Sonnemanns mit Privatwohnung, Firmenadresse und Sprechstunden als Stadtverordneter; Lehmann's Adress-Buch von Frankfurt a. M. und Umgebung 1893; Historisches Museum Frankfurt am Main (Bibl 1963.0441(1))

C 123 Einwohnermeldekarte der Stadt Frankfurt am Main für Leopold Sonnemann und Familie; Institut für Stadtgeschichte, Frankfurt am Main (Null-Kartei)

C 124 Porträt Leopold Sonnemanns; Zeichnung von Max Schüler um 1890; Frankfurter Societäts-Druckerei GmbH, Frankfurt am Main

C 125 Programm zum offiziellen Festakt anlässlich des 70. Geburtstags Leopold Sonnemanns; Akzidenzendruck Frankfurt am Main 1901; Frankfurter Societäts-Druckerei GmbH, Frankfurt am Main

C 126 Zum 70. Geburtstag des Herrn Leopold Sonnemann; Programm der Geburtstagsfeier für die Mitarbeiter am 29. Oktober 1901 in der Loge „Carl"; Akzidenzendruck; Frankfurter Societäts-Druckerei GmbH, Frankfurt am Main

C 127 Frankfurter Zeitungen; Karikatur auf die in Frankfurt am Main erscheinenden Zeitungen; Holzstich der Frankfurter Latern vom 20. Februar 1861 nach einer Zeichnung von Ernst Schalck (1827–1865); Historisches Museum Frankfurt am Main (C 10201)

Die Ausstellung

C 128 Der Geburtstagsrummel des Löb Sonnemann; aus: Die Römerkatze Nr. 8 vom 25. November 1901; herausgegeben von J. H. Hettler; (Reproduktion); Institut für Stadtgeschichte, Frankfurt am Main (SD 3/55)

C 129 Hotel Kölner Hof Frankfurt a. M.; Bildpostkarte; Frankfurt am Main 1900; (Reproduktion); Bildarchiv Foto Marburg

C 130 Hotel Kölner Hof Frankfurt a. M.; Bildpostkarte, Nr. 2; Frankfurt am Main 1900; (Reproduktion); Bildarchiv Foto Marburg

C 131 Hotel Kölner Hof: Neu-Jerusalem am Fränkischen Jordan; Bildpostkarte; Nr. 3: Frankfurt am Main 1900; (Reproduktion); Bildarchiv Foto Marburg

C 132 Grab Leopold und Rosa Sonnemanns sowie Max Schülers auf dem Jüdischen Friedhof an der Rat-Beil-Straße; Fotografie 2009; Jüdisches Museum, Frankfurt am Main

C 2 Der Bankier

C 201 Außenansicht der Alten Börse am Paulsplatz; Lithografie von W. Lang nach einer Zeichnung von Jakob Dielmann (1809–1885), um 1845; Historisches Museum Frankfurt am Main; Dauerleihgabe des Städel Museums, Frankfurt am Main (N 56175)

C 202 Innere Ansicht der Börse; Lithografie von Emil Höfer nach einer Zeichnung von Jakob Dielmann, um 1845; Historisches Museum Frankfurt am Main; Dauerleihgabe des Städel Museums; Frankfurt am Main (N 56176)

C 203 Zu Artikel 5 und 6 der Wechselordnung; Wechsel- und Merkantil-Ordnung der Freien Stadt Frankfurt. Offizielle Ausgabe; Expedition der Gesetz- und Statuten-Sammlung (Georg Friedrich Krug), Druck von Benjamin Krebs; Frankfurt am Main 1845; Historisches Museum Frankfurt am Main (Bibl 2006.3205)

C 204 Wechsel Meyer Sonnemanns, datiert 27. März 1850; Akzidenzendruck mit handschriftlichen Einträgen; Akten des Rechneiamtes April 1850–Januar 1851; (Reproduktion); Institut für Stadtgeschichte, Frankfurt am Main (Rechnei nach 1816/Nr. 2.464)

C 205 Kurszettel des Frankfurter Bankhauses D. & J. de Neufville mit den Kursnotierungen deutscher Börsen und der Börsen in Amsterdam, London, Paris, Lyon und Wien, datiert 26. November 1842; Akzidenzendruck Frankfurt am Main um 1840 mit handschriftlichen Einträgen; Historisches Museum Frankfurt am Main (X 2009.0607)

C 206 Börsen-Teufel. Illustrierte satyrische Blätter, Nr. 1 vom 8. April; Frankfurt am Main 1866; Historisches Museum Frankfurt am Main; Dauerleihgabe des Städel Museums, Frankfurt am Main (N 45819)

C 207 Leopold Sonnemann als kritischer Aktionär; Extrabeilage zur Frankfurter Postzeitung 1857; Universitätsbibliothek Johann Christian Senckenberg, Frankfurt am Main (Zsf 195)

C 208 Gräflich Isenburg-Büdingische Partialobligation über 1000 Gulden mit Zinsabschnitten bis zum 1. Januar 1840; Akzidenzendruck 1829; Historisches Museum Frankfurt am Main (C 11371 b)

C 209 Aktie des Frankfurter Volksblatts über 25 Gulden, herausgegeben von Nikolaus Hadermann, datiert Frankfurt am Main 20. November 1848; Akzidenzendruck 1848 mit handschriftlichen Einträgen; Historisches Museum Frankfurt am Main (C 11769)

C 210 Blanco eines Darlehen-Schuldschein des Frankfurter Rechnei- und Rentenamts über 1000 Gulden; Akzidenzendruck, C. Naumanns Druckerei, Frankfurt am Main 1866; Historisches Museum Frankfurt am Main (C 11771)

C 211 Anteilschein des Frankfurter Turnvereins über 50 Reichsmark mit Abbildung der Neuen Turnhalle, datiert Frankfurt am Main 25. September 1878; Akzidenzendruck 1878 mit handschriftlichen Einträgen; Historisches Museum Frankfurt am Main (C 51188)

C 212 Aktie des ersten Bataillons der Stadtwehr-Infanterie über 10 Gulden für die Einrichtung einer neuen Bataillons-Musik, datiert Frankfurt am Main 22. April 1838; Akzidenzendruck 1838 mit handschriftlichen Einträgen; Historisches Museum Frankfurt am Main (C 11768)

C 213 Aktie Nr. 85 der Frankfurter Theater-Actien Gesellschaft über 150 Gulden, datiert Frankfurt am Main 15. Oktober 1861; Akzidenzendruck mit handschriftlichen Einträgen, bestempelt; Historisches Museum Frankfurt am Main (C 11770 a)

C 214 Aktie Nr. 574 der Stadtlotterie; Akzidenzendruck 1853 mit handschriftlichen Einträgen; Historisches Museum Frankfurt am Main (M 1964.31,086)

C 215 Commandit-Actie der Frankfurter Commandit-Gesellschaft auf Actien Engelmann & Comp. über 500 Gulden, datiert Frankfurt am Main 18. Juli 1873; Akzidenzendruck; Historisches Museum Frankfurt am Main (C 11772)

C 216 Aktie Nr. 136 der Frankfurter Theater-Actien-Gesellschaft über 150 Gulden, datiert Frankfurt am Main 15. Oktober 1861; Akzidenzendruck mit handschriftlichen Einträgen, bestempelt; Historisches Museum Frankfurt am Main (C 14929 a)

C 217 Aktie der Neuen Theater Actien-Gesellschaft über 250 Mark; Akzidenzendruck 1877 mit handschriftlichen Einträgen; Institut für Stadtgeschichte, Frankfurt am Main; W 5/8

C 218 Aktie der Palmen-Garten-Gesellschaft über 250 Gulden, datiert Frankfurt am Main 15. November 1869; Akzidenzendruck mit handschriftlichen Einträgen, bestempelt; Palmengarten, Frankfurt am Main

C 219 Aktie der Neuen Zoologischen Gesellschaft über 250 Gulden; Akzidenzendruck um 1872 mit handschriftlichen Einträgen, bestempelt; Institut für Stadtgeschichte, Frankfurt am Main (W 5/23:3)

C 220 Kursbericht und Depeschen; Frankfurter Zeitung vom 1. Januar 1867; Frankfurter Societäts-Druckerei GmbH, Frankfurt am Main

C 221 Aktie der Ohio & Indiana Railroad Company über 50 Dollar, datiert Bucyrus, Ohio, 2. Dezember 1852; Akzidenzendruck mit handschriftlichen Einträgen; Historisches Museum Frankfurt am Main (X 2009.0605)

C 222 Aktie der Allegheny Valley Rail Road Company über 50 Dollar, datiert Pittsburg 19. Mai 1860; Akzidenzendruck mit handschriftlichen Einträgen; Historisches Museum Frankfurt am Main (X 2009.0606)

C 223 Der 1890 fertiggestellte Neubau der Frankfurter Bank in der Neuen Mainzerstraße; Fotografie von Carl Friedrich Mylius 1890; Historisches Museum Frankfurt am Main (C 10490)

C 224 Die Kalbächer Gasse von Westen, rechts oben das Firmenschild der Frankfurter Gewerbekasse; Fotografie 1906; Historisches Museum Frankfurt am Main (C 20312)

C 225 Übergabe des nordamerikanischen Sternenbanners während des Bundesschießens 1862 in Frankfurt am Main; Holzstich aus einer Illustrierten Zeitung 1862; Historisches Museum Frankfurt am Main (C 15112)

C 226 Werbeanzeige für Nordamerika-Anleihen in der Frankfurter Latern vom 5. Februar 1873 (Reproduktion); Historisches Museum Frankfurt am Main

C 227 Die Villa in der Taunusanlage 5, seit 1863 Wohnhaus der Familie Leopold Sonnemanns; Fotografie vor 1930; Historisches Museum Frankfurt am Main (C 28088)

C 228 Die am 1. Januar 1876 eröffnete Frankfurter Filiale der Reichsbank in der Neuen Mainzer Straße; Fotografie von Carl Friedrich Mylius 1876; Historisches Museum Frankfurt am Main (C 3417)

C 229 Die neue Frankfurter Börse am Tag der Eröffnung am 4. März 1878; Fotografie von Carl Friedrich Mylius; Historisches Museum Frankfurt am Main (C 7977)

C 230 Blick in die Frankfurter Börse 1882; Fotografie von C. Hommel nach einem Ölbild von Heinrich Michaelis; 1882; Historisches Museum Frankfurt am Main (C 2914 a)

C 231 Schreiben Georg von Siemens', Direktor der Deutschen Bank, an Leopold Sonnemann mit der Bitte um einen Rat, datiert 4. September 1886; Historisches Institut der Deutschen Bank AG, Frankfurt am Main (S 4215)

C 232 Das Konglomerat der Preußischen Hypotheken-Aktien-Bank, Artikel von Ludwig Cohnstaedt mit der Aufdeckung eines der größten Bankenskandale im Kaiserreich; Frankfurter Zeitung vom 21. August 1900 (Abendblatt); Frankfurter Societäts-Druckerei GmbH, Frankfurt am Main

C 3 Der Verleger

C 301 Geschäftsempfehlung von Reinhold Baist, dem ersten für Leopold Sonnemann tätigen Drucker; Stahlstich um 1860; Historisches Museum Frankfurt am Main (C 5637)

C 302 Die Große Eschenheimer Gasse; Fotografie von Theodor Creifelds 1869; Historisches Museum Frankfurt am Main (C 27045)

C 303 Saat und Ernte. Zur Erinnerung an die Feier des fünfundzwanzigjährigen Bestehens der Frankfurter Zeitung am 28. August 1881; Lithografie von Julius Bergmann; Frankfurter Societäts-Druckerei GmbH, Frankfurt am Main

C 304 Medienstation zum Erinnerungsblatt an die Feier des 25-jährigen Bestehens der Frankfurter Zeitung 1881; Historisches Museum Frankfurt am Main

C 305 Der ehemalige sozialpolitische Redakteur der Frankfurter Zeitung charakterisiert den Verleger Leopold Sonnemann; Karl Bücher, Lebenserinnerungen. Erster Band 1847–1890, Tübingen 1919; Institut für Stadtgeschichte, Frankfurt am Main (Lb 106)

C 306 Verleger und Redakteure der Frankfurter Zeitung und Gesellschafter der Societäts-Druckerei; Fotografie 1895; Frankfurter Societäts-Druckerei GmbH, Frankfurt am Main

C 307 Zeitungen Leopold Sonnemanns, Herstellungsstätten und Blick in den Depeschensaal der Frankfurter Zeitung; Collage von B. Schmidt 1906; Frankfurter Societäts-Druckerei GmbH, Frankfurt am Main

C 308 Medienstation zur Collage aus dem Jahr 1906

C 309 Porträt des Rechtsanwalts und Literaten Ludwig Braunfels (1810–1885); Lithografie um 1848; (Reproduktion); Institut für Stadtgeschichte, Frankfurt am Main

C 310 Mitbürger in Stadt und Land! Unter anderem von Ludwig Braunfels unterschriebener Protest gegen die Einstellung der Arbeiten an einer neuen Verfassung der Stadt; Akzidenzendruck, datiert Frankfurt am Main 3. Januar 1850; Historisches Museum Frankfurt am Main (C 27684)

C 311 Das Nibelungen-Lied, übersetzt von Dr. Ludwig Braunfels; Literarische Anstalt (Joseph Rütten), Frankfurt am Main 1846; Universitätsbibliothek Johann Christian Senckenberg, Frankfurt am Main (18/3190)

C 312 Porträt des Zeitungsverlegers und Abgeordneten der Nationalversammlung Georg Friedrich Kolb (1808–1884); Lithografie von Valentin Schertle (1809–1885) nach einem Lichtbild; Druck von Eduard Gustav May, Verlag von Heinrich Keller, Frankfurt am Main 1848; Historisches Museum Frankfurt am Main (C 6753)

C 313 Der Autor über seine Methode; Georg Friedrich Kolb, Culturgeschichte der Menschheit mit besonderer Berücksichtigung von Regierungsform, Politik, Religion, Freiheits- und Wohlstandsentwicklung der Völker. Erster Band; Verlag von Arthur Felix, Leipzig 1869; Historisches Museum Frankfurt am Main (S 2009.005)

C 314 Porträt des Rechtsanwalts und Abgeordneten der Nationalversammlung Ludwig Simon (1810–1872); Daguerrotypie von Jacob Seib; Frankfurt am Main 1848; Historisches Museum Frankfurt am Main (X 26243)

C 315 Porträt des Professors für Zoologie und Abgeordneten der Nationalversammlung Carl Vogt (1817–1895); Lithografie von Philipp Winterwerb; Druck von V. J. Lehnhardt in Mainz 1848, Verlag und Eigentum von Carl Jügel, Frankfurt am Main; Historisches Museum Frankfurt am Main (C 17170)

C 316 Der Bienenstaat: Ihre Majestät haben geruht, sich zu vermählen; Untersuchungen über Thierstaaten. Jungen und Alten zu Fromm und Ruh und den Professoren zum Gruß. Mit drei Abbildungen; Studie von Carl Vogt; Literarische Anstalt Joseph Rütten; Frankfurt am Main 1851; Universitätsbibliothek Johann Christian Senckenberg, Frankfurt am Main (18/22)

C 317 Toast von Karl Grün auf die „Toten von 1848"; Stenografische Festblätter Nr. 2. Toaste und Reden vom Festbankett vom 18. Juli 1862; gesetzt und gedruckt auf dem Festplatz von G. L. Löw in Bornheim; Historisches Museum Frankfurt am Main (Bibl 1992.K140)

C 318 Telegrafische Depeschen; Extrabeilage zur Neuen Frankfurter Zeitung vom 1. April 1866; (Reproduktion); Frankfurter Societäts-Druckerei GmbH, Frankfurt am Main

C 319 Insercte und Geschäftswerbung, Druck von Depeschen auf der Titelseite; Neue Frankfurter Zeitung vom 2. und 3. April 1866; Frankfurter Societäts-Druckerei GmbH, Frankfurt am Main

C 320 Bilanzkontobuch mit jährlichen Einnahmen, Ausgaben und Saldo der Neuen Frankfurter Zeitung 1860–1866; Kontorbuch mit handschriftlichen Einträgen und einer Übersicht Eingaben/Ausgaben bis 1894; Frankfurter Societäts-Druckerei GmbH, Frankfurt am Main

C 321 Ansicht der neuen Doppelmaschine (NDM 8) von Koenig & Bauer; Holzstich; Würzburg 1862; (Reproduktion); Koenig & Bauer AG, Würzburg

C 322 Ein reactionäres Rütli; Karikatur auf Bismarck; Holzstich der Frankfurter Latern vom 6. Juni 1863 nach einer Zeichnung von Ernst Schalck; Historisches Museum Frankfurt am Main (Bibl 01.0189)

C 323 Politischer Eiertanz; Karikatur auf Bismarck; Holzstich der Frankfurter Latern vom 30. September 1863 nach einer Zeichnung von Ernst Schalck; (Reproduktion); Historisches Museum Frankfurt am Main

C 324 Neuester Eiertanz; Karikatur auf Bismarck; Holzstich der Frankfurter Latern vom 24. Februar 1872; (Reproduktion); Historisches Museum Frankfurt am Main

C 325 Aus der Anklage des Staatsanwalts; Aktenstücke und Verhandlungen des Prozesses gegen die Redaktion der Frankfurter Zeitung wegen Beleidigung der Verantwortlichen an der Besetzung Frankfurts am Main im Juli 1866 (nach stenografischen Berichten); Druck und Verlag von Emil Ebner, Stuttgart 1869; Frankfurter Societäts-Druckerei GmbH, Frankfurt am Main

C 326 Titelseite der ersten Ausgabe der Frankfurter Zeitung vom 16. November 1866; (Reproduktion); Frankfurter Societäts-Druckerei GmbH, Frankfurt am Main

C 327 Einladung zum Abonnement der Frankfurter Zeitung ab dem 1. Januar 1867 in der Neuen Badischen Zeitung; Zeitungsausriss; Akten des Frankfurter Polizeipräsidiums, Abteilung 407 die Frankfurter Zeitung betreffend 1866–1869; (Reproduktion); Hessisches Hauptstaatsarchiv, Wiesbaden (Band 711, Bl. 8)

C 328 Bismarck als Zensor; Anonyme Karikatur; Frankfurt am Main um 1871; Historisches Museum Frankfurt am Main (C 14478)

C 329 Das Kniestück eines großen Mannes, zu dem die widerborstigen Gesellen emporsehen sollen; Karikatur auf Bismarck; Holzstich der Frankfurter Latern vom 16. November 1872; (Reproduktion); Historisches Museum Frankfurt am Main

C 330 Beschlagnahme der Nr. 317 der Frankfurter Zeitung 1867, datiert 29. November 1867; Verzeichnis; Akten des Frankfurter Polizeipräsidiums, Abteilung 407 die Frankfurter Zeitung betreffend 1866–1869; (Reproduktion); Hessisches Hauptstaatsarchiv, Wiesbaden (Band 711, Bl. 59)

C 331 Beschlagnahmen der Frankfurter Zeitung 1867 und 1868; Verzeichnis; Akten des Frankfurter Polizeipräsidiums, Abteilung 407 die Frankfurter Zeitung betreffend 1866–1869; (Reproduktion); Hessisches Hauptstaatsarchiv, Wiesbaden (Band 711, Bl. 1)

C 332 Beschlagnahme der Frankfurter Zeitung vom 16. Februar 1868 durch den Polizeipräsidenten wegen Verstoßes gegen das Pressegesetz von 1851, datiert 16. Februar 1868; Verfügung; Akten des Frankfurter Polizeipräsidiums, Abteilung 407 die Frankfurter Zeitung betreffend 1866–1869; Akzidenzdruck mit handschriftlichen Einträgen; (Reproduktion); Hessisches Hauptstaatsarchiv, Wiesbaden (Band 711, Bl. 97)

C 333 Anweisung des preußischen Innenministers Eulenburg zur Überwachung der Frankfurter Zeitung, datiert 3. August 1870; Telegramm; Akten des Frankfurter Polizeipräsidiums, Abteilung 407 die Frankfurter Zeitung betreffend 1869–1870; Akzidenzendruck mit aufgeklebten Schreibstreifen und handschriftlichen Einträgen; (Reproduktion); Hessisches Hauptstaatsarchiv, Wiesbaden (Band 712, Bl. 97)

C 334 Bismarck und die Weltgeschichte; Karikatur; Holzstich der Frankfurter Latern vom 28. August 1872 nach einer Zeichnung von G. Schmitt; (Reproduktion); Historisches Museum Frankfurt am Main

C 335 Die Freiheit; Karikatur auf Bismarck; Holzstich der Frankfurter Latern vom 17. August 1878 nach einer Zeichnung von G. Schmitt; (Reproduktion); Historisches Museum Frankfurt am Main

C 336 Meldung der Frankfurter Zeitung über die polizeiliche Durchsuchung der Redaktion; Zeitungsausriss; Akten des Frankfurter Polizeipräsidiums, Abteilung 407 die Frankfurter Zeitung betreffend 1870–1872, datiert 5. Oktober 1872; (Reproduktion); Hessisches Hauptstaatsarchiv, Wiesbaden (Band 713, Bl. 199)

C 337 Die Anklageschrift des Staatsanwalts; Das Preußische Regiment vor Gericht. Rede von Ludwig Pfau zu seiner Verteidigung vor dem Stadtgericht in Frankfurt am Main. Nebst sämtlichen Prozeßstücken; Verlags-Magazin (J. Schabelitz), Zürich 1877; Wissenschaftliche Stadtbibliothek, Mainz (M 2240)

C 338 Ansicht des Frankfurter Gefängnisses auf dem Klapperfeld; Fotografie 1903, Lichtdruck von Carl Friedrich Fay, Frankfurt am Main 1904; Historisches Museum Frankfurt am Main (C 40024,224)

C 339 Die Stadtverordnetenversammlung bittet den Magistrat um entsprechende Schritte, um Leopold Sonnemann die Teilnahme an Sitzungen der Stadtverordnetenversammlung zu ermöglichen, datiert 4. August 1874; Institut für Stadtgeschichte, Frankfurt am Main (StVV 1.645)

C 340 Schreiben Leopold Sonnemanns an Eduard Fay aus der Haft im Klapperfeldgefängnis, datiert 5. August 1874; Institut für Stadtgeschichte, Frankfurt am Main (S 1/11, Nr. 2)

C 341 Schmuckblatt mit Speisekarte zur Feier des 25-jährigen Bestehens der Frankfurter Zeitung mit Darstellung von Redakteuren und Mitarbeitern und dem Klapperfeldgefängnis mit den Insassen Josef Stern, Leopold Sonnemann und Otto Hörth; Fotolithografie von A. Osterrieth nach einer Zeichnung von Max Schüler, Frankfurt am Main 1881; Frankfurter Societäts-Druckerei GmbH, Frankfurt am Main

C 342 Der „Pressleidenskalender" der Frankfurter Zeitung für das Jahr 1868; Frankfurter Zeitung vom 4. März 1869 (Erstes Blatt); (Reproduktion); Frankfurter Societäts-Druckerei GmbH, Frankfurt am Main

C 343 Anno domini? Die Preßfreiheit ist gewährleistet; Karikatur; Holzstich der Frankfurter Latern vom 30. März 1889; Historisches Museum Frankfurt am Main (Bibl 01.0197)

C 344 Die eigentlichen Schuldigen hinter den Kulissen. Artikel von Leopold Sonnemann zum Frankfurter Bierkrawall; Frankfurter Zeitung vom 27. Juli 1873 (Zweites Blatt); (Reproduktion); Frankfurter Societäts-Druckerei GmbH, Frankfurt am Main

C 345 Treu gehorsamst, Gedicht von Friedrich Stoltze in der Frankfurter Latern vom 9. Mai 1874; (Reproduktion); Historisches Museum Frankfurt am Main

C 346 Verurteilung des Redakteurs Eduard Sack wegen eines Artikels, der „geeignet sei", zwei Polizisten „in der öffentlichen Meinung herabzuwürdigen"; Abschrift; Akten des Frankfurter Polizeipräsidiums, Abteilung 407 die Frankfurter Zeitung betreffend 1872–1877, datiert 23. Juli 1874; Hessisches Hauptstaatsarchiv, Wiesbaden (Band 714, Bl. 127)

C 347 Vivat! Zur Feier des Zweitausendsten Strafantrags; Karikatur auf Bismarck; Holzstich der Frankfurter Latern vom 13. Januar 1877 nach einer Zeichnung von G. Schmitt; (Reproduktion); Historisches Museum Frankfurt am Main

C 348 Quittung des Frankfurter Polizeipräsidiums über den Erhalt der Ausgabe der Frankfurter Zeitung No. 267 vom 14. September 1881; Akzidenzendruck mit handschriftlichen Einträgen; Frankfurter Societäts-Druckerei GmbH, Frankfurt am Main

C 349 Hirthenknabe noch einmal; Karikatur auf die Gefängnishaft Leopold Sonnemanns; Holzstich der Frankfurter Latern vom 22. August 1874; (Reproduktion); Historisches Museum Frankfurt am Main

C 350 Deutscher Kulturkampfkalender; Frankfurter Zeitung vom 24. Januar 1875 (Morgenblatt); (Reproduktion); Frankfurter Societäts-Druckerei GmbH, Frankfurt am Main

C 351 Wenn zwei sich streiten, freut sich der Dritte; Karikatur auf den Kulturkampf; Holzstich der Frankfurter Latern vom 27. November 1880; Historisches Museum Frankfurt am Main (Bibl 01.0194)

C 352 Das Hof-Prädikat in seiner richtigen Anwendung; Karikatur auf den Antisemitismus; Holzstich der Frankfurter Latern; vom 22. März 1884; Historisches Museum Frankfurt am Main (Bibl 01.0195)

C 353 Leitartikel zum Antisemitismus im Deutschen Reich; Frankfurter Zeitung vom 31. Januar 1893 (Erstes Morgenblatt); (Reproduktion); Frankfurter Societäts-Druckerei GmbH, Frankfurt am Main

C 354 Ansicht der ersten Augsburger Rotationsmaschine der Maschinenfabrik Augsburg AG aus dem Jahr 1873; Werbeblatt; (Reproduktion); manroland AG VMM/Rolle, Museum und Historisches Archiv, Augsburg

C 355 Einladung zur Mitarbeit am Feuilleton. Schreiben Leopold Sonnemanns an Georg Ebers in Leipzig, datiert 2. Januar 1878; Dr. Eberhard Mayer-Wegelin, Bad Homburg v. d. Höhe

C 356 Anfrage wegen der Vorbereitung eines Nachrufs auf den erkrankten Künstler Ludwig Richter; Schreiben von Johannes Proelß an einen Kollegen, datiert 1. September 1881; Dr. Eberhard Mayer-Wegelin

C 357 Bitte um Übernahme eines Tagungsberichts; Schreiben des Verlags der Frankfurter Zeitung an Max Quarck, datiert 15. September 1891; Institut für Stadtgeschichte, Frankfurt am Main (S 1/77 I; Nr. 77, Bl. 12)

C 358 Bitte um kurze Berichte; Schreiben Leopold Sonnemanns im Auftrag der Redaktion an Wilhelm Liebknecht, datiert Frankfurt am Main 9. Dezember o. J.; (Reproduktion); Internationaal Instituut voor Sociale Geschiedenis, Amsterdam (Wilhelm Liebknecht Papers Nr. 307)

C 359 Ankündigung des Erscheinens der Kleinen Presse; Schreiben Leopold Sonnemanns an Friedrich Stoltze, datiert 26. März 1885; Universitätsbibliothek Johann Christian Senckenberg, Frankfurt am Main (MS.Ff.3.308, Nr. 172)

C 360 Die Längsfront des Gebäudes von Zeitungen und Druckerei an der Großen Eschenheimer Straße nach der Erweiterung; Frankfurter Societäts-Druckerei GmbH, Frankfurt am Main

C 361 Allegorie der Architektur. Statuette für Paul Wallot; Silberwarenfabrik von Lazarus Posen Witwe; Silber gegossen und gewalzt, Ebenholz, Gold, Lapislazuli, Moosachat, Email, silberne, gravierte und ziselierte Widmungsplatten; Frankfurt am Main 1888; Steffen Kullmann-Lorenz, Pfungstadt

C 362 Schmuckblatt mit Speisekarte zum Festessen aus Anlass des Sieges des Frankfurter Architekten Paul Wallot (1841–1912) im Wettbewerb zum Neubau des Deutschen Reichstags; Lithografie von Albert Lüthi (1858–1903), Frankfurt am Main 1881; Frankfurter Societäts-Druckerei GmbH, Frankfurt am Main

C 363 Aufriss der im Juli 1885 an die Frankfurter Societäts-Druckerei gelieferten Rotationsmaschine der Maschinenfabrik Augsburg AG, datiert 25. November 1887; manroland AG VMM/Rolle, Museum und Historisches Archiv, Augsburg

C 364 Der Neubau der Societäts-Druckerei in der Großen Eschenheimer Straße; Kleine Presse vom 26. April 1888; (Reproduktion); Universitätsbibliothek Johann Christian Senckenberg, Frankfurt am Main (MF 8129)

C 365 Das Korrespondentennetz der Frankfurter Zeitung 1856–1909; Weltkarte mit Markierungen; Historisches Museum Frankfurt am Main

C 366 Der Abdruck von Depeschen bestimmt die Berichterstattung; Frankfurter Zeitung vom 27. März 1886 (Erstes Morgenblatt); Frankfurter Societäts-Druckerei GmbH, Frankfurt am Main

C 367 Ansicht des Berliner Büros der Frankfurter Zeitung; Fotografie um 1930; Frankfurter Societäts-Druckerei GmbH, Frankfurt am Main

C 368 Porträt Leopold Sonnemanns; Fotografie von Conrad H. Schiffer, Wiesbaden um 1900; Frankfurter Societäts-Druckerei GmbH, Frankfurt am Main

C 369 Schmuckblatt mit Beglückwünschung Leopold Sonnemanns zum 60. Geburtstag durch das „Personal der Societäts-Druckerei"; Entwurf von Wilhelm Klusmeyer; Lichtdruck und Fotografie von Carl Friedrich Fay, datiert Frankfurt am Main 29. Oktober 1891; Frankfurter Societäts-Druckerei GmbH, Frankfurt am Main

C 370 Schmuckblatt mit Beglückwünschung Leopold Sonnemanns zum 70. Geburtstag durch die Korrektoren der Societäts-Druckerei; Federzeichnung mit farbigen Erhöhungen, datiert Frankfurt am Main 1901; Frankfurter Societäts-Druckerei GmbH, Frankfurt am Main

C 371 Das Feuilleton gratuliert zum 70. Geburtstag mit einer Bewertung des Journalisten Leopold Sonnemann; Frankfurter Zeitung vom 29. Oktober 1901 (Erstes Morgenblatt); Frankfurter Societäts-Druckerei GmbH, Frankfurt am Main

C 372 Inserate und das neue Literaturblatt der Zeitung; Frankfurter Zeitung vom 3. Juli (Viertes Morgenblatt) und vom 2. Juli 1904; Frankfurter Societäts-Druckerei GmbH, Frankfurt am Main

C 373 Berichte Württembergischer Frauentag, Deutsches Reich, Arbeiterbewegung und zur Fleischnot; Frankfurter Zeitung vom 31. Oktober 1906 (Zweites Morgenblatt); Frankfurter Societäts-Druckerei GmbH, Frankfurt am Main

C 374 Das Lay-Out des Nachrichtenblatts; Frankfurter Zeitung vom 19. September 1906 (Drittes Morgenblatt); Frankfurter Societäts-Druckerei GmbH, Frankfurt am Main

C 375 Anita Augspurg, Marie Stritt, Lily Braun, Minna Cauer und Sophia Goudstikker (von links), Teilnehmerinnen am Internationalen Frauenkongress in Berlin 1901; Fotografie Berlin 1901; (Reproduktion); ullstein bild

C 376 Das Redaktionszimmer im Blumenschmuck zum 50-jährigen Bestehen der Frankfurter Zeitung; Fotografie 1906; Frankfurter Societäts-Druckerei GmbH, Frankfurt am Main

C 377 Das Redaktionszimmer im Blumenschmuck zum 50-jährigen Bestehen der Frankfurter Zeitung;

Die Ausstellung

Fotografie 1906; Frankfurter Societäts-Druckerei GmbH, Frankfurt am Main

C 378 Das Redaktionszimmer im Blumenschmuck zum 50-jährigen Bestehen der Frankfurter Zeitung; Fotografie 1906; Frankfurter Societäts-Druckerei GmbH, Frankfurt am Main

C 379 Porträt Leopold Sonnemanns (Avers) und allegorische Darstellung (Revers) mit der Devise Tene Mensuram (Halte Maß); Gedenkmünze von Josef Kowarzik, Frankfurt am Main 1898; Historisches Museum Frankfurt am Main (MJF 2452)

C 380 Geschichte der Frankfurter Zeitung. Unveränderter Neudruck der Ausgabe von 1911; Verlag der Frankfurter Zeitung, Druck und Verlag der Societäts-Druckerei GmbH, Frankfurt am Main 1911; Frankfurter Societäts-Druckerei GmbH, Frankfurt am Main

C 381 Frontispiz mit der Lithografie des Porträts Leopold Sonnemanns von Max Schüler für das Redaktionszimmer; Geschichte der Frankfurter Zeitung 1856–1906; Einband in Leder gebunden mit goldfarbenem Prägedruck; Verlag der Frankfurter Zeitung, Frankfurter Societäts-Druckerei GmbH, Frankfurt am Main 1906; Frankfurter Societäts-Druckerei GmbH, Frankfurt am Main

C 4 Der Abgeordnete

C 401 Porträt Leopold Sonnemanns am Beginn seiner politischen Karrieren als Abgeordneter; Fotografie um 1870; Frankfurter Societäts-Druckerei GmbH, Frankfurt am Main

C 402 Porträt Mayer Carl Freiherr von Rothschilds als Frankfurter Abgeordneter zum Norddeutschen Reichstag; Lithografie von Valentin Schertle, Druck von J. Jung, Frankfurt am Main um 1867; Historisches Museum Frankfurt am Main (C 14286)

C 403 Freiheit oder Reaktion; Aufruf zur Wahl Leopold Sonnemanns in den Reichstag, 1871; Bethmannarchiv, Zeitgeschichtliche Sammlung, Bd. 126 im Institut für Stadtgeschichte, Frankfurt am Main

C 404 Aufruf eines „alten Frankfurters" gegen die Wahl Leopold Sonnemanns in den Reichstag und Gegendarstellung Leopold Sonnemanns; Flugblätter 1871; Bethmannarchiv, Zeitgeschichtliche Sammlung, Bd. 126 im Institut für Stadtgeschichte, Frankfurt am Main

C 405 Arbeiter einiger größerer Geschäfte rufen zur Wahl Leopold Sonnemanns in den Reichstag auf; Flugblatt; Druck von Gustav Lauckert, Frankfurt am Main 1871; (Reproduktion); Bethmannarchiv, Zeitgeschichtliche Sammlung, Bd. 126 im Institut für Stadtgeschichte, Frankfurt am Main

C 406 Extrablatt der Frankfurter Zeitung vom 4. März 1871 mit den Ergebnissen des 1. Wahlgangs der Frankfurter Reichstagswahl; (Reproduktion); Frankfurter Societäts-Druckerei GmbH, Frankfurt am Main

C 407 Wähler! Mitbürger!; Aufruf zur Wahl Eduard Laskers in den Reichstag; Flugblatt 1874; (Reproduktion); Bethmannarchiv, Zeitgeschichtliche Sammlung, Bd. 8 im Institut für Stadtgeschichte, Frankfurt am Main

C 408 Zur Beherzigung; Aufruf zur Wahl Leopold Sonnemanns in den Reichstag; Flugblatt 1874; (Reproduktion); Bethmannarchiv, Zeitgeschichtliche Sammlung, Bd. 8 im Institut für Stadtgeschichte, Frankfurt am Main

C 409 Wahlempfehlung der demokratischen Partei und Denunziation Leopold Sonnemanns als Agent französischer Interessen; Flugblätter 1874; (Reproduktionen); Bethmannarchiv, Zeitgeschichtliche Sammlung, Bd. 8 im Institut für Stadtgeschichte, Frankfurt am Main

C 410 Zur Wahl! Aufruf zur Wahl Leopold Sonnemanns in den Reichstag; Flugblatt; Druck von Reinhold Baist, Frankfurt am Main 1874; (Reproduktion); Bethmannarchiv, Zeitgeschichtliche Sammlung, Bd. 8 im Institut für Stadtgeschichte, Frankfurt am Main

C 411 Offener Brief an Löb Kalph Sonnemann; Flugschrift von Christian Gottlieb Abt (1820–1877), 1874; Institut für Stadtgeschichte, Frankfurt am Main (S 2/256)

C 412 Extra-Beilage der Frankfurter Zeitung vom 18. Januar 1875 mit dem Ergebnis der Stichwahl zwischen Eduard Lasker und Leopold Sonnemann; (Reproduktion); Bethmannarchiv, Zeitgeschichtliche Sammlung, Bd. 8 im Institut für Stadtgeschichte, Frankfurt am Main

C 413 Vivat Frankfurt! Hurrah!; Karikatur auf den Wahlsieg Leopold Sonnemanns über den Kandidaten der nationalliberalen Partei; Holzstich der Frankfurter Latern vom 27. Januar 1877; (Reproduktion); Historisches Museum Frankfurt am Main

C 414 Aus dem Sitzungssaal des Deutschen Reichstags; Holzstich der Leipziger Illustrierten Zeitung vom 10. Januar 1875 nach einer Zeichnung von Hermann Lüders (1836–1908); Universitätsbibliothek Johann Christian Senckenberg Frankfurt am Main (Sf 25/138)

C 415 Porträt Leopold Sonnemanns; Fotografie um 1870; Frankfurter Societäts-Druckerei GmbH, Frankfurt am Main

C 416 Sitzung des Reichstages im ehemaligen Gebäude der Königlichen Porzellanmanufaktur in Berlin; Lithografie nach 1871; (Reproduktion); Bildarchiv Preußischer Kulturbesitz, Berlin (30025820)

C 417 An die Wähler des Wahlkreises Frankfurt am Main; Wahlaufruf für Leopold Sonnemann für die Stichwahl gegen Adolf Sabor (1841–1907); Beilage des Frankfurter Intelligenz-Blattes vom 5. November 1884; Institut für Stadtgeschichte, Frankfurt am Main (S 3/A 21.504)

C 418 Leopold Sonnemann im Reichstag; Illustration der Reportage zum Berliner Reichstag, aus: Über Land und Meer. Deutsche Illustrierte Zeitung 1885; Holzstich nach einer Zeichnung von Hermann Lüders; Frankfurter Societäts-Druckerei GmbH, Frankfurt am Main

C 419 Herrn Ludwig Bamberger gewidmet; Karikatur auf den nationalliberalen Reichstagabgeordneten; Holzstich der Frankfurter Latern vom 15. März 1873 nach einer Zeichnung von C. Schmitt; (Reproduktion); Historisches Museum Frankfurt am Main

C 420 Politische Übersicht mit dem Basilio-Artikel Josef Sterns; Frankfurter Zeitung vom 10. Oktober 1878 (Abendblatt); (Reproduktion); Frankfurter Societäts-Druckerei GmbH, Frankfurt am Main

C 421 Erklärung der Redaktion zum Zweifel Bismarcks an der Unabhängigkeit der Frankfurter Zeitung; Frankfurter Zeitung vom 15. Oktober 1878 (Abendblatt); Frankfurter Societäts-Druckerei GmbH, Frankfurt am Main

C 422 Zwölf Jahre im Reichstag. Reichstagsreden Leopold Sonnemanns 1871–1876, 1878–1884. Festgabe zu seinem 70. Geburstag. Im Auftrage des Engeren Ausschusses der Deutschen Volkspartei herausgegeben von Alexander Giesen; Neuer Frankfurter Verlag, Frankfurt am Main 1901; Institut für Stadtgeschichte, Frankfurt am Main (Ls 129/1)

C 423 Zwölf Jahre im Reichstag. Reichstagsreden Leopold Sonnemanns 1871–1876, 1878–1884. Festgabe zu seinem 70. Geburtstag. Im Auftrage des Engeren Ausschusses der Deutschen Volkspartei herausgegeben von Alexander Giesen; Neuer Frankfurter Verlag, Frankfurt am Main 1901; Frankfurter Societäts-Druckerei GmbH, Frankfurt am Main

C 424 Porträt des 37-jährigen Friedrich Stoltze; Fotografie von C. Böttcher 1854; Historisches Museum Frankfurt am Main (C 26132 h)

C 425 Der Zug nach Landau; Skizzen aus der Pfalz während der Erhebung im Mai 1849; Zeichnungen und Lithografien von Ernst Schalck, Text von Friedrich Stoltze; Druck von Carl Knatz, Frankfurt am Main 1849; Historisches Museum Frankfurt am Main (Bibl 01.0392)

C 426 Frankfurter! Aufruf Friedrich Stoltzes zur Reichstagswahl 1874, datiert Frankfurt am Main 15. Januar 1874; (Reproduktion); Bethmannarchiv, Zeitgeschichtliche Sammlungen, Bd. 8 im Institut für Stadtgeschichte, Frankfurt am Main

C 427 Das Beste kommt zuletzt: Leopold Sonnemann; Aufruf der Frankfurter Latern für die Wahl Leopold Sonnemanns in den Reichstag vom 27. Juli 1878; Historisches Museum Frankfurt am Main (Bibl 01.0193)

C 428 Schreiben Leopold Sonnemanns an Friedrich Stoltze mit der Anmerkung, Bismarck sei ein Antisemit, datiert Berlin 24. April 1881; Universitätsbibliothek Johann Christian Senckenberg, Frankfurt am Main (MS.Ff. 3.306 Nr. 170)

C 429 Bescheinigung, dass Friedrich Stolze die Mietquittungen für die Jahre 1873 bis 1888 hinterlegt hat; datiert Frankfurt am Main 13. Dezember 1888; Universitätsbibliothek Johann Christian Senckenberg, Frankfurt am Main (M 4.20, 4)

C 430 Frankfurter Zeitung und Handelsblatt. Mietquittung für Friedrich Stoltze; Akzidenzendruck mit handschriftlichen Einträgen, datiert 20. August 1880; Universitätsbibliothek Johann Christian Senckenberg, Frankfurt am Main (M 4.10)

C 431 Generalplan von Frankfurt am Main mit Markierung der elf Bezirke für die Wahlen zur Stadtverordnetenversammlung 1867 und 1868; Frankfurt am Main 1867; (Reproduktion); Institut für Stadtgeschichte, Frankfurt am Main (Mag. Akten R 1130/I, Nr. 73)

C 432 Ansicht des alten Stadtverordnetensitzungssaals im Haus Alt-Limpurg; Fotografie um 1930; Historisches Museum Frankfurt am Main (Ph 6301)

C 433 Mitbürger! Aufruf für Leopold Sonnemann für die Stadtverordnetenwahl; Frankfurter Zeitung vom 25. November 1886 (Zweites Morgenblatt); (Reproduktion); Frankfurter Societäts-Druckerei GmbH, Frankfurt am Main

C 434 Die Stadtverordnetenversammlung im Hause Limpurg; Holzstich der Kleinen Presse vom 1. Juli 1890; Frankfurter Societäts-Druckerei GmbH, Frankfurt am Main

C 435 Wahl Leopold Sonnemanns zum stellvertretenden Stadtverordnetenvorsitzenden am 4. Januar 1887; Mittheilungen aus den Protokollen der Stadtverordnetenversammlung nebst einem vollständigen alphabetischen Sachregister; Frankfurt am Main 1887; Institut für Stadtgeschichte, Frankfurt am Main (SD 1/175)

C 436 Wahl Leopold Sonnemanns in die Finanzkommission am 1. März 1889; Mittheilungen aus den Protokollen der Stadtverordnetenversammlung nebst einem vollständigen, alphabetischen Sachregister; Frankfurt am Main 1889; Institut für Stadtgeschichte, Frankfurt am Main (SD 1/175)

C 437 Einst und jetzt; Karikatur auf die Schutzzoll-Politik; Holzstich der Frankfurter Latern vom 21. Februar 1891; (Reproduktion); Historisches Museum Frankfurt am Main

C 438 Leopold Sonnemann auf der Vorschlagsliste für die Ernennung des Frankfurter Oberbürgermeisters durch den preußischen König; Akten der Stadtverordnetenversammlung 22. Juli bis 9. September 1890; Institut für Stadtgeschichte, Frankfurt am Main (StVV 166)

C 439 Bericht des Frankfurter Anzeigers über ein Festessen der Demokratischen Partei; Zeitungsausriss; Akten des Frankfurter Polizeipräsidiums, Abteilung 407 die Frankfurter Zeitung betreffend 1870–1872, datiert 25. März 1871; (Reproduktion); Hessisches Hauptstaatsarchiv, Wiesbaden (Band 713, Bl. 79)

C 440 Führer der politischen Parteien in Frankfurt. Kunstdruckblatt zum Jahreswechsel 1894/1895; Farblithografie von Kornsand & Co., Lithographische Kunstanstalt und Buchdruckerei, Frankfurt am Main 1894; Historisches Museum Frankfurt am Main (C 10569)

C 441 Die nächsten Stadtverordnetenwahlen; Die Römerkatze Nr. 45 vom 10. Juni 1904, Organ für städtische Angelegenheiten, herausgegeben von J. H. Hettler; (Reproduktion); Institut für Stadtgeschichte, Frankfurt am Main (SD 3/55)

C 442 Wählt nicht [...] Sonnemann; Die Römerkatze Nr. 45 vom 10. Juni 1904, Organ für städtische Angelegenheiten, herausgegeben von J. H. Hettler; (Reproduktion); Institut für Stadtgeschichte, Frankfurt am Main (SD 3/55)

C 443 Lebenslauf eines vielfach gewählten Vertreters Frankfurts im Reichstag und dem Hause Limpurg; Die Römerkatze Nr. 49 vom 3. Oktober 1904, Organ für städtische Angelegenheiten, herausgegeben von J. H. Hettler; (Reproduktion); Institut für Stadtgeschichte, Frankfurt am Main (SD 3/55)

C 444 Abbruch des Rahmhofs; Fotografie von Carl Friedrich Mylius 1871; Historisches Museum Frankfurt am Main (C 29320)

C 445 Lageplan zum Neubau des Theaters (heute: Alte Oper); Zeichnung von Richard Lucae (1829–1877), Berlin 1871; (Reproduktion); Architekturmuseum der Technischen Universität Berlin (1423)

C 446 Seitenansicht des Neubaus des Theaters (heute: Alte Oper); Zeichnung von Richard Lucae, Berlin 1873; Architekturmuseum der Technischen Universität Berlin (10773)

C 447 Perspektivische Ansicht des Foyers des Neubaus des Theaters (heute: Alte Oper); Zeichnung von Richard Lucae, Berlin 1871; Architekturmuseum der Technischen Universität Berlin (1438)

C 448 Offener Brief Leopold Sonnemanns an Herrmann Mumm; Beilage der Frankfurter Zeitung Nr. 152, 1872; Institut für Stadtgeschichte, Frankfurt am Main (S 3/G 2056)

C 449 Errichtung des Decorations-Magazins; Herrn Architekt E. Giesenberg zur Erinnerung an den Neubau des Decorations-Magazins Frankfurt am Main November 1877; Fotografie von Hermann Wilhelm Maas (1848–1920), Juli 1877; Historisches Museum Frankfurt am Main (C 27128)

C 450 Neubau des Theaters (heute: Alte Oper); Fotografie 1876; Historisches Museum Frankfurt am Main (C 12764 k)

C 451 Neubau des Theaters (heute: Alte Oper); Lichtdruck einer Fotografie 1876; Historisches Museum Frankfurt am Main (C 12764 h)

C 452 Neubau des Theaters (heute: Alte Oper); Lichtdruck einer Fotografie 1878; Historisches Museum Frankfurt am Main (C 12764 e)

C 453 Das Foyer des Theaterneubaus (heute: Alte Oper); Fotografie um 1900; Historisches Museum Frankfurt am Main (C 27103)

C 454 Der Treppenaufgang des Theaterneubaus (heute: Alte Oper); Fotografie um 1885; Historisches Museum Frankfurt am Main (Ph 6380)

C 455 Der ehemalige Oberbürgermeister Daniel Heinrich Mumm in Begleitung vor dem neuen Theater (heute: Alte Oper); Fotografie nach einem Gemälde von Lorenz Ritter 1881; Historisches Museum Frankfurt am Main (C 12764b)

C 456 Erinnerungsblatt der Bauleitung des Theaterneubaus für Daniel Heinrich Mumm; Aquarell mit einmontierten Fotografien; Frankfurt am Main 1880; Historisches Museum Frankfurt am Main (C 12774)

C 457 Eröffnung des neuen Frankfurter Theaters am 20. Oktober 1880; Holzstich aus: Über Land und Meer. Allgemeine Illustrierte Zeitung nach einer Zeichnung von Hermann Junker 1880; Historisches Museum Frankfurt am Main (C 22767)

C 5 Der Mäzen und Stifter

C 501 Geschäftsbericht des 1872 gegründeten Bau- und Sparvereins A.-G. zu Frankfurt am Main für das Jahr 1873; Frankfurt am Main 1874; Institut für Stadtgeschichte, Frankfurt am Main (T 2055, Dok. 4)

C 502 Die Bevölkerung Frankfurts; Karikatur auf die Wohnungsnot in Frankfurt am Main; Holzstich der Frankfurter Latern vom 16. März 1872; (Reproduktion); Historisches Museum Frankfurt am Main

C 503 Geschäftsbericht der Bau- und Sparvereins A.-G. zu Frankfurt am Main für das Jahr 1909; Frankfurt am Main 1910; (Reproduktion); Institut für Stadtgeschichte, Frankfurt am Main (T 2055, Dok. 29)

C 504 Aktie des Bau- und Sparvereins Frankfurt am Main; datiert 28. Oktober 1873; Akzidenzendruck Frankfurt am Main 1873 mit handschriftlichen Einträgen, Historisches Museum Frankfurt am Main (X 2009.0658)

C 505 Grundriss des ersten städtischen Schwimmbads; Frankfurt am Main. Führer durch die Stadt mit besonderer Berücksichtigung der naturwissenschaftlichen, ärztlichen und hygienischen Anstalten und Einrichtungen. Den Theilnehmern an der 68. Versammlung deutscher Naturforscher und Ärzte zu Frankfurt am Main 21.–26. September 1896 gewidmet vom Magistrat der Stadt. Bearbeitet von Geheimen Sanitäts-Rat Dr. Alexander Spiess, Stadtarzt; Historisches Museum Frankfurt am Main (Bibl01.0813)

C 506 Stiftung Leopold Sonnemanns von jährlich tausend Mark zur Gewährung kostenloser Wannenbäder; Abschrift, datiert Frankfurt am Main den 26. April 1894; Verlesen in der Magistratssitzung am 27. April 1894 und beschlossen; Institut für Stadtgeschichte, Frankfurt am Main (Sport- und Badeamt 206)

C 507 Als Vorsitzender der Finanzkommission bestätigt Leopold Sonnemann die Richtigkeit der Rechnungsdarlegung einer Stiftung; Protokoll-Auszug der Stadtverordneten-Versammlung der Stadt Frankfurt am Main, datiert Frankfurt am Main 24. November 1891; Akzidenzendruck um 1890 mit handschriftlichen Einträgen; Institut für Stadtgeschichte, Frankfurt am Main (S 1720, Bd. 2, S. 64)

C 508 Der kleine Lesesaal. Fotografische Abbildung; Zehnter Jahresbericht des Vereins für die Freibibliothek und die Lesehallen; Frankfurt am Main 1903; Institut für Stadtgeschichte, Frankfurt am Main (S 1846/Bd. 1)

C 509 Einladung zur Sitzung des Frankfurter Journalisten- und Schriftstellervereins in der Gaststätte Hartmann „Sonnemann-Bräu", datiert 13. Januar 1892; Akzidenzendruck 1892; Institut für Stadtgeschichte, Frankfurt am Main (S 1/77 II, Mappe 39, Bl. 3)

C 510 Die Ehrenmitglieder; Festschrift zum 25-jährigen Jubiläum des Frankfurter Journalisten- und Schriftstellervereins; Frankfurt am Main 1899; Universitätsbibliothek Johann Christian Senckenberg Frankfurt am Main (Soc. Ff. Journalisten 501)

C 511 Leopold Sonnemann liest über Bank- und Kreditwesen; Programm der Vorlesungen des Kaufmännischen Vereins im Winter-Semester 1868–69; Akzidenzendruck 1868; Universitätsbibliothek Johann Christian Senckenberg, Frankfurt am Main (Soc Ff. Kaufmännischer Verein)

C 512 Leopold Sonnemann liest über Ägypten. Programm der Vorlesungen des Kaufmännischen Vereins im Winter-Semester 1884/85; Akzidenzendruck 1884; Institut für Stadtgeschichte, Frankfurt am Main (S 1762/Bd. 1, Bl. 10)

C 513 Leopold Sonnemann liest über die Bedeutung der Presse in den modernen „Culturstaaten"; 15. Jahresbericht des kaufmännischen Vereins in Frankfurt am Main umfassend den Zeitraum vom 1. Januar bis 31. Dezember 1879; Druckerei von Gebrüder Fey, Frankfurt am Main 1880; (Reproduktion); Institut für Stadtgeschichte, Frankfurt am Main (S 1762/Bd. 1, Bl. 13)

C 514 Dank an Leopold Sonnemann; Annalen des Kaufmännischen Vereins in Frankfurt am Main, herausgegeben zur Feier des 25. Stiftungsfestes am 25. Januar 1890; Druckerei von Gebrüder Fey, Frankfurt am Main 1890; Universitätsbibliothek Johann Christian Senckenberg, Frankfurt am Main (Soc. Ff. Kaufmännischer Verein)

C 515 Gruß aus Höchberg; Postkarte mit Darstellung der von Leopold Sonnemann unterstützten Präparandenschule; Lithografie; Verlag von W. Claus, Würzburg um 1900; Markt Höchberg, Archiv

C 516 Leopold Sonnemann, Mitglied seit 1873; Bericht der Senckenbergischen Naturforschenden Gesellschaft in Frankfurt am Main 1873/1874; Universitätsbibliothek Johann Christian Senckenberg, Frankfurt am Main (8° Q 17.230)

C 517 Leopold Sonnemann, Ewiges Mitglied seit 1909; 41. Bericht der Senckenbergischen Naturforschenden Gesellschaft in Frankfurt am Main 1910; Universitätsbibliothek Johann Christian Senckenberg, Frankfurt am Main (8° Q 17.230)

C 518 Leopold Sonnemann, Mitglied des Vereins für das Historische Museum; Zehnter Jahresbericht des Vereins für das Historische Museum zu Frankfurt am Main, erstattet vom Vorstande in der Jahresversammlung am 24. November 1886. Frankfurt am Main 1886; Historisches Museum Frankfurt am Main

C 519 Leopold Sonnemann, Mitglied des Gefängnisvereins; 11. Jahresbericht über die Wirksamkeit des Frankfurter Gefängnisvereins von 1868, erstattet in der Generalversammlung am 9. Februar 1880; Frankfurt am Main 1880; Institut für Stadtgeschichte, Frankfurt am Main (S 3/P 1009)

C 520 Leopold Sonnemann, Mitglied des Vereins zum Schutze der Auswanderer; Jahres-Berichte des Frankfurter Vereins zum Schutze der Auswanderer 1859–1869, Frankfurt am Main 1870; Institut für Stadtgeschichte, Frankfurt am Main (SD 1/388)

C 521 Leopold Sonnemann ruft zur Zeichnung von Aktien des Lebensmittel-Vereins auf; Statuten des Frankfurter Lebensmittelvereins; Druck von C. Adelmann, Frankfurt am Main 1871; Institut für Stadtgeschichte, Frankfurt am Main (Mag. Akten V 415)

C 522 Leopold Sonnemann ist Vorsitzender des Export-Musterlagers; Export-Musterlager Frankfurt am Main; Bericht der Direction; Frankfurt am Main 1886; Technische Universität, Universitäts- und Landesbibliothek Darmstadt (GMZ 72)

C 523 Leopold Sonnemann ist Mitbegründer und Mitglied der Centralstelle für Obstverwerthung; Centralstelle für Obstverwerthung und das Obstmarkt-Komitee in Frankfurt am Main: Rückblick auf die 10-jährige Tätigkeit; Druckerei von August Osterrieth, Frankfurt am Main 1882; Institut für Stadtgeschichte, Frankfurt am Main (StVV 714, Dok. 18)

C 524 Ansicht der Stadtbibliothek; Fotografie von Friedrich August Doermer 1878; Historisches Museum Frankfurt am Main (C 3432)

C 525 Eingangshalle der alten Stadtbibliothek; Fotografie von Lukas Joseph Böttcher um 1890; Historisches Museum Frankfurt am Main (C 25403)

C 526 Die von Friedrich Hausmann (1860–1936) gefertigte Büste Leopold Sonnemanns für die Stadtbibliothek; Fotografie 1909; Josefa Simon, Wainscott NY

C 527 Dank von Kunst, Kunstgewerbe und Museen; Leopold Sonnemanns siebzigste Geburtstagsfeier am 29. Oktober 1901, den Teilnehmern zur freundlichen Erinnerung. Als Manuskript gedruckt nach den Berichten der Frankfurter Zeitung; Frankfurt am Main 1901; Frankfurter Societäts-Druckerei GmbH, Frankfurt am Main

C 528 Porträt Leopold Sonnemanns; Radierung von Emil Orlik (1870–1932); Berlin um 1900; Städel Museum, Eigentum des Städelschen Museums-Vereins e. V.

C 529 Porträt Leopold Sonnemanns; Bronze-Plakette von Josef Kowarzik (1860–1911), Frankfurt am Main 1898; Historisches Museum Frankfurt am Main (X 19044)

C 530 Modell der Skulptur „Wahrheit und Dichtung" von Franz Krüger (1849–1912); Fotografie von Hermann Wilhelm Maas; um 1880; Historisches Museum Frankfurt am Main (C 29175)

C 531 Zimmerdekoration (sog. Grebenstein'sches Zimmer) im 1706 errichteten Haus Kruggasse 8; Fotografie 1899; Historisches Museum Frankfurt am Main (C 16806)

C 6 Der Demokrat

C 601 Die Grundrechte des deutschen Volkes; farbige Lithografie nach dem Entwurf von Adolf Schroedter (1805–1875); Druck der Lithografischen Anstalt J. Lehnhardt in Mainz, Verlag Carl Jügel, Frankfurt am Main 1849; Historisches Museum Frankfurt am Main (C 964)

C 602 Deutscher Hofball 1848; Lithografie einer Zeichnung von Philipp Winterwerb (1827–1873); Druck und Verlag von Eduard Gustav May, Frankfurt am Main 1848; Historisches Museum Frankfurt am Main (C 4386)

C 603 Zur Märzfeier; Holzstich der Frankfurter Latern vom 29. März 1873 nach einer Zeichnung von Carl Schmitt; (Reproduktion); Historisches Museum Frankfurt am Main

C 604 Es lebe die Bürgergarde zum Schutz der Deutschen Verfassung!; Lithografie von W. Klußmeyer; Druck und Verlag A. Weingärtner Mainz 1848; Historisches Museum Frankfurt am Main (C 14618)

C 605 Frankfurter Jugendwehr und Schweizer Schützen im Festzug des „Ersten Allgemeinen Deutschen Bundesschießens"; Lithografische Anstalt von Carl Ferdinand Klimsch, Verlag von Heinrich Keller Frankfurt am Main 1862; Historisches Museum Frankfurt am Main (C 5552)

C 606 Leopold Sonnemann auf der Subscriptionsliste für ein Konzert des Vereins zur Errichtung eines Denkmals für die Septembergefallenen; (Reproduktion); Institut für Stadtgeschichte, Frankfurt am Main (S 1/11, Mappe 5)

C 607 Das Denkmal für die 18. September 1848 Gefallenen aus dem Volke auf dem Frankfurter Hauptfriedhof; getönte Lithografie von R. Baumbach, Frankfurt am Main 1873; Historisches Museum Frankfurt am Main (C 15308)

C 608 Das Denkmal für die Septembergefallenen; Titelillustration anlässlich der Gedenkfeier an 1848; Holzstich der Kleinen Presse vom 30. März 1898; (Reproduktion); Universitätsbibliothek Johann Christian Senckenberg, Frankfurt am Main (Z 61/450)

C 609 Die Frankfurter Märzfeier zum Gedächtnis der Bewegung des Jahres 1848 abgehalten in Frankfurt am Main am 26. und 27. März 1898. Bericht des Fest-Ausschusses; Druck von Gebrüder Fey, Frankfurt am Main 1898; Universitätsbibliothek Johann Christian Senckenberg, Frankfurt am Main (S 16/2250)

C 610 Tischlied von Friedrich Stoltze zur Märzfeier des Frankfurter Demokratischen Vereins am 13. März 1886; Akzidenzendruck 1886; Institut für Stadtgeschichte, Frankfurt am Main (S 3/P 4567)

C 611 Porträt Robert Blums; Gemälde von August Hunger; Leipzig 1845/48; Stadtgeschichtliches Museum Leipzig (XV b/58)

C 612 Vor fünfzig Jahren. Robert Blums Erschießung in Wien am 9. November 1848; Kleine Presse vom 6. November 1898; (Reproduktion); Universitätsbibliothek Johann Christian Senckenberg, Frankfurt am Main (MF 8129)

C 613 Annonce mit Einladung des Demokratischen Vereins zur Gedenkfeier für Robert Blum; Kleine Presse vom 6. November 1898; (Reproduktion); Universitätsbibliothek Johann Christian Senckenberg, Frankfurt am Main (Z 61/450)

C 614 Schillers Freiheitsdichtung Wilhelm Tell. Festvortrag gehalten bei der Schillerfeier des Frankfurter Demokratischen Vereins den 6. Mai 1905 von Theodor Curti; Neuer Frankfurter Verlag, Frankfurt am Main 1905; Universitätsbibliothek Johann Christian Senckenberg, Frankfurt am Main (Ffm K 10/243)

C 615 Schmuckblatt zum Festessen der Gedenk-Feier des Jahres 1848 am 27. März 1898 im Saale der Loge zur Einigkeit; farbige Lithografie; Frankfurt am Main 1898; Friedrich-Naumann-Stiftung für die Freiheit, Archiv des Liberalismus, Gummersbach (N 46–44, 6)

C 616 Porträt des Abgeordneten der Nationalversammlung Johann Jacoby (1805–1877); Zeichnung und Lithografie von Twele; Druck von Waldow in Berlin, Eigentum und Verlag von Carl Glück, Berlin 1849; Historisches Museum Frankfurt am Main (Historisches Museum Frankfurt am Main (C 16709)

Die Ausstellung

C 617 Grundsätze des Programms einer demokratischen Partei; Gesammelte Schriften und Reden von Johann Jacoby, Zweiter Band; Hamburg 1872; Universitätsbibliothek Johann Christian Senckenberg, Frankfurt am Main (S 25/1384, Bd. 2)

C 618 Die feierliche Eröffnung der Internationalen Elektrotechnischen Ausstellung; Elektrizität. Offizielle Zeitung der Internationalen Elektrotechnischen Ausstellung Frankfurt am Main, Nr. 4 vom 6. Mai 1891; Historisches Museum Frankfurt am Main (S 1989.0050,04)

C 619 Ehrenpräsidenten, Ehrenmitglieder, Vorstand und Ausschüsse der Internationalen Elektrotechnischen Ausstellung; Elektrizität. Offizielle Zeitung der Internationalen Elektrotechnischen Ausstellung, Nr. 1 vom 15. April 1891; Historisches Museum Frankfurt am Main (S 1989.0050,01)

C 620 Rundschreiben des Vorstandes der Ausstellung mit der Einladung zur Beteiligung, datiert Frankfurt am Main im Februar 1890; Akzidenzendruck 1890, Universitätsbibliothek Johann Christian Senckenberg, Frankfurt am Main (Congr. Ff. Elektrotechnische Ausst. 1,2)

C 621 Anstecknadeln zur Kennzeichnung von Mitglieder des Vorstands und der Ausschüsse der Elektrotechnische Ausstellung 1891; vergoldete Bronze, Schleifen und Rosetten; Historisches Museum Frankfurt am Main, Münzkabinett

C 622 Schlussszene aus dem Ballett „Pandora“: Die Huldigung vor der Siegerin Kultur; Holzstich nach einer Zeichnung von Hermann Junker; Seite aus einer Illustrierten Zeitung 1891; Historisches Museum Frankfurt am Main (C 48062,2)

C 623 Aus der Finsternis zum Licht, Beilage zu: Elektrizität. Offizielle Zeitung der Internationalen Elektrotechnischen Ausstellung Frankfurt am Main 1891, Nr. 5 vom 16. Mai 1891; Lichtdruck von Carl Friedrich Fay einer Zeichnung von Frank Kirchbach; Historisches Museum Frankfurt am Main (S 1989.0050,05)

C 624 Zentralbau und Haupteingang der Großen Maschinenhalle der Internationalen Elektrotechnischen Ausstellung mit der Büste Kaiser Wilhelm II; Lichtdruck von Wiesbaden & Co. Frankfurt am Main 1891; (Reproduktion); Historisches Museum Frankfurt am Main (Ph 4316,1)

C 625 Der Vorstand der Internationalen Elektrotechnischen Ausstellung; Fotografie 1891; Frankfurter Societäts-Druckerei GmbH, Frankfurt am Main

C 626 Ehrengäste und Schaulustige am Tag der Eröffnung der Internationalen Elektrotechnischen Ausstellung am 16. Mai 1891; Fotografie; Universitätsbibliothek Johann Christian Senckenberg, Frankfurt am Main (Congr. Ff. Elektrotechnische Ausst. 1,3)

C 627 Besuch Kaiser Wilhelm II. auf der Internationalen Elektrotechnische Ausstellung 1891 in Frankfurt am Main; Holzstich der Kleinen Presse vom 13. Oktober 1891 nach einer Zeichnung von Hermann Junker; (Reproduktion); Universitätsbibliothek Johann Christian Senckenberg Frankfurt am Main (Congr. Ff. Elektrotechnische Ausst. 1,1)

C 628 Offizieller Bericht über die Internationale Elektrotechnische Ausstellung in Frankfurt am Main 1891, herausgegeben vom Vorstand der Ausstellung, II. Band: Bericht über die Arbeiten der Prüfungskommission; J. D. Sauerländers Verlag, Frankfurt am Main 1894; Universitätsbibliothek Johann Christian Senckenberg, Frankfurt am Main (Ffm Q 1/124)

C 629 Einankerumformer der AEG mit geteiltem Kommutator für Gleichstrom und Schleifringen für Wechselstrom; Berlin um 1890; Historisches Museum Frankfurt am Main (X 1981 TH Darmstadt 02)

C 630 Die neun Mitglieder des Vorstands des Deutschen Schützenbundes, unter ihnen Johann Baptist von Schweitzer, der Gegner Leopold Sonnemanns in der Arbeiterbewegung; Lithografie; Verlag von Heinrich Keller, Frankfurt am Main 1861/1862; Historisches Museum Frankfurt am Main (C 29297)

C 631 Leopold Sonnemann als Bankier Isaak Levy Hermann Itzinger; Lucinde oder Kapital und Arbeit. Ein social-politisches Sittengemälde aus der Gegenwart in drei Bänden von J(ohann) B(aptist) v(on) Schweitzer Dr. jur. und Advocat zu Frankfurt a. M. Im Selbstverlag des Verfassers. In Commission bei Reinhold Baist, Frankfurt am Main 1863; Wissenschaftliche Stadtbibliothek, Mainz (7/169,o,1–3)

C 632 Arbeitslohn und Staatshülfe; Eine Rede in der Versammlung der Arbeiter des Maingaus zu Rödelheim den 20. April 1862 von Max Wirth; Extrabeilage zur Neuen Frankfurter Zeitung, veröffentlicht im Auftrag des Centralvorstandes der Arbeitervereine des Maingaus, Frankfurt am 1862; Historisches Museum Frankfurt am Main (Bibl 1992. K138)

C 633 Lassalle bezeichnet Max Wirth (1822–1900), Redakteur der Zeitung Leopold Sonnemanns als „Lohnschreiber“; Arbeiterlesebuch. Rede Lassalle's zu Frankfurt am Main am 17. und 19. Mai 1863 nach dem stenographischen Bericht. In Commission bei Reinhold Baist, Frankfurt am Main 1863; Historisches Museum Frankfurt am Main (S 2009.011)

C 634 Das Begräbnis eines Sozialdemokraten als Gefährdung der öffentlichen Sicherheit; Die Szene auf dem Friedhof am 22. Juli; Holzstich der Kleinen Presse vom 26. Juli 1885; Historisches Museum Frankfurt am Main (C 4777)

C 635 Leitartikel zu zehn Jahre Sozialistengesetz; Frankfurter Zeitung vom 21. Oktober 1888 (Erstes Morgenblatt); (Reproduktion); Frankfurter Societäts-Druckerei GmbH, Frankfurt am Main

C 636 Der Sieg ist unser, trotz alledem!; Schmuckblatt auf das Ende des Sozialistengesetzes; Lithografie; Druck und Verlag Jean Holze, Markenfabrik, Hamburg 1890; Stadt- und Industriemuseum Rüsselsheim

C 637 Parteitagsdelegierte der Deutschen Volkpartei mit Leopold Sonnemann und Familie; Fotografie von Josef Albert (1828–1886), um 1870; Frankfurter Societäts-Druckerei GmbH, Frankfurt am Main

C 638 Der Frankfurter Demokratische Verein beglückwünscht Leopold Sonnemann zum 70. Geburtstag; Schmuckblatt von Carl Neben 1901; Frankfurter Societäts-Druckerei GmbH, Frankfurt am Main

C 639 An unsere Parteigenossen! Anzeige des Frankfurter Demokratischen Vereins; Frankfurter Zeitung vom 5. Juli 1878; (Reproduktion); Frankfurter Societäts-Druckerei GmbH, Frankfurt am Main

C 640 Die Frankfurter Zeitung zum 5. Kongress der Friedens- und Freiheitsliga in Lausanne; Zeitungsausriss; Akten des Frankfurter Polizeipräsidiums, Abteilung 407 die Frankfurter Zeitung betreffend 1870–1872, datiert 28. September 1871; (Reproduktion); Hessisches Hauptstaatsarchiv, Wiesbaden (Band 73, Bl. 132)

C 641 Leitartikel zur Zukunft des Krieges, Bericht vom Friedenskongress und von der Schiedsgerichtsbewegung; Frankfurter Zeitung vom 1. September 1894 (Erstes Morgenblatt); (Reproduktion); Frankfurter Societäts-Druckerei GmbH, Frankfurt am Main

C 642 Bericht zur Rede Sonnemanns im Demokratischen Verein, in der er Frankfurt am Main als „Oase in der Wüste“ bezeichnete; Frankfurter Zeitung vom 10. Februar 1880 (Abendblatt); Frankfurter Societäts-Druckerei GmbH, Frankfurt am Main

C 643 Leopold Sonnemann liest über sozialpolitische Fragen; Programm der Vorlesungen des Kaufmännischen Vereins im Winter-Semester 1884/85; Akzidenzendruck 1884; Institut für Stadtgeschichte, Frankfurt am Main (S 1762/Bd. 1, Bl. 32)

C 644 Schreiben Leopold Sonnemanns an den Vorsitzenden Friedrich von Payer zum Thema „Arbeitslosenversicherung“ auf dem nächsten Parteitag der Deutschen Volkspartei, datiert Frankfurt am Main 26. Mai 1898; (Reproduktion); Bundesarchiv Koblenz (NL 1020, Bl. 42 und RS)

C 645 Durchschlag eines Schreibens Friedrich von Payers an Leopold Sonnemann mit Erläuterung der unterschiedlichen Auffassungen zur Arbeitslosenversicherung zwischen Parteigremien und Leopold Sonnemann, datiert Stuttgart 23. September 1898; (Reproduktion); Bundesarchiv Koblenz (NL 1020, Bl. 49/50)

C 646 Schreiben Leopold Sonnemanns an den Vorsitzenden Friedrich von Payer mit der Bitte, das Thema „Arbeitslosenversicherung“ von der Tagesordnung des Parteitags der Deutschen Volkspartei zu streichen, datiert Frankfurt am Main 23. September 1898; (Reproduktion); Bundesarchiv Koblenz (NL 1020, Bl. 48 und RS)

C 647 Franz Mehring erhebt den Vorwurf, Leopold Sonnemann manipuliere mit Hilfe seiner Zeitung Börsenkurse; Herr Sonnemann und seine Eidhelfer. Zwei Artikel der Staatsbürgerzeitung, datiert 15. Juni 1875; Verlag und Druck der Staatsbürger-Zeitung, Berlin; (Reproduktion); Bundesarchiv Berlin (N 2027/29)

C 648 Max Quarck „entlarvt“ Leopold Sonnemann; Zur Naturgeschichte der Frankfurter Zeitung und der bürgerlichen Demokratie. Redaktionserlebnisse von Dr. Max Quarck; Verlag der Volksstimme Meier & Co., Frankfurt am Main 1896; Universitätsbibliothek Johann Christian Senckenberg, Frankfurt am Main (Ffm 1/801a)

C 649 Max Quarck über seine „Erlebnisse“ in der Redaktion der Frankfurter Zeitung; Lebenserinnerungen; Manuskript; Institut für Stadtgeschichte, Frankfurt am Main (S 5/592)

C 650 Schreiben Leopold Sonnemanns an Max Quarck bezüglich dessen Kündigung als Redakteur der Frankfurter Zeitung, datiert Boernicke, Kreis Niederbarnim, 1. April 1888; Institut für Stadtgeschichte, Frankfurt am Main (NL S 1/77/315, Bl. 2)

C 651 Referat Leopold Sonnemanns zur Arbeitslosenversicherung; Die Arbeitslosenversicherung auf dem Ulmer Parteitag der Deutschen Volkspartei (10.–11. Oktober 1896) mit einem Nachtrag; Badische Verlagsdruckerei, Karlsruhe 1897; Friedrich-Ebert-Stiftung, Archiv der sozialen Demokratie, Bibliothek, Bonn (A 00–02896)

C 652 Schreiben Leopold Sonnemanns an August Bebel über einen Artikel im Vorwärts zur Arbeitslosenversicherung, datiert 17. Oktober 1902; (Reproduktion); Internationaal Instituut voor Sociale Geschiedenis (International Institute of Social History), Amsterdam (NL August Bebel, Nr. 162)

C 653 Frankfurt – die Börsen- und Judenstadt; Zitatencollage; Der Kulturkämpfer. Zeitschrift für öffentliche Angelegenheiten, Heft 6, 1880, herausgegeben von Otto Glagau; Universitätsbibliothek Johann Christian Senckenberg, Frankfurt am Main (Jud 4140)

D Die Stiftungen

D 101 Zimmerdekoration (sog. Grebenstein'sches Zimmer) im 1706 errichteten Haus Kruggasse 8; Fotografie Frankfurt 1899; Historisches Museum Frankfurt am Main (C 16806)

D 102 Tür aus dem 1706 errichteten Haus Kruggasse 8 (sog. Grebenstein'sches Zimmer); Frankfurt am Main 18. Jahrhundert; Historisches Museum Frankfurt am Main (X 26446)

D 103 Tanagra-Figur; Keramik farbig gefasst; Griechenland 4. Jahrhundert v. Chr.; Archäologisches Museum, Frankfurt am Main (Inv. Nr. 2003,1.114)

D 104 Tanagra-Figur; Keramik farbig gefasst; Griechenland 4. Jahrhundert v. Chr.; Archäologisches Museum, Frankfurt am Main; (Inv. Nr. 2003,1.115)

D 105 Bronzeplakette von Oscar Roty (1846–1911) auf die Überführung des französischen Ministerpräsidenten Sadi Carnot (1837–1894) in das Pantheon; Paris 1899; Museum für Angewandte Kunst, Frankfurt am Main (3263)

D 106 Wappenscheibe des Johann Georg Schnyder von Wartesee und der Anna Helene Grinn; Glasgemälde 1701; Museum für Angewandte Kunst, Frankfurt am Main (3367)

D 107 Harpokrates als Amun-Re; Bronze, gegossen; Ägypten 26. Dynastie; Liebieghaus Skulpturensammlung, Frankfurt am Main (1830)

D 108 Statue des Gottes Osiris; Grüner Serpentinit; Ägypten Spätzeit; Liebieghaus Skulpturensammlung, Frankfurt am Main (2334)

D 109 Uschebti für Nesi-Chons; Fayence, leuchtend blaue Glasur, schwarz-purpurfarbene Bemalung; Ägypten 21. Dynastie (Sianum); Liebieghaus Skulpturensammlung, Frankfurt am Main (1705)

D 110 Uschebti für Masaharta; Fayence mit leuchtend blauer Glasur, Ägypten 21. Dynastie; Liebieghaus Skulpturensammlung, Frankfurt am Main (1707)

D 111 Uschebti-Aufseher für König Pinodjem I.; Fayence mit leuchtend blauer Glasur; Ägypten 21. Dynastie; Liebieghaus Skulpturensammlung, Frankfurt am Main (1706)

D 112 Modell-Opfergefäß; Nilton; Ägypten Spätes Altes Reich, 5. Dynastie (Niuserre) – 6. Dynastie; Liebieghaus Skulpturensammlung, Frankfurt am Main (1912 a)

D 113 Modell-Opfertellerchen; Nilton; Spätes Altes Reich, 5. Dynastie (Niuserre) – 6. Dynastie; Liebieghaus Skulpturensammlung, Frankfurt am Main (1912 b)

D 114 Modell-Opfertellerchen; Nilton; Spätes Altes Reich, 5. Dynastie (Niuserre) – 6. Dynastie; Liebieghaus Skulpturensammlung, Frankfurt am Main (1912 c)

D 115 Karteikarte X 3805 Egyptische Bronzestatuette; Wissenschaftliche Dokumentation des Historischen Museums, um 1910; Historisches Museum Frankfurt am Main

D 116 Karteikarte X 3806 Egyptische Statuette eines Osiris; Wissenschaftliche Dokumentation des Historischen Museums, um 1910; Historisches Museum Frankfurt am Main

D 117 Karteikarte X 3807 Egyptisches Tonfigürchen; Wissenschaftliche Dokumentation des Historischen Museums, um 1910; Historisches Museum Frankfurt am Main

D 118 Karteikarte X 3808 Egyptisches Tonfigürchen; Wissenschaftliche Dokumentation des Historischen Museums, um 1910; Historisches Museum Frankfurt am Main

D 119 Karteikarte X 3809 Egyptisches Tonfigürchen; Wissenschaftliche Dokumentation des Historischen Museums, um 1910; Historisches Museum Frankfurt am Main

D 120 Karteikarte X 3810 Egyptisches Tonfigürchen; Wissenschaftliche Dokumentation des Historischen Museums, um 1910; Historisches Museum Frankfurt am Main

D 121 Vier Stoffabschnitte aus Theben; Leinen; Ägypten 11. Jahrhundert v. Chr.; Historisches Museum Frankfurt am Main (X 10912–915)

D 122 Karteikarte X 10912 bis X 10915 Vier aegyptische Stoffabschnitte; Wissenschaftliche Dokumentation des Historischen Museums, um 1910; Historisches Museum Frankfurt am Main

D 123 Koptisches Gewebefragment, Clavus; Wolle, gefärbt, Leinwandbindung; Clavus aufgenäht: Wirkerei in Wolle, violett (vermutlich Krapp und Indigo), und Leinen; 1. bis 6. Jahrhundert n. Chr.; Historisches Museum Frankfurt am Main (X 10918)

D 124 Koptisches Gewebefragment, Orbiculus; Wolle, gefärbt, Leinwandbindung; eingewebtes Muster: Wollwirkerei in dunklem Violett (vermutlich Krapp und Indigo) mit figürlicher Darstellung; 1. bis 6. Jahrhundert n. Chr.; Historisches Museum Frankfurt am Main (X 10917)

D 125 Karteikarte X 10916 und X10917 Vier Stücke koptisches Gewebe von Gewändern; Wissenschaftliche Dokumentation des Historischen Museums, um 1910; Historisches Museum Frankfurt am Main

D 126 Karteikarte X 10918 und X 10919 Koptische Gewebe aus den Gräbern von Akmin; Wissenschaftliche Dokumentation des Historischen Museums, um 1910; Historisches Museum Frankfurt am Main

D 127 Pokal der Schmiedezunft; Zinn; Frankfurt am Main 1635; Historisches Museum Frankfurt am Main (X 13604)

D 128 Lade der Schustergesellen; Nussbaum, geschnitzt; Frankfurt am Main 1651; Historisches Museum Frankfurt am Main (X 13603)

D 129 Fackeltanz in Augsburg. Holzschnitt von Albrecht Dürer (1471–1528); Einblattdruck 1516; Universitätsbibliothek Johann Christian Senckenberg, Frankfurt am Main (Einblattdr.G.Fr. 131)

D 130 Wahre abbildung, welcher gestalt die Kön. Hispanische Silberflotha, so von den Holländern erobert worden; Einblattdruck 1629; Universitätsbibliothek Johann Christian Senckenberg, Frankfurt am Main (Einblattdr.G.Fr. 165)

D 131 Abbildung des Jenigen Fisches welcher unfern der Stadt Hamburg den letzten Augusti Anno 1659 in der Elb gefangen und ans Land gebracht worden, wird von den See Kündigen Butzhöft genenet; Einblattdruck 1695; Universitätsbibliothek Johann Christian Senckenberg, Frankfurt am Main (Einblattdr.G.Fr. 73)

D 132 Friedens–Freude–Krieges-Leid; Einblattdruck 1649; Universitätsbibliothek Johann Christian Senckenberg, Frankfurt am Main (Einblattdr.G.Fr. 301)

D 133 Das erschütterte Sicillien. Oder Eigentlicher Bericht deß grausamen Erdbebens; Einblattdruck 1693; Universitätsbibliothek Johann Christian Senckenberg, Frankfurt am Main (Einblattdr.G.Fr. 53)

D 134 Eigentliche Abbildung und Beschreibung, wie der bekannte Jud, Joseph Süß Oppenheimer, Den 30. Januarii 1738 von Asperg unter starcker Wache nach Stuttgard in das sogenannte Herrschafft-Hauß gebracht; Einblattdruck 1738; Universitätsbibliothek Johann Christian Senckenberg, Frankfurt am Main (Einblattdr.G.Fr. 368)

D 135 Execution der Anna Maria Karpffin; Einblattdruck 1743; Universitätsbibliothek Johann Christian Senckenberg, Frankfurt am Main (Einblattdr.G.Fr. 80)

D 136 Das Wichtigste der Buchdruckerkunst: für Buchhändler, Literaten und Correctoren; Einblattdruck 1850; Universitätsbibliothek Johann Christian Senckenberg, Frankfurt am Main (Einblattdr.G.Fr. 323)

D 137 Das Entlarffte Böse Müntzwesen; Flugschrift 1690; Universitätsbibliothek Johann Christian Senckenberg, Frankfurt am Main (Flugschr.G.Fr. 817)

D 138 Eyn Sermon von dem Ablaß und gnade durch den wirdigenn doctornn Martinum Luther Augustiner zu Wittenbergk gemacht; Flugschrift 1518; Universitätsbibliothek Johann Christian Senckenberg, Frankfurt am Main (Flugschr.G.Fr. 2276)

D 139 Wahl und Krönung Matthias I. zum Kaiser; Flugschrift 1612; Universitätsbibliothek Johann Christian Senckenberg Frankfurt am Main (Flugschr.G.Fr. 1188)

D 140 Verschiedene Berichte von seltsamen und bedenklichen Vorkommnissen; Flugschrift 1615; Universitätsbibliothek Johann Christian Senckenberg Frankfurt am Main (Flugschr.G.Fr. 493)

D 141 Discurs über den hochbetrübten Zustand der Statt Franckfurt am Mayn; Flugschrift 1616; Universitätsbibliothek Johann Christian Senckenberg, Frankfurt am Main (Flugschr.G.Fr. 4758)

D 142 Von der freyheyt eynes Christen menschen. Martinus Luther. Czu Vuittenberg im XXjar; Flugschrift 1520; Universitätsbibliothek Johann Christian Senckenberg Frankfurt am Main (Flugschr.G.Fr. 2345)

D 143 Das Arbeitszimmer Gustav Freytags in Wiesbaden; Fotografie um 1890; (Reproduktion); Gustav Freytag-Museum und -Archiv, Wangen im Allgäu

D 144 Selbstporträt von Johann Heinrich Roos (1631–1685); Öl auf Leinwand; um 1660; Historisches Museum Frankfurt am Main (B 792)

D 145 Der Frankfurter Stadtwald; Gemälde von Karl Theodor Reiffenstein (1820–1893); Öl auf Leinwand; Frankfurt am Main 1881; Historisches Museum Frankfurt am Main; Dauerleihgabe des Städel Museums, Frankfurt am Main (G 1366)

D 146 Winterjahrmarkt in Jelna; Gemälde von Wilhelm Amandus Beer (1837–1907); Öl auf Leinwand; Frankfurt am Main 1872; Städel Museum, Eigentum des Städelschen Museums-Vereins e. V. (1360)

D 147 Bildnis eines Fräulein Coßmann vor der Cà d'Oro in Venedig; Gemälde von Karl von Pidoll (1847–1901); Öl auf Leinwand; Frankfurt am Main um 1895; Städel Museum, Eigentum des Städelschen Museums-Vereins e. V. (1365)

D 148 Fränkische Landschaft in der Würzburger Gegend; Gemälde von Toni Stadler (1850–1917); Öl auf Leinwand; München um 1900; Städel Museum, Eigentum des Städelschen Museums-Vereins e. V. (1367)

D 149 Tänzerin von Léonard; Biskuitfigur der französischen Nationalmanufaktur Sèvres, 1900; Museum für Angewandte Kunst, Frankfurt am Main (3438)

D 150 Tänzerin von Léonard; Biskuitfigur der französischen Nationalmanufaktur Sèvres, 1900; Museum für Angewandte Kunst, Frankfurt am Main (3439)

D 151 Leviten-Waschschüssel; Silber; Turin 1700–1750; Jüdisches Museum Frankfurt am Main (JMF 87-060)

E Notizkalender und -bücher Leopold Sonnemanns

E 101 Notizbücher Leopold Sonnemanns für die Jahre 1885–1888; ohne Kalendarium, an einem Deckel zu einem Konvolut verklebt; Frankfurter Societäts-Druckerei GmbH, Frankfurt am Main

E 102 Notizbuch Leopold Sonnemanns für das Jahr 1889; ohne Kalendarium; Frankfurter Societäts-Druckerei GmbH, Frankfurt am Main

E 103 Notizbücher Leopold Sonnemanns für die Jahre 1890–1901; ohne Kalendarium, an einem Deckel zu einem Konvolut verklebt; Frankfurter Societäts-Druckerei GmbH, Frankfurt am Main

E 104 Notizbuch Leopold Sonnemanns für das Jahr 1891; ohne Kalendarium; Frankfurter Societäts-Druckerei GmbH, Frankfurt am Main

E 105 Notizbücher Leopold Sonnemanns für die Jahre1892–1900; ohne Kalendarium, an einem Deckel zu einem Konvolut verklebt; Frankfurter Societäts-Druckerei GmbH, Frankfurt am Main

E 106 Notizbücher Leopold Sonnemanns für die Jahre 1893–1895; ohne Kalendarium, an einem Deckel zu einem Konvolut verklebt; Frankfurter Societäts-Druckerei GmbH, Frankfurt am Main

E 107 Notizbücher Leopold Sonnemanns für die Jahre 1893–1897; ohne Kalendarium, an einem Deckel zu einem Konvolut verklebt; Frankfurter Societäts-Druckerei GmbH, Frankfurt am Main

E 108 Notizkalender Leopold Sonnemanns für das Jahr 1897, mit Kalendarium, Eindruck der christlichen und jüdischen Feiertage, Terminen von Messen und Wollmärkten, Gebühren für Wechselstempel, Verzeichnis der Reichsbankanstalten, Portosätze für Briefe, Portotaxe für Pakete und Sonnen- und Mondfinsternissen des Jahres 1897; Verlag und Druck Zumpe & Co. Berlin 1896; Frankfurter Societäts-Druckerei GmbH, Frankfurt am Main

E 109 Notizbücher Leopold Sonnemanns für die 1897–1901; ohne Kalendarium, an einem Deckel zu einem Konvolut verklebt; Frankfurter Societäts-Druckerei GmbH, Frankfurt am Main

E 110 Notizbuch Leopold Sonnemanns für den August 1898; ohne Kalendarium; Frankfurter Societäts-Druckerei GmbH, Frankfurt am Main

E 111 Notizkalender Leopold Sonnemanns für das Jahr 1898, mit Kalendarium, Eindruck der christlichen und jüdischen Feiertage, Terminen von Messen und Wollmärkten, Gebühren für Wechselstempel, Verzeichnis der Reichsbankanstalten, Portosätze für Briefe, Portotaxe für Pakete und Sonnen- und Mondfinsternissen des Jahres 1898; Verlag und Druck Zumpe & Co. Berlin 1897; Frankfurter Societäts-Druckerei GmbH, Frankfurt am Main

E 112 Notizkalender Leopold Sonnemanns für das Jahr 1899, mit Kalendarium, Eindruck der christlichen und jüdischen Feiertage, Terminen von Messen und Wollmärkten, Gebühren für Wechselstempel, Verzeichnis der Reichsbankanstalten, Portosätze für Briefe, Portotaxe für Pakete und Sonnen- und Mondfinsternissen des Jahres 1899; Verlag und Druck Zumpe & Co. Berlin 1898; Frankfurter Societäts-Druckerei GmbH, Frankfurt am Main

E 113 Notizbücher Leopold Sonnemanns für die Jahre 1899–1902; ohne Kalendarium, an einem Deckel zu einem Konvolut verklebt; Frankfurter Societäts-Druckerei GmbH, Frankfurt am Main

E 114 Notizkalender Leopold Sonnemanns für das Jahr 1900, mit Kalendarium, Eindruck der christlichen und jüdischen Feiertage, Terminen von Messen und Wollmärkten, Gebühren für Wechselstempel, Verzeichnis der Reichsbankanstalten, Portosätze für Briefe, Portotaxe für Pakete und Sonnen- und Mondfinsternissen des Jahres 1900; Verlag und Druck Zumpe & Co. Berlin 1899; Frankfurter Societäts-Druckerei GmbH, Frankfurt am Main

E 115 Notizbuch Leopold Sonnemanns für das Jahr 1900; ohne Kalendarium; Frankfurter Societäts-Druckerei GmbH, Frankfurt am Main

E 116 Notizkalender Leopold Sonnemanns für das Jahr 1901, mit Kalendarium, Eindruck der christlichen und jüdischen Feiertage, Terminen von Messen und Wollmärkten, Gebühren für Wechselstempel, Verzeichnis der Reichsbankanstalten, Portosätze für Briefe, Portotaxe für Pakete und Sonnen- und Mondfinsternissen des Jahres 1901; Verlag und Druck Zumpe & Co. Berlin 1900; Frankfurter Societäts-Druckerei GmbH, Frankfurt am Main

E 117 Notizkalender Leopold Sonnemanns für das Jahr 1902, mit Kalendarium, Eindruck der christlichen und jüdischen Feiertage, Terminen von Messen und Wollmärkten, Gebühren für Wechselstempel, Verzeichnis der Reichsbankanstalten, Portosätze für Briefe, Portotaxe für Pakete und Sonnen- und Mondfinsternissen des Jahres 1802; Verlag und Druck Zumpe & Co. Berlin 1901; Frankfurter Societäts-Druckerei GmbH, Frankfurt am Main

Leihgeber

Augsburg
Historisches Archiv manroland AG
C 363

Bad Homburg v. d. Höhe
Dr. Eberhard Mayer-Wegelin
C 355, C 356

Berlin
Architekturmuseum der TU Berlin
C 445, C 446, C 447

Bonn
Friedrich-Ebert-Stiftung, Archiv der sozialen Demokratie, Bibliothek
C 651

Darmstadt
Technische Universität Darmstadt, Universitäts- und Landesbibliothek
C 522

Frankfurt am Main
Amt für Straßenbau und Erschließung
A 108

Archäologisches Museum
D 103, D 104

Archiv Palmengarten
C 218

Frankfurter Societäts-Druckerei GmbH
A 101, A 114, A 115, B 501, B 502, B 503, B 504, B 509, B 510, B 512, B 513, B 605, B 608, B 609, B 610, B 611, B 612, B 619, B 620, B 621, B 622, B 623, B 624, C 104, C 107, C 109, C 110, C 114, C 116, C 121, C 124, C 125, C 126, C 220, C 232, C 303, C 306, C 307, C 319, C 320, C 325, C 326, C 341, C 348, C 360, C 362, C 366, C 367, C 368, C 369, C 370, C 371, C 372, C 373, C 374, C 376, C 377, C 378, C 380, C 381, C 401, C 415, C 418, C 423, C 434, C 527, C 625, C 637, C 638, C 642, E 101, E 102, E 103, E 104, E 105, E 106, E 107, E 108, E 109, E 110, E 111, E 112, E 113, E 114, E 115, E 116, E 117

Historisches Institut der Deutschen Bank AG
B 408, C 231

Institut für Angewandte Physik der Johann Wolfgang Goethe-Universität
B 210

Institut für Stadtgeschichte
B 118, B 206, B 216, B 239, B 240, B 311, B 419, B 420, B 421, B 507, B 615, B 617, C 105, C 123, C 217, C 219, C 305, C 339, C 340, C 357, C 404, C 411, C 417, C 422, C 431, C 435, C 436, C 438, C 448, C 501, C 506, C 507, C 508, C 509, C 513, C 519, C 520, C 521, C 523, C 610, C 649, C 650

Jüdisches Museum
A 118, A 119, B 404, C 120, D 151

Museum für Angewandte Kunst
D 105, D 106, D 149, D 150

Museum für Kommunikation
B 119, B 207, B 310, B 312, B 406, B 407

Liebieghaus Skulpturensammlung
D 107, D 108, D 109, D 110, D 111, D 112, D 113, D 114

Städel Museum / Städelscher Museumsverein e. V.
A 138, A 139, A 140, A 141, C 528, D 145, D 146, D 147, D 148

Universitätsbibliothek Johann Christian Senckenberg
A 127, A 130, A 131, A 135, A 136, A 141, A 142, B 416, B 422, B 423, B 607, C 118, C 207, C 311, C 316, C 359, C 364, C 414, C 428, C 429, C 430, C 510, C 511, C 514, C 516, C 517, C 608, C 609, C 612, C 614, C 617, C 620, C 626, C 627, C 628, C 648, C 653, D 129, D 130, D 131, D 132, D 133, D 134, D 135, D 136, D 137, D 138, D 139, D 140, D 141, D 142

Gummersbach
Archiv des Liberalismus, Bestand Friedrich Naumann
C 615

Höchberg
Markt Höchberg
C 515

Leipzig
Deutsche Nationalbibliothek
A 137

Stadtgeschichtliches Museum
C 611

Mainz
Wissenschaftliche Stadtbibliothek
C 337, C 631

Offenbach
Haus der Stadtgeschichte Offenbach
A 123

Pfungstadt
Steffen Kullmann-Lorenz
C 361

Rüsselsheim
Stadt- und Industriemuseum
C 636

Wainscott, N.Y., USA
Josefa Simon
B 625, C 526

Wiesbaden
Hessisches Hauptstaatsarchiv
B 613, C 332, C 333, C 346

Wuppertal
Stadtbibliothek
C 108, C 115

Abbildungsnachweis

Amsterdam
Internationaal Instituut voor Sociale Geschiedenis
C 652

Augsburg
Historisches Archiv manroland AG / MAN AG
C 354

Berlin
Architekturmuseum TU Berlin, Inv. Nr. 1423 und Inv. Nr. 10773
C 445, C 446

Bildarchiv Preußischer Kulturbesitz, 2009
C 416

ullstein bild
C 375

Frankfurt am Main
Archäologisches Museum (Foto: U. Seitz-Gray)
D 104

Frankfurter Societäts-Druckerei GmbH
A 101, A 114, A 115, B 502, B 503, B 504, B 509, B 510, B 512, B 513, B 605, B 608, B 611, B 619, B 620, B 624, C 104, C 107, C 109, C 110, C 114, C 116, C 121, C 124, C 125, C 126, C 220, C232, C 303, C 306, C 307, C 318, C 320, C 326, C 341, C 342, C 348, C 350, C 353, C 360, C 368, C369, C 371, C 373, C 377, C 378, C 380, C 406, C 415, C 418, C 421, C 433, C 434, C 625, C 635, C 637, C 638, C 639, C 641, C 642, E 101, E 102, E 103, E 104, E 105, E 106, E 107, E 108 E 109, E 110, E 111, E 112, E 113, E 114, E 115, E 116, E 117 (Fotos: H. Ziegenfusz)

Archiv Palmengarten
C 218

Historisches Institut der Deutschen Bank AG
B 408

Historisches Museum
A 107, B 436, C 106, C 529, D 121, D 124, D 128 (Fotos: U. Dettmar)
A 102, A 103, A 113 (Fotos A. Schnädelbach)
B 232 (Foto: U. Seitz-Gray)
A 104, A 105, A 106, A 113, A 122, A 128, A 133, A 134, B 101, B 102, B 104, B 105, B 107, B 108, B 109, B 113, B 114, B 115, B 201, B 202, B 203, B 204, B 209, B 213, B 214, B 215, B 217, B 219, B 221, B 222, B 223, B 228, B 229, B 233, B 236, B 241, B 242, B 244, B 245, B 246, B 247, B 250, B 301, B 303, B 304, B 306, B 307, B 308, B 309, B 314,2, B 314,4, B 314,7, B 314,8, B 314,9, B 314,11, B 314,14, B 314,16, B 314,19, B 314,23, B 314,25, B 314,26, B 314,28, B 314,31, B 314,32, B 314,33, B 314,37, B 314,38, B 314,43, B 314,44, B 314,45, B 314,46, B 314,47, B 314,59, B 314,60, B 314,61, B 314,62, B 314,64, B 314,66, B 401, B 402, B 403, B 409, B 410, B 411, B 412, B 413, B 415, B 417, B 418, B 424, B 425, B 426, B 427, B 428, B 429, B 430, B 431, B 435, B 438, B 441, B 447, B 449, B 450, B 506, B 511, B 601, B 602, B 616, B 626, B 627, B 628, B 629, B 630, B 631, B 632, B 633, B 634, B 635, B 636, B 637, C 101, C 102, C 103, C 112, C 113, C 122, C 127, C 201, C 202, C 205, C 208, C 209, C 210, C 211, C 216, C 221, C 223, C 224, C 225, C 226, C 227, C 228, C 229, C 302, C 312, C 314, C 315, C 322, C 323, C 324, C 328, C 334, C 335, C 338, C 343, C 347, C 349, C 351, C 352, C 402, C 413, C 424, C 432, C 440, C 452, C 453, C 454, C 455, C 456, C 457, C 458, C 505, C 525, C 530, C 531, C 601, C 602, C 603, C 605, C 607, C 616, C 622, C 623, C 624, C 630, C 633, C 634, D 101, D 116, D 144, D 145, (Fotos: H. Ziegenfusz)

Institut für Angewandte Physik der Johann Wolfgang Goethe-Universität
B 210 (Foto: U. Dettmar)

Institut für Stadtgeschichte
B 216, B 230, B 302, B 311, B 507, B 514, B 515, B 516, B 615, C 111, C 119, C 123, C 217, C 219, C 309, C 340, C 403, C 405, C 407, C 408, C 409, C 410, C 422, C 431, C 501, C 508, C 509, C 643, C 649

Jüdisches Museum
A 124, A 125, A 126, B 404, C 120, C 132, D 151

Liebieghaus Skulpturensammlung
D 107, D 108, D 109

Museum für Angewandte Kunst
D 105, D 106, D 149

Physikalischer Verein / Gesellschaft für Bildung und Wissenschaft
B 118, B 420

Städel Museum, Eigentum des Städelschen Museums-Vereins e. V. / ARTOTHEK
A 139, C 528, D 146, D 147, D 148

Universitätsbibliothek Johann Christian Senckenberg
A 127, A 135, B 422, C 364, C 414, C 511, C 608, C 614,
C 626, C 627, D 129, D 130, D 131, D 134, D 135, D 142 (Fotos: U. Dettmar)
C 612, C 613

Gummersbach
Archiv des Liberalismus, Bestand Friedrich Naumann, N 46–44(6)
C 615

Höchberg
Markt Höchberg
C 515

Jerusalem/Israel
Central Archives for the History of the Jewish People (CAHJP), Akten D/Ho1/3 und P160/598
A 116, A 118

Kopenhagen/Dänemark
Copenhagen City Museum
A 117

Leipzig
Deutsche Nationalbibliothek
A 138

Stadtgeschichtliches Museum
C 611

Mainz
Wissenschaftliche Stadtbibliothek, Signatur 7/169° (Rarasammlung)
C 631

Marburg
Bildarchiv Foto Marburg
C 129, C 130, C 131

New York/USA
New York Stock Exchange Archives
A 136

Pfungstadt
Steffen Kullmann-Lorenz
C 361 (Foto: U. Dettmar)

Rüsselsheim
Stadt- und Industriemuseum
C 636

Wangen
Stadtarchiv / Gustav-Freytag-Museum und -Archiv
D 143

Wiesbaden
Hessisches Hauptstaatsarchiv
B 613, B 614, C 330, C 331, C 333, C 346

Würzburg
Koenig & Bauer AG
C 321

Wuppertal
Stadtbibliothek
C 108, C 115

Danksagung

Susanne Ackermann Gummersbach

Fritz Backhaus Frankfurt a. M.
Irmgard Bartel Bonn
Heike Barth Frankfurt a. M.
Dr. Alexander Bastek Lübeck
Jolanthe Bauer Frankfurt a. M.
Dr. Hans-Peter Baum Würzburg
Dr. Clemens Bayer Frankfurt a. M.
Mayen Beckmann Berlin
Florian Berberich Merdingen
Andrea von Bethmann Frankfurt a. M.
Herbert Billensteiner Frankfurt a. M.
Dr. Peter Bohl Stuttgart
Dr. Susanne Bräckelmann Oppenheim
Prof. Dr. Vinzenz Brinkmann Frankfurt a. M.
Dr. Evelyn Brockhoff Frankfurt a. M.
Dr. Irmgard Burggraf Frankfurt a. M.

Zafer Cin Dietzenbach
Uwe Cramer Hofheim

Hartmut Daubert Frankfurt a. M.
Dr. Deborah Dependahl Waters New York
Hilde Deutz Frankfurt a. M.
Lotte Marie Deutz Frankfurt a. M.
Hans Peter Dieterich Frankfurt a. M.
Bernd Dugall Frankfurt a. M.
Renate Durchardt Frankfurt a. M.
Ulrike Dura Leipzig

Dr. Ulrich Eisenbach Darmstadt
Siegfried Eistert Frankfurt a. M.
Albrecht Ernst Stuttgart

Roland Flade Würzburg
Reinhard Fröhlich Frankfurt a. M.
Dr. Jürgen Frölich Gummersbach
Dr. Wilhelm Füßl München

Karen Gaukel Leipzig
Dr. Roland Gerschermann Frankfurt a. M.
Prof. Dr. Klaus Gerteis Trier
Frank Gnegel Frankfurt a. M.
Dr. Barbara Göpel München
Dr. Helmut Gold Frankfurt a. M.
Dr. Manfred Großkinsky Frankfurt a. M.
Sylvia Goldhammer Frankfurt a. M.
Prof. Dr. Raphael Gross Frankfurt a. M.
Wolfgang Günther Frankfurt a. M.
Felicitas Gürsching Frankfurt a. M.

Peter Haberkorn Wiesbaden
Günter Hampel Frankfurt a. M.
Inge Hebe Frankfurt a. M.
Sibylle Heimann Wangen im Allgäu
Steven Herrmann Frankfurt a. M.

Dr. Andrea Hohmeyer Frankfurt a. M.
Max Hollein Frankfurt a. M.
Hans Homrighausen Frankfurt a. M.
Kathrin Hopstock Speyer
Edith Hufer Frankfurt a. M.

Mila Ilyes Frankfurt a. M.

Carola Jäger Frankfurt a. M.
Dr. Matthias Jenny Frankfurt a. M.
Dr. Rainer Jensch Wangen im Allgäu
Frank de Jong Amsterdam

Dr. Roland Kaehlbrandt Frankfurt a. M.
Sigrid Kämpfer Frankfurt a. M.
Viktoria Kappes Berlin
Jürgen Kipp Mainz
Sabine Kößling Frankfurt a. M.
Prof. Dr. Salomon Korn Frankfurt a. M.
Irina Kozmanova Prag
Dr. Tilmann Kossatz Würzburg
Dr. Felix Krämer Frankfurt a. M.
Dr. Gerald Kreft Frankfurt a. M.
Dr. Jürgen Kron Frankfurt a. M.
Irene Kubisch Frankfurt a. M.
Steffen Kullmann-Lorenz Pfungstadt

Janet Linde New York
Sven Lubinus Frankfurt a. M.
Antje Märke Koblenz
Reinhard Marx Geseke
Dr. Bärbel Maul Rüsselsheim
Dr. Eberhard Mayer-Wegelin Bad Homburg
Joachim Mechler Würzburg
Dr. Wolfgang Metternich Frankfurt a. M.
Sylvia von Metzler Frankfurt a. M.
Ann Kersting-Meulemann Frankfurt a. M.
Gabriele Mierzwa Augsburg
Ella Molenaar Amsterdam
Kurt Müller Dreieich
Dr. Martin L. Müller Frankfurt a. M.

Lioba Nägele Frankfurt a. M.
Dr. Hans-Dieter Nägelke Berlin
Klaus Nehl Neu-Isenburg
Christina Nickoll Frankfurt a. M.
Klaus Nielsen Kopenhagen

Annelen Ottermann Mainz

Dr. Günter Paul Frankfurt a. M.
Gisela Petrasch Dresden
Burkhard Petzold Frankfurt a. M.
Tobias Picard Frankfurt a. M.
Dr. Ulrich Pohlmann München
Anjali Pujari Offenbach

Jörg Räuber Leipzig
Klaus Rheinfurth Frankfurt a. M.
Denise Rein Jerusalem
Evelyn Richter Geseke
Carolina Romahn Frankfurt a. M.
Dr. Christoph Rytka Höchberg

Dorothee Sattler Wiesbaden
Franziska Schilling Berlin
Rainer Schlösser Luckenwalde
Michael Schmidt Frankfurt a. M.
Udo Schmidtke Frankfurt a. M.
Henry Schneider Wuppertal
Dr. Konrad Schneider Frankfurt a. M.
Prof. Dr. Ulrich Schneider Frankfurt a. M.
Daniela Schöner Frankfurt a. M.
PD Dr. Joachim Scholz Frankfurt a. M.
Sabine Schrag Stuttgart
Claudia Schüßler Frankfurt a. M.
Dr. Jutta Schütt Frankfurt a. M.
Ute Schumacher Frankfurt a. M.
Sibylle Schwan Frankfurt a. M.
Ruth Schwarz Frankfurt a. M.
Prof. Dr. Felix Semmelroth Frankfurt a. M.
Josefa Simon Wainscott, N.Y.
Lyn Slome New York
Kathrin Sohl Leipzig
Dr. Rüdiger Splitter Kassel
Barbara Stadler Zürich
Dr. Dagmar Stutzinger Frankfurt a. M.
Majer Szanckower Frankfurt a. M.

Annette Taigel Zell a. M.
Harald Theiss Frankfurt a. M.
Dr. Bernhard Tönnies Frankfurt a. M.

Dr. Katharina Uhsadel Frankfurt a. M.
Dr. Silvia Uhlemann Darmstadt

Dr. Johannes Wachten Frankfurt a. M.
Jochen Walter Marbach a. N.
Gerd Waltinger Höchberg
Prof. Dr. Egon Wamers Frankfurt a. M.
Ute Wenzel Förster Frankfurt a. M.
Dr. Martin Welke Mainz
Sandra Williger Köln
Bernhard Wirth Frankfurt a. M.
Berit Wulstrup-Jensen Kopenhagen

Claudia Zachariae Berlin
Torsten Zarwel Berlin
Dr. Robert Zink Bamberg
Dr. Heidrun Zinnkann Frankfurt a. M.
Alfred Zschietzschmann Frankfurt a. M.
Regula Zürcher St. Gallen

FRANKFURTS DEMOKRATISCHE MODERNE UND LEOPOLD SONNEMANN

Jude • Verleger • Politiker • Mäzen

Eine Ausstellung des
historischen museums frankfurt
in Kooperation mit dem
Jüdischen Museum Frankfurt am Main

29. Oktober 2009 bis 28. Februar 2010

Impressum

Die Ausstellung

Gesamtleitung
Dr. Jan Gerchow
Direktor *historisches museum frankfurt*

Ausstellungskuratoren
Dr. Jürgen Steen (hmf)
Dr. Anna Schnädelbach (hmf)
Michael Lenarz (JM)

Wissenschaftliche Mitarbeit
Dr. Frank Berger (hmf)
Dr. Andreas Hansert
Dr. Sabine Hock

Räumliche Konzeption und Ausstellungsgestaltung
Exposition GbR, Frankfurt am Main
Martin Krämer, Sabine Gutjahr

Lichtdesign
Zimmermann Licht, Oberursel
Stefan Zimmermann

Bildredaktion
Janine Burnicki

Restauratorische Betreuung
Anja Damaschke (Gemälde)
Reinhard Glasemann (Metall / Keramik)
Verena Grande (Grafik)
Vera Gunder (Grafik)
Birgit Harand (Grafik)
Oliver Morr (Holz)
Laura Petzold (Textil)
Nora Velensek (Grafik)
Sandra Williger, Köln (Glas)

Öffentlichkeitsarbeit
ad kommunikation, Frankfurt am Main
Antje Daser,
Wolf von Wolzogen

Besucherservice
Susanne Angetter

Sekretariat
Heidrun Czarnecki

Verwaltung
Christiane Collins
Doris Hant

Haustechnik
Frank Bingel
Matteo Ciliberti
Michael Färber
Klaus Fischer
Abdelmajid Labroumani
Harald Meiß
Uwe Römer
Mike Tiesler

Das Begleitbuch

Societäts-Verlag Frankfurt am Main

ISBN
978-3-7973-1150-4

Schriften des *historischen museums frankfurt*, Bd. 29
herausgegeben von Jan Gerchow

Herausgeber
Anna Schnädelbach
Michael Lenarz
Jürgen Steen

Bildredaktion
Janine Burnicki

Layout, Covergestaltung und Satz
Surface Gesellschaft für Gestaltung mbH,
Frankfurt am Main
Pascal Kress, Markus Weisbeck

Neuaufnahmen und elektronische Bildbearbeitung
Uwe Dettmar, Frankfurt am Main
Horst Ziegenfusz, Mörfelden-Walldorf

Lithografie
der ripperger Medienproduktion GmbH
Jens Ripperger

Druck
Kessler Druck + Medien GmbH & Co. KG
Bobingen

Cover
Leopold Sonnemann um 1870,
Frankfurter Societäts-Druckerei
Foto: Horst Ziegenfusz

Die Frankfurter Hauptwache 1903,
historisches museum frankfurt
Foto: Horst Ziegenfusz

Partner und Förderer

Die Ausstellung und das Begleitbuch entstanden in Kooperation mit:

Jüdisches Museum

Die Ausstellung und das Begleitbuch wurden ermöglicht durch:

FRANKFURTER SOCIETÄT

Förderer der Ausstellung:

Georg und Franziska Speyer'sche Hochschulstiftung

ERNST MAX VON GRUNELIUS-STIFTUNG

Stiftung Polytechnische Gesellschaft Frankfurt am Main

MUSEUMSUFERFRANKFURT